Klaus Weber

Handbuch des sächsischen Verwaltungsvollstreckungsrechts

Rechtssichere Bearbeitung insbesondere der sog. sonstigen Verwaltungsakte (die eine Handlung, Duldung oder Unterlassung fordern) und deren Vollstreckung nach den §§ 19 ff. SächsVwVG

4. Auflage

SV SAXONIA VERLAG für Recht, Wirtschaft und Kultur GmbH

Verfasser: Regierungsdirektor a. D. Klaus Weber

SV SAXONIA VERLAG für Recht, Wirtschaft und Kultur GmbH
Ludwig-Hartmann-Straße 40, 01277 Dresden
Tel. (03 51) 48 52 60, Fax (03 51) 4 85 26 61
E-Mail: office@saxonia-verlag.de
Internet: http://www.recht-sachsen.de

Druck: PRINT GROUP Sp. z o.o., ul. Księcia Witolda 7, 71-063 Szczecin (Polen)

ISBN: 978-3-949409-30-1
(Vorauflage: 978-3-946374-97-8)

Vorwort

Das Verwaltungsvollstreckungsrecht ist ein „Stiefkind“ des Verwaltungsrechts.
Oft wird das Verwaltungsverfahren nach den Regeln des VwVfG an sich beherrscht und die Bescheide und Verfügungen (Verwaltungsakte) sind rechtlich nicht zu beanstanden.
Aber sobald es in die Vollstreckung geht, zeigt die Praxis, dass die rechtssichere Bearbeitung dieses Teils des Verwaltungsrechts mit Mängeln behaftet ist.
So wird oft ohne Vollstreckungstitel vollstreckt, oder die Auswahl des Zwangsmittels ist fehlerhaft, oder die spätere Anwendung zeigt Unsicherheiten.
Bisher hat eine umfassende Darstellung des Verwaltungsvollstreckungsverfahrens für die Vollstreckung der sog. „sonstigen Verwaltungsakte“ nach den §§ 19 ff. SächsVwVG (ohne die Vollstreckung von Leistungsbescheiden nach den §§ 12 ff. SächsVwVG) für Sachsen gefehlt.
Dieses Buch soll dem Anwender in der Verwaltung, also insbes. dem Praktiker, das Verwaltungsvollstreckungsrecht nahe bringen und ihm rechtssichere Vollstreckungsmaßnahmen ermöglichen.
Denn der beste Verwaltungsakt bleibt wirkungslos, wenn die Verwaltung nicht in der Lage ist, ihre Eingriffsmaßnahme mittels den rechtsstaatlich vorgesehenen Zwangsmitteln auch gegen den Willen des Adressaten des Verwaltungsaktes, evtl. auch zwangsweise, durchzusetzen.
Zahlreiche Beispiele und Muster sollen den Leser und Praktiker mit dem Verwaltungsvollstreckungsverfahren vertraut machen, wobei das vorhergehende Verwaltungsverfahren zur Herbeiführung eines Vollstreckungstitels auch angesprochen wird.
Ausgangspunkt der Betrachtungen ist i. d. R. die Rechtsprechung. Deshalb können auch die in der Verwaltungsausbildung befindlichen zukünftigen Behördenmitarbeiter dieses Handbuch nutzen und mittels der zahlreichen Fußnoten und Rechtsprechungshinweise ihre Kenntnisse im Vollstreckungsverfahren vertiefen.
Auch Studenten der Rechtswissenschaft und an den Fachhochschulen der öffentlichen Verwaltung werden mit dem Handbuch an die Vollstreckung von Verwaltungsakten herangeführt, denn in den Examen sind Kenntnisse zu diesem Fachgebiet erforderlich.
Der Verfasser hat sich in zahlreichen Aufsätzen und Klausuren mit vollstreckungsrechtlichen Problemen befasst und nunmehr in diesem Werk den Versuch unternommen, das sächsische Verwaltungsvollstreckungsrecht zusammenfassend abzuhandeln.

Hinweise und Anregungen sind willkommen, ebenso sachliche Kritik.

Regierungsdirektor Klaus Weber, Landesdirektion Chemnitz
www.hansklausweber.de

Rezensionen zur 1. Auflage:
Benkert, ThürVbl. 2010, 240
Ebert, KommJur 2010, 477
Otto, SächsVBl. 2011, 147

Vorwort zur 2. Auflage

Seit der 1. Auflage sind 5 Jahre vergangen.

Die 2. Auflage bringt das Sächsische Verwaltungsvollstreckungsrecht im Rahmen der Vollstreckung der sog. sonstigen Verwaltungsakte auf den aktuellen Stand von Rechtsprechung und Literatur.

Wiederum liegt der Schwerpunkt des Werkes bei der praktische Nutzung, wobei der wissenschaftliche Anspruch bewahrt wird, um auch Studenten, Referendaren und den mit den vollstreckungsrechtlichen Fragen befassten Praktikern in der Verwaltung eine Handreichung zu geben.

Im Vordergrund steht die Auswertung der Rechtsprechung mit vielen Beispielen, praktischen Mustern und Tenorierungen behördlicher Bescheide.

Konkret ergänzt und erweitert wurden u. a. die Kapitel über
- die Zwangsgeldfestsetzung,
- die Anwendung der Vollstreckungsmaßnahme,
- das Abschleppen von Kraftfahrzeugen,
- die Vollstreckungshindernisse.

Chemnitz, Oktober 2014

Klaus Weber, Regierungsdirektor a. D.
www.hansklausweber.de

Rezensionen zur 2. Auflage:
Dr. Dr. Frank Ebert, LKV 2015, 312
Prof. Dr. Jens Schmittmann, VR 2016, 103

Vorwort zur 3. Auflage

Seit der 2. Auflage sind nunmehr über 6 Jahre vergangen.

Wesentliche Gesetzesänderungen zum VwVG hat es seither nicht gegeben, jedoch wird ausführlich und umfassend auf die neuen Regelungen des Gesetzes zur Neustrukturierung des Polizeirechtes des Freistaates Sachsen vom 11.5.2019 (GVBl. 358 ff.) eingegangen: Sächsisches Polizeivollzugsdienstgesetz und Sächsisches Polizeibehördengesetz.

Weiterhin war es erforderlich, die aktuelle Rechtsprechung (einschl. BVerwG) sowie die entspr. Literatur zu berücksichtigen und einzuarbeiten.

Vorwort zur 4. Auflage

Mit Gesetz vom 13.12.2023 hat der Sächsische Landtag das Gesetz zur Änderung des Verwaltungsvollstreckungsrechts und weiterer verfahrensrechtlicher Vorschriften im Freistaat Sachsen beschlossen (GVBl. S. 876 ff.)

Mit den Änderungen wurde das Gesetz zur Verbesserung der Sachaufklärung in der Verwaltungsvollstreckung vom 30.6.2017 (BGBl. I S. 2094) für die Vollstreckungsbehörden des Freistaates Sachsen umgesetzt. Es geht u. a. darum, das Vollstreckungsverfahren effektiver zu gestalten und Verfahrenserleichterungen bei der Vollstreckungshilfe zu schaffen. Auch wurde der Geltungsbereich des SächsVwVG für die Vollstreckung bestimmter privatrechtlicher Forderungen eröffnet.

Diese Neuregelungen werden mit Hinweisen auf die Ausführungen im Gesetzesentwurf der Staatsregierung erläutert (Drs 7/11328).

Abgesehen davon ist die aktuelle Rechtsprechung, insbesondere des OVG Bautzen und auch der Fachliteratur, eingearbeitet.

Inhaltsverzeichnis

Anhänge:

Literaturverzeichnis

ALLESCH, Zur Fehlerfolge bei Zustellungsmängeln im Falle der Vollstreckung nach dem VwZVG, BayVBl. 1991, 653
APP, Einführung in das Verwaltungsvollstreckungsrecht, JuS 2004, 786

BRENNER, Der Verwaltungsakt mit Nebenbestimmungen, JuS 1996, 281
BRÜHL, Die Prüfung der Rechtmäßigkeit des Verwaltungszwangs im gestreckten Verfahren, JuS 1997, 926 ff
BÜTTNER, Zuständigkeitsprobleme bei § 23 SächsVwVG, SächsVBl. 2009, 30

DIENELT, Die Haftung des Kfz-Halter für Abschleppkosten, NVwZ 1994, 664

ELZERMANN, Das Gesetz über die Aufgaben, Organisation, Befugnisse und Datenverarbeitung der Polizeibehörden im Freistaat Sachsen (SächsPBG), SächsVBl. 2019, 213
ERBGUTH, Vollstreckung von Verwaltungsakten, apf 2008, 106 ff.
ERBGUTH, Einstweiliger Rechtsschutz gegen Verwaltungsakte, JA 2008, 357 ff.

FISCHER, Rechtsschutz gegen die Vollstreckung von Verwaltungsakten, BayVBl. 1980, 173
FISCHER, Das polizeiliche Abschleppen von Kraftfahrzeugen, JuS 2002, 446

GERN/WACHENHEIM, Nebenbestimmungen in Verwaltungsakten, JuS 1980, 276
GERSDORF, Die Subsidiaritätsklausel des Instituts der unmittelbaren Ausführung – dargelegt am Beispiel des Abschleppens eines Pkw, NVwZ 1995, 1986

HORN, Verwaltungsvollstreckung, Jura 2004, 447 ff.
HYCKEL, Grundlagen der Verwaltungsvollstreckung im Polizei- und Ordnungsrecht, LKV 2015, 309 ff.

KALTENBORN, Anforderungen an eine Anordnung der sofortigen Vollziehung, DVBl. 1999, 828, 830
KÄSTNER, Unmittelbare Maßnahmen der Gefahrenabwehr, JuS 1994, 361
KINTZ, Öffentliches Recht im Assessorexamen, 5. A. 2007
KLEIN, Nichtiges Verwaltungshandeln, apf 2001, 1
KRUMM/KUHNERT/STAUB/WEBER, Straßenverkehrssachen 2. A., 2016, Beck-Verlag
KÜHL/WEBER, Gefahrenabwehr durch Abschleppen von Kraftfahrzeugen, apf 2001, Landesbeilage Sachsen, S. 17 ff.
KUGELE, Kommentar zum VwVfG mit Kommentierung zum SächsVwVG und VwZG, 1. A. 2014
KUGELE, Kommentar zur VwGO, 1. A. 2014
KUGELMANN, Unmittelbare Ausführung von Maßnahmen und sofortige Anwendung von Verwaltungszwang durch die Polizei, DÖV 1997, 153
LINKE, Verwaltungsvollstreckungsrechtliche Probleme der Pflicht zur Abgabe einer bestimmten Willenserklärung, NVwZ 2005, 535

LISKEN/DENNINGER, Handbuch des Polizeirechts, 5. A. 2012

MALMENDIER, Die Zwangsmittelfestsetzung in der Verwaltungsvollstreckung des Bundes und der Länder, Verwaltungsarchiv 1991, 25 ff.
MAURER, Allgemeines Verwaltungsrecht, 18. A. 2011
MAURER/WALDHOFF, Allgemeines Verwaltungsrecht, 19. A. 2017
MUCKEL, Verwaltungsvollstreckung in der Klausur, JA 2012, 272

OBERMAYER/FUNKE-KAISER, Kommentar zum VwVfG, 4. A. 2014

PETERS, Die Sachverhaltsermittlung im Verwaltungsverfahren, JuS 1991, 54
PIETZNER/RONELLENFITSCH, Das Assessorexamen im Öffentlichen Recht, 11. A. 2005
POSCHER, Verwaltungsakt und Verwaltungsrecht in der Vollstreckung, Verwaltungsarchiv 1998, 111 ff
PRACHT, Strukturen des Landesverwaltungsvollstreckungsgesetzes (Anm.: Baden-Württemberg) , VBlBW 2024, 48

RASCH, Der Realakt insbes. im Polizeirecht, DVBl. 1992, 207
REMMERT, Rechtsdogmatische Probleme des Umsetzens verkehrszeichenwidrig geparkter Kraftfahrzeuge, NVwZ 2000, 642
ROBBERS, Schlichtes Verwaltungshandeln, DÖV 1987, 272

SADLER, Sofortige Vollziehung und sofortiger Vollzug in der Praxis, Die Polizei 2005, 185
SCHNAPP/CORDEWENER, Welche Rechtsfolgen hat die Fehlerhaftigkeit eines Verwaltungsaktes?, JuS 1999, 40
SCHOCH, Grundfälle zum Polizei- und Ordnungsrecht, JuS 1995, 307
STOHRER, Die zwangsweise Durchsetzung staatlicher Auskunftsansprüche gegenüber Privaten, BayVBl. 2005, 489

TÜRHAUS, Novellierung des Polizeirechts im Freistaat Sachsen, SächsVBl. 2019, 273

WEBER, Der Bescheid über die Festsetzung eines Zwangsgeldes, apf 1999, 109
WEBER, Der erfolglose Makler (Klausur), VR 2002, 276 ff
WEBER, Der unfreiwillige Fußgänger (Klausur), VR 2002, 416
WEBER, Anmerkung zu Fischer (Das polizeiliche Abschleppen von Kraftfahrzeugen, JuS 2002, 446), in JuS 2003, 104
WEBER, Verwaltungsrechtliche Realakte, apf 2003, 27 ff.
WEBER, Fälle zum Verwaltungsvollstreckungsrecht, VR 2004, 181
WEBER, Rechtsschutz im Verwaltungsvollstreckungsverfahren, VR 2004, 253
WEBER, Zur Zwangshaft im Verwaltungsvollstreckungsverfahren, VR 2004, 363
WEBER, Zur Prüfung der Rechtmäßigkeit von Maßnahmen in der Verwaltungsvollstreckung, apf 2005, Landesbeilage Sachsen, S. 25
WEBER, Unfall am Elbufer (Klausur), VR 2005, 381 ff.

WEBER, Die Zwangsgeldfestsetzung im gewerberechtlichen Verfahren, KommJur 2006, 250
WEBER, Der Antrag auf Erlass eines Haftbefehls bei uneinbringlichem Zwangsgeld, KommJur 2006, 331
WEBER, Keine selbständige Anfechtbarkeit einer MPU-Anordnung, NZV 2006, 399 ff.
WEBER, Asbest in Görlitz (Klausur), VR 2007, 278
WEBER, Verwaltungsvollstreckung im Erzgebirge (Klausur), JA 2007, 536 ff.
WEBER, Leipziger Ersatzvornahme (Klausur), JA 2007, 627 ff.
WEBER, Anmerkung zum Urteil des VGH Mannheim, NZV 2007, 487, in NZV 2008, 263
WEBER, Verwaltungszwang, 1. Aufl. 2008 (Carl Link Verlag)
WEBER, Zur Vollstreckung aus einem öffentlich-rechtlichen Vertrag, KommunalPraxis-Spezial 2008, 41
WEBER, Zur Bestimmtheit von Entscheidungen im Verwaltungs- und Vollstreckungsverfahren, VR 2008, 181 ff.
WEBER, „Plauener Nebenbestimmungen" (Klausur), JA 2009, 215 ff.
WEBER, Zur Rückgabe des Führerscheins bei Entziehung der Fahrerlaubnis durch die Fahrerlaubnisbehörde, SVR 2009, 121
WEBER, „Waltraud Wunder wundert sich" (Aktenvortrag), JA 2009, 457 ff.
WEBER, Praxis des Gewerbe- und Gaststättenrechts, 1. A. 2012
WEBER THOMAS, Tücken des Verwaltungsvollstreckungsrechts, DVBl. 2012, 1130
WEBER, Anmerkung zum Beschluss des OVG Magdeburg vom 4.8.2011, 2 L 50/10, in VR 2012, 174
WEBER, Zur Gewerbeuntersagung nach § 35 Abs. 1 GewO, VR 2012, 337
WEBER, Abschleppen eines Fahrzeugs – unmittelbare Ausführung oder Ersatzvornahme?, NZV 2012, 212
WEBER, Der Leistungsbescheid als Folge einer Abschleppmaßnahme, SVR 2012, 241
WEBER, Zum Verhältnis zwischen Grundverwaltungsakt und sich anschließenden Vollstreckungsmaßnahmen, VR 2012, 270
WEBER, Zur Abgrenzung von Verwaltungsakt, Scheinverwaltungsakt und Nichtakt, apf 2013, 311
WEBER, Zur Versagung der Gaststättenerlaubnis nach § 4 GastG, VR 2013, Heft 10
WEBER, Zur Rücknahme und zum Widerruf der Gaststättenerlaubnis nach § 15 GastG, apf 2014, 129
WEBER, Zum Rechtsschutz im Verwaltungsvollstreckungsverfahren am Beispiel des Zwangsmittels der Ersatzvornahme; apf 2014, 173
WEBER, Zur Tenorierung behördlicher Bescheide im Zusammenhang mit der Androhung des Zwangsmittels der Ersatzvornahme: apf 2014, Landesteil Bayern, S. 73
WEBER, Das Sächsische Gaststättengesetz, GewArch 2014, S. 434
Weber, Verwaltungszwang in der behördlichen Praxis, 2015, Cal Link Kommunalverlag
WEBER, Die Ersatzvornahme in der behördlichen Praxis unter besonderer Berücksichtigung der Kostenforderung, 2016, Cal Link Kommunalverlag
WEBER, Die Einstellung des Verwaltungsvollstreckungsverfahrens durch die Vollstreckungsbehörde, apf 2015, 79

WEBER, Zum Verwaltungszwang im Gewerbe- und Gaststättenrecht unter besonderer Berücksichtigung des unmittelbaren Zwangs, Gewerbearchiv 2016, 275
WEBER, Fehler im Verwaltungs- und Vollstreckungsverfahren, LKV 2017, Heft 5
WEBER, Zum Rechtscharakter vollzugspolizeilicher Maßnahmen, VR 2017, 42
WEBER, Zur Bekanntgabe und Wirksamkeit unsichtbarer Verkehrszeichen, VR 2018, 44
WEBER, Zum Abschleppen eines auf dem Gehweg geparkten Motorrollers, DAR 2018, 109
WEBER, Der Zweitbescheid nach § 25 Schornsteinfeger-Handwerksgesetz und seine Vollstreckung, Gewerbearchiv 2019, 63
WEBER, Die Vollstreckung versammlungsrechtlicher Eingriffsmaßnahmen durch unmittelbaren Zwang, Die Polizei 2020, 420
WEBER, Zu den Aufgaben der Anordnungs- und Vollstreckungsbehörde nach dem VwZVG, KommJur 2021, Heft 4
WEBER, Die neue Sächsische Gemeindliche-Vollzugsbediensteten-Verordnung, NJ 2023, 445
WEBER, Zum Zusammenhang zwischen Bekanntgabe und Wirksamkeit, der Funktion der aufschiebenden Wirkung und der Unanfechtbarkeit eines Verwaltungsaktes, VR 2024, 53
WEBER, Zur Androhung eines Zwangsmittels und dem Problem der Zwangsvollstreckungsabwendungsfrist, Gewerbearchiv 2023, 98
WEBER, Zu den Änderungen des Sächsischen Verwaltungsvollstreckungsgesetzes, NJ 2ß24, 115
WEHSER, Herabstürzende Schlammlawinen (Klausur), VR 2016, 90

Abkürzungsverzeichnis

Aufl.	Auflage
Anm.	Anmerkung
apf	Ausbildung, Prüfung, Fortbildung, Fachwissen (Zeitschrift)
Art.	Artikel
BadWürttVwVG	Verwaltungsvollstreckungsgesetz Baden-Württemberg
BauGB	Baugesetzbuch
BayObLG	Bayerisches Oberstes Landesgericht
BayVBl	Bayerische Verwaltungsblätter
BayVerfGH	Bayerischer Verfassungsgerichtshof
BayVwZVG	Bayerisches Verwaltungszustellungs- und Vollstreckungsgesetz
BFH	Bundesfinanzhof
BGBl.	Bundesgesetzblatt
BGH	Bundesgerichtshof
BGHZ	Entscheidungen des Bundesgerichtshofs in Zivilsachen
BSG	Bundessozialgericht
BVerfG	Bundesverfassungsgericht
BVerwG	Bundesverwaltungsgericht
BVerwGE	Entscheidungssammlung des Bundesverwaltungsgerichts
DAR	Deutsches Autorecht (Zeitschrift)
d.h.	das heißt
Die Polizei	(Zeitschrift)
DÖV	Die Öffentliche Verwaltung
DVBl.	Deutsches Verwaltungsblatt
FeV	Fahrerlaubnisverordnung
GewArch	Gewerbearchiv (Zeitschrift)
GewO	Gewerbeordnung
GG	Grundgesetz
GVBl.	Gesetz- und Verordnungsblatt
i. d. R.	in der Regel
i. V.	in Verbindung
JA	Juristische Arbeitsblätter
JbSächsOVG	Jahrbuch der Entscheidungen des Sächsischen Oberverwaltungsgerichts
Jura	Jura (Zeitschrift)
JuS	Juristische Schulung
JZ	Juristenzeitung

KommJur	Kommunaljurist (Zeitschrift)
LBO bzw. SächsBO	Landesbauordnung
LKV	Landes- und Kommunalverwaltung (Zeitschrift)
LT-Drs	Landtagsdrucksache
MPU	Medizinisch-psychologische Untersuchung
NJ	Neue Justiz (Zeitschrift)
NJW	Neue Juristische Wochenschrift
NuR	Natur und Recht (Zeitschrift)
NVwZ	Neue Zeitschrift für Verwaltungsrecht
NVwZ-RR	Neue Zeitschrift für Verwaltungsrecht, Rechtsprechungsreport
NZV	Neue Zeitschrift für Verkehrsrecht
OLG	Oberlandesgericht
OVG	Oberverwaltungsgericht
Rspr.	Rechtsprechung
S.	Seite
SächsBO	Sächsische Bauordnung (Landesbauordnung)
SächsPBG	Sächsisches Polizeibehördengesetz
SächsPolG	Sächsisches Polizeigesetz
SächsPVDG	Sächsisches Polizeivollzugsdienstgesetz
SächsVBl.	Sächsische Verwaltungsblätter
SächsVwVG	Sächsisches Verwaltungsvollstreckungsgesetz
sog.	sogenannt
UPR	Umwelt- und Planungsrecht (Zeitschrift)
VBlBW	Baden-Württembergische Verwaltungsblätter
VG	Verwaltungsgericht
ZBR	Zeitschrift für Beamtenrecht
ZJS	Zeitschrift für das Juristische Studium (Internetzeitschrift)

Kapitel A
Einführung[1]

I. Verwaltungsvollstreckungsrecht als Teil des öffentlichen Rechts

1. Das Verwaltungsvollstreckungsrecht[2] als Teil des öffentlichen Rechts[3] kommt innerhalb der Tätigkeit der Verwaltungsbehörden zur Anwendung, wenn der Adressat einer polizei- oder ordnungsrechtlichen Verfügung (ihn belastender Verwaltungsakt) nicht nachkommt bzw. eine öffentlich-rechtliche Geldforderung nicht zahlt.

2. Dabei ist es bedeutungslos, ob der Betroffene aus Nachlässigkeit, Gleichgültigkeit oder sonstigen Gründen seiner von der Behörde angeordneten Verpflichtung nicht nachkommt[4]. Mittels sog. Verwaltungszwangs[5] oder Polizeizwangs[6] können dann von der Verwaltungsbehörde (dann als sog. Vollstreckungsbehörde, *siehe Kapitel F*) rechtmäßige Zustände in einem rechtsstaatlich geregelten Verfahren „zwangsweise", d.h. auch gegen den Willen des Betroffenen, durchgesetzt werden[7].

3. Die Verwaltungsbehörde[8] erlässt den evtl. zu vollstreckenden Verwaltungsakt in Form eines sog. Vollstreckungstitels selbst[9] und nimmt grundsätzlich auch selbst sich evtl. anschließende Vollstreckungshandlungen (bis hin zur Beitreibung einer Geldforderung) vor; „sie kann selbst zugreifen"[10]. Man spricht dabei von dem Privileg der Selbsttitulierung oder dem Privileg der Selbstvollstreckung der Verwaltungsbehörde[11].

4. Im zivilrechtlichen Vollstreckungsverfahren[12] dagegen kann der Bürger seinen materiellrechtlichen Anspruch gegen einen Anderen nicht im Wege der Selbst-

---

1 Soweit nachfolgend vom SächsVwVG gesprochen wird, handelt es sich um das Sächsische Verwaltungsvollstreckungsgesetz; ebenso das VwVfG als das Verwaltungsverfahrensgesetz des Freistaates Sachsen.

2 Als Oberbegriff für die Verfahren der Vollstreckung von Verwaltungsakten einschl. der Beitreibung; BVerwG, DÖV 1984, 887.

3 § 40 Abs. 1 VwGO, mit der Folge der Zuständigkeit der Verwaltungsgerichte im Rechtsstreit.

4 Lisken/Denninger, S. 551.

5 Brühl, JuS 1997, 926 ff.; so auch die Formulierung in Art. 29 Abs. 1 des Bayerischen VwZVG.

6 Siehe §§ 39 ff. SächsPVDG

7 BFH, NJW 2003, 1070.

8 § 1 Abs. 4 VwVfG und § 1 des Sächsischen Polizeibehördengesetzes, SächsPBG, z.B. Gemeindeverwaltung, Landratsamt, Landesdirektion; siehe dazu Schoch, JuS 1995, 307.

9 Z. B. Hundesteuer- oder Grundsteuerbescheid (Geldforderung), oder Abrissverfügung oder die Aufforderung, Abbrucharbeiten einzustellen. *Siehe dazu umfassend später im Kapitel C, Vollstreckungstitel.*

10 Maurer/Waldhoff, S. 233.

11 Brühl, JuS 1997, 926; Maurer/Waldhoff, S. 560; Pracht, VBlBW 2024, 48.

12 Z. B. schuldet Herr Meier dem Herrn Müller aus einem Kaufvertrag einen Betrag in Höhe von 1 000 Euro. Meier zahlt nicht freiwillig den geschuldeten Betrag zurück (privatrechtliche Vereinbarung).
Das gilt aber auch für die Behörde selbst, wenn sie einen privatrechtlichen Vertrag geschlossen hat und daraus Forderungen erhebt. Auch dann kann sie nicht mittels Verwaltungsvollstreckungsverfahren gegen den Schuldner vorgehen, denn das Verwaltungsvollstreckungsverfahren ist Teil des Öffentlichen Rechts, nicht des Privatrechts.

hilfe, sondern erst durch die Inanspruchnahme staatlicher Vollstreckungsorgane durchsetzen[13].

Dazu stellte der Bundesfinanzhof (BFH) fest, NJW 2003, 1070, 1071:
„... das Verwaltungszwangsverfahren ist dadurch gekennzeichnet, dass die Verwaltungsbehörde den ***Vollstreckungstitel***[14]*, nämlich den vollstreckbaren Verwaltungsakt, selbst erlässt und auch die Vollstreckungshandlungen... selbst vornimmt."*

II. Vollstreckung gerichtlicher Entscheidungen

Im öffentlichen Recht und insbes. im Verwaltungsrecht besteht auch die Möglichkeit, aus verwaltungsgerichtlichen Urteilen und Beschlüssen zu vollstrecken (§§ 167 ff. VwGO)[15]. Gegenstand der nachfolgenden Ausführungen ist schwerpunktmäßig die Vollstreckung von Verwaltungsentscheidungen, also Entscheidungen von Verwaltungsbehörden[16].
In Betracht kommen in diesem Zusammenhang regelmäßig die Vollstreckung von Verwaltungsakten und ausnahmsweise auch eine Vollstreckung aus einem öffentlich-rechtlichen Vertrag.

III. Die Bedeutung des Rechtsstaatsprinzips im Verwaltungsvollstreckungsverfahren

Ausgangspunkt und Maßstab aller verwaltungsvollstreckungsrechtlicher Maßnahmen einer Behörde ist das sog. Rechtsstaatsprinzip[17]: Die Verwaltung ist demnach bei ihrer Tätigkeit an „Recht und Gesetz" gebunden. **Insbes. beherrscht der Grundsatz der Verhältnismäßigkeit[18] als ein bedeutsamer Bestandteil des Rechtsstaatsprinzips das gesamte Verwaltungsvollstreckungsverfahren.**

13 BFH, NJW 2003, 1070, 1071; Maurer, S. 273; Muckel, JA 2012, 272.

14 Zum „Vollstreckungstitel" und dessen Bedeutung im Verwaltungsvollstreckungsverfahren siehe später umfassend im *Kapitel C „Der Vollstreckungstitel"*.

15 Brühl, JuS 1997, 927; VGH Mannheim, NVwZ-RR 2013, 541.

16 Verwaltungsbehörden (§ 1 Abs. 4 VwVfG) als vollziehende Gewalt i. S. von Art. 20 Abs. 3 GG, insbes. die Polizeibehörden nach § 1 SächsPBG (Prinzip der Gewaltenteilung, daneben gibt es noch die „Gesetzgebung", z. B. Bundestag oder Landtag und die „Rechtsprechung", z. B. Verwaltungsgerichte).
Geht man vom Polizeirecht aus (Eingriffsverwaltung), so finden sich die entsprechenden Behörden insbes. in § 1 SächsPBG, die sog. allgemeinen Polizeibehörden im Gegensatz zum Polizeivollzugsdienst nach dem SächsPVDG.
Denkbar sind aber auch Vollstreckungsmaßnahmen der Vollzugspolizei, wenn sie z. B.
- unmittelbaren Zwang anwendet *(siehe später im Kapitel L-VI)*, oder
- ein Fahrzeug abgeschleppt hat und dann die Kostenforderung geltend macht; *mehr dazu später ebenfalls im Kapitel L V.*

17 Art. 28 Abs. 1, 20 Abs. 3 GG; BVerwG, NJW 1996, 608, 611; OVG Münster, NVwZ 1995, 395; VGH Mannheim, Urteil vom 3.5.2021, 1 S 512/19; Maurer, S. 489; Schoch, JuS 1995, S. 308.

18 Siehe z. B. BVerwG, NJW 1993, 870, 871 *(„Verfassungsrang des Verhältnismäßigkeitsgrundsatzes")*, und DVBl. 2005, 645, 646; OVG Brandenburg, Gewerbearchiv 2002, 28, 29, und LKV 2007, 239, 240; OVG Bautzen, LKV 1994, 412, und SächsVBl. 2006, 92; VG Düsseldorf, NVwZ-RR 2006, 158; VGH Kassel, NVwZ-RR 2008, 742, 747; VG Meiningen, NVwZ-RR 2000, 477, 478; VG Stuttgart, NVwZ 1999, 323; VGH Kassel, KommJur 2009, 72, 74; VGH Mannheim, DÖV 1991, 163, 164; Weber, Asbest in Görlitz (Klausur), VR 2007, 278, 282 ff., mit umfangreichen Hinweisen auf die Rspr.

Im SächsVwVG finden sich dazu konkrete Regelungen in § 19 Abs. 3, 4.

Zur Bedeutung des Rechtsstaatsprinzips im Verwaltungsvollstreckungsrecht äußerte sich das BVerwG, NJW 1996, 608, 611:
„Die Zwangsvollstreckung steht als Eingriff in die privaten Rechte des Schuldners unter dem Gebot strenger Gesetzmäßigkeit. Namentlich muss der Vollstreckungstitel als Grundlage der Zwangsvollstreckung so beschaffen sein, dass ein Missbrauch staatlicher Vollstreckungsgewalt zur Durchsetzung nicht bestehender Rechte möglichst verhindert wird."

1. Aus Gründen der Rechts- und Verfahrenssicherheit zugunsten des Bürgers ist deshalb das gesamte Verwaltungsvollstreckungsverfahren in mehrere Verfahrensstufen aufgegliedert[19], ausgehend von einem Verwaltungsakt in Form eines sog. Vollstreckungstitels (*„Ohne Titel keine Vollstreckung", siehe später unter Kapitel C).* In den verschiedensten vollstreckungsrechtlichen Vorschriften sind bestimmte Schutzrechte für den Bürger (als sog. Vollstreckungsschuldner) „eingebaut", damit er den Vollstreckungsmaßnahmen der Verwaltungsbehörde nicht unvermittelt und überraschend entgegensteht[20].

2. Auch aus diesem Grunde muss den gebotenen Förmlichkeiten[21], die typisch für das Verwaltungsvollstreckungsverfahren sind, besondere Beachtung geschenkt werden[22].

Zu den gebotenen Förmlichkeiten stellte Brühl, **JuS 1997, 927, fest:**
*„In der Verwaltungsvollstreckung sind die formellen Anforderungen erheblich zahlreicher, gewichtiger und fehleranfälliger, als es bei dem der Vollstreckung zugrunde liegenden Verwaltungsakt der Fall ist. Der Prüfung der formellen Rechtmäßigkeit (**Anm.:** des Verwaltungsvollstreckungsverfahrens) kommt daher bei vollstreckungsrechtlichen Verwaltungsakten mindestens das gleiche Gewicht zu wie der Prüfung der materiellen Rechtmäßigkeit".*

3. Bedeutsam im Verwaltungsvollstreckungsverfahren ist auch das sog. Bestimmtheitsprinzip (bekannt aus § 37 Abs. 1 VwVfG), normiert z. B. in § 20 SächsVwVG[23]. Oft scheitern behördliche Vollstreckungsmaßnahmen daran, dass der sog. Grundverwaltungsakt (*dazu später im Kapitel C-VI)* zu unbestimmt ist oder

---

19 BVerwG, Urteil vom 12.1.2012, 7 C 5.11; OVG Bautzen, SächsVBl. 1996, 67: z. B. beim Zwangsgeld Androhung, Festsetzung und abschließende Beitreibung.

20 BFH, NJW 2003, 1070, 1972: wg. der „einschneidenden Wirkung staatlicher Zwangsmaßnahmen".

21 VGH Mannheim, VBlBW 2006, 386, 388; Später anzusprechen unter dem Thema „Formelle Rechtmäßigkeit der Vollstreckungsmaßnahme" *im Kapitel P, Rechtswidriges Verwaltungs- und Vollstreckungsverfahren.*

22 Der VGH Kassel, NVwZ-RR 1999, 158, betont ausdrücklich die „Formstrenge des Vollstreckungsrechts"; siehe auch VG Frankfurt, NVwZ 1994, 725, und VG Leipzig, NVwZ-RR 2000, 142. Maurer, S. 517: „Beachtung strikter Verfahrensvorschriften".

23 § 20 Abs. 3 Satz 1 SächsVwVG lautet wie folgt: *„Die Androhung muss sich auf bestimmte Zwangsmittel beziehen"*, nach § 20 Abs. 4 ist *„Zwangsgeld in bestimmter Höhe anzudrohen"*.

die behördlich angeordnete Verwaltungsvollstreckungsmaßnahme selbst genügt nicht den gesetzlichen Erfordernissen des Bestimmtheitsprinzips[24].

IV. Gerichtliche Kontrolle behördlicher Vollstreckungsmaßnahmen

Eine gerichtliche Kontrolle von Vollstreckungsmaßnahmen der Verwaltungsbehörden gegenüber dem Vollstreckungsschuldner entspricht dem Rechtsstaatsprinzip, insbes. Art. 19 Abs. 4 GG. Sie findet oftmals erst nach Erlass einer Vollstreckungsmaßnahme gegen den Bürger statt, der mit dieser Maßnahme nicht einverstanden ist und deshalb um Rechtsschutz beim Verwaltungsgericht nachsucht[25].

Anmerkung: *Siehe dazu später im Kapitel R, Rechtsschutz im Verwaltungs- und Vollstreckungsverfahren.*

V. Der Begriff des Verwaltungsvollstreckungsverfahrens

Zur Definition des Verwaltungsvollstreckungsverfahrens bietet sich folgende Formulierung an:

„Die Verwaltungsvollstreckung ist ein staatliches (Verwaltungs-)Zwangsverfahren mit dem vom der Verwaltungsbehörde verfolgten Ziel, den öffentlich-rechtlichen Anspruch eines Hoheitsträgers (z. B. Gemeinde) gegenüber einem Bürger unter Anwendung rechtsstaatlicher Zwangsmittel durchzusetzen."[26]

---

24 Siehe dazu WEBER, Zur Bestimmtheit von Entscheidungen im Verwaltungs- und Vollstreckungsverfahren, VR 2008, 181 ff.

25 VGH Mannheim, Urteil vom 3.5.2021, 1 S 512/19; HORN, Jura 2004, 447; siehe dazu WEBER, Rechtsschutz im Verwaltungsvollstreckungsverfahren, VR 2004, 253 ff.

26 BFH, NJW 2003, 1070, 1071; siehe auch LISKEN/DENNINGER, S. 551, und MUCKE, JA 2012, 272.

Kapitel B
Grundsätze des Verwaltungsvollstreckungsrechts

I. Zweck des Verwaltungsvollstreckungsverfahrens

Zum Zweck des Verwaltungsvollstreckungsverfahrens stellte das OVG Bautzen fest[27]:
„Zweck des Verwaltungsvollstreckungsverfahrens ist ein vereinfachtes, beschleunigtes Verfahren zur schnellen und wirksamen Durchsetzung vollziehbarer Verwaltungsakte."

II. Verwaltungsvollstreckung nach Bundes- und Landesrecht

Die Vollstreckung von Verwaltungsakten der Bundesbehörden richtet sich nach dem Verwaltungsvollstreckungsgesetz des Bundes[28].

1. Dagegen wird die Verwaltungsvollstreckung durch Landesbehörden durch die entspr. Landesgesetze geregelt, was zu einer relativ unübersichtlichen Rechtslage führt[29].

   Jedoch besteht eine weitgehende Identität der bundes- und landesrechtlichen Regelungen[30], wie die nachfolgenden Erörterungen zeigen werden.

2. Nach § 1 des SächsVwVG wird nach dem Sächsischen Verwaltungsvollstreckungsgesetz vollstreckt, soweit die Vollstreckung nicht nach Bundesrecht unmittelbar geregelt ist oder bundesrechtliche Vollstreckungsvorschriften durch Landesrecht für anwendbar erklärt sind.

   Demnach gilt der Grundsatz der Anwendung des SächsVwVG für die Behörden des Freistaates Sachsen und die Körperschaften, Anstalten und Stiftungen des öffentlichen Rechts, die unmittelbar oder mittelbar der Aufsicht des Freistaates Sachsen unterstehen (z. B. Gemeinden und Landkreise).

---

27 SächsVBl. 1997, 10. Auch der VGH München (NJW 1982, 460) sprich in diesem Zusammenhang von *„Verfahrensbeschleunigung und effektiver Durchsetzung vorrangiger öffentlicher Interessen."*; ebenso VGH Mannheim, NVwZ-RR 1991, 512.

28 Vom 27.4.1953 (BGBl. I S. 157 ff.), in der derzeit geltenden Fassung. Die Ausführungen von Maurer (Lehrbuch „Allgemeines Verwaltungsrecht") zum Verwaltungsvollstreckungsverfahren (S. 516 ff.) orientieren sich an der Rechtslage des Bundes; Muckel, JA 2012, 272, 273..

29 Brühl, JuS 1997, 926; Maurer, S. 518; Schoch, JuS 1995, S. 308.

30 Schoch, JuS 1995, 308; zu den Unterschieden siehe auch Malmendier, Die Zwangsmittelfestsetzung in der Verwaltungsvollstreckung des Bundes und der Länder, Verwaltungsarchiv 1991, 25 ff.

Landesrechtliche Gesetzgebung (in alphabetischer Reihenfolge der Bundesländer):
– Baden Württemberg: Verwaltungsvollstreckungsgesetz für Baden-Württemberg, LVwVG – Bayern: Bayerisches Verwaltungszustellungs- und -vollstreckungsgesetz, BayVwZVG – Berlin: Das Berliner VwVfG verweist in § 5 Abs. 2 für den Bereich des Vollstreckungsrechts auf das SächsVwVG des Bundes – Brandenburg: Verwaltungsvollstreckungsgesetz vom 18.12.1991 – Bremen: Bremisches Verwaltungsvollstreckungsgesetz, BremVwVG – Hamburg: Verwaltungsvollstreckungsgesetz, HmbVwVG – Hessen: Hessisches Verwaltungsvollstreckungsgesetz, HessVwVG – Mecklenburg-Vorpommern: Das Verwaltungsrechtseinführungsgesetz (EGVwR) verweist mit geringen Modifikationen auf das VwVG des Bundes. Öffentlich-rechtliche Geldforderungen des Landes werden nach der JBeitrO vollstreckt. – Niedersachsen: Niedersächsisches Verwaltungsvollstreckungsgesetz, NVwVG mit Verweisen auf den 6. Teil des Niedersächsischen Gefahrenabwehrgesetzes, NGefAG – Nordrhein-Westfalen: Verwaltungsvollstreckungsgesetz für das Land Nordrhein-Westfalen, VwVGNW – Rheinland-Pfalz: Landesverwaltungsvollstreckungsgesetz für Rheinland-Pfalz, LVwVGRP – Saarland: Saarländisches Verwaltungsvollstreckungsgesetz, SVwVG – **Sachsen:** Verwaltungsvollstreckungsgesetz für den Freistaat Sachsen, SächsVwVG – Sachsen-Anhalt: Verwaltungsvollstreckungsgesetz des Landes Sachsen-Anhalt, VwVGLSA – Schleswig-Holstein: Allgemeines Verwaltungsgesetz für das Land Schleswig-Holstein, LVwGSH – Thüringen: Thüringer Verwaltungszustellungs- und Vollstreckungsgesetz, ThürVwVZG

Anmerkung: *Zum Landesverwaltungsvollstreckungsgesetz Baden-Württemberg siehe aktuell* Pracht, *VBl.BW 2024, 48.* Der Schwerpunkt der Ausführungen wird auf den landesrechtlichen Regelungen liegen, da grundsätzlich die Länder auch die Bundesgesetze vollziehen.

Die Betätigung von Bundesbehörden auch im Vollstreckungsrecht ist der Ausnahmefall, weil grundsätzlich die Verwaltungsaufgaben nach den Vorgaben des Grundgesetzes den Ländern obliegen (Art. 83 ff. GG), die unmittelbare Betätigung der Bundesverwaltung mit Außenwirkung gegenüber dem Bürger ist der Ausnahmefall (siehe z. B. Art. 86 ff. GG).

3. Dabei lassen sich die landesrechtlich unterschiedlichen verwaltungsvollstreckungsrechtlichen Normierungen 4 bestimmten Kategorien zuordnen[31]:

31 Siehe dazu auch Lisken/Denninger, S. 552; App, JuS 2004, 786, 787.

a) Hessen, Mecklenburg-Vorpommern, Niedersachsen, Rheinland-Pfalz, Saarland und Sachsen-Anhalt: Das Polizei- und Ordnungsrecht trifft eine Vollregelung zur Erzwingung von Handlungen, Duldungen oder Unterlassungen;
b) Berlin und Schleswig-Holstein: Das Gefahrenabwehrrecht enthält keine Regelungen, es gilt das Verwaltungsvollstreckungsrecht;
c) Bayern, Brandenburg, Nordrhein-Westfalen und Thüringen: Das Polizeirecht (PAG) regelt den Polizeizwang des Polizeivollzugsdienstes. Dagegen kommt für die Tätigkeit der Ordnungs- bzw. Sicherheitsbehörden (also Verwaltungsbehörden wie z. B. die Ortspolizeibehörde) das allgemeine Verwaltungsvollstreckungsrecht (VwZVG) zur Anwendung;
d) **Sachsen,** Baden-Württemberg, Bremen und Hamburg: Das Gefahrenabwehrrecht (Polizeirecht) differenziert nach den einzelnen Zwangsmitteln: Zwangsgeld und Zwangshaft sowie Ersatzvornahme wird nach dem Landesverwaltungsvollstreckungsrecht angewendet, während für das Zwangsmittel des unmittelbaren Zwangs das Polizeirecht gilt (in Sachsen z. B. aber mit Verweis auf das SächsVwVG); siehe § 39 Sächsisches Polizeivollzugsdienstgesetz – SächsPVDG.

Anmerkung: *Das SächsVwVG des Freistaates Sachsen ist im Wesentlichen dem Verwaltungsvollstreckungsgesetz des Landes Baden-Württemberg nachgebildet*[32].

4. Der Schwerpunkt der weiteren Ausführungen liegt nicht bei den Vollstreckungshandlungen der Vollzugspolizei (Polizeivollzugsdienst), die jedoch bei Gelegenheit zumindest auch angesprochen werden[33].
Dazu sei nur bereits jetzt angemerkt, dass einem Widerspruch gegen Verwaltungsakte der Vollzugspolizei nach § 80 Abs. 2 Satz 1 Nr. 2 VwGO keine aufschiebende Wirkung zukommt (*siehe dazu später mehr im Kapitel C, Vollstreckungstitel)*, wobei i. d. R. auch kein mehraktiges Vollstreckungsverfahren durchgeführt wird[34]. Im Gegensatz zu Vollstreckungsmaßnahmen der Verwaltungsbehörde bzw. Polizeibehörde nach dem Sächsischen Polizeibehördengesetz – SächsPBG (sog. Verwaltungsvollstreckungsmaßnahmen nach dem SächsVwVG) schafft die Maßnahme der Vollzugspolizei oft rein faktisch endgültige Verhältnisse und ist deshalb unter rechtsstaatlichen Gesichtspunkten besonders sorgfältig (nachträglich) auf ihre Rechtmäßigkeit zu prüfen.

Wie das Thema „Verwaltungsvollstreckungsrecht" bereits selbst sagt, geht es nachfolgend im Wesentlichen um die Vollstreckungshandlungen von Verwaltungsbehörden bzw. konkret der Polizeibehörden nach dem Sächsischen Polizeibehördengesetz – SächsPBG.

---

32 OLG Dresden, SächsVBl. 2003, 173. Dementsprechend ist für Sachsen die Rspr. der Verwaltungsgerichte des Landes Baden-Württemberg in Fragen den Polizei- und Verwaltungsvollstreckungsrechts nicht uninteressant.
33 Siehe später im Zusammenhang mit dem Vollstreckungstitel nach § 80 Abs. 2 Satz 1 Nr. 2 VwGO *(Kapitel C)*, und bei Erörterung der Anwendung der Ersatzvornahme (Abschleppen von Kraftfahrzeugen, *Kapitel M*)
34 Siehe dazu Lisken/Denninger, S. 553.

III. Zur Systematik der verwaltungsvollstreckungsrechtlichen Regelungen

1. Am Beispiel des Verwaltungsvollstreckungsgesetzes des Bundes
   Das Gesetz gliedert sich in 3 Teile:
   1. Abschnitt: Vollstreckung von Geldforderungen, §§ 1–5
   2. Abschnitt: Erzwingung von Handlungen, Duldungen oder Unterlassungen, §§ 6–18
   3. Abschnitt: Kosten, § 19.

2. Am Beispiel des Sächsischen Verwaltungsvollstreckungsgesetzes
   Das Gesetz gliedert sich in 4 Teile:
   1. Teil: Allgemeine Vorschriften, §§ 1–11, insbes. mit der Beschreibung des sog. „Vollstreckungstitels",
   2. Teil: Vollstreckung wegen Geldforderungen, §§ 12–18
      Anmerkung: *Das ist nicht der Hauptgegenstand der Erörterungen in diesem Buch. Die Änderungen des VwVG beziehen sich aber überwiegend auf den 2. Teil.*
   3. Teil: Vollstreckung sonstiger Verwaltungsakte (also alle Verwaltungsakte außer den im 2. Teil angesprochenen Leistungsbescheiden), §§ 19–27
   4. Teil: Schlussvorschriften, insbes. Einschränkung von Grundrechten, §§ 28–30

3. Die Gliederung des Sächsischen VwVG			
1. Teil Allgemeine Vorschriften, §§ 1–11 insbes. § 2, sog. Vollstreckungstitel, und § 11, Wegfall der aufschiebenden Wirkung bei Verwaltungsvollstreckungsmaßnahmen	**2. Teil** Vollstreckung wegen Geldforderungen, §§ 12–18 (wird nachfolgend im Zusammenhang mit der Zwangsgeldfestsetzung und der Geltendmachung von Kosten der Ersatzvornahme behandelt)	**3. Teil** **Vollstreckung sonstiger Verwaltungsakte, §§ 19–27**	**4. Teil** Schlussvorschriften, §§ 28–30

4. In der Gesamtschau erkennt man die Übereinstimmung in der Systematik der jeweiligen gesetzlichen Festlegungen mit der grundsätzlichen Unterscheidung auch in allen Verwaltungsvollstreckungsgesetzen der Bundesländer
   - zwischen der Vollstreckung von Geldforderungen auf der einen Seite (sog. Leistungsbescheide, in Sachsen §§ 12 ff. SächsVwVG) und
   - der Vollstreckung von Handlungen, Duldungen oder Unterlassungen auf der anderen Seite, in Sachsen §§ 19 ff. SächsVwVG, sog. sonstige Verwaltungsakte (grundsätzlich alle Verwaltungsakte mit Ausnahme der Leistungsbescheide).

Dabei gehen alle Vollstreckungsgesetze von der Existenz eines Verwaltungsaktes (auch oft Grundverwaltungsakt genannt) in Form eines Vollstreckungstitels als Grundlage der nachfolgenden Verwaltungsvollstreckungsmaßnahmen aus (*dazu später im Kapitel C*).

IV. Zum Verhältnis zwischen dem Sächsischen Polizeivollzugsdienstgesetz und dem SächsVwVG

Zur Rechtslage nach dem SächsPolG; § 30 (Abschnitt 2, Befugnisse der Polizei, Unterabschnitt 4, Polizeizwang).

„(1) Die Polizei wendet unmittelbaren Zwang nach den Vorschriften dieses Gesetzes, andere Zwangsmittel nach den Vorschriften des Sächsischen Verwaltungsvollstreckungsgesetzes an. (2) Die Anwendung unmittelbaren Zwangs obliegt dem Polizeivollzugsdienst."

Nach § 32 Abs. 5 SächsPolG *„gelten für die Anwendung unmittelbaren Zwangs zur Vollstreckung von Verwaltungsakten der Polizei (**Anm.:** § 59 SächsPolG) im Übrigen die Vorschriften des Sächsischen Verwaltungsvollstreckungsgesetzes (**Anm.:** §§ 25–27 SächsVwVG)."*

Zur Rechtslage nach dem neuen SächsPVDG:
Abschnitt 3, Zwang
§ 39, Allgemeines
(1) Die Polizei wendet unmittelbaren Zwang nach den Vorschriften dieses Gesetzes und die Zwangsmittel Zwangsgeld, Zwangshaft sowie Ersatzvornahme nach den Vorschriften des Verwaltungsvollstreckungsgesetzes für den Freistaat Sachsen an.
(2) Für die Anwendung unmittelbaren Zwangs zur Vollstreckung von Verwaltungsakten gelten im Übrigen die Vorschriften des Verwaltungsvollstreckungsgesetzes für den Freistaat Sachsen.

LT-Drucksache 6/14791, Gesetzentwurf der Staatsregierung zum Gesetz der Neustrukturierung des Polizeirechtes des Freistaates Sachsen:

Zu § 39 (Allgemeines)
Zu Absatz 1
Absatz 1 formuliert den Regelungsinhalt des bisherigen § 30 Absatz 1 SächsPolG neu. Zur Klarstellung werden die neben dem unmittelbaren Zwang bestehenden anderen Zwangsmittel ausdrücklich in der Regelung einzeln benannt.
Zu Absatz 2
Die Vorschrift formuliert den Regelungsinhalt des bisherigen § 32 Absatz 5 SächsPolG neu und benennt ausdrücklich (Klarstellung) die Bestimmungen des Verwaltungsvollstreckungsgesetzes die ergänzend Anwendung finden, wenn die Polizei unter Anwendung unmittelbaren Zwangs Verwaltungsakte vollstreckt. Der bisher in § 32 Absatz 5 SächsPolG geregelte Verweis wird durch die Ansiedelung in § 39 Ab-

satz 2 als Grundsatznorm für die Anwendung von Zwang rechtssystematisch besser verortet.
Die Vorschriften über die sog. Vollzugshilfe (§ 37 SächsPVDG) zeigen, dass nicht nur die Vollzugspolizei, sondern auch die Polizeibehörden unmittelbaren Zwang anwenden können. *Siehe dazu nachfolgend unter G III.*

Unterscheidung der alten und neuen Rechtslage:

Nach § 30 Abs. 2 SächsPolG oblag die Anwendung unmittelbaren Zwangs dem Polizeivollzugsdienst.
Diese Regelung enthält § 39 SächsPVDG nicht mehr.
Es wird aber differenziert zwischen der Anwendung unmittelbaren Zwangs nach dem SächsPVDG (Abs. 1) und der Anwendung unmittelbaren Zwangs zur Vollstreckung von Verwaltungsakten unter Hinweis auf das VwVG (Abs. 2).
Bei den Zwangsmitteln Zwangsgeld, Zwangshaft sowie Ersatzvornahme wird nach § 39 Abs. 1 SächsPVDG auf das VwVG verwiesen.
Hinweis: Das Gesetz zur Neustrukturierung des Polizeirechtes im Freistaat Sachsen (SächsPVDG und SächsPBG) hat im SächsVwVG keine Änderungen vorgenommen.

Unmittelbarer Zwang nach dem SächsPVDG:
Die Einzelheiten sind in den §§ 40 ff. geregelt als typische Maßnahmen der Vollzugspolizei wie Fesselung von Personen und Schusswaffengebrauch bis hin zum sog. Todesschuß, § 43 Abs. 2 Satz 2.

V. Zum Begriff der „Verwaltungsvollstreckungsmaßnahme" und dessen Bedeutung

1. Der Begriff der „Verwaltungsvollstreckungsmaßnahme" ist noch zu definieren, da die Verwaltungsvollstreckungsgesetze dazu selbst keine Festlegungen enthalten, der Begriff wird vom Gesetzgeber vorausgesetzt[35].

Vollstreckungsmaßnahmen i. S. des Verwaltungsvollstreckungsrechts sind *„Maßnahmen, die auf die zwangsweise Durchsetzung eines vorher durch Verwaltungsakt festgesetzten Gebots oder Verbots gerichtet sind."*[36]

2. Typische Vollstreckungsmaßnahmen sind demnach z. B.
   - die Androhung eines Zwangsgeldes, der Ersatzvornahme oder des sog. unmittelbaren Zwangs[37],

35 Siehe z. B. Art. 22 BayVwZVG; Art. 20 trägt die Überschrift „Begriffsbestimmungen", definiert aber nicht die Vollstreckungsmaßnahme. Auch die Regelung des § 11 SächsVwVG geht von einer Verwaltungsvollstreckungsmaßnahme aus, ohne sie näher zu definieren.
36 OVG Bautzen, NVwZ-RR 2003, 475; VGH Mannheim, NVwZ-RR 1991, 512.
37 VGH München, NuR 2006, 183; VGH Kassel, NVwZ-RR 1996, 361; VGH Mannheim, NVwZ-RR 1997, 444; ebenso die Androhung unmittelbaren Zwangs (VGH München, NJW 1982, 460); VG München, Beschluss vom 12.7.2010, M 11 S 10.2265; VGH Mannheim, Urteil vom 3.5.2021, 1 S 512/19.

- ebenso die Festsetzung eines Zwangsgeldes[38] oder
- Vollstreckungsakte zur Beitreibung einer Geldforderung[39].

3. Keine Vollstreckungsmaßnahme dagegen ist z. B. die Anforderung von Kosten der Ersatzvornahme durch Leistungsbescheid oder die Anordnung zur Vorauszahlung der Ersatzvornahmekosten, da eben nicht auf die zwangsweise Durchsetzung eines durch Verwaltungsakt festgesetzten Gebots oder Verbots gerichtet. Denn hierdurch tritt eine Behinderung des Vollzugs unanfechtbarer oder sofort vollziehbarer Verwaltungsakte (siehe § 2 SächsVwVG) nicht ein[40]. Außerdem ist die Vollstreckung mit der Durchführung der Ersatzvornahme abgeschlossen[41] und die spätere Kostenanforderung dient nicht mehr unmittelbar der Vollstreckung[42].
Man kann diese Art von Maßnahmen als nur *„mittelbar"* der Verwaltungsvollstreckung dienende Maßnahmen bezeichnen.

4. Für diese Auffassung spricht auch § 24 Abs. 3 Satz 2 des Sächsischen Verwaltungsvollstreckungsgesetzes. Dort ist nunmehr ausdrücklich festgelegt, dass der Leistungsbescheid betr. Kosten der Ersatzvornahme und der Vorauszahlung sofort vollziehbar ist[43]. Der Gesetzgeber hat die Zahlung der Kosten der Ersatzvornahme nicht als „Maßnahme der Verwaltungsvollstreckung" i. S. d. § 11 SächsVwVG gesehen und deshalb nunmehr § 24 Abs. 3 Satz 2 in das Sächsische Verwaltungsvollstreckungsgesetz eingefügt. Denn ansonsten wäre diese „neue" Vorschrift des § 24 Abs. 3 Satz 2 SächsVwVG überflüssig.

5. Die Bedeutung des Begriffs der „Verwaltungsvollstreckungsmaßnahme" ergibt sich aus

***§ 11 SächsVwVG[44]:** Danach haben „Rechtsbehelfe gegen Maßnahmen der Verwaltungsvollstreckung keine aufschiebende Wirkung. § 80 Abs. 4 bis 8 der VwGO gilt entsprechend."*

a) Diese Vorschrift (ähnlich auch in anderen Bundesländern, z. B. Art. 21a Bay-VwZVG, § 12 BadWürttVwVG[45] oder § 8 NWAGVwGO, Nordrhein-Westfalen[46]) soll verhindern, dass der Pflichtige (*Vollstreckungsschuldner, siehe Kapitel E)* allein mit der Einlegung von Rechtsbehelfen gegen die im Verwal-

38 OVG Bautzen, SächsVBl. 2006, 92; VGH Kassel, NVwZ-RR 1996, 361.
39 VGH Mannheim, NVwZ-RR 1991, 512; Pfändungs- und Einziehungsverfügung (OVG Bautzen, SächsVBl. 2006, 92); a. A. OVG Weimar, Beschluss vom 5.6.2012, 1 EO 284/12; NJ 2014, 42 (nur teilweise abgedruckt), mit Anmerkung von Otto (Pfändungs- und Einziehungsverfügung); siehe dazu später unter N IV 5.
40 OVG Bautzen, NVwZ-RR 2003, 475; OVG Münster, NJW 1993, 1441; VGH Mannheim, NVwZ-RR 1997, 75; VG Hannover, NVwZ-RR 1998, 311.
41 VGH Mannheim, NVwZ-RR 1991, 512.
42 VGH Mannheim, NVwZ-RR 1997, 75; zur Durchführung der Beitreibung des Leistungsbescheides siehe nachfolgend unter 6.
43 Siehe dazu Weber, VR 2004, 181, 191.
44 VG Leipzig, LKV 1995, 46, 48.
45 Siehe dazu VGH Mannheim, NVwZ-RR 2007, 296.
46 Siehe dazu VG Köln, NVwZ-RR 2008, 756, 757.

tungsvollstreckungs- und Verwaltungszwangsverfahren ergangenen Verwaltungsakte die Vollziehung dieser Maßnahmen lahmlegt und damit den Vollzug unanfechtbarer bzw. sofort vollziehbarer Verwaltungsakt in unzumutbarer Weise behindert (Zweck der effektiven Verwaltungsvollstreckung)[47].

b) Wegen der Festlegung in § 11 SächsVwVG kann man auch ohne weiteres vertreten, dass alle Maßnahmen der Verwaltungsvollstreckung kraft Gesetzes Verwaltungsakte sind. Denn Rechtbehelfe mit aufschiebender Wirkung sind nur die Widersprüche nach § 80 Abs. 1 VwGO (bzw. eine spätere Anfechtungsklage). Und einen Widerspruch kann man zulässigerweise nur gegen einen Verwaltungsakt i. S. d. § 35 VwVfG einlegen. Also sind alle Verwaltungsvollstreckungsmaßnahmen wegen der Festlegung in § 11 Satz 1 SächsVwVG Verwaltungsakte[48]. Für diese Auffassung spricht auch die Regelung in § 11 Satz 2 SächsVwVG mit dem ausdrücklichen Hinweis auf § 80 Abs. 4 bis 8 VwGO.

c) Andererseits kann eine umfassende Nichtzurechnung behördlicher Betätigungen im Verwaltungsvollstreckungsverfahren zu den Verwaltungsvollstreckungsmaßnahmen nach § 11 SächsVwVG (*siehe oben 3.*) auch durch den Ausnahmecharakter des Wegfalls der aufschiebenden Wirkung von Widerspruch bzw. Anfechtungsklage kraft gesetzlicher Festlegung (*siehe auch § 80 Abs. Satz 1 Nr. 1–3 VwGO*) vertreten werden[49].

6. Zur Beitreibung von Leistungsbescheiden und hiergegen möglichen Rechtsschutz (je nachdem, ob dies als Vollstreckungsmaßnahme angesehen wird oder nicht) *siehe später unter R VIII 2.*

VI. Verwaltungsvollstreckungsverfahren als Verwaltungsverfahren

1. Abschließend ist noch § 28 Abs. 2 Satz 5 VwVfG zu erwähnen, der festlegt, dass von der Anhörung des Betroffenen abgesehen werden kann, wenn Maßnahmen in der Verwaltungsvollstreckung (Verwaltungsvollstreckungsmaßnahmen, *siehe oben unter V.*) getroffen werden sollen[50].

2. Auch diese Vorschrift dient der Effektivität des Verwaltungsvollstreckungsverfahrens, außerdem hat der Vollstreckungsschuldner bereits Kenntnis von dem dem Verwaltungsvollstreckungsverfahren vorausgegangenen und ihm bekannt gegebenen Grundverwaltungsakt in Form eines Vollstreckungstitels.

3. Diese Norm (keine Anhörung erforderlich) zeigt, dass es sich bei den Verwaltungsvollstreckungsverfahren um Verwaltungsverfahren nach den §§ 9 ff. VwVfG han-

47 VGH Mannheim, NVwZ-RR 1991, 512, und NVwZ-RR 1997, 75; OVG Bautzen, NVwZ-RR 2003, 475; OVG Münster, NJW 1983, 1441.

48 Siehe dazu Weber, Der Bescheid über die Festsetzung eines Zwangsgeldes, apf 1999, 109.

49 Weber, apf 2014, 173; so auch OVG Weimar, NJ 2014, 42, zu einer Pfändungs- und Einziehungsverfügung (*siehe dazu später unter N IV 5).*

50 VG München, Beschluss vom 12.7.2010, M 11 S 10.2265. VGH München, Beschluss v. 21.01.2015 – 1 CE 14.2460, 1 CE 14.2520.

delt, zumal insbes. z. B. die Androhung eines Zwangsmittels nach dem SächsVwVG Verwaltungsaktqualität besitzt. Die Vorschriften des VwVfG sind demnach im Verwaltungsvollstreckungsverfahren anzuwenden[51].

VII. Änderungen des VwVG durch Gesetz vom 13.12.2023

1. Grundsätzliche Ausführungen im Gesetzesentwurf der Staatsregierung vom 10.11.2022[52]

Mit den Änderungen wird das Gesetz zur Verbesserung der Sachaufklärung in der Verwaltungsvollstreckung vom 30.6.2017 (BGBl. I S. 2094) für die Vollstreckungsbehörden des Freistaates Sachsen umgesetzt. Damit werden den Vollstreckungsbehörden weitestgehend die Sachaufklärungsbefugnisse eingeräumt, die den Gerichtsvollziehern nach der ZPO zustehen.

Des Weiteren wird der Geltungsbereich des SächsVwVG für die Vollstreckung bestimmter privatrechtlicher Forderungen eröffnet. Zukünftig sollen die Vollstreckungsbehörden die Möglichkeit erhalten, privatrechtliche Forderungen, die im Zusammenhang mit der Gewährung von Sozialleistungen entstehen und aufgrund eines Gesetzes (z. B. nach § 7 Absatz 1 des Unterhaltsvorschussgesetzes, § 33 SGB II, § 95 SGB VIII) auf den Freistaat Sachsen oder den Träger der Sozialleistung übergegangen sind, im Wege der Verwaltungsvollstreckung beitreiben zu können.

Weitere Änderungen dienen dazu, das Vollstreckungsverfahren effektiver auszugestalten. Zum einen sollen grundstücksbezogene Kosten der Ersatzvornahme als öffentliche Last definiert werden, um die Zwangsvollstreckung in Grundstücke zu erleichtern und die Befriedigungsaussichten der Kommunen zu verbessern. Zum anderen erhalten die Vollstreckungsbehörden die Befugnis, bei einer Vollstreckung von Zwangs-, Buß- und Ordnungsgeldern Pfändungen ohne Rücksicht auf die Pfändungsgrenzen des § 850c ZPO vornehmen zu können.

Zudem sollen Verfahrenserleichterungen bei der Vollstreckungshilfe geschaffen werden. Die Vollstreckungsbehörden sollen zukünftig auf die Geltendmachung uneinbringlicher Vollstreckungskosten verzichten können, soweit die ersuchende Behörde ihrerseits darauf verzichtet. Übersteigen die uneinbringlichen Kosten einen bestimmten Betrag nicht, sollen die Vollstreckungsbehörden zudem auch ohne Gegenseitigkeit darauf verzichten können.

Schließlich werden die Befugnisse der Vollstreckungsbehörden zur Vermögensermittlung und Datenverarbeitung zu anderen Zwecken aus datenschutzrechtlichen Gründen klarer formuliert.

---

51 Brühl, JuS 1997, 928; Weber, Zur Prüfung der Rechtmäßigkeit von Maßnahmen in der Verwaltungsvollstreckung, apf 2005, LB Sachsen, s. 25 ff.

52 Drs 7/11328.

Vor dem Hintergrund der Digitalisierung von Verwaltungshandeln sollen Vollstreckungshilfeersuchen künftig elektronisch übermittelt und Vollstreckungsaufträge elektronisch erteilt werden können.

Die geplanten Gesetzesänderungen dienen in erster Linie dazu, die Durchsetzung von Forderungen der öffentlichen Hand zu vereinfachen und zu verbessern. Vollstreckungsschuldner sollen sich nicht erfolgreich einer Beitreibung von Forderungen entziehen können. Ohne die geplanten Änderungen stünden den Vollstreckungsbehörden darüber hinaus nicht die gleichen Sachaufklärungsbefugnisse zur Verfügung wie den Gerichtsvollziehern.

2. Öffentliche Anhörung durch den Ausschuss für Inneres und Sport am 6.4.2023, 36. Sitzung[53]

Teilgenommen haben die Sachverständigen Peter Blazek, Fachreferent im Sächsischen Städte- und Gemeindetag, Claudia Conradi von der Hochschule Meißen, Adelheid Härig, Vorstandsmitglied im Fachverband der Kommunalkassenverwalter Landesverband Sachsen, Benjamin Lange, Referent im Sächsischen Landkreistag, Rolf Süßmann, Gerichtsvollzieher im Amtsgericht Dippoldiswalde, und Klaus Weber, Regierungsdirektor a. D.

3. Zu den konkreten bedeutsamen Änderungen entspr. den Ausführungen im Gesetzesentwurf

1. Teil, Allgemeine Vorschriften

1. Erweiterung des Geltungsbereichs auf die Vollstreckung bestimmter privatrechtlicher Forderungen
   - § 1 III neu: *Privatrechtliche Forderungen können nach Maßgabe von § 17b nach den Vorschriften dieses Gesetzes vollstreckt werden.*
   - § 17b, Vollstreckung privatrechtlicher Forderungen
     Absatz 1 bestimmt die Anwendbarkeit der Vorschriften über die Vollstreckung von Leistungsbescheiden auf die Beitreibung von privatrechtlichen Forderungen, die im Wege des gesetzlichen Forderungsübergangs auf den Freistaat Sachsen oder die Kommunen übergegangen sind. Die Aufzählung in den Nummern 1 bis 8 ist abschließend (z. B. Unterhaltsvorschussgesetz, BaföG).
     An die Stelle des Leistungsbescheids tritt die Zahlungsaufforderung als Grundlage für die Vollstreckung.
     Die Regelung in Abs. 3 dient dem Schutz des Vollstreckungsschuldners. Da die Vollstreckung ohne zivilprozessualen Titel erfolgt, ist die Vollstreckung einzustellen, sobald der Schuldner Einwendungen erhebt. Dabei ist unerheb-

53 ApPr 7/10360.

lich, ob die Einwendungen offensichtlich ohne Erfolg bleiben werden. Der Vollstreckungsschuldner ist über das Recht zu belehren, bevor die erste Vollstreckungsmaßnahme eingeleitet wird.
Bereits getroffene Vollstreckungsmaßnahmen sind aufzuheben. Die Forderung kann nunmehr nur nach den Vorschriften der ZPO vollstreckt werden.
Nach der Neuregelung in § 3 Abs. 1 Nr. 3 kann als Vollstreckungsschuldner in Anspruch genommen werden, wer *„in den Fällen des § 1 Absatz 3 in der Zahlungsaufforderung nach § 17b Absatz 2 Satz 1 als zahlungspflichtig benannt ist."*

2. Vollstreckungsbehörden und Vollstreckungshilfe nach § 4
   - Dem Satz 1 in Abs. 1 wird eine neue Nr. 5 angefügt. Vollstreckungsbehörde für die Beitreibung privatrechtlicher Forderungen ist die Behörde, die für die Zahlungsaufforderung nach § 17b Absatz 2 Satz 1 zuständig ist. Dies ergibt sich aus dem jeweiligen Fachgesetz.
   - Absatz 2
     Aus Gründen der Rechtsklarheit werden die Regelungen, die ausschließlich für die Verfahren der Finanzämter bei der Vollstreckung von Leistungsbescheiden der Behörden des Freistaates Sachsen (§ 4 Absatz 1 Satz 1 Nummer 1) gelten, in einem neuen Absatz 2 geregelt.

     Satz 1
     Der bisherige § 4 Absatz 1 Satz 3 wird dahingehend klarer formuliert, dass für das Verfahren der Vollstreckung durch die Finanzämter sämtliche Teile der Abgabenordnung mit Ausnahme der beiden letzten Teile entsprechend anwendbar sind. Dies betrifft insbesondere auch die Regelungen zur Verarbeitung personenbezogener Daten (§§ 29b f. AO) und zum außergerichtlichen Rechtsbehelfsverfahren (§§ 347 ff. AO). Es wäre den Finanzämtern nicht zumutbar, wenn sie bei einer Vollstreckung, bei der häufig wegen Steuerforderungen und zugleich wegen Forderungen von Behörden des Freistaates Sachsen vollstreckt wird, jeweils unterschiedliche Vorschriften anwenden müssten.

     Satz 2
     Die Regelung schafft eine ausdrückliche Befugnis der Finanzämter zur Weitergabe von Daten, die nicht im Besteuerungsverfahren bekannt geworden sind, an die ersuchenden Behörden. Diese benötigen insbesondere im Falle der erfolglos gebliebenen Vollstreckung Informationen zu den wirtschaftlichen Verhältnissen des Vollstreckungsschuldners, um entscheiden zu können, ob eine Forderung befristet oder unbefristet niederzuschlagen ist. Die Regelung ergänzt § 29c Absatz 1 Nummer 1 AO, der bei der Vollstreckung durch die Finanzämter entsprechend anzuwenden ist, und beseitigt von vornherein etwaige Zweifel an der Zulässigkeit der Weitergabe von Daten an die ersuchende Behörde.

Die Weitergabe von Daten, die im Besteuerungsverfahren bekannt geworden sind, unterliegt demgegenüber auch weiterhin unmittelbar dem bundesrechtlich normierten Steuergeheimnis, das nicht durch eine landesrechtliche Regelung durchbrochen werden kann.

- Absatz 3 enthält unverändert die Regelung des früheren Absatzes 2

- Absatz 4
  Satz 1 regelt die formellen Anforderungen an ein Vollstreckungsersuchen. Nach der derzeitigen Regelung darf einem Vollstreckungsersuchen nur entsprochen werden, wenn es die in den Nummern 1 bis 6 enthaltenen Voraussetzungen erfüllt: Die Regelung könnte in dem Sinne verstanden werden, dass die Vollstreckung unzulässig ist, wenn eine der genannten Formalien nicht erfüllt ist. Voraussetzung für die Vollstreckung ist aber in erster Linie, dass ein Verwaltungsakt vorliegt, der unanfechtbar bzw. der trotz Anfechtung vollziehbar ist (§ 2 SächsVwVG). Satz 1 regelt keine zusätzlichen Vollstreckungsvoraussetzungen. Er soll lediglich sicherstellen, dass die Vollstreckungsbehörde von der ersuchenden Behörde die Informationen erhält, die sie für die Vollstreckung benötigt.
  Durch die Änderung in Satz 1 soll klargestellt werden, dass das Fehlen einer der formalen Voraussetzungen der Nummern 1 bis 6 die Vollstreckung selbst nicht unzulässig macht.
  Sind der Vollstreckungsbehörde die im Vollstreckungsersuchen fehlenden Angaben von Amts wegen oder aus anderen Gründen bekannt und hat sie daher keine Zweifel am Vorliegen der materiellen Vollstreckungsvoraussetzungen, kann sie dem Vollstreckungsersuchen entsprechen und hat die Vollstreckung vorzunehmen. Ist im Einzelfall jedoch wegen fehlender Angaben im Ersuchen fraglich, ob die materiellen Voraussetzungen für die Vollstreckung gegeben sind oder fehlen für die Durchführung der Vollstreckung notwendige Informationen, darf die Vollstreckungsbehörde die Vollstreckung gar nicht vornehmen und muss das Ersuchen zurückweisen.

  Nummer 1
  Das Erfordernis, das Vollstreckungsersuchen mit einem Dienstsiegel zu versehen, wird gestrichen. Die ersuchende Behörde ist auch ohne ein Dienstsiegel erkennbar. Darüber hinaus wird zugelassen, dass bei der Übermittlung eines Vollstreckungsersuchens über einen geeigneten elektronischen Übermittlungsweg, z. B. das besondere elektronische Behördenpostfach, die Signatur oder die Namenswiedergabe der verantwortlichen Person die eigenhändige Unterschrift ersetzen kann.

  Nummer 4
  Die Anforderungen an ein Vollstreckungsersuchen werden verschlankt. Die Ausgangsbehörde bestätigt lediglich, dass die Voraussetzungen für die

Durchführung der Vollstreckung vorliegen. Die Angabe, wann der Schuldner gemahnt wurde, ist weiterhin erforderlich, damit die Vollstreckungsbehörde den Ablauf der Zahlungsfrist berechnen kann (Nummer 6). Die elektronische Übermittlung des Vollstreckungsersuchens ist ohne ausdrückliche Regelung zulässig.

Satz 2
Um Konflikte mit den datenschutzrechtlichen Regelungen zur Datenweitergabe zu vermeiden, werden die um Vollstreckung ersuchenden Behörden ausdrücklich befugt, die Daten nach Absatz 1 Satz 1 an die Vollstreckungsbehörden zu übermitteln. Mit Blick auf das vom BVerfG für den zwischenbehördlichen Datenaustausch entwickelte „Doppeltürmodell", wonach mit einer gesetzlichen Erhebungsbefugnis bei der empfangenden Stelle eine gesetzliche Übermittlungsbefugnis beim Übersender personenbezogener Daten korrespondieren muss (vgl. BVerfG, Beschluss vom 24. Januar 2012, 1 BvR 1299/05), wird mit dem Satz 2 eine Übermittlungsbefugnis für ersuchende Behörden nach § 4 Absatz 3 und ersuchende Behörden des Freistaates Sachsen nach § 4 Absatz 1 Satz 1 Nummer 1 in das Gesetz eingefügt.

Satz 5
Die Finanzämter können steuerliche Rückstände niederschlagen, wenn die Kosten der Erhebung außer Verhältnis zum niederzuschlagenden Betrag stehen. Nach Abschnitt 15 Absatz 1 Satz 2 Nummer 1 der bundeseinheitlichen Vollstreckungsanweisung vom 13. März 1980 (BStBl I S. 112), zuletzt geändert durch Artikel 1 der Allgemeinen Verwaltungsvorschrift vom 23. Oktober 2017 (BStBl I S. 1374), kann in der Regel vom Vorliegen dieser Voraussetzung ausgegangen werden, wenn die Summe der rückständigen Beträge weniger als 36 Euro beträgt. Um zu vermeiden, dass die Finanzämter unterschiedliche Betragsgrenzen beachten müssen, wird daher eine entsprechende Regelung in Satz 5 aufgenommen. Die Regelung gilt ausschließlich für die Vollstreckung von Leistungsbescheiden von Behörden des Freistaates Sachsen durch die Finanzämter nach § 4 Absatz 1 Satz 1 Nummer 1. Durch die Ausgestaltung als Sollvorschrift wird gewährleistet, dass im Einzelfall auch bei geringeren Beträgen die Vollstreckung durch die Finanzämter beauftragt werden kann, sofern dies erforderlich ist (z. B. wenn es Anhaltspunkte dafür gibt, dass ein Vollstreckungsschuldner diese Regelung ausnutzt).

– Mit dem neu eingefügten Absatz 5 wird für die Fälle der Vollstreckung durch die Finanzämter (§ 4 Absatz 1 Satz 1 Nr. 1) und die Vollstreckungshilfe (§ 4 Absatz 1 Satz 1 Nr. 4) eine Rechtsgrundlage für die Übermittlung von Informationen, die die Annahme einer Gefahr für Leben oder Gesundheit bei der Durchführung von Vollstreckungsmaßnahmen begründen, in das Gesetz aufgenommen. Die Schaffung einer Rechtsgrundlage ist erforderlich, damit die um Vollstreckungshilfe ersuchten Vollstreckungsbehörden die so erhaltenen Informationen nutzen können, um gegebenenfalls Auskunfts- und Unterstützungsersuchen an die Polizeidienststellen richten zu können. Die Ermächtigung, entsprechende Auskunfts- und Unterstützungsersuchen an die Polizeidienststellen zu richten, ergibt sich für die Finanzämter in den Fällen des § 4 Absatz 1 Satz 1 Nr. 1 und Nr. 4 aus § 4 Absatz 2 in Verbindung mit § 249 Absatz 3 AO und § 757a ZPO. Für andere Vollstreckungshilfe leistende Vollstreckungsbehörden (sonstige Fälle des § 4 Absatz 1 Satz 1 Nr. 4) ergibt sich diese Ermächtigung aus dem neu geschaffenen § 7 Satz 3.

– Absatz 6

  Satz 1 normiert, wie bisher, den grundsätzlichen Anspruch der Vollstreckungsbehörde gegenüber der ersuchenden Behörde auf Ersatz der uneinbringlichen Vollstreckungskosten.

  Satz 2 führt eine Kleinbetragsgrenze ein, um den Verwaltungsaufwand zu minimieren, da der Aufwand für die Geltendmachung dieser geringfügigen Kosten deren Höhe oftmals übersteigt. Die Wertgrenze wurde anhand der durchschnittlichen Personalkosten für die Erhebung uneinbringlicher Vollstreckungskosten berechnet. Satz 2 gilt nur für die Fälle, bei denen keine Gegenseitigkeit im Sinne von Satz 3 besteht.

  Satz 3 ermöglicht der Vollstreckungsbehörden darüber hinaus, bei der Vollstreckung zu Gunsten einer Behörde des Bundes oder eines anderen Bundeslandes auf die uneinbringlichen Vollstreckungskosten zu verzichten, soweit die ersuchende Behörde ihrerseits nach dem für sie geltenden Recht auf die uneinbringlichen Kosten verzichtet, d.h. Gegenseitigkeit besteht. Die meisten Verwaltungsvollstreckungsgesetze der Länder enthalten eine Gegenseitigkeitsklausel in unterschiedlicher Ausprägung. Sinn und Zweck der Regelung ist es, den Verwaltungsaufwand für die Beitreibung solcher Forderungen zu minimieren, da sich die Vollstreckungsbehörden oftmals wechselseitig beauftragen. Soweit Gegenseitigkeit besteht, hat die Vollstreckungsbehörde zwingend auf die Geltendmachung zu verzichten, d.h. es besteht insoweit kein Ermessensspielraum der ersuchten Behörde. Das Wort „soweit" ermöglicht es jedoch der ersuchten Vollstreckungsbehörde diejenigen uneinbringlichen Vollstreckungskosten beitreiben zu können, die von der Gegenseitigkeit nicht erfasst sind. Beispielsweise sehen einige Länderregelungen die Möglichkeit vor, die Auslagen der Vollstreckung ab einem bestimmten Betrag geltend machen zu können. Für diese Fälle ist wiederum der neu eingefügte Satz 2 zu beachten. Die ersuchte Vollstreckungsbehörde soll danach auf die Geltendmachung der Kosten, die aufgrund der abweichenden Länderregelung nicht von der Gegenseitigkeit erfasst sind, verzichten, wenn sie im Einzelfall 35 Euro nicht übersteigen.

Satz 4 regelt den gegenseitigen Verzicht der sächsischen kommunalen Körperschaften untereinander. Da sich beispielsweise auch sächsische Kommunen regelmäßig gegenseitig Vollstreckungshilfe leisten, wird die Möglichkeit geschaffen, aus verfahrensökonomischen Gründen gegenseitig auf die Geltendmachung der uneinbringlichen Kosten zu verzichten.

Satz 5 regelt klarstellend, dass die uneinbringlichen Vollstreckungskosten durch Leistungsbescheid festzusetzen sind. Ferner wird klargestellt, dass bei der Vollstreckung durch die Finanzämter die Regelungen der Abgabenordnung auch hinsichtlich der Geltendmachung der uneinbringlichen Vollstreckungskosten gelten.

Satz 6 regelt den Übergang der Kostenforderung von der Vollstreckungsbehörde auf die ersuchende Behörde, soweit diese der Vollstreckungsbehörde Ersatz leistet. Die Regelung ermöglicht der ersuchenden Behörde, die uneinbringlichen Vollstreckungskosten eigenständig gegenüber dem Vollstreckungsschuldner weiter zu verfolgen (z. B. im Wege der Aufrechnung).

– Absatz 7 enthält unverändert die Regelung des früheren Absatzes 5.

3. Vollstreckungsauftrag, § 5
Er kann nunmehr elektronisch oder mit Hilfe automatischer Einrichtungen erteilt werden. Wird der Auftrag elektronisch erteilt, muss dieser dem Schuldner dennoch visuell lesbar vorgezeigt werden können.
Bei einem elektronisch erteilten Vollstreckungsauftrag ist auch weiterhin das Dienstsiegel erforderlich. Der Vollstreckungssauftrag ermächtigt die Vollstreckungsbedienstete und den Vollstreckungsbediensteten gegenüber dem Vollstreckungsschuldner und Dritten zur Vornahme der Vollstreckung. Der Auftrag ist dem Vollstreckungsschuldner auf Verlangen vorzuzeigen. Aufgrund dieser Funktion des Vollstreckungsauftrages gegenüber Dritten ist auch weiterhin das Dienstsiegel zu verwenden. Gemäß Nummer 3 Satz 4 der VwV KomDienstsiegel bzw. Nummer 2 Buchstabe a der VwV Dienstsiegel kann für die Siegelung von Schriftstücken, die mit Hilfe drucktechnischer oder elektronischer Einrichtungen erstellt werden, ein Abdruck des Dienstsiegels maschinell eingedruckt sein oder aufgedruckt werden.

4. § 5a ermöglicht die Ermittlung des Aufenthaltsorts des Vollstreckungsschuldners.
Mit § 5a Absatz 1 werden im Wesentlichen in Anlehnung an § 755 Absatz 2 Satz 1 ZPO und § 5a VwVG entsprechende Befugnisse zur Ermittlung des Aufenthaltsorts des Vollstreckungsschuldners für die Vollstreckungsbehörde begründet.

– Nach Absatz 1 hat die Vollstreckungsbehörde vorrangig Daten bei den Meldebehörden zu erheben. Die Subsidiarität der in § 5a geregelten Auskunftsansprüche (Ausländerzentralregister, Träger der gesetzlichen Rentenversicherung, Kraftfahrt-Bundesamt) gegenüber der Abfrage bei den Meldebehörden dient dazu, die verpflichteten Behörden nicht übermäßig in Anspruch zu nehmen und Fehler bei der Übertragung der geschützten personenbezogenen Daten zu vermeiden.

Einer dem § 755 Absatz 1 Satz 1 ZPO entsprechenden ausdrücklichen Begründung der Befugnis der Vollstreckungsbehörde zur Datenerhebung bei den Meldebehörden bedarf es nicht, da sich diese bereits aus der Befugnis der Vollstreckungsbehörde zur Ermittlung der Vermögens- und Einkommensverhältnisse des Vollstreckungsschuldners und der korrespondierenden Übermittlungsbefugnis der Meldebehörde nach § 34 Absatz 1 Satz 1 des Bundesmeldegesetzes ergibt. Die Befugnis der Vollstreckungsbehörde zur Ermittlung des Aufenthaltsortes des Vollstreckungsschuldners umfasst danach ebenso wie die Befugnis der Gerichtsvollzieherin oder des Gerichtsvollziehers nach § 755 Absatz 1 Satz 1 ZPO die Erhebung der gegenwärtigen Anschriften des Vollstreckungsschuldners sowie von Angaben zu dessen Haupt- und Nebenwohnung.

Führt die Anfrage bei der Meldebehörde nicht zum Erfolg, kann die Vollstreckungsbehörde bei den in Absatz 1 Nummer 1 bis 3 genannten Behörden Daten zur Bestimmung des Aufenthaltsortes des Vollstreckungsschuldners erheben. Bei der Vollstreckung öffentlich-rechtlicher Geldforderungen durch die Vollstreckungsbehörden ist ebenso wie bei der Vollstreckung privatrechtlicher Geldforderungen durch die Gerichtsvollzieherin oder den Gerichtsvollzieher die Vollstreckung insbesondere in das bewegliche Vermögen nur möglich, wenn die Anschrift beziehungsweise der regelmäßige Aufenthaltsort des Vollstreckungsschuldners bekannt ist. Die Anschrift ist auch erforderlich, um die Vermögensverhältnisse des Vollstreckungsschuldners vor Ort aufklären zu können, um Informationsschreiben und andere Schriftstücke übersenden zu können sowie um in Einzelfällen jegliche Verwechslung für nachfolgende Maßnahmen und Auskunftsersuchen auszuschließen.

Um die Anschrift des Vollstreckungsschuldners herauszufinden, stützen sich die Sachaufklärungsbefugnisse vorrangig auf die Melderegister sowie bei Ausländern auf das Ausländerzentralregister. Regelmäßig muss der Vollstreckungsschuldner davon ausgehen, dass seine Anschrift auf diese Weise ermittelt werden kann. Sofern sich die Anschrift auf diese Weise nicht ermitteln lässt, müssen zum Zwecke der Durchführung der Vollstreckung und im Interesse der Gleichbehandlung der Vollstreckungsschuldner alle weiteren Möglichkeiten ausgeschöpft werden, um die Anschrift zu ermitteln. Durch die Regelung wird verhindert, dass Vollstreckungsschuldner sich durch das Unterlassen von Meldungen an das Melderegister oder das Ausländerzentralregister der Vollstreckung entziehen können und damit faktisch bessergestellt würden.

Nummer 1 entspricht § 755 Absatz 2 Satz 1 Nummer 1 ZPO. Sie begründet die Befugnis der Vollstreckungsbehörde, beim Ausländerzentralregister die Angaben zur aktenführenden Ausländerbehörde sowie zum Zuzug oder Fortzug des Vollstreckungsschuldners aus der Bundesrepublik Deutschland und anschließend bei der gemäß der Auskunft aus dem Ausländerzentralregister aktenführenden Ausländerbehörde den Aufenthaltsort des Vollstreckungsschuldners zu erheben.
Die zu Nummer 1 korrespondierenden Übermittlungsbefugnisse ergeben sich für das Ausländerzentralregister aus § 14 Absatz 1 Nummer 3 und 4 des Gesetzes über das Ausländerzentralregister und für die Übermittlungsbefugnisse der Ausländerbehörde nach § 90 Absatz 7 des Aufenthaltsgesetzes.

Nummer 2 entspricht § 755 Absatz 2 Satz 1 Nummer 2 ZPO. Sie begründet die Befugnis der Vollstreckungsbehörde, die bei den Trägern der gesetzlichen Rentenversicherung sowie bei einer berufsständischen Versorgungseinrichtung im Sinne von § 6 Absatz 1 Satz 1 Nummer 1 des SGB VI bekannte derzeitige Anschrift und den derzeitigen oder zukünftigen Aufenthaltsort des Vollstreckungsschuldners zu erheben.
Die zu Nummer 2 korrespondierenden Übermittlungsbefugnisse der Träger der gesetzlichen Rentenversicherung an die Vollstreckungsbehörden ergeben sich aus § 74a Absatz 1 SGB X.

Nummer 3 korrespondiert mit § 755 Absatz 2 Satz 1 Nummer 3 ZPO. Bisher haben die Vollstreckungsbehörden gemäß § 39 Absatz 3 Satz 1 Nummer 1 StVG die Befugnis, bei dem Kraftfahrt-Bundesamt Fahrzeug- und Halterdaten des Vollstreckungsschuldners zu erheben. Die Datenübermittlung ist allerdings nur zulässig, wenn es sich um öffentlich-rechtliche Ansprüche in Höhe von mindestens 500 Euro handelt. Die Wertgrenze ist mit Blick auf den durch das Gesetz zur Durchführung der Verordnung (EU) Nr. 655/2014 sowie zur Änderung sonstiger zivilprozessualer, grundbuchrechtlicher und vermögensrechtlicher Vorschriften und zur Änderung der Justizbeitreibungsordnung vom 21. November 2016 (BGBl. I S. 2591) erfolgten Verzicht auf eine Mindestforderung in Höhe von 500 Euro in den §§ 755 und 802 l ZPO nicht gerechtfertigt.
Die zu Nummer 3 korrespondierenden Übermittlungsbefugnisse des Kraftfahrt-Bundesamtes ergeben sich aus § 35 Absatz 4c Nummer 2 StVG.

– Absatz 2 dient der Ermittlung der Anschrift, des Ortes der Hauptniederlassung oder des Sitzes juristischer Personen, von Personenvereinigungen, Kaufleuten sowie von sonstigen Gewerbetreibenden. Absatz 2 entspricht dem § 755 Absatz 1 Satz 2 ZPO. Die Einsichtnahme in das Registerportal der Länder (§ 9 Absatz 1 Satz 4 HGB) und das Unternehmensregister (§ 8b HGB) – welche jeweils einen Online-Zugang zu den Informationen aus dem Handelsregister, dem Partnerschaftsregister und dem Genossenschaftsregister ermöglichen – ist zwar ohnehin jedem zu Informationszwecken gestattet (§ 9 Absatz 1 Satz 1 HGB i.V. mit § 5 Absatz 2 des Partnerschaftsgesellschaftsgesetzes, § 156 Absatz 1 Satz 1 des Genossenschaftsgesetzes und § 9 Absatz 6 Satz 1 HGB). Gemäß § 79 Absatz 1 Satz 1 des Bürgerlichen Gesetzbuchs (BGB) ist zudem jedem die Einsicht in das Vereinsregister gestattet. Durch Absatz 2 soll für die Vollstreckungsbehörde aber eine eindeutige Rechtsgrundlage dafür geschaffen werden, dass diese zur Ermittlung der Hauptniederlassung oder des Sitzes und – soweit im jeweiligen Register erfasst – der Anschrift des Vollstreckungsschuldners in das Handels-, Genossenschafts-, Partnerschafts-, Unternehmens- oder Vereinsregister Einsicht nehmen kann. Dies gilt ebenfalls mit Blick auf Anschriften, die im Rahmen der Anzeige nach § 14 Absatz 1 GewO erfasst werden und gemäß § 14 Absatz 5 Satz 2 GewO allgemein zugänglich gemacht werden dürfen.

- Absatz 3: Eine Übermittlung der Daten an weitere Vollstreckungsbehörden darf nur erfolgen, wenn die Ermittlungsergebnisse nicht älter als drei Monate sind, da nur in diesem Zeitraum ihr Inhalt noch als hinreichend aktuell anzusehen ist.
  Hierbei ist auf den Zeitraum zwischen dem Eingang der Ermittlungsergebnisse bei der Vollstreckungsbehörde in dem der Erhebung zugrundeliegenden Verwaltungsvollstreckungsverfahren und dem Eingang des Auskunftsersuchens aus dem Verfahren der weiteren Vollstreckungsbehörde abzustellen. Absatz 2 bestimmt nicht, dass die Vollstreckungsbehörde den Inhalt jeder einzelnen Erhebung drei Monate speichern muss; auch werden die Befugnisse der Vollstreckungsbehörde, bei Vorliegen von Auskunftsdaten aus einem vorherigen Vollstreckungsverfahren neue Erhebungen nach Absatz 1 vorzunehmen, nicht eingeschränkt. Vielmehr wird allein die Übermittlung vorhandener, der Vollstreckungsbehörde bekannter und verfügbarer Ermittlungsergebnisse an andere Vollstreckungsbehörden klarstellend geregelt und im Interesse des Datenschutzes und der Effektivität der Vollstreckung beschränkt. Im Übrigen verbleibt es deshalb bei den allgemeinen Vorschriften zur Löschung personenbezogener Daten durch die Vollstreckungsbehörde.

- Absatz 4 enthält für Datenerhebungen nach Absatz 1 Nummer 1 in Anlehnung an die parallelen Vorschriften in § 755 Absatz 2 Satz 2 und 3 ZPO Beschränkungen zugunsten von Unionsbürgern.
  § 10 Absatz 1a AZRG enthält korrespondierende Beschränkungen für die Datenübermittlung aus dem Ausländerzentralregister. Danach ist eine Übermittlung von Daten von Unionsbürgern, für die eine Feststellung des Nichtbestehens oder des Verlusts des Freizügigkeitsrechts nicht vorliegt, nur an die mit ausländer- oder asylrechtlichen Aufgaben betrauten Behörden und nur zur Durchführung solcher Aufgaben zulässig. Zur Erfüllung von Aufgaben der Vollstreckungsbehörden ist eine Datenübermittlung solcher Unionsbürger damit unzulässig.

5. § 7, Widerstand gegen Vollstreckungshandlungen
   Durch Satz 3 wurde § 757a ZPO eingefügt.
   Mit § 757a ZPO wurde eine rechtliche Grundlage geschaffen, die es Gerichtsvollziehern ermöglicht, bei der Polizei Auskunft darüber einzuholen, ob nach polizeilicher Einschätzung eine Gefahr für Leib oder Leben des Gerichtsvollziehers oder einer weiteren an der Vollstreckungshandlung beteiligten Person besteht und gegebenenfalls um Unterstützung durch die polizeilichen Vollzugsorgane nachzusuchen.
   Diese Möglichkeit soll zukünftig auch allen Vollstreckungsbediensteten im Rahmen der Verwaltungsvollstreckungsmaßnahmen offenstehen, um Gefahren präventiv begegnen zu können. Für die Finanzämter als Vollstreckungsbehörden ist § 757a ZPO bereits über § 4 Absatz 2 i. V. m. § 249 Absatz 3 AO direkt anwendbar. Für alle anderen Vollstreckungsbehörden wird die Anwendbarkeit von § 757a ZPO durch eine entsprechende Verweisung in § 7 Satz 3 neu geschaffen. Für den Fall der Vollstreckungshilfe nach § 4 Absatz 1 Satz 1 Nr. 1 und Nr. 4 ergibt sich die Rechtsgrundlage, nach der die ersuchende Behörde der Vollstreckungshilfe leistenden Behörde Informationen über eine Gefahr für Leib oder Leben bei der Durchführung der Vollstreckungshandlung mitteilen darf, aus § 4 Absatz 5 neu.

6. Vollstreckung zur Nachtzeit und an Sonn- und Feiertagen nach § 9
   Die Vorschrift regelt die Vollstreckung zur Nachtzeit sowie an Sonn- und Feiertagen. Sie enthält hierfür keine weitergehenden Regelungen im Sinne von § 58 Absatz 10 des Aufenthaltsgesetzes, so dass § 58 Absatz 5 bis 9 des Aufenthaltsgesetzes unberührt bleibt. Die Neufassung entspricht weitgehend der bisher geltenden Regelung. Allerdings wird die Definition des Begriffs Nachtzeit an die Rechtsprechung des BVerG zum richterlichen Bereitschaftsdienst angepasst. Danach umfasst die Tageszeit ganzjährig die Zeit zwischen 6 Uhr und 21 Uhr (BVerfG, Beschluss vom 12. März 2019 – 2 BvR 675/14 – BVerfG, Urteil vom 24. Juli 2018 – 2 BvR 309/15 –). Entsprechend beginnt die Nachtzeit bereits um 21 Uhr und nicht erst um 22 Uhr. § 758a Absatz 4 Satz 2 ZPO definiert die Nachtzeit ebenfalls von 21 bis 6 Uhr.

2. Teil, Vollstreckung wegen Geldforderungen

1. § 12, Art und Umfang der Vollstreckung
   Die in Absatz 2 genannten Nebenforderungen können mit der Hauptforderung beigetrieben werden, ohne dass diese festgesetzt sind. Der Vollstreckungsschuldner muss jedoch dem Grunde nach auf die Leistungspflicht hingewiesen worden sein.
   Der neue Satz 2 ermöglicht es den Vollstreckungsbehörden, Nebenforderungen auch dann ohne gesonderte Festsetzung beizutreiben, wenn der Schuldner nach der Mahnung die Hauptforderung zahlt. Voraussetzung ist, dass der Schuldner entsprechend Satz 1 auf die Verpflichtung zur Leistung der Nebenforderungen im Leistungsbescheid oder in der Mahnung dem Grunde nach schriftlich hingewie-

sen worden ist. In diesem Falle genügt es nicht mehr, wie bisher, dass der Schuldner im Zusammenhang mit einer Forderungsaufstellung auf die Leistungspflicht hingewiesen wurde. Aus diesem Grund wurde Satz 1 Nummer 2 entsprechend geändert. Die Nebenforderungen müssen nicht der Höhe nach feststehen.
Auf die Leistungspflicht muss dem Grunde nach hingewiesen worden sein.

2. § 12 a, Vermögensermittlung, Datenverarbeitung und Auskunftspflichten
   – Absatz 1 Satz 1 regelt ausdrücklich, dass die Vollstreckungsbehörde die Einkommens- und Vermögensverhältnisse des Vollstreckungsschuldners zu ermitteln hat.
     Die Sätze 2 und 3 ermöglichen den Vollstreckungsbehörden die Verwendung bereits vorhandener, allerdings in einem anderen Zusammenhang bekannt gewordener Daten und räumen ihnen damit neben den in Absatz 2, § 5a und 17a neu eingefügten Sachaufklärungsbefugnissen eine weitere Befugnis ein, die für eine Erfolg versprechende Beitreibung der Forderung von besonderer Bedeutung sein kann.
     Nach Satz 2 darf die Vollstreckungsbehörde die ihr im Rahmen der Vollstreckung von Kommunalabgaben bekannt gewordenen Daten auch bei der Vollstreckung wegen anderer Geldleistungen und Nebenleistungen, die denselben Vollstreckungsschuldner betreffen, verwenden. Zwar ist aufgrund der in Artikel 2 dieses Gesetzes erfolgten Änderung von § 3 Absatz 1 Nummer 1 Buchstabe d SächsKAG § 30 AO nunmehr auf alle Kommunalabgaben nach § 1 Absatz 2 SächsKAG anzuwenden. § 3 Absatz 1 Nummer 1 Buchstabe d Doppelbuchstabe ee SächsKAG enthält jedoch zukünftig eine Öffnungsklausel, wonach die Offenbarung oder Verwertung der geschützten Daten zulässig ist, soweit sie durch Landesgesetz ausdrücklich zugelassen ist. Eine solche ausdrückliche Regelung enthält Satz 2. § 30 Absatz 4 AO steht dem nicht entgegen. Die in § 3 Absatz 1 Nummer 1 Buchstabe d SächsKAG normierte Anwendbarkeitserklärung bezüglich des § 30 AO macht diese Vorschrift insoweit zu Landesrecht. Dem Landesgesetzgeber bleibt es unbenommen, das landesrechtlich geregelte Steuergeheimnis für Kommunalabgaben durch eine landesrechtliche Öffnungsklausel zur Offenbarung und Verwertung der geschützten Daten zu durchbrechen. Die bei der Verwaltung dieser Abgaben bekannt gewordenen Daten dürfen daher weiterhin zur Durchführung anderer Abgabeverfahren desselben Abgabepflichtigen verwendet werden.

     Satz 3 enthält die Befugnis, die im Rahmen eines nicht abgabenrechtlichen Vollstreckungsverfahrens gewonnen Daten auch zu Zwecken der Vollstreckung wegen anderer Geldleistungen und Nebenleistungen, die denselben Vollstreckungsschuldner betreffen, zu verwenden. Die Verwendung zu einem anderen Zweck ist jedoch nur zulässig, soweit keine gesetzlichen Regelungen entgegenstehen. Hierunter fallen insbesondere Daten, die einem besonderen gesetzlichen Berufs- oder Amtsgeheimnis unterliegen, wie beispielsweise Sozialdaten, die nach dem Sozialgesetzbuch dem Sozialdatenschutz unterfallen. Diese Daten dürfen die Vollstreckungsbehörden nur unter den besonderen Bestimmungen des Fachrechts verwenden.

- Absatz 2 verpflichtet den Vollstreckungsschuldner zur Auskunftserteilung. Dies gilt auch, wenn es sich bei den Vollstreckungsschuldnern um die in Satz 2 genannten nicht natürlichen Personen handelt.

- Absatz 3 ist § 5b VwVG nachgebildet und kommt zum Tragen, wenn der Vollstreckungsschuldner seiner Pflicht zur Abgabe der Selbstauskunft über seine Vermögensverhältnisse nach Absatz 2 nicht nachkommt oder bei einer Vollstreckung in die dort aufgeführten Vermögensgegenstände eine vollständige Befriedigung des Gläubigers voraussichtlich nicht zu erwarten ist.
  Dabei bestimmt die erste Alternative des Absatzes 1 ebenso wie § 5b VwVG, dass die sich aus den Nummern 1 und 2 ergebenden Auskunftsrechte der Vollstreckungsbehörde nur subsidiär zur Selbstauskunft des Vollstreckungsschuldners begründet werden. Dies wahrt den Verhältnismäßigkeitsgrundsatz, da im Rahmen der Abwägung von informationellem Selbstbestimmungsrecht des Vollstreckungsschuldners einerseits und dem Interesse der Vollstreckungsbehörde an einer zügigen und erfolgreichen Vollstreckung andererseits ein Ausgleich durch die abgestufte Vorgehensweise gesichert wird.

  Zu Nummer 1
  Nummer 1 entspricht § 5b Absatz 1 Nummer 1 VwVG und begründet die Befugnis der Vollstreckungsbehörde zur Erhebung von Namen, Vornamen oder der Firma sowie der Anschriften der derzeitigen Arbeitgeber eines versicherungspflichtigen Beschäftigungsverhältnisses des Vollstreckungsschuldners bei den Trägern der gesetzlichen Rentenversicherung und bei einer berufsständischen Versorgungseinrichtung im Sinne des § 6 Absatz 1 Satz 1 Nummer 1 des Sechsten Buches Sozialgesetzbuch. Die zu Nummer 1 korrespondierenden Übermittlungsbefugnisse ergeben sich aus dem neuen § 74a Absatz 1 Satz 1 SGB X.

  Zu Nummer 2
  Nummer 2 korrespondiert mit § 5b Absatz 1 Nummer 2 VwVG und wiederholt zur Klarstellung die bereits gegenwärtig bestehende Befugnis der Vollstreckungsbehörde, bei dem Kraftfahrt-Bundesamt die Fahrzeug- und Halterdaten des Vollstreckungsschuldners nach § 39 Absatz 3 Satz 1 StVG zu erheben. Die zu Nummer 2 korrespondierenden Übermittlungsbefugnisse des Kraftfahrt-Bundesamtes ergeben sich aus § 39 Absatz 3 StVG.

3. § 15, Beitreibung durch Vollstreckung in sonstige Vermögensgegenstände (Abs. 2 neu)
   Gemäß § 850c ZPO, der über § 319 AO i. V. m. § 15 Absatz 1 Nr. 2 SächsVwVG Anwendung findet, sind für die Pfändung von Arbeitseinkommen bestimmte Pfändungsgrenzen zu beachten. § 850f Absatz 2 ZPO sieht dagegen vor, dass bei Zwangsvollstreckungen wegen einer Forderung aus einer vorsätzlich begangenen unerlaubten Handlung der pfändbare Teil des Arbeitseinkommens ohne Rücksicht auf die Beschränkungen des § 850c ZPO bestimmt werden kann. Nach einem Urteil des BFH fallen unter den Begriff der „vorsätzlich begangenen unerlaubten Handlung" im Sinne von § 850f ZPO allerdings nur deliktische Schadensersatzansprüche aus unerlaubter Handlung gemäß §§ 823 ff. BGB (Urteil vom 24. Oktober 1996 – VII R 113/94).
   Der neu eingefügte Absatz 2 Satz 1 bestimmt daher, dass bei der Vollstreckung wegen eines Zwangsgeldes, eines Bußgeldes, eines Ordnungsgeldes oder wegen einer Forderung aufgrund der für die Einweisung in eine Unterkunft wegen Obdachlosigkeit gezahlten Nutzungsentschädigung der pfändbare Teil des Arbeitseinkommens ohne Rücksicht auf die in § 850c ZPO vorgesehene Beschränkung bestimmt werden kann. Entsprechendes gilt, wenn der Vollstreckungsschuldner ein Pfändungsschutzkonto i. S. von § 850k ZPO eingerichtet hat. Die Vollstreckungsbehörde kann von § 850k Absatz 1 und 2 Satz 1 Nr. 1 ZPO abweichende pfändungsfreie Beträge festsetzen. Satz 3 regelt, dass dem Vollstreckungsschuldner sowohl im Falle des Satzes 1 als auch des Satzes 2 so viel zu belassen, wie er für seinen notwendigen Unterhalt und zur Erfüllung seiner laufenden gesetzlichen Unterhaltspflichten bedarf.

4. § 17 a, Auskunftsrechte der Vollstreckungsbehörde
   Mit dem neuen § 17a sollen den in § 17 Absatz 5 Satz 1 zur Abnahme der Vermögensauskunft befugten kommunalen Vollstreckungsbehörden die gleichen Befugnisse eingeräumt werden, wie sie die Gerichtsvollzieherin oder der Gerichtsvollzieher nach § 802i ZPO besitzt. Damit wird ein Gleichlauf der öffentlich-rechtlichen und zivilprozessualen Vollstreckung gewährleistet. Wird die Vermögensauskunft gemäß § 17 Absatz 1 von einer Gerichtsvollzieherin oder einem Gerichtsvollzieher abgenommen, ist § 802l ZPO über den Verweis in § 17 Absatz 3 entsprechend – anzuwenden.

   – Mit § 17a Absatz 1 werden im Wesentlichen in Anlehnung an § 802l Absatz 1 Satz 1 ZPO entsprechende Auskunftsrechte der Vollstreckungsbehörde begründet.
     Dabei bestimmt die erste Alternative des Absatzes 1, dass die sich aus den Nummern 1und 2 ergebenden Auskunftsrechte der Vollstreckungsbehörde nur subsidiär zur Selbstauskunft des Vollstreckungsschuldners begründet werden. Dies wahrt den Verhältnismäßigkeitsgrundsatz, da im Rahmen der Abwägung von informationellem Selbstbestimmungsrecht des Vollstreckungsschuldners einerseits und dem Interesse der Vollstreckungsbehörde

an einer zügigen und erfolgreichen Vollstreckung andererseits ein Ausgleich durch die abgestufte Vorgehensweise gesichert wird. Die Auskunft ist ebenso wie in § 802l Absatz 1 ZPO begrenzt auf solche Bereiche, die typischerweise für die Vollstreckung von Bedeutung sind, nämlich der Bezug von Arbeitseinkommen (Nummer 1) und das Vorhandensein eines Kraftfahrzeugs (Nummer 2). Die Befugnis zum Abruf bestehender Kontoverbindungen ist für die Vollstreckungsbehörden des Bundes und der Länder einheitlich in § 93 Absatz 8 Satz 2 AO geregelt.

Zu Nummer 1
Nummer 1 entspricht § 802l Absatz 1 Satz 1 Nummer 1 ZPO. Sie begründet die Befugnis der Vollstreckungsbehörde zur Erhebung von Namen, Vornamen oder der Firma sowie der Anschriften der derzeitigen Arbeitgeber eines versicherungspflichtigen Beschäftigungsverhältnisses des Vollstreckungsschuldners bei den Trägern der gesetzlichen Rentenversicherung und bei einer berufsständischen Versorgungseinrichtung im Sinne des § 6 Absatz 1 Satz 1 Nummer 1 des SGB VI. Die zu Nummer 1 korrespondierenden Übermittlungsbefugnisse ergeben sich aus § 74a Absatz 1 Satz 1 SGB X. Dabei ist zu beachten, dass die Datenübermittlung nur im Falle der Vollstreckung von öffentlich-rechtlichen Ansprüchen gilt.

Zu Nummer 2
Nummer 2 korrespondiert mit § 802l Absatz 1 Satz 1 Nummer 3 ZPO. Bisher haben die Vollstreckungsbehörden gemäß § 39 Absatz 3 Satz 1 Nummer 1 StVG die Befugnis, bei dem Kraftfahrt-Bundesamt Fahrzeug- und Halterdaten des Vollstreckungsschuldners zu erheben. Die Datenübermittlung ist allerdings nur zulässig, wenn es sich um öffentlich-rechtliche Ansprüche in Höhe von mindestens 500 Euro handelt. Die Wertgrenze ist mit Blick auf den durch das Gesetz zur Durchführung der Verordnung (EU) Nr. 655/2014 sowie zur Änderung sonstiger zivilprozessualer, grundbuchrechtlicher und vermögensrechtlicher Vorschriften und zur Änderung der Justizbeitreibungsordnung vom 21. November 2016 (BGBl. I S. 2591) erfolgten Verzicht auf eine Mindestforderung in Höhe von 500 Euro in den §§ 755 und 802 l ZPO nicht gerechtfertigt.
Die zu Nummer 2 korrespondierenden Übermittlungsbefugnisse des Kraftfahrt-Bundesamtes ergeben sich aus § 35 Absatz 1 Nummer 17 StVG.

– Zu Absatz 2: Eine Übermittlung der Daten an weitere Vollstreckungsbehörden darf nur erfolgen, wenn die Ermittlungsergebnisse nicht älter als drei Monate sind, da nur in diesem Zeitraum ihr Inhalt noch als hinreichend aktuell anzusehen ist. Hierbei ist auf den Zeitraum zwischen dem Eingang der Ermittlungsergebnisse bei der Vollstreckungsbehörde in dem der Erhebung zugrundeliegenden Verwaltungsvollstreckungsverfahren und dem Eingang des Auskunftsersuchens aus dem Verfahren der weiteren Vollstreckungsbe-

hörde abzustellen. Absatz 2 bestimmt nicht, dass die Vollstreckungsbehörde den Inhalt jeder einzelnen Erhebung drei Monate speichern muss; auch werden die Befugnisse der Vollstreckungsbehörde, bei Vorliegen von Auskunftsdaten aus einem vorherigen Vollstreckungsverfahren neue Erhebungen nach Absatz 1 vorzunehmen, nicht eingeschränkt. Vielmehr wird allein die Übermittlung vorhandener, der Vollstreckungsbehörde bekannter und verfügbarer Ermittlungsergebnisse an andere Vollstreckungsbehörden klarstellend geregelt und im Interesse des Datenschutzes und der Effektivität der Vollstreckung beschränkt. Im Übrigen verbleibt es deshalb bei den allgemeinen Vorschriften zur Löschung personenbezogener Daten durch die Vollstreckungsbehörde.
Für eine parallele Regelung zu § 802l Absatz 5 ZPO besteht kein Bedarf. Die in der Vorschrift geregelte Pflicht der Gerichtsvollzieherin oder des Gerichtsvollziehers zur Ergebnismitteilung an den Gläubiger ist speziell auf die Zwangsvollstreckung zugunsten privater Gläubiger zugeschnitten und damit auf die Vollstreckung öffentlich-rechtlicher Forderungen nicht übertragbar.

5. § 17b: *siehe vorn unter III 1.*

Änderungen im 3. Teil, Vollstreckung sonstiger Verwaltungsakte (d.h. außer der Vollstreckung von Geldforderungen nach dem 2. Teil)

1. § 20, Zwangsmittelandrohung
   Es wird zu Abs. 2 folgender Satz angefügt:
   „*Sie* (Anm.: die Zwangsmittelandrohung) *soll mit ihm* (Anm.: dem zu vollstreckenden Verwaltungsakt) *verbunden werden, wenn Rechtsbehelfen keine aufschiebende Wirkung zukommt*[54]."
   In den genannten Fällen besteht ein besonderes Interesse an einem zügigen Vollzug des Verwaltungsaktes, so dass im Regelfall bereits mit der Grundverfügung deren Vollstreckung anzudrohen ist, soweit kein atypischer Fall vorliegt.

2. § 24, Ersatzvornahme
   Folgender Absatz 5 wird angefügt:
   „Grundstücksbezogene Kosten der Ersatzvornahme ruhen als öffentliche Last auf dem Grundstück oder auf den grundstücksgleichen Rechten. Der Eigentümer hat diesbezüglich die Zwangsvollstreckung in den Grundbesitz zu dulden. Zugunsten der Vollstreckungsbehörde gilt als Eigentümer, wer als solcher im Grundbuch eingetragen ist. Der Eigentümer kann durch einen Duldungsbescheid in Anspruch genommen werden. Das Recht des nicht eingetragenen Eigentümers die ihm gegen die öffentliche Last zustehenden Einwendungen geltend zu machen, bleibt unberührt."

54 Siehe auch § 13 Abs. 2 Satz 2 VwVG-Bund; § 80 Abs. 2 VwGO. Siehe z.B. Beschluss des VG München vom 5.3.2024 – M 1 S 23.6211; OVG Saarlouis, Beschluss vom 7.8.2023, 1 B 56/23.

Kommt der Vollstreckungsschuldner der Verpflichtung, eine Handlung vorzunehmen, nicht nach, kann die Vollstreckungsbehörde auf Kosten des Vollstreckungsschuldners einen Dritten mit der Vornahme der Handlung beauftragen oder diese selbst vornehmen. Die Kosten der Ersatzvornahme werden dem Vollstreckungsschuldner gegenüber durch Leistungsbescheid festgesetzt. Verfügt der Vollstreckungsschuldner allerdings nicht über ausreichende finanzielle Mittel, ist die Beitreibung der Kosten oftmals erfolglos und die Gemeinde bleibt auf den Kosten sitzen.
Dieses Problem stellt sich für die Gemeinden vermehrt insbesondere im Zusammenhang mit verwahrlosten Immobilien. Kommt der Eigentümer einer Immobilie der behördlichen Anordnung, Sicherungsmaßnahmen an dem verwahrlosten Grundstück oder dem einsturzgefährdeten Gebäude vorzunehmen, nicht nach, muss die Behörde die Anordnung aufgrund der weiterhin bestehenden Gefährdungslage im Wege der Ersatzvornahme vollstrecken.
Mangels Vermögen können die Kosten beim Vollstreckungsschuldner oftmals nicht beigetrieben werden. Die Befriedigung der zum Teil erheblichen Kostenforderungen ist derzeit in vielen Fällen auch im Wege der Zwangsvollstreckung wenig erfolgversprechend, da die Kostenforderung nachrangig zu anderen Forderungen privater Gläubiger stehen, die den Grundstückswert oftmals übersteigen.
Durch die Definition der Kosten der Ersatzvornahme als öffentliche Last sind diese in der Zwangsversteigerung oder Zwangsverwaltung nach § 10 Absatz 1 Nr. 3 und § 156 Absatz 1 ZVG privilegiert und gehen Grundpfandrechten im Rang vor. Damit steigt die Chance auf Befriedung aus dem Zwangsversteigerungserlös.
Grundstücksbezogene Kosten der Ersatzvornahme können u. a. entstanden sein aufgrund der Durchsetzung

- von Maßnahmen, die von der Denkmalschutzbehörde zu Lasten des Eigentümers oder Besitzers eines Kulturdenkmals nach § 11 des Sächsisches Denkmalschutzgesetzes angeordnet werden, oder
- bauordnungsrechtlicher oder immissionsschutzrechtlicher Maßnahmen.

Die öffentliche Last ruht auf dem Grundbesitz und kann damit gegen den jeweiligen Eigentümer des Grundstücks geltend gemacht werden, unabhängig davon, ob dieser selbst Schuldner des zugrundeliegenden Leistungsbescheides ist.
Grundstücksgleiche Rechte sind Rechte, die aufgrund ausdrücklicher gesetzlicher Vorschriften rechtlich wie Grundstücke behandelt werden (z. B. Erbbaurecht, § 11 Absatz 1 Satz 1 ErbbauRG; fortbestehendes Gebäudeeigentum in den neuen Bundesländern, Artikel 233 § 4 Absatz 1 Satz 1 EGBGB; Bergwerkseigentum, § 9 Absatz 1 Satz 1 BBergG).

Satz 2 regelt die entsprechende Duldungspflicht des jeweiligen Eigentümers. Gemäß Satz 3 gilt zugunsten der Vollstreckungsbehörde derjenige als Eigentümer, der im Grundbuch eingetragen ist, auch wenn dieses falsch ist. Satz 4 enthält die Ermächtigungsgrundlage für die Vollstreckungsbehörde, den Duldungsanspruch durch Bescheid geltend machen zu können. Die Geltendmachung der

Duldungspflicht setzt voraus, dass der Kostenanspruch festgesetzt, fällig und vollstreckbar ist.

Dazu § 29, Übergangsvorschrift:

„§ 24 Absatz 5 gilt auch für Kosten von Ersatzvornahmen, die vor dem 31.12.2023 festgesetzt wurden, es sei denn, der Vollstreckungsschuldner ist zu diesem Zeitpunkt kein Eigentümer des Grundstückes beziehungsweise Berechtigter des grundstücksgleichen Rechts mehr."

Die Neuregelung in § 24 Absatz 5 Satz 1, wonach grundstücksbezogene Kosten der Ersatzvornahme als öffentliche Last auf dem Grundstück beziehungsweise auf den grundstücksgleichen Rechten ruhen, gilt grundsätzlich auch für Kosten der Ersatzvornahme, die vor dem Inkrafttreten der Regelung festgesetzt worden sind. Hierbei handelt es sich um eine verfassungsrechtlich grundsätzlich zulässige unechte Rückwirkung. Eine unechte Rückwirkung liegt vor, wenn eine Norm auf gegenwärtige, noch nicht abgeschlossene Sachverhalte und Rechtsbeziehungen einwirkt und die betroffene Rechtsposition für die Zukunft nachträglich entwertet. Einer unechten Rückwirkung sind allerdings auch verfassungsrechtliche Grenzen gesetzt, in diesem Fall aufgrund von Artikel 14 Absatz 1 GG. Hat ein Dritter das Grundstück vor Inkrafttreten der Regelung erworben, hat er es nach der zu diesem Zeitpunkt geltenden Rechtslage lastenfrei erworben, *vgl. Oberverwaltungsgericht für das Land Nordrhein-Westfalen, Urteil vom 11. November 2015 – 9 A 916/14.*

Die Neuregelung findet daher keine Anwendung, wenn die Kosten der Ersatzvornahme vor dem Inkrafttreten der Neuregelung festgesetzt wurden und noch vor dem Inkrafttreten der Regelung ein Eigentumswechsel stattgefunden hat. Der neue Eigentümer kann nicht im Wege eines Duldungsbescheides in Anspruch genommen werden. Die Vollstreckungsbehörde kann nunmehr lediglich in das verbleibende Vermögen des Vollstreckungsschuldners vollstrecken.

4. Abschließende Anmerkungen

Die hier angesprochenen Änderungen des VwVG (grundsätzliche Zustimmung des Sächsischen Städte- und Gemeindetags und des Landkreistags) befassen sich im wesentlichen mit der Vollstreckung von behördlichen Leistungsbescheiden, d.h. der Vollstreckung von Geldforderungen. Ziel ist die Verbesserung der Effektivität des Vollstreckungsverfahrens, z.B. durch die Einfügung in § 24 Abs. 5 SächsVwVG betr. grundstücksbezogene Kosten der Ersatzvornahme. Die Zwangsvollstreckung in Grundstücke wird erleichtert und die Befriedigungsaussichten der Kommunen verbessert.

Erheblich erweitert wurden die Befugnisse der Vollstreckungsbehörden zur Vermögensermittlung beim Vollstreckungsschuldner, §§ 5a, 12a, 17a SächsVwVG (in der Anhörung ist aber auf den steigenden Verwaltungsaufwand hingewiesen worden), auch wurden Verfahrenserleichterungen im Rahmen der Vollstreckungshilfe geschaffen.

Aus praktischer Sicht ist die nunmehr vorgesehene Vollstreckung wegen privatrechtlicher Geldforderungen (§ 17 b) kritisch zu betrachten. Denn sobald der Vollstreckungsschuldner Einwendungen erhebt, kommt es zur Einstellung des Vollstreckungsverfahrens.

VIII. Zur Trennung von Primärrechtsebene und Vollstreckungsebene

Siehe dazu unter R I 4.

Ausgangspunkt ist die Feststellung, dass es nur auf die Wirksamkeit des Grund-Verwaltungsaktes/Vollstreckungstitel ankommt.

Der Betroffene muß also den Grundverwaltungsakt mittels Anfechtungsklage angreifen. Wird dieser Vollstreckungstitel vom VG aufgehoben (mit Rückwirkung, wie später mehrfach angesprochen), fehlt es an einem wirksamen Vollstreckungstitel als allgemeine Vollstreckungsvoraussetzung und des darauf folgenden Leistungsbescheids.

Zum Rechtsschutz gegen die Kostenforderung nach Vollstreckung *siehe unter R VII.*

Kapitel C
Der Vollstreckungstitel als „allgemeine Voraussetzung der Verwaltungsvollstreckung"

I. Keine Verwaltungsvollstreckung ohne Vollstreckungstitel

Grundvoraussetzung jeder Verwaltungsvollstreckungsmaßnahme ist eine zu vollstreckende Grundverfügung bzw. ein zu vollstreckender Grundverwaltungsakt[55] in Form eines sog. Vollstreckungstitels[56], abgesehen vom Sonderfall der Vollstreckung aus einem öffentlich-rechtlichen Vertrag (Vollstreckungstitel nach § 61 VwVfG), *siehe anschließend Kapitel D.*

Es gilt der Grundsatz: **Keine Verwaltungsvollstreckung ohne Titel!**

Denn das Verwaltungsvollstreckungsrecht (konkretisiert im SächsVwVG) kennt keine Vollstreckung ohne einen der Verwaltungsvollstreckung vorausgehenden Vollstreckungstitel[57], es handelt sich dabei um eine „allgemeine Vollstreckungsvoraussetzung" nach § 2 SächsVwVG[58].

Vollstreckungsmaßnahmen ohne vorausgegangenen Vollstreckungstitel führen zu deren Rechtswidrigkeit, *siehe Kapitel P, Rechtswidrige Verwaltungs- und Vollstreckungsmaßnahmen.*

Zur Bedeutung des Verwaltungsaktes als Vollstreckungstitel äußerte sich grundsätzlich das BVerwG, Urteil vom 17.1.2012, 7C 5.11
„Dass die zuständigen Behörden grundsätzlich nur in Vollziehung eines Verwaltungsakts Zwang anwenden dürfen, folgt aus dem Grundsatz der Verhältnismäßigkeit sowie aus dem Recht auf effektiven Rechtsschutz (Art. 19 Abs. 4 GG): Der aus dem Rechtsstaatsgebot (Art. 20 Abs. 1 und 3 GG) abgeleitete Grundsatz der Verhältnismäßigkeit verlangt, dass ein Grundrechtseingriff einem legitimen Zweck dient und als Mittel zu diesem Zweck geeignet,

55 BVerwG, NVwZ 2009, 122; VGH München, NJW 2000, 3297, 3298; VGH Mannheim, NVwZ-RR 1997, 443, 444; OVG Greifswald, NVwZ-RR 1997, 762; VGH Kassel, NVwZ-RR 2008, 782, 784; OVG Saarlouis, Beschluss vom 2.5.2014, 2 B 225/14; Muckel, JA 2012, 272, 275.

56 BVerwG, NVwZ 2009, 122: *„Titel-Funktion des Grundverwaltungsaktes"*; VGH München, BayVBl. 1976, 647: *„Vollstreckungstitel der Exekutive"*; BVerwG NJW 1996, 608, 611, und DVBl. 2003, 1268, sowie NVwZ 2012, 1184, 1186: Vollstreckungstitel; BFH, NJW 2003, 1070: Vollstreckungstitel, vollstreckbarer Verwaltungsakt; OVG Münster, NVwZ 1993, 1000; OVG Bautzen, SächsVBl. 2006, 21, 22; VGH Mannheim, NVwZ-RR 2013, 451; Maurer, S. 517.

57 VGH Kassel, NVwZ-RR 1999,158: Voraussetzung der Zwangsvollstreckung ist das Vorliegen eines Vollstreckungstitels; BVerwG NJW 1996, 608, 611; VG Neustadt, NVwZ-RR 2009, 227; VG Leipzig, LKV 1995, 46, 48: *„Gegenwärtig droht keine Vollstreckung, da § 2 SächsVwVG entweder einen unanfechtbaren oder einen sofort vollziehbaren Verwaltungsakt für die Vollstreckung voraussetzt"*. Weber, Zur Bedeutung des Vollstreckungstitels als allgemeine Vollstreckungsvoraussetzungl, apf 2017, 284 ff.

58 OVG Bautzen, SächsVBl. 2001, 40, 41; VG Dresden, SächsVBl. 2020,351, 353; VGH München, NuR 2006, 305; BFH, NJW 2003, 1070: *„Grundlage der Vollstreckung ist ein vollstreckbarer Verwaltungsakt (Vollstreckungstitel)"*; VGH Mannheim, VBlBW 2005, 386, 387 M OVG Saarlouis, Beschluss vom 2.5.2014, 2 B 25/14: vollziehbarer Grundverwaltungsakt.

erforderlich und angemessen ist. Ein Eingriff ist nur dann erforderlich, wenn er zur Erreichung des mit der Maßnahme angestrebten Erfolges das mildeste Mittel gleicher Wirksamkeit ist. Die zwangsweise Durchsetzung verwaltungsrechtlicher Pflichten im Wege der Verwaltungsvollstreckung setzt deshalb grundsätzlich den vorherigen Erlass eines Verwaltungsakts voraus. Der Verwaltungszwang schließt sich an ein Verwaltungsverfahren an, das mit dem Erlass eines Verwaltungsakts endet. Diesem kommt zunächst die Aufgabe zu, die abstrakt-generelle Verpflichtung des Gesetzes für den Einzelfall zu konkretisieren. Zugleich soll der Verwaltungsakt dem Bürger Rechtssicherheit gewähren und als Vollstreckungstitel eine materiell- und verfahrensrechtliche Grundlage für die Zwangsanwendung bilden. Dieses gestufte Verfahren belastet den Adressaten der Maßnahme weniger als die unvermittelte Zwangsanwendung, die den Pflichtigen ungleich härter trifft als die auf einer Grundverfügung aufbauende Verwaltungsvollstreckung. Sie nimmt ihm die Möglichkeit, den Vollstreckungszwang abzuwenden. ***Bevor die Behörde zur Tat schreitet, muss sie zunächst versuchen, den Betroffenen zur Erfüllung seiner Verpflichtung anzuhalten. Vor die Tat setzt der Rechtsstaat das Wort.*** *Die unmittelbare Zwangsanwendung ist daher auf Fälle begrenzt, in denen der Zweck der Maßnahme nicht durch den Erlass eines Verwaltungsakts und die Anordnung von dessen sofortiger Vollziehung nach § 80 Abs. 2 Satz 1 Nr. 4 VwGO erreicht werden kann.*

Dies trägt auch dem Gebot effektiven Rechtsschutzes (Art. 19 Abs. 4 GG) Rechnung. Art. 19 Abs. 4 GG garantiert nicht nur das formelle Recht und die theoretische Möglichkeit, die Gerichte anzurufen, sondern auch die Effektivität des Rechtsschutzes; der Bürger hat einen substantiellen Anspruch auf eine möglichst wirksame gerichtliche Kontrolle. ***Das vorgenannte Regel-Ausnahme-Verhältnis zwingt die Behörde grundsätzlich, sich eine Vollstreckungsgrundlage in Form eines vollziehbaren Verwaltungsakts zu verschaffen.*** *Wehrt sich der Bürger mit Widerspruch und Anfechtungsklage gegen einen Verwaltungsakt, kann dieser aufgrund des durch Art. 19 Abs. 4 GG abgesicherten Suspensiveffekts (vgl. § 80 Abs. 1 Satz 1 VwGO) grundsätzlich erst vollzogen werden, nachdem die Gerichte seine Rechtmäßigkeit geprüft haben. Ordnet die Behörde nach § 80 Abs. 2 Satz 1 Nr. 4 VwGO aus einem besonderen öffentlichen oder privaten Interesse den Sofortvollzug an, bedarf dies der Rechtfertigung und unterliegt gerichtlicher Prüfung (vgl. § 80 Abs. 5 VwGO). Greift die Verwaltung hingegen ohne Grundverfügung zum Zwang, kann der Bürger zwar nach § 123 VwGO um vorbeugenden Rechtsschutz im Wege der einstweiligen Anordnung nachsuchen. Die Lastenverteilung zwischen Behörde und Bürger kehrt sich dabei aber um"*[59].

Anmerkung: Zwang ohne Grundverfügung ist die sog. unmittelbare Ausführung nach § 8 SächsPVDG bzw. § 16 SächsPBG, siehe Kapitel M.

59 Siehe dazu auch BVerwG, Beschluss vom 6.7.2022, 3 B 31.21, und Urteil vom 25.11.2025, 6 C 20.14.

II. Der Vollstreckungstitel nach § 2 SächsVwVG

1. Der Vollstreckungstitel ist in § 2 SächsVwVG normiert (sog. „allgemeine Vollstreckungsvoraussetzung"):[60]

„Ein Verwaltungsakt, der zu einer Zahlung, einer sonstigen Handlung, einer Duldung oder Unterlassung verpflichtet, kann vollstreckt werden, wenn er
1. *unanfechtbar geworden ist,* **oder**
2. *ein gegen ihn erhobener Rechtsbehelf keine aufschiebende Wirkung hat" (siehe auch § 4 Abs.3 Nr. 4 SächsVwVG).*

Demnach können nur Verwaltungsakte (§ 35 Satz 1 VwVfG) vollstreckt werden, mit Ausnahme der Möglichkeit der Verwaltungsvollstreckung aus einem öffentlich-rechtlichen Vertrag, siehe § 1 Abs. 2 SächsVwVG i. V. m. § 61 VwVfG (*später unter Kapitel D*).

Das BVerwG, ZBR 2003, 102, 103, definiert die Bedeutung des Verwaltungsaktes wie folgt:
*„Es handelt sich um eine autoritative Entscheidung (**Anm.:** der Behörde) über die Anwendung objektiven Rechts auf den Einzelfall".*

2. Die genannten Verwaltungsakte nach § 2 SächsVwVG (Verpflichtung zur Zahlung, einer sonstigen Handlung, einer Duldung oder Unterlassung) müssen Titelfunktion besitzen (nach Nr. 1 oder Nr. 2 des § 2 SächsVwVG).
Dabei sieht das Gesetz 3 Möglichkeiten für die Verwaltungsbehörde vor, sich einen Verwaltungsakt in Form eines Vollstreckungstitels zu verschaffen[61]:

Der (bekannt gegebene und damit wirksame) Verwaltungsakt kann vollstreckt werden,
a) wenn er nicht mehr mit einem förmlichen Rechtsbehelf angefochten werden kann, oder
b) wenn der förmliche Rechtsbehelf kraft Gesetzes keine aufschiebende Wirkung hat oder
c) wenn die sofortige Vollziehung des Verwaltungsaktes angeordnet ist[62].

Dabei müssen diese Voraussetzungen nicht kumulativ vorliegen, es genügt, wenn der zu vollstreckende Verwaltungsakt eine der 3 genannten Voraussetzungen (a, b oder c) erfüllt.

60 OVG Bautzen, SächsVBl. 2009, 165, 170, und NVwZ-RR 2011, 225; VGH München, NVwZ-RR 1997, 69, und NJW 2000, 3297, 3298; VGH Kassel, NVwZ-RR 1996, 361, 362. VGH München, NVwZ-RR 2017, 993: Fehlende vollstreckbare Anordnung (Anm.: Vollstreckungstitel) und deshalb kein Anspruch der Behörde auf Ersatz der Kosten einer durchgeführten Ersatzvornahme.
Die Überschrift zu § 2 SächsVwVG lautet demnach auch: *„Allgemeine Voraussetzungen der Verwaltungsvollstreckung".*

61 Siehe dazu Weber, Fälle zum Verwaltungsvollstreckungsrecht, VR 2004, 181, 182 ff.; Lisken/Denninger, S. 678.

62 So ausdrücklich auch § 4 Abs. 3 Nr. 4 SächsVwVG.

Übersicht: Vollstreckungstitel nach § 2 VwVG		
Der Verwaltungsakt ist unanfechtbar, **oder**	Die aufschiebende Wirkung des Rechtsbehelfs gegen den Verwaltungsakt entfällt kraft Gesetzes, siehe § 80 Abs. 2 Satz 1 Nr. 1 bis 3 VwGO, **oder**	Der Verwaltungsakt ist mit der (behördlichen) Anordnung der sofortigen Vollziehung nach § 80 Abs. 2 Satz 1 Nr. 4 VwGO versehen

3. Der unanfechtbare Verwaltungsakt (§ 2 Nr. 1 SächsVwVG)
Dieser Verwaltungsakt kann nicht mehr mit einem förmlichen Rechtsbehelf (d. h. Widerspruch bzw. Anfechtungsklage) angefochten werden[63]:
   a) Man spricht dann von einem unanfechtbaren (oder bestandskräftigen) Verwaltungsakt[64]. Die Bezeichnung der Unanfechtbarkeit bietet sich in diesem Zusammenhang zur Verwendung an, da auch vom VwVfG selbst mehrfach gebraucht, z. B. §§ 48 und 49 VwVfG, ebenso auch in §§ 2 Nr. 1, 24 a Abs. 1 Nr. 3 SächsVwVG. Dagegen ist der Begriff der „Bestandskraft" nicht so eindeutig[65], wird aber auch von der Rechtsprechung verwendet[66].
   b) Der Verwaltungsakt (oder eine Auflage im Zusammenhang mit einem begünstigenden Verwaltungsakt[67]) ist unanfechtbar, wenn die Monatsfrist zur Erhebung des Widerspruchs verstrichen ist. Hat der Adressat aber Widerspruch bzw. Klage erhoben, kann es Jahre dauern, bis der Verwaltungsakt unanfechtbar wird[68]. Vorher ist in einem solchen Fall nicht an eine Verwaltungsvollstreckungsmaßnahme zu denken, da kein Vollstreckungstitel vorliegt (OVG Bautzen, Urteil vom 22.3.2023, 6 A 272/20).
   Unanfechtbar kann der Verwaltungsakt auch dadurch werden, dass ein erhobener Widerspruch zurückgenommen wird[69].

Praktisch gesehen ist die Vollstreckung derartiger Verwaltungsakte selten; siehe dazu nachfolgend im Kapitel J, VII 4, zur sog. isolierten Androhung.

63 Siehe dazu Lisken/Denninger, S. 553.

64 VGH München, BayVBl. 1976, 647: unanfechtbarer Verwaltungsakt; BayVerfGH, BayVBl. 2007, 306; VGH München, BayVBl. 1973, 220; OVG Bautzen, SächsVBl. 2006, 92; VGH Mannheim, NVwZ-RR 1994, 620; Horn, Jura 2004, 447, 449; App, JuS 2004, 788; Brühl, JuS 1997, 1023; Lisken/Denninger, S. 553.

65 Siehe die Überschrift vor § 43 VwVfG: „Abschnitt 2, Bestandskraft des Verwaltungsaktes".

66 VGH München, NuR 2006, 383; VG Berlin, NuR 1999, 58; VGH Mannheim, NVwZ-RR 1996, 612, und VRS 109/05, 468, 471 (Urteil vom 20.9.2005).

67 VGH München, NuR 2006, 383: Bestandskräftige Auflage (§ 36 Abs. 2 Satz 4 VwVfG), die einer Erlaubnis (begünstigender Verwaltungsakt nach § 48 Abs. 1 Satz 2 VwVfG) zur gewerbsmäßigen Hundezucht beigefügt war.

68 Brühl, JuS 1997, 930; OVG Brandenburg, LKV 2007, 239: *Die behördliche Nutzungsuntersagungsverfügung, welcher der Zwangsgeldfestsetzung zugrunde liegt, ist unanfechtbar geworden. Denn die Antragsteller (**Anm.:** im Eilverfahren beim Verwaltungsgericht) haben keinen Widerspruch eingelegt.*

69 VGH Kassel, NVwZ-RR 1996, 321, 322.

4. Der gegen den Verwaltungsakt eingelegte Rechtsbehelf hat aufschiebende Wirkung:[70]
   a) Widerspruch und Anfechtungsklage haben nach § 80 Abs. 1 Satz 1 VwGO aufschiebende Wirkung, sog. Suspensiveffekt[71].

Zur Bedeutung und zum Begriff der aufschiebenden Wirkung i. S. d. § 80 Abs. 1 Satz 1 VwGO stellte das BVerfG, NJW 1973, 1491 fest:
„Verwaltungsakte werden regelmäßig mit ihrer Bekanntgabe an den Adressaten wirksam. Von diesem Zeitpunkt an dürfen sie auch vollzogen werden. Nach § 80 Abs. 1 Satz 1 VwGO haben jedoch Widerspruch und Anfechtungsklage aufschiebende – d. h. die Vollziehung verbietende Wirkung (sog. Suspensiveffekt)...
Die aufschiebende Wirkung... ist ein fundamentaler Grundsatz des öffentlich-rechtlichen Prozesses... und nur unter den Voraussetzungen des § 80 Abs. 2 VwGO entfällt sie. Demgegenüber bildet die sofortige Vollziehung eines Verwaltungsaktes die Ausnahme."[72]

Weiter dazu das BVerwG NJW 1983, 776, 777:[73]
*„Der Eintritt der aufschiebenden Wirkung hat nur zur Folge, dass der angefochtene Verwaltungsakt vorläufig nicht vollzogen (**Anm.:** nicht vollstreckt) werden kann. Dagegen beseitigt die aufschiebende Wirkung nicht die Wirksamkeit des angefochtenen Verwaltungsaktes. Das bedeutet, dass der Eintritt der aufschiebenden Wirkung keine rechtsgestaltende Wirkung dahin hat, dass der Verwaltungsakt als vorläufig nicht existent zu behandeln wäre... Die Behörde darf nur aus ihrem Verwaltungsakt keine Maßnahmen treffen, die rechtlich als Vollziehung des nach wie vor wirksamen Verwaltungsaktes zu qualifizieren sind." (**Anm.:** insbes. auch keine Verwaltungsvollstreckungsmaßnahmen wg. des Eintritts der aufschiebenden Wirkung).*

   b) Nach dieser sog. Vollziehbarkeitstheorie[74] bewirkt der Eintritt der aufschiebenden Wirkung eine Hemmung der Vollziehbarkeit des den Adressaten belastenden Verwaltungsaktes[75], der (von einer ordnungsgemäßen Bekanntgabe ausgehend) nach wie vor (trotz Einlegung des Rechtsbehelfs des Wi-

70 Lisken/Denninger, S. 553; Brühl, JuS 1997, 1026.

71 BVerfG, NJW 1973, 1491, BVerwG, NNwZ 2012, 1184, 1186 und Beschluss vom 5.11.2018, 3 VR 1.18; OVG Berlin, Gewerbearchiv 2003, 295, 296; OVG Bautzen, SächsVBl. 2006, 21, 22; VGH Kassel, Gewerbearchiv 1996, 291; Erbguth, JA 2008, 357; Weber, VR 2024, 53.

72 Ebenso BVerfG, NVwZ 1985, 409; VG München, BayVBl. 2000, 692: *„Die Behörde muss sich der besonderen Ausnahmesituation bewusst sein, wenn sie die sofortige Vollziehung anordnet."*.

73 Inzwischen ständige Rspr. des BVerwG; ebenso VGH München, NVwZ-RR 1990, 594; OVG Lüneburg, DÖV 1987, 36; Pietzner/Ronellenfitsch, S. 576; aktuell BVerwG, NVwZ 2016, 1333, und OVG Greifswald, NVwZ-RR 2017, 123; Anders Maurer/Waldhoff, Allgemeines Verwaltungsrecht, 19.A. 2017, S. 263: *Aufschiebende Wirkung bedeutet, dass die Wirksamkeit des Verwaltungsaktes aufgeschoben wird, d.h. einstweilen nicht eintritt und er daher nicht vollzogen oder sonstige Folgerungen aus ihm gezogen werden können (ohne nähere Begründung).*

74 Erbguth, JA 2008, 357, 358; Weber, VR 2024, 53.

75 OVG Bautzen, SächsVBl. 2006, 21, 22; OVG Greifswald, NVwZ-RR 2017, 123, 124: „Die Behörde ist gehindert, solche Folgerungen aus dem Verwaltungsakt zu ziehen, die sie sonst vermöge ihrer Sonderstellung als Hoheitsträger ziehen könnte".

derspruchs) wirksam ist. Diesen suspendierten Verwaltungsakt muss der Adressat jedoch nicht befolgen[76].
Insbesondere kann die Behörde bei Eintritt der aufschiebenden Wirkung mangels Vollstreckungstitel (aber vorliegendem wirksamen Verwaltungsakt) keine Verwaltungsvollstreckungsmaßnahmen einleiten[77].

Dazu der VGH Mannheim, NJW 2004, 2690, 2691:
*„Die aufschiebende Wirkung soll nur für eine Übergangszeit bis zu einer etwaigen Aufhebung des Verwaltungsaktes (**Anm.:** siehe § 43 Abs. 2 VwVfG und § 113 Abs. 1 Satz 1 VwGO) im Rahmen des Rechtsbehelfsverfahrens dessen – insofern vorzeitige – Vollziehung ausschließen."*

c) Beginn der aufschiebenden Wirkung:
Die aufschiebende Wirkung tritt ein mit der Einlegung des entspr. Rechtsbehelfs (Eingang bei der Behörde), äußert dann aber grundsätzlich Rückwirkung[78] auf den Zeitpunkt des Erlasses des Verwaltungsaktes.
Denkbar ist auch, das das Gericht die aufschiebende Wirkung nur für die Zukunft, also ab der gerichtlichen Entscheidung anordnet[79]: Im konkreten Fall hatte die Fahrerlaubnisbehörde dem Betroffenen am 24.1.2004 mit Anordnung der sofortigen Vollziehung die Fahrerlaubnis entzogen.

Mit Beschluss vom 9.5.2005 hat der VGH München
„die aufschiebende Wirkung erst für die Zeit ab der Bekanntgabe der vorliegenden Entscheidung verfügt ... weil erst durch die 4., im März 2005 durchgeführte Urin- und Haaruntersuchung hinreichend dargetan wurde, dass von einem sich über ein Jahr hin erstreckenden Verhaltenswandel des Antragstellers ausgegangen werden kann."

d) Ende der aufschiebenden Wirkung[80]:
aa) Sie endet mit der Unanfechtbarkeit des Verwaltungsaktes bzw. der Rechtskraft einer gerichtlichen Entscheidung.

---

76 OVG Greifwald, NVwZ-RR 2017, 123, 124: „Auch wenn der betreffende Bescheid in seiner Wirksamkeit von der Anfechtung und der aufschiebenden Wirkung des Rechtsbehelfs unberührt bleibt, führt die aufschiebende Wirkung dazu, dass die Behörde gehindert ist, diese spezifische hoheitliche Regelung des Verwaltungsaktes umzusetzen"; OVG Münster, NVwZ-RR 2014, 11, zum belastenden Verwaltungsakt der Entziehung eines Doktorgrades: *„Der Antragsteller (**Anm.:** im Eilverfahren nach § 80 Abs. 5 VwGO) darf als Folge der aufschiebenden Wirkung den Doktorgrad einstweilen weiter führen"*.

77 OVG Bautzen, SächsVBl. 2006, 21, 22; VG Augsburg, NVwZ-RR 1995, 382, 383; Pietzner/Ronellenfitsch, S. 585; Kopp/ Schenke, VwGO, 12. Aufl. 2000, Anm. 27 zu § 80 VwGO.
OVG Münster, DÖV 1983, 1024, 1025: *„Zweck des § 80 Abs. 1 VwGO ist es, dass der Adressat des belastenden Verwaltungsaktes bis zur rechtkräftigen Entscheidung über die Rechtmäßigkeit des Verwaltungsaktes von Vollzugsmaßnahmen oder vollziehbaren Nebenfolgen verschont bleiben soll."*

78 OVG Münster, DÖV 1983, 1024, 1025; Pietzner/Ronellenfitsch, S. 585 zur gerichtlichen Anordnung der aufschiebenden Wirkung siehe später unter Kapitel R, IX.

79 VGH München, BayVBl. 2006, 18, 23.

80 BVerwG NVwZ 2007, 1097; Urteil vom 09.08.2016 – 1 C 6.16 OVG Münster, NVwZ-RR 2014, 11; VGH München, BayVBl. 2014, 26, 27; Pietzner/Ronellenfitsch, S. 586.

„Es handelt sich um eine vorläufige Zwischenregelung nur für die Dauer des Rechtsstreits, weshalb sie bei seinem rechtskräftigen Abschluss rückwirkend entfällt, um der durch das Urteil klargestellten Rechtslage Platz zu machen"[81].
Um Verzögerungen zu vermeiden (weil Rechtsbehelfe oft nur eingelegt werden, um in den Genuss der aufschiebenden Wirkung zu kommen), beschreibt § 80b Abs. 1 VwGO[82] definitiv das Ende der aufschiebenden Wirkung. Diese Norm lautet wie folgt:
*„Die aufschiebende Wirkung des Widerspruchs und der Anfechtungsklage endet mit der Unanfechtbarkeit oder, wenn die Anfechtungsklage im ersten Rechtszug (**Anm.:** Verwaltungsgericht) abgewiesen worden ist (**Anm.:** Niederlage des Klägers), drei Monate nach Ablauf der gesetzlichen Begründungsfrist des gegen die abweisende Entscheidung gegebenen Rechtsmittels..."*

bb) Die Ausgangsbehörde ist zur Aussetzung der Vollziehung nach § 80 Abs. 4 Satz 1 VwGO auch nach erstinstanzlicher Klageabweisung befugt.[83]

cc) Nach § 80 b Abs. 2 VwGO kann das OVG auf Antrag anordnen, dass die aufschiebende Wirkung fortdauert.[84]

Anmerkung: *Tritt die aufschiebende Wirkung eines Rechtsbehelfs (Widerspruch) ein, sind jegliche Vollstreckungsmaßnahmen ausgeschlossen!*

5. Entfallen der aufschiebenden Wirkung des Widerspruchs[85]:
Die aufschiebende Wirkung entfällt aber insbes. in den Fällen, in denen kraft Gesetzes ausdrücklich das Entfallen der aufschiebenden Wirkung festgelegt worden ist, § 80 Abs. 2 Satz 1 Nr. 1 bis 3 VwGO[86]. Dabei handelt es sich wegen der grundsätzlichen Aussage in § 80 Abs. 1 VwGO um Ausnahmefälle[87].
Folgende Möglichkeiten des Entfallens der aufschiebenden Wirkung trotz Einlegung des Rechtsbehelfs sind denkbar:
   a) § 80 Abs. 2 Satz 1 Nr. 1 VwGO: Anforderung öffentlicher Abgaben oder Kosten[88] z. B. Grundsteuerbescheid, Hundesteuer,
   (die bereits angesprochenen Kosten einer Ersatzvornahme, *siehe oben unter Kapitel B. V.*, unterliegen der ausdrücklichen Regelung des § 24 Abs. 3 Satz 2 SächsVwVG!)

---

81 OVG Bautzen, SächsVBl. 2001, 40, 41.

82 BVerwG, Beschluss vom 5.11.2018, 3 VR 1.18: „Die Einschränkung der zeitlichen Geltungsdauer einer aufschiebenden Wirkung in § 80b Abs. 1 Satz 1 VwGO ist von dem Anliegen getragen, den Anreiz für die Erhebung aussichtsloser Rechtsmittel zu vermeiden, die nur der Ausnutzung des Suspensiveffekts dienen. Der Gesetzgeber war der Auffassung, wenn eine Anfechtungsklage im ersten Rechtszug nach eingehender Prüfung des Rechtsschutzbegehrens keinen Erfolg hat, sei es in der Regel auch nicht gerechtfertigt, die aufschiebende Wirkung während eines Rechtsmittelverfahrens fortdauern zu lassen (vgl. BT-Drs. 13/3993 S. 11 f.)". VGH München, BayVBl. 2014, 26, 27.

83 OVG Münster, NVwZ-RR 2014, 11.

84 VGH München, BayVBl. 2014, 26: zulässiger und begründeter Antrag.

85 Erbguth, JA 2008, 357, 358; Pietzner/Ronellenfitsch, S. 589 ff.

86 BVerfG, NVwZ 2004, 93 ff.

87 BVerfG NVwZ 1996, 58, 59; OVG Frankfurt, LKV 2005, 121, 122.

88 § 80 Abs. 2 Satz 1 Nr. 1 als Ausnahmefall (VGH Mannheim, NVwZ-RR 2007, 296).

Bescheid nach § 16a Satz 2 Nr. 1 Tierschutzgesetz betr. die Kosten der Unterbringung eines Tieres,[89]
die Kosten für den Erlass eines Widerspruchsbescheides,[90]
nicht aber die Kosten einer unmittelbaren Ausführung einer polizeilichen Maßnahme[91].

b) § 80 Abs. 2 Satz 1 Nr. 2 VwGO: unaufschiebbare Anordnungen und Maßnahmen von Polizeivollzugsbeamten[92]

„Durch die Verwendung des Begriffs „unaufschiebbar" wird deutlich, dass von der Vorschrift nur solche Anordnungen und Maßnahmen erfasst werden sollen, die ein sofortiges Eingreifen polizeilicher Vollzugsbeamter erfordern. Dies wird vor allem bei solchen Umständen der Fall sein, in denen zur Abwendung einer unmittelbar bevorstehenden oder bereits eingetretenen Gefahr ein sofortiges Einschreiten von Polizeivollzugsbeamten durch tatsächliches Handeln oder Vollzugsmaßnahmen erforderlich ist."[93]

- mündlich erklärte Wohnungsverweisung[94],
- Aufforderung zur Räumung einer von Demonstranten besetzten Zufahrt[95],
- polizeilicher Platzverweis[96],
- Beschlagnahme eines Kraftfahrzeugs[97],
- Beschlagnahme einer schwarz-weiß-roten Reichsflagge[98],
- Identitätsfeststellung im Bordell[99],
- Ausschluss eines Versammlungsteilnehmers von der weiteren Teilnahme an einer Versammlung[100],
- Verkehrsregelungen durch amtliche Vorschriftszeichen:
  „Sie vertreten gleichsam die Stelle von Polizeivollzugsbeamten"[101], d.h. analoge Anwendung des § 80 Abs. 2 Satz 1 Nr. 2 VwGO bei den sog. Ge- und

---

89 VGH München, NuR 2006, 183; a.A. VGH Mannheim, NVwZ-RR 2007, 296.

90 OVG Bautzen, NVwZ-RR 2011, 225.

91 VGH Mannheim, NVwZ-RR 2000, 189, 190.

92 VGH München, Beschluss vom 15.2.2019, 8 CS 18.2364: Die aufschiebende Wirkung entfällt gemäß § 80 Abs. 2 S. 1 Nr. 2 VwGO nach dem ausdrücklichen Gesetzeswortlaut nur bei Anordnung oder Maßnahmen von einem Polizeivollzugsbeamten. Nicht ausreichend ist, dass die handelnde Behörde eine Gefahrenabwehrbehörde ist, weil diese ihre Verwaltungsakte nur gemäß § 80 Abs. 2 Satz 1 Nr. 4 VwGO für sofort vollziehbar erklären kann; Kugele, Anm. 20 zu § 80 VwGO; praktisch gesehen handelt es sich dabei um mündlich erklärte Verwaltungsakte nach § 37 Abs. 2 VwVfG (ohne Schriftform und ohne Rechtsmittelbelehrung; VGH Mannheim, NVwZ 1985, 202, 205); siehe dazu Weber, Der unfreiwillige Fußgänger (Klausur), VR 2002, 416.

93 VG Schleswig, NVwZ-RR 2004, 848. Ähnlich die Formulierung in § 21 SächsVwVG betr. Vollstreckung bei Gefahr im Verzug.

94 VG Aachen, NJW 2004, 188; VG Köln, Beschluss vom 05.12.2018 – 20 L 2762/18.

95 VGH Mannheim, NVwZ 1985, 202, 205.

96 VGH München, NVwZ-RR 1998, 310; VGH Mannheim, Urteil vom 3.5.2021, 1 S 512/19.

97 VGH Mannheim, NVwZ-RR 1992, 185; siehe dazu Weber, VR 2002, 415 ff.

98 VGH Mannheim, NJW 2006, 635.

99 VG Frankfurt, NVwZ-RR 2004, 748.

100 BVerfG, NVwZ 2005, 80, 81; Beschluss vom 26.2.2004, 1 BvR 1726/01.

101 Ständige Rspr. des BVerwG, NJW 1978, 656, und 1980, 1640; NVwZ 1988, 623, 624, und NZV 2004, 52, 53; OVG Bautzen, SächsVBl. 2001, 94; OVG Schleswig, NVwZ-RR 2003, 647; VGH Mannheim, NJW 2003, 3363; VG Weimar, LKV 2001, 574, 575.

Verbotszeichen, z. B. Geschwindigkeitsbeschränkung, Rechtsabbiegegebot oder Lichtzeichen einer Verkehrssignalanlage (Ampel).

Anmerkung: *Siehe dazu später unter Kapitel L VI., Anwendung unmittelbaren Zwangs.*

c) § 80 Abs. 3 Satz 1 Nr. 3 VwGO:
in anderen durch Bundes- oder Landesgesetz vorgeschriebenen Fällen:
Beispiele:
aa) Bundesrecht:
- Entziehung der Fahrerlaubnis, § 4 Abs. 7 Satz 2 StVG[102], seit 1.5.2014 § 4 Abs. 9 StVG,
- § 212a BauGB,
- Untersagungs- und Abwicklungsverfügung nach dem Kreditwesengesetz, §§ 37, 39 KWG[103],
- § 46 Abs. 4 Satz 3 Waffengesetz[104],

bb) Landesrecht:
- Vollstreckungsmaßnahmen nach § 11 SächsVwVG[105] (Landesrecht), *siehe Kapitel B. V.,*
- befristete Untersagung nach § 4 Abs. 4 SächsGastG[106],
- Schulausschluss nach § 90 Abs. 3 Satz 3 des Baden-Württembergischen Schulgesetzes[107],
- Glücksspielrechtliche Untersagungsverfügung: Die Antragstellerin geht jedoch fehl in der Annahme, dass § 9 Abs. 2 Satz 1 GlüStV 2021, wonach Widerspruch und Klage gegen Anordnungen nach § 9 Abs. 1 und 1a GlüStV 2021 keine aufschiebende Wirkung haben, deswegen auf die Untersagungsanordnung keine Anwendung findet. Denn der Freistaat Sachsen hat – wie das Verwaltungsgericht zutreffend ausführt – von der ihm durch § 28 Abs. 1 Satz 1 GlüStV 2021 eingeräumten Befugnis, die zur Ausführung des Glücksspielstaatsvertrags 2021 notwendigen Bestimmungen zu erlassen, durch Erlass des Gesetzes zur Ausführung des Glücksspielstaatsvertrages 2021 im Freistaat Sachsen (Sächsisches Ausführungsgesetz zum Glücksspielstaatsvertrag – SächsGlüStVAG) vom 14. Dezember 2007 (SächsGVBl. S. 542), das zuletzt durch Art. 1 des Gesetzes vom 2. März 2023 (SächsGVBl. S. 74) geändert worden ist, Gebrauch gemacht und hat diese Vorschriften auf Spielhallen, soweit sie Geld – oder Warenspielgeräte mit

102 BVerwG, Beschluss vom 5.11.2018, 3 VR 1.18: Entziehung einer Fahrerlaubnis auf Probe (§ 2a Abs. 6 StVG) sowie bei einer Entziehung im Rahmen des Fahreignungs-Bewertungssystems (§ 4 Abs. 9 StVG); VGH Mannheim, DÖV 2005, 746, 747; OVG Münster, VRS 111/06, 230 (Beschluss vom 24.5.2006).

103 BVerfG, NVwZ 2004, 93 ff.

104 VG Freiburg, 1 K 590/08.

105 VG Leipzig, LKV 1995, 46, 48; VGH München, NVwZ 1987, 512; Art. 21 a VwZVG in Bayern: VG Ansbach, Beschluss v. 01.06.2016 – AN 3 S 16.00748, AN 3 S 16.00917, AN 3 S 16.00919; ebenso die Regelungen in den übrigen Verwaltungsvollstreckungsgesetzen, siehe z. B. VG Köln (NVwZ-RR 2008, 756) zu § 8 NWAGVwGO.

106 Siehe dazu Weber, Das Sächsische Gaststättengesetz, GewArch 2014, S. 434.

107 VGH Mannheim, VBlBW 2007, 194.

Gewinnmöglichkeit bereithalten, für anwendbar erklärt. Gemäß § 1 Abs. 2 SächsGlüStVAG gelten für die Errichtung und den Betrieb von Spielhallen, soweit sie Geld- oder Warenspielgeräte mit Gewinnmöglichkeit bereithalten, die §§ 18a, 19, 19b und 20 Abs. 1 Nr. 1, 2 und 5 bis 7 sowie Abs. 2 bis 4. Nach § 18a Abs. 3 Satz 1 SächsGlüStVAG stehen der Glücksspielaufsichtsbehörde die Befugnisse nach § 9 Abs. 1 GlüStV 2021 zu. Gemäß § 18a Abs. 3 Satz 2 SächsGlüStVAG gilt § 9 Abs. 2 und 2a GlüStV 2021 entsprechend. Inhaltsgleiche Regelungen enthielten schon die vorangegangenen Fassungen des § 18a SächsGlüStVAG seit 31. Dezember 2016 (vgl. SächsOVG, Beschl. v. 26. Juli 2021 – 6 B 262/21; OVG Bautzen, Beschluss vom 8.2.2024, 6 B 187/23).

d) In den genannten 3 Fällen (§ 80 Abs. 2 Satz 1 Nr. 1 bis 3 VwGO) hat sich bereits der Gesetzgeber dafür entschieden, die aufschiebende Wirkung des Rechtsbehelfs nicht eintreten zu lassen. Diese Regelung dient der Sicherung der Erfüllung öffentlicher Aufgaben durch Sicherstellung der Vollziehbarkeit der entspr. Verwaltungsakte.

Anmerkung: *In allen Fällen des Entfallens der aufschiebenden Wirkung von Widerspruch und Klage nach § 80 Abs. 2 Satz 1 Nr. 1 bis 3 VwGO (d.h. kraft gesetzlicher Festlegung) kann die Behörde nach Bekanntgabe des Verwaltungsaktes sofort (ohne weiteres Zuwarten) Verwaltungsvollstreckungsmaßnahmen einleiten (Vollstreckungstitel nach § 2 Nr. 2 SächsVwVG liegt vor[108])!*

6. **Anordnung der sofortigen Vollziehung**

Die Behörde hat die sofortige Vollziehung des Verwaltungsaktes nach § 80 Abs. 2 Satz 1 Nr. 4 VwGO ausdrücklich angeordnet[109].

Das ist der in der Praxis oft vorkommende Fall der Bildung eines Vollstreckungstitels durch behördliche Festlegung, ohne dass die Unanfechtbarkeit des Verwaltungsaktes (§ 2 Nr. 1 SächsVwVG) abgewartet werden muss.

Die Anordnung der sofortigen Vollziehung des Verwaltungsaktes hat jedoch „Ausnahmecharakter" (in Bezug auf § 80 Abs. 1 VwGO als Regelfall), ist also, ebenso wie die bereits genannten Fälle nach § 80 Abs. 2 Satz 1 Nr. 1 bis 3 VwGO, nicht der Regelfall[110].

a) Diese behördliche Vollziehbarkeitsanordnung nach § 80 Abs. 2 Satz 1 Nr. 4 VwGO ist selbst kein Verwaltungsakt. Als unselbständiger Teil der durch

108 OVG Bautzen, LKV 2013, 369, 371.

109 Beispiele aus der Rspr.:
OVG Bautzen, Beschluss vom 29.10.2019, 3 B 175/19: Beschlagnahme eines Hundes; SächsVBl. 2008, 298, und LKV 2013, 369 (*siehe dazu näher unter K X 1*); VGH München, Beschluss vom 7.9.2020, 11 CS 20.1418; Beschluss vom 21.03.2024 – 11 CS 24.70; OVG Münster, NZV 2007, 266, und NVwZ-RR 2014, 593; OVG Hamburg, NZV 2002, 531; VG München, NVwZ-RR 2013, 351; VG Gießen, NVwZ-RR 2014, 267; OVG Saarlouis, Beschluss vom 24.4.2018, 2 A 505/17 (NVwZ-RR 2017,8, 595), und vom 2.5.2014, 2 B 225/14; OVG Berlin-Brandenburg, Beschluss vom 28.8.2020, OVG 11 S 69/20.

110 BVerfG, NVwZ 1996, 58, 59; OVG Münster, NZV 2007, 266; VG Stuttgart, NJW 2006, 1017: *„ausnahmsweise Anordnung der sofortigen Vollziehung der Verfügung"*; VG Potsdam, Beschluss vom 24.8.2020, 3 L 647/20; OVG Schleswig-Holstein, Beschluss vom 6.10.2023, 4 MB 30/23; VG Halle, Beschluss vom 6.10.2023, 7 B 210/23 HAL.

den Verwaltungsakt getroffenen Regelung (dem sog. Grundverwaltungsakt nachfolgend) beseitigt sie als bloße Verfahrenshandlung mit dem Ausschluss der aufschiebenden Wirkung nur ein Vollstreckungshindernis[111].

Regelmäßig wird die Anordnung der sofortigen Vollziehung mit dem vorangegangenen Grundverwaltungsakt verbunden[112], sie kann aber noch nachträglich erklärt werden[113].

Siehe dazu später im Kapitel J. VII.

b) Dabei handelt es sich um die Anordnung der sofortigen Vollziehung nach § 80 Abs. 2 Satz 1 Nr. 4 VwGO in Fällen des besonderen öffentlichen Interesses, wenn der Verwaltungsakt nicht schon kraft Gesetzes sofort vollziehbar ist nach § 80 Abs. 1 Satz 1 Nr. 1 bis 3 VwGO.

Die Behörde hat hier die Möglichkeit, sich schnell mittels eigener Entscheidung einen Vollstreckungstitel gegenüber dem Adressaten (bzw. Vollstreckungsschuldner) zu verschaffen, sofern die gesetzlichen Voraussetzungen zur Anordnung der sofortigen Vollziehung nach § 80 Abs. 3 VwGO vorliegen.

c) materiellrechtliche Voraussetzungen der Anordnung der sofortigen Vollziehung[114]:

Gegenüber dem privaten Interesse des Adressaten ein überwiegendes öffentliches Interesse an der Anordnung der sofortigen Vollziehung des Verwaltungsaktes[115], d.h. eine auf den Einzelfall abgestellte und nicht lediglich formelhafte Begründung[116]. Es muss ein besonderes Vollzugsinteresse bestehen, das über jenes hinausgeht, welches den vorangegangenen Verwaltungsakt rechtfertigt[117].

d) formelle Voraussetzungen, § 80 Abs. 3 Satz 1 VwGO[118]:

Es ist eine konkrete schriftliche Begründung[119] (unabhängig von den Voraussetzungen des § 39 VwVfG für die Begründung des Verwaltungsakt an sich)

---

111 VGH Mannheim, VRS 88/95, Beschluss vom 9.8.1994; VG Hannover, NVwZ-RR 2004, 852, 853. VG Neustadt, Beschluss vom 25.4.2018, 5 L 364/18.NW: verfahrensrechtliche Nebenentscheidung zum Verwaltungsakt.

112 BVerfG, NVwZ 1996, 58, und NJW 2003, 3617; NVwZ 2004, 93, und 2005, 1053; OVG Bautzen, LKV 2013, 369; VGH München, NVwZ-RR 2005, 611; VGH Mannheim, NVwZ-RR 2004, 756; OVG Frankfurt, LKV 2005, 505.

113 Siehe z.B. OVG Lüneburg, NJW 1989, 1235: Untersagungsverfügung vom 16.4.1987, Anordnung der sofortigen Vollziehung am 6.1.1988; VGH Mannheim, NVwZ-RR 2017, 801; VG Freiburg, Gerichtsbescheid vom 25.11.2011 – 4 K 2329/10: *Betriebsuntersagung vom 24.4.2007, Anordnung der sofortigen Vollziehung am 24.8.2007.*

114 Erbguth, JA 2008, 357, 359. VG Lüneburg, Beschluss vom 23.06.2020, 2 B 42/20.

115 VG Hannover, NVwZ-RR 2004, 852, 854: Ausschluss eines Schülers vom Unterricht wg. Teilnahme an einer Schlägerei; VG Oldenburg, Beschluss vom 30.06.2020, 7 B 1487/20; OVG Koblenz, Beschluss vom 25.1.2021, 7 B 11527/20.

116 BVerfG, NJW 2003, 3618, 3619: fehlende Abwägung einer Entscheidung der Regierung von Unterfranken; Kintz, S. 171.

117 BVerfG, NVwZ 1985, 409, und 1996, 58, 59; OVG Koblenz, Beschluss vom 25.1.2921, 7 B 1527/20.

118 VGH München, NVwZ-RR 2005, 242, und NJW 2002, 3044 (jedenfalls genügte der anschließende Widerspruchsbescheid dem Begründungserfordernis); OVG Greifswald, NuR 2006, 581, 582; VG Karlsruhe, NZV 2005, 607; VG Gießen, NVwZ-RR 1993, 248, 250; VG Gera, NVwZ-RR 1999, 579, 580; Kintz, S. 171 ff.; Erbguth, JA 2008, 357, 359; VG Oldenburg, Beschluss vom 30.06.2020, 7 B 1487/20.

119 VGH München, BayVBl. 2000, 692, und NVwZ-RR 2005, 611; OVG Saarlouis, NJW 2004, 243, 244; VGH Mannheim, VBlBW 2002, 441; OVG Frankfurt, LKV 2005, 121, und S. 505; OVG Berlin, Gewerbearchiv 2003, 295, 296; VG Potsdam, LKV 2004, 239; VG Schleswig, NuR 2003, 66, 67; VG Leipzig, LKV 1995, 46, 47; VG Halle, SächsVBl. 2005, 75.

erforderlich, aus der das besondere Interesse an der Anordnung der sofortigen Vollziehung hervorgeht. Mehr oder weniger formelhafte Formulierungen reichen nicht aus.

- Diese Begründung muss einzelfallbezogen sein und die Dringlichkeit des sofortigen Vollzugs erkennen lassen[120] unter Abwägung aller im konkreten Fall betroffenen öffentlichen und privaten Interessen[121].
- Sind im „Tenor“ des Bescheides[122] mehrere Regelungen mit der Anordnung der sofortigen Vollziehung versehen worden, ist für jede dieser einzelnen Regelungen eine getrennte Begründung betr. Anordnung der sofortigen Vollziehung erforderlich (Bestimmtheitsprinzip). **VG Lüneburg, Beschluss vom 23.06.2020, 2 B 42/20:** „Die aufschiebende Wirkung ist in den Fällen des § 80 Abs. 5 Satz 1 i. V. m. § 80 Abs. 2 Satz 1 Nr. 4 VwGO informeller Hinsicht bereits dann wiederherzustellen, wenn die behördliche Anordnung der sofortigen Vollziehung formelle Fehler aufweist“, d. h. Erfolg des Antragstellers im Eilverfahren.

e) Bei Verwaltungsakten im Bereich der Gefahrenabwehr bestehen aber keine zu hohen Anforderungen an die Begründungspflicht bei der Anordnung der sofortigen Vollziehung, denn die Gründe, die für den Erlass des Verwaltungsaktes maßgeblich sind, können auch die Eilbedürftigkeit der Vollziehung belegen[123]. Diese Begründung darf deshalb knapp, muss aber noch

120 VGH München, BayVBl. 2000, 692; VG Leipzig, LKV 1995, 46, 47; OVG Hamburg, Beschluss vom 5.2.2024, 3 Bs 160/23.

121 BVerfG, NVwZ 1996, 58, 60; OVG Hamburg, Beschluss vom 5.2.2024, 3 Bs 160/23: Ein mit der sofortigen Vollziehung eines auf § 7 Abs. 2 Nr. 2 PVO gestützten Widerrufs einer Anerkennung als Prüfsachverständiger einhergehendes **vorläufiges Berufsverbot** vor rechtskräftiger Entscheidung der Hauptsache zur Abwehr konkreter Gefahren für die Rechtsgüter Leben und körperliche Unversehrtheit ist regelmäßig schon dann erforderlich, wenn in tatsächlicher Hinsicht hinreichende konkrete Anhaltspunkte dafür bestehen, dass ein anerkannter Prüfsachverständiger bei der Ausübung seines Berufs in Bezug auf dem Schutz dieser Rechtsgüter dienende Anlagen (wie Brandmelde- und Alarmierungsanlagen) bescheinigt, dass diese Anlagen betriebssicher und wirksam seien bzw. dass gegen die Wirksamkeit und Betriebssicherheit der geprüften Anlagen keine Bedenken bestünden, obgleich er die Anlagen nicht in einer Weise ordnungsgemäß oder den geltenden Prüfgrundsätzen entsprechend auf ihre Wirksamkeit und Betriebssicherheit einschließlich des bestimmungsgemäßen Zusammenwirkens von Anlagen (Wirk-Prinzip-Prüfung) geprüft hat, und anzunehmen ist, dass dies in Zukunft – noch vor rechtskräftiger Entscheidung der Hauptsache – wieder geschieht.

122 „Tenor“ oder auch Entscheidungssatz genannt bei OVG Lüneburg, NJW 2008, 167, 168.

123 VGH München, Beschluss v. 27.01.2015, 11 CS 14.2635, zur Entziehung der Fahrerlaubnis nach § 5 Abs. 1 StVG: *„Insbesondere bei Kraftfahrern, denen die erforderliche Eignung zum Führen eines Kraftfahrzeugs fehlt, ist das Erlassinteresse regelmäßig mit dem Vollzugsinteresse identisch“*; OVG Münster, NZV 2007, 266; VGH Mannheim, Gewerbearchiv 1990, 253; VGH Kassel, NuR 2007, 54; VG Hannover, NVwZ-RR 2004, 852, 854; VG Gera, NVwZ-RR 1999, 579, 580; VG Aachen, VRS 108/05, S. 68, 69 (Beschluss vom 24.11.2004); OVG Lüneburg, Beschluss vom 21.08.2020, OVG 5 S 39.19: *„Unschädlich sei insoweit, dass sich die Begründungen der Untersagungsverfügung und der Anordnung der sofortigen Vollziehung in Teilen überschneiden würden. Denn bei lebensmittelrechtlichen Anordnungen im Interesse des Verbraucherschutzes falle das besondere öffentliche Interesse an einem sofortigen Vollzug (Vollzugsinteresse) regelmäßig mit dem Erlassinteresse zusammen“* (Ausführungen des VG im Eilverfahren nach § 80 Abs. 5 VwGO, die Beschwerde beim OVG war erfolglos).

ausreichend sein[124]. Dazu hat das OVG Hamburg[125] z. B. zur **Entziehung der Fahrerlaubnis nach § 3 Abs. 1 StVG** ausgeführt: *„Die Anordnung der sofortigen Vollziehung begegnet keinen Bedenken. Sie kann allgemein mit der Ungeeignetheit des Kraftfahrers begründet werden."*

Anmerkung: *Die schriftliche Darlegung der Gründe für die Anordnung der sofortigen Vollziehung dient dem Adressaten des Verwaltungsaktes (und evtl. späterem Vollstreckungsschuldner), damit für ihn diese Festlegung (Vollstreckungstitel!) nachvollziehbar wird. Zudem zwingt sie die Behörde, sich Gedanken darüber zu machen, ob die Gründe für die Anordnung der sofortigen Vollziehung tatsächlich vorliegen.*[126]

Dazu das BVerfG:[127]
„Bei sofortiger Vollziehung des Verwaltungsaktes werden regelmäßig vollendete Tatsachen geschaffen …" (weshalb eine für den Adressaten nachvollziehbare Begründung als selbstverständlich anzusehen ist).

f) Nachholung bei unzureichender Begründung mit heilender Wirkung:
Die Frage ist umstritten, aber es spricht auch aus praktischen Gründen vieles dafür, dass die erlassende Behörde nicht gehindert ist, die sofortige Vollziehung erneut anzuordnen, wenn die vorhergehende Anordnung formell fehlerhaft war[128]. Insbes. kann durch die Nachholung die Führung etwaiger weiterer Prozesse vermieden werden.
VGH Mannheim, Beschluss vom 4.7.20217, 2 S 1258/17:
… Diese aufschiebende Wirkung des Widerspruchs ist jedoch (nachträglich) durch die unter dem 06.06.2017 ausgesprochene Anordnung der sofortigen Vollziehung wieder entfallen. Es bestehen keine durchgreifenden Bedenken, die Anordnung der sofortigen Vollziehung, auf die sich die Antragsgegnerin im Rahmen ihrer Beschwerdebegründung ausdrücklich berufen hat, im vorliegenden Beschwerdeverfahren zu berücksichtigen, obwohl sie erst nach der Entscheidung des Verwaltungsgerichts ausgesprochen worden ist.
Gegen eine Nachholung hat sich das OVG Schleswig-Holstein mit Beschluss vom 6.10.2023, 4 MB 30/23, ausgesprochen: Der sich daraus ergebende Schutzzweck der Begründungspflicht des § 80 Abs. 3 VwGO drohte ausgehöhlt zu werden, wenn eine nicht abgegebene Begründung nachgeholt bzw. eine nur mündlich abgegebene Begründung schriftlich bestätigt werden

124 VGH Kassel, Gewerbearchiv 1991, 310, 311, und NuR 2007, 54; OVG Berlin, Gewerbearchiv 2003, 295, 295.

125 NZV 2002, 531, 533; VG Schwerin, Beschluss vom 8.2.2016, 4 B 4201/15 SN: *„Darüber hinaus ist zu berücksichtigen, dass sich im Bereich des Sicherheitsrechts – wie vorliegend bei der Entziehung einer Fahrerlaubnis – das besondere öffentliche Interesse häufig gerade aus den Gesichtspunkten ergibt, die für den Erlass des Verwaltungsakts selbst maßgebend sind (vgl. VGH München, NJW 2015, 3050), so dass auch von daher an den Inhalt der Begründung keine allzu hohen Anforderungen zu stellen sind".*

126 VG Schleswig-Holstein, Beschluss vom 5.5.2020, 2 B 16/20; VG Neustadt, Beschluss vom 15.11.2018, 5 L 133/18 NW.

127 BVerfG, NJW 2003, 3618, 3619.

128 OVG Lüneburg, NJW 2009, 1988; VGH München, NJW 2002, 3044, unter Hinweis auf seine Rspr.; BayVBl. 2003, 469; OVG Greifswald, NVwZ-RR 1999, 409; Kintz, S. 173.

könnte. Dies birgt das Risiko, dass die anordnende Behörde sich über den rechtlichen Ausnahmecharakter der Vollzugsanordnung zunächst nicht im Klaren ist und ein behördliches Vorgehen erst im Nachhinein gerechtfertigt wird (vgl. Puttler, in: Sodan/Ziekow, VwGO, 5. Auflage 2018, § 80 Rn. 99). Jedenfalls lässt sich die Frage, ob eine den Schutzzweck erfüllende interne Überprüfung der behördlichen Willensbildung vor Anordnung des Sofortvollzugs vorgelegen hat, ohne entsprechende schriftliche Abfassung kaum sicher nachvollziehen.

Die Notwendigkeit, dass die Behörden sich vor jeder Sofortvollzugsanordnung das in § 80 Abs. 1 bis Abs. 3 VwGO niedergeschriebene Regel-Ausnahme-Verhältnis bewusstmachen und ihre Entscheidungsfindung gerade vor diesem Hintergrund prüfen muss, stellt auch den entscheidenden Unterschied zu der Pflicht, einen Verwaltungsakt zu begründen, dar. Die Begründungspflicht nach § 109 LVwG/§ 39 VwVfG zielt primär auf Entscheidungslegitimation durch Information. Indem die Behörde die Gründe für ihre Entscheidung dokumentiert, ermöglicht sie den durch sie Betroffenen die Nachprüfung als notwendige Voraussetzung für die Wahrung und Durchsetzung effektiven Rechtsschutzes (Schuler-Harms, in: Schoch/Schneider, 3. EL August 2022, Verwaltungsrecht, § 39 VwVfG Rn. 5).

Die prozessökonomische Erwägung, dass es reiner Formalismus sei, im Verfahren nach § 80 Abs. 5 VwGO die Vollzugsanordnung aufzuheben, wo doch die Behörde alsbald die sofortige Vollziehung erneut – diesmal mit ausreichender Begründung) – anordnen könne (vgl. OVG Bremen, Beschl. v. 25.03.1999 – 1 B 65/99 –, juris Rn. 8; OVG Koblenz, Beschl. v. 30.01.1985 – 11 B 201/84 –, NVwZ 1985, 919), überzeugt hingegen nicht. Denn dieser Einwand lässt sich im Grundsatz gegen jede Formvorschrift erheben. Außerdem kann nicht ausgeschlossen werden, dass die Behörde bei sorgfältiger Beachtung ihrer Begründungspflicht auch in der Sache zu einem anderen Ergebnis gekommen wäre (vgl. OVG Weimar, Beschl. v. 28.07.2011 – 1 EO 1108/10 –, juris Rn. 28), sodass sich eine strenge Handhabung der schriftlichen Begründungspflicht schwerlich als bloßer Formalismus bezeichnen lässt (vgl. Puttler, in: Sodan/Ziekow, VwGO, 5. Auflage 2018, § 80 Rn. 99).

Ferner ist zu beachten, dass § 80 Abs. 3 Satz 2 VwGO eine Ausnahme von der Begründungspflicht zulässt, wenn Gefahr im Verzug ist (siehe dazu nachfolgend unter i).

g) Eine gesonderte Anhörung vor Anordnung der sofortigen Vollziehung ist nicht erforderlich (siehe auch § 28 Abs. 2 Satz 1 VwVfG). Die Anordnung der sofortigen Vollziehung ist selbst kein Verwaltungsakt (es wird nichts geregelt)[129], sodass eine Anwendung von Normen des VwVfG nicht in Betracht kommt.

129 VGH Mannheim, Gewerbearchiv 1990, 321, 322; OVG Schleswig, NVwZ-RR 1993, 587; VG Hannover, NVwZ-RR 2004, 852, 853; Kaltenborn, Anforderungen an eine Anordnung der sofortigen Vollziehung, DVBl. 1999, 828, 830, mit umfangreichen Hinweisen auf die Rspr.; Obermayer/Funke-Kaiser, Anm. 15 zu § 28 VwVfG.

h) Die Anordnung der sofortigen Vollziehung erfolgt i. d. R. zusammen mit dem Grundverwaltungsakt, sie kann aber auch noch nachträglich vorgenommen werden[130].

i) Keine Begründungspflicht nach § 80 III 2 VwGO mit folgendem Wortlaut: *Einer besonderen Begründung bedarf es nicht, wenn die Behörde bei Gefahr im Verzug, insbesondere bei drohenden Nachteilen für Leben, Gesundheit oder Eigentum vorsorglich eine als solche bezeichnete* ***Notstandsmaßnahme*** *im öffentlichen Interesse trifft.*

Dazu stellte das OVG Schleswig-Holstein mit Beschluss vom 6.10.2023, 4 MB 30/23 fest:

Der Gesetzgeber hat mithin erkannt, dass es durchaus Fälle geben kann, in denen eine schriftliche Begründung aufgrund eines besonderen Eilbedürfnisses nicht gefertigt werden kann. Dass der Gesetzgeber in § 80 Abs. 3 Satz 2 VwGO insoweit selbst eine Ausnahme geregelt hat, deutet darauf hin, dass er Ausnahmevorschriften nicht generell und planwidrig übersehen, sondern bewusst auf weitere, den Schutzzweck der Norm aufweichende Regeln verzichtet hat.

Durch die beschriebene Rechtsauffassung wird auch ein Handeln in der Praxis nicht unmöglich gemacht. Wie der Antragsgegner selbst beschreibt, besteht für die Behörden die Möglichkeit, in dringenden Fällen einen ihren Mitarbeiter beispielsweise nach einer tierschutzrechtlichen Vor-Ort-Kontrolle in das Büro zurückzuschicken, um die schriftliche Begründung zu fertigen. Es ist außerdem nicht ausgeschlossen, eine schriftliche Begründung der Sofortvollzugsanordnung unmittelbar vor Ort zu fertigen – ggf. handschriftlich auf einem Vordruck, der die Behörde erkennen lässt. Dem kann der Antragsgegner auch nicht mit dem Argument begegnen, dass die Anfertigung einer schriftlichen Begründung bei komplexen Fallgestaltungen, in den vor Ort zunächst tatsächliche Feststellungen getroffen werden müssen und personelle Kapazitäten gebunden werden, schwerlich möglich ist. Denn selbst wenn man von der Notwendigkeit einer schriftlichen Fixierung der Begründung absähe, ist es notwendig, dass die Behörde sich den Ausnahmecharakter der Sofortvollzugsanordnung bewusst macht und auf Grundlage des ermittelten, komplexen Sachverhalts die Gründe betrachtet und abwägt, die für die Anordnung sprechen. Die schriftliche Fixierung dessen dürfte demgegenüber deutlich weniger Zeit in Anspruch nehmen.

Hinzu kommt, dass es den Behörden offensteht, gemäß § 80 Abs. 3 Satz 2 VwGO bei Gefahr im Verzug eine Notstandsmaßnahme im öffentlichen Interesse zu treffen, die keiner Begründung bedarf. Eine Notstandsmaßnahme muss dann allerdings ausdrücklich als solche bezeichnet (vgl. Schoch, in: Schoch/Schneider, Verwaltungsrecht, 44. EL März 2023, § 80 VwGO, Rn. 255; Puttler, in: Sodan/Ziekow, VwGO, 5. Auflage 2018, § 80 VwGO Rn. 100) und die Bezeichnung sollte dokumentiert werden, um eine anschlie-

130 VGH Mannheim, NVwZ-RR 2008, 781, 782.

ßende gerichtliche Prüfung auch der formellen Anordnungsvoraussetzungen des § 80 Abs. 3 Satz 2 VwGO zu ermöglichen. Im vorliegenden Fall hat das Verwaltungsgericht geprüft, ob die nicht begründete Sofortvollzugsanordnung als Notstandsmaßnahme verstanden werden kann. Es hat dies jedoch abgelehnt, unter anderem, da die Maßnahme nicht als solche bezeichnet war. Dem tritt der Antragsgegner im Beschwerdeverfahren auch nicht entgegen. Ferner steht den Behörden grundsätzlich auch ein Vorgehen nach § 230 LVwG frei.
Im Übrigen ist darauf hinzuweisen, dass – anders als der Antragsgegner meint – eine Behörde, die die sofortige Vollziehung erneut anordnet, nachdem das Gericht allein aufgrund formeller Mängel der Sofortvollzugsanordnung die aufschiebende Wirkung eines Rechtsbehelfs wiederhergestellt hat, nicht auf die Durchführung eines Abänderungsverfahrens nach § 80 Abs. 7 VwGO angewiesen ist. Ordnet die Behörde bis zum Abschluss des Verwaltungsvorverfahrens den Sofortvollzug erneut an, um den vom Gericht beanstandeten formalen Mangel zu beheben, hat ein Rechtsbehelf nach der Rechtsprechung des Senats keine aufschiebende Wirkung mehr, da der zuvor erlassene gerichtliche Beschluss dann nicht mehr bindet. Beseitigt die Behörde derart (nachträglich) im Wege des Erlasses einer neuerlichen Vollzugsanordnung die aufschiebende Wirkung, so bleibt es den Adressaten unbenommen, ihr auf Erlangung einstweiligen Rechtsschutzes gerichtetes Begehren durch die Einleitung eines neuerlichen, wiederum auf Wiederherstellung der aufschiebenden Wirkung ihres Widerspruchs gerichteten Verfahrens weiterzuverfolgen (Beschl. d. Senats v. 21.05.1992 – 4 M 44/92; vgl. auch OVG Schleswig, Beschl. v. 25.06.2001 – 1 M 12/01 –, NVwZ-RR 2002, 541).

<table>
<tr><td colspan="5">Entfallen der „aufschiebenden Wirkung“ bei Rechtsbehelf (Widerspruch) gegen einen Verwaltungsakt, § 80 VwGO</td></tr>
<tr><td>Aufschiebende Wirkung nach § 80 Abs. 1 VwGO, Regelfall, keine Verwaltungsvollstreckung wg. fehlendem Vollstreckungstitel (§ 2 Nr. 1 SächsVwVG)

Erst nach Ende der aufschiebende Wirkung kann vollstreckt werden, § 2 Nr. 1 SächsVwVG</td><td colspan="4">Vollstreckungstitel

Entfallen der aufschiebenden Wirkung des Widerspruchs nach § 80 Abs. 2 VwGO (Vollstreckungstitel liegt vor, § 2 Nr. 2 SächsVwVG)</td></tr>
<tr><td></td><td>§ 80 Abs. 1 Satz 1 Nr. 1 VwGO

öffentliche Abgaben und Kosten</td><td>§ 80 Abs. 1 Satz 1 Nr. 2 VwGO

unaufschiebbare Maßnahmen von Polizeivollzugsbeamten einschl. Verkehrszeichen (Ge- und Verbote)</td><td>§ 80 Abs. 1 Satz 1 Nr. 3 VwGO

Sonstige gesetzlich geregelte Fälle z. B. § 11 SächsVwVG</td><td>§ 80 Abs. 1 Satz 1 Nr. 4 VwGO

behördliche Anordnung der sofortigen Vollziehung</td></tr>
</table>

Beispiele aus der Rspr. zur Anordnung der sofortigen Vollziehung durch die Behörde nach § 80 Abs. 2 Satz 1 Nr. 4 VwGO:

Unzureichende Begründungen

VG Schleswig, NuR 2003, 67; Naturschutzrecht

Dem Adressaten des Verwaltungsaktes wurde aufgegeben,

1. *Zwei Teiche wieder zu verfüllen und die Aufschüttung zu entfernen,*
2. *den Bodenaushub aus dem bereits vorhandenen Tümpel zu entfernen.*
3. *Es erging eine Fristsetzung mit Anordnung der sofortigen Vollziehung, die wie folgt begründet war:*

„Die Anordnung der sofortigen Vollziehung ist erforderlich, um zu vermeiden, dass weitere Eingriffe in die Natur erfolgen. Damit soll sichergestellt werden, dass keine weitere Schädigung der Natur in rechtwidriger Form erfolgen und die bereits erfolgte Störung des Naturhaushalts schnellstmöglich beseitigt wird. Es liegt darüber hinaus im öffentlichen Interesse, andere Personen nicht zu ähnlichem Verhalten, nämlich in die Natur einzugreifen, ohne die dafür erforderliche Erlaubnis zu besitzen, zu animieren."

VGH Kassel, Gewerbearchiv 1990, 168; Ladenschlussgesetz

Untersagung des Verkaufs von zubereiteten Gerichten und Getränken während der allgemeinen Ladenschlusszeiten mit Anordnung der sofortigen Vollziehung, die wie folgt begründet wurde:

„Nach § 80 Abs. 2 Satz 1 Nr. 4 VwGO war die sofortige Vollziehung der Untersagungsverfügung anzuordnen. Es kann im zwingenden öffentlichen Interesse nicht hingenommen werden, dass Sie den Verkauf bis zu einer rechtkräftigen Entscheidung in der Hauptsache in der bisherigen Weise weiterführen. In vorliegendem Fall hat die Behörde mit allen ihr gebotenen Mitteln zu verhindern, dass durch den Verkauf die Nacht-, Sonn- und Feiertagsruhe gestört wird. Ein zwingendes öffentliches Interesse dokumentiert sich schon dadurch, dass der Gesetzgeber in der zwingenden Rechtsvorschrift des § 3 Abs. 1 des LSchlG keine Ermessensentscheidung einräumt und somit bekundet, dass in solchen Fällen von den Behörden eingeschritten werden muss. Es muss somit mit sofortiger Wirkung verhindert werden, dass Sie weiterhin während der allgemeinen Ladenschlusszeiten Waren verkaufen."[131]

Ausreichende Begründungen

Nutzungsuntersagung nach LBO[132]:

„Die Anordnung der sofortigen Vollziehung in Ziffer 2 des Tenors beruht auf § 80 Abs. 2 Satz 1 Nr. 4 VwGO. Für die sofortige Vollziehung der Nutzungsuntersagung ist ein öffentliches Interesse gegeben, das über jenes Interesse hinausgeht, das den Verwaltungsakt selbst rechtfertigt. Ein privates Interesse, von dem Sofortvollzug des Nutzungsverbots einstweilen verschont zu bleiben, steht Herrn A nicht zur Seite. Dagegen steht die Beachtung des formellen Baurechts und der vorherigen Genehmigung vor Aufnahme einer Nutzung im öffentlichen Interesse. Die Hinnahme einer ungenehmigten Nutzung bis zu einer unanfechtbaren

131 Siehe auch VG Halle, Beschluss vom 6.10.2023, 7 B 210/23 HAL.
132 Siehe Kintz, S. 320.

Entscheidung über ihre Rechtmäßigkeit würde das Baugenehmigungsverfahren und die mit ihm verbundene Kontrolle unterlaufen. Diesem öffentlichen Interesse kann nur durch die sofortige Vollziehung des Nutzungsverbots Geltung verschafft werden. Herr A kann sich nicht auf Umstände wie langjährige Duldung oder sonstige Vertrauensgesichtspunkte berufen, die einer sofortigen Vollziehung im Einzelfall entgegenstehen könnten."

Beschlagnahmeverfügung zur Beseitigung von Obdachlosigkeit (Gefahrenabwehr)[133]:
„Die Anordnung der sofortigen Vollziehung (Ziffer 2 des Bescheides) ist im öffentlichen Interesse an der Beseitigung der Obdachlosigkeit geboten, weil Sie in der Anhörung (Gespräch mit dem Gemeindebediensteten Sander am heutigen Tage) erklärten, die Familie Burger nicht freiwillig in die leerstehende Wohnung aufnehmen zu wollen. Angesicht der Größe der Familie mit mehreren Kindern und der Schwangerschaft von Frau Burger ist Eile geboten. Hinzu kommen die winterlichen Witterungsverhältnisse. Deshalb ist im öffentlichen Interesse an der Beseitigung des Zustandes der Obdachlosigkeit die Anordnung der sofortigen Vollziehung der Beschlagnahmeverfügung geboten."

Untersagung des Haltens und Betreuens von Rindern, § 16a Nr. 3 Tierschutzgesetz VGH Kassel, NuR 2007, 54; Gefahrenabwehr:
„Es muss sichergestellt werden, dass der Rinderbestand des A. auch bei Einlegung von Rechtsbehelfen gegen die behördliche Anordnung aufgelöst werden kann und das Haltungsverbot durch den A. befolgt wird. Nur dadurch ist gewährleistet, dass die Tiere nicht fortgesetzt grob tierschutzwidrig gehalten und ihnen über eine nicht absehbare Dauer hinaus Schmerzen, Leiden und Schäden zugefügt werden. A. ist mehrfach über die bei seiner Tierhaltung bestehenden Missstände informiert und zur Beseitigung aufgefordert worden, ohne dass eine wesentliche Besserung eingetreten ist. Das Wohl der Tiere wird bei Aufrechterhaltung des bestehenden Zustandes in unvertretbarem Maße beeinträchtigt. Mit Rücksicht auf die Verpflichtung der Behörde zum präventiven Tätigwerden muss die Wiederholung der Missstände auch bei Inanspruchnahme des Rechtsweges durch A. verhindert werden. Das durch die Beeinträchtigung tierschutzrechtlicher Belange betroffene öffentliche Interesse an der sofortigen Vollziehung genießt gegenüber den privaten Interessen des A. eindeutig Priorität."

Beschränkung des Geltungsbereichs des Passes eines sog. Hooligans (VG Stuttgart, NJW 2006, 1017) Gefahrenabwehr[134]:
„Wie von § 80 Abs. 3 Satz 1 VwGO gefordert, hat die Antragsgegnerin (Anm.: Behörde im Eilverfahren nach § 80 Abs. 5 VwGO) in ihrer Verfügung vom 26.9.2005 das besondere öffentliche Interesse am angeordneten Sofortvollzug ausreichend schriftlich begründet. Soweit dort u. a. darauf abgestellt wird, dass angesichts des unmittelbar bevorstehenden Spiels bei der Unterbindung gewalttätiger Ausschreitungen mit Blick auf das internationale Ansehen

133 Weber, Obdachlos in Mittelwiesenberg, KommJur 2007, 53, 59 (Musterbescheid einer Beschlagnahmeverfügung von Wohnraum zur Beseitigung von Obdachlosigkeit).

134 Zur Passentziehung nach § 8 PassG mit Anordnung der sofortigen Vollziehung siehe OVG Münster, NVwZ-RR 2014, 593.

der Bundesrepublik Deutschland nicht auf die Rechtskraft der Verfügung gewartet werden konnte, liegt das auf der Hand und stellt grundsätzlich einen ausreichenden Grund dar, ausnahmsweise die sofortige Vollziehung einer entspr. Verfügung anzuordnen".

Hinweis:

1. In der Praxis weitgehend unbekannt sind die Fälle der Vollstreckung eines sog. unanfechtbaren Verwaltungsaktes nach § 2 Nr. 1 SächsVwVG, weil die Behörde die Unanfechtbarkeit vor Einleitung von Verwaltungsvollstreckungsmaßnahmen abwarten muss, d. h. frühestens einen Monat nach Bekanntgabe des Verwaltungsaktes Vollstreckungsmaßnahmen einleiten kann.
   Praktisch kennt man derartige Fälle nur bei der Vollstreckung von Auflagen, die einem begünstigenden Verwaltungsakt beigefügt sind, *siehe z. B. später den Fall einer sog. isolierten Zwangsgeldandrohung, Ziffer VII.*
2. Typisch und in der Praxis regelmäßig vorkommend sind dagegen die Vollstreckungsmaßnahmen aufgrund von Vollsteckungstiteln nach § 80 Abs. 2 VwGO, also wenn der Rechtsbehelf kraft Gesetzes keine aufschiebende Wirkung hat oder die sofortige Vollziehung durch die Behörde angeordnet worden ist.

Anmerkung: *Auch im Falle der Anordnung der sofortigen Vollziehung nach § 80 Abs. 2 Satz 1 Nr. 4 VwGO kann die Behörde sofort ohne weiteres Zuwarten Vollstreckungsmaßnahmen, beginnend mit der Androhung, einleiten (wie bei § 80 Abs. 2 Satz 1 Nr. 1 bis 3 VwGO)!*[135] *In diesen Fällen liegt ein sog. Vollstreckungstitel nach § 2 Nr. 2 SächsVwVG vor und in der Praxis wird die Zwangsmittelandrohung dem Grundverwaltungsakt beigefügt (sog. unselbständige Androhung), siehe § 20 Abs. 2 SächsVwVG! (Kapitel J. VII.)*

7. Zu beachten ist aber, dass nicht alle Verwaltungsakte vollstreckt werden können, sondern nur *„Verwaltungsakte, die zu einer Zahlung, einer sonstigen Handlung, Duldung oder Unterlassung verpflichten"*, § 2 SächsVwVG.
   Nur diese Arten von Verwaltungsakten können im Verwaltungsvollstreckungsverfahren vollstreckt werden, **d. h. es gibt auch Verwaltungsakte, die keiner Vollstreckung zugänglich sind, z. B. rechtsgestaltende Verwaltungsakte.**

Dazu der Beschluss des VG Mainz vom 26.1.2011, 6 L 18/11.MZ[136]
Widerruf der Gaststättenerlaubnis mit Anordnung der sofortigen Vollziehung
„Die von der Behörde in Ziffer 3 der Verfügung angedrohte Vollstreckung „für den Fall, dass der Antragsteller entgegen dieser Verfügung die Gaststätte weiter betreibt" mit Zwangsmitteln (unmittelbarer Zwang) ist rechtlich nicht möglich.
Bei unberechtigter Weiterführung des Betriebs bedarf es zur Anwendung von Zwangsmitteln vielmehr noch einer Schließungsverfügung nach § 31 GastG i. V. m. § 15 Abs. 2 GewO, weil der Widerruf als rechtsgestaltender Verwaltungsakt nicht vollstreckt werden kann."

Anmerkung: *Siehe dazu auch nachfolgend unter III.*

135 OVG Bautzen, Beschluss vom 303.2020, 6 B 247/19; OVG Weimar, Beschluss vom 13.3.2023, 3 EO 237/21.
136 Ebenso VGH Mannheim, NVwZ-RR 1994, 78, 79.

8. **Nachfolgend sollen die vollstreckbaren Verwaltungsakte nach § 2 SächsVwVG mit Beispielen aus der Rechtsprechung verdeutlicht werden:**

a) Zahlungsverwaltungsakte (Leistungsbescheide):
Dabei handelt es sich um die sog. Leistungsbescheide nach § 12 SächsVwVG[137], z. B. Bescheid über die Festsetzung der Hundesteuer, der Grundsteuer, Verwaltungsgebühren oder sog. Vorauszahlungsbescheid[138], ebenso die Einforderung der Kosten einer Ersatzvornahme (§ 24 Abs. 3 SächsVwVG) oder einer „unmittelbaren Ausführung" nach § 16 Abs. 2 SächsPBG.
Dazu gehört auch der Zwangsgeldfestsetzungsbescheid, wie man § 13 Abs. 5 SächsVwVG entnehmen kann.

b) Verwaltungsakte, mit denen eine Handlung, Duldung oder Unterlassung gefordert wird, §§ 19 ff. SächsVwVG.
Man spricht dabei von den **sog. „befehlenden" Verwaltungsakten**[139], also die typischen polizeirechtlichen Verwaltungsakte im sog. Über- und Unterordnungsverhältnis. Man kann sie auch als (den Adressaten) **„belastende" Verwaltungsakte**[140] bezeichnen (siehe § 80 a Abs. 2 VwGO, §§ 28 Abs. 1 und 39 Abs. 2 Nr. 1 VwVfG).
aa) Verpflichtung zu einer sonstigen Handlung (in der Praxis die überwiegende Mehrzahl der zu vollstreckenden Verwaltungsakte):
- Durchführung von Erkundungsmaßnahmen nach dem BundesbodenschutzG[141]
- Leinen- und Maulkorbpflicht für einen Hund[142]
- Abbruchanordnung betr. eine Garage[143] oder eines Wohnhauses[144]
- Erfüllung der winterlichen Räum- und Streupflicht[145]

---

137 BVerwG, DÖV 1984, 887; VGH München, BayVBl. 2001, 310, und BayVBl. 1990, 433.
138 VGH München, NVwZ-RR 1997, 262.
139 Brühl, JuS 1997, 1023; App, JuS 1987, 459; Lisken/Denninger, S. 552; Maurer, S. 518; Stohrer, Die zwangsweise Durchsetzung staatlicher Auskunftsansprüche gegenüber Privaten, BayVBl. 2005, 489, 492.
140 BVerfG, NVwZ 2005, 80, 81: *„Der Ausschluss eines Versammlungsteilnehmers ist ein belastender Verwaltungsakt, durch den dem Betroffenen verboten wird, weiter an der Versammlung teilzunehmen."*
- Beschluss vom 26.10.2004, 1 BvR 1726/01;
- OVG Greifswald, NVwZ 1996, 488, 489: Belastender Verwaltungsakt der Untersagung der Nutzung eines Bootsstegs als Jachtanlieger;
- BVerwG, NVwZ-RR 1997, 26: Belastender Verwaltungsakt in Form einer Gewerbeuntersagung;
- VGH Mannheim, VBlBW 2005, 360: Belastender Verwaltungsakt des Widerrufs einer Aufenthaltserlaubnis;
- VGH Mannheim, DÖV 2005, 746, 747: Belastender Verwaltungsakt der Entziehung der Fahrerlaubnis;
- OVG Bautzen, NVwZ-RR 2007, 54: Belastender Verwaltungsakt in Form der Anforderung von Säumniszuschlägen und Vollstreckungskosten.

141 BVerwG, NVwZ 2009, 122: das Gericht spricht von „Handlungspflichten".
142 VG Gießen, NVwZ-RR 1993, 248 ff.
143 VGH Mannheim, NVwZ-RR 1996, 541.
144 VGH München, BayVBl. 1976, 115.
145 VGH München, DÖV 2006, 396.

- Schließung einer Gaststätte[146]
- Anordnung zum Zurückschneiden einer Heckeneinfriedung[147]
- Anordnung des Vorführens eines Hundes beim Amtstierarzt[148]
- Beseitigung einer Werbetafel[149]
- Anordnung des teilweisen Rückbaus eines Carports[150]
- Anordnung des Fällens von umsturzgefährdeten Bäumen[151]
- Beseitigung einer Gaststätte in Leipzig[152]
- Aufforderung zur Rückgabe des Führerscheins im Zusammenhang mit der Entziehung der Fahrerlaubnis[153]

bb) Verpflichtung zum Dulden:
- Anordnung, den Vollzug einer baurechtlichen Maßnahme zu dulden[154]
- Erlass einer Duldungsanordnung gegenüber Mitgesellschaftern[155]

cc) Verpflichtung zum Unterlassen:
- Einstellung von Abrissarbeiten[156]
- Verbot der Schweinehaltung[157]
- Untersagung des gewerblichen Umgangs mit Lebensmitteln und Getränken[158]
- Untersagung der Ausbildung von Auszubildenden wg. sexueller Belästigung durch den Ausbilder[159]
- Untersagung der Gewerbeausübung[160]
- Untersagung der Hundehaltung[161]
- Verbot der Beförderung von Fluggästen nach Deutschland ohne Pass und Visum[162]

---

146 VGH München, NJW 1982, 460; VGH Kassel, GewArch 1996, 291; VG Würzburg, Beschluss vom 21.12.2012, W 6 S 12.1070.

147 VGH München, NJW 2005, 2569.

148 OVG Hamburg, NVwZ 2001, 1311.

149 OVG Bautzen, SächsVBl. 1997, 239.

150 OVG Weimar, NVwZ-RR 2002, 808.

151 VGH Mannheim, VBlBW 2004, 268.

152 OVG Bautzen, SächsVBl. 2008, 298.

153 Siehe WEBER, Zur Rückgabe des Führerscheins bei Entziehung der Fahrerlaubnis durch die Fahrerlaubnisbehörde, SVR 2009, 121 ff.; VGH München, Beschluss vom 7.9.2020 – 11 CS 20.1418, und vom 16.7.2020 – 11 C 20.670.

154 VGH München, BayVBl. 1976, 115, und NVwZ-RR 2002, 608; VG Neustadt, NVwZ-RR 2009, 227, 228. BVerwG, Beschluss vom 17.2.2020, 4 VR 1.20: Duldung von Vorarbeiten für die Planung einer Höchstspannungsleitung; VGH München, Beschluss vom 10.11.2020 – 9 CS 20.1278: Sofort vollziehbare Anordnung zur Duldung denkmalschutzrechtlicher Maßnahmen.

155 VGH München, NJW 2000, 3297, 3298.

156 OVG Magdeburg, DÖV 1996, 926 ff.; siehe dazu WEBER, VR 2007, 278 ff.

157 OVG Bautzen, SächsVBl. 2020, 318, 319.

158 VGH München, Gewerbearchiv 2003, 335.

159 VGH München, NVwZ-RR 2005, 49.

160 VGH München, Gewerbearchiv 1998, 160 und Beschluss vom 23.3.2020 – 22 ZB 18.1514; VGH Kassel, Gewerbearchiv 1996, 291 (Gaststätte); VG Regensburg, Urteil vom 12.12.2019 – RN 5 K 17.1402, und vom 27.02.2020 – RN 5 K 19.2084; VG Schleswig-Holstein, Beschluss vom 7.9.2017, 12 B 24/17.

161 OVG Münster, NVwZ 2000, 458; OVG Saarlouis, NVwZ-RR 1990, 245; OVG Hamburg, NVwZ-RR 2002, 276.

162 BVerwG DVBl. 2003, 1268.

- Verpflichtung, den Umgang mit asbesthaltigen Stoffen zu unterlassen[163]
- Untersagung des Ausbringens von Taubenfutter auf öffentlichen Wegen und Plätzen sowie in öffentlichen Anlagen[164]
- Untersagung der Vermittlung oder Bewerbung von Sportwetten für in Niedersachsen nicht konzessionierte Veranstalter oder Anbieter in den Geschäftsräumen der Müllerstraße in B-Stadt[165]

dd) Bei der Verpflichtung zum Dulden oder Unterlassen ist § 19 Abs. 5 VwVG zu beachten:
„Zwangsmittel dürfen wiederholt und solange angewandt werden, bis der Verwaltungsakt vollzogen oder auf andere Weise erledigt ist. ***Zur Erzwingung einer Duldung oder Unterlassung dürfen Zwangsmittel nicht mehr angewandt werden, wenn eine weitere Zuwiderhandlung nicht mehr zu befürchten ist".***
Siehe dazu auch unter Kapitel N, IV.

9. Nebenbestimmung in Form einer Auflage:
Ausdrücklich ist darauf hinzuweisen, dass natürlich auch einem begünstigenden Verwaltungsakt (§ 48 Abs. 1 Satz 2 VwVfG) beigefügte (belastende) Nebenbestimmungen (insbes. Auflagen nach § 36 Abs. 2 Satz 4 VwVfG[166] bzw. nach sonderrechtlichen Vorschriften, z. B. § 5 des Bundesgaststättengesetzes) im Falle ihrer Nichtbefolgung vollstreckbar sind (mit der Auflage wird dem „Begünstigten" ein Tun, Dulden oder Unterlassen vorgeschrieben, siehe § 19 Abs. 1 SächsVwVG)[167]. Vollstreckungsrechtlich handelt es sich dabei auch um befehlende bzw. belastende Verwaltungsakte.
   a) Beispiele aus der Rechtsprechung[168]:
   - Genehmigung zum Betreiben eines Hochdruckdampfkessel, verbunden mit einer Bedingung[169]
   - Gaststättenrechtliche Genehmigung nach dem GastG mit Auflagen[170]
   - Negativzeugnis nach § 1 Abs. 2 der Bayerischen KampfhundeVO, verbunden mit Auflagen zur Haltung eines Bullterriers[171]:

163 OVG Greifswald, NVwZ-RR 1997, 762.
164 VGH Kassel, NVwZ-RR 2008, 742.
165 OVG Lüneburg, 11 ME 478/08, Beschluss vom 23.4.2009; siehe auch BVerfG, NVwZ 2005, 438 ff.
166 Zu diesen Auflagen siehe BVerwG, NVwZ 2001, 429; Kintz, S. 81 ff.; Brenner, Der Verwaltungsakt mit Nebenbestimmungen, JuS 1996, 281, 284; Büchner, Rechtsschutz gegen Nebenbestimmungen, apf 2005, 1 ff.; Hufen/Bickenbach, Der Rechtsschutz gegen Nebenbestimmungen zum Verwaltungsakt, JuS 2004, 867 ff.
167 Maurer, S. 347; Kintz, S. 70.
168 Siehe auch VG Berlin, NuR 2001, 58.
169 OVG Münster, DVBl. 1976, 800, 801 (das OVG bewertete die dort festgelegte „Bedingung" jedoch als „Auflage", die zu unbestimmt war).
170 VGH Mannheim, NVwZ-RR 1997, 612, 613 (auch hier hatte das Gericht erheblich Bedenken gegen die Bestimmtheit der Nebenbestimmungen); OVG Münster, NVwZ-RR 2014, 38; VG Bayreuth, Beschluss v. 30.06.2023 – B 10 S 23.484; Weber, Praxis des Gewerbe- und Gaststättenrechts, S. 96 ff.
171 VGH München, NVwZ 2001, 1313 ff.

*„Die Antragstellerin hat unstreitig Anspruch auf Erteilung eines Negativzeugnisses... Die einzelnen Anordnungen (**Anm.:** Auflagen nach § 36 Abs. 2 Satz 4 VwVfG, einem begünstigenden Verwaltungsakt beigefügt) begegnen keinen durchgreifenden Bedenken. Sie sind weder ungenau noch unverhältnismäßig... Die Auflagen regeln im Grunde lediglich ein Verhalten, das ein verantwortungsbewusster Hundehalter von sich aus ohnehin beachten würde."*

- Erlaubnis zur gewerbsmäßigen Hundezucht u. a. mit der Auflage: *„Es ist ein Tierbestandsbuch zu führen, in dem alle Zu- und Abgänge unverzüglich einzutragen sind."*[172]
- Nachträgliche Auflage (also evtl. Jahre später nach dem Erlass des begünstigenden Verwaltungsaktes: Bescheid von 1978, Auflage im Jahr 1982)[173]

b) Die Behörde erlässt also den vom Bürger beantragten begünstigenden Verwaltungsakt (Gaststättenerlaubnis nach GastG, Baugenehmigung usw., siehe § 48 Abs. 1 Satz 2 VwVfG), gleichzeitig (oder später[174]) ergeht aber ein weiterer, nunmehr den Bürger belastender Verwaltungsakt (siehe § 28 Abs. 1 VwVfG), nämlich die Auflage (siehe § 36 Abs. 2 Satz 4 VwVfG oder § 5 GastG). Dabei ist die beigefügte Auflage von dem vorausgegangenen begünstigenden Verwaltungsakt „abhängig", aber selbst ein Verwaltungsakt[175].

c) Es handelt sich somit bei derartigen Auflagen um „Ergänzungen zum Hauptinhalt des Verwaltungsaktes"[176].
Man kann aber auch bei Verbindung des begünstigenden Verwaltungsaktes mit der Auflage nur von einem Verwaltungsakt sprechen, der im Hauptteil eine begünstigende Regelung enthalt, verbunden mit einer belastenden Regelung in Form einer Auflage.
Der begünstigende Verwaltungsakt, dem die Auflage beigefügt ist, wird mit der Bekanntgabe wirksam ohne Rücksicht darauf, ob die Auflage erfüllt ist oder nicht.[177]

d) Während die „normale" Auflage isoliert anfechtbar ist, gilt dies nicht bei der sog. „modifizierenden" Auflage[178]. Sie liegt vor, wenn dadurch der Inhalt des Verwaltungsaktes qualitativ verändert wird, besser spricht man dabei von

172 VGH München, NuR 2006, 383. später im Kapitel J-X. (Abdruck des gesamten Bescheides über die sog. isolierte Androhung…).
173 BVerwG, NVwZ 1990, 855 (Vorinstanz VGH München); VG Bayreuth,Beschluss v. 30.06.2023 – B 10 S 23.484.
174 BVerwG, NVwZ 2009, 52: Genehmigung eines Kernkraftwerks im Jahre 1986 (begünstigender Verwaltungsakt), Auflage im Jahre 2006.
175 Maurer, S. 346.
176 Pietzner/Ronellenfitsch, S. 112.
177 Maurer, S. 347; Kintz, S. 70.
178 VG Würzburg, Urteil vom 3.7.2008, W 5 K 06.524; VG Bayreuth, Beschluss v. 10.09.2020 – B 7 E 20.770; Obermayer/Funke-Kaiser, Anm. 26 zu § 36 VwVfG.

einer modifizierten Erlaubnis oder Genehmigung (anderer Inhalt als die beantragte Erlaubnis).[179]
Ist der Adressat also mit dieser modifizierten Erlaubnis nicht einverstanden, so muss er auf Erlass des von ihm beantragten Verwaltungsaktes klagen (Verpflichtungsklage). *Zum Rechtsschutz siehe Kapitel R. II.*

Anmerkung: *Immer wieder liest und hört man im Zusammenhang mit einem belastenden Verwaltungsakt, der keinerlei begünstigende Elemente besitzt, davon, dass dabei „Auflagen" ausgesprochen worden seien.*
Das ist falsch, es handelt sich bei den angeblichen „Auflagen" um die jeweiligen Regelungen innerhalb des belastenden Verwaltungsaktes. Nebenbestimmungen in Form von Auflagen nach § 36 Abs. 2 Satz 4 VwVfG sind immer nur als (dem begünstigenden Verwaltungsakt zusätzlich beigefügte) belastende Regelungen im Zusammenhang mit einem begünstigenden Verwaltungsakt möglich[180] (Genehmigung, Erlaubnis). Diese Erlaubnis wird erteilt, aber mit zusätzlichen belastenden Regelungen in Form von Auflagen versehen (die Behörde sagt „ja, aber...."[181]), siehe auch die vorgenannten Beispiele aus der Rspr.

179 Beispiel nach BVerwG, DÖV 1974, 380: Es ging um die baurechtliche Genehmigung eines Transportbetonwerks, u. a. mit zahlreichen Auflagen, so unter Nr. 11, einen bestimmten Lärmpegel nicht zu überschreiten. *„Die sonach zwar als Auflage zu beurteilende Nebenbestimmung Nr. 11 betrifft aber nicht eine selbständig neben die Gewährung tretende besondere Leistungsverpflichtung, sondern unmittelbar das zur Genehmigung stehende Vorhaben selbst und ist deshalb im Hinblick auf diese Genehmigung von modifizierender Funktion. Eine solche modifizierende Auflage bewirkt eine qualitative Änderung der Gewährung in Bezug auf den Antragsgegenstand.";* VG Würzburg, Urteil vom 3.7.2009, W 5 K 06,524: Die Auflagennummern 4 und 5 der Baugenehmigung vom 28. November 2005 sind ersichtlich inhaltsbestimmende, also modifizierende Auflagen. Ohne sie wäre die Erteilung der Baugenehmigung nicht erfolgt, weil dann weite Bereiche des Immissionsschutzes ungeregelt geblieben wären und die Genehmigung mit dem Nachbarschutz evident in Kollision geraten wäre. Durch eine isolierte Aufhebung der angefochtenen Teile des Verwaltungsaktes würde für den Kläger eine Begünstigung von ganz anderem Inhalt entstehen. Eine solche reformatorische Entscheidung darf aber nicht durch Anfechtungsklage getroffen werden. Die gegen die Auflagen statthafte Klage ist folglich die Verpflichtungsklage, die keine aufschiebende Wirkung hat. Der Kläger muss die ihm erteilte Baugenehmigung mit den modifizierenden Auflagen trotz Klageerhebung einhalten.

180 Obermayer/Funke-Kaiser, VwVfG, Anm. 19 zu § 36 VwVfG; Brenner, Der Verwaltungsakt mit Nebenbestimmungen, JuS 1996, 281, 284; Gern/Wachenheim, Nebenbestimmungen in Verwaltungsakten, JuS 1980, 276, 277.
Siehe auch § 5 GastG: Belastende Auflagen im Zusammenhang mit der Erteilung des begünstigenden Verwaltungsaktes der Gaststättenerlaubnis.

181 Bei der sog. modifizierenden Auflage sagt die Behörde „Nein" (Versagung der Erlaubnis), aber... Erteilung einer anderen Genehmigung als der beantragten.

Kategorien von Verwaltungsakten	
Begünstigende Verwaltungsakte § 48 Abs. 1 Satz 2 VwVfG	**Belastende Verwaltungsakte** Siehe § 28 Abs. 1 VwVfG, § 80a Abs. 2 VwGO (Tun, Dulden oder Unterlassen bzw. die sog. Leistungsbescheid)
Nicht vollstreckbar	Vollstreckbar

Übersicht: **Vollstreckbare Verwaltungsakte einschl. Auflagen (§ 19 Abs. 1 SächsVwVG)** die jeweiligen Verpflichtungen unterliegen verschiedenen Sonderregelungen			
Handeln (Tun)	**Dulden**	**Unterlassen**	Auflagen nach § 36 Abs. 2 Satz 4 VwVfG oder z. B. nach § 5 GastG
§ 24 Abs. 1, Ersatzvornahme nur bei sog. vertretbarer Handlung	§ 19 Abs. 5 Satz 2 § 20 Abs. 1 Satz 3	§ 19 Abs. 5 § 20 Abs. 1 Satz 3	

Übersicht über den Vollstreckungstitel und sich anschließende Verwaltungsvollstreckungsmaßnahmen			
Vollstreckungstitel nach § 2 SächsVwVG (Allgemeine Voraussetzung der Verwaltungsvollstreckung)		Ausnahmefall des sog. Verwaltungsvertrages, § 1 Abs. 2 SächsVwVG i. V. m. § 61 VwVfG	
Verwaltungsakt, entweder unanfechtbar, oder ein gegen ihn gerichteter Rechtsbehelf hat keine aufschiebende Wirkung			
Nur sog. befehlende oder belastende Verwaltungsakte sind vollstreckbar, insbes. keine begünstigenden, rechtsgestaltenden oder feststellenden Verwaltungsakte			
Leistungsbescheide nach den §§ 12 ff. SächsVwVG (Geldforderungen, z. B. nach § 24 Abs. 3 SächsVwVG, Ersatzvornahme)	Vollstreckung sonstiger Verwaltungsakte nach den §§ 19 ff. (Verwaltungsakte, die zu einer sonstigen Handlung, einer Duldung oder ein Unterlassung verpflichten)		
Vollstreckung durch Beitreibung § 12 Abs. 1 SächsVwVG	**Vollstreckung mittels Zwangsmittel**		
	Zwangsgeld und Zwangshaft	Ersatzvornahme und Fiktion der Abgabe einer Erklärung	Unmittelbarer Zwang einschl. Zwangsräumung und Wegnahme

III. Nicht vollstreckbare Verwaltungsakte

Nicht vollstreckbar dagegen sind insbes. sog. begünstigende Verwaltungsakte (§ 48 Abs. 1 Satz 2 VwVfG, mit Ausnahme der bereits angesprochenen belastenden Nebenbestimmungen) sowie feststellende und rechtsgestaltende Verwaltungsakte[182].

Zum rechtsgestaltenden Verwaltungsakt (der nicht vollstreckbar ist) äußerte sich der VGH Mannheim, Gewerbearchiv 1994, 30:
Die Behörde sprach den Widerruf einer Gaststättenerlaubnis nach § 15 Abs. 2 GastG aus (wg. mangelnder wirtschaftlicher Leistungsfähigkeit des Inhabers der Erlaubnis) unter Anordnung der sofortigen Vollziehung. Beigefügt war auch eine Zwangsgeldandrohung.
„Die angefochtene Verfügung hat keinen Verwaltungsakt zum Gegenstand, der zu einer Handlung, Duldung oder Unterlassung verpflichtet und deshalb mit Zwangsmitteln vollstreckt werden könnte. Beim Widerruf einer Gaststättenerlaubnis handelt es sich um einen rechtsgestaltenden Verwaltungsakt[183], der im Fall seiner sofortigen Vollziehung die erteilte Erlaubnis mit sofortiger Wirkung zum Erlöschen bringt; der weitere Betrieb der Gaststätte wäre mithin unerlaubt. Das hat allerdings nicht zur Folge, dass eine unerlaubte Fortführung des Betriebes unmittelbar mit Zwangsmitteln… unterbunden werden könnte. Vielmehr bedürfte es hierzu einer Betriebsuntersagung nach Maßgabe des § 31 GastG i. V. m. § 15 GewO… Erst eine solche Verfügung könnte mit Mitteln der Verwaltungsvollstreckung durchgesetzt werden, sofern die Voraussetzungen des § 2 BadWürttVwVG[184] gegeben sind."

Anmerkung: *So hat in dem vom VGH Kassel[185] im Jahre 1996 entschiedenen Fall die Behörde den Widerruf der Gaststättenerlaubnis angeordnet mit Untersagung des weiteren Betriebs der Gaststätte unter Anordnung der sofortigen Vollziehung und für den Fall der Nichtschließung des Betriebes innerhalb von 2 Wochen die zwangsweise Schließung angedroht.*

---

182 VGH Mannheim, Gewerbearchiv 1994, 30; Beschluss des VG Mainz vom 26.1.2011, 6 L 18/11 MZ; App, JuS 1987, 459, und JuS 2004, 786, 788; Brühl, JuS 1997, 928 und S. 1023; Linke, NVwZ 2005, 535, 537.
Nicht vollstreckbar ist z. B. auch die behördliche Entziehung der Fahrerlaubnis nach den §§ 3, 4 StVG, der Fahrzeugführer macht sich dann nach § 21 StVG strafbar (Fahren ohne Fahrerlaubnis). Dagegen ist die sich anschließende Verpflichtung zur Abgabe des Führerscheines, also des Dokuments, das die Inhaberschaft der Fahrerlaubnis nachweist, vollstreckbar. Siehe dazu Weber, Zur Rückgabe des Führerscheins bei Entziehung der Fahrerlaubnis durch die Fahrerlaubnisbehörde, SVR 2009, 121.

183 Wie z. B. auch die Entziehung der Fahrerlaubnis; nicht zu verwechseln mit dem Problem der Aufforderung zur Rückgabe des Führerscheins bei Fahrerlaubnisentziehung, denn die Rückgabe des Führerscheins ist eine „Handlung"; siehe auch VGH Mannheim, NuR 2006, 441, 443: behördliche Veräußerung von Tieren nach Erlass einer entspr. Anordnung an den Tierhalter, die als rechtsgestaltender Verwaltungsakt die rechtliche Befugnis zur Eigentumsübertragung auf die Behörde übergehen lässt.

184 In Sachsen § 2 SächsVwVG, sog. Vollstreckungstitel.

185 Gewerbearchiv 1996, 291; VG Ansbach, vom 16.6.2020, AN 4 S 20.00894, AN 4 S 20.00896: Der Antragsteller ist Inhaber einer Gaststätte und begehrt im Verfahren des vorläufigen Rechtsschutzes die Wiederherstellung bzw. Anordnung der aufschiebenden Wirkung seiner Klage gegen einen Bescheid, mit dem die Antragsgegnerin die ihm erteilte Gaststättenerlaubnis widerrufen, die Fortsetzung des Gaststättenbetriebes untersagt und unmittelbaren Zwang durch Versiegelung der Betriebsräume angedroht hat; VG Regensburg, Beschluss v. 30.07.2018 – RO 5 S 18.998; OVG Magdeburg, Beschluss vom 12.1.2011, 1 M 139/10; OVG Münster, Beschluss vom 30.4.2020, 4 B 21/20.

IV. Sog. faktische Vollziehung

Unter Missachtung der Titelfunktion des Verwaltungsaktes kommt es immer wieder zu sog. „faktischen Vollziehung“[186] eines Verwaltungsaktes, also einer Verwaltungsvollstreckung ohne Vollstreckungstitel. Es fehlt demnach bei Beginn des Verwaltungsvollstreckungsverfahrens die „allgemeine Vollstreckungsvoraussetzung“ des Vollstreckungstitels (siehe Überschrift zu § 2 SächsVwVG). In dem vom VGH München konkret entschiedenen Fall hatte die Behörde nicht beachtet, dass der Adressat des belastenden Verwaltungsaktes Widerspruch erhoben hatte und dadurch die aufschiebende Wirkung nach § 80 Abs. 1 VwGO eintrat. Damit waren aber Verwaltungsvollstreckungsmaßnahmen ausgeschlossen (in Sachsen siehe § 2 Nr. 1 SächsVwVG). Es muss nicht weiter ausgeführt werden, dass diese „faktischen Vollziehungen“ von Verwaltungsakten durch die Behörde auch unter rechtsstaatlichen Gesichtspunkten nicht akzeptabel sind. Rechtsschutz gegen eine faktische Vollziehung wird im Verfahren nach § 80 Abs. 5 VwGO gewährt.[187]

V. Der bekannt gegebene und wirksame Vollstreckungstitel

Dieser Vollstreckungstitel (als Grundlage sich anschließender Verwaltungsvollstreckungsmaßnahmen) muss gegenüber dem Adressaten (Vollstreckungsschuldner) wirksam geworden sein. **Der Verwaltungsakt in Form des Vollstreckungstitels ist demnach dem Adressaten bekannt zu geben (evtl. auch in Form der Zustellung, § 41 Abs. 5 VwVfG), damit er Wirksamkeit erlangt (§§ 41, 43 VwVfG)[188]. Ansonsten ist er rechtlich nicht existent[189].**

1. Denn nur ein bekannt gegebener und damit gegenüber dem Adressaten wirksamer Verwaltungsakt kann überhaupt Grundlage eines sich daran anschließenden Verwaltungsvollstreckungsverfahrens sein[190].

---

186 BVerwG, NJW 2006, 2280; VGH Mannheim, VBlBW 2010, 243; VG Düsseldorf, NVwZ 1991, 503 („*Missachtung der aufschiebenden Wirkung eines Rechtsbehelfs*“; ebenso VGH München, BayVBl. 2020, 608); VGH München, DÖV 2006, 396: „*Die Behörde hat es unterlassen, den Bescheid vom 22.12.2003 für sofort vollziehbar zu erklären*“, d.h. fehlende Anordnung der sofortigen Vollziehung des Bescheides nach § 80 Abs. 2 Satz 1 Nr. 4 VwGO; VG Schleswig, NVwZ-RR 2004, 848 und Beschluss vom 22.01.2018 - 1 B 12/18; Weber, Unfall am Elbufer (Klausur), VR 2005, 381, 389.

187 VGH München, BayVBl. 2020, 608.

188 VGH München, BayVBl. 2000, 692; BVerfG, NJW 1973, 1491 (siehe oben im Zusammenhang mit der Definition der aufschiebenden Wirkung); BFH, NJW 2003, 1070; OVG Schleswig, NVwZ 2002, 358, 359; VGH Kassel, Gewerbearchiv 1996, 291, 292; VG Köln, NVwZ-RR 2008, 756, 757; Schnapp/Cordewener, Welche Rechtsfolgen hat die Fehlerhaftigkeit eines Verwaltungsaktes?, JuS 1999, 40; Kintz, S. 306; Linhart, Zur Fehlerfolge bei Zustellungsmängeln im Falle der Vollstreckung nach dem VwZVG, BayVBl. 1992, 235, 236; Weber, Bekanntgabe und Zustellung von Verwaltungsakten in der behördlichen Praxis, 2016, Carl Link Kommunalverlag.

189 VGH Mannheim, NuR 2006, 440 (sog. Nichtverwaltungsakt); siehe dazu Weber, Zur Abgrenzung von Verwaltungsakt, Scheinverwaltungsakt und Nicht-akt, apf 2013, 311.

190 VGH Mannheim, NuR 2006, 440, 441 und Urteil vom 3.5.2021, 1 S 512/19; OVG Bautzen, JBSächsOVG 6, 143, 146; VG Greifswald, Beschluss vom 19.5.2020, 2 B 203/20 HGW: ... *Mit der nicht erwiesenen Wirksamkeit der Beitragsbescheide liegen die Voraussetzungen für ihre Vollstreckbarkeit nach summarischer Prüfung nicht vor.*

2. Das Erfordernis der Bekanntgabe des Verwaltungsaktes an den Adressaten kann man auch als einen Grundsatz des Rechtsstaatsprinzips betrachten, da der Adressat des Verwaltungsaktes wissen muss, was die Behörde von ihm verlangt (insbes. bei einem belastenden Verwaltungsakt). Danach kann er entscheiden, ob er der entspr. Regelung nachkommt oder ob er evtl. Rechtsmittel einlegt usw. oder ob er es riskiert, Verwaltungsvollstreckungsmaßnahmen der Behörde ausgesetzt zu sein.

Dazu äußerte sich das OVG Schleswig, NVwZ-RR 1997, 626, 627:
„Mit der Bekanntgabe... beginnt die äußere Wirksamkeit des Verwaltungsaktes, er ist damit existent und kann angefochten werden."

Zum Begriff der Bekanntgabe:
*„Der schriftliche Verwaltungsakt (**Anm.:** wie hier im Regelfall vorliegend, auch im Vollstreckungsverfahren mit vorgeschriebener schriftlicher Androhung und schriftlicher Zwangsgeldfestsetzung) ist bekannt gegeben, wenn er derart in den Machtbereich des Bekanntgabeadressaten gelangt ist, dass diesem die Kenntnisnahme möglich war und nach den Gepflogenheiten des Verkehrs von ihm auch erwartet werden kann. Die tatsächliche Kenntnisnahme durch den Bekanntgabeadressaten ist nicht unbedingt erforderlich."*[191]

Zur Bekanntgabe äußerte sich erneut das OVG Schleswig im Beschluss vom 28.3.2001 (NVwZ 2001, 358, 359):
*„Eine Bekanntgabe (**Anm.:** i. S. der Vorschriften des VwVfG) ist dann wirksam erfolgt, wenn der Bescheid dergestalt in den Machtbereich des Empfängers gelangt, dass dieser bei gewöhnlichem Verlauf der Dinge und normaler Gestaltung der Verhältnisse die Möglichkeit erhält, ohne weiteres Kenntnis davon zu nehmen (**Anm.:** z. B. Einwurf des Briefes in den Briefkasten). Auf die tatsächliche Kenntnisnahme oder auch nur die Bereitschaft des Empfängers dazu oder zur Entgegennahme des Bescheides kommt es insoweit nicht an, vielmehr ist abstrakt und anhand objektiver Anhaltspunkte festzustellen, ob damit zu rechnen war, dass der Bescheid in den Wahrnehmungsbereich des Empfängers gelangt."*

3. Zu beachten ist, dass mit der wirksamen Bekanntgabe der Verwaltungsakt unmittelbar seine rechtlichen Wirkungen entfaltet (§ 43 Abs. 1 VwVfG) und es deshalb in diesem Zusammenhang nicht auf seine Unanfechtbarkeit oder Bestandskraft ankommt[192].
   a) Denn immer wieder wird in der Praxis die Frage gestellt, ab wann der Adressat eines Bescheides oder einer Verfügung (Verwaltungsakt) die dort getroffenen Regelungen zu beachten hat.
   Dieser ihm bekannt gegebene Verwaltungsakt entfaltet unmittelbar gegenüber dem Adressaten rechtliche Wirkungen und ist deshalb ab „sofort" zu

191 OVG Frankfurt, NVwZ-RR 2005, 565; OVG Schleswig, NVwZ 2002, 358, 359.
192 OVG Greifswald, NVwZ-RR 2017, 123, 124: *„Der Bescheid bleibt in seiner Wirksamkeit von der Anfechtung und der aufschiebenden Wirkung des Rechtsbehlfs unberührt."*; VGH Kassel, Gewerbearchiv 1996, 292, 293; Brühl, JuS 1997, 930; Erbguth, apf 2008, 106, 109; Weber, VR 2024, 53.

beachten[193] **(sog. äußere Wirksamkeit)**, ohne dass es auf dessen Unanfechtbarkeit[194] ankommt. Demnach sind Fristsetzungen und dergleichen im Zusammenhang mit einer Befolgungspflicht von behördlichen Regelungen (belastende Verwaltungsakte) entbehrlich[195], es sei denn, die Behörde will, dass die **sog. innere Wirksamkeit des Verwaltungsaktes**[196] erst später eintreten soll (z. B. Erlaubniserteilung am 1.7.2020, **äußere Wirksamkeit**, die sog. **innere Wirksamkeit** soll aber erst am 15.7.2020 eintreten).

Zur Wirksamkeit des Verwaltungsaktes	
Äußere Wirksamkeit	**Innere Wirksamkeit**
Tritt ein mit der Bekanntgabe bzw. Zustellung an den Adressaten (im Regelfall tritt dann auch die sog. innere Wirksamkeit ein)	Die durch den Verwaltungsakt ausgesprochene Regelung ist für den Adressaten verbindlich – i. d. R. mit der äußeren Wirksamkeit zusammentreffend – Ausnahme z. B. wenn festgelegt ist, dass die am 1.7.2020 bekannt gegebene Gaststättenerlaubnis erst ab 15.7.2020 gilt.

Das VG Schwerin (Beschluss vom 3.7.2019, 7 B 1100/19 SN, Eilverfahren nach § 80 Abs. 5 VwGO) befasste sich mit der Wirksamkeit eines Verwaltungsaktes.

Es ging um die Auferlegung eines Fahrtenbuches nach § 31a StVZO.

Der Antragsgegner (Behörde) ordnete, bei Erhebung von Verwaltungskosten in Höhe von 80,91 € (Tenorpunkt 6.), unter – gesondert begründeter – Anordnung der sofortigen Vollziehung (3.) an, dass die Antragstellerin für das Kraftfahrzeug mit dem amtlichen Kennzeichen A... ... ... ein Fahrtenbuch zu führen hat (1.), dass es für die Dauer eines Jahres zu führen ist (2.), dass es durch die Antragstellerin unaufgefordert im Juli 2019 und im März 2020 vorzulegen ist (4.) und dass die Aufzeichnungen sechs Monate nach Ablauf der Zeit, in der das Fahrtenbuch geführt werden muss, aufzubewahren sind (4.).

„In formeller Hinsicht ist an der Anordnung zu bemängeln, dass deren notwendige Bestimmtheit im Sinne von § 37 Abs. 1 des VwVfG M-V Zweifeln unterliegt, weil jedenfalls für den juristisch nicht geschulten Laien nicht eindeutig erkennbar ist, wann die Pflicht zur Führung eines Fahrtenbuchs für die Dauer eines Jahres beginnt (und damit auch, wann sie endet). Dem Juristen ist bekannt, dass ein Verwaltungsakt gemäß § 43 Abs. 1 Satz 1 VwVfG M-V gegenüber demjenigen, für den

193 VGH München, NJW 2000, 3297, 3298; VGH Kassel, Gewerbearchiv 1996, 292, 293; VG Gießen, Beschluss vom 14.3.2013, 8 L 286/13.GI.

194 Siehe § 2 SächsVwVG, unanfechtbarer Verwaltungsakt; ebenso die §§ 48, 49 VwVfG.

195 Siehe dazu Weber, Fälle zum Verwaltungsvollstreckungsrecht, VR 2004, 181, 184.

196 VGH Mannheim, NVwZ-RR 1996, 149, 150; BVerwGE 13, 1, 7; 55, 212; Maurer, S. 261; Im Regelfall fallen die äußere und die innere Wirksamkeit des Verwaltungsaktes zusammen.

er bestimmt ist oder der von ihm betroffen wird, in dem Zeitpunkt wirksam wird, in dem er ihm bekanntgegeben wird; fehlt es an differenzierenden Regelungen, gilt dies sowohl für ***die sog. äußere als auch für die innere Wirksamkeit****. Es ist durchaus zweifelhaft, ob die Antragstellerin allein aus der präsentischen Formulierung des Tenorpunkts 1. („Sie haben … ein Fahrtenbuch zu führen.") ableiten musste, dass für sie die Jahresfrist genau mit dessen Lektüre begonnen hatte – zumal der Bescheid mit der Anordnung ihr am 8. Mai 2019 durch Einlegen in den Wohnungsbriefkasten ersatz zugestellt worden war, der unbekannte Zeitpunkt seiner tatsächlichen Kenntnisnahme durch die Antragstellerin und ihrer Möglichkeit, ihn zu befolgen, dagegen hiervon abweichen kann. Die Bescheidsbegründung enthält sich auch jeder näheren Umschreibung des Fristbeginns, wenn man von der hauptsächlich Juristen verständlichen Darstellung absieht, dass die Anordnung „für die Dauer eines Jahres mit sofortiger Vollziehung" getroffen werde und dass es, um ihr der Verkehrssicherheit dienendes Ziel „kurzfristig zu erreichen", geboten sei, die sofortige Vollziehung anzuordnen; für jedermann eindeutige Formulierungen wie „ab sofort" oder, auch die Zumutbarkeit und Nachprüfbarkeit berücksichtigend, „ab dem Ablauf einer Woche nach Zustellung dieses Bescheids (beginnend mit dem gleichen Wochentag)" o. ä. fehlen dagegen".*

b) Eine andere, von der Wirksamkeit des Verwaltungsaktes zu unterscheidende Frage ist, ob die Behörde gegenüber dem Adressaten des belastenden Verwaltungsaktes das Verwaltungsvollstreckungsverfahren einleiten kann, wenn dieser die behördlichen Festlegungen nicht befolgt bzw. ihnen nicht nachkommt. Dazu bedarf es eines sog. Vollstreckungstitels, also des angesprochenen belastenden Verwaltungsaktes in Form des Vollstreckungstitels nach § 2 SächsVwVG.

Anmerkung:

1. *Siehe dazu später ein Beispiel unter VIII.*
2. *Zum Problem der sog. Zwangsvollstreckungsabwendungsfrist bei der Androhung eines Zwangsmittels siehe später unter VI.*
3. ***Zur Vollstreckung rechtswidriger Verwaltungsakte siehe nachfolgend unter P VI:*** *Die Rechtmäßigkeit des der Vollstreckung vorausgegangenen Verwaltungsaktes ist keine Vollstreckungsvoraussetzung.*

Zur Frage der rechtlichen Existenz des Verwaltungsaktes
Der Verwaltungsakt an sich ist nur eine der mehreren vom Gesetz vorgegebenen Handlungsformen nach § 35 Satz 1 VwVfG. Er bedarf zu seiner Wirksamkeit zusätzlich noch der Bekanntgabe (evtl. in Form der Zustellung) an den Adressaten. Erst damit beginnt die rechtliche Existenz des Verwaltungsaktes (§ 35 Satz 1 VwVfG i. V. m. den §§ 41 und 43).

4. Ein nicht ordnungsgemäß bekannt gegebener Verwaltungsakt ist unwirksam und somit nichtig, § 43 Abs. 3 VwVfG. Er ist rechtlich nicht existent geworden[197].
5. ***Anmerkung zur Zustellung eines Bescheides (Verwaltungsaktes)[198]:***
In § 41 Abs. 5 VwVfG ist im Zusammenhang mit der Bekanntgabe des Verwaltungsaktes festgelegt, dass die Vorschriften über die Bekanntgabe eines Verwaltungsaktes mittels Zustellung unberührt bleiben.
Somit verweist das VwVfG auf die Regeln des VwZG, wobei in Sachsen das BundesVwZG gilt.[199]
Dabei definiert dieses VwZG in § 2 Abs. 1 die Zustellung als „die Bekanntgabe eines schriftlichen oder elektronischen Dokuments in der in diesem Gesetz bestimmten Form."
Gesetzlich vorgeschrieben ist eine Bekanntgabe in Form der Zustellung z. B. beim Widerspruchsbescheid nach § 73 Abs. 3 VwGO.
Ansonsten kann die Behörde „freiwillig" zustellen, damit sie den Nachweis des Zugangs des Bescheides beim Adressaten hat, insbes. die Zustellung mittels Zustellungsurkunde durch die Post nach § 3 BundesVwZG. In der Praxis wird die Behörde diese Zustellungsart bei belastenden Verwaltungsakten wählen.
„Letzte Rettung" ist dann die sog. öffentliche Zustellung nach § 10 VwZG.
*„Der **Zweck des Zustellungsverfahrens** besteht darin, einerseits dem Interesse des Zustellenden an einer einfachen und effektiven Zustellungsmöglichkeit Rechnung zu tragen und andererseits dem Zustellungsempfänger die Möglichkeit zu eröffnen, Kenntnis von dem zuzustellenden Schriftstück zu nehmen und seine Rechtsverfolgung darauf auszurichten"*[200].

VI. Zur Bestimmtheit des Vollstreckungstitels[201]

***Anmerkung:** Zur Bestimmtheit im Vollstreckungsverfahrens siehe unter J V;*
Zur Bedeutung der Bestimmtheit des Vollstreckungstitels als Voraussetzung für die Rechtmäßigkeit einer sich anschließenden Verwaltungsvollstreckungsmaßnahme siehe später unter Kapitel R. X (Rechtsschutz).

Anzusprechen ist noch das Problem der **Bestimmtheit des Vollstreckungstitels** und der sich evtl. daran anschließenden Verwaltungsvollstreckungsmaßnahme, § 37

197 OVG Hamburg, DVBl. 1982, 218; VGH Mannheim, NVwZ 1991, 1195, 1196; Weber, apf 2013, 311.

198 Tegethoff, Das neue Verwaltungszustellungsrecht, JA 2007, 131 ff.; Kintz, Zustellung und Frist in der öffentlich-rechtlichen Arbeit, JuS 1997, 115 ff.; VGH Mannheim, NVwZ-RR 1995, 620; OVG Münster, NVwZ-RR 1995, 623; VGH Kassel, Gewerbearchiv 1996, 291; Weber, Bekanntgabe und Zustellung von Verwaltungsakten in der behördlichen Praxis, 2016, Carl Link Kommunalverlag.

199 § 4 Abs. 1 des Gesetzes zur Regelung des Verwaltungsverfahrens- und des Verwaltungszustellungsrechts für den Freistaat Sachsen vom 19.5.2010, SächsGVBl. 2010, 142.

200 OVG Bautzen, NVwZ-RR 2002, 551.

201 VGH Mannheim, NVwZ-RR 2013, 451, und NuR 2014, 54; VGH München, NVwZ-RR 2014, 175; OVG Lüneburg, NVwZ-RR 2018, 420: Der allgemeine Bestimmtheitsgrundsatz erfordert es nicht, dass der Leistungsbescheid, aus dem vollstreckt wird, in der Pfändungs- und Einziehungsverfügung bezeichnet wird; VGH München, Beschluss v. 28.01.2016 – 9 ZB 12.652; VG Ansbach, Beschluss v. 14.02.2024 – AN 3 S 23.2673; OVG Lüneburg, Beschluss vom 17.4.2023, 14 ME 20/23.

Abs. 1 VwVfG (Grundverwaltungsakt) i. V. m. § 20 Abs. 3 und 4 SächsVwVG (sich anschließende Verwaltungsvollstreckungsmaßnahmen).

Bestimmtheitsprinzip	
Beim Grundverwaltungsakt § 37 Abs. 1 VwVfG	Bei den sich anschließenden Vollstreckungsmaßnahmen § 20 Abs. 3, 4 SächsVwVG

VGH Mannheim, NVwZ-RR 2013, 451:
„Ist ein Verwaltungsakt wegen inhaltlicher Unbestimmtheit nicht vollstreckungsfähig, schließt dieser Mangel Maßnahmen in der Verwaltungsvollstreckung aus."[202]

1. Eine hinreichende Bestimmtheit liegt vor, wenn *„der Entscheidungsgehalt für den Adressaten nach Art und Umfang aus sich heraus erkennbar und verständlich ist"*[203]. *„Das Erfordernis hinreichender Bestimmtheit ergibt sich aus § 37 Abs. 1 VwVfG und ist eine Ausprägung des Rechtsstaatsgebotes (Art. 20 Abs. 3 GG)"*.[204]
   a) Dabei richtet sich die Forderung nach der Bestimmtheit des Vollstreckungstitels nach § 37 Abs. 1 VwVfG, die Bestimmtheit der Verwaltungsvollsteckungsmaßnahme nach den Vorschriften des SächsVwVG[205], beides im Zusammenhang mit der Tenorierung (Entscheidungsformel bzw. Entscheidungssatz[206]) des Verwaltungsaktes zu sehen.
   Davon zu unterscheiden ist die Begründung des Verwaltungsaktes nach § 39 VwVfG, *nachfolgend unter VII.*

202 Ebenso VGH Mannheim, NuR 2014, 54, 55, unter Hinweis auch auf die Rspr. des BVerwG; VG Düsseldorf, Beschluss vom 5.6.2023, 18 L 896/23: *Hinreichend bestimmt ist ein Verwaltungsakt, wenn der Adressat erkennen kann, was von ihm konkret gefordert wird, und wenn der Bescheid darüber hinaus geeignet ist, Grundlage für Maßnahmen zu seiner zwangsweisen Durchsetzung (Vollstreckung) zu sein.* ***Fehlt es an der ausreichenden Bestimmtheit, ist der Verwaltungsakt nicht vollstreckungsfähig.***

203 BVerwG, NVwZ 1990, 855, Urteil vom 14.2.2024, 11 A 8.23; VG Würzburg, Urteil vom 11.12.2017, W 8 K 17.538: *„Die tierschutzrechtlichen Anordnungen sind hinreichend bestimmt. Nach Art. 37 VwVfG muss ein Verwaltungsakt inhaltlich hinreichend bestimmt sein. Hierbei ist ausreichend, wenn aus dessen gesamtem Inhalt, insbesondere aus dessen Begründung und den Beteiligten bekannten näheren Umständen des Erlasses, „im Wege einer an den Grundsätzen von Treu und Glauben orientierten Auslegung hinreichend Klarheit gewonnen werden kann", was von den Beteiligten zu tun ist. Zur Auslegung eines Verwaltungsakts sind also neben dem Anordnungssatz und der Begründung auch die dem Adressaten bekannten Begleitumstände heranzuziehen, etwa wenn dem Halter aufgrund vorangegangener Beanstandungen klar sein musste, welche Zustände damit vermieden werden sollen"*; OVG Berlin-Brandenburg, Beschluss vom 21.2.2020, OVG 2 S 9/20; VGH München, Beschluss v. 25.09.2023 – 12 ZB 23.207.

204 BVerwG, BayVBl. 2014, 218, 220.

205 VGH München, NVwZ 1987, 512: Art. 36 Abs. 5 VwZVG; VG Bayreuth, NVwZ-RR 1989, 183; OVG Greifswald, NuR 2006, 581; VG Koblenz, NVwZ-RR 2005, 762: Bestimmtheit in Bezug auf den Adressaten; OVG Brandenburg, Gewerbearchiv 2002, 28; Lisken/Denninger, S. 699; Mussmann, Polizeirecht in Baden-Württemberg, 4. A. 1994, 206 ff.; Brühl, JuS 1997, 930; Weber, VR 2004, 181, 185, und „Widersprüchliches aus Kreischa", VR 2006, 135, 137.

206 VGH München, NVwZ-RR 2005, 611: Bescheidtenor; OVG Lüneburg, NJW 2008, 167, 168; VG Schwerin, LKV 2006, 522, 523; Pietzner/Ronellenfitsch, S. 462 ff.; zum „Tenor" und dessen Bedeutung siehe auch Kintz, S. 307 ff., 314; Kopp/Ramsauer, Anm. 15 zu § 43 VwVfG.
Grundsätzlich zum Bestimmtheitsprinzip siehe auch Weber, Widersprüchliches aus Kreischa, VR 2006, 135, 137 ff. (zum Tenor eines Widerspruchsbescheides), und „Zur Bestimmtheit von Entscheidungen im Verwaltungs- und Vollstreckungsverfahren", VR 2008, 181 ff.

b) „Im ***Tenor***[207] (des Bescheides) müssen sämtliche Regelungen *(**Anm.:** siehe § 35 Satz 1 VwVfG)* aufgeführt sein, die der Bescheid (Verwaltungsakt) als Abschluss des Verwaltungsverfahrens *(**Anm.:** siehe § 9 VwVfG)* trifft. Hierzu gehören
   - der Hauptausspruch (z. B. Entziehung der Fahrerlaubnis, Gewerbeuntersagung),
   - evtl. Nebenbestimmungen (z. B. Rückgabe des Führerscheines oder der Gewerbeerlaubnisurkunde),
   - die evtl. Anordnung der sofortigen Vollziehung,
   - die evtl. Androhung von Zwangsmitteln
   - sowie die Kostenentscheidung[208]".

   Ebenso unterliegen dem Bestimmtheitsprinzip nachträglich angeordnete Auflagen zu einem vorher ergangenen begünstigenden Verwaltungsakt[209].

c) Der sog. Hauptausspruch, also die Ausgangsregelung des Verwaltungsaktes, ist besonders bedeutsam im Hinblick auf das Bestimmtheitsprinzip:

   aa) *„Der Hauptausspruch muss, da er Grundlage für eine sich anschließende Verwaltungsvollstreckung ist, den Anforderungen des Bestimmtheitsgebots des § 37 Abs. 1 VwVfG genügen. Der Verwaltungsakt muss daher inhaltlich so hinreichend bestimmt sein, dass sein Inhalt für den Adressaten wie für die vollstreckende Behörde und im Rahmen der Vollstreckung eingeschaltete Dritte so klar, vollständig und unzweideutig erkennbar ist, dass sie ihr Verhalten danach richten können. Unklarheiten gehen grundsätzlich zu Lasten der Behörde."*[210]

   bb) Unbestimmt sind z. B. Formulierungen im Tenor wie[211]
   - „Herstellung eines ordnungsgemäßen Zustandes",
   - die Anordnung, *„einen Ventilator gegen Lärm zu isolieren"* oder
   - die Erteilung einer Baugenehmigung für die *„vorübergehende"* Unterbringung von Asylbewerbern[212]
   - ebenso die Formulierung „den Hund sicher zu verwahren".

---

207 VGH München, BayVBl. 1973, 220; VG München, Gewerbearchiv 2005, 248, 251; VG Chemnitz, LKV 2007, 186, 187; BVerwG, Urteil vom 5.11.2009, 4 C 3.09 und Urteil vom 21.6.2017, 6 C 3.16: *Ein Verwaltungsakt entfaltet materielle Bindungswirkung in Bezug auf den **Regelungsausspruch (Tenor)**, nicht aber in Bezug auf die den Ausspruch tragenden Gründe.*

208 Kintz, S. 308; siehe auch die nachfolgenden musterhaften Tenorierungs-Beispiele unter 3.

209 BVerwG, NVwZ 2009, 52 ff.

210 OVG Bautzen, SächsVBl. 1993, 160; VGH Mannheim, NVwZ 1998, 761, 762; VG Bayreuth, NVwZ-RR 1989, 183.

211 Siehe auch Obermayer/Funke-Kaiser, Anm. 2 ff. zu § 37 VwVfG.

212 Kopp/Ramsauer, Anm. 14 zu § 37; unter Bezugnahme auf die Rspr.

2. Unbestimmte Vollstreckungstitel bzw. Vollsteckungsmaßnahmen führen zur Rechtswidrigkeit des Verwaltungsaktes bzw. der sich anschließenden Verwaltungsvollstreckung[213], im Extremfall sogar zur Nichtigkeit.

Anmerkung: *Zur Bedeutung der Bestimmtheit des Vollstreckungstitels als Voraussetzung für die Rechtmäßigkeit einer sich anschließenden Verwaltungsvollstreckungsmaßnahme siehe später unter Kapitel R. X (Rechtsschutz).*

So ist z. B. die im Tenor eines Verwaltungsaktes ausgesprochene Verpflichtung, *„die festgelegten Maßnahmen unverzüglich durchzusetzen"*, zu unbestimmt[214], da eine Verpflichtung zu positivem Tun ausgesprochen wird. *„Damit wäre es erforderlich gewesen, eine kalendermäßig eindeutige Frist zu bestimmen. Eine Verpflichtung zu „unverzüglichem" Handeln kann somit nicht mit einer Zwangsgeldandrohung verbunden werden"*[215].

a) Ein Verstoß gegen das Bestimmtheitsprinzip führt zumindest zur Rechtswidrigkeit des Verwaltungsaktes[216]. Dabei kann dieser Mangel durch nachträgliche Klarstellung in derselben Form wie der vorhergegangene Verwaltungsakt mit Rückwirkung geheilt werden, nicht aber bei Nichtigkeit des Verwaltungsaktes als extremer Verstoß gegen die Bestimmtheit.

Zum Bestimmtheitsprinzip entschied das OVG Münster, NJW 2005, 2246:

Die Verwaltungsbehörde untersagte mit Ordnungsverfügung die Nutzung von Räumlichkeiten im 2. und 3. Obergeschoss eines Gebäudes als „Showroom":
Die Adressatin der Ordnungsverfügung rügt einen Verstoß gegen das Bestimmtheitsprinzip und gegen § 23 Abs. 1 NW VwVfG (*„Die Amtssprache ist deutsch"*).

---

213 BVerwG, NVwZ 2009, 52, 54: *„Wegen Unbestimmtheit der nachtäglichen Auflage hat diese keinen vollstreckbaren Inhalt"*; Kopp/Ramsauer, Anm. 17 zu § 37; OVG Münster, NVwZ 1993, 1000; VGH Kassel, NJW 1993, 611; OVG Schleswig-Holstein, Gewerbearchiv 1994, 167; OVG Bautzen, LKV 1998, 62; VGH Mannheim, Urteil vom 10.01.2013 – 8 S 2919/11:
1. § 2 LVwVG (Änm.: wie § 2 SächsVwVG) ermöglicht nur die Vollstreckung eines im Sinne des § 37 Abs. 1 LVwVfG inhaltlich hinreichend bestimmten – vollstreckungsfähigen – Verwaltungsakts.
2. Ist ein Verwaltungsakt wegen inhaltlicher Unbestimmtheit nicht vollstreckungsfähig, schließt dieser Mangel Maßnahmen in der Verwaltungsvollstreckung aus. Das gilt auch dann, wenn der Bestimmtheitsmangel „nur" zur Rechtswidrigkeit, nicht aber zur Unwirksamkeit des Verwaltungsakts infolge Nichtigkeit (§ 43 Abs. 3 i. V. m. § 44 Abs. 1 LVwVfG) führt.

214 Brühl, JuS 1997, 929. Siehe auch VG Schwerin, vor unter V 3. zum Problem der Wirksamkeit eines Verwaltungsaktes.

215 OVG Greifswald, NVwZ-RR 1997, 762, unter Bezugnahme auf VGH München, BayVBl. 1986, 176, 178.

216 OVG Bautzen, LKV 1998, 62, 65; OVG Münster, NJW 1993, 1000; VGH Mannheim, Urteil vom 10.1.2013, 8 S 2919/11, und NVwZ 1998, 761, 762; oder im Eilverfahren nach § 80 Abs. 5 VwGO zur Wiederherstellung der aufschiebenden Wirkung eines Widerspruchs (VG Schwerin, Beschluss vom 3.7.2019, 7 B 1100/19 SN).

Dazu äußerte sich das OVG wie folgt:

„Mit dieser Formulierung (Anm.: Showroom) verstößt die Ordnungsverfügung weder gegen § 37 Abs. 1 noch gegen § 23 Abs. 1 NWVwVfG...

- *Für die Antragstellerin ist zweifelsfrei erkennbar, welche Nutzung sie in den betroffenen Räumlichkeiten weiterführen darf (Büronutzung) und welche sie zu unterlassen hat (Nutzung als Showroom). Was unter einem Showroom zu verstehen ist, ist für die Antragstellerin als Adressatin des Verwaltungsaktes unmissverständlich erkennbar. Der Begriff ist in der textlichen Festsetzung des Bebauungsplanes – der Antragstellerin durch Anhörungsschreiben vom 21.5.2003 mitgeteilt – definiert als eine Nutzung von Büro- oder Geschäftsräumen zu Ausstellungs- und Verkaufszwecken...Dass es andere Möglichkeiten geben mag, den Begriff „Showroom" zu definieren...spielt keine Rolle. Für die Antragstellerin als Adressatin der Ordnungsverfügung war nach Zugang des Anhörungsschreibens eindeutig, welches Verständnis die Behörde dem Begriff in der angekündigten Ordnungsverfügung zu Grunde legen würde, so dass es ihr ohne weiteres zumutbar gewesen wäre, sich die Begriffsbestimmung im genannten Bebauungsplan zu beschaffen.*
- *Außerdem ergibt sich aus dem Schriftwechsel im Verwaltungsverfahren..., dass es sich bei dem Begriff „Showroom" um einen in der Modebranche gängigen Fachbegriff mit hinreichend klaren Konturen handelt. In einem Showroom werden Erzeugnisse der Branche dem Fachpublikum, insbes. den Weiterverkäufern, präsentiert...*
- *Die Ordnungsverfügung verstößt auch nicht gegen § 23 Abs. 1 NWVwVfG. Sie ist in deutscher Sprache unter zulässiger Verwendung eines englischsprachigen Fachbegriffs abgefasst...der Begriff ist als Fachbegriff der Modebranche verwendungsfähig, insbes. nicht missverständlich."*

Das OVG Münster hatte somit keine Bedenken gegen die Rechtmäßigkeit der behördlichen Ordnungsverfügung.

b) Die Rspr. muss sich oft mit unklaren Tenorierungen und entspr. Festlegungen der Behörden befassen. Dabei gilt der Grundsatz, dass *„Unklarheiten insoweit immer zu Lasten der Behörde gehen"*[217].

Zur Tenorierung des Bescheides (Verwaltungsakt) unter Beachtung des Bestimmtheitsprinzips nach § 37 Abs. 1 VwVfG			
Hauptregelung, z. B. Gewerbeuntersagung oder Entziehung der Fahrerlaubnis	Nebenregelungen: z. B. sog. erweiterte Gewerbeuntersagung oder Rückgabe des Führerscheines	Evtl. Anordnung der sofortigen Vollziehung nach § 80 Abs. 2 Satz 1 Nr. 4 VwGO	Evtl. Androhung eines Zwangsmittels nach Anordnung der sofortigen Vollziehung, siehe § 20 Abs. 2 SächsVwVG

217 VG Bayreuth, NVwZ-RR 1989, 183, 184; VGH München, BayVBl. 1984, 213, 214, und Beschluss vom 8.12.2016, 20 CS 16.1609; VGH Mannheim, NVwZ RR 2013, 451, 452; VG Neustadt, Beschluss vom 25.4.2018, 5 L 364/18.NW.

3. **Bestimmtheit bei Fristbestimmungen**
Anmerkung; *Siehe dazu auch unter J VI*, Fristbestimmung bei der Androhung VG Schleswig, Beschluss vom 28.10.2022,3 B 92/22 (Frist zur Vorlage eines Gutachtens)
... Ausgehend davon ist die vom Antragsgegner gesetzte Frist nicht hinreichend bestimmt. In der Gutachtenanordnung heißt es, das Gutachten sei „innerhalb von 2 Monaten vorzulegen". Es ist nicht erkennbar, zu welchem Zeitpunkt diese Frist beginnen soll, ob etwa auf das Datum des Anordnungsschreibens oder das Datum von dessen Zustellung an den Antragsteller abzustellen sein soll. Fehlt es jedoch an einem hinreichend bestimmten Fristbeginn, so ist zwingend auch das Fristende nicht hinreichend bestimmt.
Dieser Bestimmtheitsmangel wurde auch nicht dadurch geheilt, dass eine konkrete Frist für die Rücksendung der Einverständniserklärung gesetzt wurde. Damit ist den Vorgaben des § 11 Abs. 6 Satz 2 FeV nicht Genüge getan (vgl. OVG Lüneburg, Urteil vom 8. Juli 2014 – 12 LC 224/13).
Die mangelnde Bestimmtheit der Fristsetzung ist auch nicht deshalb unbeachtlich (und § 11 Abs. 8 FeV deshalb anwendbar), weil der Antragsteller (materielle) Einwendungen gegen die Rechtmäßigkeit der Gutachtenanordnung vorgebracht hat (so aber wohl OVG Lüneburg, Urteil vom 8. Juli 2014 – 12 LC 224/13). Die hinreichende Bestimmtheit der Gutachtenordnung ist eine der zwingenden Voraussetzungen für die Anwendung der Beweiswürdigungsregel des § 11 Abs. 8 FeV (vgl. OVG Münster, Beschluss vom 7. März 2019 – 16 E 457/18; Dauer, in: Hentschel/König/Dauer, Straßenverkehrsrecht, 46 der Auflage 2021, § 11 FeV Rn. 51). Bei der Prüfung dieser Voraussetzungen ist auf den Zeitpunkt der Anordnung abzustellen (vgl. Hahn/Kalus, in: Münchner Kommentar zum Straßenverkehrsrecht, 2016, FeV § 11 Rn. 115 m. w. N.).

4. **Musterhafte Tenorierungen anhand von Beispielen aus der Rechtsprechung**
(unter strikter Beachtung des Bestimmtheitsprinzips)

(1) VGH Mannheim, NVwZ 2001, 1297; Umweltrecht:

Bescheid betr. Sanierungsmaßnahmen nach dem Landesabfallgesetz Baden-Württemberg wg. Altlasten

Bescheid des Landratsamtes A an Herrn B:

I. *Ihnen wird aufgegeben, bis...*
   1. *den auf dem Grundstück... in einer Grube gelagerten CKW-verunreinigten Schlick unverzüglich zu entnehmen und einer geordneten Entsorgung zuzuführen,*
   2. *in der bestehenden Grundwassermessstelle eine tiefenzonierte Beprobung durchzuführen und das Grundwasser auf eine Reihe von Parametern zu untersuchen,*
   3. *das Schichtwasser und die Bodenluft zu sanieren,*
   4. *für die Grundwassersanierung durch ein geeignetes Gutachterbüro einen Sanierungsplan erstellen zu lassen,*

5. *die genannten Maßnahmen durch ein geeignetes Gutachterbüro fachtechnisch begleiten, überwachen und dokumentieren zu lassen.*

II. Hinsichtlich der Ziffern 1 bis 5 des Tenors wird die sofortige Vollziehung angeordnet.

III. Für den Fall nicht fristgerechter Erledigung... wird die Ersatzvornahme angedroht. Die voraussichtlichen Kosten der Ersatzvornahme werden mit 590.000 DM beziffert.

Anmerkung: *Unter I. ist der sog. Grundverwaltungsakt mit seinen verschiedenen Regelungen festgelegt. Es folgt unter II. der Vollstreckungstitel (in Form der Anordnung der sofortigen Vollziehung). Abschließend wird unter III. ein Zwangsmittel angedroht (Beginn des Verwaltungsvollstreckungsverfahrens), und zwar konkret die Ersatzvornahme mit Hinweis auf die voraussichtlich anfallenden Kosten, im konkreten Fall damals immerhin 590.000 DM!*

(2) VGH München, NVwZ 2001, 1313; Polizeirecht:

Sog. Negativzeugnis nach § 1 Abs. 2 BayKampfhundeVO vom 9.1.2001 (begünstigender Verwaltungsakt), versehen mit folgenden Auflagen (Nebenbestimmungen nach § 36 BayVwVfG) unter Anordnung der sofortigen Vollziehung (Haltung eines Bullterriers):

1. *Durch ausbruchsichere Unterbringung, z. B. Zwinger, Zaun, Schließvorrichtung, ist zu gewährleisten, dass der Hund sicher verwahrt wird, d. h. weder das Grundstück unbeaufsichtigt verlassen kann noch auf dem Grundstück, auf dem er gehalten werde, befugt sich aufhaltende Personen gefährlich werden kann.*
2. *Außerhalb des Halteranwesens ist der Hund in bewohnten Gebieten, auf öffentlichen Wegen, Straßen oder Plätzen, in öffentlichen Anlagen und/oder in der Nähe von dem Hund fremden Personen an einer reißfesten Leine (nicht länger als 1,5 m) mit schlupfsicherem Halsband zu führen.*
3. *Freier Auslauf ist nur außerhalb bewohnter Gebiete mit angelegtem Maulkorb möglich. In freier Flur muss gewährleistet sein, dass der Hund keine Menschen, wildlebende oder freilaufenden Tiere verfolgen oder angreifen kann.*
4. *Außerhalb des Halteranwesens darf der Hund in freier Flur (Nr. 3) nur unter Aufsicht durch eine dazu befähigte zuverlässige und ausreichend kräftige Person gehalten bzw. in bewohnten Gebieten (Nr. 2) an der Leine geführt werden.*
5. *Die Abgabe des Hundes an einen anderen Halter oder sein sonstiger Verbleib sind der Gemeindeverwaltung unverzüglich unter Angabe des neuen Aufenthaltsortes des Hundes mitzuteilen.*
6. *Kosten...*

(3) VG Chemnitz, SächsVBl. 2004, 110; Gewerberecht[218]:

Bescheid betr. eine Gewerbeuntersagung

1. *Ihnen wird die weitere Ausübung des Gewerbes... untersagt.*

218 Siehe dazu WEBER, Der Bescheid nach § 80 Abs. 4 VwGO im gewerberechtlichen Verfahren, KommJur 2006, 134 ff.

2. *Diese Untersagung wird ausgedehnt auf alle Gewerbe sowie Tätigkeiten als Leitungsperson oder Vertretungsberechtigter.*
3. *Die sofortige Vollziehung der unter 1. und 2. getroffenen Regelungen wird angeordnet.*
4. *Falls Sie der unter 1. und 2. ausgesprochenen Verpflichtung nicht entsprechen, wird für jeden Fall der Zuwiderhandlung ein Zwangsgeld in Höhe von 1.000 Euro angedroht.*
5. *Gebührenfestsetzung...*

Anmerkung: *Auch hier, wie im 1. Fall, beispielhafter Aufbau des Tenors: Unter 1. und 2. die mittels Grundverwaltungsakt getroffenen Regelungen nach § 35 Abs. 1 Satz 1 und 2 der Gewerbeordnung. Nachfolgend unter 3. der Vollstreckungstitel in Form der Anordnung der sofortigen Vollziehung, dann unter 4. die sich an den Vollstreckungstitel anschließende Verwaltungsvollstreckungsmaßnahme in Form einer Zwangsgeldandrohung.*

(4) VG Gießen, NVwZ-RR 1993, 248 ff.[219]:

1. *Ihnen wird aufgegeben, den Hund auf dem Grundstück so zu halten, dass ein Entweichen des Tieres aus eigener Kraft mit absoluter Sicherheit auszuschließen ist.*
2. *Der Hund ist beim Verlassen des Grundstücks an eine Leine zu nehmen, die nicht länger als 2 m sein darf.*
3. *Beim Ausführen ist das Tier zusätzlich mit einem Maulkorb (stabiler Beißschutz) zu versehen.*
4. *Für den Fall, dass der Anordnung keine Folge geleistet wird, wird für jeden Fall der Nichtbefolgung Zwangsgeld in Höhe von 500 DM angedroht.*
5. *Die sofortige Vollziehung der Verfügung wird angeordnet.*

Anmerkungen: *Die Ziffern 1 bis 3 enthalten die Grundregelungen (Polizeirecht, Gefahrenabwehr), unter Ziffer 5 ist der Vollstreckungstitel unter Anordnung der sofortigen Vollziehung festgelegt. Nach § 11 SächsVwVG ist die Anordnung der sofortigen Vollziehung der Vollstreckungsmaßnahme „Zwangsgeldandrohung" überflüssig.*
Ziffer 4 des Tenors mit der Androhung des Zwangsgeldes erweckt mehrfach Bedenken:
- *Es ist nicht klar, welche der 3 vorgenannten Anordnungen (Nr. 1 bis 3) gemeint sind (Verstoß gegen das Bestimmtheitsprinzip).*
- *Außerdem erfolgte die Androhung „für jeden Fall der Zuwiderhandlung" (sog. Vorratsandrohung).*
- *Es fehlt die Fristsetzung bei der Androhung.*

219 Siehe dazu Weber, Fälle zum Verwaltungsvollstreckungsrecht, VR 2004, 181, 183 ff.

(5) Bescheid der Stadt A. in Baden-Württemberg vom 26.9.2005 betr. Beschränkung des Geltungsbereichs des Passes eines Hooligans (VG Stuttgart, NJW 2006, 1017)

1. Der Geltungsbereich Ihres Reisepasses sowie Ihres Personalausweises wird derart eingeschränkt, dass eine Ausreise aus der Bundesrepublik Deutschland nach Slowenien vom 28.9.2005, 0 Uhr, bis 29.5.2005, 24 Uhr, nicht gestattet ist.
2. Ferner wird Ihnen aufgegeben, den Reisepass zum Zwecke der Eintragung dieser Passbeschränkung vorzulegen.
3. Sie haben sich am 29.9.2005 zwischen 10 und 14 Uhr persönlich beim Polizeirevier Leonberg zu melden.
4. Die Ziffern 1 bis 3 dieser Verfügung werden mit der Anordnung der sofortigen Vollziehung versehen.
5. Hinsichtlich der Verpflichtung zur Vorlage des Reisepasses wird das Zwangsmittel des unmittelbaren Zwangs angedroht.

(6) OVG Bautzen, Beschluss vom 11.6.2018, 3 B 130/18 (Gesetz zum Schutz der Bevölkerung vor gefährlichen Hunden), Beschwerde im Eilverfahren nach § 80 Abs. 5 VwGO:

1. *Die Gefährlichkeit des vom Antragsteller gehaltenen Rottweiler-Rüden „Z" wird festgestellt.*
2. *Die Haltung dieses Hundes wird untersagt.*
3. *Dem Antragsteller und seiner Ehefrau wird aufgegeben, den Hund innerhalb von 2 Wochen ab Zugang dieses Bescheides durch einen zugelassenen Tierarzt einschläfern zu lassen.*
4. *Für den Fall der Zuwiderhandlung wurde eine Zwangsgeld in Höhe von 5000 Euro angedroht.*
5. *Zu den Nr. 1 und 3 wurde die sofortige Vollziehung angeordnet.*

Nicht hinreichend bestimmt ist folgende Nebenbestimmung zur Baugenehmigung: *„Sofern das Melkhaus nicht mit einer sägegrauen Holzverschalung verkleidet werden sollte, sind die Außenwände in einem landschaftlich unauffälligen Farbton zu gestalten".*[220]

VII. Die Begründung des (schriftlich erlassenen) Verwaltungsaktes[221]

Nach § 39 VwVfG sind dem Adressaten des Verwaltungsaktes die „wesentlichen tatsächlichen und rechtlichen Gründe" mitzuteilen, die die Behörde zu ihrer Entscheidung bewegt haben, einschl. der Begründung der Ermessensentscheidung[222].

220 VGH Mannheim, NVwZ-RR 2013, 451.

221 VGH Mannheim, Gewerbearchiv 1993, 81, 82; Aufgabe 10 der 2. Juristischen Staatsprüfung 2003/1, BayVBl. 2007, 507, 509; Kintz, S. 313 ff.; Obermayer/Fuke-Kaiser, Anm. 9 ff. zu § 39 VwVfG; Schoch, Begründung von Verwaltungsakten, Jura 2005, 757 ff.; Maurer/Waldhoff, S. 276.

222 VGH Mannheim, Gewerbearchiv 1993, 81, 82; VG Bayreuth, Urteil vom 17.4.2018, B 5 K 17.368; OVG Berlin-Brandenburg, Beschluss vom 18.6.2018, OVG 5 N 41.16.

Dazu äußerte sich das BVerwG wie folgt:[223]
*„Es gilt allgemein der Grundsatz, dass der Staatsbürger, in dessen Rechte die Verwaltung (**Anm.**: mittels belastendem Verwaltungsakt) eingreift, einen Anspruch darauf hat, die dafür maßgeblichen Gründe zu erfahren, weil er nur dann in der Lage ist, seine Rechte sachgemäß zu verteidigen."*

1. Wesentliche tatsächliche Gründe:
   Mit den wesentlichen tatsächlichen Gründen[224] (die Entscheidung tragenden Gründe) meint der Gesetzgeber den sog. Sachverhalt nach den §§ 24, 26 VwVfG (oder z. B. nach § 2 Abs. 7 Satz 1 StVG[225]), also die tatsächlichen Vorgänge, die die Grundlage für die behördliche Entscheidung bilden[226]. Ausgangspunkt ist dabei der sog. Untersuchungsgrundsatz bzw. das Amtsermittlungsprinzip, d. h. die Behörde ermittelt den Sachverhalt von Amts wegen.

2. Wesentliche rechtliche Gründe:
   Alsdann folgen die sog. wesentlichen rechtlichen Gründe, beginnend mit der Rechtsgrundlage[227], auf welche sich die Behörde bei ihrer Regelung stützt. Dabei sind alle Regelungen, die aus dem Tenor ersichtlich sind, auch in der Begründung nachvollziehbar darzulegen in der Reihenfolge des Tenors (z. B. auch die Forderung nach Rückgabe des Führerscheins bei Entziehung der Fahrerlaubnis[228], bis hin zur Kostenentscheidung)[229]. Auch hier gilt wieder der Grundsatz, dass der Adressat des Verwaltungsaktes entspr. informiert werden muss, damit er die ihm gegenüber festgelegte (oft belastende) Maßnahme nachvollziehen kann und evtl. auch akzeptiert[230].

3. Besondere Begründung von Ermessensentscheidungen (gehört ebenfalls zu den rechtlichen Gründen)

---

223 DÖV 1982, 76, 77.

224 Kintz, S. 313; Obermayer/Funke-Kaiser (in Kapitel) Anm. 19 zu § 39 VwVfG.

225 VGH München, BayVBl. 2006, 18, 20.

226 Peters, Die Sachverhaltsermittlung im Verwaltungsverfahren, JuS 1991, 54 ff.; VG Köln, Gewerbearchiv 2005, 376, 377: Rechtswidrige Zwangsgeldfestsetzung, weil sie auf einer unzutreffenden Tatsachengrundlage beruhte; zu einer unzureichenden Begründung siehe auch OVG Münster, NJW 2007, 3084, 3085.
So spricht z. B. § 35 Abs. 1 Satz 2 GewO bei der sog. erweiterten Gewerbeuntersagung von *„festgestellten Tatsachen, die die Annahme rechtfertigen"*, dass der Gewerbetreibende auch für diese Tätigkeiten unzuverlässig ist.
Diese „festgestellten Tatsachen" müssen den Ausführungen unter den sog. wesentlichen tatsächlichen Gründen im Bescheid zu entnehmen sein.

227 Gesetzesvorbehalt in der Eingriffsverwaltung, Art. 20 Abs. 3 GG: Ein belastender Verwaltungsakt bedarf einer Rechtsgrundlage.
BVerwG DÖV 2007, 255; VG München, NVwZ 2004, 1517; VGH Mannheim, Gewerbearchiv 1990, 253, und VBlBW 2007, 62, 63; VG Leipzig, NVwZ 2001, 1317, 1318; OVG Lüneburg, NVwZ-RR 2004, 346; OVG Hamburg, NJW 2005, 2247; VG Aachen, NJW 2004, 1888.

228 VG Sigmaringen, NVwZ-RR 2002, 116; VG Aachen, VRS 108/05, 68 ff. (Beschluss vom 24.11.2004).

229 Es gilt der Satz: Was im Tenor steht, muss auch in der Begründung erscheinen und umgekehrt! Es ist ein grober formeller Fehler (fehlende Begründung), wenn ein Tenorierungspunkt (Regelung i. S. d. Art. 35 Satz 1 BayVwVfG) nicht anschließend auch im Bescheid begründet wird.

230 Schoch, Jura 2005, 757.

a) Besonderen Wert legt der Gesetzgeber auf die Begründung von Ermessensentscheidungen[231] nach § 39 Abs. 1 Satz 3 VwVfG (Rechtsfolge, die Behörde „kann" oder „darf"[232]), weil erkennbar sein muss, **ob und wie**[233] (sog. Entschließungsermessen und anschließend sog. Auswahlermessen) die Behörde das ihr zustehende Ermessen (§ 40 VwVfG) ausgeübt hat.

b) Als Vorbild für die Erörterung von Ermessenserwägungen bei allen Maßnahmen der Eingriffsverwaltung können die §§ 5 SächsPVDG bzw. 13 SächsPBG dienen mit den „Ermessensmerkmalen" Geeignetheit, Erforderlichkeit und insbes. Verhältnismäßigkeit.
Im Gegensatz zu der „offenen" Vorschrift des § 40 VwVfG hat man hier konkrete Hinweise auf die Ermessensbetätigung und kann die §§ 5 SächsPVDG bzw. 13 SächsPBG im Ermessensbereich bei allen belastenden Verwaltungsakten analog oder hilfsweise anwenden[234].

4. In der gesetzlich vorgegebenen Untergliederung zwischen den rechtlichen Gründen und der Begründung von Ermessensentscheidungen kann man auch vom *„Tatbestand und der sich anschließenden Rechtsfolge"* der entspr. Norm sprechen[235].

Dazu das BVerfG, DVBl. 2006, 915, 919
*„Die Rechtsprechung überprüft die Tatbestandsvoraussetzungen der Rücknahme und die Einhaltung der Ermessensgrenzen (**Anm.:** § 114 Satz 1 VwGO) im Rahmen des § 48 VwVfG."*
Im konkreten Fall ging es um die Rücknahme einer Einbürgerung, über deren Voraussetzungen der Eingebürgerte selbst getäuscht hatte.

231 BVerwG, DVBl. 2001, 141, 142, und 1683, 1686; VGH München, NuR 2006, 714, 716; OVG Münster, NVwZ-RR 1996, 173, und Beschluss vom 18.12.2015, 4 B 1465/15: *„Der nach Art. 19 Abs. 4 GG verfassungsrechtlich garantierte gerichtliche Rechtsschutz setzt nach höchstrichterlicher Rechtsprechung voraus, dass die Behörde offenbart, von welchen Gesichtspunkten sie sich bei der Ausübung des Ermessens hat leiten lassen. Diesem Zweck dient auch die Pflicht zur Begründung von Verwaltungsakten (§ 39 Abs. 1 VwVfG).";* OVG Greifswald, NuR 2006, 581, 582; VGH Mannheim, Gewerbearchiv 1993, 81, 82, und NVwZ-RR 1998, 428; VG Schwerin, LKV 2006, 522, 523; Kintz, S. 315; Kopp/Ramsauer, Anm. 25 zu § 39 VwVfG.
Das VG Chemnitz (LKV 2007, 186, 189) spricht ausdrücklich von „einer ausführlichen Begründung der Ermessensausübung" der Behörde im konkreten Fall. Der VGH München (Beschluss vom 15.02.2019 – 8 CS 18.2364) führt aus, dass es dabei um Grundelemente rechtsstaatlichen Handelns geht, wie eine ordentliche und nachvollziehbare Dokumentation von Handlungsschritten zur Gewährleistung des effektiven Rechtsschutzes (Art. 19 Abs. 4 GG).

232 Siehe z. B. die sog. erweiterte Gewerbeuntersagung nach § 35 Abs. 1 Satz 2 GewO.

233 BVerfG NJW 1985, 2395, 2398; VGH München, NuR 2006, 714, 716; OVG Münster, NVwZ 2000, 458; VGH Mannheim, Gewerbearchiv 1993, 81, 82.

234 So z. B. bei § 15 Abs. 1 VersG (Verbot einer Versammlung oder Auflagenerteilung unter Beachtung der Bedeutung des Art. 8 GG); zur entspr. Anwendung siehe Weber, Rechtsgrundlagen des Versammlungsrechts, SächsVBl. 2002, 25, 32, und „Versammlungsrechtliche Auflagen nach § 15 Abs. 1 VersG", KommJur 2009, 97, 102; ebenso bei § 35 Abs. 1 Satz 2 GewO, sog. erweiterte Gewerbeuntersagung.

235 BVerwGE 39, 191, 195; VG Weimar, LKV 2000, 464; OVG Frankfurt, LKV 2005, 121; VGH Mannheim, Gewerbearchiv 1993, 81, 82; VG Leipzig, NVwZ 2001, 1317. Siehe dazu auch Kapitel S, Aufbau- und Prüfungsschema bei einem belastenden Verwaltungsakt.

- Die sog. rechtlichen Gründe nach § 39 Abs. 1 Satz 2 VwVfG umfassen im Wesentlichen die Prüfung und Erörterung der Tatbestandsmerkmale der Norm[236], während die Rechtsfolge des Ermessens (kann, darf) ausdrücklich in § 39 Abs. 1 Satz 3 VwVfG angesprochen wird (wobei es sich dabei auch um sog. rechtliche Gründe handelt).
- Bei den sog. gebundenen Entscheidungen (Rechtsfolge: hat, ist...) sind auf der Seite der Rechtsfolge keinerlei weitere Erwägungen anzustellen, denn wenn der Tatbestand gegeben ist, dann tritt „automatisch" die Rechtsfolge ein (z. B. Entziehung der Fahrerlaubnis nach den §§ 3 oder 4 StVG oder Gewerbeuntersagung nach § 35 Abs. 1 Satz 1 GewO)[237].

a) Zur Darlegung der Ermessenserwägungen nach § 39 Abs. 1 Satz 3 VwVfG hat das OVG Lüneburg ausgeführt:[238]
„Bei Ermessensentscheidungen sind gemäß § 39 Abs. 1 Satz 3 VwVfG die für die Abwägung maßgeblichen Erwägungen sowie die Gründe, die dazu geführt haben, dass bestimmten Gesichtspunkten der Vorrang gegeben wurde, anzugeben. Das Fehlen einer ausreichend substanziellen, nachvollziehbaren Begründung oder die „Vagheit" einer Begründung, der nichts Wesentliches zur Sache entnommen werden kann, ist bei Ermessensentscheidungen an sich schon ein Mangel, der als solcher den Verwaltungsakt rechtswidrig macht".

Zu den erforderlichen Ermessenserwägungen im Bescheid äußerte sich auch das OVG Magdeburg; Gewerbearchiv 2003, 35, 37:
Es ging um eine Gewerbeuntersagung nach § 35 Abs. 1 Satz 1 GewO und eine sich anschließende sog. erweiterte Gewerbeuntersagung nach § 35 Abs. 1 Satz 2 GewO.
Danach „kann" (Rechtsfolge) die Untersagung nach § 35 Abs. 1 Satz 1 GewO auch auf alle anderen Gewerbe erstreckt werden, wenn die festgestellten Tatsachen die Annahme rechtfertigen, dass der Gewerbetreibende auch für diese Tätigkeiten oder alle anderen Gewerbe unzuverlässig ist (Tatbestand).
*„Dafür dass in der Person des K. das hiernach (**Anm.:** für § 35 Abs. 1 Satz 2 GewO) zu fordernde Mindestmaß an konkreten Anhaltspunkten für eine solche anderweitige künftige Betätigung gegeben sein könnte, lassen sich jedoch dem Bescheid keinerlei (geschweige denn nachvollziehbare) Erwägungen entnehmen. Die angegriffene Verfügung verhält sich dazu überhaupt nicht... und lässt demnach nicht erkennen, dass insoweit überhaupt Ermessen ausgeübt wurde."*
***Anmerkung:** sog. Ermessensnichtgebrauch, siehe § 114 Satz 1 VwGO!*

236 Z. B. § 3 Abs. 1 SächsPolG: Tatbestand der „Gefahr für die öffentliche Sicherheit oder Ordnung", die Rechtsfolge lautet „kann", konkretisiert in § 3 Abs. 2 bis 4 SächsPolG (Geeignetheit, Erforderlichkeit, Verhältnismäßigkeit).
237 Siehe dazu Weber, Zur Gewerbeuntersagung nach § 35 Abs. 1 GewO, VR 2012, 337.
238 Urteil vom 8.7.2014, 12 LB 76/14; siehe auch Weber, Praxis des Gewerbe- und Gaststättenrechts, S. 130 ff.

Beispiel zum Aufbau der Generalklausel des § 12 SächsPVDG bzw. 12 SächsPBG
(als typische Eingriffsnorm für einen belastenden Verwaltungsakt mit Ermessen auf der Rechtsfolgenseite der Norm; *siehe auch Prüfungsschema in Kapitel S*) **1. Tatbestand:** a) *„Die Polizei bzw. die Polizeibehörden können die notwendigen Maßnahmen treffen, um eine Gefahr für die öffentliche Sicherheit oder Ordnung abzuwehren"* b) *„soweit die Befugnisse nicht besonders geregelt sind"* (Vorrang sonderrechtlicher Regelungen, z. B. Sächsische Bauordnung, GewO, GastG, StVG, VersG), also **wenn** diese Tatbestandsmerkmale bejaht werden, **dann** tritt die Rechtsfolge ein: (sog. Wenn-dann-Beziehung). **2. Rechtsfolge:** **Die Polizei „kann" dann Maßnahmen treffen,** d. h. erst wenn die Tatbestandsmerkmale bejaht sind, **„können"** die polizeirechtlichen Maßnahmen getroffen werden. D. h. wenn bereits das Tatbestandsmerkmal oder die Tatbestandsmerkmale der Norm nicht vorliegen, entfällt die Prüfung der Rechtsfolge![234]

b) Zur Darlegung der Ermessenserwägungen im Vollstreckungsrecht siehe unter Kapitel H I.

5. Der Umfang der Begründungspflicht richtet sich nach der Bedeutung der festgelegten Regelung. So ist natürlich die Hauptregelung[240] (grundsätzlich Ziffer 1 des Tenors, also z. B. die Entziehung der Fahrerlaubnis oder der Ausspruch einer Gewerbeuntersagung) erheblich umfangreicher zu begründen als die nachfolgenden Regelungen, die auf der Hauptregelung aufbauen.

6. Die vorgenannte Gliederung des Aufbaus der Begründung (vorab die Tenorierung natürlich nicht vergessen) ist gesetzlich vorgegeben und demnach auch in der praktischen Abfassung schriftlicher Bescheide zu beachten:

   Vorab die wesentlichen tatsächlichen Gründe[241], dann die rechtliche Würdigung (sog. Subsumtion) einschl. der Begründung der Ermessensentscheidung (falls die Behörde bei ihrer Entscheidung überhaupt Ermessen hatte).

---

239 OVG Bautzen, SächsVBl. 2000, 170 ff.
Zur praktischen Anwendung der Generalklausel nach § 3 Abs. 1 SächsPolG siehe auch die Erörterungen zu den „Abschleppfällen" im Kapitel M

240 Kintz, S. 314.

241 Aber keine „Märchen" oder Geschichten erzählen, sondern nur das für diese konkrete Entscheidung „wesentliche", also der entscheidungserhebliche Sachverhalt.

7. Nach der Begründung folgt abschließend die Rechtsbehelfsbelehrung[242], nunmehr in § 37 Abs. 6 VwVfG ausdrücklich normiert.[243] Die Beifügung einer Rechtsbehelfsbelehrung spricht für die Tatsache, dass ein Verwaltungsakt vorliegt. Aber auch ohne Beifügung einer Rechtsbehelfsbelehrung liegt ein schriftlich fixierter Verwaltungsakt vor, wenn er die Merkmale des § 35 Satz 1 VwVfG erfüllt, insbes. eine „Regelung" beinhaltet.[244]

Begründung nach § 39 VwVfG		
Sog. wesentliche tatsächliche Gründe, Darstellung des Sachverhalts im Rahmen der Amtsermittlung nach den §§ 24, 26 VwVfG (§ 39 Abs. 1 Satz 2 VwVfG)	Sog. wesentliche rechtliche Gründe, Rechtsgrundlage und Tatbestand der Norm (§ 39 Abs. 1 Satz 2 VwVfG)	Gesonderte Begründung von Ermessensentscheidungen, Rechtsfolge der Norm (§ 39 Abs. 1 Satz 3 VwVfG)

Muster eines Bescheidaufbaus[245]
(belastender Verwaltungsakt) mit Begründung ausgehend von der bereits angesprochenen Entscheidung des VG Chemnitz, SächsVBl. 2004, 110

I. Ausgehend vom **Tenor** wie oben dargelegt:
   1. Ihnen wird die weitere Ausübung des Gewerbes... untersagt.
   2. Diese Untersagung wird ausgedehnt auf alle Gewerbe sowie Tätigkeiten als Leitungsperson oder Vertretungsberechtigter.
   3. Die sofortige Vollziehung der unter 1. und 2. getroffenen Regelungen wird angeordnet.
   4. Falls Sie der unter 1. und 2. ausgesprochenen Verpflichtung nicht entsprechen, wird für jeden Fall der Zuwiderhandlung ein Zwangsgeld in Höhe von 1.000 Euro angedroht.
   5. Gebührenfestsetzung...

Begründung:

I. wesentliche tatsächliche Gründe, sog. Sachverhalt

242 VG Schwerin, LKV 2006, 522, 523; VG Frankfurt, NJW 2004, 1060.
243 Obermayer/Funke-Kaiser, Anm. 34 a zu § 37 VwVfG.
244 OVG Bautzen, SächsVBl. 1996, 138; VG Berlin, Beschluss vom 24.10.2018, 8 L 110.18: *„Schließlich spricht auch das äußere Erscheinungsbild des Schreibens vom 20. November 2006 gegen dessen Verwaltungsakteigenschaft. Das Schreiben ist nicht als Bescheid bezeichnet, es enthält keine Tenorierung und es ist nicht mit einer Rechtsbehelfsbelehrung versehen."*
245 Siehe auch Muster unter Kapitel S; Weber, Obdachlos in Mittelwiesenberg, KommJur 2007, 53 ff. (mit Musterbescheid betr. Beschlagnahme einer Wohnung); Weber, Räumung in Mittelwiesenberg, KommJur 2007, 133 ff. (mit Musterbescheid betr. Räumung der vorher beschlagnahmten Wohnung); Weber, Der Bescheid über die Entziehung der Fahrerlaubnis, apf 1999, 45 ff. (mit entspr. Musterbescheid); alle Musterbescheide mit ausführlichen Aufbauhinweisen entspr. den gesetzlichen Festlegungen. *Siehe auch nachfolgend unter Kapitel S.*

II. Rechtliche Würdigung (wesentliche rechtliche Gründe) in der Reihenfolge der vorangegangenen Tenorierung
   1. Gewerbeuntersagung mit Rechtsgrundlage, § 35 Abs. 1 Satz 1 GewO (hier konkret sog. Hauptregelung)[246]
   2. Sog. erweiterte Gewerbeuntersagung, § 35 Abs. 1 Satz 2 GewO
      Bei der sog. erweiterten Gewerbeuntersagung ist zu beachten, dass es sich im Gegensatz zur Gewerbeuntersagung nach § 35 Abs. 1 Satz 1 GewO um eine Ermessensentscheidung handelt, § 39 Abs. 1 Satz 3 VwVfG. Deshalb sind hier die Ermessenserwägungen ausführlich zu erläutern (analog § 3 Abs. 2 bis 4 SächsPolG).
   3. Begründung der Anordnung der sofortigen Vollziehung nach § 80 Abs. 3 VwGO (Vollstreckungstitel)
   4. Begründung der Zwangsmittelandrohung einschl. der Höhe des Zwangsgeldes nach den Vorschriften des SächsVwVG (Verwaltungsvollstreckungsmaßnahme)
   5. Begründung der Kostenentscheidung

III. Rechtsbehelfsbelehrung (siehe § 37 Abs. 6 VwVfG)

8. Nach § 39 Abs. 2 VwVfG kann in bestimmten Ausnahmefällen auf die Begründung verzichtet werden (OVG Lüneburg, Urteil vom 10.05.2011, 1 LC 30/09).

VIII. Nicht vollstreckbare Realakte

Nicht vollstreckbar und somit nicht Gegenstand der Erörterungen im Verwaltungsvollstreckungsrecht sind die sog. behördlichen Realakte[247], auch „schlicht hoheitliches Handeln“[248] der Behörde genannt.
Diese Realakte unterscheiden sich im Wesentlichen vom Verwaltungsakt dadurch, dass die Behörde keine „Regelung“ i. S. d. § 35 Satz 1 VwVfG getroffen hat[249]. Die übrigen Tatbestandsmerkmale des Verwaltungsaktbegriffes (Außenwirkung, öffentlich-rechtliche Tätigkeit einer Behörde usw.) liegen regelmäßig auch beim Realakt vor.
Das „Problem“ der Realakte ist auch darin begründet, dass diese (oft auch mit Außenwirkung gegenüber dem Bürger versehene) Handlungsform der Behörde nicht im Verwaltungsverfahrensgesetz verankert ist. Das VwVfG kennt nur den Verwaltungsakt (§§ 35 ff.) und den öffentlich-rechtlichen Vertrag (§§ 54 ff.) – beide Handlungsformen auch ausdrücklich in § 9 VwVfG normiert.

246 Weber, VR 2012, 337.

247 Siehe dazu Weber, Verwaltungsrechtliche Realakte, apf 2003, 27 ff.; Zum Rechtscharakter vollzugspolizeilicher Maßnahmen, VR 2017, 42; Lisken/Denninger, S. 304; Maurer/Waldhoff, S. 462 ff.; Rasch, Der Realakt insbes. im Polizeirecht, DVBl. 1992, 207 ff.; VGH Mannheim, NVwZ 2001, 574; VG München, NVwZ 2000, 461; OVG Bautzen, SächsVBl. 2006, 92; VGH München, BayVBl. 1979, 341: rein tatsächliche Handlung der Verkehrsbehörde, Aufstellen eines Haltestellenzeichen, also kein Ge- oder Verbotszeichen.

248 VGH Mannheim, NVwZ 2004, 498; VG Stade, Beschluss vom 31.8.2021, 1 B 1008/21.

249 Lösungsskizze zur Aufgabe 10 der 2. Juristischen Staatsprüfung 1999/2, BayVBl. 2002, 772; OVG Lüneburg, NJW 2006, 391.

1. Regelungswirkung des Verwaltungsaktes

Eine **„Regelung"** i. S. d. Verwaltungsaktbegriffes liegt vor, wenn die Maßnahme der Behörde darauf gerichtet ist, eine verbindliche Rechtsfolge zu setzen, d. h. wenn Recht des Betroffenen (Adressat des Verwaltungsaktes) unmittelbar begründet, geändert, aufgehoben, mit bindender Wirkung festgestellt oder verneint werden[250].

Dabei handelt es sich beim Verwaltungsakt um eine einseitige, von der Behörde festgelegte Regelung gegenüber dem Adressaten, im Gegensatz zur zweiseitigen Regelung, wie sie mittels eines öffentlich-rechtlichen Vertrages[251] zwischen Behörde und Bürger herbeigeführt werden kann[252].

2. Somit kann man behördliche Realakte (Verwaltungshandeln ohne Regelungswirkung) definieren als „behördliche (öffentlich-rechtliche) Tathandlungen, die unmittelbar nur einen tatsächlichen Erfolg herbeiführen, der Bedingung für eine rechtliche Folge sein kann". Insbesondere sind Realakte im Gegensatz zum Verwaltungsakt nicht final auf die Herbeiführung einer Rechtsfolge gerichtet[253].

250 BVerwGE 55, 280, 285, und 77, 268, 271; NVwZ 1989, 1055 und DVBl. 2012, 49, 51, Urteil vom 21.6.2017, 6 C 3.16; OVG Lüneburg, NJW 1968, 285, und 2002, 391; OVG Münster, NZV 2001, 396; OVG Bautzen, SächsVBl. 1996, 138; Maurer/Waldhoff, S. 213 ff.; Weber, Keine selbständige Anfechtbarkeit einer MPU-Anordnung, NZV 2006, 399, 404. Ausführlich zur Regelungswirkung siehe auch OVG Bautzen, SächsVBl. 1998, 10, und OVG Lüneburg, NJW 2006, 391; siehe auch VGH Mannheim, Fn. 324.

251 Siehe dazu Weber, Entschädigung in Mittelwiesenberg, KommJur 2007, 209 ff., mit einem Vertragsmuster; Höfling/Krings, JuS 2000, 625, 626.

252 Maurer, S. 180.

253 Weber, apf 2003, 27, 29.
BVerwG, Urteil vom 21.6.2017, 6 C 3.16:
Die Auslegung des Schreibens vom 30. April 1991 aus der Sicht eines objektiven Adressaten ergibt, dass der Dekan nicht rechtsverbindlich festgestellt oder zugesichert hat, die Klägerin könne den Doktorgrad dauerhaft weiter führen. Vielmehr hat er die Klägerin formlos von dem Ergebnis der Prüfung ihrer Dissertation und der Einstellung des Prüfungsverfahrens in Kenntnis gesetzt. Er hat sich darauf beschränkt mitzuteilen, wie die Kommission und ihr folgend der Erweiterte Fakultätsrat die Untersuchungsergebnisse bewerteten und dass sie nicht beabsichtigten, weitere Ermittlungen durchzuführen. Aufgrund dieser Hinweise musste die Klägerin zwar nicht mehr befürchten, ihr könnte als Folge der Untersuchungen in dem im Oktober 1990 eröffneten Verfahren der Doktorgrad entzogen werden. Jedoch kann dem Schreiben vom 30. April 1991 nicht entnommen werden, die Fakultät habe ihr darüber hinaus eine materielle Rechtsposition des Inhalts zuerkannt, sie dürfe den Doktorgrad ungeachtet weiterer Entwicklungen dauerhaft weiter führen.
VG Würzburg, Urteil v. 15.11.2021 – W 8 K 21.758:
Der Auszahlungsvorgang aufgrund der Pfändungs- und Überweisungsverfügung zur Einziehung ist ein Realakt, der keine Regelungswirkung beinhaltet.

3. Typische Realakte sind demnach:
   - **die sog. „unmittelbare Ausführung" einer Maßnahme nach § 8 SächsPVDG bzw. 16 PBG[254] (siehe dazu auch die Ausführungen zu den „Abschleppfällen" i Kapitel M),**
   - behördliche Auskünfte und Informationen[255],
   - Warnungen,
   - die Ausstellung eines Ersatzführerscheins[256],
   - Herstellung und Unterhaltung öffentlicher Straßen,
   - Streifenfahrten der Vollzugspolizei[257],
   - Videoüberwachung öffentlicher Räume[258],
   - und abschließend die immer wieder diskutierte behördliche Anordnung zur Beibringung eines MPU-Gutachtens im Zusammenhang mit der Vorbereitung der behördlichen Entscheidung über die Entziehung der Fahrerlaubnis[259].

4. Zusammenfassend kann man festhalten, dass den behördlichen Realakten keine Regelungswirkung i.S.d. § 35 Satz 1 VwVfG zukommt (die anderen Merkmale des § 35 Satz 1 VwVfG liegen i.d.R. aber auch bei den Realakten vor), deshalb sind sie keine Verwaltungsakte und deshalb können sie auch nicht vollstreckt werden.

---

254 Für diese Auffassung („unmittelbare Ausführung" als Realakt) spricht auch § 8 Abs. 1 Satz 2 SächsPVDG bzw. 16 Abs. 1 Satz 2 PBG., wonach *„der von der (**Anm.:** unmittelbaren Ausführung einer) Maßnahme Betroffene unverzüglich zu unterrichten"* ist. Denn wenn vorher ihm gegenüber ein Verwaltungsakt mit anschließenden Zwangsmittelandrohungen usw. ergangen wäre, müsste er doch nicht noch mal darüber unterrichtet werden.; VGH München, BayVBl. 1991, 433, 435: „Es handelte sich um die unmittelbare Ausführung einer Maßnahme i. S. von Art. 9 Abs. 1 Satz 1 PAG und nicht um einen Verwaltungsakt", Abschleppen ein Fahrzeugs aus einer Feuerwehranfahrtszone; KUGELMANN, Unmittelbare Ausführung einer Maßnahme und sofortige Anwendung von Verwaltungszwang, DÖV 1997, 153, 155.
Zu dem schwierigen Problem der Abgrenzung zwischen einer Ersatzvornahme (als Zwangsmittel) und der unmittelbaren Ausführung (als polizeilicher Maßnahme außerhalb des Vollstreckungsrechts) siehe später im Kapitel M, Abschleppfälle.

255 VG Braunschweig, NZV 2001, 535: Mitteilung der Verkehrsbehörde an das Kraftfahrtbundesamt; VG Kassel, NVwZ-RR 2000, 557.

256 OVG Weimar, VRS 109/05, 314, 318 ff. (Beschluss vom 24.2.2005): *„Der Ausstellung des Ersatzführerscheins fehlt mangels Regelungswillen die Verwaltungsaktqualität. Weder wird durch die Aushändigung einer solchen Zweiturkunde die bereits bestehende Fahrerlaubnis neu erteilt noch kann angenommen werden, dass – wie möglicherweise hier – im Falle einer Falscheintragung die Fahrerlaubnisbehörde einen Regelungswillen besitzt, die fehlerhaft eingetragene Fahrerlaubnis zu erteilen...".*

257 Siehe WEBER, apf 2003, 27, 28; LISKEN/DENNINGER, S. 304; MAURER, S. 424.

258 VG Karlsruhe, VR 2002, 281: Bei der Videoüberwachung öffentlicher Räume handelt es sich mangels einer rechtlichen Regelung nicht um Verwaltungsakte; ebenso VGH Mannheim, NVwZ 2004, 498 ff.

259 OVG Hamburg, VRS 104/03, 465 ff. (Beschluss vom 22.5.2002); WEBER, Keine selbständige Anfechtbarkeit einer MPU-Anordnung, NZV 2006, 399 ff., mit umfangreichen Hinweisen auf die Rspr. und „Kein Primärrechtsschutz bei MPU-Anordnungen", SVR 2014, 248; OVG Bautzen, Beschluss vom 28.10.2019, 3 B 203/19: *„Es handelt sich nicht um einen Verwaltungsakt, sondern um eine Verfahrenshandlung nach § 44a VwGO, die nicht selbständig angreifbar ist".*

IX. Zum Zusammenhang zwischen Bekanntgabe und Wirksamkeit eines Verwaltungsaktes, der Funktion der aufschiebenden Wirkung und der Unanfechtbarkeit eines Verwaltungsaktes

Anmerkung: *siehe oben unter V., bekannt gegebener und wirksamer Verwaltungsakt.*

Abschließendes praktisches Beispiel für das „Zusammenspiel" zwischen Bekanntgabe und Wirksamkeit des Verwaltungsaktes, der Funktion der aufschiebenden Wirkung und der Unanfechtbarkeit des Verwaltungsaktes:[260]

Sachverhalt:
Die Fahrerlaubnisbehörde (Stadt Dresden) entzieht Herrn Meier die Fahrerlaubnis nach § 3 StVG, da mehrere Verstöße gegen Verkehrsvorschriften aktenkundig sind (die Verstöße sind unstreitig). Es handelt sich nicht um eine Entziehung der Fahrerlaubnis nach § 4 StVG (mehr als 8 Punkte nach dem Fahreignungs-Bewertungssystem, wobei die aufschiebende Wirkung eines Rechtsbehelfs kraft Gesetzes nach § 4 Abs. 7 Satz 2 StVG entfällt), da die registrierten Verkehrsverstöße noch nicht die Punktezahl von 8 oder mehr erreicht haben.
Dieser Bescheid vom 13.5.2009 nach § 3 StVG (belastender Verwaltungsakt) wird Herrn Meier am 18.5.2009 zugestellt. Herr Meier will am 27.5.2009 zu seiner Großmutter nach Chemnitz fahren, sie hat Geburtstag.

Anmerkung: *Die Rechtslage zur Entziehung der Fahrerlaubnis nach § 3 StVG hat sich durch die Änderung des StVG ab 1.5.2014 (im Wesentlichen Änderungen im Zusammenhang mit § 4 StVG), nicht verändert.*
Widerspruch hat er bisher nicht erhoben, er hat ja 1 Monat Zeit, erst dann wird der Verwaltungsakt unanfechtbar.

Frage:
Darf Herr Meier am 27.5.2009 nach Chemnitz mit seinem Kraftfahrzeug fahren?
In der Diskussion dieses Falles wird immer wieder behauptet, Meier könne mit seinem Fahrzeug nach Chemnitz fahren, denn er habe ja 1 Monat Zeit zur Einlegung des Widerspruchs bzw. der Anfechtungsklage und erst dann sei der Verwaltungsakt „Entziehung der Fahrerlaubnis" unanfechtbar.

- Diese Argumentation stimmt nur insoweit, als Herr Meier 1 Monat Zeit zur Erhebung des Widerspruchs (oder Anfechtungsklage) hat, da ansonsten der Verwaltungsakt „Entziehung der Fahrerlaubnis" unanfechtbar bzw. bestandskräftig wird.
- Diese Frage hat aber überhaupt nichts zu tun mit dem Problem der „Regelungswirkung" des Herrn Meier bekannt gegebenen und damit ihm gegenüber wirksamen Verwaltungsaktes (§§ 41, 43 VwVfG).

Die Fahrerlaubnis des Herrn Meier ist mit belastendem Verwaltungsakt vom 13.5.2009, ihm bekannt gegeben und damit wirksam am 18.5.2009 entzogen worden.

260 Siehe dazu auch Weber, Der Bescheid über die Aussetzung der Vollziehung gemäß § 80 Abs. 4 VwGO, apf 1999, 226 ff. Zum Zusammenhang zwischen Bekanntgabe und Wirksamkeit, der Funktion der aufschiebenden Wirkung und der Unanfechtbarkeit eines Verwaltungsaktes, VR 2024, 53; Maurer/Waldhoff, S. 300.

Ab dem Zeitpunkt der Bekanntgabe/Wirksamkeit ist es ihm untersagt, weiterhin ein Kraftfahrzeug im öffentlichen Straßenverkehr zu führen. Diese Regelung gilt ab Bekanntgabe gegenüber Herrn Meier[261], er darf deshalb am 27.5.2009 nicht mit seinem Kraftfahrzeug nach Chemnitz fahren. Fährt er dennoch, macht er sich strafbar nach § 21 StVG (Fahren ohne Fahrerlaubnis).

Dazu auch das BVerwG[262]:
„Während der Wirksamkeit des Verwaltungsakts ist die mit ihm getroffene Regelung ungeachtet seiner Rechtmäßig- oder Rechtswidrigkeit rechtlich maßgeblich".

Anmerkung: *Der VGH Kassel hatte im Jahre 1996[263] über den sofort vollziehbaren Widerruf einer Gaststättenerlaubnis zu entscheiden, verbunden mit der Untersagung des weiteren Betriebs der Gaststätte. Außerdem wurde der Adressat aufgefordert, die Gaststätte spätestens 2 Wochen nach der am 2.8.1994 erfolgten Zustellung des Bescheides zu schließen. Erfolgt die Schließung nicht zum genannten Zeitpunkt, wurde die zwangsweise Schließung der Gaststätte angedroht:*

*„Mit dem Wirksamwerden der gaststättenrechtlichen Verfügung verfügte er nicht mehr über eine Gaststättenerlaubnis… die Gaststätte war ab sofort zu schließen… unabhängig von der Abwicklungsfrist (sog. Zwangsvollstreckungsabwendungsfrist), (**Anm.:** siehe dazu später im Kapitel J. VI) … Die Gaststätte war aufgrund des für ihn geltenden Verbotes der Weiterführung seines Betriebes bereits ab dem Zeitpunkt der ordnungsgemäßen Zustellung geschlossen zu halten… Die Betriebseinstellung sollte nicht erst zu einem späteren Zeitpunkt (**Anm.:** nach der 2-Wochen-Frist) wirksam werden…".*

Davon unabhängig ist die Frage der Unanfechtbarkeit des Verwaltungsaktes „Entziehung der Fahrerlaubnis" zu betrachten, das hat nichts zu tun mit der Frage der Bekanntgabe/Wirksamkeit und der daraus folgenden Rechtspflicht des Adressaten zur Beachtung der in dem Verwaltungsakt ausgesprochenen Regelung[264].

261 So auch Pietzner/Ronellenfitsch, S. 585, im Zusammenhang mit dem sog. Suspensiveffekt bei Erhebung des Widerspruchs: *„In der Zeit zwischen Bekanntgabe und Anfechtung ist der Verwaltungsakt nach der Sicht des § 80 Abs. 1 VwGO wirksam und grundsätzlich vollziehbar, ohne dass es einer Anordnung der sofortigen Vollziehung nach § 80 Abs. 2 Satz 1 Nr. 4 VwGO bedarf"* (mit Hinweisen auf die Rspr.), jedoch unter Beachtung der Vorgaben des jeweiligen VwVG.
Maurer, S. 224: *„Mit der Bekanntgabe tritt die Wirksamkeit ein, die durch den Verwaltungsakt getroffene Regelung ist verbindlich"*; Erbguth, apf 2008, 106, 109. Siehe dazu auch die Ausführungen unter V. zur Frage der Bekanntgabe und Wirksamkeit eines Verwaltungsaktes.

262 BVerwGE 105, 370, 372.

263 Gewerbearchiv 1996, 291, 293.

264 Kopp/Ramsauer, Anm. 3 a zu § 43 VwVfG.

Dazu Brühl, JuS 1997, 1023:
*„Unwirksam ist nur ein nichtiger Verwaltungsakt... Das bedeutet, dass der Adressat, sofern nicht ausdrücklich eine abweichende Regelung getroffen wird (**Anm.:** z. B. theoretisch denkbar, nicht praktisch: Entziehung der Fahrerlaubnis erst ab 1 Woche nach Zustellung des Bescheides), die im Verwaltungsakt festgelegten Gebote oder Verbote ab Bekanntgabe beachten und grundsätzlich solange einhalten muss, bis der Verwaltungsakt aufgehoben (**Anm.:** § 43 Abs. 2 VwVfG oder § 113 Abs. 1 Satz 1 VwGO) oder sich erledigt hat."*

1. **Abwandlung des Sachverhalts:**
   Nunmehr hat Herr Meier begriffen, dass er am 27.5.2009 kein Kraftfahrzeug im öffentlichen Straßenverkehr führen darf. Deshalb trägt er sich mit dem Gedanken, am 25.5.2009 gegen den ihm am 18.5.2009 zugestellten Bescheid über die Entziehung der Fahrerlaubnis nach § 3 StVG Widerspruch einzulegen. Er geht davon aus, dass er nach Einlegung des Widerspruchs wieder fahren darf.
   Darf er dann am 27.5.2009 mit seinem Kraftfahrzeug nach Chemnitz fahren?

Herr Meier erhebt am 25.5.2009 Widerspruch gegen den ihn belastenden Verwaltungsakt der Entziehung der Fahrerlaubnis.
Dadurch kommt es zur sog. aufschiebenden Wirkung seines Rechtsbehelfs (Suspensiveffekt) nach § 80 Abs. 1 Satz 1 VwGO gegen den Bescheid über die Entziehung der Fahrerlaubnis. Dieser Bescheid ist durch die Erhebung des Widerspruchs/Anfechtungsklage nach wie vor gegenüber Meier wirksam, die ihn belastenden Regelungen sind jedoch gehemmt bzw. ausgesetzt. Meier muss den ihm gegenüber ausgesprochenen wirksamen belastenden Verwaltungsakt nicht beachten.
Dies hat zur Folge, dass er am 27.5.2009 trotz des ihm gegenüber bekannt gegebenen und wirksamen Bescheides über die Entziehung der Fahrerlaubnis mit seinem Kraftfahrzeug nach Chemnitz fahren kann.

2. **Abwandlung des Sachverhalts:**

   Die Fahrerlaubnisbehörde kennt die Fälle, in denen die Fahrerlaubnis nach § 3 StVG entzogen wird und der Adressat durch einfache Erhebung des Widerspruchs in den „Vorteil" der aufschiebenden Wirkung des Rechtsbehelfs käme. Die bekannt gegebene und damit wirksame Verfügung der Fahrerlaubnisbehörde (erlassen aus Gründen der Gefahrenabwehr und der Verkehrssicherheit für die anderen Verkehrsteilnehmer) liefe wg. des sog. „Suspensiveffekts" des von Meier erhobenen Rechtsbehelfs gleichsam ins Leere.
   Was kann die Fahrerlaubnisbehörde also unternehmen, um zu vermeiden, dass Meier durch einfache Erhebung des Widerspruchs (ohne dessen Begründung) bzw. Anfechtungsklage den „Vorteil" der aufschiebenden Wirkung (Suspensiveffekt) seines Widerspruchs nutzen kann?

Die Fahrerlaubnisbehörde wird nun den Verwaltungsakt „Entziehung der Fahrerlaubnis" mit der Anordnung der sofortigen Vollziehung nach § 80 Abs. 2 Satz 1 Nr. 4 VwGO verbinden (sofern die gesetzlichen Voraussetzungen vorliegen, was aber in

diesen „Gefahrenabwehrfällen" im Zusammenhang mit der Bedeutung der Verkehrssicherheit regelmäßig der Fall sein wird)[265].
Dann kann Herr Meier zwar Widerspruch/Anfechtungsklage gegen den Bescheid über die Entziehung der Fahrerlaubnis erheben, dieser hat aber keine aufschiebende Wirkung, der sog. Suspensiveffekt tritt nicht ein.

Zusammenfassende Anmerkung:

Bei den Fällen der Entziehung der Fahrerlaubnis nach § 4 StVG (sog. Punktetäter) ist die Anordnung der sofortigen Vollziehung, wie bereits angesprochen, nicht erforderlich, da gesetzliche Regelung nach § 4 Abs. 7 Satz 2 StVG! (siehe § 80 Abs. 2 Satz 1 Nr. 3 VwGO).

– Trotz Einlegung des Widerspruchs muss Herr Meier (im Falle der 2. Abwandlung des Sachverhalts) also die im Verwaltungsakt getroffenen Regelungen beachten (Entziehung der Fahrerlaubnis) und darf ab Bekanntgabe (in Form der Zustellung, § 41 Abs. 5 VwVfG) des Verwaltungsaktes kein Fahrzeug mehr im öffentlichen Straßenverkehr führen[266]. Seine geplante Fahrt mit dem Kraftfahrzeug nach Chemnitz am 27.5.2009 muss also ausfallen.
  *„Es handelt sich dabei (**Anm.:** wg. der Anordnung der sofortigen Vollziehung der Entziehung der Fahrerlaubnis) um einen sofortigen Ausschluss aus dem Straßenverkehr... der Fahrerlaubnisinhaber wird mit sofortiger Wirkung von der weiteren Teilnahme am Straßenverkehr ausgeschlossen"*[267].
– Um gegen den Nichteintritt der aufschiebenden Wirkung seines Widerspruchs (wg. der Anordnung der sofortigen Vollziehung) vorzugehen, kann er Eilanträge nach § 80 Abs. 4 bei der Ausgangs- bzw. Widerspruchsbehörde[268] oder einen Eilantrag nach § 80 Abs. 5 VwGO[269] beim Verwaltungsgericht zur Wiederherstellung der aufschiebenden Wirkung stellen.

***Anmerkung:** Siehe Kapitel R, Rechtsschutz.*

Nur bei positiver Entscheidung (aus Sicht des Antragstellers Meier, d. h. Aussetzung der sofortigen Vollziehung nach § 80 Abs. 4 VwGO oder Wiederherstellung

---

265 VG München, Beschluss v. 4.9.2020 – M 6 S 20.2228; VGH München, Beschluss v. 25.06.2020 – 11 CS 20.791, Beschluss vom 21.03.2024 – 11 CS 24.70; OVG Lüneburg, Beschluss vom 07.04.2017, 12 ME 49/17.

266 BVerfG, NJW 2003, 3618 ff., im Zusammenhang mit der Anordnung der sofortigen Vollziehung des Widerrufs einer Approbation als Apothekerin: *„Es handelt sich um ein vorläufiges Berufsverbot... bei sofortiger Vollziehung des Verwaltungsaktes werden regelmäßig vollendete Tatsachen geschaffen..."*.

267 OVG Lüneburg, NJW 2000, 685, zur Anordnung der sofortigen Vollziehung der Entziehung der Fahrerlaubnis; auch das VG Berlin (NZV 2000, 479) spricht im Zusammenhang mit der Entziehung der Fahrerlaubnis nach § 3 StVG unter Anordnung der sofortigen Vollziehung von der „sofortigen Entziehung der Fahrerlaubnis."; VGH Mannheim, Gewerbearchiv 1994, 30, zu einem Widerruf einer Gaststättenerlaubnis: *„Dieser rechtsgestaltende Verwaltungsakt bringt im Falle seiner sofortigen Vollziehung die erteilte Erlaubnis mit sofortiger Wirkung zum Erlöschen; der weitere Betrieb der Gaststätte ist unerlaubt."*.

268 Siehe dazu Weber, Der Bescheid über die Aussetzung der Vollziehung gemäß § 80 Abs. 4 VwGO", zugleich ein Beitrag zur Zuständigkeit der Widerspruchsbehörde, apf 1999, 226 ff.; und „Der Bescheid nach § 80 Abs. 4 VwGO im gewerberechtlichen Verfahren" KommJur 2006, 134 ff.

269 Siehe dazu Weber, Annaberg sieht rot (Klausur), VR 2006, 203 ff. Zur Entziehung der Fahrerlaubnis nach § 3 Abs. 1 StVG mit Anordnung der sofortigen Vollziehung: VG München, Beschluss v. 4.9.2020 – M 6 S 20.2228; VGH München, Beschluss v. 25.06.2020 – 11 CS 20.791; OVG Lüneburg, Beschluss vom 07.04.2017, 12 ME 49/17.

der aufschiebenden Wirkung nach § 80 Abs. 5 VwGO) kann er wieder von seiner Fahrerlaubnis Gebrauch machen. Allein die Antragstellung bei Gericht bringt ihn noch nicht in den für ihn günstigen Rechtszustand[270].

In der Praxis wird die Behörde, worauf der VGH München ausdrücklich hinweist, aber auf „Anregung des Gerichts" **nicht** vor der Entscheidung über den Eilantrag vollstrecken, falls Vollstreckungsmaßnahmen im Verwaltungsakt bereits festgelegt waren.

Praktischer Hinweis:

Wegen der hohen Bedeutung der Verkehrssicherheit und den irreparablen Folgen, zu denen ein von einem ungeeigneten Kraftfahrer verursachter Verkehrsunfall führen kann, wird die Fahrerlaubnisbehörde regelmäßig bei der Entziehung der Fahrerlaubnis nach § 3 StVG die sofortige Vollziehung anordnen, d. h. *„in der Masse der Fälle."*[271]

X. Zur Wirksamkeit rechtswidriger Verwaltungsakte

Siehe dazu später umfassend unter P. VI.

270 VGH München, NVwZ-RR 2002, 809.
271 OVG Hamburg, NJW 2006, 1367, mit Hinweisen auf die ständige Rspr. anderer Oberverwaltungsgerichte.

Kapitel D
Die Vollstreckung aus einem öffentlich-rechtlichen Vertrag (sog. Verwaltungsvertrag)[272]

I. Sog. Verwaltungsvertrag als Handlungsmöglichkeit der Behörde

Der öffentlich-rechtliche Vertrag ist eine ausdrücklich als behördliche Handlungsform im VwVfG (§§ 54 ff.) vorgesehene Handlungsmöglichkeit der Behörde gegenüber dem Bürger mit Außenwirkung[273]. In § 9 VwVfG wird auf diese Handlungsform der Verwaltung neben dem Verwaltungsakt ausdrücklich hingewiesen.
Inzwischen hat es sich durchgesetzt, Verträge nach den §§ 54 ff. VwVfG als sog. „Verwaltungsverträge" zu bezeichnen, da es sich um öffentlich-rechtliche Verträge handelt, die von Verwaltungsbehörden im Geltungsbereich des VwVfG abgeschlossen werden[274].

II. Beispiele aus der Rechtsprechung für öffentlich-rechtliche Verträge (Verwaltungsverträge)[275]

- Vertrag über den Bau von Lärmschutzanlagen auf dem Gemeindegebiet[276]
- Vertrag nach dem Bayerischen Naturschutzprogramm mit dem Ziel, durch bestimmte Pflegemaßnahmen und Bewirtschaftungsmodalitäten Lebensräume und Lebensgemeinschaften von Pflanzen und Tieren zu erhalten[277]
- Erschließungsvertrag der Gemeinde als Erschließungsträgerin nach § 124 BauGB (Herstellung von Straßen- und Entwässerungsanlagen)[278]
- städtebaulicher Austauschvertrag i. S. von § 56 VwVfG[279]
- Bewirtschaftungsvertrag zwischen dem Freistaat Bayern und einem Bürger betr. Wiesenrandstreifen-Programm nach Art. 14 des Bayerischen Naturschutzgesetzes[280]
- Vertrag zwischen einer Stadt und einem Unternehmen betr. das öffentliche Anschlagwesen[281]
- Ablösungsvereinbarung betr. Entwässerungs- und Wasserversorgungsbeiträge nach § 133 Abs. 3 Satz 5 BauGB[282]

---

272 Siehe dazu Weber, Entschädigung in Mittelwiesenberg, KommJur 2007, 209 ff; und „Zur Vollstreckung aus einem öffentlich-rechtlichen Vertrag", Kommunalpraxis Spezial 2008, 41.
273 Maurer, S. 370 ff.; Waechter, Der öffentlich-rechtliche Vertrag, JZ 2006, 166; Höfling/Krings, Der verwaltungsrechtliche Vertrag, JuS 2000, 625 ff.
274 BVerwG, DVBl. 2000, 1853; OVG Berlin-Brandenburg, LKV 2007, 90; Höfling/Krings, JuS 2000, 625, 627; Maurer, S. 371.
275 Siehe auch Obermayer/Funke-Kaiser, Anm. 31 zu § 54 VwVfG.
276 VGH Mannheim, NVwZ 2000, 1304.
277 VG Regensburg, NuR 2006, 402.
278 OVG Frankfurt, LKV 2004, 330, 331.
279 BVerwG, DVBl. 2000, 1853 ff.
280 VGH München, BayVBl. 2000, 595.
281 VGH Mannheim, NVwZ 1993, 903.
282 VG Braunschweig, NVwZ-RR 2001, 626, 627.

- Stellplatzablösevertrag[283]
- Vereinbarung zur Übertragung der technischen Verwaltung der Kreisstraßen des Landkreises Mansfeld-Südharz auf die Straßenbauverwaltung des Landes Sachsen-Anhalt[284]

III. Subordinationsrechtlicher Vertrag

Ausdrücklich betont werden muss, dass auch im Polizei- und Ordnungsrecht grundsätzlich Regelungen auf vertraglicher Basis getroffen werden können[285], in der Praxis jedoch selten vorkommen.
Dabei würde es sich dann um einen sog. subordinationsrechtlichen Vertrag[286] nach § 54 Satz 2 VwVfG handeln, der anstelle des Erlasses eines (belastenden) Verwaltungsaktes mit dem Bürger abgeschlossen wird[287] (Verhältnis der Über- und Unterordnung zwischen Behörde und Bürger)[288].

IV. Unterwerfungsklausel nach § 61 VwVfG

1. Aus vollstreckungsrechtlicher Sicht interessant und bedeutsam ist die Vorschrift des § 61 Abs. 1 VwVfG[289], wonach „jeder Vertragsschließende sich der sofortigen Vollstreckung aus einem öffentlich-rechtlichen Vertrag i. S. d. § 54 Satz 2 unterwerfen kann." (sog. Unterwerfungsklausel)[290].
   Diese wird ausdrücklich auch noch in § 1 Abs. 2 SächsVwVG angesprochen (siehe auch § 4 Abs. 3 Nr. 4 SächsVwVG).

283 VG München, Urteil v. 19.12.2023 – M 1 K 19.4970.

284 VG Halle, Urteil vom 2011.2018, 6 A 398/15.

285 Deger, Handlungsformen der Polizei gegen störende Ansammlungen, VBlBW 2004, 96, 98; Höfling/Krings, JuS 2000, 625, 627, mit Hinweisen auf die Rspr.; Beispiel bei Weber, Entschädigung in Mittelwiesenberg, KommJur 2007, 209 ff., mit einem Verwaltungsvertrag zur Regelung der Entschädigungspflicht nach den §§ 52 ff. SächsPolG (Entschädigung des Nichtstörers nach § 7 SächsPolG wg. einer nach § 27 SächsPolG beschlagnahmten Wohnung zur Verhinderung der Obdachlosigkeit).

286 BVerwG, DVBl. 2000, 1853 ff., Verwaltungsvertrag nach den §§ 54 ff. BayVwVfG; Höfling/Krings, JuS 2000, 625, 628; VG Braunschweig, NVwZ-RR 2001, 626, 627: Ablösungsvereinbarung betr. Entwässerungs- und Wasserversorgungsbeiträge nach § 133 Abs. 3 Satz 5 BauGB; Maurer, S. 394.

287 Grziwotz, Einführung in die Vertragsgestaltung im öffentlichen Recht, JuS 1998, 807, 810: Beim subordinationsrechtlichen Vertrag ist der Verwaltungsvertrag lediglich ein Verwaltungsaktersatz; VG Braunschweig, NVwZ-RR 2001, 626, 627: Die Gemeinde sieht infolge der vertraglichen Vereinbarung davon ab, „den Erschließungsbeitrag durch Verwaltungsakt mit einem Bescheid anzufordern.".

288 BVerwG, DVBl. 2000, 1853, 1854.

289 VG Berlin, Beschluss vom 19.4.2007, 16 A 19.07. Siehe dazu Horn, Jura 2004, 447, 448; Maurer/Waldhoff, S. 455 ff.; in Sachsen z. B. § 61 VwVfG i. V. m. 1 Abs. 2 SächsVwVG (entspr. Anwendung der Vorschriften über die Vollstreckung von Verwaltungsakten); OVG Bautzen, Beschluss vom 18.1.2018, 4 B 93/17; BVerwG, Urteil vom 3.3.2011, 3C 13.10; Füller, Die Rechtsnatur der Unterwerfungserklärung und ihre Auswirkungen, Nomos, 2022.

290 VG Braunschweig, NVwZ-RR 2001, 626, 627; Maurer, S. 416; Grziwotz, JuS 1998, 903.

*„Die Vorschriften für die Vollstreckung von Verwaltungsakten gelten entsprechend für die Vollstreckung aus öffentlich-rechtlichen Verträgen zugunsten der in Absatz 1 Nr. 1 genannten Behörden (**Anm.**: Behörden des Freistaates Sachsen und seiner Aufsicht unterstehenden Körperschaften, Anstalten und Stiftungen des öffentlichen Rechts), wenn sich der Schuldner in dem Vertrag der sofortigen Vollstreckung unterworfen hat."*

2. Dadurch wird der Verwaltungsvertrag zum Vollstreckungstitel[291] und die Behörde kann ihre Forderungen aus dem Vertrag nach § 61 Abs. 2 VwVfG vollstrecken[292].

3. § 61 VwVfG lautet wie folgt:

„(1) Jeder Vertragschließende kann sich der sofortigen Vollstreckung aus einem öffentlich-rechtlichen Vertrag im Sinne des § 54 Satz 2 unterwerfen. Die Behörde muss hierbei von dem Behördenleiter, seinem allgemeinen Vertreter oder einem Angehörigen des öffentlichen Dienstes, der die Befähigung zum Richteramt hat oder die Voraussetzungen des § 110 Satz 1 des Deutschen Richtergesetzes erfüllt, vertreten werden.
(2) Auf öffentlich-rechtliche Verträge im Sinne des Absatzes 1 Satz 1 ist das Verwaltungsvollstreckungsgesetz des Bundes entsprechend anzuwenden, wenn Vertragschließender eine Behörde im Sinne des § 1 Abs. 1 Nr. 1 ist. Will eine natürliche oder juristische Person des Privatrechts oder eine nichtrechtsfähige Vereinigung die Vollstreckung wegen einer Geldforderung betreiben, so ist § 170 Abs. 1 bis 3 der Verwaltungsgerichtsordnung entsprechend anzuwenden. Richtet sich die Vollstreckung wegen der Erzwingung einer Handlung, Duldung oder Unterlassung gegen eine Behörde im Sinne des § 1 Abs. 1 Nr. 2, so ist § 172 der Verwaltungsgerichtsordnung entsprechend anzuwenden."

4. Das bedeutet in der Praxis, dass derartige Vollstreckungen aus einem subordinationsrechtlichen Verwaltungsvertrag[293] wie Verwaltungsakte vollstreckt werden können.

5. Diese freiwillige Erklärung (des Vertragspartners der Behörde) der Vollstreckbarkeit muss, wie der Verwaltungsvertrag auch, nach § 57 VwVfG schriftlich zwischen den Parteien vereinbart, andernfalls von dem sich unterwerfenden Vertragspartner (Bürger) schriftlich oder zur Niederschrift erklärt werden[294].

291 BVerwG NJW 1996, 608, 610; VG Braunschweig, NVwZ-RR 2001, 626, 627; Maurer, S. 416.

292 VG Braunschweig, NVwZ-RR 2001, 626, 627; OVG Bautzen, Beschluss vom 18.1.2018, 4 B 93/17: „Die Verpflichtung aus dem öffentlich-rechtlichen Vertrag ist gemäß § 2, § 1 Abs. 2 SächsVwVG i. V. m. § 61 VwVfG und § 1 SächsVwVfZG sofort vollstreckbar".

293 Beispiele zu subordinationsrechtlichen Verträgen sind nachzulesen bei BVerwG NJW 1995, 1104, 1105, und NJW 1996, 608 ff. VG Weimar, Beschluss vom 7.7.1997, 3 E 1718/96.We.

294 BVerwG, NJW 1995, 1104, 1105, und 1996, 608, 610; Obermayer/Funke-Kaiser, Anm. 8 zu § 61 VwVfG; Berg, Zur Durchsetzung einer öffentlich-rechtlich vereinbarten Vertragsstrafe, JuS 1997, 888, 889.

Dazu das BVerwG, NJW 1996, 608, 610:
*„Es handelt sich dabei um eine auf die **Errichtung eines Vollstreckungstitels** gerichtete Unterwerfungserklärung des Bürgers."*

6. Unpraktisch ist es deshalb, einen subordinationsrechtlichen Vertrag nach § 54 Satz 2 VwVfG abzuschließen, darin aber keine Unterwerfungsklausel zugunsten der Behörde zu vereinbaren. Dann kann die Behörde vollstreckungsrechtlich nur wie bei einem koordinationsrechtlichen Vertrag (siehe anschließend unter 7.) vorgehen, da sie keinen Vollstreckungstitel gegenüber dem vertragsschließenden Bürger besitzt[295].

7. Dagegen kann sich die Behörde bei einem sog. koordinationsrechtlichen Vertrag nach § 54 Satz 1 VwVfG keinen Vollstreckungstitel verschaffen (weil in § 61 Abs. 1 VwVfG nicht vorgesehen), sondern muss ihre Ansprüche gerichtlich einklagen und kann dann erst im Erfolgsfall aus dem verwaltungsgerichtlichen Urteil heraus vollstrecken[296].

   Diese koordinationsrechtlichen Verträge sind i. d. R. Verwaltungsverträge, bei denen hinsichtlich des Vertragsgegenstandes keine Vertragspartei der anderen übergeordnet ist, z. B. Vereinbarung mehrerer Gemeinden über die Bildung eines Zweckverbandes oder eines Planungsverbandes nach § 205 BauGB[297].

V. Bestimmtheit der Unterwerfungsklausel

Das bereits mehrfach angesprochene Bestimmtheitsprinzip als ein tragender Grundsatz des Verwaltungsvollstreckungsrechts gilt auch im Zusammenhang mit der Unterwerfungsklausel im Verwaltungsvertrag, insbes. im Zusammenhang mit einer bestimmten Geldsumme[298].

Zur Bestimmtheit der Unterwerfungsklausel äußerte sich der BGH, BGHZ 22, 55, 58 ff.:
*„Der Anspruch aus der Urkunde muss hinreichend gekennzeichnet sein... Dafür ist sicher nicht ausreichend eine Unterwerfung unter die sofortige Zwangsvollstreckung „in Höhe der jeweiligen Einlage des Gläubigers" (**Anm.:** zivilprozessuale Unterwerfungserklärung). Auch eine in einem Vergleich übernommene Verpflichtung, die jeweils fällige Miete pünktlich zu zahlen, ist mangels Zahlenangabe, obwohl sich möglicherweise die Höhe der Miete aus dem schriftlichen Mietvertrag leicht ermitteln lässt, kein ausreichender Vollstreckungstitel."*[299]

295 VG Braunschweig, NVwZ-RR 2001, 626, 627.
296 Horn, Jura 2004, 447, 448; Obermayer/Funke-Kaiser, Anm. 7 zu § 61 VwVfG; Maurer, S. 416.
297 Grziwotz, JuS 1998, 810.
298 BGHZ 22, 55, 58; BVerwG, NJW 1996, 608, 609, zu einem subordinationsrechtlichen Vertrag.
299 BGHZ 22, 55, 58 ff.

VI. Rechtsschutz des Bürgers gegen eine Vollstreckung aus einem sofort vollstreckbaren Subordinationsrechtlichen Vertrag[300]

1. Dagegen kann sich der Bürger mittels einer Vollstreckungsgegenklage nach § 167 Abs. 1 VwGO i. V. m. § 767 ZPO und eines Antrages nach § 123 Abs. 1 VwGO (im Eilverfahren) wehren. Seine Vollstreckungsunterwerfungserklärung gegenüber der vertragsschließenden Behörde verschlechtert seine Rechtsposition, wenn man die Rechtslage beim Erlass eines gegen ihn gerichteten Verwaltungsaktes vergleicht. Denn gegen diesen haben Widerspruch bzw. Anfechtungsklage grundsätzlich aufschiebende Wirkung, und im Verwaltungsrechtsstreit trägt grundsätzlich die Behörde die Darlegungs- und Beweislast für die den Verwaltungsakt rechtfertigenden Tatsachen[301]. Zum Rechtsschutz gegen eine Vollstreckung von Zwangsgeldern wg. Verstoß gegen eine Verpflichtung aus einem öffentlich-rechtlichen Vertrag stellte das OVG Bautzen mit Beschluss vom 18.1.2018, 4 B 93/17, fest: *„Das am 3.8.2016 angerufene Verwaltungsgericht Chemnitz hat in dem angefochtenen Beschluss die begehrte Anordnung der aufschiebenden Wirkung ihres Widerspruchs abgelehnt (Anm.: Antrag nach § 80 Abs. 5 VwGO). Die dagegen erhobene Beschwerde der Antragstellerin ist nicht begründet."*

2. Übersicht zum Verwaltungsvertrag

Sog. Verwaltungsvertrag, §§ 54 ff. VwVfG	
Sog. Koordinationsrechtlicher Vertrag, § 54 Satz 1 VwVfG (nicht vollstreckbar)	Sog. Subordinationsrechtlicher Vertrag, § 54 Satz 2 VwVfG **Vollstreckbar mittels sog. Unterwerfungsklausel**

3. **Beispiel für eine „Unterwerfungsklausel" im subordinationsrechtlichen Verwaltungsvertrag nach §§ 54 Satz 2, 61 Abs. 1 VwVfG[302]:**
„§ 8: Die Antragsteller unterwerfen sich mit dem Zeitpunkt der Fälligkeit der Vertragsstrafe in Höhe der fälligen Vertragsstrafe (§ 6) sowie dem Zeitpunkt der Fälligkeit der

300 Maurer, S. 417; Obermayer/Funke-Kaiser, Anm. 13 zu § 61 VwVfG.

301 BVerwG, NJW 1996, 608, 610.

302 Nach BVerwG, NJW 1996, 608; VG Berlin, Beschluss vom 19.4.2007, 16 A 19.07; § 3. Die H. unterwirft sich hinsichtlich ihrer Verpflichtungen aus den §§ 1 und 2 dieser Vertragsanpassung der sofortigen Vollstreckung gem. § 61 VwVfG. *„Rechtsgrundlage für die Festsetzung der Ersatzvornahme sind gem. § 61 Abs. 1 S. 1 und Abs. 2 S. 1 VwVfG die §§ 6 Abs. 1, 10 und 14 VwVG i. V. m. § 5 Abs. 2 VwVfG Bln, denn die Antragstellerin hat sich hinsichtlich ihrer Verpflichtungen aus § 4 Abs. 1 des Vertrages vom Januar 2000 sowie aus § 1 Abs. 2 der Vertragsergänzung vom Februar 2004 in § 3 der Vertragsergänzung der sofortigen Vollstreckung unterworfen. Diese Unterwerfungserklärung ist auch formell wirksam, da gem. § 61 Abs. 1 S. 2 VwVfG die Behördenleiterin die Vertragsergänzung unterzeichnete."*

Verwaltungsgebühr in Höhe der fälligen Verwaltungsgebühr (§ 7) unter die sofortige Vollstreckung in ihr Vermögen. Sie haften gesamtschuldnerisch."

Anmerkung:

1. *Vertragsgegenstand war die befristete Erteilung einer zweckentfremdungsrechtlichen Leerstandsgenehmigung durch die Behörde, Mängelbeseitigung an dem Wohngebäude und dessen mängelfreie Wiederzurverfügungstellung für den allgemeinen Wohnungsmarkt durch die Eheleute A.*
2. *Es war in § 6 des Vertrages eine Vertragsstrafe in Höhe von 10.000 DM vereinbart worden.*
3. *Diese verlangte die Behörde, weil bei einer örtlichen Überprüfung festgestellt wurde, dass an dem Gebäude keine Instandsetzungs- und Modernisierungsarbeiten durchgeführt wurden und dass sich der bauliche Zustand des Gebäudes durch eindringende Feuchtigkeit – nahezu sämtliche Fensterscheiben waren zerstört – eher verschlechtert hatte.*
4. *Das BVerwG äußert sich dabei zum Zweck dieser Unterwerfungsklausel: „Die Unterwerfung unter die sofortige Vollstreckung diente lediglich der erleichterten Beitreibung der Vertragsstrafe und der Genehmigungsgebühr."*
5. *Das BVerwG hatte keine Bedenken gegen die Rechtmäßigkeit der genannten Unterwerfungsklausel. Das Gericht sah jedoch das Vertretungsgebot des § 61 Abs. 1 Satz 2 VwVfG*[303] *auf Seiten der Behörde nicht beachtet, was zur Unwirksamkeit zur Unterwerfung unter die sofortige Vollstreckung führt.*

VII. Übersicht zu den Handlungsformen der Verwaltung und ihre Bedeutung im Verwaltungsvollstreckungsverfahren

1. Die maßgeblichen Handlungsformen der Verwaltung (mit Außenwirkung gegenüber dem Bürger) sind bereits angesprochen worden:
   a) Verwaltungsakt,
   b) Öffentlich-rechtlicher Vertrag (beide auch ausdrücklich im VwVfG als Handlungsform vorgesehen,
   c) Sog. Realakt (schlicht-hoheitliches Handeln der Behörde)

2. Dabei ist zu beachten und bereits erörtert worden, dass
   - nur bestimmte Verwaltungsakte (mit Titelfunktion) einer Verwaltungsvollstreckung zugänglich sind,
   - die Verwaltungsvollstreckung aus einem Verwaltungsvertrag heraus die Ausnahme ist (§ 61 VwVfG), und
   - einem behördlichen Realakt nie eine Verwaltungsvollstreckung nachfolgen kann.

303 Die Behörde muss hierbei von dem Behördenleiter, seinem allgemeinen Vertreter oder einem Angehörigen des öffentlichen Dienstes, der die Befähigung zum Richteramt hat oder die Voraussetzungen des § 110 Satz 1 des Deutschen Richtergesetzes erfüllt, vertreten werden (ebenso der Wortlaut des § 61 Abs. 1 Satz 2 VwVfG).

<table>
<tr><th colspan="3">Übersicht zu den Handlungsformen der Verwaltung und ihrer Vollstreckbarkeit</th></tr>
<tr><th>Verwaltungsakt</th><th>Verwaltungsvertrag</th><th>Realakt
(schlicht hoheitliches Handeln der Behörde) außerhalb des VwVfG</th></tr>
<tr><td>Als Vollstreckungstitel vollstreckbar</td><td>Im subordinationsrechtlichen Vertrag mit Unterwerfungsklausel vollstreckbar</td><td>Nicht vollstreckbar</td></tr>
<tr><td colspan="2">Vollstreckungstitel</td><td></td></tr>
</table>

Kapitel E
Der Vollstreckungsschuldner

I. Begriff des Vollstreckungsschuldners

Nach § 3 Abs. 1 SächsVwVG[304] kann als Vollstreckungsschuldner in Anspruch genommen werden, wer

„1. eine Leistung aufgrund des zu vollstreckenden Verwaltungsaktes schuldet,
2. für eine Leistung, die ein anderer aufgrund des zu vollstreckenden Verwaltungsaktes schuldet, persönlich haftet oder
3. in den Fällen des § 1 Absatz 3 in der Zahlungsaufforderung nach § 17b Absatz 2 Satz 1 als zahlungspflichtig benannt ist." (Anm.: neu eingefügt durch Gesetz vom 13.12.2023, siehe Kapitel B III)

Es handelt sich dabei grundsätzlich um den Adressaten der Verwaltungsvollstreckungsmaßnahme[305].
Das ist i.d.R. auch der Adressat des, der Vollstreckung vorausgegangenen, sog. Grundverwaltungsaktes oder Vollstreckungstitels, an den sich dann die nachfolgenden Vollstreckungsmaßnahmen richten[306].
Praktisch zu sehen ist dies immer z.B. bei den Verwaltungsakten, die mit der Anordnung der sofortigen Vollziehung versehen sind und bei welchen sich dann eine Zwangsgeldandrohung anschließt[307] (Identität des Adressaten des Grundverwaltungsaktes und der sich anschließenden Verwaltungsvollstreckungsmaßnahme in Form der sog. unselbständigen Zwangsgeldandrohung).

II. Vollstreckung gegen den Rechtsnachfolger

Sie ist grundsätzlich möglich und in § 3 Abs. 3 SächsVwVG ausdrücklich geregelt[308].
Siehe dazu die Ausnahmevorschrift des § 21 SächsVwVG, Kapitel J. II.

„Gegen den Rechtsnachfolger kann die Vollstreckung eingeleitet oder fortgesetzt werden, soweit er durch den Verwaltungsakt verpflichtet wird und die Voraussetzungen der Vollstreckung für seine Person vorliegen. Ist die Vollstreckung beim Tode des Vollstreckungsschuldners bereits eingeleitet, so kann sie in den Nachlass fortgesetzt werden, auch wenn die Voraussetzungen der Vollstreckung für den Rechtsnachfolger nicht vorliegen."

---

304 OVG Bautzen, SächsVBl. 2001, 40, 41; VGH Mannheim, VRS 109/05, 468, 471 (Urteil vom 20.9.2005); siehe auch § 4 Abs. 3 Satz 1 Nr. 5 SächsVwVG im Falle eines Ersuchens um Vollstreckungshilfe, und § 24 Abs. 3 SächsVwVG im Zusammenhang mit der Ersatzvornahme. Auch in § 23 SächsVwVG (Zwangshaft) wird der Vollstreckungsschuldner ausdrücklich benannt, ebenso in § 24 a Abs. 1 Satz 2 Nr. 3 SächsVwVG.

305 Brühl, JuS 1998, 66; Horn, Jura 2004, 447, 452.

306 VGH Mannheim, VRS 109/05, 468, 471 (Urteil vom 20.9.2005), und VBlBW 2005, 386 sowie Beschluss vom 17.5.2017, 2 S 894/17; VG Göttingen, NVwZ-RR 2005, 71; OVG Bautzen, DÖV 2006, 395; Horn, Jura 2004, 452.

307 VGH München, NJW 2002, 3044, und NVwZ-RR 2005, 49; OVG Greifswald, NuR 2006, 581; VG Freiburg, VBlBW 2006, 396; VG Stuttgart, VBlBW 2002, 43.

308 Siehe dazu OVG Bautzen, DÖV 2006, 395; VGH München, NVwZ-RR 2002, 608 ff.

1. Zu beachten ist in derartigen Fällen, dass gegen den Rechtsnachfolger des Vollstreckungsschuldners kein Grundverwaltungsakt in Form des Vollstreckungstitels erging[309].

2. Verpflichtungen, die nicht auf die konkrete Person bezogen sind und ohne große Veränderung auch von einem Dritten erfüllt werden können, wirken auch gegenüber dem Rechtsnachfolger und können gegen ihn vollstreckt werden (z. B. eine bauordnungsrechtliche Beseitigungsverfügung). Siehe dazu § 58 Abs. 3 Sächsische Bauordnung bzw. § 53 HBauO, heute § 61 Abs. 5 (VGH Kassel, NVwZ-RR 2015, 270: Dinglichkeit bauaufsichtlicher Verfügungen, sog. dingliche Verwaltungsakte).
Rechtsnachfolger ist deshalb auch, wer als Inhaber der tatsächlichen Gewalt in diejenige bauordnungsrechtlich relevante Nutzung eintritt und diese fortführt, die Gegenstand einer bauordnungrechtlichen Verfügung gewesen ist.

3. Sog. höchstpersönliche Verpflichtungen hingegen können gegen einen Rechtsnachfolger nicht vollstreckt werden, weil sie individuell mit dem Adressaten des vorangegangenen Grundverwaltungsaktes verbunden waren (z. B. eine Zwangsgeldandrohung nach § 20 SächsVwVG[310]).
Gegenüber dem Rechtsnachfolger muss demnach eine erneute Zwangsgeldandrohung unter Beachtung der entspr. gesetzlichen Bestimmungen ausgesprochen werden.[311]

III. Nennung des Vollstreckungsschuldners im SächsVwVG

Der Vollstreckungsschuldner wird ausdrücklich noch in mehreren Vorschriften des SächsVwVG benannt, z. B.
- § 5 Abs. 1 (Vollstreckungsauftrag),
- § 10 Abs. 3 (Vollstreckung in Abwesenheit des Vollstreckungsschuldners),
- § 23 Abs. 1 (Anhörung des Vollstreckungsschuldners durch das Amtsgericht vor Erlass eines Haftbefehls),
- § 27 Abs. 1 (Wegnahme einer beweglichen Sache beim Vollstreckungsschuldner).

309 Siehe Horn, Jura 2004, 447, 452; Brühl, JuS 1998, 66, mit Hinweisen auf die Rspr.

310 VGH München, BayVBl. 2002, 275, 277; OVG Saarlouis, Beschluss vom 2.3.2021, 2 B 29/21: Eine Zwangsmittelandrohung als Mittel des Verwaltungszwangs ist wegen des Beugecharakters der Zwangsmittel höchstpersönlicher Natur und daher grundsätzlich nicht übergangsfähig.

311 VGH München, Beschluss vom 3.4.2023, 9 ZB 23/79: Die Notwendigkeit, eine Zwangsmittelandrohung gegen einen Rechtsnachfolger zu wiederholen, hindert die Vollstreckungsbehörde nicht daran, diesem ein Zwangsgeld in veränderter Höhe anzudrohen.

Kapitel F
Die Vollstreckungsbehörde

I. Unterscheidung zwischen Leistungsbescheiden und sonstigen Verwaltungsakten

Das SächsVwVG unterscheidet in § 4 zwischen der Zuständigkeit
- für die Vollstreckung von Leistungsbescheiden (§§ 12 ff., also behördliche Geldforderungen), z. B. auch aus Ersatzvornahme nach § 24 Abs. 3 SächsVwVG; zur Vollstreckung von Leistungsbescheiden *siehe unter Kapitel L III* und
- den sonstigen Verwaltungsakten nach den §§ 19 ff.[312]

§ 4 Abs. 1 Satz 1 SächsVwVG lautet wie folgt:

> *„(1) Vollstreckungsbehörden sind:*
> 1. *die Finanzämter für die Vollstreckung von Verwaltungsakten, die zu einer Zahlung verpflichten (Leistungsbescheide), soweit diese von einer Behörde des Freistaates Sachsen erlassen worden sind (**Anm.:** z. B. Landesdirektion),*
> 2. *für Leistungsbescheide der übrigen Behörden diese selbst (**Anm.:** damit sind im Wesentlichen kommunale Behörden gemeint, also z. B. Gemeinde oder Landkreis),*
> 3. *für sonstige Verwaltungsakte die Behörde, die die Verwaltungsakte erlassen haben,*
> 4. *die Behörden, die von anderen Behörden erlassene Verwaltungsakte im Wege der Vollstreckungshilfe vollstrecken,*
> 5. *die Behörden, die für die Zahlungsaufforderung nach § 17b Absatz 2 Satz 1 zuständig sind.* (Anm.: neu eingefügt durch Gesetz vom 13.12.2023, siehe Kapitel B III)

Für die hier besprochene Vollstreckung der sonstigen Verwaltungsakte nach den §§ 19 ff. SächsVwVG ist es demnach so, dass jede Behörde auch selbst vollstreckt (§ 4 Abs. 1 Satz 1 Nr. 3 SächsVwVG).
Eine differenzierte Zuständigkeit wie bei den Leistungsbescheiden (§ 4 Abs. 1 Satz 1 Nr. 1 und 2[313]) gibt es also bei den sonstigen Verwaltungsakten nach den §§ 19 ff. SächsVwVG nicht.
Anmerkung: Zur Vollstreckung durch die Finanzämter siehe Absatz 2 neu.

312 OVG Bautzen, JBSächsOVG 6, 143, 145.
313 OVG Bautzen, SächsVBl. 1996, 67.

II. Abgrenzung zur sog. Anordnungsbehörde

Demgegenüber spricht man von der sog. Anordnungsbehörde[314] als der Behörde, die den Grundverwaltungsakt erlassen hat (siehe z. B. § 4 Abs. 1 Satz 1 Nr. 3 SächsVwVG), welchem evtl. eine Vollstreckungsmaßnahme nachfolgt.

1. Dabei wird von der örtlichen und sachlichen Zuständigkeit der Anordnungsbehörde (siehe § 46 VwVfG) zum Erlass des sog. Grundverwaltungsaktes ausgegangen.

2. Dann besteht in den hier angesprochenen Fällen der Vollstreckung der sog. sonstigen Verwaltungsakte nach den §§ 19 ff. SächsVwVG eine Identität zwischen Anordnungs- und Vollstreckungsbehörde[315] (§ 4 Abs. 1 Satz 1 Nr. 3 SächsVwVG). Die sachlich zuständige Behörde zum Erlass des Grundverwaltungsaktes in Gestalt des Vollstreckungstitels ist auch sachlich zuständig für evtl. sich anschließende Verwaltungsvollstreckungsmaßnahmen.

3. Die im Verwaltungsverfahren sachlich zuständige Behörde (Anordnungsbehörde)
   - z. B. die Ortspolizeibehörde (§ 1 Abs. 1 Nr. 4 i.V. mit § 6 Abs. 1 SächsPBG) oder
   - die Kreispolizeibehörde § 1 Abs. 1 Nr. 3 SächsPBG) nach dem GefHundG.

   erlässt demnach den Grundverwaltungsakt und ist deshalb auch zuständig für nachfolgende Verwaltungsvollstreckungsmaßnahmen nach den §§ 19 ff. SächsVwVG als Vollstreckungsbehörde.

4. Der Sonderfall der Zuständigkeit der Anordnungsbehörde in Fällen des § 24 a SächsVwVG (Fiktion der Abgabe einer Willenserklärung) wird im Kapitel I ausdrücklich angesprochen.

III. Die Vollstreckungsbehörde

1. Vollstreckungsbehörde[316] wird dann die Behörde genannt, die zur Vollstreckung des vorher erlassenen Grundverwaltungsaktes sachlich zuständig ist[317].
   Konkret wird sie z. B. benannt in § 24 Abs. 3 SächsVwVG im Zusammenhang mit der Forderung nach der Vorauszahlung der voraussichtlichen Kosten der Ersatzvornahme vom Vollstreckungsschuldner[318].

---

314 Horn, Jura 2004, 597; konkret angesprochen z. B. in Art. 20 Nr. 1 VwZVG Bayern: Anordnungsbehörde ist die Behörde, die den zu vollstreckenden Verwaltungsakt erlassen hat; Weber, Zu den Aufgaben der Anordnungs- und Vollstreckungsbehörde nach dem VwZVG, KommJur 2021, Heft 4.

315 Horn, Jura 2004, 597; Brühl, JuS 1997, 927.

316 VG Dresden, SächsVBl. 2020, 361; VGH Mannheim, NVwZ-RR 1996, 149, 150; VG Köln, NVwZ-RR 2008, 736; OVG Weimar, LKV 1997, 370, 371, und LKV 1998, 283; VGH München, NJW 1982, 460; Brühl, JuS 1997, 927.

317 So ausdrücklich benannt in Art. 20 Nr. 2 VwZVG Bayern: Vollstreckungsbehörde ist die Behörde, die zur Vollstreckung eines Verwaltungsakts zuständig ist.

318 Ebenso in § 23 SächsVwVG im Zusammenhang mit der Zuständigkeit zur Beantragung eines Haftbefehls zur Zwangshaft nach uneinbringlichem Zwangsgeld.

Die fehlende sachliche Zuständigkeit der Vollstreckungsbehörde zur Einleitung von Vollstreckungsmaßnahmen führt zur deren Aufhebung wegen Rechtswidrigkeit[319].

2. Zur Amtshaftung in der Verwaltungsvollstreckung äußerte sich das OLG Koblenz, DVBl. 2020, 64:
„Dem Mitarbeiter der Vollstreckungsbehörde obliegt die allgemeine Rechtspflicht zu rechtmäßigem Handeln. Er hat als Amtswalter die Pflicht, bei der Wahrnehmung seiner Aufgaben die den Staat bindenden Rechtpflichten zu beachten, insbes. die Normen des Bundes- und Landesrechts... Der Mitarbeiter der Vollstreckungsbehörde hat hier jedoch die einschlägigen Normen des LVwVG Rheinland-Pfalz nicht beachtet und somit pflichtwidrig gehandelt... Die Normen des LVwVG müssen einem Mitarbeiter einer kommunalen Vollstreckungsbehörde... grundsätzlich bekannt sein. Bei Unsicherheiten in der Anwendung muss der Amtsträger versuchen, sich Klarheit zu verschaffen, etwa durch Hinzuziehung von Kommentierungen oder Rücksprache mit Vorgesetzten... Die ganz überwiegende Verantwortung liegt hier in jedem Fall bei dem zuständigen Mitarbeiter der Vollstreckungsbehörde, er hat die maßgeblichen Normen nicht beachtet...“.

IV. Vollstreckungskosten

Die Kosten der Vollstreckung trägt der Vollstreckungsschuldner, § 3 SächsVwVG. Weitere Regelungen finden sich z. B. in § 4 I 2, II, SächsVwVG sowie § 24 II (Kosten der Ersatzvornahme, siehe Kapitel J XI. 5 ff.).

319 BVerwG, BayVBl. 2007, 440: im konkreten Fall hatte die Grenzschutzdirektion ohne sachliche Zuständigkeit eine Zwangsgeldandrohung erlassen.

Kapitel G
Die Vollstreckungshilfe

I. Sonderform der Amtshilfe

Bei der Vollstreckungs- bzw. Vollzugshilfe handelt es sich um einen Unterfall der sog. Amtshilfe nach den §§ 4 ff. VwVfG[320]. Dies ergibt sich auch aus § 4 Abs. 3 SächsVwVG, wonach bei der Vollstreckungshilfe auf die Amtshilfe verwiesen wird.
Siehe dazu auch nachfolgend unter II 3.

II. Die sog. Vollstreckungshilfe[321]

§ 4 Abs. 3 SächsVwVG lautet wie folgt:
„Inländischen Behörden ist auf Ersuchen Vollstreckungshilfe zu leisten, wenn die Voraussetzungen für die Gewährung von Amtshilfe erfüllt sind. Ausländischen Behörden darf Vollstreckungshilfe nur geleistet werden, wenn dies in einer völkerrechtlichen Vereinbarung oder in einem Rechtsakt der Europäischen Gemeinschaften vorgesehen ist."

1. Sie ist konkret in § 4 Abs. 3 SächsVwVG geregelt (im Zusammenhang mit der Zuständigkeit der Vollstreckungsbehörde) und zwar als Vollstreckungshilfe (Hilfe im Verwaltungsvollstreckungsverfahren) für andere Vollstreckungsbehörden. Konkret handelt es sich dabei um inländische Behörden, denen auf Ersuchen Vollstreckungshilfe zu leisten ist (Satz 1).
   Besonderheiten gelten nach Satz 2 für ausländische Behörden.

2. Das Vollstreckungsersuchen nach Abs. 3 (also im Rahmen der Vollstreckungshilfe) muss nach § 4 Abs. 4 SächsVwVG besonderen Förmlichkeiten entsprechen, insbes. muss nach Ziffer 2 der Vollstreckungstitel nach § 2 SächsVwVG bezeichnet werden.

3. Vollstreckungshilfe für die Anordnungsbehörde/Vollstreckungsbehörde durch andere Vollstreckungsbehörden
   Vollstreckungshilfe ist oft erforderlich, weil sich die Zuständigkeit der Vollstreckungsbehörde nur auf ihren örtlichen Bereich bezieht[322], z. B. bei der Gemeinde das Gemeindegebiet, beim Landkreis das Kreisgebiet.

---

320 Brühl, JuS 1997, 928. Der VGH Mannheim (NVwZ-RR 2000, 189) spricht von einer versuchten Vollstreckung eines Geldbetrages „im Wege der Amtshilfe".

321 OVG Lüneburg, NVwZ-RR 2006, 375; Brühl, JuS 1997, 1022; auch „Vollzugshilfe" genannt; Weber, Zu den Aufgaben der Anordnungs- und Vollstreckungsbehörde nach dem VwZVG Bayern, KommJur 2021, Heft 4.

322 Horn, Jura 2004, 597; Brühl, JuS 1997, 928.
Dazu z. B. § 8 des VwVG Bund: *„Muss eine Zwangsmaßnahme außerhalb des Bezirks der Vollzugsbehörde ausgeführt werden, so hat die entspr. Bundesbehörde des Bezirks, in dem sie ausgeführt werden soll, auf Ersuchen der Vollzugsbehörde den Verwaltungszwang durchzuführen."*

a) Die Vollstreckungshilfe innerhalb Sachsen richtet sich nach § 4 SächsVwVG. Wenn z. B. die Stadt Chemnitz als Vollstreckungsbehörde es mit einem Vollstreckungsschuldner zu tun hat, der nunmehr in Dresden wohnt. Dann ergeht ein Vollstreckungsersuchen der Stadt Chemnitz an die Stadt Dresden. Die ersuchte Behörde (Stadt Dresden) geht von der Existenz eines Vollstreckungstitels aus (sei es aus Verwaltungsakt oder aus öffentlich-rechtlichem Vertrag).

b) Die Vollstreckungshilfe außerhalb Sachsens richtet sich nach den entspr. landesrechtlichen Regelungen. Wenn also der ursprüngliche Vollstreckungsschuldner der Stadt Chemnitz nunmehr in Mannheim wohnt, ergeht ein Vollstreckungsersuchen an die Stadt Mannheim. Diese vollstreckt nach den Vorschriften des Baden-Württembergischen VwVG zugunsten der Stadt Chemnitz, konkret nach dessen § 4 Abs. 3:
„Jede Behörde leistet anderen Behörden auf Ersuchen Vollstreckungshilfe. Die §§ 4 bis 8 des Landesverwaltungsverfahrensgesetzes sind anzuwenden."

Bei derartigen Ersuchen um Vornahme von Vollstreckungshandlungen durch andere Behörden handelt es sich nicht um Verwaltungsakte, sondern zwischenbehördliche Akte der Rechtshilfe ohne Außenwirkung[323].

Anmerkung: Zu den umfassenden Neuregelungen der Vollstreckungshilfe *siehe Kapitel B III.*
Siehe auch Kapitel L II.

III. Unterschied zur sog. Vollzugshilfe

Von der Vollstreckungshilfe nach dem SächsVwVG ist die sog. Vollzugshilfe nach § 37 SächsPVDG zu unterscheiden.
Sie bezieht sich auf die Hilfe des Polizeivollzugsdienstes bei Anwendung des unmittelbaren Zwangs.
Dabei gelten die Grundsätze der Amtshilfe entsprechend und die Verpflichtung zur Amtshilfe bleibt unberührt.

323 OVG Magdeburg, NVwZ-RR 2009, 410; der VGH Mannheim (NVwZ-RR 2000, 189) spricht von einer versuchten Vollstreckung eines Geldbetrages im Wege der Amtshilfe.

Kapitel H
Die unterschiedlichen Maßnahmen in der Verwaltungsvollstreckung und die Einleitung des Verwaltungsvollstreckungsverfahrens

Ausgangspunkt des Verwaltungsvollstreckungsverfahrens ist ein der Vollstreckungsbehörde (von der Anordnungsbehörde erlassener, *siehe unter F II*) vorliegender behördliche Vollstreckungstitel *(siehe unter Kapitel C)*.
Es wird nochmals darauf hingewiesen, dass als Vollstreckungstitel nur
- entweder der entsprechende sog. Grundverwaltungsakt oder
- eine Vollstreckung aus einem öffentlich-rechtlichen Vertrag (sog. Verwaltungsvertrag) nach § 61 VwVfG

in Betracht kommt.

I. Sollen Vollstreckungsmaßnahmen eingeleitet werden?

Alsdann (ein Vollstreckungstitel liegt vor) prüft die Vollsteckungsbehörde, **ob** überhaupt Verwaltungsvollstreckungsmaßnahmen gegen den Vollstreckungsschuldner eingeleitet werden sollen, sog. Entschließungsermessen.
Denn nach § 2 SächsVwVG *„können"* die entspr. Verwaltungsakte mittels Verwaltungszwang vollstreckt werden. Dieses Entschließungsermessen ist auch bei der Frage nach der Festsetzung eines Zwangsgeldes anzuwenden *(siehe nachfolgend unter 3.)*.[324]

1. Die Vollstreckungsbehörde hat demnach Ermessen bei der Frage nach dem Einsatz von Verwaltungszwang[325]. Wird diese Frage bejaht, ist zu klären, welche konkrete Verwaltungsvollstreckungsmaßnahme gegen den Vollstreckungsschuldner eingeleitet werden soll (das „**Wie**" der Vollstreckung).

2. Die Vollstreckungsbehörde prüft also
   a) das „**Ob**" der Verwaltungsvollstreckung und dann, wenn dies bejaht wurde (was regelmäßig der Fall sein wird),
   b) das „**Wie**" der Verwaltungsvollstreckung[326], also die Frage, welches der mehreren möglichen Zwangsmittel eingesetzt werden soll[327], dann immer beginnend mit der Androhung eines Zwangsmittels

---

324 OVG Bautzen, Urteil vom 18.1.2018, 3 A 646/16, siehe nachfolgend unter 3.

325 VG Mainz, Urteil vom 9.5.2019, 1 K 760/18.MZ: *„Dem Beklagten steht es grundsätzlich frei, ob er zur Durchsetzung seines Grundverwaltungsaktes, hier in Gestalt des Bescheides vom 14. Juni 2018, überhaupt Zwangsmittel androht bzw. später festsetzt"*; OVG Bautzen, JbSächsOVG 1, 292, 294, und LKV 1994, 412; VG Saarlouis, Beschluss vom 8.6.2020, 1 K 391/19; VGH Mannheim, VBlBW 2004. 226, und NVwZ-RR 2016, 557; Schoch, JuS 1995, 310; Stohrer, BayVBl. 2005, 492.

326 VGH München, NJW 1983, 460; VGH Mannheim, VBlBW 2004, 226; OVG Bautzen, NVwZ-RR 1999, 101, 102, und SächsVBl. 2004, 226.

327 OVG Magdeburg, LKV 2018, 470, 472; Kintz, S. 311; Horn, Jura 2004, 451.

*„Die Androhung trifft die wesentlichen Regelungen des Vollstreckungsverfahrens mit verbindlicher Wirkung für die weiteren Stufen der Zwangsmittelanwendung, indem sie über das **Ob und Wie** der Zwangsanwendung entscheidet."*[328]

3. Sowohl die Zwangsmittelandrohung als auch die Zwangsgeldfestsetzung sind in Schriftform bekanntzugeben (§§ 20 Abs. 1 Satz 1, 22 Abs. 2).
   Dazu äußerte sich das OVG Bautzen im Urteil vom 18.1.2018, 3 A 646/16:
   „Zu der Festsetzung eines Zwangsgelds steht der Beklagten ein Entschließungsermessen zu, welches sich insbesondere an der Festsetzungsgrenze aus § 19 Abs. 5 Satz 2 SächsVwVG zu orientieren hat. Der Senat hat es bereits in seinem Zulassungsbeschluss vom 7. September 2016 – 3 A 667/15 – als beachtlich angesehen, insoweit ein Entschließungsermessen der Beklagten im Hinblick auf die Festsetzung eines Zwangsgelds anzunehmen. Für diese Annahme spricht § 19 Abs. 5 Satz 1 SächsVwVG, wonach Zwangsmittel wiederholt und solange angewandt dürfen, bis der Verwaltungsakt vollzogen oder auf andere Weise erledigt ist. Mithin steht es in diesen Grenzen im Ermessen der Behörde, ob sie ein Zwangsmittel anwendet. Eine weitere Grenze für die Ermessensausübung stellt § 19 Abs. 5 Satz 2 SächsVwVG dar. Hiernach dürfen Zwangsmittel zur Erzwingung einer Duldung oder Unterlassung nicht mehr angewandt werden, wenn eine weitere Zuwiderhandlung nicht mehr zu befürchten ist.
   Ist eine Behörde ermächtigt, nach ihrem Ermessen zu handeln, hat sie es entsprechend dem Zweck der Ermächtigung auszuüben und die gesetzlichen Grenzen des Ermessens einzuhalten (§ 40 VwVfG). Um eine Nachprüfung der Ermessensentscheidung zu ermöglichen, soll nach § 39 Abs. 1 Satz 3 VwVfG die Begründung von Ermessensentscheidungen auch die Gesichtspunkte erkennen lassen, von denen die Behörde bei der Ausübung ihres Ermessens ausgegangen ist.
   Die Begründung der Zwangsgeldfestsetzung im Widerspruchsbescheid vom 21.10.2013 lässt keinen Spielraum für die Annahme, die Beklagte sei zumindest konkludent und in Übereinstimmung mit § 19 Abs. 5 Satz 2 SächsVwVG von einer Wiederholungsgefahr ausgegangen... Hiernach hat die Beklagte das Zwangsgeld nicht zur Beugung des Willens für die Zukunft, sondern ausschließlich als Sanktion für ein in der Vergangenheit liegendes Verhalten festgesetzt, was mit dem Wesen eines Zwangsgelds und insbesondere § 19 Abs. 5 Satz 2 SächsVwVG nicht zu vereinbaren und deshalb ermessensfehlerhaft ist."

II. Innerbehördliche Entscheidung der Vollstreckungsbehörde

Die Frage, **ob** überhaupt Verwaltungszwang eingesetzt werden soll und **wie** er im konkreten Fall auszusehen hat, ist eine innerbehördliche Entscheidung der zuständigen Vollstreckungsbehörde (ohne Außenwirkung gegenüber dem Vollstreckungsschuldner)[329]. Dieser erfährt die Entscheidung der Vollstreckungsbehörde, sobald ihm gegenüber ein konkretes Zwangsmittel angedroht wird (oft, wie

328 VGH München, NJW 1982, 460.
329 Siehe dazu OVG Weimar, LKV 1977, 379, 371.

bereits angesprochen, im Zusammenhang mit einer mit dem Grundverwaltungsakt verbundenen Zwangsmittelandrohung *(siehe nachfolgend unter Kapitel I)*.
Im Vordergrund stehen bei den entspr. Erwägungen der Vollstreckungsbehörde der Grundsatz der Verhältnismäßigkeit (§§ 2a Abs. 1 Satz 1, 19 Abs. 4 SächsVwVG) und das Übermaßverbot[330].

III. Auswahl zwischen mehreren Zwangsmitteln

Hat sich die Vollstreckungsbehörde dafür entschieden, Verwaltungszwang anzuwenden (sie hat also die Frage des „Ob" bejaht), stehen ihr nach § 19 Abs. 2 SächsVwVG mehrere Zwangsmittel zur Verfügung (das „Wie" der Verwaltungsvollstreckung, also welche Art von Zwangsmittel im konkreten Fall auszuwählen[331] ist):

1. **Zwangsgeld** nach § 22 SächsVwVG einschl. Zwangshaft nach § 23 SächsVwVG,

2. die **Ersatzvornahme** nach § 24 SächsVwVG einschl. der Fiktion der Abgabe einer Willenserklärung (§ 24 a),

3. der **unmittelbare Zwang** nach § 25 SächsVwVG einschl. Zwangsräumung und Wegnahme (§§ 26 und 27).

---

330 OVG Münster, Gewerbearchiv 1991, 31: *„Wie bei allen behördlichen Maßnahmen ist auch bei der Androhung eines Zwangsmittels der Grundsatz der Verhältnismäßigkeit im weiten Sinne zu beachten"*; OVG Hamburg, NJW 2005, 2247, 2250; VGH Mannheim, VBlBW 2004, 226; VG Stuttgart, NVwZ 1999, 323, 324; Stohrer, BayVBl. 2006, 492.

331 Sog. Auswahlermessen (OVG Bautzen, LKV 1994, 412); OVG Schleswig, NVwZ-RR 1996, 200, 201; OVG Hamburg, NJW 2005, 2247, 2250: *„Die Auswahl des Zwangsmittels der Ersatzvornahme entsprach den Anforderungen des § 15 Abs. 1 HbgVwVG, die Zwangsmittel des § 14 HbgVwVG so auszuwählen, dass sie in angemessenem Verhältnis zu ihrem Zweck stehen und den Pflichtigen nicht mehr als unvermeidbar belasten oder beeinträchtigen."* Der VGH Mannheim (NVwZ-RR 2016, 667) hat im Zusammenhang mit der Begründung einer Zwangsgeldandrohung ausgeführt: In der Begründung wird erläutert, weshalb die Verwaltungsvollstreckung eingeleitet worden ist, weshalb das Zwangsmittel des Zwangsgelds gewählt wurde und welche Erwägungen den Antragsteller bei der Bestimmung der Höhe des jeweiligen Zwangsgelds geleitet haben. Die von der Beschwerde im Zusammenhang mit dem Begründungserfordernis aufgeworfenen Fragen richten sich jeweils auf die inhaltlichen Anforderungen einer Ermessensentscheidung und deren Rechtmäßigkeit.

Es stehen der Vollstreckungsbehörde nur diese gesetzlich festgelegten Zwangsmittel zur Durchsetzung von Ordnungsverfügungen zur Verfügung, eine Anwendung anderer „Zwangsmittel" ist nicht möglich[332].

IV. Vorrang des Zwangsmittels des „Zwangsgeldes"

Dabei ist es vertretbar, einen grundsätzlichen Vorrang des Zwangsmittels „Zwangsgeld" festzustellen (§ 19 Abs. 2 Satz 1 SächsVwVG nennt bei den Zwangsmitteln auch vorab das Zwangsgeld), insbes. unter dem Gesichtspunkt der Verhältnismäßigkeit[333] von Vollstreckungsmaßnahmen (§ 19 Abs. 3, 4 SächsVwVG).

1. Denn beim Zwangsgeld erfolgt nur eine mittelbare Einwirkung auf den Vollstreckungsschuldner, der es selbst in der Hand hat, weitere Vollstreckungsmaßnahmen abzuwenden, indem er der behördlichen Festlegung nachkommt.

Zu den Vor- und Nachteilen des Zwangsmittels der Ersatzvornahme äußerte sich der VGH Mannheim, VBlBW 2004, 226, 227:
„Einerseits hat die Ersatzvornahme häufig den Nachteil, dass sie einen höheren Verwaltungsaufwand verursacht und den Pflichtigen wg. höherer Kosten i. d. R. mehr belastet, als wenn er der zugrunde liegenden Verpflichtung selbst nachkommt. Auch wird sie teilweise als schwerer Eingriff in die persönliche Freiheit des Betroffenen angesehen.
Andererseits hat die Ersatzvornahme auch für den Verpflichteten den Vorteil, dass mit ihrer Durchführung der gewünschte Erfolg tatsächlich bewirkt wird und nicht weitere Vollstreckungsmaßnahmen drohen."

Die Vollstreckungsbehörde steht also unter besonderer Begründungspflicht gegenüber dem Vollstreckungsschuldner, wenn sie ein anderes Zwangsmittel als das Zwangsgeld einsetzt, insbes. den sog. „unmittelbaren Zwang".
Denn unmittelbarer Zwang *„darf nur angewandt werden, wenn Zwangsgeld und Ersatzvornahme nicht zum Erfolg geführt haben oder deren Anwendung untunlich ist"*, § 25 Abs. 2 SächsVwVG.

332 OVG Greifswald, NVwZ 1996, 488, 490; OVG Magdeburg, LKV 2018, 470, 472; VGH Mannheim, Beschluss vom 4.8.2020, 1 S 1263/20: Mit Verfügung vom 16.07.2019 stufte die Antragstellerin „..." als Kampfhund ein. Sie untersagte der Antragstellerin die Haltung von „..." ab dem 12.09.2019, „sofern Sie uns nicht bis zu diesem Zeitpunkt den Nachweis erbracht haben, dass die Kampfhundeeigenschaft durch einen bestandenen Wesenstest widerlegt ist"... Nr. 5 der Verfügung lautet: „Zur Durchsetzung der Haltungsuntersagung drohen wir Ihnen die Beschlagnahme Ihres Hundes ‚...' an."
Zur Androhung der Beschlagnahme stellte der VGH fest: *Die Antragsgegnerin hat in Nr. 5 des angefochtenen Bescheids nicht den Anschein erweckt, eine verbindliche Rechtsfolge in diesem Sinne (Anm.: Regelung nach § 35 VwVfG) setzen zu wollen. Sie hat der Antragstellerin darin die Beschlagnahme ihres Hundes unter bestimmten Voraussetzungen angedroht. Bloße Absichtserklärungen, Ankündigungen und Androhungen eines Verwaltungsakts sind indes, wie das Verwaltungsgericht zutreffend entschieden hat, regelmäßig mangels konkreten Regelungs- und Bindungswillens der Behörde keine Verwaltungsakte. Einen über eine Ankündigung hinausgehenden Anschein hat die Antragstellerin auch im vorliegenden Fall nicht erzeugt. Das gilt umso mehr, als sich die Antragsgegnerin auch in der Begründung des Bescheids darauf beschränkt hat mitzuteilen, zu welchem Verhalten sie die Antragstellerin mit der Androhung bewegen möchte, ohne auf irgendeine Weise anzudeuten, dass mit der „Androhung" bereits Rechte der Antragstellerin unmittelbar begründet, geändert, aufgehoben, mit bindender Wirkung festgestellt oder verneint werden sollten.*

333 OVG Berlin, NVwZ-RR 1998, 412, 413; OVG Brandenburg, Gewerbearchiv 2002, 28, 29.

2. Man kann deshalb bei den Vollstreckungsmitteln „Ersatzvornahme" und „unmittelbarer Zwang" im Gegensatz zum Zwangsgeld von noch sog. *„besonderen Vollstreckungsvoraussetzungen"*[334] sprechen, die vorliegen und deshalb sorgfältig geprüft werden müssen.

Arten der Zwangsmittel, § 19 SächsVwVG		
Zwangsgeld, evtl. anschließend Zwangshaft	**Ersatzvornahme** (nur bei sog. vertretbaren Handlungen)	**Unmittelbarer Zwang**

V. Vorliegen der sog. Vollstreckungsvoraussetzungen

1. Allgemeine Vollstreckungsvoraussetzung ist der sog. Vollstreckungstitel (OVG Bautzen, Urteil vom 22.3.2023, 6 A 272/20), *siehe Kapitel C.*

2. Sodann müssen die jeweiligen besonderen Vollstreckungsvoraussetzungen vorliegen, *siehe oben IV 2*, z. B. beim Zwangsmittel der Ersatzvornahme eine sog. vertretbare Handlung.

3. OVG Bautzen, Urteil vom 22.3.2023, 6 A 272/20:
Mit Bescheid vom 26. April 2016 erließ der Beklagte gegenüber dem Kläger eine forstaufsichtliche Anordnung und forderte ihn darin auf, die Aufschüttung mit Erdmassen auf den Flurstücken F1 und F2 der Gemarkung S......... bis zum 30. September 2016 vollständig zu beseitigen (Nr. 1), widrigenfalls wurde ihm ein Zwangsgeld in Höhe von 200,00 € angedroht (Ziffer 2).
Die Klage ist hinsichtlich der in Nr. 2 des Bescheids verfügten Zwangsgeldandrohung begründet. Die Androhung ist rechtswidrig, da die allgemeinen Vollstreckungsvoraussetzungen des § 2 SächsVwVG zum maßgeblichen Beurteilungszeitpunkt der mündlichen Verhandlung vor dem Senat nicht vorliegen.
Zwangsmittel sind nach § 20 Abs. 1 Satz 1 SächsVwVG vor ihrer Anwendung von der Vollstreckungsbehörde schriftlich anzudrohen. Dem Vollstreckungsschuldner ist in der Androhung zur Erfüllung der Verpflichtung nach § 20 Abs. 1 Satz 2 SächsVwVG eine angemessene Frist zu bestimmen. Die hier verfügte Zwangsgeldandrohung ist rechtswidrig, da es zum maßgeblichen Beurteilungszeitpunkt an der von § 2 SächsVwVG vorausgesetzten Vollstreckbarkeit der forstaufsichtlichen Anordnung fehlt. Nach § 2 SächsVwVG kann ein Verwaltungsakt, der zu einer Zahlung, einer sonstigen Handlung, einer Duldung oder Unterlassung verpflichtet, vollstreckt werden, wenn er unanfechtbar geworden ist oder ein gegen ihn gerichteter Rechtsbehelf keine aufschiebende Wirkung hat.
Aus dem Zusammenspiel der Regelungen des § 20 Abs. 1 Sätze 1 und 2 SächsVwVG ergibt sich zwar, dass die Behörde Zwangsmittel bereits dann androhen darf, wenn die Grundverfügung noch nicht unanfechtbar oder sofort vollziehbar ist. In dem für die Be-

334 VGH Mannheim, VBlBW 2003, 386, 387.

urteilung der Rechtmäßigkeit der Androhung maßgeblichen Zeitpunkt müssen die in § 2 SächsVwVG genannten allgemeinen Vollstreckungsvoraussetzungen jedoch gegeben sein. Die Festsetzung und Ausführung des Zwangsmittels nach Fristablauf setzt voraus, dass spätestens zu diesem Zeitpunkt der zu vollziehende Verwaltungsakt unanfechtbar ist oder einem gegen ihn gerichteten Rechtsbehelf keine aufschiebende Wirkung zukommt. Ist dies nicht der Fall, ist nicht nur die Fristsetzung, sondern auch die Androhung aufzuheben, da die Androhung ohne Fristsetzung bei Handlungspflichten keinen Bestand haben kann.
Diese Rechtsfolge wird vermieden, wenn der Bescheid für sofort vollziehbar erklärt oder mit der Androhung eine Frist zur Erfüllung nach Eintritt der Bestandskraft gesetzt wird.

Kapitel I Sonderfall der Fiktion der Abgabe einer Willenserklärung nach § 24a i. V. m. § 19 Abs. 2 Satz 2 SächsVwVG[335]

I. Begründung aus dem Gesetzentwurf der Staatsregierung[336]

„Durch die Änderung wird eine § 894 Abs. 1 ZPO vergleichbare Regelung geschaffen, wie sie auch in den Vollstreckungsgesetzen anderer Bundesländer bereits enthalten ist[337]. Ist der Vollstreckungsschuldner durch einen vollziehbaren Verwaltungsakt rechtswirksam verpflichtet, eine bestimmte Erklärung abzugeben und kommt er dieser Verpflichtung nicht nach, müsste er ohne diese Regelung durch Zwangsmittel dazu gezwungen werden. Dies kann bei einer beharrlichen Weigerung des Vollstreckungsschuldners viel Zeit und nicht unerheblichen Verwaltungsaufwand kosten. Die Funktion tritt nur ein, wenn der Schuldner rechtlich in der Lage ist, die Erklärung abzugeben. Ergänzend wird es der Vollstreckungsbehörde ermöglicht, zur Wirksamkeit der Erklärung notwendige Genehmigungen und Eintragungen in öffentliche Bücher zu veranlassen."

II. Unanfechtbarer Verwaltungsakt

Nach § 24a Abs. 1 Satz 1 SächsVwVG gilt die Erklärung (wenn jemand durch einen Verwaltungsakt verpflichtet ist, eine bestimmte Erklärung abzugeben) als abgegeben, sobald der Verwaltungsakt unanfechtbar (siehe § 2 Nr. 1 SächsVwVG, Vollstreckungstitel) geworden ist.

Anmerkung: *Ein Vollstreckungstitel nach § 2 Nr. 2 SächsVwVG genügt nicht!*

III. Gesetzliche Voraussetzungen

Voraussetzung nach § 24a Abs. 1 Satz 2 SächsVwVG ist, dass
- der Inhalt der Erklärung in dem Verwaltungsakt festgelegt ist,
- der Vollstreckungsschuldner in dem Verwaltungsakt auf die Bestimmung des Satzes 1 hingewiesen worden ist, und
- er im Zeitpunkt des Eintritts der Unanfechtbarkeit des Verwaltungsaktes die Erklärung rechtswirksam abgeben kann.

Die genannten Voraussetzungen des Satz 2 müssen demnach kumulativ vorliegen.

IV. Mitteilung der Anordnungsbehörde

Nach § 24a Abs. 2 SächsVwVG teilt die Behörde, die den Verwaltungsakt erlassen hat *(siehe auch § 4 Abs. 1 3 SächsVwVG und die Erörterungen unter F, Vollstreckungsbehör-*

335 Siehe dazu Linke, NVwZ 2005, 535.
336 LT-Drs. 3/6938, S. 12; § 24a SächsVwVG eingefügt durch Gesetz vom 5.6.2003, GVBl. 2003, 131 ff.
337 Z. B. in Hamburg, § 20 des VwVG und § 33 VwVG Brandenburg.

de), den Beteiligten mit, in welchem Zeitpunkt dieser Verwaltungsakt unanfechtbar geworden ist. Sie ist berechtigt, die zur Wirksamkeit der Erklärung erforderlichen Genehmigungen und Zustimmungen einzuholen und Anträge auf Eintragung in öffentliche Bücher und Register zu stellen. Bedarf die Behörde dazu einer Urkunde, die dem Betroffenen auf Antrag von einer anderen Behörde oder einem Notar zu erteilen ist, so kann sie die Erteilung anstelle des Betroffenen verlangen.
Zuständig ist hier demnach die Behörde, die den Verwaltungsakt erlassen hat *(sog. Anordnungsbehörde, siehe Kapitel F, Vollstreckungsbehörde)*, und nicht, wie im Verwaltungsvollstreckungsverfahren üblich, die Vollstreckungsbehörde.

Fiktion der Abgabe einer Willenserklärung nach § 24a SächsVwVG bei einem unanfechtbaren Verwaltungsakt		
1. Der Inhalt der Erklärung ist in dem Verwaltungsakt festgelegt,	2. der Vollstreckungsschuldner ist auf die Bestimmung des Satzes 1 hingewiesen worden, und	3. der Vollstreckungsschuldner kann im Zeitpunkt der Unanfechtbarkeit des Verwaltungsaktes die Erklärung rechtswirksam abgeben

V. Beispiel aus der Rechtsprechung[338]

Unanfechtbarer Gewerbeuntersagungsbescheid u. a. mit folgender Regelung:
„Ihnen wird aufgegeben, den Telefonanschluss A., der mit B-Reitsport im amtlichen Fernmeldebuch eingetragen ist, beim zuständigen Fernmeldeamt abzumelden, ferner werden Sie verpflichtet, zu dem Antrag bei dem Fernmeldeamt die Bezeichnung „Bautechnik" beim Telefonanschluss streichen zu lassen".

338 VGH München, NJW 1982, 2275.

Kapitel J
Die Androhung der Verwaltungsvollstreckungsmaßnahme

I. Androhung eines Zwangsmittels als Beginn des Verwaltungsvollstreckungsverfahrens

Hat sich die Vollstreckungsbehörde entschieden, Vollstreckungsmaßnahmen einzuleiten, *siehe vorher im Kapitel H*, dann beginnt das Verwaltungsvollstreckungsverfahren mit der Androhung eines bestimmten Zwangsmittels[339].
Diese Androhung hat eine erste Warnfunktion gegenüber dem Vollstreckungsschuldner[340]. Ihm ist der Sachverhalt, von welchem das Verwaltungsvollstreckungsverfahren ausgeht, nicht unbekannt, da er bereits Kenntnis von dem der Androhung vorausgegangenen Grundverwaltungsakt hat.

II. Grundsätzliche schriftliche Androhung ohne vorherige Anhörung des Vollstreckungsschuldners

Nach § 20 Abs. 1 SächsVwVG sind alle Zwangsmittel grundsätzlich vorher schriftlich[341] anzudrohen.

1. Ausnahmen sind möglich nach § 21 SächsVwVG in unaufschiebbaren Fällen[342] (Vollstreckung bei Gefahr im Verzug).
   Typische Fälle des Verzichts auf eine Androhung z. B. im Rahmen einer Ersatzvornahme sind die sog. Abschleppfälle (Abschleppen verbotwidrig abgestellter Kraftfahrzeuge), *dazu später mehr im Kapitel M.*

§ 21 SächsVwVG lautet wie folgt:
„Von § 3 Abs. 3, §§ 5, 8, 9 und 20 Abs. 1 kann abgewichen werden, soweit dies zur Verhinderung einer unmittelbar bevorstehenden Störung der öffentlichen Sicherheit oder zur Beseitigung einer bereits eingetretenen Störung erforderlich ist."

339 OVG Bautzen, SächsVBl. 2008, 298; Kintz, S. 309 ff.; Horn, Jura 2004, 597.

340 OVG Bautzen, JbSächsOVG 2, 240, 241; VGH Mannheim, NVwZ-RR 2006, 219, und VBlBW 2005, 386, 387; Allesch, Zur Fehlerfolge bei Zustellungsmängeln im Falle der Vollstreckung nach dem VwZVG; BayVBl. 1991, 653, 654, Brühl, JuS 1997, 929.

341 VGH München, NuR 2006, 383; BVerwG, Beschluss vom 22.2.2022, 4 A 8/21.

342 OVG Bautzen, SächsVBl. 1996, 67, 68 und Urteil vom 22.3.2009, 3 B 891/06. Urteil vom 13.3.2015, 1A 672/13: „§ 21 SächsVwVG, der zur Verhinderung einer unmittelbar bevorstehenden Störung der öffentlichen Sicherheit oder zur Beseitigung einer bereits eingetretenen Störung eine Abweichung von § 3 Abs. 3, §§ 5, 8, 9 und 20 Abs. 1 SächsVwVG – und damit in bestimmten Fällen auch den Verzicht auf die vorherige Androhung von Zwangsmitteln beim behördlichen Einschreiten wegen der Baufälligkeit eines Gebäudes zulässt, ist nicht anwendbar, weil die Beklagte eine solche Vollstreckungsmaßnahme dem Kläger gegenüber nicht erlassen hat"; OVG Saarlouis, Beschluss vom 21.2.2024, 2 A 1/23.

§ 3 Abs. 3	**§ 5**	**§ 8**	**§ 9**	**§ 20 Abs. 1**
Vollstreckung gegen den Rechtsnachfolger	Vollstreckungsauftrag	Zuziehung von Zeugen	Vollstreckung zur Nachtzeit und an Sonn- und Feiertagen	Schriftliche Androhung mit Setzung einer angemessenen Frist bei Handlungspflicht

2. Eine vorherige Anhörung des Vollstreckungsschuldners (vor Erlass der schriftlichen Androhung) ist nach § 28 Abs. 2 Satz 5 SächsVwVG nicht erforderlich[343].

III. Androhung als 1. Stufe des Verwaltungsvollstreckungsverfahrens

Die Androhung eines Vollstreckungsmittels ist die 1. Stufe des Verwaltungsvollstreckungsverfahrens (nach vorhandenem Vollstreckungstitel) und Grundlage für alle weiteren evtl. Vollstreckungsmaßnahmen.
Diese Androhung hat selbst Verwaltungsaktqualität[344], denn sie ist unabdingbare Voraussetzung für weitere sich an die Androhung evtl. anschließende Verwaltungsvollstreckungsmaßnahmen[345].
Zur Androhung gegen einen Rechtsnachfolger *siehe Kapitel E II.*

343 Diese Regelung zeigt, dass das Verwaltungsvollstreckungsverfahren ein Verwaltungsverfahren nach den §§ 9 ff. VwVfG ist. *Siehe dazu die Erörterungen im Kapitel B. VI.*

344 BVerwG, NJW 1956, 1652, 1653; VGH München, NJW 1983, 460; VGH Kassel, NVwZ-RR 1996, 361; OVG Weimar, LKV 1997, 370, 371; Brühl, JuS 1997, 932.

345 OVG Lüneburg, Beschluss vom 2.2.2015,4 LA 245/13:
„Die Entscheidung darüber, welches der Zwangsmittel des § 65 Abs. 1 Nds. SOG das mildeste Mittel darstellt, erfolgt bereits bei der Androhung des Zwangsmittels, die sich nach § 70 Abs. 3 Satz 1 Nds. SOG auf ein bestimmtes Zwangsmittel beziehen muss, da nur das angedrohte Zwangsmittel zur Durchsetzung des Grundverwaltungsakts festgesetzt werden darf. Da der Beklagte von den nach § 65 Abs. 1 Nds. SOG in Betracht kommenden Zwangsmitteln das des Zwangsgeldes angedroht hat und diese Androhung bestandskräftig geworden ist, kann der Kläger folglich nicht mehr mit Erfolg geltend machen, das festgesetzte Zwangsmittel sei nicht das mildeste Mittel und somit nicht erforderlich. Entsprechendes gilt für den weiteren Einwand des Klägers, das festgesetzte Zwangsgeld verstoße auch gegen den Grundsatz der Verhältnismäßigkeit im engeren Sinne."

Zum Grundsatz der Verhältnismäßigkeit[346] bei der Androhung äußert sich das OVG Münster, Gewerbearchiv 1991, 31:
„Die Androhung muss
1. *geeignet sein, den angestrebten Zweck oder Erfolg zu fördern bzw. zu verwirklichen,*
2. *in dem Sinne erforderlich sein, dass ein weniger beeinträchtigendes Mittel nicht zur Verfügung steht, **und***
3. *sie darf nicht außer Verhältnis zu den mit ihr verbundenen Beeinträchtigungen stehen."*

IV. Androhung als sog. akzessorischer Verwaltungsakt

Da diese Androhung eines Zwangsmittels auf dem vorangegangen Grundverwaltungsakt i. S. d. Vollstreckungstitels aufbaut, wird der Verwaltungsakt der Androhung eines Zwangsmittels auch als „abhängiger" bzw. „akzessorischer" Verwaltungsakt[347] bezeichnet (ohne vorangegangenen Grundverwaltungsakt in Gestalt eines Vollstreckungstitels ist die Androhung eines Zwangsmittels nicht möglich). Trotzdem ist der Verwaltungsakt der Androhung aber ein „rechtlich selbständiger" Verwaltungsakt, wie auch die Rechtsform der sog. „isolierten" Androhung zeigt[348]. Außerdem kann die Androhung unabhängig von dem vorausgegangenen Grundverwaltungsakt selbständig angefochten werden.
Siehe dazu später im Kapitel R. III, Rechtsschutz im Verwaltungsvollstreckungsverfahren.

V. Beachtung des Bestimmtheitsprinzips[349]

In der Androhung muss nach § 20 Abs. 3 Satz 1 SächsVwVG ein bestimmtes Zwangsmittel[350] angedroht werden (also entweder Zwangsgeld, Ersatzvornahme oder unmittelbarer Zwang, § 19 Abs. 2 SächsVwVG). Eine Androhung mehrerer Zwangsmittel gleichzeitig darf nach § 20 Abs. 3 Satz 2 SächsVwVG vorgenommen werden.

Zum Bestimmtheitsprinzip im Verwaltungsvollstreckungsverfahren äußerte sich der VGH Mannheim, NVwZ-RR 1996, 612[351]:
Dabei ging es um die Nichtbeachtung von Auflagen im Zusammenhang mit der Außenbewirtschaftung einer Gaststätte. Die Behörde erteilte Herrn Huber eine Erlaubnis zur

346 Siehe auch OVG Berlin, NVwZ-RR 1998, 412, 413, und VGH Kassel, NVwZ-RR 2008, 762, 764. Bei den Äußerungen des OVG Münster kann man eine Übereinstimmung mit den Regelungen der §§ 5 SächsPVDG und 13 SächsPBG feststellen.

347 VGH München, NJW 1982, 460; OVG Saarlouis, DÖV 2003, 167, 168; OVG Lüneburg, Urteil vom 31.1.2024, 11 LC 224/20.

348 VGH München, NJW 1982, 460; VG Regensburg, Urteil vom 9.6.2011, RO 5 K 09.2282; ; siehe nachfolgend unter VII 4.

349 OVG Sachsen, Beschluss vom 10.9.2018, 3 B 174/18; VG Regensburg, Urteil vom 9.6.2011, RO 5 K 09.2282; VGH München, Beschluss v. 23.08.2021 – 10 C 21.1944; BVerwG, Beschluss vom 22.2.2022, 4 A 8/21; Thomas Weber, DVBl. 2012, 1130

350 OVG Weimar, LKV 1998, 283, 284; Brühl, JuS 1997, 930.

351 Siehe dazu Weber, VR 2004, 181, 187 ff., und „Plauener Nebenbestimmungen" (Klausur), JA 2009, 215 ff.; zur Beachtung Bestimmtheitsprinzip nach § 37 Abs. 1 VwVfG beim Erlass des Grundverwaltungsaktes *siehe vor unter C. VI.*

Benutzung einer „Terrasse" auf dem Gehweg nach straßenverkehrsrechtlichen Bestimmungen einschl. Lageplan.
Unter Anordnung der sofortigen Vollziehung des Bescheides (Aufstellen von Tischen, Stühlen und Pflanzkübeln) erging gegen Huber gleichzeitig eine Zwangsgeldandrohung in Höhe von 5.000 DM für den Fall, dass die nachfolgend aufgeführten Bedingungen/Auflagen (insgesamt 20 Einzelpositionen) nicht eingehalten werden:
1. *Der beigefügte Lageplan ist Bestandteil der Genehmigung.*
2. *Es ist untersagt, eine planwidrige Aufstellung der Außenbestuhlung vorzunehmen.*
3. *Die Einrichtung von Bauten oder Bauteilen jeder Art, die mit dem Boden fest verbunden sind, ist nicht gestattet.*

…

8. *Für die Sondernutzung hat der Erlaubnisnehmer eine Sondernutzungsgebühr zu entrichten.*
9. *Diese Genehmigung wird vorbehaltlich der erteilten Erweiterung der Schankerlaubnis erteilt.*

2 Jahre nach Erlass des Bescheides stellt die Behörde fest, dass u. a. die Außenbewirtschaftung auf einer größeren Fläche als genehmigt durchgeführt wurde und eine mit dem Erdboden fest verbundene Umzäunung vorhanden war.
Die Behörde wies Herrn Huber auf die Abweichungen zur erteilten Genehmigung hin und stellte anschließend fest, dass Herr Huber nicht tätig wurde.
Daraufhin erließ die Behörde einen Zwangsgeldfestsetzungsbescheid[352] über 5.000 DM, den Herr Huber mit Rechtsmitteln angriff, sodass der VGH über die Rechtmäßigkeit des Verwaltungsvollstreckungsverfahrens zu entscheiden hatte:
„Die Höhe des pauschal angedrohten Zwangsgeldes einerseits und die Vielzahl sowie Unterschiedlichkeit der „Auflagen/Bedingungen" andererseits schließen eine bestimmte oder auch nur bestimmbare Zuordnung des Zwangsgeldes zu einzelnen Handlungs-, Duldungs- oder Unterlassungspflichten aus. Der Adressat des Genehmigungsbescheides und mögliche Vollstreckungsschuldner kann danach nicht wissen, für welche Handlung oder welches Unterlassen ihm ein Zwangsgeld in welcher Höhe droht. Dies wird dem strikten gesetzlichen Gebot zur Androhung des Zwangsgeldes in bestimmter Höhe nach § 30 LVwVG[353] nicht gerecht …
*Als Androhung für jeden einzelnen Fall der Zuwiderhandlung gegen eine der Auflagen oder Bedingungen kann sie schon wg. der absoluten Höhe des angedrohten Zwangsgeldes nicht verstanden werden. Gerade hinsichtlich einzelner der Gestaltungsauflagen betr. die Pflanzkübel auf der Terrasse wäre ein Zwangsgeld in Höhe von 5.000 DM unverhältnismäßig … Bei anderen „Auflagen/Bedingungen" ist ohnehin unklar, ob sie überhaupt mit einem Zwangsgeld bewehrt werden können (**Anm.:** siehe z. B. Nr. 1 und 9)… die Zwangsgeldtauglichkeit einzelner „Auflagen/Bedingungen" ist zweifelhaft …:"*

352 Schriftliche Festsetzung des vorher angedrohten Zwangsgeldes nach baden-württembergischem VwVG, ebenso in Sachsen; erst danach kann es zur 3. Stufe der Vollstreckung in Form der Beitreibung kommen.
353 § 20 Abs. 4 SächsVwVG.

Beschluss des OVG Lüneburg vom 17.4.2023, 14 ME 20/23:

Ist ein Verwaltungsakt wegen inhaltlicher Unbestimmtheit nicht vollstreckungsfähig, schließt dieser Mangel Maßnahmen in der Verwaltungsvollstreckung aus. Auch ein - bestandskräftiger oder sofort vollziehbarer - wirksamer, aber inhaltlich unbestimmter Verwaltungsakt ist nicht vollstreckungsfähig. Insoweit erfährt der tragende Grundsatz des Verwaltungsvollstreckungsrechts, dass es für die Beurteilung der Rechtmäßigkeit einer Vollstreckungsmaßnahme auf die Rechtmäßigkeit einer Grundverfügung nicht ankommt eine Ausnahme.
Anmerkung: *Siehe dazu Kapitel P VI.*

VI. Fristbestimmung bei der Androhung

1. Nach § 20 Abs. 1 Satz 2 SächsVwVG *„ist dem Vollstreckungsschuldner in der Androhung zur Erfüllung der Verpflichtung eines angemessene Frist zu bestimmen."* [354]
Nach § 20 Abs. 1 Satz 3 SächsVwVG *„braucht eine Frist nicht bestimmt zu werden, wenn eine Duldung oder Unterlassung erzwungen werden soll." (siehe § 19 Abs. 1 SächsVwVG)*

2. Fristbestimmungen werden demnach immer bei Handlungspflichten gesetzt (als Ausdruck des Prinzips der Verhältnismäßigkeit[355]), typisch z. B. bei der Pflicht zur Rückgabe des Führerscheins im Zusammenhang mit der Entziehung der Fahrerlaubnis[356], aber evtl. auch bei Unterlassungen, *siehe anschließend unter 5.*

3. Diese Fristsetzung unterliegt auch dem Bestimmtheitsprinzip. So ist eine Verpflichtung zu *„unverzüglichem Handeln"* zu unbestimmt.[357] Das Gericht fordert deshalb eine *„kalendermäßig eindeutige Frist"*, also z. B. innerhalb 1 Woche nach Zustellung.[358]

4. Bei Gefahr im Verzug kann von der Vorschrift des § 20 Abs. 1 abgewichen werden (§ 21 SächsVwVG), *siehe oben unter II.*

5. Bei dieser Fristsetzung handelt es sich um die Einräumung einer sog. Zwangsvollstreckungsabwendungsfrist[359].

---

354 VGH Mannheim, VRS 109/05, 468, 472 (Urteil vom 20.9.2005); OVG Saarlouis, NVwZ-RR 2018, 595, 597; VG Gießen, Beschluss vom 14.3.2013, 8 L 286/13.GI; Brühl, JuS 1997, 929; Thomas Weber, DVBl. 2012, 1130, 1131.

355 OVG Bautzen, Urteil vom 22.3.2023, 6 A 272/20: Beseitigung von Aufschüttungen, fehlende Frist bei der Zwangsgeldandrohung.

356 Siehe dazu Weber, Zur Rückgabe des Führerscheins bei Entziehung der Fahrerlaubnis durch die Fahrerlaubnisbehörde, SVR 2009, 121 ff., mit zahlreichen Beispielen aus der Rspr.; VGH Kassel, Gewerbearchiv 1996, 291, 293: 2-Wochen-Frist zur Einstellung des Gaststättenbetriebes; VG Magdeburg, Beschluss vom 3.6.2020, 4 B 177/20: Frist von zwei Wochen für die Aushändigung von Schlüsseln.

357 OVG Greifswald, NVwZ-RR 1997, 762; VG Stuttgart, Beschluss vom 13.11.2020, 4 K 5144/20.

358 BVerwG, NVwZ 2014, 889: Zwangsgeldandrohung, falls der Vollstreckungsschuldner der Verpflichtung aus dem behördlichen Bescheid nicht innerhalb von 2 Wochen ab Bekanntgabe des Bescheides nachkommt.

359 VGH Kassel, Gewerbearchiv 1996, 291, 293; Weber, Gewerbearchiv 2023, 98.

Im konkreten Fall war der Widerruf einer Gaststättenerlaubnis und Untersagung des weiteren Betriebs der Gaststätte (Schließungsanordnung) erfolgt mit Anordnung der sofortigen Vollziehung und Aufforderung zur Schließung des Betriebes bis zum 16.8.1994, also 2 Wochen nach der Zustellung des Bescheides, verbunden mit der Androhung der zwangsweisen Schließung für den Fall, dass der Vollstreckungsschuldner den Betrieb nicht bis zum genannten Zeitpunkt schließt:

Dazu stellte der VGH Kassel fest:
„Es ist abzugrenzen
- *von der gewerberechtlichen Untersagungsverfügung mit konstitutiver Wirkung einerseits*
- *und andererseits von einer zwangsweisen Schließung der Betriebsräume im Rahmen der Verwaltungsvollstreckung…*

Die Gaststätte hatte der Adressat des Bescheides aber aufgrund des für sich geltenden Verbots der Weiterführung seines Betriebes bereits ab dem Zeitpunkt der ordnungsgemäßen Zustellung geschlossen zu halten (Betriebseinstellungsanordnung, in welcher die 2-Wochen-Frist enthalten war).
Die genannte Frist ist aber ausdrücklich in die Zwangsmittelandrohung aufgenommen worden, sodass die in der Grundverfügung enthaltene Aufforderung, den Betrieb bis zum 16.8.1994 zuschließen, als Einräumung einer Zwangsvollstreckungsabwendungsfrist zu bewerten ist, innerhalb der der Vollstreckungsschuldner die mit der Betriebseinstellung verbundenen notwendigen Tätigkeiten abwickeln kann.
Der Deutlichkeit halber hätte die Behörde diese Frist aber ausschließlich in die Zwangsmittelandrohung einbeziehen sollen, wo sie der Sache nach hingehört."
Damit wäre die Unklarheit zur Frage der Wirksamkeit des Bescheides nicht entstanden, nämlich Eintritt der äußeren und inneren Wirksamkeit zum Zeitpunkt der Zustellung.

VII. Verbindung der Androhung mit dem vorausgegangenen Grundverwaltungsakt[360]

Nach § 20 Abs. 2 SächsVwVG
*„**kann** die Androhung mit dem Verwaltungsakt verbunden werden, der vollstreckt werden soll".*

Neu Abs. 2 Satz 2:
Sie soll mit ihm verbunden werden, wenn Rechtsbehelfen keine aufschiebende Wirkung zukommt (Anmerkung: siehe § 2 Nr 2 VwVG).

1. Der Regelfall, weil er die Effektivität des Verwaltungsvollstreckungsverfahrens gewährleistet[361], ist diese Verbindung der Androhung mit dem vorangegangenen Grundverwaltungsakt in Form eines Vollstreckungstitel (§ 2 SächsVwVG). Siehe

360 Siehe dazu VGH München, NJW 1983, 460, und OVG Bautzen, SächsVBl. 2008, 298; VG Stuttgart, NJW 2006, 1017; OVG Saarlouis, Beschluss vom 2.5.2014, 2 B 225/14.

361 VGH München, NJW 1983, 460. Die Effektivität der Vollstreckung zeigt sich insbes. in den Fällen der Anordnung der sofortigen Vollziehung des Verwaltungsaktes, sofern die gesetzlichen Voraussetzungen der Anordnung der sofortigen Vollziehung vorliegen.

dazu jetzt § 20 II 2: Sie soll mit ihm verbunden werden, wenn Rechtsbehelfen keine aufschiebende Wirkung zukommt (Anm.: § 80 II VwGO).

2. Man kann dem Gesetzeswortlaut aber auch entnehmen, dass eine Androhung mit dem Grundverwaltungsakt verbunden werden könnte, ohne dass die sog. allgemeinen Vollstreckungsvoraussetzungen des § 2 SächsVwVG vorliegen[362].

Das wäre dann aber der Einsatz einer Verwaltungsvollstreckungsmaßnahme (Androhung) ohne dass ein Vollstreckungstitel vorliegt!

a) Dabei ist zu beachten, dass es sich bei der Androhung eines Zwangsmittels bereits um eine Verwaltungsvollstreckungsmaßnahme nach § 11 SächsVwVG handelt[363] *(siehe Kapitel B V)*.
b) In der Praxis ist davon Abstand zu nehmen, eine Zwangsmittelandrohung auszusprechen, ohne dass ein Grundverwaltungsakt in Form eines Vollstreckungstitels vorliegt. Androhungen im Zusammenhang mit dem vorangegangenen Grundverwaltungsakt dürfen erst nach Vorliegen des sog. Vollstreckungstitels festgelegt werden, da der Vollstreckungstitel nach § 2 SächsVwVG eine *„allgemeine Vollstreckungsvoraussetzung"* ist.
c) Typischerweise kommen Vollstreckungsmaßnahmen auch nur in Betracht, wenn Fälle des § 80 Abs. 2 VwGO vorliegen (Wegfall der aufschiebenden Wirkung des Rechtsbehelfs gegenüber dem Grundverwaltungsakt), also sog. „eilige" Maßnahmen (die keinen Aufschub dulden, oft auch „Gefahr im Verzug") insbes. auch in Fällen der Gefahrenabwehr, die der schnellen Vollstreckung bedürfen[364].

3. Liegt zum Zeitpunkt des Erlasses des belastenden Grundverwaltungsaktes noch kein Vollstreckungstitel nach § 2 SächsVwVG vor (insbes. weil kein Fall des § 80 Abs. 2 VwGO gegeben ist, da der Verwaltungsakt noch angefochten werden kann, § 2 Nr. 1 SächsVwVG), ist auch eine Eilbedürftigkeit für eine Vollstreckung nicht gegeben.
Dann kann man immer noch eine spätere Androhung, falls überhaupt erforderlich, aussprechen (also nach Unanfechtbarkeit des Grundverwaltungsaktes); siehe anschließend die Ausführungen zur sog. isolierten Androhung.

362 Zu diesem Problem siehe auch Weber, Fälle zum Verwaltungsvollstreckungsrecht, VR 2004, 181, 184 ff.; Aktuell jetzt OVG Bautzen, Urteil vom 22.3.2023, 6 A 272/20.
363 VGH München, BayVBl. 2002, 275 ff.
364 Abrissverfügungen, Betriebsuntersagungen usw.; in der Praxis Gefahrenabwehrmaßnahmen mit Anordnung der sofortigen Vollziehung nach § 80 Abs. 2 Satz 1 Nr. 4 VwGO.

4. **Das OVG Bautzen befasste sich mit Urteil vom 22.3.2023, 6 A 272/20, u. a. mit dem Problem einer Zwangsgeldandrohung, obwohl ein Vollstreckungstitel nicht vorlag;**
Mit Bescheid vom 26. April 2016 erließ der Beklagte gegenüber dem Kläger eine forstaufsichtliche Anordnung und forderte ihn darin auf, die Aufschüttung mit Erdmassen auf den Flurstücken F1 und F2 der Gemarkung S......... bis zum 30. September 2016 vollständig zu beseitigen (Nr. 1), widrigenfalls wurde ihm ein Zwangsgeld in Höhe von 200,00 € angedroht (Ziffer 2).
Der Beklagte wies den Widerspruch des Klägers mit Widerspruchsbescheid vom 25. Oktober 2016 zurück. Der Kläger hat am 18. November 2016 Klage erhoben.
*...In dem für die Beurteilung der Rechtmäßigkeit der Androhung maßgeblichen Zeitpunkt (mündliche Verhandlung vor dem OVG) müssen die in **§ 2 SächsVwVG genannten allgemeinen Vollstreckungsvoraussetzungen** jedoch gegeben sein. Die Festsetzung und Ausführung des Zwangsmittels nach Fristablauf setzt voraus, dass spätestens zu diesem Zeitpunkt der zu vollziehende Verwaltungsakt unanfechtbar ist oder einem gegen ihn gerichteten Rechtsbehelf keine aufschiebende Wirkung zukommt (vgl. zum dortigen Landesrecht: OVG Schl.-H., Urt. v. 4. Juni 1991). Ist dies nicht der Fall, ist nicht nur die Fristsetzung, sondern auch die Androhung aufzuheben, da die Androhung ohne Fristsetzung bei Handlungspflichten keinen Bestand haben kann.*
Diese Rechtsfolge wird vermieden, wenn der Bescheid für sofort vollziehbar erklärt oder mit der Androhung eine Frist zur Erfüllung nach Eintritt der Bestandskraft gesetzt wird.
Anmerkung: *Siehe dazu auch unter R I 3, maßgeblicher Beurteilungszeitpunkt für die Rechtmäßigkeit des Verwaltungsaktes (Vollstreckungstitel) und nachfolgender Vollstreckungen.*

5. Von einer sog. **„isolierten" Androhung**[365] wird gesprochen, wenn die Androhung nicht mit dem der Vollstreckung vorangegangenen Grundverwaltungsakt verbunden ist, sondern später erfolgt. Insbesondere sind damit Androhungen nach Unanfechtbarkeit des vorangegangenen Grundverwaltungsaktes (siehe § 2 Nr. 1 SächsVwVG) gemeint[366].
   a) Meistens handelt es sich dabei um den Erlass eines begünstigenden Verwaltungsaktes (Erlaubnis, Genehmigung) mit für den Adressaten belastenden Auflagen, die, wie die Behörde später feststellt, nicht befolgt wurden[367] *(siehe dazu später der Musterbescheid einer isolierten Zwangsgeldandrohung unter X).*

365 BayVerfGH, BayVBl. 2007, 306, 307 und BayVBl. 2017, 747; VG Regensburg, Urteil vom 9.6.2011, RO 5 K 09.2282, und Gerichtsbescheid vom 9.1.2020, RO 5 K 19.816; VGH Mannheim, NVwZ-RR 1997, 444: Grundverwaltungsakt vom 4.9.1987 in Form einer Untersagungsverfügung (weiterhin im Rahmen einer Ergänzungsschule zum Europasekretär bzw. Europasekretärin auszubilden), Zwangsgeldandrohung in Höhe von 10.000 DM am 18.3.1991; VGH Kassel, NVwZ-RR 2007, 427, 428; Weber, VR 2004, 181, 185.

366 VGH München, BayVBl. 1973, 220, und NuR 2006, 383; VG Ansbach, Beschluss vom 24.11.2020, AN 3 S 20.02468, AN 3 E 20.02521: „Vorliegend handelt es sich um eine isolierte, nicht mit dem zugrundeliegenden Grundverwaltungsakt verbundene Androhung eines erneuten Zwangsgeldes für den Fall, dass der Antragsteller den Verpflichtungen aus dem unanfechtbaren Bescheid vom 16. August 2018 nicht nachkommt"; VG Saarlouis, Urteil vom 8.6.2020, 1 K 391/19.

367 VGH München, NuR 2006, 383.

b) Denkbar sind auch Fälle des Erlasses eines belastenden Verwaltungsaktes ohne Androhung, die Androhung eines Zwangsmittels erfolgt Jahre später nach dem Grundverwaltungsakt[368].

6. Ansonsten hat man es mit dem Regelfall der sog. unselbständigen Androhung[369] i. S. von § 20 Abs. 2 SächsVwVG zu tun, praktisch die Fälle des § 80 Abs. 2 VwGO (also Verbindung des Grundverwaltungsaktes mit der Androhung , siehe § 20 II 2 neu).

Androhung des Zwangsmittels, § 20 SächsVwVG, bei vorliegendem Vollstreckungstitel nach § 2 SächsVwVG[370]	
Sog. **unselbständige** Androhung, d. h. mit dem Grundverwaltungsakt verbunden, z. B. nach der Anordnung der sofortigen Vollziehung, siehe § 20 Abs. 2 SächsVwVG (Regelfall)	Sog. **selbständige** oder isolierte Androhung, ergeht z. B. einige Monate nach Erlass des Grundverwaltungsaktes (praktisch selten)

VIII. Erneute Zwangsmittelandrohungen

Die entspr. Regelung findet sich in § 19 Abs. 5 SächsVwVG:
„Zwangsmittel dürfen wiederholt und solange angewandt werden, bis der Verwaltungsakt vollzogen oder auf andere Weise erledigt ist. Zur Erzwingung einer Duldung oder Unterlassung dürfen Zwangsmittel nicht mehr angewandt werden, wenn eine weitere Zuwiderhandlung nicht mehr zu befürchten ist".

368 BayVerfGH, BayVBl. 2007, 306: unanfechtbare Beseitigungsanordnung vom 4.1.1994 und Fälligkeitsmitteilung der Stadt München vom 3.11.2004 mit anschließender sog. „isolierter" Zwangsgeldandrohung vom 9.2.2005 über einen Betrag in Höhe von 10.000 Euro; VG Ansbach, Beschluss vom 24.11.2020, AN 3 S 20.02468, AN 3 E 20.02521: *„Vorliegend handelt es sich um eine isolierte, nicht mit dem zugrundeliegenden Grundverwaltungsakt verbundene Androhung eines erneuten Zwangsgeldes (Bescheid vom 8.10.2020) für den Fall, dass der Antragsteller den Verpflichtungen aus dem unanfechtbaren Bescheid vom 16.8.2018 nicht nachkommt."*

369 VG Stuttgart, Gewerbearchiv 2003, 36, 38; OVG Bautzen, Beschluss vom 10.9.2018, 3 B 174/18; VG Cottbus, Beschluss vom 31.7.2020, 3 K 1627/19; OVG Berlin-Brandenburg, Beschluss vom 22.7.2020; OVG 10 S 47/20; OVG Lüneburg, Beschluss vom 18.03.2020, 12 ME 4/20, und vom 24.05.2019, 11 ME 189/19.

370 Das VwZVG Bayern unterscheidet ausdrücklich zwischen der unselbständigen und isolierten Androhung in Art. 38 Abs. 1:
„Gegen die Androhung des Zwangsmittels sind die förmlichen Rechtsbehelfe gegeben, die gegen den Verwaltungsakt zulässig sind, dessen Durchsetzung erzwungen werden soll.
***Ist die Androhung mit dem zugrundeliegenden Verwaltungsakt verbunden**, so erstreckt sich der förmliche Rechtsbehelf zugleich auf den Verwaltungsakt, soweit er nicht bereits Gegenstand eines Rechtsbehelfs- oder gerichtlichen Verfahrens ist oder der Rechtsbehelf ausdrücklich auf die Androhung des Zwangsmittels beschränkt wird.*
***Ist die Androhung nicht mit dem zugrundeliegenden Verwaltungsakt verbunden** und ist dieser unanfechtbar geworden, so kann die Androhung nur insoweit angefochten werden, als eine Rechtsverletzung durch die Androhung selbst behauptet wird."*

*„Die Beklagte (**Anm.:** Vollstreckungsbehörde) hat gegen den Kläger (**Anm.:** Vollstreckungsschuldner) Zwangsgelder in Höhe von 4.000 bzw. 5.000 Euro festgesetzt und ein weiteres Zwangsgeld in Höhe von 10.000 Euro angedroht."*[371]

Sie erfolgen i. d. R. nach einer schriftlichen Zwangsgeldfestsetzung, verbunden mit einer erneuten Androhung, siehe dazu später unter K. VII.

Zur Unverhältnismäßigkeit einer fortgesetzten Zwangsgeldandrohung äußerte sich der VGH München mit Beschluss vom 27.08.2020 – 2 CS 20.1199:

Gegen die Rechtmäßigkeit der Zwangsgeldandrohung bestehen erhebliche Bedenken. Daher überwiegt das Aussetzungsinteresse des Antragstellers, das gemäß § 80 Abs. 2 Satz 1 Nr. 3 VwGO in Verbindung mit Art. 21a Satz 1 VwZVG kraft Gesetzes bestehende und allein deshalb ein nicht unerhebliches Gewicht aufweisende Interesse an der sofortigen Vollziehung der Ziffer II 1. des Bescheids vom 25. September 2019. Die erneute Androhung eines Zwangsgelds in Höhe von je 24.000 Euro für den Fall der nicht fristgerechten Erfüllung der Verpflichtung aus dem Bescheid vom 11. April 2018 (Nutzungsuntersagung) ist nach der gebotenen, aber im Rahmen des Eilverfahrens auch ausreichenden summarischen Prüfung materiell rechtswidrig. **Sie verstößt gegen den Grundsatz der Verhältnismäßigkeit.** Zwar kann ein Zwangsmittel gemäß Art. 37 Abs. 1 Satz 2 VwZVG so lange und so oft angewendet werden, bis die aufgegebene Verpflichtung erfüllt ist, was hier bislang nicht der Fall ist. Allerdings muss das gewählte Zwangsmittel und damit auch die seiner Anwendung vorausgehende Androhung des Zwangsmittels im Einzelfall verhältnismäßig sein (vgl. BayVGH, B.v. 13.02.1985 – 15 CS 85 A.50 – BayVBl 1985, 501: Unverhältnismäßigkeit der vierten Zwangsgeldandrohung; VGH BW, U.v. 4.12.2003 – 5 S 2781.02 – BauR 2004, 1605: Unverhältnismäßigkeit der dritten (!) Zwangsgeldandrohung). Das gewählte Zwangsmittel muss u. a. geeignet sein, um den Betroffenen zur Erfüllung der ihm aufgegebenen Verpflichtungen anzuhalten, d. h. einen rechtzeitigen und zweckentsprechenden Erfolg im Hinblick auf die Erfüllung der zu vollstreckenden Pflicht erwarten lassen (Art. 34 VwZVG entsprechend). An dieser Voraussetzung mangelt es einer erneuten Zwangsgeldandrohung dann, wenn mehrere vorangegangene Zwangsgeldandrohungen trotz entsprechender Erhöhungen der nachfolgenden Zwangsgelder erfolglos geblieben sind. Das gewählte Zwangsmittel ist entgegen seinem Zweck dann nicht geeignet, den Verpflichteten zur Erfüllung der durchzusetzenden Pflichten anzuhalten. Zwangsgelder sind nach ihrer Zweckbestimmung kein Mittel der Einnahmenerzielung der Verwaltung, sondern Beugemittel. Ihr Sinn und Zweck besteht nicht in einer steten Wiederholung der Androhung nach Fristablauf und Fälligstellung der angedrohten Zwangsgelder ohne Rücksicht auf die mit ihnen durchzusetzenden Pflichten und deren Erfüllung. Wenn die Anwendung des Zwangsmittels keinen zweckentsprechenden und rechtzeiti-

371 Siehe VG Ansbach, vor unter VII 4 b; VGH Kassel, KommJur 2009, 72, 74; OVG Saarlouis, Beschluss vom 2.5.2014, 2 B 225/14, zur entspr. Rechtslage im Saarland; VG Cottbus, Urteil vom 31.7.2020, 3 K 1627/19; VG Düsseldorf, Beschluss vom 17.07.2023 - 28 L 1158/23.

gen Erfolg erwarten lässt, scheidet die Androhung weiterer Zwangsgelder aus. Im vorliegenden Fall ist die weitere (vierte) Zwangsgeldandrohung wohl rechtswidrig. Die Androhung und Fälligstellung von drei Zwangsgeldern in Höhe von insgesamt 87.000 Euro (Bescheid vom 11.04.2018 2x 7.500 Euro, vom 11.09.2018 2x 12.000 Euro, vom 25.04.2019 2x 24.000 Euro) hat den Antragsteller nicht dazu bewegen können, der behördlichen Anordnung nachzukommen. Allein die bisher fällig gestellten Zwangsgelder betragen fast das Doppelte der erzielen Jahresmiete. Zwar zeugt es von einer besonderen Ignoranz und Uneinsichtigkeit des Antragstellers 87.000 Euro an Zwangsgeldern fällig werden zu lassen, es besteht aber kein Anhaltspunkt dafür, dass die Androhung weiterer Zwangsgelder den Antragsteller zu einer Sinnesänderung veranlassen wird. Demgegenüber verspricht der Übergang auf ein anderes gesetzliches Zwangsmittel, hier die Anwendung unmittelbaren Zwangs im Sinn von Art. 34 VwZVG durch Räumung und Versiegelung – auch wenn dies einen höheren Verwaltungsaufwand mit sich bringt – sofortigen Erfolg. Bei Räumung des Hauses müsste der Antragsteller auch auf Mieteinnahmen verzichten. Außerdem fallen ihm die Kosten des Zwangsmittels zur Last.

Anmerkung: In Bayern gibt es keine Zwangsgeldfestsetzung.

IX. Androhung durch die Widerspruchsbehörde

1. Bekannt sind die Fälle, in denen die Widerspruchsbehörde selbst die Anordnung der sofortigen Vollziehung nach § 80 Abs. 2 Satz 1 Nr. 4 VwGO vornimmt[372], weil die sog. Ausgangsbehörde diese Festlegung z. B. nicht für notwendig erachtet hat[373].

2. Fraglich ist, ob die Widerspruchsbehörde auch befugt ist, unabhängig von der Ausgangsbehörde (die Existenz eines Vollstreckungstitels ist natürlich auch hier Voraussetzung) im Widerspruchsverfahren eine Zwangsmittelandrohung vorzunehmen.

3. Beispielhaft dazu das Urteil des VGH München vom 19.3.1981[374]:

372 Und damit im Widerspruchsverfahren einen Vollstreckungstitel nach § 2 SächsVwVG herbeiführt.

373 OVG Bautzen, SächsVBl. 2001, 122; OVG Brandenburg, Gewerbearchiv 2002, 28; VGH München, NVwZ 1988, 746; VGH Mannheim, VRS 88/95, S. 76 ff., Beschluss vom 9.8.1994, und VBlBW 2000, 123.
Z. B. Ausgangsbehörde ist das Landratsamt, Widerspruchsbehörde die Landesdirektion. Das Landratsamt hat die Anordnung der sofortigen Vollziehung nicht ausgesprochen.

374 NJW 1982, 460.

Das Landratsamt widerrief unter Anordnung der sofortigen Vollziehung nach § 15 Abs. 3 Satz 2 GastG die Gaststättenerlaubnis des Huber. Ihm wurde aufgegeben, bis zum 15.11.1978 den Gaststättenbetrieb einzustellen.
Die Widerspruchsbehörde (Bezirksregierung in Bayern) wies den von Huber eingelegten Widerspruch zurück. Sie legte die Einstellung des Gaststättenbetriebes auf den 10.2.1980 fest. Für den Fall der Nichtbefolgung drohte sie an, den Betrieb mit unmittelbarem Zwang zu schließen (das Landratsamt hatte keine Androhung ausgesprochen!).

Das Gericht betrachtet die Androhung als rechtlich selbständigen, aber vom Grundverwaltungsakt abhängigen Verwaltungsakt.

Anmerkung: *Siehe dazu die Ausführungen oben III. zur Androhung als sog. „akzessorischen Verwaltungsakt"*

Diese Androhung kann auch selbständig angefochten werden, insbes. im Falle einer sog. isolierten Androhung[375] *(siehe dazu später im Kapitel R, Rechtsschutz).*
Demnach kann die Widerspruchsbehörde eine den Widerspruchsführer belastende Entscheidung über Art und Höhe des Zwangsmittels nur treffen, wenn auch die Androhung, sei es isoliert oder im Verbund mit der Grundverfügung, Gegenstand des Rechtsbehelfsverfahrens ist.
Im Ergebnis hat das Gericht deshalb diese Androhung durch die Widerspruchsbehörde als rechtswidrig angesehen.

4. Ansonsten ist die Widerspruchsbehörde natürlich im Rahmen der sog. Verböserung (reformatio in peius) befugt, den Ausgangsbescheid zu ändern oder zu ergänzen einschl. seiner Begründung und der Ermessensentscheidung.[376]

X. Zur Androhung von Zwangsgeld[377]

1. Das Zwangsgeld und dessen Einsatz ist ein Beugemittel[378], keine Strafe, denn es geht um die Erzwingung zukünftigen Verhaltens des Vollstreckungsschuldners entsprechend dem vorher ergangenen Grundverwaltungsakt in Form eines Vollstreckungstitels.

375 Insoweit besteht natürlich ein erheblicher Unterschied zur Anordnung der sofortigen Vollziehung durch die Widerspruchsbehörde, weil bei der Anordnung der sofortigen Vollziehung kein Verwaltungsakt vorliegt.

376 VG Gießen, NVwZ-RR 2014, 267, 268; KUGELE, Anm. 21 zu § 68 VwGO; PIETZNER/RONELLENFITSCH, S. 440, mit umfangreichen Hinweisen auf die Rspr.; siehe auch § 79 VwGO.

377 BVerwG, NVwZ 2014, 889; VGH Kassel, NVwZ-RR 2014, 505; BayVerfGH, BayVBl. 2007, 306; VGH München, NuR 2006, 383; VG München, NVwZ 2004, 1517, und NVwZ-RR 2013, 551, 553; OVG Saarlouis, Beschluss vom 2.5.2014, 2 B 225/14 (900 Euro); OVG Magdeburg, Beschluss vom 30.3.2020, 3 M 234/19; OVG Bautzen, Beschluss vom 23.8.2021, 4 A 298/21; 23.2.2022, 6 A 548/20; 8.2.2024, 6 B 187/23; WEBER, Annaberg sieht rot (Klausur), VR 2006, 203; Verwaltungsvollstreckung im Erzgebirge (Klausur), JA 2007, 536; WEBER, SVR 2009, 121 ff.

378 BVerwG, NJW 2006, 2280; Beschluss vom 22.2.2022, 4 A 8/21; OVG Münster, DVBl. 1992, 783, 784, und NVwZ-RR 2008, 12, 13; OVG Saarlouis, DÖV 2003, 167, 168; VGH Mannheim, NVwZ-RR 1994, 620, und VRS 109/05, 468, 473 (Urteil vom 20.9.2005); OVG Lüneburg, Beschluss vom 2.2.2015, 4 LA 245/13; OVG Bautzen, Urteil vom 22.3.2023, 6 A 272/20.

„Zweck des Zwangsgeldes ist es, den Ordnungspflichtigen zu veranlassen, der Ordnungsverfügung nachzukommen."[379]
Mit dem Vollstreckungsmittel „Zwangsgeld" können, im Gegensatz zur Ersatzvornahme sowohl vertretbare als auch unvertretbare Handlungen durchgesetzt werden.

2. Es besteht (auch unter Beachtung des bereits mehrfach angesprochenen verfassungsrechtlich gebotenen Verhältnismäßigkeitsgrundsatzes) ein grundsätzlicher Vorrang des Zwangsgeldeinsatzes im Verwaltungsvollstreckungsverfahren[380], da dieses Zwangsmittel im Gesetz an vorderster Stelle vor den sonstigen Zwangsmitteln (Ersatzvornahme und unmittelbarer Zwang) erwähnt wird.

3. Die Ersatzvornahme kann nur bei *„vertretbaren Handlungen"* vorgenommen werden, keinesfalls bei Duldungen oder Unterlassen (siehe § 19 Abs. 1 SächsVwVG). Der sog. „unmittelbare Zwang" darf nach § 25 Abs. 2 SächsVwVG nur angewandt werden, wenn *„Zwangsgeld oder Ersatzvornahme nicht zum Erfolg geführt haben oder deren Anwendung untunlich ist"* mit einer weiteren Einschränkung bei der Anwendung gegenüber Personen nach § 25 Abs. 3 SächsVwVG (besondere Vollstreckungsvoraussetzungen bei diesen beiden Zwangsmitteln).

4. Demnach steht in der Praxis der Einsatz der Androhung des Zwangsmittels *„Zwangsgeld"* an vorderster Stelle als Möglichkeit der Vollstreckungsbehörde im Verwaltungsvollstreckungsverfahren. Damit haben die Zwangsgeldandrohungen in der Praxis des Verwaltungsvollstreckungsverfahrens eine entscheidende Bedeutung. Der Vollstreckungsschuldner hat, indem er den Festlegungen des Grundverwaltungsaktes nachkommt, die Möglichkeit, eine Zwangsgeldfestsetzung zu vermeiden. Dann ist das Verwaltungsvollstreckungsverfahren beendet.

5. Der Betrag des Zwangsgeldes ist in bestimmter Höhe anzudrohen, § 20 Abs. 4 SächsVwVG. Nach § 22 Abs. 1 SächsVwVG beträgt die Höhe des Zwangsgeldes mindestens 5 und höchstens 25.000 Euro. Auch dabei hat die Vollstreckungsbehörde Ermessen auszuüben[381].

379 OVG Münster, NVwZ-RR 2008, 12, 13; VG Mainz, Urteil vom 9.5.2019, 1 K 760/18.MZ: *„Bereits die Androhung des Zwangsgeldes soll dem Anliegen des Beklagten Nachdruck verleihen und der Klägerin aufzeigen, dass sie den Forderungen des Beklagten nachzukommen hat. Die Anwendung von Verwaltungszwang dient hier auch der Effektivität der Verwaltung und der Durchsetzung der Rechtsordnung. Sie dient hier erkennbar der Willensbeugung und hat keinen Sanktionscharakter."*

380 OVG Brandenburg, Gewerbearchiv 2002, 28, 29: Rechtswidrige Androhung unmittelbaren Zwangs, da eine Zwangsgeldandrohung als milderes Mittel in Betracht kommt.

381 OVG Weimar, NVwZ-RR 2002, 808; OVG Bautzen, Beschluss vom 30.3.2020, 6 B 247/19: *„...wobei das wirtschaftliche Interesse des Pflichtigen an der Nichtbefolgung der ihm auferlegten Verpflichtung und die Bedeutung des mit der Zwangsgeldfestsetzung verfolgten (Beuge-) Zwecks zu berücksichtigen sind."*; VGH München, Beschluss vom 3.4.2023, 9 ZB 23.79.

Beispiele:
- Androhung eines weiteren Zwangsgeldes in Höhe von 10.000 Euro[382]
- Androhung eines Zwangsgeldes in Höhe von 250 Euro[383]
- Androhung eines Zwangsgeldes in Höhe von 1.000 Euro[384]
- Androhung mehrerer Zwangsgelder in Höhe von insgesamt 31.000 DM[385]
- Androhung eines Zwangsgeldes in Höhe von 1.000 Euro[386]
- Androhung eines Zwangsgeldes in Höhe von 25.000 Euro[387]
- Androhung eines Zwangsgeldes in Höhe von 2.000 Euro[388]
- Androhung eines Zwangsgeldes in Höhe von 20.000 DM[389]
- Androhung eines Zwangsgeldes in Höhe von 100.000 Euro[390]

BVerwG, Beschluss vom 22.2.2022, 4 A 8/21:
Für die Zwangsgeldandrohung konkretisiert § 70 Abs. 5 NPOG das Bestimmtheitsgebot zudem insoweit, als das Zwangsgeld in bestimmter Höhe anzudrohen ist (OVG Lüneburg, Beschluss vom 24. November 2021 – 1 ME 136/21).
Diesen Vorgaben genügt die Zwangsgeldandrohung unter Nr. 3 des Bescheids nicht. Sie bezieht sich auf die unter Nr. 1 des Bescheids getroffene Duldungsanordnung. Diese umfasst aber insgesamt vier Maßnahmen, womit es einer Zwangsgeldandrohung in Bezug auf jede einzelne Maßnahme bedurft hätte; ***die Ausweisung eines einheitlichen Zwangsgeldes über 1 000 € ist folglich rechtswidrig****. Bedenken begegnet auch die Androhung eines Zwangsgeldes „pro Tag". Die §§ 64ff. NPOG enthalten keine hinreichende Ermächtigungsgrundlage für eine der Durchsetzung einer Verfügung dienende Zwangsgeldandrohung „für jeden Fall der Zuwiderhandlung" (OVG Lüneburg, Beschluss vom 28. Oktober 2010 – 13 ME 86/10 – NordÖR 2010, 507; siehe auch BVerwG, Gerichtsbescheid vom 26. Juni 1997 – 1 A 10.95 – NVwZ 1998, 393 zu §§ 11, 13 VwVG). Nichts anderes kann für eine Androhung „pro Tag" gelten. Die Androhung unmittelbaren Zwangs für den Fall der Erfolglosigkeit der Festsetzung von Zwangsgeld (Nr. 4 des Bescheids) ist zwar als solches gemäß § 70 Abs. 3 Satz 2 NPOG möglich. Sie ist aber der Zwangsgeldandrohung nachgeordnet und daher von dieser abhängig. Damit führt die Rechtswidrigkeit letzterer auch zur Rechtswidrigkeit der Androhung des weiteren Zwangsmittels.*

6. Beispiele aus der Rechtsprechung für sog. unselbständige Androhungen (mit dem zu vollstreckenden Grundverwaltungsakt verbunden)

---

382 VGH Kassel, KommJur 2009, 72, 74: beharrliche Weigerung der Beachtung eines Taubenfütterungsverbotes.
383 VGH München, NuR 2006, 383 (Nichtbeachtung einer Auflage zur Führung eines Tierbestandsbuches); siehe dazu später bei der sog. „isolierten" Androhung.
384 VG Lüneburg, Urteil vom 20.02.2020, 2 A 109/17: Mit Bescheid vom 29.11.2016 gab der Beklagte der Klägerin unter Anordnung der sofortigen Vollziehung und Androhung eines Zwangsgeldes in Höhe von 1.000 € auf, auf dem Flurstück 92/1 die extensive Grünlandfläche wieder herzustellen.
385 VG Stuttgart, VBlBW 2007, 67 (Nichtbeachtung eines Aufenthaltsverbots).
386 VGH München, NVwZ-RR 2005, 49 und NJW 2014, 2375.
387 OVG Bautzen, Beschluss vom 30.3.2020, 6 B 247/19: Untersagung des Betreibens einer Spielhalle.
388 VGH München, NVwZ 2000, 454.
389 VGH München, NVwZ-RR 2002, 809.
390 VGH Kassel, NVwZ-RR 2014, 505 (Finanzdienstleistungsgesetz, FinDAG).

Behördliche Tenorierungen mit Zwangsgeldandrohungen (in allen Fällen Erlass eines Vollstreckungstitels und danach die Androhung in Verbindung mit dem konkreten Vollstreckungstitel nach § 20 Abs. 2 SächsVwVG)[391]:
Untersagung der Veranstaltung von Sportwetten, VG München, NVwZ 2004, 1517:
1. *Untersagung der Annahme, Vermittlung und Veranstaltung von Sportwetten*
2. *Einstellung dieser Tätigkeiten mit Ablauf des Tages der Zustellung dieses Bescheides*
3. *Für den Fall der Nichterfüllung der Verpflichtung in Nr. 2 des Bescheides wird ein Zwangsgeld in Höhe von 25.000 Euro angedroht*
4. *Die Nr. 1 und 2 des Bescheides werden für sofort vollziehbar erklärt.*

Entziehung der Fahrerlaubnis nach § 3 StVG mit Aufforderung zur Vorlage des Führerscheines betr. Eintragung eines Vermerks über den Wegfall der Gültigkeit im Inland (VG Freiburg, VBlBW 2006, 396)[392]
1. *Die Fahrerlaubnis sämtlicher Klassen wird entzogen.*
2. *Der Führerschein ist zwecks Eintragung eines Vermerks über den Wegfall der Gültigkeit im Inland unverzüglich vorzulegen.*
3. *Der Sofortvollzug der Verfügungen zu 1. und 2. wird angeordnet.*
4. *Für den Fall der Nichtvorlage wird ein Zwangsgeld in Höhe von 250 Euro angedroht*
5. *Gebührenfestsetzung…*

Anmerkung: *Im konkreten Fall handelte es sich um das unbefugte Gebrauchen einer polnischen Fahrerlaubnis in Deutschland.*
- *Im Tenor wird zutreffend zwischen der Entziehung der Fahrerlaubnis (Ziffer 1), also dem begünstigenden Verwaltungsakt, und dem Führerschein (Ziffer 2), der nur die Bedeutung eines Legitimationspapiers hat, unterschieden.*
- *Die unter Ziffer 2 des Tenors geforderte „unverzügliche" Vorlage des Führerscheins begegnet Bedenken, weil zu unbestimmt. Besser ist eine konkrete Frist oder ein Termin, der dem Bestimmtheitsprinzip genügt (z. B. innerhalb von 3 Tagen nach Zustellung des Bescheides.*

391 Siehe auch OVG Bautzen, LKV 2013, 369; *näher erläutert unter K. X. 1.*
392 Siehe dazu umfassend Weber, SVR 2009, 121 ff.

Widerruf der Zuteilung eines roten Dauerkennzeichens nach § 28 StVZO[393] (Bescheid des Landratsamtes Annaberg vom 5.4.2005):

1. *Die Ihnen gegenüber erfolgte Zuteilung roter Dauerkennzeichen wird widerrufen.*
2. *Ihnen wird aufgegeben, die 3 ausgestellten Fahrzeugscheinhefte sowie die entspr. Kennzeichenschilder unverzüglich, spätestens bis 12.4.2005, bei dem Landratsamt Annaberg abzugeben.*
3. *Für die Regelungen unter 1. und 2. wird die Anordnung der sofortigen Vollziehung getroffen.*
4. *Für den Fall der Nichtbefolgung der Anordnung unter 2. wird ein Zwangsgeld in Höhe von 1.000 Euro angedroht.*
5. *Gebührenfestsetzung...*

Anmerkung: *Hier schadet unter Ziffer 2 des Tenors die „unverzügliche" Aufforderung nicht, da ein konkretes Fristende zusätzlich festgelegt ist.*

Widerruf einer Reisegewerbekarte (GewO)[394] (behördlicher Bescheid vom 5.11.2003):

1. *Die Ihnen am 17.3.1998 erteilte Reisegewerbekarte Nr. 456 (gewerbliches Anbieten von Bungeespringen) wird widerrufen.*
2. *Die vorgenannte Reisegewerbekarte ist unverzüglich, spätestens 5 Tage nach Bekanntgabe dieses Bescheides, bei der Stadt Plauen abzugeben.*
3. *Die sofortige Vollziehung der Ziffer 1 und 2 dieses Bescheides wird angeordnet.*
4. *Für den Fall der nicht fristgemäßen Abgabe der vorgenannten Reisegewerbekarte wird ein Zwangsgeld in Höhe von 500 Euro angedroht.*

Widerruf einer Maklererlaubnis (§ 34c GewO)[395] (behördlicher Bescheid vom 14.12.1999):

1. *Widerruf der Erlaubnis zum Betrieb eines Makler-, Bauträger- und Baubetreuergewerbes*
2. *Die mit dieser Erlaubnis verbundenen Tätigkeiten sind spätestens mit Ablauf des 10. Tages nach Zustellung dieses Bescheides einzustellen.*
3. *Die entspr. Gewerbeerlaubnis ist unverzüglich, spätestens bis 31.12.1999, an die Behörde zurückzugeben.*
4. *Die sofortige Vollziehung der unter 1–3 genannten Maßnahmen wird angeordnet.*
5. *Für den Fall der Weiterführung des Gewerbes wird ein Zwangsgeld in Höhe von 2.000 DM und für den Fall der Nichterfüllung der Rückgabeanordnung ein Zwangsgeld in Höhe von 500 DM angedroht.*

Anmerkung: *Auch hier Rückgabe des „Legitimationspapiers" in Ziffer 3 des Tenors „unverzüglich", aber spätestens bis... (konkreter Termin unter Beachtung des Bestimmtheitsprinzips).*

393 Siehe dazu Weber, Annaberg sieht rot (Klausur mit Mustertenor), VR 2006, 203 ff; Zur Zuteilung und zum Widerruf roter Kennzeichen nach § 16 Abs. 2 FZV an Kraftfahrzeugwerkstätten und Kraftfahrzeughändler, GewArch 2017, 282.

394 Siehe dazu Weber, Eine gefährliche Reisegewerbekarte (Klausur mit Mustertenor), apf 2004, LB Sachsen, S. 50 ff. Grundlage waren ein Beschluss des VGH Mannheim vom 26.7.1993 (Gewerbearchiv 1993, 416), und ein Urteil des VGH Mannheim vom 12.7.1994 (Gewerbearchiv 1994, 421).

395 VG Meiningen, Gewerbearchiv 2000, 422 ff.; siehe dazu Weber, Der erfolglose Makler (Klausur), VR 2002, 276 ff.

Unter Ziffer 5 des Tenors wird zutreffend ein in der Höhe unterschiedliches Zwangsgeld angedroht, der höhere Betrag für die bedeutsame Regelung der Beendigung des Gewerbes, der geringere Betrag für die nicht rechtzeitige Rückgabe des „Papiers".

OVG Magdeburg, Beschluss vom 30.3.2020, 3 M 234/19: Dem Adressaten wurde untersagt, in einer Betriebsstätte zusätzlich zum Angebot der Nutzung von Geldspielgeräten auch Sportwetten zu vermitteln, wobei zur Umsetzung des Verbotes zur Wahl gestellt wird, entweder die Vermittlung von Sportwetten einzustellen oder die Geldspielgeräte zu entfernen, mit Zwangsgeldandrohung:
„Ohne Erfolg wendet die Antragstellerin in Bezug auf die Zwangsgeldandrohung ein, diese sei „offenkundig" ermessensfehlerhaft, weil die Antragsgegnerin für die Bestimmung der Höhe des angedrohten Zwangsgeldes den möglichen Gewinn aus der Aufstellung der Geldspielgeräte herangezogen habe, obwohl richtigerweise maßgeblich auf die untersagte Handlung, hier die Vermittlung von Sportwetten, und das damit verbundene wirtschaftliche Interesse abzustellen sei.
Gemäß §§ 56 Abs. 1, 59 Abs. 5 SOG LSA ist das Zwangsgeld in einer bestimmten Höhe zwischen mindestens fünf und höchstens 500.000 € anzudrohen. Nach § 9 Abs. 2 Satz 2 GlüStV soll bei der Vollstreckung von glücksspielrechtlichen Anordnungen mittels Zwangsgeld das wirtschaftliche Interesse erreichen, das der Pflichtige an der Vornahme oder am Unterbleiben der Handlung hat. Gemäß § 9 Abs. 2 Satz 4 GlüStV ist das wirtschaftliche Interesse des Pflichtigen nach pflichtgemäßem Ermessen zu schätzen. Diesen Anforderungen ist die Antragsgegnerin mit der Androhung eines Zwangsgeldes in Höhe von 10.000,00 € gerecht geworden.
Es ist nicht zu beanstanden, dass die Antragsgegnerin sich mangels Kenntnis der Gewinnmöglichkeiten aus der Vermittlung von Sportwetten an dem geschätzten Gewinn aus den aufgestellten Geldspielgeräten orientiert hat, zumal der Antragstellerin zur Umsetzung der Untersagungsverfügung – alternativ – die Möglichkeit eingeräumt wurde, entweder die Vermittlung von Sportwetten einzustellen oder die Geldspielgeräte zu entfernen. Es spricht nichts dafür, dass der Gewinn aus der Vermittlung von Sportwetten nennenswert niedriger zu kalkulieren ist als der Gewinn aus den aufgestellten Geldspielgeräten. Gegenteiliges hat auch die Antragstellerin nicht glaubhaft gemacht.
Entgegen der Beschwerdebegründung hat die Antragsgegnerin auch nicht den geschätzten Gewinn von drei Geldspielgeräten zugrunde gelegt. Die Antragsgegnerin ist bei der Schätzung des wirtschaftlichen Interesses der Antragstellerin an der Aufrechterhaltung des Angebots der Spielmöglichkeit an Geldspielgeräten vielmehr lediglich von dem Gewinn ausgegangen, der erzielt werden kann, wenn ein Geldspielgerät täglich dreizehn Stunden bespielt würde.
Ebenso wenig wird die Zwangsgeldandrohung dadurch ermessensfehlerhaft, dass die Antragsgegnerin einen stündlichen Gewinn von 60,00 € und nicht, wie es nach Auffassung der Antragstellerin unter Hinweis auf § 12 Abs. 2 Satz 1 Nr. 1 SpielV habe sein müssen, in Höhe von lediglich 20,00 € zugrunde gelegt hat. Nach der Berechnung der Antragsgegnerin ergibt sich für ein Geldspielgerät ein monatlicher Gewinn in Höhe von 23.400,00 € (13 h x 60,00 € x 30 Tage), wohingegen nach der Berechnungsweise der Antragstellerin lediglich ein monatlicher Gewinn in Höhe von 7.800,00 € (13 h x 20,00 € x 30 Tage) anzunehmen wäre.

Mit der Androhung eines Zwangsgeldes in Höhe von 10.000,00 € ist die Antragsgegnerin weit unterhalb des von ihr geschätzten wirtschaftlichen Interesses der Antragstellerin an der Nichtbefolgung der streitgegenständlichen Untersagungsverfügung geblieben.
Das angedrohte Zwangsgeld erscheint aber selbst dann nicht als unverhältnismäßig hoch, wenn man die Berechnung der Antragstellerin zugrunde legt. Insoweit ist zu berücksichtigen, dass die Antragsgegnerin in Ausübung des ihr auch bezüglich der Höhe des angedrohten Zwangsgeldes eingeräumten Ermessens nach § 9 Abs. 2 Satz 4 GlüStV eine Schätzung vornehmen darf, wie hoch das wirtschaftliche Interesse des Pflichtigen an der Vornahme der untersagten Handlung ist. Bereits deshalb ist hier keine betragsgenaue Berechnung geboten. Vielmehr ist das angedrohte Zwangsgeld dem Zweck der Verwaltungsvollstreckung entsprechend, einen entgegenstehenden Willen des Verpflichteten zu beugen, der Höhe nach so zu bemessen, dass es geeignet, erforderlich, aber auch verhältnismäßig im engeren Sinne ist, um den Adressaten anzuhalten, der ihn betreffenden behördlichen Anordnung Folge zu leisten. Es bestehen keine Zweifel, dass die Antragsgegnerin mit der Höhe des angedrohten Zwangsgeldes diesen rechtlichen Maßgaben genügt. Insbesondere erweist sich das angedrohte Zwangsgeld nicht deshalb als unverhältnismäßig im engeren Sinne, weil es den Gewinn, der sich nach der Berechnung der Antragstellerin voraussichtlich mit einem Geldspielgerät in einem Monat erzielen ließe, um etwas mehr als 1/5 übersteigt. Insoweit ist zu berücksichtigen, dass es sich bei der streitgegenständlichen Verfügung um einen Dauerverwaltungsakt handelt".

Kompletter Bescheid der Fahrerlaubnisbehörde vom 25.7.2008 über die Entziehung der Fahrerlaubnis nach § 3 StVG mit Tenor und Begründung (der Entscheidung des OVG Lüneburg, 12 ME 354/06, nachgebildet, Beschluss vom 21.11.2006)[396]:

Per Postzustellungsurkunde
Herrn
Anton Meier
Zwickauer Str. 20
Chemnitz

396 Siehe dazu auch Weber, Der Bescheid über die Entziehung der Fahrerlaubnis aus Sicht der Verwaltung, apf 1999, 45 ff., und Der Bescheid über die Entziehung der Fahrerlaubnis nach dem neuen StVG, VR 2002, 193 ff.; OVG Münster, NJW 2007, 3084. Weitere Rspr. zur Entziehung der Fahrerlaubnis nach § 3 StVG mit Anordnung der sofortigen Vollziehung: VG Frankfurt/Oder, Beschluss vom 8.8.2019, 2 L 78/19; OVG Berlin-Brandenburg, Beschluss vom 31.10.2018, OVG 1 S 101.18; OVG Bautzen, Beschluss vom 19.5.2016, 3 B 37/16: Mit Bescheid entzog der Antragsgegner der Antragstellerin die Fahrerlaubnis der Klassen B, M und L (Nr. 1), verpflichtete sie zur Abgabe des Führerscheins (Nr. 2), drohte ihr für den Fall nicht fristgerechter Abgabe ein Zwangsgeld in Höhe von 250,- € an (Nr. 3) und ordnete zu der Abgabeverpflichtung die sofortige Vollziehung an (Nr. 4).

Folgender Tenor:[397]

1. *Die Fahrerlaubnis der Klasse... wird entzogen.*
2. *Der entsprechende Führerschein Nr. ... ist innerhalb von 3 Tagen nach Zustellung dieses Bescheides bei der Fahrerlaubnisbehörde abzugeben.*
3. *Die Regelungen unter den Ziffern 1 und 2 werden mit der Anordnung der sofortigen Vollziehung versehen.*
4. *Für den Fall der nicht fristgerechten Abgabe des Führerscheins entspr. Ziffer 2 des Tenors wird ein Zwangsgeld in Höhe von 500 Euro angedroht.*
5. *Gebührenfestsetzung*

Begründung:

I.[398]

Sie sind 32 Jahre alt, Vater von 3 Kindern und Inhaber der Fahrerlaubnis der Klasse... seit 1996.

Bis zum Jahre 2007 hatten Sie keine Verkehrsordnungswidrigkeiten begangen.

Jedoch wurden im Jahre 2008 zwei Verkehrsordnungswidrigkeiten registriert:

– Am 9. Januar 2008 erhebliche Geschwindigkeitsüberschreitung innerorts um 32 km/h
– Am 22. April 2008 erhebliche Geschwindigkeitsüberschreitung innerorts um 47 km/h.

Bei diesem Vorfall „sprinteten" Sie mit Ihrem Fahrzeug, indem Sie dieses innerhalb einer Strecke von 100 m von Schritttempo auf 85 km/h beschleunigt haben.

Im Verkehrszentralregister in Flensburg sind diese beiden Geschwindigkeitsüberschreitungen mit insgesamt 7 Punkten bewertet worden. Gegen die entspr. Bußgeldbescheide sind Sie nicht vorgegangen, diese sind rechtskräftig.

Mit Schreiben vom 5.6.2008 sind Sie wegen der genannten erheblichen Verstöße gegen Verkehrsvorschriften aufgefordert worden, ein medizinisch-psychologisches Gutachten zur Frage Ihrer Kraftfahreignung vorzulegen. Es erfolgte auch der Hinweis, dass es bei Nichtvorlage des geforderten Gutachtens zur Entziehung der Fahrerlaubnis kommen wird.

Das von unserer Behörde[399] geforderte Gutachten haben Sie bisher nicht vorgelegt.

In Ihrer Anhörung haben Sie im Wesentlichen vorgetragen, die Entziehung der Fahrerlaubnis sei bei nur 2 registrierten Verkehrsverstößen nicht gerechtfertigt. Außerdem benötigten Sie die Fahrerlaubnis aus beruflichen Gründen.

397 Siehe dazu auch VG Aachen, VRS 108/05, 68 ff. (Beschluss vom 24.11.2004), und VG Sigmaringen, NVwZ-RR 2002, 316 (in beiden Fällen Entziehung der Fahrerlaubnis mit Forderung nach Rückgabe des Führerscheins).

398 Sog. wesentliche tatsächliche Gründe nach § 39 Abs. 1 Satz 1 VwVfG (Sachverhalt); zu einer unzureichenden Begründung (tatsächliche Gründe) im Bescheid über die Entziehung der Fahrerlaubnis nach § 3 StVG siehe OVG Münster, NJW 2007, 3084.
Hier werden keine langen Geschichten erzählt, bedeutsam sind nur die für die Entscheidung über die Entziehung der Fahrerlaubnis wesentlichen tatsächlichen Gründe.

399 Hier die Stadt Chemnitz als nach Landesrecht zuständige Fahrerlaubnisbehörde (§ 4 des Sächsischen Gesetzes zur Bestimmung der Zuständigkeiten der unteren Verkehrsbehörden auf dem Gebiet des Straßenverkehrswesens, vom 5.5.2004).

II.[400]

1. Entziehung der Fahrerlaubnis
   a) Nach § 3 Abs. 1 Satz 1 StVG (Straßenverkehrsgesetz) i. V. m. § 46 Abs. 1 Satz 1, Abs. 3 FeV (Fahrerlaubnisverordnung) hat die Straßenverkehrsbehörde die Fahrerlaubnis zu entziehen, wenn sich der Inhaber der Fahrerlaubnis als zum Führen von Kraftfahrzeugen ungeeignet erwiesen hat.
   Nach den genannten Vorschriften i. V. m. § 11 Abs. 8 FeV darf die Fahrerlaubnisbehörde bei ihrer Entscheidung auf die Nichteignung des Betroffenen schließen, wenn dieser sich weigert, sich untersuchen zu lassen oder wenn er das von der Behörde geforderte Gutachten nicht fristgerecht beibringt.
      aa) Voraussetzung ist allerdings, dass die behördliche Anforderung zur Erbringung des Gutachten rechtmäßig war[401].
      Die beiden genannten Geschwindigkeitsüberschreitungen sind im Verkehrszentralregister mit 7 Punkten bewertet, weshalb eine Entziehung der Fahrerlaubnis nach § 4 StVG ausscheidet.
      Demnach kam nur eine Entziehung nach § 3 Abs. 1 StVG in Betracht.
      Dabei hat die Fahrerlaubnisbehörde alle Umstände des Einzelfalls zu würdigen. Auch Verkehrsordnungswidrigkeiten sind zu berücksichtigen, wenn sie beharrlich und häufig begangen werden und in diesem Zusammenhang begründete Zweifel an der charakterlichen Eignung des Fahrzeugführers rechtfertigen. Dann ist auch die Aufforderung zur Erbringung des genannten Gutachtens nach § 11 Abs. 3 Satz 1 Nr. 4 i. V. m. § 46 Abs. 3 FeV rechtmäßig.
      bb) Die beiden genannten Verkehrsverstöße sind als erheblich anzusehen, auch wenn keine konkreten Gefährdungen anderer Verkehrsteilnehmer aktenkundig sind[402]. Es handelte sich jeweils um wesentliche Überschreitungen der innerörtlich festgelegten Höchstgeschwindigkeit im Zusammenhang mit „Fahrzeugrennen", wie sich aus den polizeilichen Ermittlungsakten ergibt.
      cc) Aus Gründen der Gefahrenabwehr[403] war es geboten, die Vorlage des genannten MPU-Gutachtens zu fordern. Denn wer durch eine rücksichtslose und vorsätzliche Missachtung der innerörtlichen Höchstgeschwindigkeit eigene Interessen über die berechtigten Belange anderer Verkehrsteilnehmer setzt, offenbart Mängel in der charakterlichen Eignung[404], die aber

400 Sog. wesentliche rechtliche Gründe, § 39 Abs. 1 Satz 2, 3 VwVfG; sich an die Tenorierung anschließende Erörterung in der Reihenfolge der Tenorierung. Dabei liegt der Schwerpunkt der rechtlichen Ausführungen bei der Hauptregelung, hier Entziehung der Fahrerlaubnis.

401 BVerwG, NJW 2002, 78, und DVBl. 2005, 1337; VGH Mannheim, NJW 2005, 234, 235; siehe dazu umfassend Weber, Keine selbständige Anfechtbarkeit einer MPU-Anordnng, NZV 2006, 399 ff.

402 Ein einmaliger Verkehrsverstoß wird i. d. R. noch nicht zu massiven Eignungszweifeln führen, die Anlass für eine Begutachtung geben (OVG Lüneburg, NJW 2000, 685).

403 BVerfG, NZV 2002, 422, und 425 (2 Beschlüsse): *„Besteht hinreichender Anlass zu der Annahme, dass bei dem Betroffenen aus seiner aktiven Teilnahme am öffentlichen Straßenverkehr eine Gefahr für dessen Sicherheit resultiert, muss die Fahrerlaubnisentziehung hingenommen werden."*

404 Siehe dazu auch VG Berlin, NZV 2000, 479, 480.

erforderlich ist, um die Gewähr für die zukünftige Beachtung von Verkehrsvorschriften zu bieten.

dd) Da Sie das geforderte Gutachten nicht vorgelegt haben, konnte die Fahrerlaubnisbehörde nach § 11 Abs. 8 FeV auf Ihre Nichteignung zum Führen von Kraftfahrzeugen schließen. Auf diese Rechtsfolge sind Sie mit der behördlichen Aufforderung zur Erbringung des Gutachtens hingewiesen worden.

b) Die ausgesprochene Entziehung bringt die Fahrerlaubnis mit Wirkung für die Zukunft zum Erlöschen, § 3 Abs. 2 Satz 1 StVG[405]. Das ist eine zwingende gesetzliche Rechtsfolge, Ermessen ist nicht eröffnet[406].
Soweit sie vorgetragenen habe, Sie seien bisher im Straßenverkehr nicht auffällig geworden und benötigten die Fahrerlaubnis aus beruflichen Gründen, rechtfertigt dies keine andere Entscheidung. Weder ihr Alter noch die Tatsache, dass Sie Vater von 3 minderjährigen Kindern sind, hat Sie von dem verkehrswidrigen Verhalten abgehalten. Insbes. derjenige, der aus beruflichen Gründen[407] auf seine Fahrerlaubnis angewiesen ist, wie Sie vorgetragen haben, wird nicht derartige erhebliche Verkehrsverstöße begehen, wie sie hier konkret vorliegen.

2. Ablieferung des Führerscheins:
Nach § 3 Abs. 2 Satz 3 StVG i. V. m. § 47 Abs. 1 FeV ist der Führerschein nach der Entziehung bei der Fahrerlaubnisbehörde abzuliefern.

3. Anordnung der sofortigen Vollziehung[408]

a) Im Zusammenhang mit der Entziehung der Fahrerlaubnis war die sofortige Vollziehung nach § 80 Abs. 2 Satz 1 Nr. 4 VwGO anzuordnen.
Die Entziehung der Fahrerlaubnis bei fehlender Eignung oder Befähigung erfolgt zum Schutz anderer Verkehrsteilnehmer vor den erheblichen Gefahren für Leben und Gesundheit, die von ungeeigneten oder nicht befähigten Fahrzeugführern ausgehen. Es ist deshalb geboten und im öffentlichen Interesse, die Anordnung der sofortigen Vollziehung auszusprechen. Ansonsten könnten Sie durch einfache Erhebung des Widerspruchs bis auf weiteres noch am öffentlichen Straßenverkehr teilnehmen. Dies kann aus den genann-

---

405 BVerwG, NJW 1977, 1075.

392 OVG Hamburg, NZV 2002, 531, 533; VG Braunschweig, NJW 2005, 1816, 1817; VG Berlin, NZV 2002, 338; Erörterungen nach § 39 Abs. 1 Satz 3 VwVfG entfallen deshalb im konkreten Fall.

407 OVG Hamburg, NZV 2002, 531, 533; VG Braunschweig, NJW 2005, 1816, 1818; VG Aachen, VRS 108/05, 68 (Beschluss vom 24.11.2004); VG Sigmaringen, NVwZ-RR 2002, 116, 117; OVG Lüneburg, Beschluss vom 7.04.2017, 12 ME 49/17: *„Auch unter dem Blickwinkel der Verhältnismäßigkeit der Auswirkungen der Anordnung der sofortigen Vollziehung auf die Berufsausübung des Antragstellers ist vorläufiger Rechtsschutz nicht zu gewähren. Denn angesichts der Gefahren für die Teilnehmer am öffentlichen Straßenverkehr, die von einem Kraftfahrer ausgehen, der sich – wie der Antragsteller – als ungeeignet zum Führen von Kraftfahrzeugen erwiesen haben dürfte, müssen – wie bereits das Verwaltungsgericht zutreffend ausgeführt hat – solche privaten Belange des Einzelnen zurückstehen."*

408 Die Anordnung der sofortigen Vollziehung nach Ziffer 3 des Tenors bezieht sich auf die Entziehung der Fahrerlaubnis (Ziffer 1) und die Forderung nach Rückgabe des Führerscheins (Ziffer 2). Demnach sind auch hier 2 getrennte Begründungen der Anordnung der sofortigen Vollziehung erforderlich. *Siehe dazu die Erörterungen im Kapitel C. II.*

ten Gründen der Gefahrenabwehr nicht hingenommen werden[409]. Demnach überwiegt das öffentliche Interesse gegenüber dem privaten Interesse des Antragstellers, am Straßenverkehr teilzunehmen[410].

b) Die Fahrerlaubnis ist mittels Anordnung der sofortigen Vollziehung mit sofortiger Wirkung entzogen. Um einen evtl. Missbrauch durch Vorlage des Führerscheins zu verhindern, ist im öffentlichen Interesse auch die sofortige Rückgabe des Führerscheins innerhalb der gesetzten Frist geboten[411].

4. Zwangsgeldandrohung[412]:
Die Zwangsgeldandrohung betr. Abgabe des Führerscheins findet ihre Rechtsgrundlage in § 20 SächsVwVG. Die Vollstreckungsbehörde muss darauf hinwirken, dass der Ihnen ausgestellte Führerschein nach Entziehung der Fahrerlaubnis unverzüglich der ausstellenden Behörde zurückgegeben werden muss. Ansonsten besteht die Möglichkeit des Missbrauchs, weshalb die Zwangsgeldandrohung in Höhe von 500 Euro angemessen und gerechtfertigt ist. Geben Sie den Führerschein innerhalb der gesetzten Frist zurück, hat sich die Zwangsgeldandrohung erledigt. Eine Zwangsgeldfestsetzung erübrigt sich dann.

5. Gebührenfestsetzung...

Rechtsbehelfsbelehrung (siehe § 37 Abs. 6 VwVfG)

Es genügt hier die „einfache" Rechtsbehelfsbelehrung, es ist nicht erforderlich, auf die Möglichkeit von Eilanträgen nach § 80 Abs. 4, 5 VwGO hinzuweisen.

Unterschrift

---

409 Diese kurze Begründung der Anordnung der sofortigen Vollziehung genügt, wie bereits angesprochen, in Fällen der Gefahrenabwehr: OVG Hamburg, NZV 2002, 531, 533; VG Berlin, NZV 2000, 479: Die sofortige Entziehung der Fahrerlaubnis ist im öffentlichen Interesse geboten, um Gefahren abzuwenden, die bei einer weiteren Teilnahme des Antragstellers am Straßenverkehr bereits während des Verwaltungs- und eines evtl. Klageverfahrens zu befürchten sind.

410 VGH Mannheim, VRS 88/95, S. 76, 78, Beschluss vom 9.8.1994.

411 VG Hannover, Gewerbearchiv 1999, 198, 199; VG Sigmaringen, NVwZ-RR 2002, 116, 117.

412 Ausdrückliche Begründung auch der Zwangsmittelandrohung: Brühl, JuS 1997, 932; insbes. sind Ausführungen zur Zwangsgeldhöhe vorzunehmen.

Bescheid
vom 2.5.2009 über den Widerruf einer Erlaubnis zum Betrieb eines Makler-, Bauträger- und Baubetreuergewerbes (§ 34c GewO)[413]

Per Postzustellungsurkunde
Herrn
Werner Schröder
Wiesenstraße 20
Zwickau

Folgender Tenor:

1. Die Ihnen am 15.5.2005 erteilte Erlaubnis zum Betrieb eines Makler-, Bauträger- und Baubetreuungsgewerbes wird widerrufen.
2. Die mit dieser Erlaubnis verbundenen Tätigkeiten sind spätestens mit Ablauf des 10. Tages nach Zustellung dieses Bescheides einzustellen.
3. Die Ihnen erteilte Gewerbeerlaubnis ist unverzüglich, spätestens bis 10.5.2009, zurückzugeben.
4. Die sofortige Vollziehung der Regelungen unter 1–3 wird angeordnet.
5. Für den Fall der Weiterführung des Gewerbes trotz Widerruf wird ein Zwangsgeld in Höhe von 3.000 Euro, und für den Fall der nicht rechtzeitigen Rückgabe der Gewerbeerlaubnis ein Zwangsgeld in Höhe von 1.000 Euro angedroht.
6. Gebührenfestsetzung....

Begründung:

I.[414]

Die Stadt Zwickau erteilte Ihnen am 15.5.2005 die vorgenannte Gewerbeerlaubnis.
Inzwischen hat sich herausgestellt, dass sie die gewerberechtlich erforderliche Zuverlässigkeit nicht mehr besitzen.
Laut Ihrer Selbstauskunft anlässlich der Anhörung in diesem Verwaltungsverfahren erzielen sie monatliche Einkünfte in Höhe von höchstens 1.000 Euro. Miet- und Pachteinkünfte sind an Dritte abgetreten.
Nach Mitteilung des Finanzamtes Zwickau bestehen dort gegenwärtig Steuerrückstände in Höhe von ca. 100.000 Euro, die seit 2007 angefallen sind.
Weiterhin bestehen Steuerrückstände bei der Stadt Zwickau in Höhe von ca. 40.000 Euro.

413 Der Entscheidung des VG Meiningen, Gewerbearchiv 2000, 422 ff. nachgebildet; siehe dazu Weber, Der erfolglose Makler (Klausur), VR 2002, 276 ff.; Gewerbeerlaubnis als begünstigender Verwaltungsakt i. S. d. § 48 Abs. 1 Satz 2 VwVfG; siehe auch VGH München, NJW 2014, 2375, Widerruf einer Bewachungsgewerbeerlaubnis wg. Unzuverlässigkeit; Weber, Aktuelle Rechtsprechung zum Bewachungsgewerbe nach § 34 a GewO, GewArch 2021, 144.

414 Wesentliche tatsächliche Gründe, § 39 Abs. 1 Satz 1 VwVfG.

Demgegenüber stehen nur die von Ihnen angegebenen monatlichen Einkünfte in Höhe von 1.000 Euro, Ihre Ehefrau ist nach Ihren Angaben arbeitslos.
Verantwortlich für die Steuerrückstände sei, wie Sie in der Anhörung angegeben haben, im Wesentlichen der vorherige Steuerberater, der falsche Angaben gemacht hätte. Es sei deshalb nicht angebracht, einen Widerruf auszusprechen, die weitere Gewerbeausübung sei für Sie selbstverständlich.

II.[415]

1. Widerruf der Erlaubnis:
   Rechtsgrundlage für den Widerruf der Erlaubnis ist § 49 Abs. 2 Nr. 3 VwVfG[416].

2. Danach darf ein rechtmäßiger begünstigender Verwaltungsakt, auch nachdem er unanfechtbar geworden ist, nur widerrufen werden, *„wenn die Behörde auf Grund nachträglich eingetretener Tatsachen berechtigt wäre, den Verwaltungsakt nicht zu erlassen und wenn ohne den Widerruf das öffentliche Interesse gefährdet würde."*
   a) Die nachträglich, also nach Erteilung der Erlaubnis im Jahre 2005 bekannt gewordenen Tatsachen berechtigten die Behörde, den Verwaltungsakt „Erlaubnis nach § 34c GewO" nicht zu erlassen. Hätten bereits damals diese Steuerrückstände bestanden, hätte eine Erlaubnis nicht erteilt werden können. Im Jahre 2005 war die Erteilung der Erlaubnis aber rechtmäßig.
      aa) Denn nach § 34c Abs. 2 GewO ist die Erlaubnis (bei Antragstellung) zu versagen, wenn Tatsachen die Annahme rechtfertigen, dass der Antragsteller die erforderliche Zuverlässigkeit nicht besitzt (Ziffer 1) oder in ungeordneten Vermögensverhältnissen lebt (Ziffer 2)[417].
      bb) Unzuverlässig ist ein Gewerbetreibender, der nach dem Gesamteindruck seines Verhaltens nicht die Gewähr dafür bietet, dass er sein Gewerbe künftig ordnungsgemäß betreiben wird[418]. Die konkrete Unzuverlässigkeit ergibt sich aus den erheblichen gewerbebezogenen Steuerrückständen[419]. Bei Weiterbetreiben des Gewerbes ist mit einem Ansteigen der

415 Wesentliche rechtliche Gründe, § 39 Abs. 1 Satz 2 VwVfG. Hier sind umfassende und ausführliche Darlegungen erforderlich, da ein Eingriff in Art. 12 GG vorliegt (aufgegliederte Prüfung nach Tatbestand und anschließend Rechtsfolge der Norm).

416 Siehe auch zu § 49 Abs. 2 3 VwVfG Hessen den Beschluss des VGH Kassel, NVwZ-RR 2006, 116.
Rechtsgrundlage ist im konkreten Fall nicht § 35 Abs. 1 GewO (siehe z. B. VGH München, Gewerbearchiv 2003, 335), denn es geht nicht um eine Gewerbeuntersagung. Diese Norm ist einschlägig bei den nur anzeigepflichtigen Gewerben nach § 14 GewO, nicht aber bei den genehmigungspflichtigen Gewerben wie hier nach § 34c GewO (Genehmigung als begünstigender Verwaltungsakt); siehe dazu OVG Schleswig, Gewerbearchiv 1994, 167, und VGH Mannheim, Gewerbearchiv 1994, 421.
Demgegenüber sind die übrigen Gewerbe nach § 14 GewO nur anzeigepflichtig. Rechtsgrundlage bei diesen nur anzeigepflichtigen Gewerben ist im Falle der Gewerbeuntersagung dann § 35 Abs. 1 Satz 1 GewO *(siehe dazu Weber, VR 2012, 337).*

417 Prüfung der Tatbestandsmerkmale der Normen des § 49 Abs. 2 Satz 3 VwVfG i. V. m. § 34c Abs. 2 GewO, wesentliche rechtliche Gründe i. S. d. § 39 Abs. 1 Satz 2 VwVfG.

418 VG München, Urteil v. 6.7.2017 – M 16 K 16.2716; VG Berlin, Urteil vom 28.03.2012 – 35 K 196.11; OVG Lüneburg, Beschluss vom 29.6.2015, 7 ME 32/15; OVG Weimar, LKV 2007, 140; Weber, Zur Gewerbeuntersagung nach § 35 Abs. 1 GewO, VR 2012, 337.

419 BVerwG, Gewerbearchiv 1999, 72; VG Chemnitz, LKV 2007, 186: Zahlungsrückstände in Höhe von 82.000 Euro.

Rückstände zu rechnen und infolge Ihres geringen Einkommens sind Sie auch nicht in der Lage, die Rückstände auszugleichen, zumal Ihre Ehefrau arbeitslos ist. Ein evtl. Fehlverhalten des Steuerberaters ist unbeachtlich, da Sie jedenfalls persönlich ordnungsrechtlich verantwortlich sind, wobei ein Verschulden des Gewerbetreibenden nicht gefordert wird[420].
Aus den genannten Umständen ergibt sich auch, dass Sie in ungeordneten Vermögensverhältnissen leben und somit eine Gefahr für Ihre Kunden besteht, die Ihnen in finanziellen Angelegenheiten vertrauen.

cc) Ohne den Widerruf der Erlaubnis ist das öffentliche Interesse gefährdet (drohender Schaden für wichtige Gemeinschaftsgüter, nicht ordnungsgemäße Abwicklung von Grundstücksgeschäften usw.). Unzuverlässige Makler müssen im Interesse der Öffentlichkeit an einem geordneten Wirtschaftsverkehr von der weiteren Gewerbeausübung ferngehalten werden[421].

b) Die Norm des § 49 Abs. 2 Satz 3 VwVfG eröffnet Ermessen[422] (die Behörde „darf" nur widerrufen, wenn der vorgenannte Tatbestand gegeben ist). Insoweit ist unter den Gesichtspunkten der Verhältnismäßigkeit und Erforderlichkeit wg. der erheblichen Steuerrückstände und der Tatsache, dass eine Rückzahlung aussichtslos erscheint, geboten, den Widerruf auszusprechen[423].
Hinzu kommt, dass Sie, wie in der Anhörung vorgetragen, freiwillig nicht auf die Erlaubnis verzichten wollen und somit weiter die Gefahr besteht, dass evtl. Kunden benachteiligt werden.

3. Die Aufforderung der Einstellung des Gewerbebetriebes ergibt sich aus § 15 Abs. 2 GewO und ist eine praktische Folge des Ausspruchs des Widerrufs der Erlaubnis. Ansonsten muss mit einer Fortführung der Maklertätigkeit gerechnet werden, wodurch weitere Steuerrückstände anfallen und auch die Gefahr von Vermögensnachteilen für potentielle Kunden weiter besteht.

4. Die Forderung nach Rückgabe der Gewerbeerlaubnis findet ihre Rechtsgrundlage in § 52 VwVfG[424]. Ansonsten könnten Sie trotz Widerrufs unter Vorlage der entspr. Urkunden weitere Geschäfte tätigen.

---

420 OVG Weimar, LKV 2007, 140, 141; VG Chemnitz, LKV 2007, 186, 188.

421 Hier ist zu beachten, dass nach § 49 Abs. 2 Satz 3 VwVfG die beiden genannten Tatbestandsmerkmale kumulativ gegeben sein müssen!

422 Siehe § 39 Abs. 1 Satz 3 VwVfG, besondere Begründungspflicht der Ermessensentscheidung; siehe z. B. VG Chemnitz, LKV 2007, 186, 189. Im Gegensatz dazu handelte es sich z. B. bei der Entziehung der Fahrerlaubnis nach den §§ 3 und 4 StVG um eine sog. gebundene Entscheidung ohne Ermessen!

423 OVG Weimar, LKV 2007, 140, 141. Man kann hier von einer Ermessensreduzierung auf „null" sprechen, der Behörde bleibt keine andere, mildere Maßnahme, im öffentliche Interesse an der Sicherheit des Wirtschaftsverkehrs und der Grundstückskäufe und -verkäufe.

424 Als allgemeine Vorschrift. Eine Sonderregelung befindet sich z. B. in § 3 Abs. 2 Satz 3 StVG i. V. m. § 47 Abs. 1 FeV im Zusammenhang mit der Entziehung der Fahrerlaubnis, konkret Rückgabe des Dokuments „Führerschein".

5. Die Anordnung der sofortige Vollziehung für die unter den Ziffern 1–3 des Tenors festgelegten Regelungen ist im öffentlichen Interesse erforderlich, wie sich bereits aus den vorstehenden Ausführungen ergibt[425].
   Ansonsten könnten Sie durch einfache Erhebung des Widerspruchs bzw. Anfechtungsklage weiterhin das Maklergewerbe ausüben, obwohl durch Ihre ungeordneten wirtschaftlichen Verhältnisse erhebliche Gefahren für den Wirtschaftsverkehr drohen. Zudem muss bei weiterer Gewerbeausübung mit einem Ansteigen der Steuerrückstände und weiteren Zahlungsschwierigkeiten gerechnet werden, da Sie über kein nennenswertes Einkommen verfügen.
   Insoweit war es auch geboten, die Einstellung der weiteren Gewerbeausübung und die Rückgabe der Genehmigung mit der Anordnung der sofortigen Vollziehung zu versehen, insbes. auch die Rückgabeverpflichtung, dass ansonsten ein Missbrauch durch weitere Vorlage der Genehmigungsunterlagen nicht ausgeschlossen werden kann.

6. Die Zwangsgeldandrohung[426] gründet sich auf § 20 SächsVwVG. Die Vollstreckungsbehörde muss mit Nachdruck dafür sorgen, dass die entspr. Regelungen, die mit Anordnung der sofortigen Vollziehung versehen wurden, von Ihnen eingehalten werden. Kommen Sie diesen Anordnungen nach, hat sich die Androhung erledigt, eine Zwangsgeldfestsetzung wird nicht erfolgen.
   a) Bei Weiterführung des Gewerbes ist ein Zwangsgeld in Höhe von 3.000 Euro angedroht worden, dieser Betrag ist angemessen und verhältnismäßig angesichts des gesetzlich festgelegten Höchstbetrages von 25.000 Euro.
   b) Für den Fall der Nichtrückgabe der Urkunde ist ein Zwangsgeld in Höhe von 1.000 Euro angedroht worden, auch dieser Betrag ist im Hinblick auf die Gefahr eines evtl. Missbrauch verhältnismäßig und vertretbar.

7. Gebührenfestsetzung…

Rechtsbehelfsbelehrung, § 37 Abs. 6 VwVfG

Unterschrift

---

425 Hier eine Anordnung der sofortigen Vollziehung in einem Falle der Gefahrenabwehr, wie bereits mehrfach angesprochen. Die Begründung muss nicht sehr umfangreich sein, es kann im Wesentlichen auf die Ausführungen zum Widerruf usw. verwiesen werden.

426 Diese Begründung kann kurz und knapp ausfallen, da sich die wesentlichen Gründe für die Zwangsgeldandrohung aus den bereits angesprochenen Gründen ergeben.

6. Beispiele für sog. isolierte Zwangsgeldandrohungen:

a) nach VGH München (NuR 2006, 383; Beschluss vom 4.2.2004):

Landratsamt Mittelsachsen ____________________________ Freiberg, den 20.5.2009

Per Postzustellungsurkunde

Herrn
Eberhard Winter
Freiberger Str. 20
Mittweida

Folgender Tenor:

1. Sie werden aufgefordert, das Tierbestandsbuch entspr. der Auflage Nr. 6.2 im Bescheid vom 15.11.2008 unverzüglich, spätestens innerhalb einer Woche ab Zustellung dieses Bescheides, zu führen.
2. Für den Fall der Nichteinhaltung der gesetzten Frist zur Führung des Tierbestandsbuches wird ein Zwangsgeld in Höhe von 250 Euro angedroht.

I.

Mit dem vorgenannten Bescheid erhielten Sie die tierschutzrechtliche Erlaubnis zur gewerbsmäßigen Hundezucht.
Als Auflage Nr. 6.2. war diesem Bescheid die Nebenbestimmung angefügt, dass *„ein Tierbestandsbuch zu führen ist, in dem alle Zu- und Abgänge unverzüglich einzutragen sind"*.
Es war festgelegt, dass dieses Buch sofort ab Bescheidzugang zu führen war.
Aus Kontrollberichten unseres Außendienstes (§ 16 Abs. 3 Nr. 3 des Tierschutzgesetzes) ergibt sich, dass bei 2 Kontrollen in diesem Jahr bei Ihnen festgestellt wurde, dass nur Rechnungsblöcke mit Verkaufsvorgängen geführt wurden.
Diese Aufzeichnungen entsprechen nicht der Festlegung in Bezug auf die Führung eines „Buches" in gebundener Form, um Fälschungen und Manipulationen zu vermeiden.
Bei Erteilung der Erlaubnis haben wir Ihnen ein entspr. Buchmuster vorgelegt, welches Sie aber nicht benutzt haben.

II.

1. Der vorgenannte tierschutzrechtliche Erlaubnisbescheid vom 15.11.2008 ist inzwischen unanfechtbar.
2. Nach § 11 Abs. 2a Nr. 1 des Tierschutzgesetzes, worauf wir bereits im Bescheid vom 15.11.2008 hingewiesen haben, kann die Ihnen erteilte Erlaubnis u. a. mit der Auflage versehen werden, dass ein Tierbestandsbuch zu führen ist.

Dieser im Bescheid vom 15.11.2008 festgelegten Auflage, die tierschutzrechtliche Zwecke erfüllen soll, sind Sie nicht nachgekommen.
Die Verkäufe von Tieren sollen durch die Führung des Tierbestandsbuches in ihrem Verlauf kontinuierlich durch das ganze Jahr hindurch festgehalten werden. Dadurch wird auch das Schicksal jedes einzelnen Tieres kontrollfähig gemacht. Zudem sind in den von Ihnen vorgelegten Rechnungsblöcken keine Aufzeichnungen über Verkäufer und Käufer enthalten.

3. Es war demnach erforderlich und geboten, sie zur Beachtung der unanfechtbaren Auflage mittels Androhung eines Zwangsgeldes anzuhalten. Die Höhe des angedrohten Zwangsgeldes ist verhältnismäßig und vertretbar.
4. Die Behörde behält sich vor, die Einhaltung der Auflage nach § 16 Abs. 3 Nr. 3 des Tierschutzgesetzes weiterhin zu kontrollieren, insbes. im Hinblick auf die nunmehr erfolgte Zwangsgeldandrohung.
5. Abschließend verwiesen wir darauf, dass diese Zwangsgeldandrohung kraft Gesetzes (§ 11 SächsVwVG) sofort vollziehbar ist.

Rechtsbehelfsbelehrung, § 37 Abs. 6 VwVfG

Unterschrift

Anmerkung: *Ausgangspunkt ist eine tierschutzrechtliche Erlaubnis mit Auflagen, diese Erlaubnis ist inzwischen unanfechtbar. Danach (6 Monate später) erfolgte eine isolierte Androhung wegen des Nichtbeachtens einer Auflage.*
Bei der Begründung der isolierten Androhung kann im Wesentlichen auf die vorher erteilte Erlaubnis i. S. eines begünstigenden Verwaltungsaktes (§ 48 Abs. 1 Satz 2 VwVfG) hingewiesen werden.
Die Nichteinhaltung der unanfechtbaren Auflage durch den Adressaten des Bescheides und jetzigen Vollstreckungsschuldner ist eindeutig und muss nunmehr mittels Zwangsgeldandrohung durchgesetzt werden.
Abschließend empfiehlt sich der Hinweis auf § 11 SächsVwVG.

b) BayVerfGH, BayVBl. 2007, 306:

Unanfechtbare baurechtliche Beseitigungsanordnung vom 4.1.1994 mit sehr viel späterer sog. „isolierter“ Zwangsgeldandrohung vom 9.2.2005 über einen Betrag in Höhe von 10.000 Euro.
Die isolierte Zwangsgeldandrohung erging also 11 Jahre nach dem Grundverwaltungsakt in Form eines Vollstreckungstitels aus dem Jahre 1994.

c) VGH München,Beschluss v. 14.12.2023 – 1 ZB 23.1342

Isolierte Zwangsgeldandrohung zur Durchsetzung einer Abbruchverpflichtung
Der Kläger wendet sich erfolglos gegen eine Zwangsgeldandrohung, die zur Durchsetzung einer baurechtlichen Auflage erlassen wurde (bestandskräftige Anordnung zum Abbruch des Wohngebäudes im Baugenehmigungsbescheid vom 9. Juli 2010; siehe auch aktuell VG Ansbach, Beschluss vom 24.04.2024 – AN 3 S 24.543.

Abschließende Anmerkung zum Vorliegen der Vollstreckungsvoraussetzungen des § 2 SächsVwVG, sog. Vollstreckungstitel (allgemeine Vollstreckungsvoraussetzung):
Aus praktischer Sicht empfiehlt sich immer der sichere Weg, wie auch aus den vorstehenden Beispielen mit Androhungen hervorgeht.
D. h. Aussprechen einer Zwangsmittelandrohung erst ***nach*** *Vorliegen eines Vollstreckungstitels, unabhängig davon, ob es sich um eine unselbständige oder eine sog. isolierte Androhung handelt.*
Wie die obigen praktischen Beispiele zeigten, werden Androhungen regelmäßig nach der Anordnung der sofortigen Vollziehung (§ 80 Abs. 2 Satz 1 Nr. 4 VwGO ausgesprochen), der Vollstreckungstitel liegt also vor (Fälle des § 20 Abs. 2 SächsVwVG).

Siehe dazu auch die Ausführungen des OVG Bautzen im Urteil vom 22.3.2023, 6 A 272/20, *in Kapitel J VII 4.*

XI. Zur Androhung der Ersatzvornahme[427]

Das Vollstreckungsmittel der Ersatzvornahme ist in § 24 SächsVwVG geregelt. Danach „kann" die Vollstreckungsbehörde eine Handlung auf Kosten des Pflichtigen (Vollstreckungsschuldner) vornehmen, wenn die Pflicht zu einer Handlung, die auch ein anderer vornehmen kann (sog. vertretbare Handlung) nicht oder nicht vollständig oder nicht zur gehörigen Zeit erfüllt wird.

1. Nach Art. 32 Satz 2 BayVwZVG ist die Ersatzvornahme nur zulässig, wenn ein Zwangsgeld keinen Erfolg erwarten lässt. Diese Einschränkung enthält das SächsVwVG nicht, aber eine ähnliche Festlegung im Zusammenhang mit dem unmittelbaren Zwang, § 25 Abs. 2 SächsVwVG.

427 BVerwG, NVwZ 2009, 122; VG Neustadt, NVwZ-RR 2009, 227; OVG Bautzen, SächsVBl. 2008, 298, und LKV 2009, 238; OVG Saarlouis, NVwZ 2009, 602; VG Mainz, Urteil vom 17.7.2019, 3 K 1104/18.MZ; Weber, Die Ersatzvornahme in der behördlichen Praxis unter besonderer Berücksichtigung der Kostenforderung, 2016, Carl Link Kommunalverlag.

2. Bei der Androhung des Zwangsmittels der Ersatzvornahme ist aber folgendes zu beachten (**sog. besondere Vollstreckungsvoraussetzungen bei der Ersatzvornahme**):
   a) Mittels Ersatzvornahme können nur dem Vollstreckungsschuldner auferlegte Handlungspflichten vollstreckt werden, kein Dulden oder Unterlassen, da höchstpersönlicher Natur[428].
   b) Es muss sich um eine sog. „vertretbare“ Handlung handeln.
   Es geht dabei um Handlungen, die der Vollstreckungsschuldner nicht nur persönlich vornehmen kann[429], sondern auch dritte Personen können (für den Vollstreckungsschuldner) „handeln“ (z. B. Abriss einer Garage, Abgabe des Führerscheins nach Entziehung der Fahrerlaubnis, Anleinen eines Hundes; es ist vollstreckungsrechtlich nicht von Bedeutung, ob der Vollstreckungsschuldner selbst tätig wird oder ein Dritter).
   Diese vertretbaren Handlungen verlangen immer ein aktives Tun, dagegen ist ein „Dulden“ oder „Unterlassen“ immer unvertretbar[430].
   So ist z. B. das Auflösungsgebot nach dem Tierschutzgesetz, d. h. die Aufgabe der Tierhaltereigenschaft und die Veräußerung der Tiere eine „nicht vertretbare“ Handlung des Vollstreckungsschuldners und kann deshalb nicht im Wege der Ersatzvornahme durchgesetzt werden[431].
   c) Beschluss des VG Freiburg vom 17.12.2019, 4 K 4800/19:
   Ziffer II des Bescheids vom 05.12.2019 – mit dem die Antragsgegnerin der Antragstellerin die Ersatzvornahme androht, sollte er gegen das Beschäftigungsverbot verstoßen – ist hingegen voraussichtlich rechtswidrig. Die im Rahmen des gerichtlichen Eilverfahrens anzustellende Interessenabwägung fällt hier schon deshalb zu Lasten des Antragsgegners aus, weil kein öffentliches Interesse an der Durchführung rechtswidriger Maßnahmen besteht.
   Das Beschäftigungsverbot kann nicht im Wege der Ersatzvornahme nach § 19 Abs. 1 Nr. 2, § 25 LVwVG vollstreckt werden. Denn bei einem behördlichen Beschäftigungsverbot liegt schon ***keine vertretbare Handlung*** *vor, die sich im Wege der Ersatzvornahme vollstrecken ließe, da im Kern vielmehr eine Unterlassung gefordert wird, die nur vom Pflichtigen erbracht werden kann (vgl.* SADLER/TILMANNS, *VwVG/VwZG, 19. Aufl. 2020, § 10 VwVG, Rn. 1). Soweit die Antragsgegnerin eine Schließung des Geschäfts als Ersatzvornahme vor Augen hat, handelt es sich dabei nicht um das entsprechende Handlungsäquivalent, sondern um eine Maßnahme, die wohl mit unmittelbarem Zwang zu vollstrecken wäre.*

---

428 VG Neustadt, NVwZ-RR 2009, 227, 228.

429 Z. B. Verlassen eines Ortes bei Platzverweis, Erteilung einer Auskunft aufgrund eines behördlichen Auskunftsverlangens; das sind sog. unvertretbare Handlungen. VG Augsburg, Gerichtsbescheid vom 19.07.2010 – Au 3 K 10.523: vertretbare Handlung; der Kläger wurde aufgefordert, seinen unterirdischen Dieseltank durch einen zugelassenen Sachverständigen auf den ordnungsgemäßen Zustand überprüfen zu lassen.

430 OVG Greifswald, NVwZ 1996, 489, 490: Unterlassung der Nutzung eines Bootsstegs; VG Neustadt, NVwZ-RR 2009, 227, 228; KUGELMANN, DÖV 1997, 153, 156.

431 VGH Mannheim, NuR 2006, 441.

3. Die genannten Einschränkungen bei der Frage des Einsatzes des Zwangsmittels der Ersatzvornahme sind sog. „besondere Vollstreckungsvoraussetzungen“[432], ohne die eine Ersatzvornahme nicht erfolgen kann.

4. Beispiele aus der Rechtsprechung für Ersatzvornahmen (eine vertretbare Handlung liegt vor):
   - Sicherung eines Hausgrundstückes[433]
   - Beseitigung einer Werbetafel[434]
   - Beseitigung von baulichen Mängeln an einem Wohnhaus[435]
   - Bergung einer gesunkenen Bootshalle mit Entfernung aus der Wasserstraße[436]
   - Beseitigung gesunkener Schiffe[437]
   - Entstempelung von Kfz-Schildern an einem Fahrzeug[438]
   - Anordnung der Fällung von Bäumen[439]
   - Beseitigung konkret bezeichneter baulicher Anlagen[440]
   - Abschleppen von verkehrswidrig abgestellten Kraftfahrzeugen[441]

   (zur Abgrenzung gegenüber der sog. „unmittelbaren Ausführung siehe später im Kapitel L. V).

Einsatz des Zwangsmittel der Ersatzvornahme	
Nur bei Vollstreckung von Handlungen, nicht von Duldungen oder Unterlassungen	Nur bei Vollstreckung sog. vertretbarer Handlungen (nicht nur der Vollstreckungsschuldner, auch Dritte können diese Handlung vornehmen, z. B. Abriss eines Hauses oder Wegfahren eines Fahrzeugs[432])

5. Bei der Androhung der Ersatzvornahme sind nach § 20 Abs. 5 SächsVwVG[443] die voraussichtlichen Kosten der Durchführung der Ersatzvornahme anzugeben[444].

432 Vollstreckungstitel als „allgemeine Vollstreckungsvoraussetzung“, anschließend bei dem jeweiligen Zwangsmittel (insbes. Ersatzvornahme und unmittelbarer Zwang) bestehen noch „besondere Vollstreckungsvoraussetzungen“; VGH Mannheim, VBlBW 2003, 386, 387.
433 OVG Koblenz, Urteil vom 12.7.2022, 1 A 10363/21.OVG.
434 OVG Bautzen, LKV 1994, 412.
435 BVerwG, DÖV 1984, 887; Kugelmann, DÖV 1997, 153, 156.
436 OVG Koblenz, NVwZ 1994, 715.
437 BVerwG, NVwZ 1997, 381.
438 VGH München, BayVBl. 2005, 536.
439 VGH München, NVwZ-RR 2017, 991.
440 VG Neustadt, NVwZ-RR 2009, 227.
441 VGH Mannheim, NZV 1996, 511, 512, und NJW 2003, 3363; OVG Bautzen, SächsVBl. 2001, 94; VG Hamburg, NVwZ-RR 2005, 37; OVG Münster, NJW 2000, 602; *siehe dazu ausführlich in Kapitel M.*
442 Siehe dazu die sog. Abschleppfälle, *später im Kapitel M.*
443 Sofern eine Androhung nach § 21 SächsVwVG (Gefahr im Verzug) nicht entbehrlich ist.
444 VGH München, NJW 2005, 2569, 2571; damit soll dem Vollstreckungsschuldner vor Augen geführt werden, dass er durch eigene Tätigkeit die hohen Kosten vermeiden kann.

Beispiele:
- OVG Bautzen, SächsVBl. 2008, 298: Abriss eines Hauses, voraussichtliche Kosten ca. 30.000 DM
- VGH Mannheim, NVwZ 2001, 1297 (Umweltrecht): voraussichtliche Kosten der Ersatzvornahme in Höhe von 590.000 DM
- BVerwG, DÖV 1984, 887: voraussichtliche Kosten 13.000 DM
- VGH Mannheim, NVwZ-RR 1997, 74: voraussichtliche Kosten 15.000 DM
- VGH Kassel, NVwZ-RR 1998, 722: voraussichtliche Kosten 50.000 DM
- OVG Weimar, LKV 1998, 283: voraussichtliche Kosten 1 Million DM (Abfallbeseitigung)
- VGH München, NVwZ-RR 2015, 85: voraussichtliche Kosten in Höhe von 7.500 Euro für die Entrümpelung eines Grundstücks
- OVG Koblenz, Urteil vom 12.7.2022, 1 A 10363/21.OVG: Sicherung eines Hausgrundstückes, voraussichtliche Kosten ca. 94.000 Euro.

6. Nach § 24 Abs. 2 SächsVwVG kann die Vollstreckungsbehörde vom Vollstreckungsschuldner die Vorauszahlung der voraussichtlichen Kosten der Ersatzvornahme mittels Leistungsbescheid (§§ 12 ff. SächsVwVG) verlangen.

7. Die Benennung des vorläufig veranschlagten Kostenbetrages in der grundsätzlich schriftlich zu erfolgenden Androhung (§ 20 Abs. 5 SächsVwVG) der Ersatzvornahme soll auf den Vollstreckungsschuldner insoweit einwirken, als er die Möglichkeit hat, durch Eigeninitiative die spätere Anwendung der Ersatzvornahme abzuwenden. Die eigene Betätigung ist für ihn oft kostengünstiger als die Durchführung der Ersatzvornahme mittels Maßnahmen der Vollstreckungsbehörde[445].
   Unschädlich ist, dass die tatsächlich durchgeführte Ersatzvornahme später zu Kosten führte, die höher sind als die vorläufig veranschlagten, denn es handelte sich bei der Festlegung in § 24 Abs. 2 SächsVwVG nur um eine Mitteilung der „vorläufigen" Kosten.

445 Siehe dazu OVG Koblenz, NVwZ 1999, 27, 29; VGH Kassel, NVwZ-RR 2004, 425.

Beispiel
für die Tenorierung und Begründung eines Bescheides einschl. der Androhung der Ersatzvornahme mit veranschlagten Kosten (VGH Mannheim, NVwZ 2001, 1297, Umweltschutzrecht):

Bescheid betr. Sanierungsmaßnahmen nach dem Landesabfallgesetz Baden-Württemberg wg. Altlasten

Bescheid des Landratsamtes A an Herrn B:

I. Ihnen wird aufgegeben, bis...
   1. den auf dem Grundstück... in einer Grube gelagerten CKW-verunreinigten Schlick unverzüglich zu entnehmen und einer geordneten Entsorgung zuzuführen,
   2. in der bestehenden Grundwassermessstelle eine tiefenzonierte Beprobung durchzuführen und das Grundwasser auf eine Reihe von Parametern zu untersuchen,
   3. das Schichtwasser und die Bodenluft zu sanieren,
   4. für die Grundwassersanierung durch ein geeignetes Gutachterbüro einen Sanierungsplan erstellen zu lassen,
   5. die genannten Maßnahmen durch ein geeignetes Gutachterbüro fachtechnisch begleiten, überwachen und dokumentieren zu lassen.

II. Hinsichtlich der Ziffern 1 bis 5 des Tenors wird die sofortige Vollziehung angeordnet.

III. Für den Fall nicht fristgerechter Erledigung... wird die Ersatzvornahme angedroht. Die voraussichtlichen Kosten der Ersatzvornahme werden mit 590.000 DM beziffert.

Anmerkung zum Tenor: *Unter I. ist der sog. Grundverwaltungsakt mit seinen verschiedenen Regelungen festgelegt. Es folgt unter II. der Vollstreckungstitel (in Form der Anordnung der sofortigen Vollziehung). Abschließend wird unter III. ein Zwangsmittel angedroht (Beginn des Verwaltungsvollstreckungsverfahrens), und zwar konkret die Ersatzvornahme mit Hinweis auf die voraussichtlich anfallenden Kosten, im konkreten Fall damals immerhin 590.000 DM!*

I.
Wesentliche tatsächliche Gründe

II.
Wesentliche rechtliche Gründe

Jede einzelne Regelung ist ausführlich zu begründen (mit der entspr. Rechtsgrundlage), Ziffern 1 bis 5 des Tenors, insbes. auch Ausführungen zum Ermessen, § 39 Abs. 1 Satz 3 VwVfG:

- Ausdrückliche Begründung der Anordnung der sofortigen Vollziehung, § 80 Abs. 2 Satz 1 Nr. 4, Abs. 3 VwGO
- Ausdrückliche Begründung der Androhung der Ersatzvornahme.

Hier ist die Androhung der Ersatzvornahme vertretbar unter Hinweis auf die drohenden Umweltschäden und den hohen Aufwand (geschätzte 590.000 DM), der mit einer Zwangsgeldandrohung nicht angemessen durchgesetzt werden kann.

Rechtsbehelfsbelehrung

XII. Zur Androhung des unmittelbaren Zwangs[446]

1. Auszugehen ist davon, dass der Einsatz und somit auch die Androhung des unmittelbaren Zwangs die „ultima ratio" ist, also Vorrang der Zwangsmittel „Zwangsgeld" oder „Ersatzvornahme"[447]. Denn: „*Unmittelbarer Zwang ist das am stärksten in die Rechte des Pflichtigen eingreifende Zwangsmittel*"[448], weshalb der Grundsatz der Verhältnismäßigkeit hier besonders zu beachten ist[449].

   Das Zwangsmittel des „unmittelbaren Zwangs" kommt daher nur zum Einsatz bei akuten Gefahrensituationen oder bei einem Vollstreckungsschuldner, der sich auch nicht durch wiederholte Verhängung von Zwangsgeldern beeindrucken lässt[450] (§ 25 Abs. 2 SächsVwVG), oder bei wirtschaftlicher Leistungsunfähigkeit des Schuldners, sodass Zwangsgeld ausscheidet[451].
   a) Nach § 25 Abs. 2 SächsVwVG „*darf unmittelbarer Zwang nur angewandt werden, wenn Zwangsgeld und Ersatzvornahme nicht zum Erfolg geführt haben oder deren Anwendung untunlich ist*"[452] (d.h. grundsätzlicher Nachrang des Zwangsmit-

446 § 25 VwVG; OVG Bautzen, Beschluss vom 29.10.2014, 5 B 274/14; 11.3.2022, 6 A 339/21; 26.7.2021, 6 B 261/21; 30.3.2021, 6 B 274/20; BVerwG, NJW 2014, 2299; OVG Münster, 21.1.2020, 4 B 1650/19; VG Augsburg, Urteil vom 15.3.2012, Au 5 K 11.1729; VG Würzburg, Beschluss vom 21.12.2012, W 6 S 12.1070; VGH Mannheim, NVwZ-RR 2014, 302, und Urteil vom 3.5.2021, 1S 512/19.

447 OVG Brandenburg, Gewerbearchiv 2002, 28, 29; OVG Berlin, NVwZ-RR 1998, 412, 413; OVG Greifswald, NVwZ 1996, 488, 489; VG Augsburg, Urteil vom 15.3.2012, Au 5 K 11.1729 und Urteil vom 30.7.2015, 5 K 15.243.

448 OVG Berlin, NVwZ-RR 1998, 412, 413.

449 OVG Brandenburg, Gewerbearchiv 2002, 28, 29: Rechtswidrige Androhung unmittelbaren Zwangs, da Zwangsgeldandrohung als milderes Mittel in Betracht kommt.

450 Beachtung des Grundsatzes der Verhältnismäßigkeit im Verwaltungsvollstreckungsrecht; Stohrer, BayVBl. 2005, 493; OVG Berlin, NVwZ-RR 1998, 412, 413.

451 OVG Schleswig, NVwZ-RR 1996, 200; VG Stuttgart, VBlBW 2001, 496, 497, und Gewerbearchiv 2003, 35, 37: Zwangsgeld und Ersatzvornahme sind angesichts der wirtschaftlichen Verhältnisse des Vollstreckungsschuldners „untunlich" (siehe auch § 25 Abs. 2 SächsVwVG).

452 OVG Bautzen, Beschluss vom 29.10.2014, 5 B 274/14: „*Untunlichkeit des Zwangsgelds oder der – hier mangels vertretbarer Handlung nicht in Betracht kommenden – Ersatzvornahme im Verhältnis zum unmittelbaren Zwang ist zu bejahen, wenn die Anordnung des Zwangsgelds schlechterdings oder im hohen Maße unangemessen oder unzweckmäßig ist. Dies kann der Fall sein, wenn nach den gesamten Umständen entweder die Aussichtslosigkeit eines milderen Zwangsmittels von vornherein feststeht oder wenn mit Rücksicht auf die anderenfalls für ein bedeutendes Rechtsgut drohende Gefahr, die mit einem Versuch, den Willen des Verpflichtenden zunächst durch ein milderes Zwangsmittel zu beugen, und der damit einhergehenden Verzögerung verbunden ist, nicht in Kauf genommen werden kann*"; OVG Greifswald, NVwZ 1996, 488, 489; OVG Brandenburg, Gewerbearchiv 2002, 28, 30.

tels des „unmittelbaren Zwangs" gegenüber Sachen, arg. § 25 Abs. 3 SächsVwVG).

Dazu das OVG Greifswald, NVwZ 1996, 489, 490:
*„Ersatzvornahme kommt hier nicht in Betracht, weil der Antragsteller nicht eine Handlung vorzunehmen hat (**Anm.:** Untersagung der Nutzung des Bootsstegs als Jachthafen), sondern eine Nutzung unterlassen soll. Die zweimalige Festsetzung von Zwangsgeld hat zu keinem Erfolg geführt."*

Außerdem ist bei der Anwendung unmittelbaren Zwangs gegenüber Personen (bei Vollstreckungen der Behörden praktisch nur schwer vorstellbar, *siehe dazu später unter Kapitel L VI*) nach § 25 Abs. 3 SächsVwVG zu beachten, dass er *„nur angewandt werden darf, wenn der Zweck der Vollstreckung durch unmittelbaren Zwang gegenüber Sachen nicht erreichbar erscheint. Das angewandte Mittel muss nach Art und Maß dem Alter und dem Zustand der Personen angemessen sein"* (typische Festlegung unter Beachtung des verfassungsmäßig bedeutsamen Verhältnismäßigkeitsprinzips in der Vollstreckung; zu beachtende **„besondere Vollstreckungsvoraussetzungen"** beim Zwangsmittel des unmittelbaren Zwangs).

b) Diese gesetzlich vorgeschriebene Zurückhaltung der Vollstreckungsbehörde ist natürlich bereits bei der Frage der Androhung des „unmittelbaren Zwangs" zu beachten. Die nachfolgenden Beispiele aus der Rspr. zeigen, dass es regelmäßig nur um unmittelbaren Zwang gegenüber Sachen nach § 25 Abs. 2 SächsVwVG geht; anders bei der Vollzugspolizei.

2. In den sog. Eilfällen nach § 21 SächsVwVG (Gefahr im Verzug) kann auch bei dem Zwangsmittel des unmittelbaren Zwangs ausnahmsweise auf eine Androhung verzichtet werden, d.h. Anwendung des Zwangsmittels des unmittelbaren Zwangs *(nachfolgend unter Kapitel I, VI)* ohne vorherige Androhung.

3. Beispiele aus der Rechtsprechung

Androhung des Zwangsmittels des unmittelbaren Zwangs durch die Vollstreckungsbehörde:

- Gewerbeuntersagung unter Festlegung der Einstellung des Betriebes mit Anordnung der sofortigen Vollziehung und Androhung unmittelbaren Zwangs (Wegnahme der Geschäftsunterlagen und Gerätschaften, Versiegelung der Betriebsräume)[453]
- Vorlage des Reisepasses mit Anordnung der sofortigen Vollziehung (Hooligan) unter Androhung, *„dass der Reisepass durch den Polizeivollzugsdienst zur Eintragung der Passbeschränkung mittels unmittelbaren Zwangs abgenommen werden kann."*[454]

453 VGH München, Gewerbearchiv 2005, 248.
454 VGH Mannheim; DVBl. 2000, 1630; VG Stuttgart, NJW 2006, 1017.

- Widerruf des Betreibens einer Gaststätte und Einstellung des Betriebes spätestens einen Tag nach Zustellung des Bescheides mit Anordnung der sofortigen Vollziehung und Androhung unmittelbaren Zwangs für den Fall des Weiterbetreibens[455]
- Anordnung der Schließung eines Gewerbebetriebes mit sofortiger Vollziehung und Androhung unmittelbaren Zwangs für den Fall, dass der Adressat der Schließungsverfügung nicht nachkommt[456].

4. Tenorierungen mit Androhung unmittelbarem Zwangs aus der Rechtsprechung[457]:

Bescheid vom 29.7.2004
betr. Untersagung der Annahme, Vermittlung
und Veranstaltung von Sportwetten ohne die erforderliche Erlaubnis;
(VG München, Gewerbearchiv 2005, 248):

Per Postzustellungsurkunde

Herrn
Alfred Obermüller
Regensburger Str. 20
München

Folgender Tenor:

1. Ihnen wird die Annahme, Vermittlung und Veranstaltung von Sportwetten ohne die erforderliche Erlaubnis untersagt.
2. Diese Tätigkeiten sind mit Ablauf des Tages der Zustellung dieses Bescheides einzustellen.
3. Für den Fall der Nichterfüllung der Verpflichtung nach Ziffer 2 des Tenors dieses Bescheides wird angedroht, die weitere illegale Tätigkeit mit unmittelbarem Zwang (Wegnahme der Geschäftsunterlagen und Gerätschaften, Versiegelung der Betriebsräume) zu unterbinden.
4. Die Ziffern 1 und 2 des Tenors dieses Bescheides werden mit der Anordnung der sofortigen Vollziehung versehen[458].

455 OVG Berlin, NVwZ-RR 2002, 739; ähnlich VG Augsburg, Urteil vom 15.3.2012, Au 5 K 11.1729; VG Würzburg, Beschluss vom 21.12.2012, W 6 S 12.1070.

456 OVG Schleswig, NVwZ-RR 1996, 200.

457 VG Augsburg, Beschluss vom 28.1.2015, Au 5 V 15.108; Siehe auch Weber, Die Zschopauer Zusicherung (Klausur), apf 2006, 186.

458 Anmerkung zum Aufbau dieses (vom VG München nicht beanstandenden) Tenors des behördlichen Bescheides: Ziffer 1 ist die sog. Hauptregelung, danach folgt die Betriebseinstellung, Ziffer 2.
Logischerweise muss danach aber als Ziffer 3 des Tenors die Anordnung der sofortigen Vollziehung zu 1. und 2. erfolgen, denn das ist der Vollstreckungstitel, der Voraussetzung dafür ist, dass unter 4. abschließend eine Zwangsmittelandrohung ausgesprochen werden kann.
Diese Zwangsmittelandrohung (als Vollstreckungsmaßnahme), richtigerweise Ziffer 4 des Tenors, muss nicht mit der Anordnung der sofortigen Vollziehung versehen werden, § 11 SächsVwVG.

Zur besonderen Begründung der Androhung des Zwangsmittels des „unmittelbaren Zwangs" hat das VG München im konkreten Fall ausgeführt:
„Die von der Behörde in der Begründung des Bescheides genannte Einschätzung, es müsse damit gerechnet werden, dass sich der Unternehmer vom Fälligwerden eines Zwangsgeldes als milderes Zwangsmittel im Hinblick auf die im Sportwettenbereich zu erzielenden Gewinne nicht werde beeindrucken lassen und seine Tätigkeit entgegen der Anordnung weiter betreiben werde, ist realistisch."

Zur besonderen Begründungspflicht bei der Androhung unmittelbaren Zwangs äußerte sich das auch das OVG Schleswig (NVwZ-RR 1996, 200) im Zusammenhang mit einer Betriebsschließungsverfügung vom 7.9.1995:
„Der Betroffene war in seinen neuen Betriebsräumen gewerblich tätig. Dafür spricht die Einrichtung einer kompletten Werkstatt, der große Bestand von in Reparatur befindlichen Kraftfahrzeugen, das am Gebäude angebrachte Firmenschild und die Mitteilung des Finanzamtes vom 23.8.1995. Darin hatte der Betroffene die Absicht erklärt, für die vergangenen Monate Umsatzsteuervoranmeldungen einzureichen.
Deshalb sind keine Anhaltspunkte gegeben, von Vollstreckungsmaßnahmen abzusehen. Auch die Auswahl des Zwangsmittels ist nicht zu beanstanden. Gegen den Betroffenen ein Zwangsgeld als weniger beeinträchtigende Maßnahme zu verhängen, schied wg. seiner wirtschaftlichen Leistungsunfähigkeit aus[459]."

Bescheid der Stadt A. in Baden-Württemberg vom 26.9.2005 betr. Beschränkung des Geltungsbereichs des Passes eines Hooligans (VG Stuttgart, NJW 2006, 1017)
1. *Der Geltungsbereich Ihres Reisepasses sowie Ihres Personalausweises wird derart eingeschränkt, dass eine Ausreise aus der Bundesrepublik Deutschland nach Slowenien vom 28.9.2005, 0 Uhr, bis 29.5.2005, 24 Uhr, nicht gestattet ist.*
2. *Ferner wird Ihnen aufgegeben, den Reisepass zum Zwecke der Eintragung dieser Passbeschränkung vorzulegen.*
3. *Sie haben sich am 29.9.2005 zwischen 10 und 14 Uhr persönlich beim Polizeirevier Leonberg zu melden.*
4. *Die Ziffern 1 bis 3 dieser Verfügung werden mit der Anordnung der sofortigen Vollziehung versehen.*
5. *Hinsichtlich der Verpflichtung zur Vorlage des Reisepasses wird das Zwangsmittel des unmittelbaren Zwangs angedroht.*

Anmerkung: *Am 29.9.2005 spielte der VfB Stuttgart in Slowenien. Die Androhung der Anwendung unmittelbaren Zwangs zur Vorlage des Reisepasses mit der Verpflichtung, die Beschränkung eintragen zu lassen, bezeichnete das VG als „adäquates Vollstreckungsmittel".*

5. Abschließend ist bei der Androhung des Zwangsmittels des „unmittelbaren Zwangs" darauf hinzuweisen, dass im Tenor der Androhung eine weitere Kon-

459 Ebenso VG Stuttgart, Gewerbearchiv 2003, 36, 37; OVG Berlin, NVwZ-RR 1998, 412, 413: Von vornherein feststehende Aussichtslosigkeit der Androhung von Zwangsgeld. Das Zwangsmittel des Zwangsgeldes ist demnach „untunlich" i. S. d. § 25 Abs. 2 SächsVwVG.

kretisierung unter dem Gesichtspunkt des Bestimmtheitsprinzips nicht erforderlich ist[460]. Denn für den Adressaten ist unzweideutig erkennbar, dass er bei Nichtbefolgung des Verwaltungsakts mit der Anwendung unmittelbaren Zwangs rechnen muss.

„Würde man dem Schuldner die geplanten Maßnahmen in allen Einzelheiten vorher ankündigen und wollte dieser ihnen nicht nachkommen oder gar Widerstand leisten, so könnte er sich auf sie einstellen und sie unterlaufen oder vereiteln. Deshalb kann die Behörde auch nicht von vornherein übersehen, welche Maßnahmen konkret bei der Anwendung des unmittelbaren Zwangs erforderlich werden. Das schließt es aus, von ihr zu verlangen, Einzelheiten über die geplante Vollstreckungshandlung vorher mitzuteilen."[461]

6. Es ist anzumerken, dass nach der bis 31.12.2019 geltenden Rechtslage, SächsPolG, die Vollstreckungsbehörden beim Zwangsmittel des „unmittelbaren Zwangs" nur eine Androhung vornehmen dürfen (Zuständigkeit für die 1. Stufe des Vollstreckungsverfahrens beim Zwangsmittel des unmittelbaren Zwangs)[462].
   Die konkrete Vollstreckung im Anschluss daran (sog. Anwendung des vorher angedrohten Vollstreckungsmittels) ist der Vollzugspolizei vorbehalten, siehe § 30 Abs. 2 SächsPolG.

7. Insbes. ist aber auch die Vollzugspolizei nach dem ab 1.1.2020 geltenden SächsPVDG selbst befugt, das Zwangsmittel des unmittelbaren Zwangs anzudrohen und anschließend auch anzuwenden, §§ 39 ff. SächsPVDG.
   a) Typisch dafür ist der Einsatz unmittelbaren Zwangs bei Demonstrationen: *„A. nahm am 27.5.1983 an einer Demonstration an einem Flugplatz teil, in deren Verlauf wiederholt die Zufahrt durch Demonstranten blockiert wurde. Nach mehrfacher vergeblicher Aufforderung durch Lautsprecher, die Zufahrt freizugeben, und der Androhung, unmittelbaren Zwang anzuwenden, räumte die Polizei die Zufahrt unter Anwendung einfacher körperlicher Gewalt."*[463]
   b) Dabei handelt es sich hier um einen Fall der Vollstreckung (in Form der Anwendung des unmittelbaren Zwangs durch die Vollzugspolizei) eines Verwaltungsaktes, nämlich der Räumungsaufforderung nach vorheriger ausdrücklicher Androhung des unmittelbaren Zwangs.
   Siehe dazu später Kapitel L VI zur Anwendung des unmittelbaren Zwangs.

---

460 OVG Münster, Gewerbearchiv 1991, 31, und 1993, 7; OVG Brandenburg, Gewerbearchiv 2002, 28. Konkrete Tenorierungen, z. B.
- VG Würzburg, Beschluss vom 21.12.2012, W 6 S 12.1070: … Androhung der Anwendung unmittelbaren Zwangs durch die Polizei (Schließung und Versiegelung der Gaststätte);
- VG Ansbach, Urteil vom 15.3.2012, Au 5 K 11.1728: Androhung unmittelbaren Zwangs beispielsweise in Form der Schließung der Geschäftsräume mit Wegnahme der Arbeitsgeräte und Geschäftsunterlagen;
- VGH Mannheim, NVwZ-RR 2014, 302: Ziffer 10 des Tenors des behördlichen Bescheids, Androhung unmittelbaren Zwangs durch Versiegelung der Betriebsräume;
- VGH München, nachfolgend unter XIII.

461 OVG Münster, Gewerbearchiv 1993, 70, 72.

462 VG Stuttgart, VBlBW 2001, 496, 497 (Rechtslage wie bisher in Sachsen).

463 VGH Mannheim, NVwZ 1985, 202; Urteil vom 3.5.2021, 1 S 512/19.

8. Hinzuweisen ist auf die Gemeindliche-Vollzugsbediensteten-VO vom 26.4.2023 (GVBl. S. 230), wonach gemäß § 2 gemeindliche Vollzugsbedienstete Mittel des unmittelbaren Zwangs anwenden können.
   Siehe dazu Weber, Die neue sächsische Gemeindliche-Vollzugsbediensteten-VO, NJ 2023, 445.

XIII. Praktisches Beispiel der gleichzeitigen Androhung von unmittelbarem Zwang und Ersatzvornahme

Beschluss des VG München vom 1.10.2013, M 8 S 13.4440

a) Sachverhalt

Auf einem Grundstück in München stand die B-Hütte. Diese Hütte wurde auf einer in etwa dreiecksförmigen Verkehrsinsel am C-Ring aufgestellt und sollte dort für 16 Tage stehen. Diese Verkehrsinsel liegt dem Haupteingang zur Wiese, auf der damals das Oktoberfest stattfand, direkt gegenüber.
Am 25. September 2013 erließ die Antragsgegnerin (Behörde) folgende Verfügung wegen illegaler Errichtung der Holzhütte:

1. Die an Ort und Stelle am 23.9.2013 mündlich verfügte sofortige Nutzungsuntersagung der B-Hütte als Gastraum wird bestätigt.
2. Die Nutzung der B-Hütte ist bis spätestens ab 26.9.2013, 10 Uhr insgesamt zu unterlassen.
3. Die B-Hütte ist spätestens binnen 3 Tagen ab Zustellung der Verfügung zu beseitigen.
4. Die sofortige Vollziehung der Ziffern 1–3 wird angeordnet.
5. Für den Fall der nicht fristgerechten Erfüllung der in den Ziffer 1 und 2 genannten Verpflichtungen wird **unmittelbarer Zwang angedroht**.
6. Für den Fall der nicht fristgerechten Erfüllung der Ziffer 3 wird die **Ersatzvornahme angedroht**.

Anmerkung: *vorbildlich aufgebauter und strukturierter Tenor…*
(unabhängig von der Frage, wie das Gericht die Rechtmäßigkeit des Bescheides beurteilt hat)

- *vorab unter 1. und 2. der sog. Grundverwaltungsakte, nämlich Nutzungsuntersagungen,*
- *unter 3. ein weiterer Grundverwaltungsakt, die Beseitigungsanordnung, dann*
- *unter 4. die Anordnung der sofortigen Vollziehung der Regelungen unter 1–3 als Vollstreckungstitel (Art. 19 Nr. 3 BayVwZVG) und somit Vollstreckungsvoraussetzung für die beiden nachfolgenden Zwangsmittelandrohungen,*
- *unter 5. die Androhung unmittelbaren Zwangs betr. Nutzungsuntersagung (wg. Unterlassungspflicht keine Ersatzvornahme möglich), und abschließend unter*
- *6. die Androhung der Ersatzvornahme für die unter 3. festgelegte Handlungspflicht (Beseitigung der Hütte).*

Der Adressat der Verfügung hat Klage erhoben und gleichzeitig beantragt, die aufschiebende Wirkung dieser Klage gegen den Bescheid wiederherzustellen bzw. anzuordnen.

b) Rechtsausführungen des Gerichts (im Eilverfahren nach § 80 Abs. 5 VwGO); man beachte: der Bescheid ist vom 25.9.2013, der Gerichtsbeschluss vom 1.10.2013!

„Die Verfügung ist formell rechtmäßig ergangen… auch genügt die Sofortvollzugsanordnung der Begründungspflicht nach § 80 Abs. 3 Satz 1 VwGO…
In materieller Hinsicht sind die Nutzungsuntersagung und die diesbezügliche Androhung des unmittelbaren Zwangs voraussichtlich rechtmäßig, hinsichtlich der Beseitigungsanordnung kann die materielle Rechtmäßigkeit im Rahmen des Eilverfahrens nicht abschließend beurteilt werden…
Die Nutzungsuntersagung nach den Ziffern 1 und 2 des Bescheides ist voraussichtlich rechtmäßig…auch der zur Durchsetzung der Nutzungsuntersagung angedrohte unmittelbare Zwang nach Ziffer 5 der Verfügung ist voraussichtlich rechtlich nicht zu beanstanden…
Hinsichtlich der Beseitigungsanordnung (Ziffer 3 des Bescheides) sind die Erfolgsaussichten der Klage als offen anzusehen… dies führt zur Anordnung der aufschiebenden Wirkung der Klage.
*Nach Art. 76 Satz 1 BayBO (**Anm.:** gleichlautend § 80 SächsBO) kann die Bauaufsichtsbehörde, wenn Anlage im Widerspruch zu öffentlich-rechtlichen Vorschriften errichtet oder geändert werden, die teilweise oder vollständige Beseitigung der Anlagen anordnen, wenn nicht auf andere Weise rechtmäßige Zustände hergestellt werden können. Eine Beseitigungsanordnung kann dann ergehen, wenn sich die zu beseitigende Anlage in ihrem Bestand als formell und materiell illegal darstellt.*
Vorliegend kann im Rahmen der summarischen Überprüfung im Eilverfahren nicht abschließend beurteilt werden, ob die streitgegenständliche Hütte auch in materieller Hinsicht rechtswidrig ist. Im Rahmen der damit gebotenen Interessenabwägung überwiegt das Interesse der Antragstellerin, da zum ersten die Hütte nach Abschluss des Oktoberfestes ohnehin beseitigt werden soll und zum zweiten der Antragsgegnerin mit der Nutzungsuntersagung bereits ein effektives bauaufsichtsrechtliches Instrument zur Verfügung steht.
Die zur Durchsetzung der Beseitigungsanordnung angedrohte Ersatzvornahme nach Ziffer 6 des Bescheides teilt das rechtliche Schicksal dieser Maßnahme, sodass insoweit die Anordnung der aufschiebenden Wirkung geboten war."

Kapitel K
Die Festsetzung des vorher angedrohten Zwangsgeldes[464]

I. Festsetzung nach Zwangsgeldandrohung

Nach § 22 Abs. 2 SächsVwVG ist das vorher schriftlich angedrohte Zwangsgeld anschließend schriftlich festzusetzen. Bayern kennt z. B. aber im Gegensatz zu Baden-Württemberg und Sachsen keine ausdrücklich vorgeschriebene Zwangsgeldfestsetzung.
Sowohl bei der Androhung als auch der anschließenden Festsetzung des Zwangsgeldes geht das Gesetz von der Schriftform aus. Damit wird dem Vollstreckungsschuldner deutlich sichtbar vor Augen geführt, dass die Vollstreckungsbehörde (nach Erlass des Grundverwaltungsaktes und der schriftlichen Androhung des Zwangsgeldes) eine weitere Vollstreckungsmaßnahme ihm gegenüber beabsichtigt. Auch hier ist zu beachten, dass das Zwangsgeld Beugecharakter hat und keine Strafe ist[465].

II. Festsetzung nur beim Zwangsmittel „Zwangsgeld"

Zu beachten ist, dass die Vollstreckungsmaßnahme der *„Zwangsgeldfestsetzung"* in Sachsen (als 2. Stufe des Verwaltungsvollstreckungsverfahrens nach der Zwangsgeldandrohung) nur beim Zwangsmittel des Zwangsgeldes erforderlich ist (siehe § 22 Abs. 2 SächsVwVG). Erst anschließend kann die Beitreibung des vorher festgesetzten Zwangsgeldes als 3. und abschließende Stufe des Verwaltungsvollstreckungsverfahrens stattfinden.
Bei den Zwangsmitteln der „Ersatzvornahme" und des „unmittelbaren Zwangs" ist dagegen keine förmliche Festsetzung vorgeschrieben, d. h. nur zweistufiges Vollstreckungsverfahren bei diesen Zwangsmitteln.

Zwangsmittelfestsetzung als 2. Stufe des Verwaltungsvollstreckungsverfahrens nach der Androhung gemäß § 20 SächsVwVG	
Beim Zwangsgeld nach § 22 Abs. 2 SächsVwVG vorgeschrieben (Schriftform), außer § 21 (Gefahr im Verzug)	Gesetzlich nicht vorgesehen bei den Zwangsmitteln der Ersatzvornahme und des unmittelbaren Zwangs

464 BVerwG, NVwZ 2009, 122; OVG Bautzen, LKV 2013, 369 (näher erläutert nachfolgend unter X 1), Beschluss vom 30.3.2020, 6 B 247/19, und vom 20.7.2020, 3 B 240/20; 19.1.2022, 6 A 546/21; 11.3.2022,6 A 339/21; VG Düsseldorf, Beschluss vom 17.07.2023 - 28 L 1158/23; OVG Magdeburg, Beschluss vom 7.3.2024, 2 M; 5/24; OVG Lüneburg, 11 ME 478/08, Beschluss vom 23.4.2009; OVG Saarlouis, Beschluss vom 2.5.2014, 2 B 335/14; Weber, Der Bescheid über die Festsetzung eines Zwangsgeldes, apf 1999, 109, und „Die Zwangsgeldfestsetzung im gewerberechtlichen Verfahren", KommJur 2006, 250, sowie „Zur Tenorierung belastender Verwaltungsakte", KommJur 2008, 89.

465 VGH Mannheim, NVwZ-RR 1994, 620, ausdrücklich zur Zwangsgeldfestsetzung; ebenso VGH Kassel, NVwZ-RR 2014, 505, 506: *„Die Festsetzung eines Zwangsgelds hat nicht Sanktionscharakter, sondern soll sichern, dass der Pflichtige dem Gebot oder Verbot auch nach kommt"*; OVG Greifswald, Beschluss vom 25j.1.2024, 3 LZ 160/23 OVG.

III. Zwangsgeldfestsetzung als Leistungsbescheid

Die schriftlich vorzunehmende Zwangsgeldfestsetzung stellt einen Leistungsbescheid nach § 12 SächsVwVG dar (arg. § 13 Abs. 5 SächsVwVG), der den Vollstreckungsschuldner zur Zahlung des festgesetzten Zwangsgeldes verpflichtet[466].

„Die Zwangsgeldfestsetzung enthält ein Zahlungsgebot und soll den Adressaten außerdem letztmalig und eindringlich darauf hinweisen, dass das Zwangsgeld nunmehr beigetrieben wird, wenn er seiner Verpflichtung zu einer bestimmten Handlung, Duldung oder Unterlassung nicht nachkommt."[467]

Anmerkung: *Ein weiterer Leistungsbescheid im Zusammenhang mit der Vollstreckung der sog. sonstigen Verwaltungsakte nach den §§ 19 ff. SächsVwVG ergeht nach durchgeführter Ersatzvornahme. Die Kostenforderung gegen den Vollstreckungsschuldner wird in § 24 Abs. 3 Satz 2 SächsVwVG ausdrücklich als „Leistungsbescheid" bezeichnet.*
Siehe dazu später mehr in Kapitel L. V.

IV. Isolierte schriftliche Zwangsgeldfestsetzung

Die schriftliche Festsetzung folgt also der (im Regelfall auch schriftlichen) Androhung des Zwangsgeldes nach und ist deshalb immer als sog. *„isolierte schriftliche Festsetzung"* des vorher angedrohten Zwangsgeldes (wobei die Androhung oft, wie dargelegt, mit dem Grundverwaltungsakt verbunden ist, sog. unselbständige Androhung) zu sehen.

1. Eine Verbindung der Zwangsgeldfestsetzung mit dem vorausgegangenen Grundverwaltungsakt in Form eines Vollstreckungstitels (wie bei der Androhung nach § 20 Abs. 2 SächsVwVG als sog. „unselbständige Androhung") ist deshalb nicht möglich. Denn vorab muss eine Androhung, i. d. R. auch mit entspr. Fristsetzung, vorgenommen worden sein.
   Es gilt der Satz: Ohne vorherige Androhung des Zwangsgeldes keine sich anschließende Festsetzung des Zwangsgeldes.

2. Die schriftlich vorzunehmende Zwangsgeldfestsetzung ist ein Verwaltungsakt[468], der vom Vollstreckungsschuldner selbständig angefochten werden kann (der, wie der vorausgegangene Vollstreckungstitel dem Vollstreckungsschuldner bekannt gegeben werden muss).

466 OVG Bautzen, LKV 2013, 369, 371 und Urteil vom 16.4.2013, 4 A 263/12, siehe nachfolgend unter X; OVG Weimar, LKV 1997, 370, 371.

467 OVG Weimar, LKV 1997, 370, 371.

468 OVG Weimar, LKV 1997, 370; OVG Koblenz, NVwZ 1994, 715: selbständige Regelungsfunktion der Festsetzung, siehe Kapitel R IV.

3. **OVG Magdeburg, Beschluss vom 7.3.2024, 2 M 5/24:**
Bei der Festsetzung des in bestimmter Höhe angedrohten Zwangsgelds ist insoweit im Regelfall keine (erneute) Ermessensausübung geboten.
Die Festsetzung eines zuvor angedrohten Zwangsgelds stellt im Fall einer Zuwiderhandlung gegen die zugrundeliegende Ordnungsverfügung den Regelfall dar, weil mit der Festsetzung in der angedrohten Höhe gerechnet werden muss; daraus folgt, dass es zur Rechtfertigung einer Zwangsgeldfestsetzung regelmäßig keiner – das Selbstverständliche darstellenden – Begründung der Ermessensentscheidung bedarf, sofern nicht ausnahmsweise Anlass zu einer abweichenden Entscheidung besteht (OVG NRW, Beschluss vom 16. November 2023 – 4 B 1233/22). Das Ermessen hinsichtlich der Höhe eines festgesetzten Zwangsgelds ist bei der Festsetzung eines Zwangsmittels nach dessen Androhung intendiert (NdsOVG, Beschluss vom 27. Januar 2022 – 14 ME 55/22).
Siehe dazu auch OVG Bautzen, nachfolgend unter IX 3.

V. Beweis der Erforderlichkeit der Zwangsgeldfestsetzung

1. In der schriftlichen Zwangsgeldfestsetzung muss die Vollstreckungsbehörde natürlich darlegen, dass die Festsetzung des vorher angedrohten Zwangsgeldes erforderlich war, weil der Vollstreckungsschuldner der im behördlichen Grundverwaltungsakt geregelten Maßnahme nicht nachkam[469].
Typisches Beispiel ist die Nichtrückgabe des Führerscheines (im Zusammenhang mit der Entziehung der Fahrerlaubnis) trotz Aufforderung zur Abgabe und Androhung eines Zwangsgeldes bei Nichtbeachtung der Verpflichtung zur Rückgabe.

2. **Urteil des OVG Magdeburg vom 23.10.2019, 2 L 51/17:** *„Der Bescheid ist jedoch materiell rechtswidrig. Die Voraussetzungen der Festsetzung des Zwangsgeldes lagen nicht vor. Die Festsetzung des Zwangsgeldes setzt voraus, dass nach der Androhung des Zwangsgeldes und während der Zeit, in der die vollziehbare Ordnungsverfügung noch galt, hiergegen verstoßen wurde. Daran fehlt es hier. Der Kläger hat gegen die Baueinstellungsverfügung vom 04.09.2012 nicht verstoßen."*

VI. Beispiele aus der Rechtsprechung[470]

– Festsetzung eines Zwangsgeldes in Höhe von 5.000 Euro wegen Nichtbeachtung eines Taubenfütterungsverbotes[471]

469 OVG Lüneburg, 11 ME 478/08, Beschluss vom 23.4.2009: Die Behörde stellte fest, dass der Adressat der Untersagungsverfügung mit Zwangsgeldandrohung weiterhin unerlaubt Sportwetten vermittelte; siehe dazu auch VGH Mannheim, NJW 2003, 234, 235, mit Ausführungen zu den Behördenakten und Zeugenaussagen betr. Nichtbeachtung der vorhergegangenen Zwangsgeldandrohung; OVG Magdeburg, Urteil vom 23.10.2019, 2 L 51/17: *„Der Bescheid ist jedoch materiell rechtswidrig. Die Voraussetzungen der Festsetzung des Zwangsgeldes lagen nicht vor. Die Festsetzung des Zwangsgeldes setzt voraus, dass nach der Androhung des Zwangsgeldes und während der Zeit, in der die vollziehbare Ordnungsverfügung noch galt, hiergegen verstoßen wurde. Daran fehlt es hier. Der Kläger hat gegen die Baueinstellungsverfügung vom 04.09.2012 nicht verstoßen."*

470 OVG Greifswald, NVwZ 1996, 488: zweimalige Festsetzung von Zwangsgeldern.

471 VGH Kassel, KommJur 2009, 72, 74.

- Festsetzung eines Zwangsgeldes in Höhe von 1.000 Euro wg. Nichtführung eines Fahrtenbuches[472]
- Festsetzung eines Zwangsgeldes in Höhe von 25.000 Euro[473]
- Festsetzung eines Zwangsgeldes in Höhe von 1.000 Euro[474]
- Festsetzung eines Zwangsgeldes in Höhe von 100.000 Euro nach dem Finanzdienstleistungsgesetzes, FinDAG[475]
- Festsetzung eines Zwangsgeldes in Höhe von 1.000 Euro[476]

VII. Festsetzung mit erneuter Androhung[477]

1. Nach der Festsetzung von Zwangsgeld kommt es in der Praxis auch oft zu einer erneuten Androhung nach § 19 Abs. 5 SächsVwVG, wobei das angedrohte Zwangsgeld gegenüber der 1. Androhung und anschließenden Festsetzung erhöht werden kann[478].
   Voraussetzung ist dabei natürlich, dass der Vollstreckungsschuldner der behördlichen Aufforderung mit Zwangsgeldandrohung bisher nicht nachgekommen ist (unter Beachtung der Fristsetzung nach § 20 Abs. 1 SächsVwVG, ansonsten ist ein sog. Vollstreckungshindernis, *siehe Kapitel N*, eingetreten).
   In dieser (zweiten) Androhung wird dem Vollstreckungsschuldner wiederum eine Frist zur Erfüllung der im belastenden Verwaltungsakt festgelegten Verpflichtung gesetzt.

2. Beispiele aus der Rechtsprechung:
   - Festsetzung eines Zwangsgeldes in Höhe von 9.000 DM und Androhung eines weiteren Zwangsgeldes in Höhe von 15.000 DM[479]
   - Festsetzung eines Zwangsgeldes in Höhe von 4.000 Euro und Androhung eines weiteren Zwangsgeldes in Höhe von 7.000 Euro[480]
   - Festsetzung eines Zwangsgeldes in Höhe von 10.000 Euro und Androhung eines weiteren Zwangsgeldes in Höhe von 12.000 Euro[481]
   - Festsetzung eines Zwangsgeldes in Höhe von 2.000 Euro und Androhung eines weiteren Zwangsgeldes in Höhe von 4.000 Euro[482]

472 VGH Mannheim, VRS 109/05, 468, 472 (Urteil vom 20.9.2005).
473 OVG Bautzen, Beschluss vom 30.3.2020, 3 B 247/19: Weiterbetrieb einer untersagten Spielhalle.
474 OVG Bautzen, LKV 2013, 369.
475 VGH Kassel, NVwZ-RR 2014, 505.
476 OVG Bautzen, LKV 2013, 369.
477 OVG Bautzen, SächsVBl. 2001, 40 und LKV 2013, 369; VGH Kassel, NVwZ-RR 2014, 505; OVG Weimar, NJ 2014, 42 (siehe dazu näher unter N IV 5); OVG Saarlouis, Beschluss vom 2.5.2014, 2 B 225/14; OVG Lüneburg, Beschluss vom 2.2.2015, 4 LA 245/13; VG Schleswig-Holstein, Beschluss vom 8.2.2021, 8 B 31/20; OVG Magdeburg, Beschluss vom 7.3.2024, 2 M 5/24.
478 Siehe dazu das vorgenannte Urteil des VGH Mannheim: Festsetzung 1.000 Euro, erneute Androhung über 2.000 Euro; OVG Schleswig, NVwZ 2000, 821; VGH München, Beschluss v. 22.03.2017 – 9 CS 17.269; Weber, Verwaltungsvollstreckung im Erzgebirge (Klausur), JA 2007, 536; ähnliche Rechtslage in Sachsen-Anhalt, siehe OVG Magdeburg, DÖV 1996, 926, 927.
479 VGH Kassel, NVwZ-RR 1996, 361, 363.
480 OVG Lüneburg, NVwZ-RR 2006, 322.
481 OVG Lüneburg, 11 ME 478/08, Beschluss vom 23.4.2009.
482 OVG Lüneburg, Beschluss vom 2.02.2015, 4 LA 245/13.

3. Zum Gesamtbetrag bei Festsetzung mehrerer Zwangsgelder
Damit befasste sich der VGH Kassel mit Beschluss vom 28.1.2014[483]

a) Sachverhalt

Die Klägerin ist eine ausländische Bank, die über das Internet in deutscher Sprache Bankleistungen anbot. Die Beklagte untersagte der Klägerin diese Bankgeschäfte und gab ihr auf, über bestehende Konten bei Kreditinstituten in der Bundesrepublik Deutschland Auskunft zu erteilen. Widerspruch und Klage gegen die Verfügung blieben erfolglos. Mit Bescheid vom 23. September 2010 drohte die Beklagte *(**Anm.**: Behörde)* der Klägerin die Festsetzung eines Zwangsgelds von 100.000 Euro an und setzte mit Verfügung vom 24. Januar 2011 das Zwangsgeld in dieser Höhe fest. Gleichzeitig drohte die Behörde ein erneutes Zwangsgeld in Höhe von 150.000 Euro für den Fall an, dass die Klägerin der Aufforderung weiterhin nicht nachkomme. Da die Klägerin gleichwohl die Auskunft verweigerte, setzte die Beklagte mit Bescheid vom 6. Dezember 2011 das Zwangsgeld von 150.000 Euro fest und drohte die Festsetzung eines weiteren Zwangsgelds von 250.000 Euro an. Gegen diesen Bescheid legte die Klägerin erfolglos Widerspruch ein und erhob am 16. Juli 2012 Klage.

Anmerkung: *§ 17 des Gesetzes über die Bundesanstalt für Finanzdienstleistungsaufsicht (FinDAG) lautet wie folgt:*
„Die Bundesanstalt kann ihre Verfügungen, die sie innerhalb ihrer gesetzlichen Befugnisse trifft, mit Zwangsmitteln nach den Bestimmungen des Verwaltungsvollstreckungsgesetzes durchsetzen. Dabei kann sie die Zwangsmittel für jeden Fall der Nichtbefolgung androhen. Sie kann auch Zwangsmittel gegen juristische Personen des öffentlichen Rechts anwenden. ***Die Höhe des Zwangsgelds beträgt bis zu 250.000 Euro.****"*

Das VG Frankfurt hat die Klage abgewiesen.

Die Klägerin wollte grundsätzlich geklärt haben, ob mehrere aufgrund der §§ 17 Satz 4 FinDAG, 13 Abs. 6 Satz 1 BVwVG angedrohte Zwangsgelder in ihrer Summe die Höchstgrenze von 250.000 Euro überschreiten dürfen.

Anmerkung: *§ 13 Abs. 6 Satz 1 BVwVG lautet wie folgt:*
„(6) Die Zwangsmittel können auch neben einer Strafe oder Geldbuße angedroht und so oft wiederholt und hierbei jeweils erhöht oder gewechselt werden, bis die Verpflichtung erfüllt ist."

§ 19 Abs. 5 Satz 1 SächsVwVG lautet wie folgt:
„(5) Zwangsmittel dürfen wiederholt und solange angewandt werden, bis der Verwaltungsakt vollzogen oder auf andere Weise erledigt ist."

483 6 A 1875/13; NVwZ-RR 2014, 505.

b) **Der VGH Kassel hat den Antrag auf Zulassung der Berufung gegen das Urteil des VG mit folgenden Erwägungen abgelehnt:**
„Die Zulässigkeit der Überschreitung der Höchstgrenze durch wiederholt angedrohte und festgesetzte Zwangsgelder ergibt sich entgegen der Ansicht der Klägerin aus dem Wortlaut in § 13 Abs. 6 SächsVwVG ‚so oft … bis die Verpflichtung erfüllt ist.' Da die Festsetzung eines Zwangsgelds nicht Sanktionscharakter hat, sondern sichern soll, dass der Pflichtige dem Gebot oder Verbot auch nachkommt, ist entscheidend auf die Zweckerreichung abzustellen. Die Festsetzung eines Zwangsgelds oder die Vollstreckung ist erst einzustellen, wenn der Zweck der Maßnahme erreicht ist (§ 15 Abs. 3 VwVG). Dass das einzelne Zwangsgeld die jeweilige vom einschlägigen Gesetz vorgegebene Höchstgrenze nicht überschreiten darf, liegt auf der Hand, ist indes kein Maßstab zum Verständnis der Norm dahingehend, Zwangsgelder dürften insgesamt nur bis zur angegebenen Höhe festgesetzt werden. Der Gesamtbetrag aus der Festsetzung mehrerer Zwangsgelder kann vielmehr die Höchstgrenze nach § 11 Abs. 3 SächsVwVG bzw. nach den spezielleren Regelungen in anderen Gesetzen übersteigen, wenn sich der Pflichtige beharrlich weigert, dem Gebot oder Verbot nachzukommen (ebenso: OVG Münster, NVwZ-RR 1993, 671; OVG Lüneburg, Urteil vom 21.08.2002 – 1 LB 3335/01; jeweils für das Landesrecht). Der Senat hat deshalb nicht die Zweifel an der Bestimmtheit der Norm und der Rechtsklarheit, die die Klägerin geltend macht. Dem steht auch die von ihr vorgetragene Stimme in der Literatur nicht entgegen. Diese (Sadler, VwVG, 8. Aufl. 2011, § 11 Rdnr. 33) bezieht sich vielmehr auf die Festsetzung des Zwangsgelds im Einzelfall und den Vorbehalt des Gesetzes und betrifft nicht die Auslegung der maßgebenden Vorschrift hinsichtlich der Überschreitung des Höchstbetrags durch mehrere aufeinander folgende Zwangsgelder. Dass die Verwaltung nicht eigenständig Vollstreckungsrecht schaffen kann und in jedem Einzelfall einer Festsetzung den jeweiligen vom Gesetz vorgesehenen Höchstbetrag nicht überschreiten darf, ist aber nicht streitig und auch nicht Gegenstand des vorliegenden Rechtsstreits."

VIII. Fälligkeit des festgesetzten Zwangsgeldes

1. Die schriftliche Zwangsgeldfestsetzung ist gegenüber dem Vollstreckungsschuldner nach der Androhung ein weiteres Druck- und Beugemittel. Der festgesetzte Betrag ist sofort fällig (mit Bekanntgabe bzw. Zustellung des Zwangsgeldfestsetzungsbescheides)[484] nach § 13 SächsVwVG, eine Mahnung ist nach § 13 Abs. 5 SächsVwVG ausdrücklich nicht erforderlich.

2. Zurückhaltung und weiteres Zuwarten der Vollstreckungsbehörde bei der Beitreibung des Zwangsgeldes als abschließende 3. Stufe nach der Androhung und

484 Eine Fristsetzung zur Zahlung ist nicht erforderlich. Im vom OVG Bautzen (LKV 2013, 369) entschiedenen Fall hatte die Behörde mit Bescheid vom 28.11.2008 das Zwangsgeld festgesetzt und eine Zahlungsfrist bis zum 26.12.2008 eingeräumt. Diese Verfahrensweise widerspricht aber dem Sinn und Zweck einer effektiven Verwaltungsvollstreckung *(siehe dazu die Ausführungen unter K. X).*

Festsetzung ist nicht angebracht[485]. Der Vollstreckungsschuldner ist bereits durch die Zwangsgeldandrohung „vorgewarnt" worden und hat die entspr. behördlich festgelegte Verpflichtung nicht erfüllt. Nur deshalb kam es zur sich an die Androhung anschließenden Zwangsgeldfestsetzung.
Abgesehen davon kann nur bei nachgewiesener sog. „Uneinbringlichkeit" des Zwangsgeldes evtl. Zwangshaft nach § 23 SächsVwVG in Betracht kommen *(siehe später Kapitel L. IV)* als weiteres Druck- und Beugemittel gegenüber dem Vollstreckungsschuldner.

Tenorierung eines Zwangsgeldfestsetzungsbescheides mit einer weiteren Zwangsgeldandrohung[486]:
1. *Gegen Sie wird ein Zwangsgeld in Höhe von 1.000 Euro festgesetzt.*
2. *Für den weiteren Fall der Nichtbeachtung der unter den Ziffern 1 und 2 des Bescheides des Vogtlandkreises vom 10.1.2006 getroffenen Regelungen wird ein Zwangsgeld in Höhe von 2.000 Euro angedroht.*
3. *Für den Fall der Uneinbringlichkeit des nunmehr festgesetzten Zwangsgeldes in Höhe von 1.000 Euro wird darauf hingewiesen, dass beim Amtsgericht Plauen der Erlass eines Haftbefehls zur Zwangshaft beantragt werden kann.*
4. *Gebührenfestsetzung...*

IX. Verhältnis der Zwangsgeldfestsetzung zum vorangegangenen Grundverwaltungsakt einschl. Androhung

1. Greift der Vollstreckungsschuldner den isolierten Zwangsgeldfestsetzungsbescheid an, so fragt es sich, welche Auswirkungen ein evtl. rechtswidriger Grundverwaltungsakt auf die gerichtliche Entscheidung hat. Denn oftmals trägt der Vollstreckungsschuldner nun vor, der Grundverwaltungsakt, auf welchem die Androhung und die spätere Festsetzung des Zwangsgeldes beruhte, sei rechtswidrig gewesen.

2. Es gilt der Grundsatz, dass in diesem Verfahren der Zwangsgeldfestsetzung nicht zu prüfen ist, ob die Grundverfügung und die Zwangsgeldandrohung ihrerseits rechtmäßig sind[487].

485 Das OVG Weimar, Beschluss vom 5.6.2012, 1 EO 284/12, spricht ausdrücklich *„von einer zügigen Beitreibung nach der Festsetzung des Zwangsgeldes"*.
486 Siehe dazu Weber, KommJur 2006, 250, 254.
487 OVG Bautzen, JBSächsOVG 6, 143, Beschluss vom 28.5.1998, und SächsVBl. 1997, 10 (Beschluss vom 23.1.1996); siehe dazu Weber, Asbest in Görlitz (Klausur), VR 2007, 278; OVG Saarlouis, Beschluss vom 2.5.2014, 2 B 225/14; OVG Magdeburg, Beschluss vom 7.3.2024, 2 M 5/24.

„Dies ergibt sich bereits aus dem Wortlaut des Verwaltungsvollstreckungsgesetzes, das ausdrücklich nur das Vorliegen eines vollziehbaren, nicht aber das Vorliegen eines rechtmäßigen Verwaltungsaktes verlangt.
Weiter folgt diese Lösung aus der Systematik des Vollstreckungsrechts, bei dem die Vollstreckungsbehörde mit der Behörde, die die Grundverfügung erlassen hat, häufig nicht identisch ist. In diesen Fällen kann der Vollstreckungsbehörde nicht angesonnen werden, vor der Vollstreckung die Rechtmäßigkeit der Grundverfügung zu überprüfen.
Entscheidend für diese Lösung spricht schließlich die Tatbestandswirkung von Verwaltungsakten, die – wie sich aus § 43 VwVfG ergibt – bis zu ihrer evtl. Aufhebung wirksam sind und – ungeachtet ihrer Rechtmäßigkeit – von jedermann beachtet werden müssen."

3. **Damit hat sich das OVG Bautzen mit Beschluss vom 30.3.2020, 6 B 247/19, beschäftigt:**
„Auf die Frage der Rechtmäßigkeit der Grundverfügung kommt es bei der Beurteilung der Rechtmäßigkeit einer Vollstreckungsmaßnahme nicht an. Tragender Grundsatz des Verwaltungsvollstreckungsrechts ist, dass die Wirksamkeit und nicht die Rechtmäßigkeit vorausgegangener Verwaltungsakte Bedingung für die Rechtmäßigkeit der folgenden Akte und letztlich der Anwendung des Zwangsmittels ist.
Für das sächsische Landesrecht folgt dies aus § 2 SächsVwVG, wonach ein Verwaltungsakt, der zu einer Zahlung, einer sonstigen Handlung, einer Duldung oder Unterlassung verpflichtet, vollstreckt werden kann, wenn er entweder unanfechtbar geworden ist oder ein gegen ihn gerichteter Rechtsbehelf keine aufschiebende Wirkung hat. Seine Rechtmäßigkeit ist somit keine Vollstreckungsvoraussetzung. Weiter folgt diese Lösung aus der Systematik des Vollstreckungsrechts, bei dem die Vollstreckungsbehörde mit der Behörde, die die Grundverfügung erlassen hat, zum Teil nicht identisch ist (vgl. § 4 Abs. 1 Nr. 1, 4 SächsVwVfG). In diesen Fällen kann der Vollstreckungsbehörde nicht angesonnen werden, vor der Vollstreckung die Rechtmäßigkeit der Grundverfügung zu überprüfen. Es widerspricht zudem dem Interesse an der Effektivität der Verwaltungsvollstreckung, diese mit der Prüfung der Rechtmäßigkeit des zu vollstreckenden Verwaltungsaktes zu belasten. Was im Rahmen eines mehrstufigen Verfahrens auf der vorangegangenen Stufe entschieden ist, soll danach – ohne weitere Überprüfung der Rechtmäßigkeit bis hin zur Grenze der Nichtigkeit – unberücksichtigt bleiben. Entscheidend für diese Lösung spricht auch die Tatbestandswirkung von Verwaltungsakten, die – wie sich aus § 43 VwVfG ergibt – bis zu ihrer eventuellen Aufhebung wirksam sind und – ungeachtet ihrer Rechtmäßigkeit – beachtet werden müssen. Der Antragsgegner konnte deshalb bereits vor der Entscheidung über den Widerspruch gegen die Grundverfügung Zwangsmittel anwenden; die Tatbestandswirkung des Verwaltungsakts trat bereits mit seiner Bekanntgabe ein.
Diese Grundsätze gelten aus den genannten Gründen nicht nur dann, wenn die Grundverfügung bestandskräftig, sondern auch, wenn sie (lediglich) sofort vollziehbar ist. *Der Bürger wird dadurch nicht schutzlos gestellt; denn er kann gegenüber dem Grundverwaltungsakt, solange dieser nicht bestandskräftig geworden ist, die zuläs-*

sigen Rechtsmittel einschließlich des Antrags auf Gewährung vorläufigen Rechtsschutzes einlegen. Im Falle der nachträglichen Aufhebung der Grundverfügung wirkt diese auf den Zeitpunkt des Erlasses der Verfügung zurück; es besteht die Möglichkeit, dies im Wege des Wiederaufgreifens des Verfahrens nach § 51 Abs. 1 VwVfG im Vollstreckungsverfahren geltend zu machen.
Diese Erwägungen gelten grundsätzlich auch für die Höhe des Zwangsgelds. Wird in der Androhung ein Zwangsgeld in bestimmter Höhe angedroht, sind Einwendungen dagegen vorrangig mit den Rechtsbehelfen gegen die Androhungsverfügung geltend zu machen. Das Zwangsgeld bestimmt sich zudem nach Ermessen der Behörde, wobei das wirtschaftliche Interesse des Pflichtigen an der Nichtbefolgung der ihm auferlegten Verpflichtung und die Bedeutung des mit der Zwangsgeldfestsetzung verfolgten (Beuge-) Zwecks zu berücksichtigen sind. Dagegen ist sowohl bei der Androhung des Zwangsgelds als auch bei seiner Festsetzung die Rechtmäßigkeit der Grundverfügung nicht erneut zu prüfen. Nur neue oder außergewöhnliche Umstände, wie z. B. ein teilweise rechtstreues Verhalten des Pflichtigen, können deshalb im Verfahren der Zwangsgeldfestsetzung zu berücksichtigen sein. ***Nicht erneut zu prüfen sind dagegen die Rechtmäßigkeit von Grundverfügung und Zwangsgeldandrohung einschließlich der darin enthaltenen Ermessenserwägungen****"*; ebenso Beschluss vom 20.7.2020, 3 B 240/20.

4. Für den Vollstreckungsschuldner ergibt sich daraus immer das praktische Problem, dass sein „Angriff" gegen den Zwangsgeldfestsetzungsbescheid zu spät kommt, weil er damit oft auch den vorausgegangenen Vollstreckungstitel angreifen will. Das hat er versäumt (oft ist dieser unanfechtbar geworden) und der nunmehrige Rechtsbehelf gegen die (i. d. R. rechtmäßige) Zwangsgeldfestsetzung wird erfolglos bleiben.

Anmerkung: *Siehe dazu umfassend im Kapitel N, Vollstreckungshindernisse, und im Kapitel R. X, Rechtsschutz.*

X. Zum maßgeblichen Zeitpunkt für die Rechtmäßigkeit einer Zwangsgeldfestsetzung

1. Mit diesem Problem befasste sich das **OVG Bautzen im Urteil vom 16.4.2013**[488]
   a) Sachverhalt
   Der Kläger ist Eigentümer eines bebauten Grundstücks im Satzungsgebiet der beklagten Gemeinde. Es ging um die Durchsetzung des sog. Anschluss- und Benutzungszwangs des Grundstücks des Klägers.

488 OVG Bautzen, 4 A 263/12; LKV 2013, 369.

Behördliche Maßnahme	**Inhalt**
Bescheid vom 7.7.2008, sog. Grundverwaltungsakt mit Anordnung der sofortigen Vollziehung und Zwangsgeldandrohung	1. Aufforderung an den Beklagten, seine Grundstücksentwässerungsanlage bis zum 30.9.2008 so zu ändern, dass eine Einleitung des gesamten auf dem Grundstück anfallenden Schmutzwassers in die öffentliche Abwasseranlage erfolgt. 2. Innerhalb dieser Frist hatte er seine Kleinkläranlage außer Betrieb zu nehmen. 3. Der Beklagte wurde verpflichtet, im Umfang des Benutzungsrechts das gesamte auf dem Grundstück anfallende Schmutzwasser ab dem 30.9.2008 in die öffentliche Abwasseranlage einzuleiten. 4. Die sofortige Vollziehung der Ziffern 1–3 des Tenors wurde angeordnet. 5. Für den Fall der Nichterfüllung dieser Verpflichtungen wurde ein Zwangsgeld in Höhe von je 1.000 Euro angedroht.
Bescheid vom 28.11.2008	1. Festsetzung der jeweils angedrohten Zwangsgelder, Ziffern 1–3 des Tenors mit Zahlungsfrist bis 26.12.2008.[474] 5. Für den Fall der weiteren Zuwiderhandlung ab dem 1.1.2009 wird ein weiteres Zwangsgeld in Höhe von jeweils 1.000 angedroht.
Widerspruchsbescheid der Widerspruchsbehörde vom 9.3.2009	Zurückweisung des Widerspruchs
11.5.2009 Urteil des VG Leipzig vom 30.5.2011	Für die festgesetzten Zwangsgeld wurde eine Sicherungshypothek in das Grundbuch eingetragen.Klage gegen die Zwangsgeldfestsetzung mit Bescheid vom 28.11.2008; Aufhebung des Bescheides vom 28.11.2008 in Gestalt des Widerspruchsbescheides vom 9.3.2009.[475]
Urteil des OVG Bautzen vom 16.4.2013	Berufung des Beklagten gegen das VG-Urteil; Änderung des VG-Urteils und Abweisung der Klage.

b) Rechtsausführungen des OVG Bautzen im Urteil vom 16.4.2013:[489, 490]

*„Die Begründung des VG, der Kläger sei der Anordnung zwischenzeitlich nachgekommen, weshalb die Zwangsgeldfestsetzung aufzuheben sei, rechtfertigt nicht die Aufhebung des angefochtenen Bescheides (**Anm.:** vom 28.11.2008).*

Maßgeblicher Zeitpunkt für die Zwangsgeldfestsetzung ist hier die Eintragung der Sicherungshypothek (11.5.2009), da durch diese das Vollstreckungsverfahren zu dem festgesetzten Zwangsgeld seinen Abschluss fand. Zu diesem Zeitpunkt hatte der Kläger die Anordnung des Anschluss- und Benutzungszwangs noch nicht befolgt...

Bei der Vollstreckung eines festgesetzten Zwangsgeldes handelt es sich um die Vollstreckung eines Leistungsbescheides, die nach § 12 Abs. 1 SächsVwVG durch Bei-

489 Eine Zahlungsfrist bei der Zwangsgeldfestsetzung ist unangebracht, *siehe oben VIII und unter R. IV.*

490 Siehe § 79 Abs. 1 Nr. 2 VwGO.

treibung vollstreckt werden. Soll eine Beitreibung durch die Vollstreckung in das unbewegliche Vermögen erfolgen, richtet sich diese gemäß § 15 Abs. 1 Nr. 3 SächsVwVG nach §§ 322 und 323 AO.
Gemäß § 322 Abs. 1 Satz 2 AO sind auf die Vollstreckung in das unbewegliche Vermögen die für die gerichtliche Zwangsvollstreckung geltende Vorschriften, namentlich die §§ 864–871 ZPO anwendbar. Nach § 866 Abs. 1 ZPO erfolgt die Zwangsvollsteckung in ein Grundstück durch die Eintragung einer Sicherungshypothek... Wählt der Vollstreckungsgläubiger... die Eintragung einer Sicherungshypothek, ist die Beitreibung des Leistungsbescheids mit ihrer Eintragung vollständig beendet...
*Kommt es hiernach auf den 11.5.2009 als dem Zeitpunkt der Eintragung der Sicherungshypothek für die Rechtmäßigkeit der angefochtenen Zwangsgeldfestsetzung an, bestehen keine Bedenken an der Rechtmäßigkeit des Bescheides (**Anm.:** betr. Zwangsgeldfestsetzung) vom 28.11.2008.*
In Gestalt der gemäß seiner Ziffer 6 sofort vollziehbaren Anordnung zum Anschluss- und Benutzungszwang lag der Zwangsgeldfestsetzung ein vollstreckbarer Verwaltungsakt nach § 2 Nr. 2 SächsVwVG zugrunde. Dieser war bis zur Beendigung der Verwaltungsvollstreckung am 11.5.2009 wirksam. Mit dem Festsetzungsbescheid wurde das angedrohte Zwangsgeld in der angedrohten Höhe festgesetzt.
Im maßgeblichen Zeitpunkt der Beendigung der Zwangsvollstreckung in Gestalt der Beitreibung des festgesetzten Zwangsgeldes durch Eintragung der Sicherungshypothek lag auch kein Vollstreckungshindernis nach § 2 a SächsVwVG vor. Insbes. lag kein Fall der Zweckerreichung vor.
Dem angeordneten Anschluss- und Benutzungszwang kam der Kläger erst rund 2 Jahre später nach.“

2. Bei dem hier besprochenen Urteil des OVG Bautzen ist von einem Ausnahmefall auszugehen.
Grundsätzlich kommt es für die Rechtmäßigkeit einer Zwangsgeldfestsetzung auf den Zeitpunkt der mündlichen Verhandlung an.[491]

491 OVG Bautzen, LKV 2013, 369, unter ausführlicher Zitierung des Beschlusses des OVG Bautzen vom 21.9.2000, 1 B 116/OO OVG Bautzen, Urteil vom 18.1.2018, 3 A 646/16: *„Bei der Beurteilung der Rechtmäßigkeit der Zwangsgeldfestsetzung ist nach der Rechtsprechung des 4. Senats des Sächsischen Oberverwaltungsgerichts bei – wie hier – noch andauerndem Vollstreckungsverfahren grundsätzlich auf den Zeitpunkt der letzten mündlichen Verhandlung oder der Entscheidung der letzten Tatsacheninstanz abzustellen (Urt. v. 16. April 2013 – 4 A 265/12 –, im Anschluss an SächsOVG, Beschl. v. 21. September 2000 – 1 B 116/00 –, zur Zwangsgeldandrohung). Auf diesen späteren Zeitpunkt dürfte es jedoch regelmäßig nur dann ankommen, wenn die Voraussetzungen des § 19 Abs. 5 Satz 2 SächsVwVG und andere Vollstreckungsvoraussetzungen im Zeitpunkt der letzten Behördenentscheidung vorgelegen haben. War das nicht der Fall, so war die Zwangsgeldfestsetzung von Anfang an rechtswidrig und kann durch spätere Änderungen der Sach- und Rechtslage grundsätzlich nicht rechtmäßig werden.“*

XI. Übersicht zum abgestuften Verwaltungsvollstreckungsverfahren bei den Zwangsmitteln nach § 19 SächsVwVG

Das Verwaltungsvollstreckungsverfahren läuft beim Zwangsmittel des Zwangsgeldes dreistufig[492], bei den Zwangsmitteln der Ersatzvornahme und des unmittelbaren Zwangs nur zweistufig ab.
Zuständig ist immer die Vollstreckungsbehörde mit Ausnahme der Anwendung des unmittelbaren Zwangs (Zuständigkeit der Vollzugspolizei).
Ausgangspunkt ist immer der Vollstreckungstitel, an den sich das Verwaltungsvollstreckungsverfahren anschließt.

Zwangsgeld 3 Stufen	**Ersatzvornahme 2 Stufen**	**Unmittelbarer Zwang 2 Stufen**
1. Androhung	1. Androhung	1. Androhung
2. Festsetzung	Keine Festsetzung	Keine Festsetzung
3. Anwendung in Form der sog. Beitreibung	2. Anwendung	2. Anwendung, Zuständigkeit der Vollzugspolizei beachten, § 39 I SächsPVDG sowie § 2 der Gemeindliche-Vollzugsbediensteten-VO
In jedem Verfahrensstadium sind die sog. Vollstreckungshindernisse zu beachten, ***siehe später im Kapitel N.***		

XII. Zur Verjährung der Befugnis zur Festsetzung eines Zwangsgeldes

Mit dem Problem der Verjährung der Befugnis zur Festsetzung eines Zwangsgeldes befasste sich das OVG Greifswald mit Beschluss vom 25.1.2024, 3 LZ 160/23 OVG:

Gefahrenabwehrrechtliche Eingriffsbefugnisse unterliegen nicht in entsprechender Anwendung der §§ 194 ff. BGB der Verjährung. Die entsprechende Anwendung der §§ 194 ff. BGB setzt voraus, dass es ein „Anspruch" im Sinne des § 194 Abs. 1 BGB vorliegt (vgl. BVerwG, Urteil vom 15. März 2017 – 10 C 1.16). Eingriffsbefugnisse sind keine Ansprüche in diesem Sinne Die Befugnis, eine gesetzliche Verpflichtung im Wege einer Einzelfallanordnung zu konkretisieren und gegenüber dem Normadressaten durchzusetzen, ist eine Art Gestaltungsrecht, das nicht dem allgemeinen Verjährungsrecht unterliegt.

Nichts Anderes gilt für die Befugnis zur Zwangsgeldfestsetzung nach § 110 VwVfG M-V i.V.m § 88 Abs. 3 SOG M-V. Auch diese stellt keinen verjährbaren „Anspruch" der Vollstreckungsbehörde gegen den Vollstreckungsschuldner dar, sondern ist eine verwaltungsvollstreckungsrechtliche Eingriffsbefugnis. Die Zwangsgeldfestsetzung

492 Siehe dazu OVG Saarlouis, Beschluss vom 2.5.2014, 2 B 225/14, zur entspr. Rechtslage im Saarland.

ist zwar ein Leistungsbescheid, **sie dient aber nicht der Realisierung eines vermögensrechtlichen Anspruchs der Vollstreckungsbehörde, sondern der Willensbeugung des Vollstreckungsschuldners**. Erst die Zwangsgeldfestsetzung bringt eine Geldleistungspflicht des Vollstreckungsschuldners hervor, die der (Zahlungs-) Verjährung unterliegt. Der nicht vermögensrechtliche Charakter der Befugnis zur Zwangsgeldfestsetzung zeigt sich insbesondere an der Möglichkeit zur Anordnung einer Ersatzzwangshaft.

Kapitel L
Die Anwendung der Verwaltungsvollstreckungsmaßnahmen

I. Das Vollstreckungsverfahren abschließende Maßnahme

Die Anwendung der Zwangsmittel ist die entscheidende und das Verwaltungsvollstreckungsverfahren abschließende Vollstreckungsmaßnahme[493]. Mit ihr wird die vorangegangene Grundverfügung durchgesetzt[494].

1. Dabei ist bei dem Zwangsmittel des Zwangsgeldes zu beachten, dass die „Anwendung“ in Form der Beitreibung (§ 22 Abs. 2 SächsVwVG) eine vorherige Androhung und eine sich daran anschließende schriftliche Zwangsgeldfestsetzung voraussetzt (3-stufiges Verwaltungsvollstreckungsverfahren), *siehe auch Kapitel K. XI.*

2. Demgegenüber erfolgt die „Anwendung“ der Zwangsmittel der Ersatzvornahme und des unmittelbaren Zwangs in nur 2 Stufen:
   Nach der Androhung (1. Stufe) folgt (ohne weitere Festsetzung) die Anwendung im engeren Sinne als 2. Stufe des Verwaltungsvollstreckungsverfahrens, also im Gegensatz zum Zwangsgeldeinsatz ein nur zweistufiges Verfahren.

3. Diese abschließende Stufe des Verwaltungsvollstreckungsverfahrens ist dem Gesetz nicht einfach zu entnehmen.
   a) In § 19 Abs. 3 bis 5 SächsVwVG wird die *„Anwendung“* von Zwangsmitteln mehrfach angesprochen, wobei man da auch z. B. die Androhung als eine Form der *„Anwendung“* ansehen könnte.
   b) Dagegen spricht z. B. § 20 Abs. 1 SächsVwVG davon, dass Zwangsmittel vor der *„Anwendung“* anzudrohen sind, meint also die Anwendung im engeren Sinne, insbes. nach dem Einsatz der Androhung.
   c) § 25 Abs. 2 SächsVwVG spricht von der *„Anwendung“* des unmittelbaren Zwangs, ebenso § 25 Abs. 3 SächsVwVG.
   d) Relativ eindeutig ist die Aussage in den §§ 39 ff. SächPVDG betr. das Zwangsmittel des „unmittelbaren Zwangs“ (2-stufiges Vollstreckungsverfahren):
      aa) Nach § 41 Abs. 2 SächsPVDG ist unmittelbarer Zwang von seiner *„Anwendung“* anzudrohen.
      bb) Das Absehen von der Androhung ist in § 41 Abs. 2 Satz 2 geregelt.

4. Dagegen spricht Art. 37 VwZVG Bayern ausdrücklich von der *„Anwendung der Zwangsmittel“*.

---

493 Anwendung im engeren Sinne, *„entscheidende Phase der Verwaltungsvollstreckung“* (HORN, Jura 2004, 598); APP, JuS 2004, 786, 790; *„Durchsetzung der Grundverfügung in der letzten Stufe des Vollstreckungsverfahrens“*, BRÜHL, JuS 1997, 1022; ERBGUTH, apf 2008, 106, 109.

494 BRÜHL, JuS 1997, 1022.

II. Zu beachtende allgemeine Vollstreckungsvorschriften, §§ 5–10 SächsVwVG

(neben den bereits erörterten allgemeinen Vorschriften der §§ 1–4)

1. Nach § 5 hat der Vollstreckungsbedienstete einen schriftlichen Vollstreckungsauftrag vorzulegen. In diesem ist insbes. die Bestätigung erforderlich, dass ein Vollstreckungstitel vorliegt (§ 5 Abs. 2 Nr. 3 SächsVwVG)[495]. Ausnahmen sind möglich bei Gefahr im Verzug, § 21 SächsVwVG (*siehe Kapitel J. II*).

2. Nach § 6 SächsVwVG ist der Vollstreckungsbedienstete unter bestimmten Voraussetzungen befugt, das Besitztum des Vollstreckungsschuldners zu betreten und zu durchsuchen[496].

3. Falls es zum Widerstand gegen Vollstreckungshandlungen kommt, ist § 7 SächsVwVG zu beachten, siehe auch § 37 SächsPVDG, Vollzugshilfe.

4. Nach § 8 SächsVwVG sind evtl. bei Vollstreckungshandlungen Zeugen hinzuzuziehen. Ausnahmen sind möglich bei Gefahr im Verzug, § 21 SächsVwVG (*siehe Kapitel J. II*).

5. Vollstreckungen werden nach § 9 SächsVwVG grundsätzlich nicht in der Nachtzeit sowie an Sonntagen und gesetzlichen Feiertagen durchgeführt. Ausnahmen sind möglich bei Gefahr im Verzug, § 21 SächsVwVG (*siehe Kapitel J. II*).

6. Der Vollstreckungsbedienstete hat bei nicht schriftlichen Vollstreckungshandlungen eine Niederschrift nach § 10 SächsVwVG zu fertigen.

7. Siehe dazu die Änderungen durch Gesetz vom 13.12.2023, GVBl. S. 876; *ausführlich dargestellt in Kapitel B VII.*

III. Anwendung des Vollstreckungsmittels des Zwangsgeldes (sog. Beitreibung von Leistungsbescheiden)

1. Ausgangspunkt jeglicher Vollstreckung ist das Vorliegen eines Verwaltungsaktes in Form des sog. Vollstreckungstitels.

Anmerkung: *siehe dazu die ausführlichen Erörterungen im Kapitel C.*

2. Das Zwangsgeld wird dann nach der erfolglosen Androhung (der Vollstreckungsschuldner ist der behördlichen Festlegung nicht nachgekommen) gemäß

495 VGH Mannheim, Beschluss vom 8.5.2009, 11 S 1013/09.

496 Zu gerichtlichen Durchsuchungsanordnungen nach § 6 Abs. 2 SächsVwVG siehe VGH Mannheim, VBlBW 2005, 386, und Beschluss vom 8.5.2009, 11 S 1013/09; VG Freiburg, 1 K 1416/09.

§ 22 Abs. 2 SächsVwVG schriftlich festgesetzt und kann dann auch nach § 22 Abs. 2 *„beigetrieben"* werden (3. Stufe des Verwaltungsvollstreckungsverfahrens beim Zwangsmittel des Zwangsgeldes).

Das BVerwG begreift Androhung, Festsetzung und Beitreibung als aufeinander aufbauende Stufen eines einheitlichen Verwaltungszwangsverfahrens zur Durchsetzung der Grundverfügung, wobei allen Stufen Beugewirkung zukommen muss (vgl. BVerwG, Urt. v. 21.1.2003 – 1 C 5/02.; vgl. auch HessVGH, Beschl. v. 2.9.2004 – 6 TG 1549/04 – ; OVG BB, Urt. v. 19.5.2011 – OVG 10 B 7.10).

3. Der schriftliche Bescheid über die Festsetzung des vorher angedrohten Zwangsgeldes ist, wie bereits dargelegt (*siehe Kapitel K. III*), ein **Leistungsbescheid** nach den §§ 12 ff. SächsVwVG, *„der nach § 12 Abs. 1 SächsVwVG durch Beitreibung vollstreckt wird"*.[497]

4. Die Zuständigkeit der Vollstreckungsbehörde für die Beitreibung von Leistungsbescheiden ist dabei unterschiedlich geregelt:

   a) Bei Leistungsbescheiden einer Behörde des Freistaates Sachsen (hier konkret Zwangsgeldfestsetzungsbescheid einer Behörde des Freistaates Sachsen, z. B. Landesdirektion) vollstrecken die Finanzämter, § 4 Abs. 1 Nr. 1 SächsVwVG.
   b) Leistungsbescheide der übrigen Behörden (also z. B. ein Zwangsgeldfestsetzungsbescheid der Stadt Chemnitz) vollstrecken diese Behörden selbst.

Anmerkung: *siehe auch Kapitel F.*

5. Die Beitreibung erfolgt
   a) nach § 14 SächsVwVG durch Vollstreckung in bewegliche Sachen,
   b) nach § 15 SächsVwVG durch Vollstreckung
      aa) in das bewegliche Vermögen im Allgemeinen, § 15 Abs. 1 Nr. 1,
      bb) in Forderungen und andere Vermögensrechte, Nr. 2, oder
      cc) in sonstige Vermögensgegenstände, z. B. Immobilien (Grundstücke), § 15 Abs. 1 Nr. 3[498].
   c) § 16 VwVG verweist auf die entsprechende Anwendung einiger Vorschriften der Abgabenordnung.

6. Die Erteilung einer *„Vermögensauskunft"* ist in § 17 SächsVwVG festgelegt[499].
   a) Nach § 17 Abs. 5 SächsVwVG i. V. m. § 27 Abs. 2 VwVfG hat der Vollstreckungsschuldner in entspr. Anwendung des § 284 AO die Versicherung an Eides statt abzugeben.

497 OVG Bautzen, LKV 2013, 369, 371, und Urteil vom 16.4.2013, 4 A 263/12.

498 VG Dresden, SächsVBl. 2020, 351; OVG Bautzen, Urteil vom 16.4.2013, 4 A 263/12, und LKV 2013, 369, 371: Eintragung einer Sicherungshypothek, § 866 Abs. 1 ZPO; OLG Koblenz, Urteil vom 12.9.2019, 1 U 135/19, im Zusammenhang mit einem Amtshaftungsprozess.

499 VG Dresden, SächsVBl. 2020, 351, 352.

b) Die Strafbarkeit einer falschen Versicherung an Eides statt *(siehe § 284 Abs. 3 AO)* ist in § 156 StGB geregelt:
„Wer vor einer zur Abnahme einer Versicherung an Eides Statt zuständigen Behörde eine solche Versicherung falsch abgibt oder unter Berufung auf eine solche Versicherung falsch aussagt, wird mit Freiheitsstrafe bis zu drei Jahren oder mit Geldstrafe bestraft."

7. Zur Beitreibung des festgesetzten Zwangsgeldes ist für die Praxis zu sagen, dass unverzüglich nach der Bekanntgabe bzw. Zustellung des Zwangsgeldfestsetzungsbescheides zur Beitreibung geschritten werden kann (*siehe die Ausführungen oben unter Kapitel J. X*).
Nach § 13 Abs. 5 SächsVwVG ist keine vorherige Mahnung des Vollstreckungsschuldners erforderlich.
Insbesondere in den Fällen, in denen eine Zwangsgeldfestsetzung mit einer erneuten, dann aber erhöhten Zwangsgeldandrohung verbunden wird (*siehe Kapitel K. VII*), muss die Beitreibung des festgesetzten Zwangsgeldbetrages zügig erfolgen, da der Vollstreckungsschuldner ansonsten auch der erneuten Androhung nicht nachkommen wird[500].

8. Siehe dazu die Änderungen durch Gesetz vom 13.12.2023, GVBl. S. 876; *ausführlich dargestellt in Kapitel B VII.*

IV. Sonderfall der Zwangshaft nach uneinbringlichem Zwangsgeld[501]

1. Bei der Zwangshaft, § 19 Abs. 2 Satz 1 i. V. m. § 23 SächsVwVG handelt es sich nicht um ein selbständiges Zwangsmittel. Die Zwangshaft kann nur bei „uneinbringlichem" Zwangsgeld gerichtlich angeordnet werden. Die Zwangshaft ist somit auch keine Strafe, sondern, wie das Zwangsgeld selbst, ein Beugemittel[502].

2. Der mit der Zwangshaft verbundene schwerwiegende Eingriff in die persönliche Bewegungsfreiheit des Vollstreckungsschuldners (Art. 2 Abs. 2, 104 Abs. 1 GG) darf deshalb nicht außer Verhältnis[503] zur Bedeutung der Sache stehen. Denn die Zwangshaft ist das letzte Mittel des Staates, um seine Anordnungen gegenüber

500 Zum Abwarten der Vollstreckungsbehörde mit der Beitreibung eines festgesetzten Zwangsgeldes siehe OVG Münster, NVwZ-RR 2009, 516.

501 OVG Weimar, LKV 2016, 93: kein selbständiges Zwangsmittel, subsidiär an Stelle eines nicht einbringlichen Zwangsgeldes; ebenso VGH München, BayVBl. 2018, 522, 523; OVG Münster, NVwZ-RR 2009, *siehe später unter N IV 1*; 516; Weber, Zur Zwangshaft im Verwaltungsvollstreckungsverfahren, VR 2004, 363 ff.; und „Der Antrag auf Erlass eines Haftbefehls bei uneinbringlichem Zwangsgeld", KommJur 2006, 331 ff., und KommJur 2006, 250, 254; Brühl, JuS 1998, 68; Büttner, SächsVBl. 2009, 30.

502 VG Dessau, LKV 1996, 80; OVG Weimar, LKV 2016, 93.

503 OVG Münster, NJW 2006, 2569; VG Stuttgart, NVwZ 1999, 323; VG Meiningen, NVwZ-RR 2000, 477; OVG Weimar, LKV 2016, 93: strenge Prüfung des Grundsatzes der Verhältnismäßigkeit; VGH Kassel, nachfolgend unter 7.

uneinsichtigen Bürgern durchzusetzen[504] und demnach besonderen Ausnahmefällen vorbehalten[505].

3. Ist das Zwangsgeld „uneinbringlich“, so kann das Amtsgericht nach Anhörung des Vollstreckungsschuldners auf Antrag der Vollstreckungsbehörde einen Haftbefehl erlassen, wenn bei der Androhung des Zwangsgeldes oder nachträglich auf die Zulässigkeit der Zwangshaft hingewiesen worden ist.

4. Die Dauer der Zwangshaft beträgt nach § 23 Abs. 2 SächsVwVG mindestens einen Tag und höchstens 2 Wochen[506].

5. Zu den Voraussetzungen des Antrags (besondere Vollstreckungsvoraussetzungen):
   a) uneinbringliches Zwangsgeld:
      Das Zwangsgeld kann nicht beigetrieben werden, weil der Vollstreckungsschuldner von Sozialhilfe lebt[507] oder Pfändungsversuche der Vollstreckungsbehörde blieben erfolglos[508]. Dagegen wird nicht verlangt, dass der Schuldner die eidesstattliche Versicherung abgegeben haben muss[509].
   b) Die Tatsache der *„Uneinbringlichkeit“* des Zwangsgeldes muss die Vollstreckungsbehörde im Antrag darlegen, es genügt demnach nicht, wenn der Schuldner die Zahlung nur verweigert hat. Die Vollstreckungsbehörde muss dabei intensive Bemühungen zur (notfalls) zwangsweisen Beitreibung der Forderung nachweisen. Erst wenn diese intensiven Bemühungen letztlich erfolglos geblieben sind oder der Vollstreckungsschuldner zahlungsunfähig ist, kommt überhaupt nur eine gerichtliche Anordnung der Zwangshaft in Betracht[510].
   c) Hinweis in der Zwangsgeldandrohung auf evtl. Zwangshaft:
      Es reicht aus, wenn bei der Androhung oder nachträglich auf die Zulässigkeit der Zwangshaft hingewiesen worden ist.

504 OVG Münster, NVwZ-RR 2000, 477, und 2009, 516: *„Besonderer Grundrechtseingriff der Freiheitsentziehung“*; VG Meiningen, NVwZ-RR 2000, 477; VG Saarlouis, Beschluss vom 8.5.2007, 10 O 611/07 (Durchsetzung der Herausgabepflicht des Führerscheins).

505 VGH München, NVwZ-RR 1997, 69, 70, und BayVBl. 2018, 522, 525; OVG Münster, NJW 2006, 2569; VG Mainz, Beschluss vom 19.12.2019, 1 O 1071/19.MZ: *„Der Antrag auf Anordnung der Ersatzzwangshaft nach § 67 LVwVG ist nur zulässig, sofern deren Vollstreckbarkeit in nächster Zeit zu erwarten ist (hier aufgrund derzeitiger Strafhaft des Vollstreckungsschuldners verneint)“*; VGH Kassel, nachfolgend unter 7.

506 In Bayern darf nach Art. 37 Abs. 1 Satz 3 BayVwZVG die Ersatzzwangshaft insgesamt jedoch die Höchstdauer von 4 Wochen nicht überschreiten (VGH München, NVwZ-RR 1997, 69, 70); im Saarland bis zu 6 Wochen (§ 28 Abs. 2 Satz 2 SaarlVwVG) VG Trier, Beschluss vom 18.6.2007, 5 N 473/07.TR: *„Die beschließende Kammer hält die Anordnung einer Ersatzzwangshaft von drei Tagen für erforderlich, aber auch für (zunächst) ausreichend, um die Vollstreckungsschuldnerin dazu zu bewegen, der ihr obliegenden Pflicht zur Rückgabe der Reisegewerbekarte bzw. zur Zahlung des Zwangsgeldes nachzukommen.“*

507 VGH München, NVwZ-RR 1998, 310.

508 VG Berlin, NVwZ-RR 1999, 349; OLG Celle, NVwZ-RR 2017, 922: *„Der Betroffene ist – wie sich aus der erteilten Vermögensauskunft ergibt – amtsbekannt unpfändbar. Mehrere Vollstreckungsversuche blieben zudem erfolglos.“*

509 OVG Münster, NVwZ-RR 1997, 764; VG Meiningen, NVwZ-RR 2000, 477.

510 VG Meiningen, NVwZ-RR 2000, 478; VG Regensburg, Beschluss vom 26.10.2023 – RN 5 V 23.1640.

Praktisch empfehlenswert ist der Hinweis bereits in der schriftlichen Androhung, damit der Vollstreckungsschuldner davon Kenntnis hat, dass er mit einem derartigen Antrag rechnen muss.[511]

Beschluss des VG Stuttgart vom 23.8.1998, NVwZ 1999, 323:

Frau Schmitt ist aufgrund der seit dem 8.10.1996 bestandskräftigen (also unanfechtbaren) seuchenrechtlichen Verfügung der Behörde verpflichtet, sich spätestens innerhalb von vier Werktagen nach Zustellung des Bescheides beim Gesundheitsamt einem Aids-Test zu unterziehen und dem Gesundheitsamt innerhalb dieser Frist das Untersuchungsergebnis vorzulegen. Die weitere Ausübung der Prostitution wurde Frau Schmitt ab sofort untersagt, bis das Untersuchungsergebnis des Tests dem Gesundheitsamt vorliegt.
Für den Fall der Zuwiderhandlung wurde mit seit 28.1.1997 bestandskräftiger Verfügung ein Zwangsgeld in Höhe von 20.000 DM(!) angedroht.
Mit seit 28.4.1997 bestandskräftigem Bescheid wurde das angedrohte Zwangsgeld festgesetzt (Rechtslage in Baden-Württemberg, nicht in Bayern) und ein weiteres Zwangsgeld in Höhe von 30.000 DM angedroht. Bei der Androhung des Zwangsgeldes wurde jeweils auf die Zulässigkeit der Zwangshaft hingewiesen.
Frau Schmitt hat auf die wiederholt ausgesprochenen Zwangsgeldandrohungen und -festsetzungen nicht reagiert. Aufgrund ihre Lebensumstände (ohne festen Wohnsitz, Prostitution zur Finanzierung ihres Drogenkonsums) steht fest, dass das Zwangsgeld uneinbringlich ist. Nach beharrlichen Verstößen gegen das ausgesprochene Betätigungsverbot hat das Verwaltungsgericht erstmals mit Beschluss vom 28.7.1997 eine Zwangshaft mit einer Dauer von zwei Wochen angeordnet. Nachdem diese Zwangshaft Frau Schmitt nicht zu einer Verhaltensänderung bewegen konnte, hat das Verwaltungsgericht mit Beschluss vom 14.1.1998 gegen sie nochmals eine Zwangshaft von zwei Wochen angeordnet. Auch durch die Vollstreckung dieser Zwangshaft war Frau Schmitt nicht zu einer Änderung ihrer bisherigen Verweigerungshaltung zu bewegen. Bereits am 9.4.1998, einen Tag nach der Entlassung aus der letzten Zwangshaft, wurde sie wieder im Sperrbezirk beim Strichgang angetroffen. Weitere, insgesamt vier Zuwiderhandlungen gegen das Tätigkeitsverbot sind aktenkundig.
Im Hinblick auf diese weiteren beharrlichen Zuwiderhandlungen hat die Behörde am 11.8.1998 erneut die Anordnung von Zwangshaft mit einer Dauer von zwei Wochen beantragt.

511 Siehe dazu OVG Münster, später unter N IV 1; OVG Weimar, LKV 2016, 93: „*Mit der Erklärung, dass für den Fall der Uneinbringlichkeit des Zwangsgeldes vorsorglich Ersatzzwangshaft angedroht werde, gibt die Vollstreckungsbehörde vor, darüber schon entschieden zu haben und – quasi als eigenständige Vollstreckungsmaßnahme – diese auch selbst anordnen zu können. Diese Erklärung ist aber nicht deckungsgleich mit der vom Gesetz geforderten – und nach Erlass der Zwangsgeldandrohung nicht mehr nachholbaren – Belehrung darüber, dass die Vollstreckungsbehörde nur ein Antragsrecht hat und allein das Verwaltungsgericht (Anm.: Rechtslage in Thüringen) die Ersatzzwangshaft anordnen kann.*"
Anm.: Nach § 23 Abs. 1 Satz 1 SächsVwVG ist der Hinweis nachholbar.

*„Die erneute Anordnung von Zwangshaft würde gegen den verfassungsrechtlichen Grundsatz der Verhältnismäßigkeit verstoßen, der in § 19 Abs. 2, 3 BadWürttVwVG (**Anm.:** entspr. § 19 Abs. 3, 4 SächsVwVG) seinen einfachgesetzlichen Niederschlag gefunden hat. Dem Grundsatz der Verhältnismäßigkeit kommt verfassungsrechtlicher Rang zu. Das ergibt sich aus dem Rechtsstaatsprinzip... Dieser Grundsatz umfasst die Voraussetzungen der Geeignetheit, der Erforderlichkeit, des geringsten Eingriffs und der Verhältnismäßigkeit im engeren Sinne... Vorliegend hat die wiederholte Anordnung und Vollstreckung der Ersatzzwangshaft ergeben, dass Frau Schmitt sich von diesem Zwangsmittel nicht zu einer Verhaltensänderung bewegen lässt. Nachdem sie unverändert schwerst drogenabhängig ist und zur Finanzierung ihres Drogenkonsums offenbar keine andere Möglichkeit sieht, als der Prostitution nachzugehen, ist nicht zu erwarten, dass durch eine erneute Zwangshaftanordnung das Ziel, Frau Schmitt von der Ausübung der Prostitution abzuhalten, erreicht werden kann.*
Auch den von Frau Schmitt für ihre Sexualpartner ausgehenden Gesundheitsgefahren könnte durch eine erneute Anordnung der Zwangshaft nicht wirksam begegnet werden, da sie wiederum nur für eine begrenzte Zeitdauer, nämlich für zwei Wochen, an der Ausübung der Prostitution gehindert wäre. Aufgrund der Ungeeignetheit dieses Zwangsmittels stellte sich die Anordnung von Zwangshaft gegenüber Frau Schmitt nicht mehr als Beugemittel, sondern als unzulässige „Verwaltungsstrafe“ dar.“

Zu den Voraussetzungen des Antrags auf Ersatzzwangshaft	
Zwangshaft nach § 19 Abs. 2 Satz 1 i. V. m. § 23 SächsVwVG	
Uneinbringliches Zwangsgeld	Hinweis auf die Zulässigkeit der Zwangshaft bereits bei der Androhung oder nachträglich

6. Liegen die genannten Voraussetzungen vor, so *„kann“* das Amtsgericht auf den entspr. Antrag der Vollstreckungsbehörde nach Anhörung des Vollstreckungsschuldners einen Haftbefehl erlassen.
   Dabei ist zu beachten, dass bei Vorliegen der gesetzlichen Voraussetzungen das Gericht nicht *„automatisch“* den Haftbefehl erlässt. Das Gericht entscheidet in eigener Zuständigkeit, ob bei Berücksichtigung aller Umstände der Erlass eines Haftbefehls gerechtfertigt ist[512].

7. **VGH Kassel, Beschluss vom 08.09.2021 – 3 E 1270/21**
   1. („Ersatz“-) Zwangshaft ist – anders als Erzwingungshaft – kein primäres (selbständiges) Vollstreckungsmittel. Sie tritt als **Beugehaft** (akzessorisch) an die Stelle des Zwangsgeldes, wenn dies uneinbringlich ist. Sie ist selbst Druckmittel zur Bewirkung der Handlung, Duldung oder Unterlassung, die

512 Siehe dazu den soeben angesprochenen Beschluss des VGH München; VG Meiningen, Beschluss vom 22.9.2003, 2 S 537/03; VG Berlin, NVwZ-RR 1999, 349, 350; OVG Bremen, NVwZ-RR 2004, 658, 659; zu einem abgelehnten Antrag auf Anordnung von Ersatzzwangshaft gegen den Vollstreckungsschuldner siehe OVG Münster, 5 E 1213/08.

dem Pflichtigen in dem zu vollstreckenden Grundverwaltungsakt aufgegeben worden war.

2. Da es sich bei der Zwangshaft um einen schwerwiegenden Eingriff in die durch Art. 2 Abs. 2 GG gewährleistete Freiheit der Person handelt, muss sie das letzte Mittel sein, zu dem der Staat Zuflucht nimmt, um seine rechtmäßigen Anordnungen gegenüber widerspenstigen Bürgern durchzusetzen. **Als solches ist sie nur in Ausnahmefällen zu rechtfertigen.**
3. Der für alle Eingriffe der öffentlichen Gewalt geltende und aus dem Rechtsstaatsgebot folgende Verhältnismäßigkeitsgrundsatz besagt, dass Maßnahmen der öffentlichen Gewalt geeignet, erforderlich und verhältnismäßig im engeren Sinne sein müssen. Eine Maßnahme muss zunächst geeignet sein, das angestrebte Ziel zu erreichen. Ferner hat die öffentliche Gewalt unter mehreren geeigneten Maßnahmen diejenige auszuwählen, die den Einzelnen und die Allgemeinheit am wenigsten beeinträchtigt. Schließlich hat eine Maßnahme zu unterbleiben, wenn die durch sie zu erwartenden Nachteile für den Betroffenen außer Verhältnis zu dem beabsichtigten Erfolg stehen.

8. Beispiel eines Haftbefehlsantrags:

Antrag
der Vollstreckungsbehörde auf Erlass eines Haftbefehls
nach § 23 Abs. 1 SächsVwVG[513]

Es ergeht folgende Antragsschrift an das Amtsgericht Dresden:

Stadt Dresden

An das
Amtsgericht

Dresden

Verwaltungsvollstreckungsverfahren gegen Herrn Karl Meier, Rathausstr. 8, Dresden
Antrag nach § 23 Abs. 1 SächsVwVG

In vorgenannter Angelegenheit wird **beantragt**,

1. gegenüber dem Vollstreckungsschuldner Meier einen Haftbefehl zu erlassen,
2. Zwangshaft anzuordnen und die Dauer der Zwangshaft auf 1 Woche festzusetzen,
3. die festgesetzte Zwangshaft zu vollstrecken.

513 Siehe dazu Weber, Der Antrag auf Erlass eines Haftbefehls bei uneinbringlichem Zwangsgeld (nach sächsischer Rechtslage), KommJur 2006, 331 ff.

Begründung:

I.

Die Stadt Dresden hat am 10.5.2009 gegenüber dem Vollstreckungsschuldner Meier eine Gewerbeuntersagungsverfügung mit Anordnung der sofortigen Vollziehung und Zwangsgeldandrohung in Höhe von 1.000 Euro erlassen für den Fall, dass er das Gewerbe nicht bis 20.5.2009 einstellt.
In der Zwangsgeldandrohung ist auf die Möglichkeit der Zwangshaft hingewiesen worden.

Beweis: Kopie des dem Vollstreckungsschuldners zugestellten Bescheides vom 10.5.2009

Da sich der Vollstreckungsschuldner nach der Zwangsgeldandrohung nachweislich weiterhin gewerblich betätigte, erließ die Vollstreckungsbehörde am 15.6.2009 einen Bescheid über die Zwangsgeldfestsetzung in Höhe von 1.000 Euro.
In diesem Bescheid erfolgte erneut der Hinweis, dass bei Uneinbringlichkeit des Zwangsgeldes Zwangshaft beantragt werden kann.

Beweis: Kopie der Mitteilung der Stadt Leipzig vom 30.5.2009 (Vorfall vom 20.5.2009) und der Stadt Görlitz vom 5.6.2009 (Vorfall vom 28.5.2009), in beiden Fällen mit entspr. Feststellungen von Mitarbeitern des Außendienstes beider Behörden; Kopie des Zwangsgeldfestsetzungsbescheides vom 15.6.2009

Danach versuchte die Vollstreckungsbehörde gegenüber dem Vollstreckungsschuldner zu vollstrecken, konkret die Beitreibung des festgesetztes Betrages des Zwangsgeldes in Höhe von 1.000 Euro. 2 Beitreibungsversuche waren erfolglos.

Beweis: Kopie der Niederschrift des Vollstreckungsbeamten der Stadt Dresden vom 30.6.2009 sowie die Niederschrift über die erfolglose Kontenpfändung vom 10.7.2009.

II.

Wegen der nachgewiesenen „Uneinbringlichkeit" des Zwangsgeldes ist es nunmehr geboten, das Ersatzzwangshaftverfahren nach § 23 SächsVwVG einzuleiten.

1. Die Stadt Dresden ist die zuständige Vollstreckungsbehörde nach § 4 Abs. 1 Satz 1 SächsVwVG.
2. Die Vollstreckungsvoraussetzungen liegen vor.
   a) Die allgemeinen Vollstreckungsvoraussetzungen (Vollstreckungstitel nach § 2 SächsVwVG, anschließende Zwangsgeldandrohung nach § 20 Abs. 1 SächsVwVG und danach die Zwangsgeldfestsetzung nach § 22 Abs. 2 SächsVwVG) sind gegeben.
   b) Ebenso liegen die von § 23 Abs. 1 SächsVwVG geforderten weiteren besonderen Vollstreckungsvoraussetzungen bei Zwangshaft vor („Uneinbring-

lichkeit" des Zwangsgeldes und vorheriger Hinweis an den Vollstreckungsschuldner auf die Möglichkeit der Beantragung von Zwangshaft).

3. Der Grundsatz der Verhältnismäßigkeit der Vollstreckungsmaßnahme (§ 19 Abs. 3, 4 SächsVwVG) ist gewahrt, denn der Vollstreckungsschuldner ist zahlungsunfähig und betätigt sich, wie nachgewiesen, trotz Gewerbeuntersagung mit Anordnung der sofortigen Vollziehung weiterhin im untersagten Gewerbe. Auch bei der Dauer der beantragten Zwangshaft (1 Woche) ist die Verhältnismäßigkeit gewahrt, die gesetzlich festgelegte Höchstdauer beträgt 2 Wochen.

4. Da sich der Vollstreckungsschuldner trotz Gewerbeuntersagung mit Anordnung der sofortigen Vollziehung nach wie vor gewerblich betätigt, besteht auch kein Vollstreckungshindernis i. S. der §§ 2a, 19 Abs. 5 Satz 2 SächsVwVG. Auch insoweit ist die Verhältnismäßigkeit der beantragten Vollstreckungsmaßnahme bei gerichtlicher Anordnung der Zwangshaft gewahrt.
Eine „Erledigung" i. S. d. Verwaltungsvollstreckungsrechts ist demnach nicht eingetreten.

5. Da die Voraussetzungen des § 23 Abs. 1 SächsVwVG vorliegen, wird gebeten, antragsgemäß zu entscheiden.

Wiesenberg
Stadtrechtsdirektor

Hinweis außerhalb des Bescheidmusters:
Nach § 23 Abs. 3 SächsVwVG ist die Zwangshaft auf Antrag der Vollstreckungsbehörde von der Justizverwaltung zu vollstrecken. Die §§ 904 bis 911 der ZPO gelten entsprechend.

Abschließende Anmerkungen

I. Es handelt sich um einen von der Vollstreckungsbehörde sorgfältig zu begründenden Antrag mit Vorlage der entspr. Beweismittel, weil das Gericht nach eigenem Ermessen entscheidet[514], sofern die gesetzlichen Voraussetzungen vorliegen. Denn das Gesetz regelt nur die (formellen) Voraussetzungen, unter denen die Zwangshaft durch das Gericht angeordnet werden kann, nicht jedoch, ob die beantragte Zwangshaft in jedem Falle als Folge eines uneinbringlichen Zwangsgeldes zulässig ist.
Die Vollstreckungsbehörde kann deshalb durch gute und umfangreich begründete Antragstellung „Rückfragen" des Gerichts vermeiden, die zu einer Verfahrensverzögerung und evtl. sogar zur Ablehnung des Antrags führen.

514 OVG Bremen, NVwZ-RR 2004, 658, 659; VG Berlin, NVwZ-RR 1999, 349, 350.

II. Mit der gerichtlichen Anordnung der Zwangshaft ist, wie bereits dargelegt, ein erheblicher Grundrechtseingriff (Freiheitsentziehung) für den Vollstreckungsschuldner verbunden. Deshalb liegt ein Schwerpunkt der rechtlichen Ausführungen bei der Antragstellung durch die Vollstreckungsbehörde auch bei der Frage nach der Verhältnismäßigkeit der beantragten Vollstreckungsmaßnahme in Form von „Zwangshaft". In diesem Zusammenhang ist das „Erledigungsproblem" zu prüfen, welches grundsätzlich dazu führt, dass eine Zwangshaftanordnung nicht erfolgen wird. Die Vollstreckungsbehörde wird demnach in einem solchen Erledigungsfall von einer Antragstellung bei Gericht absehen müssen.

***Anmerkung:** Zur „Erledigung" siehe Kapitel N. III.*

V. Zur Anwendung der Ersatzvornahme (in Abgrenzung zur sog. „unmittelbaren Ausführung nach § 8 Abs. 1 SächsPVDG) einschl. der sich anschließenden Kostenforderung[515]:

- VGH München, NVwZ-RR 2015, 85: fachgerechte Entrümpelung eines Anwesens
- OVG Hamburg, NVwZ-RR 2015, 601: Verschließung der Belüftungsstutzen des Öltanks eines Schiffes
- VGH München, NVwZ-RR 2017, 991: Fällung von Bäumen auf einem Grundstück
- OVG Saarlouis, NVwZ-RR 2018,595: Entfernung eines Zaunes
- VG Augsburg, Urteil vom 15.09.2021 – Au 4 K 21.1117: Rückschnitt der Äste eines Baumes von einem Grundstück, soweit diese auf eine Feuerwehrzufahrt ragen
- OVG Magdeburg, Beschluss vom 19.2.2024, 2 L 69/23.Z: Sichern einer schadhaften Mauer auf einem Grundstück vor dem Herabfallen loser Steine

1. Zweistufiges Verwaltungsvollstreckungsverfahren

Nach der Androhung und vor der Anwendung der Ersatzvornahme findet keine gesonderte Festsetzung statt (wie beim Zwangsgeld), also ein nur zweistufiges Verwaltungsvollstreckungsverfahren.
Nach Fristablauf, oder wenn keine Fristsetzung erfolgte „sofort" nach der Androhung, kann[516] die Ersatzvornahme durchgeführt werden. Normalerweise wird der Vollstreckungsschuldner aber von der Vollstreckungsbehörde entspr. benachrichtigt und er kann nochmals darüber nachdenken, ob er nicht durch eigene Betätigung eine behördliche Ersatzvornahme abwenden kann (indem er die Vollstreckungsbehörde entspr. unterrichtet).

515 VGH München, BayVBl. 2005, 536 (Zwangsweise Entstempelung von Kfz-Kennzeichen wg. fehlendem Versicherungsschutz); OVG Koblenz, NVwZ 1994, 715; OVG Saarlouis, NVwZ 2009, 602, 604; OVG Bautzen, Urteil vom 20.8.2008, 1 B 186/07; VG Augsburg, Urteil vom 15.09.2021 - Au 4 K 21.1117.

516 Also auch hier wieder Ermessen der Vollstreckungsbehörde, *siehe Kapitel H.*

2. Selbstvornahme oder Fremdvornahme

Dabei wird, wenn sich die Vollstreckungsbehörde im Rahmen der „Anwendung“ betätigt, zwischen der sog. Selbstvornahme (Durchführung der Ersatzvornahme durch die Vollstreckungsbehörde selbst, z. B. Abbrucharbeiten durch eigene Kräfte) oder der sog. Fremdvornahme (Beauftragung z. B. eines Bauunternehmers zur Durchführung von Abbrucharbeiten oder Durchführung einer Abschleppmaßnahme durch einen Unternehmer[517]) unterschieden.[518]
Regelmäßig kommt es auch in den sog. Abschleppfällen zur Beauftragung von Unternehmen mit der Durchführung der Abschleppmaßnahme, *siehe dazu später im Kapitel M.*

Beispiel nach OVG Koblenz, NVwZ 1994, 715
*Durch strompolizeiliche Verfügung der Behörde vom 1.3.1990 wurde dem A. unter Anordnung der sofortigen Vollziehung (**Anm.:** Vollstreckungstitel) und unter Androhung der Ersatzvornahme aufgegeben, eine gesunkene Bootshalle zu bergen oder bergen zu lassen und aus der Wasserstraße zu entfernen. Mit den Bergungsarbeiten sei am 2.3.1990 zu beginnen und diese seien bis 6.3.1990 abzuschließen.*
Am 3.3.1990 wurden die Bergungsarbeiten durch ein von der Behörde beauftragtes Unternehmen ausgeführt. Mit Bescheid vom 20.6.1990 setzte die Behörde die in der Verfügung vom 1.3.1990 angedrohte Ersatzvornahme fest (nach rheinland-pfälzischen Verwaltungsvollstreckungsrecht) und forderte den A. auf, die durch die Ersatzvornahme entstandenen Kosten in Höhe von 22.000 DM zu zahlen.
Dazu stellte das Gericht fest, dass ein Kostenerstattungsanspruch nicht bestand, weil „die für die Anwendung des Zwangsmittels der Ersatzvornahme notwendigen Voraussetzungen nicht vollständig gegeben waren.“
Zwar lag ein Vollstreckungstitel vor und eine ordnungsgemäße Androhung der Ersatzvornahme. Jedoch fehlte es an der (in Rheinland-Pfalz) erforderlichen Festsetzung der Ersatzvornahme (nach dem damaligen VwVG mussten alle Zwangsmittel vor ihrer Anwendung festgesetzt werden).

3. Verfahrensablauf beim Zwangsmittel der Ersatzvornahme (2-stufiges Vollstreckungsverfahren)
   - Verwaltungsakt in Form eines Vollstreckungstitels nach § 2 SächsVwVG, z. B. Abrissverfügung mit Anordnung der sofortigen Vollziehung
   - Androhung der Ersatzvornahme mit Angabe der voraussichtlichen Kosten, § 20 Abs. 5 SächsVwVG

517 Siehe dazu später unter M, Abschleppen von Kraftfahrzeugen, Fall 6; OVG Bautzen, Beschluss vom 19.2.2024, 6 D 25/23.

518 VGH München, NVwZ-RR 2015, 85: Beauftragung der Fa. A mit der fachgerechten Entrümpelung eines Anwesens; OVG Hamburg, NVwZ-RR 2015, 601: Beauftragung der Fa. B. zur Verschließung der Belüftungsstutzen des Öltanks eines Schiffes; OVG Koblenz, NVwZ 1994, 715; so ausdrücklich auch normiert in § 24 Abs. 1 Satz 1 SächsVwVG; OVG Bautzen, Urteil vom 20.8.2008, 1 B 186/07.

- Durchführung (Anwendung) des Zwangsmittels der Ersatzvornahme z. B. Abriss des Hauses durch ein von der Behörde beauftragtes Unternehmen
- **Kostenforderung an den Vollstreckungsschuldner nach § 24 Abs. 3 Satz 1 SächsVwVG (sofort vollziehbarer Leistungsbescheid nach § 24 Abs. 3 Satz 2 SächsVwVG)**
- **Neu § 25 V VwVG:**
  Grundstücksbezogene Kosten der Ersatzvornahme ruhen als öffentliche Last auf dem Grundstück oder auf den grundstücksgleichen Rechten. Der Eigentümer hat diesbezüglich die Zwangsvollstreckung in den Grundbesitz zu dulden. Zugunsten der Vollstreckungsbehörde gilt als Eigentümer, wer als solcher im Grundbuch eingetragen ist. Der Eigentümer kann durch einen Duldungsbescheid in Anspruch genommen werden. Das Recht des nicht eingetragenen Eigentümers, die ihm gegen die öffentliche Last zustehenden Einwendungen geltend zu machen, bleibt unberührt.
  Anmerkung: ***Siehe dazu die Ausführungen unter Kapitel B VII.***

4. Bekannt und immer wieder angesprochen werden im Zusammenhang mit Ersatzvornahmen die sog. Abschleppfälle[519], also das Abschleppen eines Kraftfahrzeugs wg. Gefährdung des Straßenverkehrs an einer unübersichtlichen Stelle oder auf dem Gehweg[520] oder wg. Haltens unter Verstoß gegen ein absolutes Halteverbot, Zeichen 283 StVO[521].
   Regelmäßig wird vor Gericht um die später von der Behörde eingeforderten Kosten der Abschleppmaßnahme gestritten, wobei die Kostenforderung von Behörde oder Polizei nur dann gerechtfertigt ist, wenn der vorausgegangene polizeiliche Maßnahme „Abschleppvorgang" an sich auch rechtmäßig war[522].
   a) In diesem Zusammenhang muss gefragt werden, welche Rechtsgrundlage für die Kostenforderung besteht (Bescheid über die Kosten der Abschleppmaßnahme als Eingriffsverwaltungsakt in Form eines Leistungsbescheides gemäß den §§ 12 ff. SächsVwVG, da auch hier der Gesetzesvorbehalt (Art. 20 Abs. 3 GG) zu beachten ist[523].
   b) Im Rahmen der Prüfung der Rechtmäßigkeit der Kostenforderung ist dann auch die Rechtmäßigkeit der Abschleppmaßnahme an sich zu prüfen.
      In Betracht kommt grundsätzlich
      aa) eine Abschleppmaßnahme als Ersatzvornahme (dann muss ein sog. Grundverwaltungsakt in Form eines Vollstreckungstitels der Vollstre-

519 Weber, Zum Abschleppen eines auf dem Gehweg geparkten Motorrollers, DAR 2018, 109; Zum Abschleppen von Kraftfahrzeugen im öffentlichen Straßenraum, DAR 2019, 63.

520 BVerwG, NJW 1990, 931 (Vorinstanz VGH München).

521 Siehe z. B. BVerwG, NJW 1993, 870 (Vorinstanz VGH München); BVerwG, NJW 1990, 931 (Vorinstanz VGH München); VGH München, NZV 1992, 207.

522 BVerwG, DÖV 1984, 887; VGH München, NZV 1992, 207; BayVBl. 1990, 433, 1991, 433, und 2001, 310; OVG Bautzen, SächsVBl. 1997, 82, 83; Weber, Leipziger Ersatzvornahme, JA 2007, 627 ff., mit Hinweisen auf die Rspr.

523 VGH Mannheim, VBlBW 2007, 62, 63: materielle Rechtswidrigkeit des Kostenbescheides wg. fehlender Rechtsgrundlage!; VGH Mannheim, DÖV 1991, 163, 164; OVG Münster, NJW 2000, 602; OVG Hamburg, NJW 2001, 168, 169, und 2005, 2247; VGH München, DÖV 2008, 732; VGH Kassel, NVwZ-RR 1999, 23; VG Leipzig, SächsVBl. 1997, 16; VG Karlsruhe, 6 K 2399/07.

ckungsmaßnahme vorausgegangen sein) i. S. einer Verwaltungsvollstreckungsmaßnahme, oder

bb) die Polizei (siehe § 16 SächsPBG bzw. § 8 SächsPVDG, i.d.R. die Vollzugspolizei) handelt im Wege der unmittelbaren Ausführung, d.h. also außerhalb der Verwaltungsvollstreckung in den Fällen, in denen der Abschleppmaßnahme kein Verwaltungsakt vorausging (fehlende Kommunikation mit dem Störer).

c) Rechtsgrundlage für die Kostenforderung (Gesetzesvorbehalt, Art. 20 Abs. 3 GG)

aa) für die aus einer Ersatzvornahme resultierende Kostenforderung ist in Sachsen § 24 Abs. 3 SächsVwVG.

bb) Handelt es sich dagegen um eine sog. unmittelbare Ausführung einer Maßnahme nach § 8 SächsPVDG, ist Rechtsgrundlage für die Kostenforderung § 8 Abs. 2 SächsPVDG.

cc) Geht es um den Sonderfall der Sicherstellung (z. B. des Kraftfahrzeuges) nach § 31 SächsPVDG, so ist § 34 Abs. 3 SächsPVDG die maßgebliche Rechtsgrundlage für die Kostenforderung.

Anmerkung: siehe dazu umfassend die Ausführungen im Kapitel M, Abschleppen von Kraftfahrzeugen.

Übersicht über die Rechtsgrundlagen für die angesprochenen Kostenforderungen		
Ersatzvornahme	Unmittelbare Ausführung	Sicherstellung
§ 24 Abs. 3 SächsVwVG	§ 8 Abs. 2 SächsPVDG	§ 34 Abs. 3 SächsPVDG[524]

VI. Zur Anwendung des unmittelbaren Zwangs[525]

1. Im Rahmen der Besprechung der Androhung des Zwangsmittels des „unmittelbaren Zwangs" *(siehe Kapitel J. XII)* ist bereits darauf hingewiesen worden, dass es sich dabei um das am stärksten in die Rechte des Pflichtigen eingreifende Zwangsmittel handelt[526]. Dem tragen die gesetzlichen Regelungen Rechnung (§§ 39 ff. SächPVDG, § 25 VwVG).
Die Anwendung unmittelbaren Zwangs ist eine typische Maßnahme der Vollzugspolizei, insbes. beim Einsatz gegen Personen, § 41 Abs. 1 Satz 2 SächsPVDG.

524 Siehe dazu Weber, Zur polizeirechtlichen Sicherstellung von Fahrzeugen, NZV 2020, 351.

525 Weber, Zum Zwangsmittel des unmittelbaren Zwangs nach dem VwZVG, apf Landesteil Bayern 2016, 33; Zum Verwaltungszwang im Gewerbe- und Gaststättenrecht unter bes. Berücksichtigung des unmittelbaren Zwangs, GewArch 2016, 275; Zur Vollstreckung versammlungsrechtlicher Eingriffsmaßnahmen durch unmittelbaren Zwang – zugleich Besprechung des Beschlusses des BVerwG vom 3.5.2019 (NVwZ 2019, 1281, mit Anmerkung von Detterbeck) zur Polizeifestigkeit der Versammlungsfreiheit, Die Polizei 2020, 420; VGH Mannheim, Beschluss vom 3.5.2021, 1 S 512/19 (Nach Androhung Vollstreckung eines Platzverweises durch Wegtragen).

526 OVG Greifswald, NVwZ 1996, 488, 489; VGH Mannheim, Beschluss vom 3.5.2021, 1 S 512/19: *Beachtung des Grundsatzes der Verhältnismäßigkeit.*

Nach § 37 SächsPVDG (Vollzugshilfe) ist es auch denkbar, dass die Polizeibehörden (Abs. 2) entspr. tätig werden könnten, das wird man aber in der Praxis selten annehmen können. Regelmäßig werden die Polizeibehörden lediglich unmittelbaren Zwang gegen Sachen (§ 25 VwVG) anwenden.

2. Den *„unmittelbaren Zwang"* als Maßnahme der Vollstreckung definiert man als die Einwirkung auf Personen oder Sachen durch körperliche Gewalt, ihre Hilfsmittel oder Waffen. Ziel der Einwirkung ist es, den Pflichtigen zu der aufgegebenen Handlung, Duldung oder Unterlassung zu zwingen[527].
Dabei wird sich die Vollstreckungsbehörde, wie bereits angesprochen, der Vollstreckungshilfe durch die Vollzugspolizei bedienen[528].

Beispiel für die Anwendung unmittelbaren Zwangs nach VG München, Beschluss v. 23.06.2021 – M 16 E 21.1758:
Mit Bescheid vom 8. Februar 2018 untersagte die Antragsgegnerin dem Antragsteller die Ausübung des stehenden Gewerbes „Erstellen von Gutachten" sowie „KFZ-Handel und KFZ-Reparatur" (Nr. 1 des Bescheidstenors) und die „Tätigkeit der Geschäftsführung für die Autoservice ......" (Nr. 2 des Bescheidstenors). Dem Antragsteller wurde aufgegeben, einen Monat nach Rechtskraft des Bescheids die gewerblichen Tätigkeiten einzustellen und die Betriebsstätten geschlossen zu halten (Nr. 3 des Bescheidstenors). Für den Fall, dass der Antragsteller dieser Verpflichtung nicht nachkomme, werde die weitere Ausübung gewerblicher Tätigkeiten durch die Anwendung unmittelbaren Zwangs (Schließung der Geschäftsräume bzw. Einziehung der Betriebsmittel) verhindert (Nr. 4 des Bescheidstenors). Anlass für die Beurteilung des Antragstellers als gewerberechtlich unzuverlässig war insbesondere die Nichterfüllung öffentlich-rechtlicher Zahlungsverpflichtungen.
Am 25. März 2021 gegen Mittag versiegelte die Antragsgegnerin die Betriebsräume am Betriebssitz in der ...Straße 1a, da „bis heute keine Gewerbeabmeldungen vom Antragsteller vorliegen und auch keine neue Gewerbeanmeldung durch einen neuen Betriebsinhaber vorliegt". Die Versiegelung wurde dem Antragsteller mit Schreiben („per Fax") der Antragsgegnerin vom selben Tag gegen 15:00 Uhr bestätigt. Gleichzeitig wurde dem Antragsteller mitgeteilt, unter welchen Voraussetzungen eine Aufhebung der Versiegelung und damit verbundene Freigabe des Betriebs erfolge. Nachdem der Antragsteller die Gewerbeabmeldungen am Nachmittag des 25. März 2021 bei der Antragsgegnerin eingereicht hatte, wurde die Versiegelung durch die Antragsgegnerin beseitigt, um dem Antragsteller die Möglichkeit einzuräumen, „das Betriebsgelände ordnungsgemäß und nach den Vorgaben des baurechtlichen Anordnungsbescheids wiederherzustellen" und die vor dem Betriebsgelände widerrechtlich abgestellten Fahrzeuge zu entfernen (Anm.: konkretes Datum bzw. konkrete Uhrzeit der Entsiegelung unklar: dem Schreiben der Antragsgegnerin vom „25.03.2021" zufolge wurde die Beseitigung der Versiegelung für „10:00 Uhr" angekündigt, was aber nicht sein kann, weil die Versiegelung erst um ca. 12:00 desselben Tages erfolgt war).

527 § 40 SächsPVDG; OVG Greifswald, NVwZ 1996, 488, 489; Brühl, JuS 1998, 68; Horn, Jura 2004, 447, 450; Schoch, JuS 1995, 309.
528 Horn, Jura 2004, 447, 451.

3. Zur Anwendung des unmittelbaren Zwangs kann man grundsätzlich sagen, dass diese Vollstreckungsmaßnahme im Verwaltungsvollstreckungsverfahren (nach den Regeln des SächsVwVG) praktisch gesehen der Ausnahmefall ist.
   a) Die Mehrzahl der Fälle ereignen sich im Bereich der Vollzugspolizei, also außerhalb der Zuständigkeit und der Aufgaben der Polizeibehörden[529]. **Der Schwerpunkt bei der Anwendung des „*unmittelbaren Zwangs*" liegt deshalb in der Betätigung der Vollzugspolizei**[530] (siehe § 80 Abs. 2 Satz 1 Nr. 2 VwGO), so z. B. im Zusammenhang mit der Auflösung einer Versammlung[531] Zurückdrängung von Personen[532] oder des Gebrauchs einer Schusswaffe gegen ein Fahrzeug[533].
   b) Trotzdem spricht auch das SächsVwVG z. B.
      aa) bei der **Zwangsräumung** nach § 26 Abs. 3 auch von der Vollstreckungsbehörde (siehe § 4), und
      bb) bei der **Wegnahme** nach § 27 Abs. 1 von der Betätigung des Vollstreckungsbediensteten. Das ist nach der Legaldefinition des § 5 Abs. 1 „*der mit der Vollstreckung beauftragte Bedienstete der Vollstreckungsbehörde*".

   In beiden Fällen muss aber ein Vollstreckungstitel als „*allgemeine Vollstreckungsvoraussetzung*" nach § 2 SächsVwVG vorhanden sein.

4. Es ist bereits angesprochen worden, dass grundsätzlich vor der Anwendung des unmittelbaren Zwangs eine Androhung erfolgen muss, die aber nach § 41 Abs. 2 SächsPVDG (§ 21 SächsVwVG) bei Gefahr im Verzug entfallen kann.
   a) Unter dem Gesichtspunkt des Rechtsschutzes gegen derartige Maßnahmen im Rechtsstaat spielt es keine Rolle, ob man die Anwendung des unmittelba-

529 Lisken/Denninger, S. 561: Festhalten mittels Polizeigriff oder Durchsetzung eines Platzverweises durch Einsatz von Tränengas; VGH Mannheim, Beschluss vom 3.5.2021, 1 S 512/19 (Nach Androhung Vollstreckung eines Platzverweises durch Wegtragen); **BVerwG, Beschluss vom 3.5.2019, 6 B 149/18:** Die Klägerin begehrt die Feststellung, dass die von Polizeibeamten der Beklagten getroffene Anordnung, eine Sitzblockade zu verlegen, und die Anwendung unmittelbaren Zwangs durch einen Griff in das Gesicht der Klägerin und Wegdrücken ihres Kopfes durch einen Polizeibeamten der Beklagten rechtswidrig waren. Das VG hat die Klage abgewiesen. Das OVG hat die Berufung der Klägerin zurückgewiesen und die Revision gegen sein Urteil nicht zugelassen. Die Beschwerde der Klägerin gegen die Nichtzulassung der Revision, blieb ohne Erfolg. **Anmerkung:** *Siehe dazu* Weber, *Zur Vollstreckung versammlungsrechtlicher Eingriffsmaßnahmen durch unmittelbaren Zwang, Die Polizei 2020, 420.*

530 BVerfG, Beschluss vom 7.12.1998 – 1 BvR 831/89; Weber, VR 2004, 181, 191 ff.; Lisken/Denninger, S. 562; zu § 80 Abs. 2 Satz 1 Nr. 2 VwGO *siehe die Ausführungen unter Kapitel C, II 5.*

531 BVerwG, NVwZ 2019, 1281, Beschluss vom 7.12.1998 –1 BvR 831/89; VGH Mannheim, Urteil vom 3.5.2021, 1 S 512/19;: Sitzblockade, Entfernung der untergehakten Sitzblockierer von der Fahrbahn; BVerfG NVwZ 1999, 290 ff.; VGH Mannheim, NVwZ 1985, 202 ff.; OVG Bautzen, Urteil vom 17.8.2016, 3 A 64/14: „*Die Anwendung unmittelbaren Zwangs beruht auf §§ 30, 31 SächsPolG. Da sich die Teilnehmer der Auflage der Polizei, stehen zu bleiben und einen Aufzug vorerst zu unterlassen, vehement widersetzten, durfte die Polizei zur Durchsetzung der Auflage unmittelbaren Zwang in Form einer umschließenden Polizeikette anwenden.*"

532 VGH Mannheim, NVwZ-RR 1990, 602.

533 OLG Dresden, SächsVBl. 2003, 173 ff.

ren Zwangs als Verwaltungsakt oder „nur" als Realakt (schlicht hoheitliches Handeln ohne Regelungswirkung) ansieht[534].
Denn Rechtsschutz besteht nach § 40 Abs. 1 VwGO in *„allen öffentlich-rechtlichen Streitigkeiten nichtverfassungsrechtlicher Art"*, wozu auch Zwangsmaßnahmen auf der Grundlage von polizeirechtlichen Maßnahmen gehören.
Es besteht somit nicht das Problem, „ob" überhaupt Rechtsschutz gewährt wird, sondern nur noch das „Wie" des Rechtsschutzes, also welche Rechtsbehelfe dem Betroffenen im Einzelfall zur Verfügung stehen.

***Anmerkung:** siehe später im Kapitel R, Rechtsschutz im Verwaltungsvollstreckungsverfahren.*

b) Hinzu kommt, dass § 39 Abs. 1 SächsPVDG im Zusammenhang mit der Anwendung des unmittelbaren Zwangs nicht verlangt, dass vorher ein Verwaltungsakt in Form eines Vollstreckungstitels vorliegen muss. Diese Forderung wird nur in § 2 SächsVwVG erhoben, falls behördliche Vollstreckungen nach dem SächsVwVG vorgenommen werden (sog. Verwaltungsvollstreckungsmaßnahmen i. S. des § 11 SächsVwVG), jedoch ist in § 39 Abs. 2 SächsPVDG festgelegt, dass bei der Anwendung unmittelbaren Zwangs zur Vollstreckung von Verwaltungsakten die Vorschriften des VwVG gelten.

c) Angesichts der Tatsache, dass die Anwendung des unmittelbaren Zwangs durch die Vollzugspolizei strengen Anforderungen genügen muss[535], sieht man, dass die Diskussion um die Art des Rechtsbehelfs mehr theoretischer Natur ist:
   - ***„Bei dem Einsatz des Wasserwerfers handelte es sich um die Anwendung unmittelbaren Zwangs** unter Verwendung eines Hilfsmittels der körperlichen Gewalt zur Durchsetzung einer Polizeiverfügung." (**Anm.:** vorangegangene Aufforderung an Demonstranten zum Verlassen eines Platzes[536])*
   - Anwendung unmittelbaren Zwangs durch einfache körperliche Gewalt nach vorangegangener Androhung[537], also in beiden Fällen der Anwendung des *„unmittelbaren Zwangs"* vorausgegangene Verwaltungsakte i. S. des § 80 Abs. 2 Satz 1 Nr. 2 VwGO, siehe § 39 Abs. 2 SächsPVDG.

---

534 VGH Mannheim, NVwZ 1985, 202, 203; Wenn man, wie der VGH Mannheim in dem hier angesprochenen Beschluss aber feststellt, dass die Anwendung unmittelbaren Zwangs *„eine Maßnahme in der Verwaltungsvollstreckung darstellt"*, kommt man sofort zu § 11 SächsVwVG und damit in die *„Richtung"* der Verwaltungsaktqualität der Anwendung unmittelbaren Zwangs *(siehe Kapitel B. V)*; VG München, Beschluss vom 23.6.2021 – M 16 E 21.1758: *Die Androhung von Maßnahmen des unmittelbaren Zwangs nach Nr. 4 des Tenors des Bescheids vom 8. Februar 2018 ist ein Verwaltungsakt, der aber wegen seiner Bestandskraft nicht mehr zulässigerweise angefochten werden kann. Der Vollzug bzw. die Anwendung des unmittelbaren Zwangs ist demgegenüber mangels Regelungscharakter kein anfechtbarer Verwaltungsakt, sondern ein Realakt.*

535 BVerfG, NVwZ 1999, 290, 292: *„Die Entscheidung über die Anwendung unmittelbaren Zwangs steht im Ermessen der Polizei… es sind Maßnahmen zu ergreifen, die nicht zu erkennbar unverhältnismäßigen Nachteilen führen dürfen… So ist zu erwägen, ob gegenüber dem Wasserwerfereinsatz nicht das mildere Zwangsmittel des Wegtragens der Demonstranten zu ergreifen ist."*; SCHOCH, JuS 1995, 218.

536 BVerfG, NVwZ 1999, 290, 291; zum Einsatz von Wasserwerfern.

537 VGH Mannheim, NVwZ 1985, 202, 203; und Urteil vom 3.5.2021, 1 S 512/19.

„Bei der Tätigkeit im Rahmen der Gefahrenabwehr (präventiv-polizeiliche Maßnahme) dient die Anwendung unmittelbaren Zwangs als Vollstreckungsmaßnahme demselben Zweck wie der vollstreckte polizeiliche Verwaltungsakt."[538]

d) Grundsätzlich ist nach § 39 Abs. 1 SächsPVDG auch die Anwendung des unmittelbaren Zwangs möglich, ohne dass vorher ein Verwaltungsakt erging und auch ohne vorherige Androhung (siehe § 41 Abs. 2 Satz 2 SächsPVDG), wenn z. B. die Vollzugspolizei mittels Schlagstock oder Wasserwerfereinsatz gegen gewalttätige Störer vorgeht[539].

e) Für die Auffassung, dass nicht unbedingt ein Verwaltungsakt der Anwendung des unmittelbaren Zwangs durch die Vollzugspolizei vorausgegangen sein muss, sprechen auch die strengen Regelungen des § 41 SächsPVDG (Voraussetzungen des unmittelbaren Zwangs, Androhung) im Unterschied zu den nur knappen Regelungen betr. unmittelbaren Zwang im SächsVwVG, §§ 25 ff.

So ist die Androhung des unmittelbaren Zwangs ausdrücklich in § 41 Abs. 2 SächsPVDG normiert (die Androhung im SächsVwVG wird allgemein für alle Zwangsmittel in § 20 geregelt) und insgesamt unterliegt die Anwendung des unmittelbaren Zwangs durch die Vollzugspolizei sehr strengen Voraussetzungen[540].

Auch verweist § 39 Abs. 2 SächsPVDG auf das SächsVwVG, sofern es um die Vollstreckung von Verwaltungsakten bei Anwendung des unmittelbaren Zwangs geht. Das Gesetz geht also auch davon aus, dass der unmittelbare Zwang ohne vorherigen Verwaltungsakt angewandt werden kann[541].

5. **Der Verfassungssgerichtshof des Freistaates Sachsen hat mit Urteil vom 25.1.2022, Vf. 91-II-19, festgestellt:**
   … 10. § 40 Abs. 4 Satz 3 und § 46 SächsPVDG sind mit der Sächsischen Verfassung vereinbar (Vorschriften zum Einsatz der besonderen Waffen durch den Polizeivollzugsdienst bei Anwendung unmittelbaren Zwangs; *siehe Urteilsgründe unter VII, S. 177 ff.*).

VII. Sonderfall der Versiegelung nach § 79 Abs. 2 SächsBO[542]

1. Diese Norm lautet wie folgt:
   „Werden unzulässige Arbeiten trotz einer schriftlich oder mündlich verfügten Einstellung fortgesetzt, kann die Bauaufsichtsbehörde die Baustelle versiegeln oder die an der

---

538 VGH Mannheim, NVwZ 1985, 202, 204.

539 VGH München, NVwZ 1988, 1055: *„Es ist richtig, dass es bei den Reizstoffeinsätzen der Polizei (**Anm.:** Wasserwerfereinsatz) am 31.3.1986 an einer schriftlich oder mündlich ausgesprochenen „Regelung" i. S. v. Art. 35 BayVwVfG fehlt".*

540 Lisken/Denninger, S. 562.

541 VGH Mannheim, NVwZ 1985, 202, 205.

542 VG Schleswig-Holstein, Beschluss vom 9.10.2019,2 B 40/19: Nach § 59 Abs. 3 LBO kann die Bauaufsichtsbehörde die Baustelle versiegeln, wenn unzulässige Arbeiten trotz einer schriftlich oder mündlich verfügten Einstellung fortgesetzt werden.

Baustelle vorhandenen Bauprodukte, Geräte, Maschinen und Bauhilfsmittel in amtlichen Gewahrsam bringen."

2. Dabei handelt es sich um ein eigenständiges Vollstreckungsinstrument des Bauordnungsrechts (Landesrecht), weshalb die allgemeinen verwaltungsvollstreckungsrechtlichen Regelungen nicht anwendbar sind. So ist z. B. auch eine vorherige Androhung nicht erforderlich; VGH Mannheim, Beschluss vom 7.9.1981,3 S 1274/81: Die Versiegelungsverfügung dient der Vollstreckung einer mündlich oder schriftlich verfügten Baueinstellung. Sie ist ein im Landesbaurecht besonders genannter Fall der Anwendung unmittelbaren Zwanges gegen Sachen.

3. Vorausgehen muss aber eine Baueinstellungsverfügung mit Untersagung der Fortsetzung der Arbeiten[543]. Im konkreten Fall stellten die Vorinstanzen fest, dass *„die Versiegelung das einzige noch verbliebene wirksame Mittel war, um die Beschwerdeführer am rechtswidrigen Weiterbau der Grenzgarage zu hindern... Das Ermessen war soweit geschrumpft, dass nur noch die Anordnung der Versiegelung ermessensfehlerfrei war"*.

4. VG Stuttgart, Beschluss vom 28.07.2021 - 11 K 2322/21
Für eine Baueinstellung genügt, dass objektiv konkrete Anhaltspunkte vorliegen, die es als wahrscheinlich erscheinen lassen, dass ein mit der Rechtsordnung unvereinbarer Zustand geschaffen wird. Die Versiegelung einer Baustelle stellt trotz ihrer Qualifizierung als Vollstreckungsmaßnahme – die Versiegelung ist ein spezial-gesetzlich geregelter Fall der Anwendung unmittelbaren Zwangs – „nur" einen ***Realakt des Vollzuges****, aber selbst keinen Verwaltungsakt im rechtstechnischen Sinne dar. Liegen die Voraussetzungen des § 64 Abs. 2 LBO vor, also vollziehbare Baueinstellungsverfügung und danach unerlaubte Fortsetzung der Bauarbeiten, so ist die Versiegelung der Baustelle in aller Regel intendiert.*

VIII. Sonderfall nach § 16 a Tierschutzgesetz (bundesrechtliche Regelung)

Die Norm lautet wie folgt:
„Die zuständige Behörde trifft die zur Beseitigung festgestellter Verstöße und die zur Verhütung künftiger Verstöße notwendigen Anordnungen.
Sie kann insbesondere
1. *im Einzelfall die zur Erfüllung der Anforderungen des § 2 erforderlichen Maßnahmen anordnen (Anm.: z. B. ordnungsgemäße Pflege und Unterbringung der Tiere),*
2. *ein Tier, das nach dem Gutachten des beamteten Tierarztes mangels Erfüllung der Anforderungen des § 2 erheblich vernachlässigt ist oder schwerwiegende Verhaltensstörungen*

543 BayVerfGH, BayVBl. 1986, 44, 45; VG Würzburg, Urteil vom 12.6.2008, W 5 K 07.1526: unanfechtbare oder sofort vollziehbare Baueinstellungsverfügung; OVG Schleswig-Holstein, Beschluss vom 20.12.2017, 1 MB 18/17: *„Auch der Sofortvollzug der auf § 59 Abs. 2 Satz 1 Nr. 1a und Abs. 3 LBO gestützten Versiegelung der Baustelle ist nach den oben genannten Maßstäben regelmäßig schon dann gerechtfertigt, wenn unzulässige Arbeiten – wie hier – unter Missachtung einer verfügten Einstellung fortgeführt werden. Überdies begründet die Antragsgegnerin den Sofortvollzug der Versiegelung auch mit der Gefahr für Leib und Leben Dritter bei der Fortsetzung statisch ungeprüfter Baumaßnahmen."*

aufzeigt, ***dem Halter fortnehmen*** *und so lange auf dessen Kosten anderweitig pfleglich unterbringen, bis eine den Anforderungen des § 2 entsprechende Haltung des Tieres durch den Halter sichergestellt ist."*

1. So kann die Tierschutzbehörde nach Nr. 2 u. a. Tiere, bei denen der Amtstierarzt eine tierschutzwidrige Haltung bereits festgestellt hat, dem Halter fortnehmen. Mit dieser Vorschrift hat sich das **BVerwG** im Jahre 2012 beschäftigt:
„§ 16a Satz 2 Nr. 2 Halbs. 1 TierSchG ermächtigt grundsätzlich nur zum Erlass einer Fortnahme- und einer Veräußerungsverfügung, die nach Landesrecht zu vollstrecken sind. Ohne vorausgehenden Verwaltungsakt kann ein Tier deshalb nur fortgenommen und veräußert werden, wenn und soweit die Voraussetzungen der unmittelbaren Ausführung oder des Sofortvollzugs nach Landesrecht vorliegen. Daran fehlt es hier. Ist die Fortnahme von Tieren mangels Verwaltungsakts rechtswidrig, ist schon aus diesem Grund auch deren nachfolgende – im Übrigen hier ebenfalls ohne vorherige Grundverfügung vollzogene – Veräußerung rechtswidrig...
Nach Wortlaut und Gesetzessystematik konkretisiert § 16a Satz 2 TierSchG, wie die Formulierung „insbesondere" zeigt, für die dort genannten Fallgruppen – ohne erkennbare Differenzierung – die aus der Generalklausel des § 16a Satz 1 folgende Befugnis, Anordnungen zu treffen. Der Begriff der Anordnung deckt sich nach dem Sprachgebrauch des Gesetzgebers regelmäßig mit dem der Regelung im Sinne des § 35 Abs. 1 Satz 1 VwVfG und verweist damit auf die Handlungsform des Verwaltungsakts... Es spricht unter systematischen Gesichtspunkten nichts dafür, dass aus dem Maßnahmenkatalog des Satzes 2 nur die Nummer 2 nicht als Befugnisnorm ausgestaltet sein soll. Noch weniger leuchtet ein, dass besonders grundrechtsintensive Maßnahmen wie die Veräußerung und die Tötung eines Tieres generell ohne vorherige behördliche Anordnung gestattet werden sollten... Die zwangsweise Durchsetzung verwaltungsrechtlicher Pflichten im Wege der Verwaltungsvollstreckung setzt deshalb grundsätzlich den vorherigen Erlass eines Verwaltungsakts voraus. Der Verwaltungszwang schließt sich an ein Verwaltungsverfahren an, das mit dem Erlass eines Verwaltungsakts endet. Diesem kommt zunächst die Aufgabe zu, die abstrakt-generelle Verpflichtung des Gesetzes für den Einzelfall zu konkretisieren. Zugleich soll der Verwaltungsakt dem Bürger Rechtssicherheit gewähren und als Vollstreckungstitel eine materiell- und verfahrensrechtliche Grundlage für die Zwangsanwendung bilden. Dieses gestufte Verfahren belastet den Adressaten der Maßnahme weniger als die unvermittelte Zwangsanwendung, die den Pflichtigen ungleich härter trifft als die auf einer Grundverfügung aufbauende Verwaltungsvollstreckung. Sie nimmt ihm die Möglichkeit, den Vollstreckungszwang abzuwenden. Bevor die Behörde zur Tat schreitet, muss sie zunächst versuchen, den Betroffenen zur Erfüllung seiner Verpflichtung anzuhalten. Vor die Tat setzt der Rechtsstaat das Wort. Die unmittelbare Zwangsanwendung ist daher auf Fälle begrenzt, in denen der Zweck der Maßnahme nicht durch den Erlass eines Verwaltungsakts und die Anordnung von dessen sofortiger Vollziehung nach § 80 Abs. 2 Satz 1 Nr. 4 VwGO erreicht werden kann... Weshalb die Inanspruchnahme des Verpflichteten durch Verwaltungsakt generell unzweckmäßig sein sollte, ist nicht erkennbar. Inhalt der Fortnahmeverfügung ist allein die Anordnung an den Halter, das Tier herauszugeben. Belange des Tierschutzes (Art. 20a GG) stehen dem

nicht entgegen. Unter Beachtung der gesetzlichen Voraussetzungen kann die Behörde nach § 80 Abs. 2 Satz 1 Nr. 4 VwGO die sofortige Vollziehung der Fortnahmeverfügung anordnen oder – falls auch das keine zeitnahe effektive Gefahrenbeseitigung ermöglicht – zu dem im Landesvollstreckungsrecht geregelten Instrument der unmittelbaren Ausführung oder des Sofortvollzugs greifen. In diesem Rahmen kann und muss die Behörde dann ihrer verfassungsrechtlichen Pflicht, die Tiere im Rahmen der verfassungsmäßigen Ordnung nach Maßgabe von Gesetz und Recht zu schützen (Art. 20a GG), nachkommen. Ist ein Tier erheblich vernachlässigt oder zeigt es schwerwiegende Verhaltensstörungen auf, wird die Behörde deshalb ein Tier so schnell wie es Recht und Gesetz erlauben dem Halter fortnehmen dürfen und müssen...
Ob und unter welchen Voraussetzungen die zuständige Behörde ausnahmsweise ein Tier ohne vorhergehenden Verwaltungsakt dem Halter fortnehmen und es veräußern kann, richtet sich nach Landesrecht. Somit kommt es darauf an, ob die Fortnahme und Veräußerung der Pferde durch den Beklagten von § 8 des Polizeigesetzes für Baden-Württemberg gedeckt sind. Danach ist die unmittelbare Ausführung einer Maßnahme durch die Polizei nur zulässig, wenn der polizeiliche Zweck durch Maßnahmen gegen die in den §§ 6 und 7 PolG BW genannten Personen, also den Verhaltens- und den Zustandsstörer, nicht rechtzeitig erreicht werden kann. Diese Voraussetzungen liegen hier – wie das Verwaltungsgericht zutreffend erkannt hat – nicht vor.
Fortgenommen wurden die Pferde am 10. Juni 2006. Dies und ihre Veräußerung zeichneten sich jedenfalls ab April 2006 ab. In dem dazwischen liegenden Zeitraum hätte ohne Weiteres eine Fortnahme- und Veräußerungsverfügung erlassen und deren sofortige Vollziehung angeordnet werden können...[544]."

2. **OVG Bautzen, Beschluss vom 17.2.2023,6 B 204/2**
   Am 24. Juni 2022 erließ der Antragsgegner eine amtliche Anordnung, in welcher neben der Auflösung des vorgefundenen Equiden- und Hundebestandes im Wege der Anwendung unmittelbaren Zwangs durch Wegnahme (Nr. 1) und der Anordnung der Veräußerung (Nr. 2) auch die sofortige Vollziehung für die Nummern 1 und 2 angeordnet wurde (Nr. 3)...
   Der Antrag der Antragstellerin auf Anordnung der aufschiebenden Wirkung ihres Widerspruchs gegen die Fortnahmeverfügung ist unbegründet.
   ...Allerdings spricht nach summarischer Prüfung im Eilverfahren vieles dafür, dass das VG zutreffend von einer Tierhalterschaft der Antragstellerin und ihrem Ehemann ausgegangen ist und die Fortnahmeanordnung rechtmäßig ergangen ist (a). Die bei offenen Erfolgsaussichten vom Gericht vorzunehmende Interessenabwägung fällt zu Lasten der Antragstellerin aus, weshalb ihre Beschwerde in der Sache ohne Erfolg bleibt (b).
   a) Es spricht viel dafür, dass die Antragstellerin und ihr Ehemann zum Zeitpunkt der Fortnahme noch Tierhalter waren...
   Bei dieser Sachlage durfte die Tierschutzbehörde im Zeitpunkt der Fortnahme vermuten, dass die betroffenen Tiere noch von der Antragstellerin und ihrem Ehemann gehalten werden. Im Interesse des Tierwohls sind an die Entkräftung einer durch

544 Urteil vom 12.1.2012, 7 C 5.11. Siehe auch Beschluss des VGH München vom 21.6.2023 – 23 ZB 23.100.

solche Indizien begründeten Vermutung hohe Anforderungen zu stellen, um auszuschließen, dass Tierhalter ein ihnen auferlegtes Tierhaltungs- und Betreuungsverbot umgehen können …

Ob die Erklärungen – soweit sie über den Eigentumserwerb sowie Wertungen hinausgehen und Tatsachenvortrag zur Halter- und Betreuereigenschaft enthalten – glaubhaft und geeignet sind, die Indizien, die für eine Tierhalterschaft der Antragstellerin und ihres Ehemannes sprechen, zu entkräften, kann im Verfahren des vorläufigen Rechtsschutzes nicht mit der erforderlichen Gewissheit geklärt werden, weswegen die Klärung gegebenenfalls einem nachfolgenden Hauptsacheverfahren vorbehalten bleibt. Wie das VG im angefochtenen Beschluss festgestellt hat, weist der Vortrag der Antragstellerin einige Ungereimtheiten auf.

b) Die vom Senat vorzunehmende Interessenabwägung geht zu Lasten der Antragstellerin aus.

Abzuwägen sind die Folgen für die Antragstellerin und ihren Ehemann, die einträten, wenn sie weiter der Anordnung zur Fortnahme der Tiere unterliegen, sich später im Hauptsacheverfahren aber herausstellte, dass die Fortnahmeverfügung rechtswidrig ist und aufgehoben werden muss, und die Folgen, die für Tiere entstünden, wenn die begehrte Anordnung der aufschiebenden Wirkung erfolgen würde, sich später aber herausstellte, dass die Antragsgegnerin die Fortnahme zu Recht angeordnet hat …

Würde die aufschiebende Wirkung gegen die Fortnahmeverfügung angeordnet, hätte die Antragstellerin möglicherweise einen Anspruch auf Folgenbeseitigung. Die Gefahren für die Tiere überwiegen jedenfalls das Interesse der Antragstellerin, für die Kosten der Fortnahme der Tiere vorläufig nicht aufkommen zu müssen, zumal von der Behörde zum Zeitpunkt der Fortnahme wiederum bei allen Tieren Mängel an einer den Anforderungen des § 2 TierSchG entsprechenden Tierhaltung festgestellt wurden, die durch Lichtbilder dokumentiert wurden.

Kapitel M
Abschleppen von Kraftfahrzeugen[545]

Anmerkung: *siehe dazu auch die Ausführungen oben unter L. V. 4, Anwendung der Ersatzvornahme.*

I. Abgrenzung zwischen Ersatzvornahme und unmittelbarer Ausführung[546]

Problematisch ist in diesen Fällen regelmäßig die Abgrenzung der Vollstreckungsmaßnahme in Form der Ersatzvornahme gegenüber der unmittelbaren Ausführung. Das Rechtsinstitut der *„unmittelbaren Ausführung"* steht im § 8 SächsPVDG und § 16 SächsPBG (Sonderfall nach § 20 Abs. 1 Satz 2 SächsStrG) und nicht im SächsVwVG, weshalb bereits diese Einordnung zeigt, dass eine behördliche Maßnahme in Form der unmittelbaren Ausführung keine Vollstreckungsmaßnahme sein kann.
Vollstreckungsmaßnahmen sind abschließend im SächsVwVG geregelt und setzen immer einen Grundverwaltungsakt in Form eines Vollstreckungstitels voraus (§ 2 SächsVwVG, *siehe Kapitel* C), während die unmittelbare Ausführung eine Ermächtigung der Polizei zum sofortigen Tätigwerden ohne Verwaltungsakt darstellt (sofern die Voraussetzungen vorliegen).

- **Ersatzvornahme:** Vollstreckungstitel liegt vor, anschließend Vollstreckungsmaßnahme nach VwVG
- **unmittelbare Ausführung:** kein Vollstreckungstitel, keine Vollstreckungsmaßnahme, polizeiliche Maßnahme
- **zur Differenzierung beider Maßnahmen siehe nachfolgend Fall 2 mit Beispielen aus der Rechtsprechung**

II. Praktische Abschleppfälle

Wegen der rechtlichen Problematik dieser „Abschleppfälle" bietet es sich an, sieben praktische Fälle zu bilden, an denen beispielhaft die entscheidenden und nicht einfach zu beurteilenden Abgrenzungsfragen erörtert werden können.
In fast allen Fällen, die die Rechtsprechung beschäftigen, geht es um die Kostenforderung für die durchgeführte Abschleppmaßnahme.

545 Lisken/Denninger, S. 531 ff.; Weber, „Abschleppen eines Fahrzeuges – unmittelbare Ausführung oder Ersatzvornahme"; NZV 2012, 212; und „Der Leistungsbescheid als Folge einer Abschleppmaßnahme", SVR 2012, 241; Zum Abschleppen eines auf dem Gehweg geparkten Motorrollers, DAR 2018, 109; Zum Abschleppen von Kraftfahrzeugen im öffentlichen Straßenraum, DAR 2019, 63; Pracht, VBlBW 2024, 448.

546 Weber, Abschleppen eines Fahrzeuges – unmittelbare Ausführung oder Ersatzvornahme; NZV 2012, 212; OVG Bautzen, Urteil vom 25.8.2016, 3 A 602/15, zu § 20 Abs. 1 SächsStrG: Entfernung eines Containers; *„Es sind hier ähnliche Maßstäbe anzulegen wie im Fall des Abschleppens eines ordnungswidrig abgestellten PKW (vgl. hierzu SächsOVG, Beschl. v. 10. März 2016 – 3 D 12/16; Beschl. v. 5. Februar 2010 – 3 A 141/08)."*

Fall 1[547]:
Helmut Müller stellt sein Fahrzeug in einer unübersichtlichen Kurve ab. Als er das Fahrzeug verlässt, fordert ihn der zufällig vorbeikommende Polizeivollzugsbeamte Schmitt auf, das Fahrzeug wegen der Gefahrenlage unverzüglich zu entfernen. Schmitt erklärt dem Müller auch, dass er das Fahrzeug abschleppen lassen werde, falls Müller der Aufforderung zum Wegfahren nicht nachkomme. Müller teilt dem Polizeibeamten mit, dass er keine Gefahrenlage sehe, außerdem habe er keine Zeit, da er dringende Geschäfte zu erledigen habe. Müller entfernt sich anschließend von seinem Fahrzeug. Danach wird das Fahrzeug des Müller auf Veranlassung des Polizeibeamten Schmitt abgeschleppt. Später ergeht dann eine Kostenforderung in Höhe von 200 Euro an Müller in Form eines Leistungsbescheides.
Ist die Kostenforderung rechtmäßig?

1. Vorrangig kommen zwei Rechtsgrundlagen in Betracht: Entweder handelte es sich bei dem Abschleppvorgang um eine Ersatzvornahme als Maßnahme der Verwaltungsvollstreckung, konkret eine Ersatzvornahme gemäß § 24 Abs. 1 SächsVwVG, dann ist von § 24 Abs. 3 SächsVwVG auszugehen. Oder es lag eine „unmittelbare Ausführung“ gemäß § 8 Abs. 1 SächsPVDG vor, dann ist § 8 Abs. 2 SächsPVDG die zutreffende Rechtsgrundlage für die Kostenforderung.
2. Nunmehr fragt sich, welche der beiden Vorschriften als Rechtsgrundlage für die Kostenforderung in Betracht kommt. Das ist eine entscheidende Frage, da beide Rechtsgrundlagen von unterschiedlichen Voraussetzungen ausgehen.
   Die Wahl der richtigen Rechtsgrundlage stellt auch die Weiche für die Prüfung der formellen Rechtmäßigkeit der polizeilichen Maßnahme, insbes. bei der Frage nach der Zuständigkeit.
3. Es empfiehlt sich, wie später noch begründet und auch für den Leser nachvollziehbar wird, mit der Prüfung einer Vollstreckungsmaßnahme in Form einer Ersatzvornahme, also mit § 24 Abs. 3 SächsVwVG als mögliche Rechtsgrundlage für die Kostenforderung zu beginnen.
4. § 24 Abs. 3 SächsVwVG ist als Rechtsgrundlage für die Kostenforderung gegeben, wenn das Abschleppen des Fahrzeugs eine Vollstreckungsmaßnahme in Form der Ersatzvornahme nach § 24 Abs. 1 SächsVwVG, war. Zuständig zum Erlass des Leistungsbescheides gegenüber Müller ist die Vollstreckungsbehörde, also die Behörde, die die Ersatzvornahme veranlasst hat. Konkret ist das hier die Vollzugspolizei, die eine Gefahrenabwehrmaßnahme (nach § 12 Abs. 1 SächsPVDG, Aufforderung zum Wegfahren) getroffen.

---

547 Vom Verfasser zur Abgrenzung zu den folgenden Sachverhalten als *„Aufforderungsfall“* bezeichnet: der Fahrzeugführer wird ausdrücklich zum Entfernen (Wegfahren) seines Fahrzeugs aufgefordert (siehe OVG Münster, NJW 2000, 602: der Kläger weigerte sich trotz Aufforderung, sein Fahrzeug zu versetzen).
VGH Mannheim, NZV 1996, 512: Schriftliche Aufforderung an den Kläger (***Anm.:*** *Verwaltungsakt*), sein Fahrzeug zu entfernen mit Androhung der Ersatzvornahme. VG Mainz, Urteil vom Urteil vom 12.03.2020 - 1 K 461/19. MZ: *Dem Kläger wurde am 3. Februar 2017 eine mündliche Frist zur Entfernung der Fahrzeuge bis zum 10. Februar 2017 gesetzt. Ebenso belegt die Stellungnahme von Herrn F. vom 20. Februar 2017 hinreichend, dass der Kläger auch am 14. Februar 2017 zur Entfernung der Fahrzeuge aufgefordert worden ist und diese verweigerte.*
Zu diesem Fall 1 und den weiteren Fällen siehe auch Kühl/Weber, Gefahrenabwehr durch Abschleppen von Kraftfahrzeugen, apf 2001, Landesbeilage Sachsen, S. 17 ff.
Anmerkung: siehe dazu auch die Ausführungen unter Fall 2.

5. Eine Ersatzvornahme nach § 24 Abs. 1 SächsVwVG liegt vor, wenn der Vollstreckungsschuldner (§ 3 Abs. 1 SächsVwVG, Herr Müller, der auch Adressat der mündlichen Aufforderung des Polizeibeamten zum Entfernen des Fahrzeugs war) die Verpflichtung, eine Handlung vorzunehmen, deren Vornahme durch einen anderen möglich ist (vertretbare Handlung), nicht erfüllte (Wegfahren des Fahrzeugs).
6. Dann kann die Vollstreckungsbehörde (§ 4 SächsVwVG) auf Kosten des Vollstreckungsschuldners einen anderen mit der Vornahme der Handlung beauftragen oder die Handlung selbst vornehmen.
7. Zuständigkeit für die Vollstreckungsmaßnahme:
   Bei der Abschleppmaßnahme handelt es sich um eine Maßnahme der Vollzugspolizei im Rahmen der Gefahrenabwehr, konkret um eine Ersatzvornahme. Zuständig zur Durchführung der Vollstreckungsmaßnahme ist gemäß § 4 Abs. 1 Satz 1 Nr. 3 SächsVwVG die Behörde, die den Verwaltungsakt erlassen hat. Den Verwaltungsakt hat hier der Polizeibeamte erlassen (Aufforderung zum Wegfahren), der hier konkret Behörde i. S. d. § 1 Abs. 4 VwVfG ist.
8. Demnach muss eine sog. vertretbare Handlung vorliegen, also keine *„nicht vertretbare Handlung"*, die der Vollstreckungsschuldner nur höchstpersönlich vornehmen kann. Das Wegfahren des Fahrzeugs aus der unübersichtlichen Kurve (die Vornahme dieser Handlung verlangte der Polizist von Müller) kann von jedem Inhaber der entspr. Fahrerlaubnis vorgenommen werden; es handelt sich um eine vertretbare Handlung (vertretbare Handlung des Wegfahrens des Fahrzeugs[548]).
9. Der Einsatz (hier konkret die Anwendung) des Zwangsmittels der Ersatzvornahme setzt nach § 20 SächsVwVG eine Androhung voraus, die hier durch mündlichen Hinweis des Polizeibeamten Schmitt erfolgte, er werde das Fahrzeug abschleppen lassen, falls Herr Müller die Gefahrenlage durch Wegfahren nicht selbst beseitige. Gemäß § 21 SächsVwVG kann bei Gefahr im Verzug aber auf die Schriftform oder sogar überhaupt auf eine Androhung verzichtet werden[549].
10. Bereits die Androhung eines Zwangsmittels (§ 20 SächsVwVG), hier konkret der Ersatzvornahme, ist als 1. Stufe des Vollstreckungsverfahrens eine Maßnahme der Verwaltungsvollstreckung gemäß § 11 SächsVwVG und setzt deshalb die Existenz eine sog. Vollstreckungstitels voraus.
11. Folglich muss jetzt geprüft werden, ob ein Vollstreckungstitel zu dem Zeitpunkt vorlag, als der Polizist Schmitt dem Herrn Müller erklärte, er lasse dessen Fahrzeug abschleppen, wenn er es selbst nicht von der Gefahrenstelle entferne.
12. Prüfung des Vorliegens der allgemeinen Vollstreckungsvoraussetzungen:
    Die allgemeinen Voraussetzungen der Zwangsvollstreckung, insbes. die Frage nach dem Vollstreckungstitel, sind § 2 SächsVwVG zu entnehmen .
    a) **Es muss ein wirksamer, d. h. nicht nichtiger Verwaltungsakt vorliegen,** § 2 SächsVwVG. Verwaltungsakt i. S. des § 35 Satz 1 VwVfG (die Tatbestands-

548 VGH Kassel, NVwZ-RR 1999, 23, 25; Remmert, Rechtsdogmatische Probleme des Umsetzens verkehrszeichenwidrig geparkter Fahrzeuge, NVwZ 2000, 642 ff.; Schäfer, BayVBl. 1989, 742; VGH München, NVwZ-RR 2015, 85: vertretbare Handlung der Entsorgung und Entfernung von Gegenständen auf einem Grundstück; NVwZ-RR 2017, 991: Fällung von Bäumen auf einem Grundstück; OVG Saarlouis, NVwZ-RR 2018, 595: Entfernung eines Zaunes.

549 Eine Festsetzung der vorher angedrohten Ersatzvornahme, wie beim Zwangsgeld, scheidet in Sachsen aus.

merkmale des § 35 Satz 1 VwVfG einschließlich der Frage der Regelung sind hier unproblematisch gegeben und müssen nicht weiter erläutert werden) war die mündliche Aufforderung des Polizisten an Herrn Müller, das Fahrzeug aus der Gefahrensituation zu entfernen. Dieser Verwaltungsakt kann gemäß § 37 Abs. 2 Satz 1 VwVfG auch mündlich erlassen werden und erlangte Wirksamkeit durch Bekanntgabe an Herrn Müller, §§ 41, 43 VwVfG.

b) Es muss sich gemäß § 2 SächsVwVG um einen Verwaltungsakt handeln, der entweder zu einer Zahlung oder zu einer sonstigen Handlung, Duldung oder Unterlassung verpflichtet. Bei der Aufforderung, das Fahrzeug wegzufahren, handelte es sich darum, dass Müller eine (vertretbare) Handlung vornehmen sollte.

c) Schließlich muss es sich nach § 2 SächsVwVG um einen Verwaltungsakt handeln, der entweder unanfechtbar geworden ist, oder ein gegen ihn gerichteter Rechtsbehelf hat kraft Gesetzes keine aufschiebende Wirkung oder die Behörde hat die sofortige Vollziehung des Verwaltungsaktes angeordnet (sog. Titelfunktion des Verwaltungsaktes).

aa) Unanfechtbar ist ein Verwaltungsakt, wenn gegen ihn keine formellen Rechtsbehelfe mehr eingelegt werden können; damit erlangt der Verwaltungsakt zugleich die formelle Bestandskraft. Müller kann gegen die mündliche Anordnung des Polizeibeamten Widerspruch erheben. Da der Polizeibeamte Schmitt wenige Minuten nach dem Gespräch mit Müller die Abschleppmaßnahme veranlasste, war der Verwaltungsakt (mündliche Aufforderung zum Entfernen des Fahrzeugs) noch nicht unanfechtbar[550], es ist keine „Bestandskraft“ des Verwaltungsaktes eingetreten.

bb) Eine weitere Möglichkeit, einen Vollstreckungstitel zu erlangen, ist dann gegeben, wenn ein Widerspruch gegen einen Verwaltungsakt kraft Gesetzes keine aufschiebende Wirkung entfaltet. Es handelt sich u. a. um die in § 80 Abs. 2 Satz 1 Nr. 1 bis 3 VwGO behandelten Fälle, zu beachten ist auch die Sonderregelung des § 11 SächsVwVG und wg. der Kosten der Ersatzvornahme in § 24 Abs. 3 Satz 2 SächsVwVG.
Hier liegt der Fall des § 80 Abs. 2 Satz 1 Nr. 2 VwGO, nämlich eine unaufschiebbare Maßnahme eines Polizeivollzugsbeamten (Gefahr im Verzug, akute Gefahrenlage), vor. Ein Vollstreckungstitel ist somit gegeben.

cc) Der Vollständigkeit halber muss noch (als letzte Möglichkeit, in den Besitz eines Vollstreckungstitels zu gelangen) der Fall der Anordnung der sofortigen Vollziehung des Verwaltungsaktes genannt werden (§ 80 Abs. 2 Satz 1 Nr. 4 VwGO), wobei die Formerfordernisse des § 80 Abs. 3 VwGO nicht übersehen werden dürfen. Dieser Fall scheidet deshalb bei einem mündlich bekannt gegebenen Verwaltungsakt aus.

Da hier bereits unter bb) ein Vollstreckungstitel bejaht werden konnte (§ 80 Abs. 2 Satz 1 Nr. 2 VwGO), spielt dieses Problem hier keine Rolle.

550 Müller hat 1 Monat Zeit zur Erhebung des Widerspruchs.

d) Es genügt, dass ein wirksamer[551], also nicht nichtiger Grundverwaltungsakt vorliegt, denn auch rechtswidrige Verwaltungsakte können vollstreckt werden (nichtige Verwaltungsakte dagegen nicht).
e) Als Ergebnis ist abschließend festzuhalten, dass ein Vollstreckungstitel vorliegt (mündliche Aufforderung des Polizeibeamten an Müller, sein Fahrzeug zu entfernen). Das ist konkret der der Vollstreckung in Form der Ersatzvornahme vorausgegangene Grundverwaltungsakt in Form eines Vollstreckungstitels als Maßnahme i. S. der polizeirechtlichen Gefahrenabwehr.

13. Damit ist die vollstreckungsrechtliche Frage im Zusammenhang mit der Kostenforderung geklärt.
14. **Jetzt ist aber noch zu prüfen, auf welcher Rechtsgrundlage der Vollstreckungstitel beruhte, der Ausgangspunkt der Vollstreckung in Form der Ersatzvornahme und der darauf beruhenden Kostenforderung war.**
Denn die Aufforderung des Polizeibeamten Schmitt an Müller zum Wegfahren des Fahrzeugs (als Grundverwaltungsakt) ist ein belastender Eingriff in die Rechtssphäre des Müller (Art. 2 GG) und bedarf wegen des Gesetzesvorbehalts nach Art. 20 Abs. 3 GG ebenfalls einer Rechtsgrundlage (sog. Primärmaßnahme), auf welcher die Kostenforderung als sog. Sekundärmaßnahme[552] aufbaut.
a) Da eine sonderrechtliche Befugnisnorm nicht vorliegt, ist die Polizei (hier konkret die Vollzugspolizei) in der Lage, bei Vorliegen der Tatbestandsvoraussetzungen des § 12 Abs. 1 SächsPVDG (sog. Generalklausel) eine Maß-

551 OVG Bautzen, LKV 2013, 369, Beschluss vom 30.3.2020, 6 B 247/19: *„Auf die Frage der Rechtmäßigkeit der Grundverfügung kommt es bei der Beurteilung der Rechtmäßigkeit einer Vollstreckungsmaßnahme nicht an.Tragender Grundsatz des Verwaltungsvollstreckungsrechts ist, dass die Wirksamkeit und nicht die Rechtmäßigkeit vorausgegangener Verwaltungsakte Bedingung für die Rechtmäßigkeit der folgenden Akte und letztlich der Anwendung des Zwangsmittels ist. Für das sächsische Landesrecht folgt dies aus § 2 SächsVwVG, wonach ein Verwaltungsakt, der zu einer Zahlung, einer sonstigen Handlung, einer Duldung oder Unterlassung verpflichtet, vollstreckt werden kann, wenn er entweder unanfechtbar geworden ist oder ein gegen ihn gerichteter Rechtsbehelf keine aufschiebende Wirkung hat. Seine Rechtmäßigkeit ist somit keine Vollstreckungsvoraussetzung. Weiter folgt diese Lösung aus der Systematik des Vollstreckungsrechts, bei dem die Vollstreckungsbehörde mit der Behörde, die die Grundverfügung erlassen hat, zum Teil nicht identisch ist (vgl. § 4 Abs. 1 Nr. 1, 4 SächsVwVfG). In diesen Fällen kann der Vollstreckungsbehörde nicht angesonnen werden, vor der Vollstreckung die Rechtmäßigkeit der Grundverfügung zu überprüfen. Es widerspricht zudem dem Interesse an der Effektivität der Verwaltungsvollstreckung, diese mit der Prüfung der Rechtmäßigkeit des zu vollstreckenden Verwaltungsaktes zu belasten. Was im Rahmen eines mehrstufigen Verfahrens auf der vorangegangenen Stufe entschieden ist, soll danach – ohne weitere Überprüfung der Rechtmäßigkeit bis hin zur Grenze der Nichtigkeit – unberücksichtigt bleiben. Entscheidend für diese Lösung spricht auch die Tatbestandswirkung von Verwaltungsakten, die – wie sich aus § 43 VwVfG ergibt – bis zu ihrer eventuellen Aufhebung wirksam sind und – ungeachtet ihrer Rechtmäßigkeit – beachtet werden müssen. Der Antragsgegner konnte deshalb bereits vor der Entscheidung über den Widerspruch gegen die Grundverfügung Zwangsmittel anwenden; die Tatbestandswirkung des Verwaltungsakts trat bereits mit seiner Bekanntgabe ein. Diese Grundsätze gelten aus den genannten Gründen nicht nur dann, wenn die Grundverfügung bestandskräftig, sondern auch, wenn sie (lediglich) sofort vollziehbar ist. Der Bürger wird dadurch nicht schutzlos gestellt; denn er kann gegenüber dem Grundverwaltungsakt, solange dieser nicht bestandskräftig geworden ist, die zulässigen Rechtsmittel einschließlich des Antrags auf Gewährung vorläufigen Rechtsschutzes einlegen. Im Falle der nachträglichen Aufhebung der Grundverfügung wirkt diese auf den Zeitpunkt des Erlasses der Verfügung zurück; es besteht die Möglichkeit, dies im Wege des Wiederaufgreifens des Verfahrens nach § 51 Abs. 1 VwVfG im Vollstreckungsverfahren geltend zu machen.“* VG Leipzig, Beschluss vom 5.5.2021 – 1 K 860/20.
Anmerkung: *Siehe dazu auch die Ausführungen unter Kapitel P VI.*

552 Lisken/Denninger, S. 555; *siehe Kapitel M III.*

nahme zur Abwehr einer Gefahr für die öffentliche Sicherheit zu treffen, nämlich die Aufforderung zum Wegfahren des Fahrzeuges.

Anmerkung: *Zur Generalklausel des § 12 Abs. 1 SächsPVDG siehe das umfassende Prüfungsschema in Kapitel S.*

b) formelle Rechtmäßigkeit der Maßnahme
  aa) Zuständigkeit: Nach § 2 Abs. 3 SächsPVDG durfte der Polizeivollzugsbeamte hier tätig werden (und den der Vollstreckung vorausgehenden sog. Grundverwaltungsakt erlassen, Aufforderung zum Wegfahren), da ein sofortiges Tätigwerden erforderlich war (Gefahr im Verzug).
  bb) Form: Gemäß § 37 Abs. 2 VwVfG kann der Grundverwaltungsakt auch mündlich erlassen werden.
  cc) Verfahren: Ein Verstoß gegen Verfahrensvorschriften ist nicht ersichtlich, es handelte sich um einen Fall des § 80 Abs. 2 Satz 1 Nr. 2 VwGO (unaufschiebbare Maßnahme eines Polizeivollzugsbeamten).
c) materielle Rechtmäßigkeit
  aa) Tatbestand des § 12 Abs. 1 SächsPVDG:
  Zum Tatbestandsmerkmal der öffentlichen Sicherheit gehört auch die Unversehrtheit der Rechtsordnung, wobei i. d. R. eine Gefährdung der öffentlichen Sicherheit angenommen wird, wenn eine strafbare Verletzung dieses Schutzgutes droht. Bereits im Normverstoß liegt eine Störung der öffentlichen Sicherheit, konkret liegt zumindest ein Verstoß gegen § 1 StVO vor (Abstellen des Fahrzeugs in der unübersichtlichen Kurve). Das Tatbestandsmerkmal der „öffentlichen Sicherheit" ist nunmehr ausdrücklich in § 4 Nr. 1 SächsPVDG normiert.
  bb) Rechtsfolge der Norm:
  Nach Bejahung des Tatbestandes der Generalklausel (Gefahr für die öffentliche Sicherheit oder deren Störung) ist nunmehr die Rechtsfolge „kann" zu prüfen, d. h. Ermessen i. S. d. § 5 SächsPVDG, Grundsatz der Verhältnismäßigkeit (Verhältnismäßigkeit, Geeignetheit, Erforderlichkeit usw.).
  Der vorliegende Fall bereitet bei der Prüfung der Rechtsfolge keine besonderen Probleme. Das Fahrzeug ist in einer unübersichtlichen Kurve abgestellt, der Fahrer „muss" wegen der Gefahrenlage das Fahrzeug unverzüglich wegfahren und wurde entsprechend aufgefordert. (§ 80 II S. 1 Nr. 2 VwGO, unaufschiebbare Anordnung eines Polizeivollzugsbeamten).
  cc) Störer[553] ist hier der Fahrzeugführer, Herr Müller, als Handlungsstörer (§ 6 SächsPVDG). Dass er daneben möglicherweise auch noch als Halter des Fahrzeugs Zustandsstörer (§ 7 SächsPVDG) sein kann, ist hier nicht zu problematisieren.

553 Adressat der polizeilichen Maßnahme: Aufforderung zum Wegfahren.

15. Abschließend ist noch die Verhältnismäßigkeit der Vollstreckungsmaßnahme zu prüfen, § 19 Abs. 3, 4 SächsVwVG. Denn ein bloßer Verstoß gegen Vorschriften der StVO rechtfertigt nicht ohne weiteres das Vorgehen im Verwaltungszwang, da dem Verhältnismäßigkeitsgrundsatz Verfassungsrang zukommt.
    „Keinem Zweifel unterliegt andererseits, dass ein Abschleppen verbotswidrig abgestellter Fahrzeuge im Falle der Behinderung von anderen Verkehrsteilnehmern geboten erscheint."[554] Insoweit bereitet der vorliegende Fall keine besonderen Probleme. Das Fahrzeug ist in einer unübersichtlichen Kurve abgestellt; der Fahrer hat sich geweigert, der Aufforderung zur Entfernung des Fahrzeuges Folge zu leisten. Demnach kam zur Beseitigung der konkreten Gefahrenlage nur das Abschleppen des Fahrzeuges in Betracht.
16. **Ergebnis:** Die Kostenforderung ist rechtmäßig:
    Da die Aufforderung zum Wegfahren (Verwaltungsakt) wirksam *(siehe Kapitel P VI und nachfolgend Fall 3)* war und Müller der Aufforderung zum Wegfahren des Fahrzeugs nicht nachkam, konnte das Fahrzeug im Wege der rechtmäßig durchgeführten Ersatzvornahme abgeschleppt werden; ein Vollstreckungstitel lag vor. Demnach muss Müller die Kosten der Ersatzvornahme gemäß § 24 Abs. 3 SächsVwVG tragen.
17. Es ist festzuhalten:
    – wirksamer Verwaltungsakt als Vollstreckungstitel, und
    – rechtmäßige Vollstreckungsmaßnahme, hier Ersatzvornahme als Voraussetzung der Kostenforderung

    (VG Leipzig,Beschluss vom 5.5.2021 – 1 K 860/20; OVG Bautzen, Beschluss vom 19.2.2024, 6 D 25/23; VGH Mannheim, Urteil vom 3.5.2021, 1 S 512/19, unter Hinweis auch auf die Rspr. des BVerfG).
18. Zur Prüfung der Rechtmäßigkeit der Kostenforderung bei einer Ersatzvornahme *siehe nachfolgend unter IV*.

Fall 2:
Der Sachverhalt entspricht grundsätzlich Fall 1.
Müller hat sein Fahrzeug in der Kurve abgestellt und entfernt sich. Erst nach 30 Minuten kommt der Polizist Schmitt vorbei und sieht wegen der Gefahrenlage keine andere Möglichkeit, als das Fahrzeug abzuschleppen, da Müller nicht anwesend ist.
Anschließend ergeht auch hier ein Kostenbescheid über 200 Euro an Müller.

1. Es wird grundsätzlich auf die Prüfung bei der Fallgestaltung 1 verwiesen, d.h., konkret wird auch hier geprüft, ob als Rechtsgrundlage für die Kostenforderung § 24 Abs. 3 SächsVwVG (Ersatzvornahme) in Betracht kommt. Dabei bereiten die Prüfungspunkte 1–10 keine Probleme (bei der Frage der Androhung der Ersatzvornahme kann nach § 21 SächsVwVG auf eine Androhung verzichtet werden).
2. **Problematisch wird es aber bei der Frage, ob ein Vollstreckungstitel (vollstreckbarer Grundverwaltungsakt) zum Zeitpunkt des Abschleppvorgangs**

554 BVerwG, NJW 1993, 870, 871.

vorlag. Im konkreten Fall gab es im Unterschied zur Fallgestaltung 1 kein „Gespräch“, keine Kommunikation, zwischen dem Polizeibeamten und Herrn Müller. also auch keine Aufforderung an den Fahrzeugführer zum Wegfahren des Fahrzeugs. Fraglich ist deshalb die Existenz eines Vollstreckungstitels (der einen Verwaltungsakt voraussetzt) zum Zeitpunkt der Anordnung der Abschleppmaßnahme durch den Polizeibeamten.

3. Es muss ein bekannt gegebener und damit wirksamer Verwaltungsakt vorliegen, und zwar konkret ein gegenüber Herrn Müller wirksamer Verwaltungsakt, §§ 35 Satz 1, 41 Abs. 1 Satz 1 VwVfG. Ein Verwaltungsakt mit Regelungswirkung liegt jedoch nicht vor, zumindest fehlt es an einer Bekanntgabe gegenüber Müller und somit an der Wirksamkeit eines (adressatlosen!) Verwaltungsaktes. Ein Vollstreckungstitel fehlt demnach, es handelt sich um einen sog. Normverstoß[555] des Fahrzeugführers Müller (hier gegen Vorschriften der StVO).

Anmerkung: *Ebenso fehlt es an einer „Bekanntgabe“ des Verwaltungsaktes, falls die Behörde den Fahrzeughalter zur Kostentragung in Anspruch nehmen will.*

4. Demnach liegt hier (wie im Fall 1) zwar eine polizeiliche Maßnahme zur Gefahrenabwehr vor, jedoch nicht in Form eines Verwaltungsaktes, sondern eines *„Realaktes“*, sog. schlicht hoheitliches Handeln der Behörde (konkret: Abschleppen des Fahrzeugs ohne Bekanntgabe eines vorherigen Verwaltungsakt an den Störer).
5. Wegen des Fehlens eines Grundverwaltungsaktes (im Gegensatz zur Fallgestaltung 1) liegt ein Vollstreckungstitel nicht vor. Demnach kann auch keine Ersatzvornahme in dem Abschleppvorgang gesehen werden[556], weshalb § 24 Abs. 3 SächsVwVG als Rechtsgrundlage für die Kostenforderung ausscheidet.
6. **Folglich ist jetzt § 8 Abs. 2 SächsPVDG als Rechtsgrundlage für die Kostenforderung zu prüfen.**
   Zuständig für den Erlass des Leistungsbescheides ist die Behörde, die die unmittelbare Ausführung angeordnet hat, konkret die Vollzugspolizei[557].
7. Die Anwendung des § 8 Abs. 2 SächsPVDG setzt voraus, dass die Tatbestandsmerkmale des § 8 Abs. 1 Satz 1 SächsPVDG (unmittelbare Ausführung einer Maßnahme) vorliegen, insbes. ist **das auf Erstattung der Kosten einer unmittelbaren Ausführung gerichtete Leistungsbegehren der Polizei davon abhängig. dass die zugrunde liegende polizeiliche Maßnahme ihrerseits rechtmäßig ist**[558].

555 OVG Hamburg, NJW 2001, 168, 169: Verstoß gegen unmittelbar geltende Rechtsvorschriften; OVG Koblenz, NJW 1999, 3537; VG Neustadt, Urteil vom 13.11.2023, 5 K 82/23.NW: Verstoß gegen § 12 Abs. 1 Nr. 1 StVO (Das Halten ist unzulässig an engen und an unübersichtlichen Straßenstellen).

556 Nach dem Grundsatz: Keine Vollstreckung ohne Titel!

557 VG Chemnitz, SächsVBl. 2008, 195; so auch im Fall 1.

558 BVerwG, NJW 1981, 1571; VGH Mannheim, Urteil vom 24.2.2022, 1 S 2283/20; VG Neustadt, Urteil vom 13.11.2023, 5 K 82/23.NW.

§ 8 SächsPVDG lautet wie folgt:
Unmittelbare Ausführung einer Maßnahme
(1) [1]Die Polizei kann eine Maßnahme selbst oder durch einen beauftragten Dritten unmittelbar ausführen, wenn der Zweck der Maßnahme durch Inanspruchnahme der Verantwortlichen nach § 6 oder § 7 nicht oder nicht rechtzeitig erreicht werden kann. [2]Der von der Maßnahme Betroffene ist unverzüglich zu unterrichten.
(2) Für die unmittelbare Ausführung einer Maßnahme nach Absatz 1 erhebt die Polizei von den Verantwortlichen nach den §§ 6 und 7 Kosten (Gebühren und Auslagen).

8. Ein Rückgriff auf die Rechtsfigur der „unmittelbaren Ausführung" ist nur dann möglich, wenn die Gefahr oder Störung durch eine Verfügung gegenüber dem Verantwortlichen (Störer) und evtl. nachfolgender Vollstreckung nicht rechtzeitig abgewendet werden kann[559]. Liegt demnach eine vollstreckbare Grundverfügung (Vollstreckungstitel) vor, deren Vollzug die Gefahr für die öffentliche Sicherheit in effektiver Weise beseitigt, ist das Rechtsinstitut der unmittelbaren Ausführung einer Maßnahme nicht anwendbar (siehe Fall 1).

9. Insoweit kann man das Rangverhältnis zwischen einer Maßnahme der Polizei mittels Verwaltungsakt (und evtl. sich anschließenden Vollstreckungsmaßnahmen), oder mittels unmittelbarer Ausführung auch unter dem verfassungsrechtlich vorgegebenen Verhältnismäßigkeitsprinzip sehen.

   Vorrangig steht die Möglichkeit für den Störer, den polizeiwidrigen Zustand selbst (nach Aufforderung i. S. eines Verwaltungsaktes) zu beseitigen, evtl. unter dem Einsatz von nachfolgenden Vollstreckungsmaßnahmen. Nur wenn die Voraussetzungen für eine Ersatzvornahme nicht vorliegen (insbes. bei fehlendem vorausgegangenen Vollstreckungstitel), kommt die Handlungsform der *„unmittelbaren Ausführung einer Maßnahme"* nach § 8 Abs. 1 SächsPVDG in Betracht.[560]

Anmerkung: Siehe dazu auch Fall 7, Sicherstellung nach § 31 SächsPVDG.

559 So ausdrücklich auch das BVerwG, NJW 1981, 1571; VG Chemnitz, SächsVBl. 2008, 195: *„Die Polizeibeamten haben sich darum bemüht, den Eigentümer des Hauses zu erreichen, um diesen zum Öffnen und zum Befreien der Katze zu veranlassen. Erst als dies keinen Erfolg zeitigte, wurde das gewaltsame Öffnen der Tür veranlasst, und somit das Leben der Katze zu retten …" (**Anm.:** Fall der unmittelbaren Ausführung)*; VG Neustadt, **Urteil vom 13.11.2023, 5 K 82/23. NW.**

560 BVerwG, Urteil vom 12.1.2012, 7 C 5.11: *„Die zwangsweise Durchsetzung verwaltungsrechtlicher Pflichten im Wege der Verwaltungsvollstreckung setzt deshalb grundsätzlich den vorherigen Erlass eines Verwaltungsakts voraus. Der Verwaltungszwang schließt sich an ein Verwaltungsverfahren an, das mit dem Erlass eines Verwaltungsakts endet. Diesem kommt zunächst die Aufgabe zu, die abstrakt-generelle Verpflichtung des Gesetzes für den Einzelfall zu konkretisieren. Zugleich soll der Verwaltungsakt dem Bürger Rechtssicherheit gewähren und als Vollstreckungstitel eine materiell- und verfahrensrechtliche Grundlage für die Zwangsanwendung bilden. Dieses gestufte Verfahren belastet den Adressaten der Maßnahme weniger als die unvermittelte Zwangsanwendung, die den Pflichtigen ungleich härter trifft als die auf einer Grundverfügung aufbauende Verwaltungsvollstreckung. Sie nimmt ihm die Möglichkeit, den Vollstreckungszwang abzuwenden. Bevor die Behörde zur Tat schreitet, muss sie zunächst versuchen, den Betroffenen zur Erfüllung seiner Verpflichtung anzuhalten. Vor die Tat setzt der Rechtsstaat das Wort. **Die unmittelbare Zwangsanwendung ist daher auf Fälle begrenzt, in denen der Zweck der Maßnahme nicht durch den Erlass eines Verwaltungsakts und die Anordnung von dessen sofortiger Vollziehung nach § 80 Abs. 2 Satz 1 Nr. 4 VwGO erreicht werden kann.**"*; VG Neustadt, Urteil vom 13.11.2023, 5 K 82/23.NW; Enders, SächsVBl. 2014, 190, 196.

Vollstreckt dagegen die Behörde einen Verwaltungsakt, scheidet die Handlungsform der unmittelbaren Ausführung aus (siehe Fall 1).

Anmerkung: *Deshalb ist die in Fall 1 angesprochene Prüfungsreihenfolge auch zutreffend, also vorab den Verwaltungsakt in Form eines Vollstreckungstitels prüfen, weil dann die „unmittelbare Ausführung einer Maßnahme" nach § 8 Abs. 1 SächsPVDG immer als nachrangig ausscheidet.*

10. Weiterhin zeigt die systematische Stellung des § 8 SächsPVDG (nach dem Handlungs- und Zustandsstörer, §§ 6 und 7, aber vor dem „Nichtstörer" gemäß § 9 SächsPVDG), dass durch die sog. unmittelbare Ausführung auch die Inanspruchnahme eines Nichtbeteiligten vermieden werden soll. Außerdem dürfen „nicht verantwortliche Personen" nach § 9 nur ausnahmsweise Adressaten polizeilicher Maßnahmen sein.

11. Demnach ist die Prüfungsreihenfolge *(siehe Fall 1)* derart, dass § 24 Abs. 3 SächsVwVG vor § 8 Abs. 2 SächsPVDG zu prüfen ist, rechtlich vorgegeben und zwingend einzuhalten.

12. Vorliegen der Voraussetzungen des § 8 Abs. 1 SächsPVDG[561] im konkreten Fall:
    a) Zuständigkeit für die unmittelbare Ausführung:
    Zuständig ist die Polizei, konkret die Vollzugspolizei *(siehe Fall 1)*[562].
    b) polizeilicher Zweck:
    Hier ist, wie ganz allgemein im Polizeirecht (Eingriffsverwaltung), nach einer Rechtsgrundlage für die polizeiliche Tätigkeit zu suchen. Denn die „unmittelbare Ausführung" nach § 8 Abs. 1 SächsPVDG ist selbst keine Rechtsgrundlage, sondern nur eine Form der Maßnahme[563] (neben vielen anderen möglichen polizeilichen Maßnahmen)[564].
    Entweder findet sich eine Spezialregelung (§ 12 Abs. 1, 2. Halbsatz SächsPVDG) oder die Generalklausel ist anzuwenden.

---

561 Siehe dazu VG Leipzig, SächsVBl. 1997, 16, 17; OVG Bautzen, Urteil vom 25.8.2016, 3 A 602/15; Beschluss vom 6.12.2016, 3 A 700/16; Lisken/Denninger, S. 532.

562 VG Leipzig, LKV 1995, 165; VGH Mannheim, NJW 1992, 2442.

563 Siehe z. B. VGH München, BayVBl. 2001, 310: Sicherstellung nach Art. 25 PAG in Form der unmittelbaren Ausführung; VGH Mannheim, DÖV 1994, 82, 83; VGH Kassel, VRS 99, 473, 476; VG Leipzig, SächsVBl. 1997, 16, 17; **VG Neustadt, Urteil vom 13.11.2023, 5 K 82/23.NW;** Da im Regelfall die Gefahrenabwehr durch den Verantwortlichen selbst erfolgen soll, zu der er durch eine Grundverfügung, die mit Zwangsmitteln durchsetzbar ist, verpflichtet wird, ist regelmäßig nur die Durchführung einer dringlichen Maßnahme der Gefahrenabwehr von der Ermächtigung des § 6 Abs. 1 POG gedeckt. Mithin gestattet diese Vorschrift, die selbst keine Eingriffsnorm ist, eine **unmittelbare Ausführung** nur dann, wenn die Voraussetzungen für den Erlass einer Verfügung zur Gefahrenabwehr an sich gegeben sind und der verantwortliche Störer nicht erreichbar oder nicht zur unaufschiebbaren Gefahrenabwehr tatsächlich oder rechtlich in der Lage ist.

564 Im Polizeirecht wird regelmäßig von *„Maßnahme"* gesprochen (siehe die Generalklausel des § 12 Abs. 1 SächsPVDG), nicht von einem Verwaltungsakt i. S. des VwVfG. Diese polizeiliche Maßnahme kann ein Verwaltungsakt oder auch ein Realakt sein.

aa) Mangels Vorliegen einer sonderrechtlichen Regelung ist von der Generalklausel des § 12 Abs. 1 SächsPVDG auszugehen[565] *(siehe Fall 1)*.

bb) Formelle Rechtmäßigkeit: Auch hier bestehen, wie im Fall 1 keine Bedenken, insbes. ist die Zuständigkeit der Vollzugspolizei gegeben.

cc) Tatbestand der Norm:
Es muss eine Gefahr für die öffentliche Sicherheit[566] (oder Ordnung) vorliegen.
Das Fahrzeug steht in einer gefährlichen Kurve; es liegt zumindest ein Verstoß gegen § 1 StVO vor (objektive Rechtsordnung, der Verstoß ist sogar eine Ordnungswidrigkeit gem. § 49 StVO; sog. Normverstoß); z.B. auch Parken vor einer Bordsteinabsenkung[567].
Auch das Tatbestandsmerkmal der Gefahr ist gegeben (siehe § 4 Nr. 3 a SächsPVDG), da es mit an Sicherheit grenzender Wahrscheinlichkeit zu Verkehrsunfällen (mit Körperverletzungen und Sachschäden) kommen wird, wenn die Gefahrenlage nicht beseitigt wird.

dd) Rechtsfolge der Norm:
Auch hier sind gem. § 5 SächsPVDG die Verhältnismäßigkeit, Erforderlichkeit und Geeignetheit der Abschleppmaßnahme zu prüfen. Wie bei der Fallgestaltung 1 kann auch hier nur das Abschleppen selbst die Gefahrenlage beseitigen, zumal das Fahrzeug lt. Sachverhalt bereits 30 Minuten dort stand[568].

c) Maßnahmen gegen die in den §§ 6 und 7 SächsPVDG bezeichneten Personen (Störer) sind nicht oder nicht rechtzeitig möglich (Handlungs- bzw. Zustandsstörer, weder Fahrer noch Halter sind anwesend).[569]
Entweder ist der Verantwortliche (Störer) im Moment der Gefahrenabwehrmaßnahme nicht bekannt oder er ist bekannt, aber nicht oder nicht rechtzeitig erreichbar. In beiden Fällen kann ein Verwaltungsakt gegenüber dem Störer nicht erlassen werden (eine Kommunikation zwischen Behörde und Störer scheidet deshalb aus), weshalb auch eine Vollstreckungsmaßnahme nicht in Betracht kommt, da ein Vollstreckungstitel fehlt. Es wäre Aufgabe des Störers (hier Müller als Fahrzeugführer, Handlungsstörer nach § 6 SächsPVDG [Verursacher der Gefahrenlage]) gewesen, die Gefahr abzuwenden. Seine unmittelbare Inanspruchnahme war nur aufgrund der faktischen Gegebenheiten nicht möglich oder der Betroffene ist wegen der Dringlichkeit der zu treffenden Maßnahme nicht rechtzeitig erreichbar[570].

---

565 VGH Mannheim, DÖV 1994, 82, 83; Urteil vom 24.2.2022, 1 S 2283/20; VG Leipzig, SächsVBl. 1997, 16, 17, und LKV 1995, 165.

566 Siehe § 4 Nr. 1 SächsPVDG; VG Chemnitz, SächsVBl. 2008, 195; VG Leipzig, LKV 1995, 165; *siehe auch Fall 1*.

567 BVerwG, BayVBl. 2002, 567; *„Das Parken ist unzulässig vor Bordsteinabsenkungen"*, § 12 Abs. 3 Nr. 9 StVO (auch hier liegt kein Vollstreckungstitel vor!). VG Neustadt, Urteil vom 13.11.2023, 5 K 82/23.NW.

568 VG Leipzig, SächsVBl. 1997, 16, 17: Anordnung des Abschleppens erst nach 24 Minuten; VG Leipzig, LKV 1995, 165: Abschleppen nach 20 Minuten.

569 OVG Bautzen, Beschluss vom 6.12.2016, 3 A 700/16: *„Mangels Erreichbarkeit kann gegenüber dem Störer ein belastender Verwaltungsakt nicht ergehen"*; OVG Saarlouis, NZV 1993, 366, 367; VG Leipzig, LKV 1995, 165; OVG Berlin, NVwZ-RR 1995, 575, 576; OVG Frankfurt, NVwZ-RR 1999, 117, 118.

570 VG Leipzig, SächsVBl. 1997, 16, 17.

Dazu das Urteil des BVerwG vom 21.11.1980, NJW 1981, 1571:
Die Klägerin betrieb am Rheinufer einen sog. Portalkran. Dieser Kran kippte bei Verladearbeiten über die Kaimauer auf ein Motorschiff. Der Kranausleger ragte über das Schiff ins Wasser hinaus.
Sofort nach dem Unglücksfall sicherte das Wasser- und Schifffahrtsamt M. in Anwesenheit der persönlich haftenden Gesellschafter der Klägerin mit 2 Sperrflößen ab.
Unter Bezugnahme auf die „unmittelbare Ausführung" verlangte das Wasser- und Schifffahrtsamt mittels Leistungsbescheid von der Klägerin die Kosten der Absicherung der Unfallstelle.
Die dagegen erhobene Klage hatte Erfolg:
„Die Voraussetzungen für eine unmittelbare Ausführung der strompolizeilichen Sicherungsmaßnahme sind nicht gegeben. Es trifft nicht zu, dass der persönlich haftende Gesellschafter der Klägerin als möglicher Adressat einer strompolizeilichen Verfügung nicht oder nicht rechtzeitig zu erreichen war. Er war zu erreichen und sogar während der Absicherung der Unfallstelle zugegen…
Ist der Verantwortliche anwesend, muss für ihn erkennbar sein, ob und in welchem Umfang er von der Behörde in Anspruch genommen wird. Dazu dient die strompolizeilich Verfügung, die ein näher bestimmtes Verhaltensgebot enthält **(*Anm.:* Verwaltungsakt)** *und damit dem Verantwortlichen erkennbar macht, was er zur Abwehr der Gefahr zu unternehmen hat oder was die Behörde in eigener Regie zu unternehmen beabsichtigt* **(*Anm.:* Androhung einer Ersatzvornahme, da vorher ein Verwaltungsakt in Form eines Vollstreckungstitels an den Verantwortlichen erging)**…
*Geschieht dies alles nicht, sondern trifft die Wasser- und Schifffahrtsverwaltung trotz Anwesenheit des Verantwortlichen unmittelbar in eigener Regie Sicherungsvorkehrungen, ist die Rechtslage nicht nach „unmittelbarer Ausführung" und ebenso wenig nach vollstreckungsrechtlichen Vorschriften zu beurteilen (**Anm.:** Vollstreckungsrecht scheidet wg. fehlendem Vollstreckungstitel gegenüber dem Verantwortlichen aus)."*
Ergebnis: Die Kosten für das Absichern der Unfallstelle verblieben beim Wasser- und Schifffahrtsamt.

13. Gemäß § 8 Abs. 1 Satz 2 SächsPVDG ist der Betroffene von der Maßnahme unverzüglich zu unterrichten (weil sie in seiner Abwesenheit vorgenommen wurde). Auch diese Regelung spricht dafür, dass das Gesetz vom Fehlen eines vorherigen, also vor der Durchführung der unmittelbaren Ausführung ergangenen Verwaltungsaktes ausgeht. Denn eine nachträgliche Unterrichtung ist in den Fällen eines der Maßnahme vorausgegangenen (und damit dem Adressaten bekannt gegebenen) Verwaltungsaktes sinnlos *(siehe Fall 1)*.
    In diesem Zusammenhang wird die Ansicht vertreten, diese nachträgliche Unterrichtung habe Verwaltungsaktqualität. Dem kann nicht zugestimmt werden. Eine Regelung i. S. d. § 35 Satz 1 VwVfG fehlt bei dieser „Unterrichtung", der Betroffene wird lediglich informiert (die spätere Kostenforderung nach § 8 Abs. 2 SächsPVDG (Leistungsbescheid) ist aber unstreitig ein Verwaltungsakt).
14. **Da somit eine rechtmäßige „unmittelbare Ausführung" (Abschleppen ohne vorausgegangenen Vollstreckungstitel gegen den Störer) vorliegt, besteht die**

Möglichkeit der Kostenerhebung gemäß § 8 Abs. 2 SächsPVDG gegenüber Müller als Handlungsstörer.
Selbst wenn die Durchführung der unmittelbaren Ausführung rechtmäßig war, muss dennoch in jedem Falle zusätzlich noch geprüft werden, ob die Kosten überwälzt werden können, wobei dies im Regelfall zu bejahen ist (Verhältnismäß igkeitsprinzip).[571]

15. **Im Ergebnis** ist festzustellen, dass Müller zur Kostentragung verpflichtet ist.[572] Im Gegensatz zu einer Kostenforderung aus Ersatzvornahme (§ 24 Abs. 3 Satz 2 SächsVwVG, Leistungsbescheid) ist hier die sofortige Vollziehbarkeit der Kostenforderung nicht gesetzlich festgelegt worden.
16. Anzumerken ist noch, dass der Störer auch die Kosten einer sog. Leerfahrt tragen muss[573] (bevor das Abschleppfahrzeug eintrifft, wird das Kraftfahrzeug vom Fahrer entfernt, sodass sich die Abschleppmaßnahme erledigt hat), wenn der Auftrag zum Abschleppen zu einem Zeitpunkt erteilt wurde, als die durch das verbotswidrige Abstellen des Fahrzeuges aufgetretene Störung noch andauerte. Dies trifft natürlich auch bei einer Abschleppmaßnahme in Form der Ersatzvornahme zu (Fall 1).
17. Abschließend noch ein Beispiel aus der Rspr. zur „unmittelbaren Ausführung" bei einer Abschleppmaßnahme:

Urteil des OVG Koblenz vom 11.5.1999, NJW 1999, 3573
Wagner hatte sein Fahrzeug in der Rathausstraße gegenüber der Ein- und Ausfahrt zum Grundstück des Weber geparkt. Als dieser mit seinem Lieferwagen in das Grundstück einfahren wollte, gelang ihm dies nicht trotz mehrfachen Vor- und Zurücksetzens unter Inanspruchnahme einer Einweisungshilfe. Weber musste dann seine Bemühungen aufgeben, da er sich „verkeilt" hatte. Die anschließend herbeigerufene Polizei ließ das Fahrzeug des Wagner abschleppen. Das Gericht bejahte den Fall einer ***unmittelbaren Ausführung*** *einer Maßnahme. Der Fahrzeugführer Wagner hat eine ihm zurechenbare Gefahrenlage verursacht.*
„Er hat durch das Abstellen seines Fahrzeugs gegenüber der Einfahrt zum Grundstück gegen § 12 Abs. 3 Nr. 3 StVO verstoßen und dadurch eine Gefahr für die öffentliche Sicherheit, wozu die Unverletzlichkeit der Rechtsordnung gehört, bewirkt."

---

571 VG Leipzig, SächsVBl. 1997, 16, 17; VGH Mannheim, DÖV 1991, 163; OVG Koblenz, NVwZ-RR 2005, 577, 578.

572 OVG Bauten, Urteil vom 10.3.2014, 3 A 739/12: *„Jedenfalls bedarf es wegen der spezielleren Kostenerstattungsregelung in § 6 Abs. 2 SächsPolG keines Rückgriffs auf die Generalklausel des § 1 SächsVwKG, soweit es um die Erhebung von Kosten dem Grunde nach für polizeiliche Maßnahmen geht, die im Wege der unmittelbaren Ausführung getroffen sein sollen."*

573 VGH Kassel, NVwZ-RR 1995, 29, 30; OVG Hamburg, NVwZ-RR 2007, 364, 365; VG Neustadt, Urteil vom 13.11.2023, 5 K 82/23.NW.

Anmerkungen zur Rechtsfigur der „unmittelbaren Ausführung“ nach § 8 SächsPVDG bzw. 16 PBG[574]

1. Bei der Durchführung einer Maßnahme in Form der „unmittelbaren Ausführung“ handelt es sich um einen **Realakt**[575] (auch schlicht hoheitliches Handeln der Behörde genannt). Es fehlt die für den Verwaltungsakt typische Regelungswirkung (§ 35 Satz 1 VwVfG), da nur rein tatsächliches behördliches Handeln. Außerdem mangelt es an der Bekanntgabe nach § 41 VwVfG[576], weshalb ein Verwaltungsakt in dieser Form überhaupt nicht wirksam werden könnte.
   Für diese Auffassung spricht auch, wie bereits angesprochen, die Regelung des § 6 Abs. 1 Satz 2 SächsPolG, wonach der Betroffene von der Maßnahme (in Form der unmittelbaren Ausführung) zu unterrichten ist. Denn wäre ihm gegenüber ein bekannt gegebener und somit wirksamer Verwaltungsakt erlassen worden, ist eine nochmalige Unterrichtungspflicht überflüssig und sinnlos.
2. Ohne die Rechtsfigur der *„unmittelbaren Ausführung“* könnten polizeiliche Maßnahmen nur nach vorangegangenem Erlass eines Verwaltungsaktes getroffen werden. Wie der angesprochene Fall 2 zeigt, sind es gerade die polizeilichen Maßnahmen der unmittelbaren Ausführung, die oft bei Gefahrenlagen (ohne Bekanntgabe eines Verwaltungsaktes an den Störer) in Betracht kommen (unter Beachtung des Verhältnismäßigkeitsprinzips).
3. Während die *„unmittelbare Ausführung“* im SächsPVDG und SächsPBG normiert ist, handelt es sich bei der Ersatzvornahme um ein Zwangsmittel nach den SächsVwVG und erfordert deshalb zwingend einen vorausgegangenen Vollstreckungstitel[577].
4. Auch darf die *„unmittelbare Ausführung“* nicht mit dem *„unmittelbaren Zwang“* nach den §§ 39 ff. SächsPVDG verwechselt werden. Der unmittelbare Zwang ist ein der Polizei zur Verfügung stehendes Zwangsmittel.
5. Die Norm des § 8 Abs. 1 SächsPVDG betrifft die unmittelbare Ausführung einer Maßnahme und ist selbst keine Rechtsgrundlage für eine polizeiliche Maßnahme.

574 BVerwG, NVwZ 2012, 1184; Rasch, DVBl. 1992, 207; Kästner, Unmittelbare Maßnahmen der Gefahrenabwehr, JuS 1994, 361; Kugelmann, Unmittelbare Ausführung von Maßnahmen und sofortige Anwendung von Verwaltungszwang durch die Polizei, DÖV 1997, 153; Robbers, Schlichtes Verwaltungshandeln, DÖV 1987, 272; Weber, Verwaltungsrechtliche Realakte, apf 2003, 27, 2. Teil S. 57 ff.; Gersdorf, Die Subsidiaritätsklausel des Instituts der unmittelbaren Ausführung – dargelegt am Beispiel des Abschleppens eines Pkw, NVwZ 1995, 1986.

575 VG Aachen, Beschluss vom 30.3.2007, 6 L 73/07 (siehe nachfolgend unter 7 b); OLG Dresden, SächsVBl. 2003, 73, 74; VGH Kassel, NVwZ 1987, 904, 908; OVG Lüneburg, NVwZ 1990, 786, 787; OVG Frankfurt, NVwZ-RR 1999, 118: „ordnungsrechtliche Maßnahme sui generis ohne Regelungswirkung“; VGH München, BayVBl. 1991, 433, VG Frankfurt, NVwZ 2001, 1320; VG Neustadt, Urteil vom 13.11.2023, 5 K 82/23.NW; Weber, apf 2003, 57, und JA 2007, 636; Schäfer, Zur Rechtsnatur der unmittelbaren Ausführung nach Art. 9 Abs. 1 PAG, BayVBl. 1989, 742 ff.; Pracht, VBlBW 2024, 48.

576 OVG Hamburg, NJW 1992, 1909: *„Fehlen eines der Abschleppmaßnahme vorausgegangenen Verwaltungsaktes“*; ein Vollstreckungstitel lag im Fall 1 vor.; VG Neustadt, Urteil vom 13.11.2023, 5 K 82/23.NW: *Es handelt sich nicht um eine Ersatzvornahme, da diese einen zuvor ergangenen Verwaltungsakt erfordert, an dem es hier fehlt.*

577 VG Leipzig,Beschluss vom 5.5.2021 – 1 K 860/20; OVG Bautzen, Beschluss vom 19.2.2024, 6 D 25/23; VG Neustadt, Urteil vom 13.11.2023, 5 K 82/23.NW, Rasch, DVBl. 1992, 207, 209; siehe Fall 1.

Sie regelt nur, unter welchen Voraussetzungen eine polizeiliche Maßnahme auch ohne vorausgehenden Verwaltungsakt durchgeführt werden kann.[578]

6. Praktisch betrachtet unterscheiden sich die Fälle 1 und 2 kaum, (in beiden Fällen wird das verkehrswidrig stehende Kraftfahrzeug abgeschleppt), insbesondere ergehen in beiden Fällen Kostenbescheide[579]. Jedoch unterscheiden sich die rechtlichen Ausgangslagen erheblich.
7. Zur Prüfung der Rechtmäßigkeit einer Kostenforderung nach unmittelbarer Ausführung einer Maßnahme *siehe nachfolgend unter IV*.

Feststellungen der Rechtsprechung zum Unterschied zwischen Ersatzvornahme und unmittelbarer Ausführung

a) Ersatzvornahme:

- OVG Hamburg, NJW 2006, 2247: Abgestelltes Fahrzeug im Bereich einer absoluten Halteverbotszone mit Verkehrszeichen 283 (siehe Fall 3) und deshalb Ersatzvornahme. Ausdrücklich lehnt das Gericht das „polizeirechtliche Vorgehen im Wege einer unmittelbaren Ausführung" ab.
- VGH Mannheim, NZV 1996, 512: Schriftliche Aufforderung an den Kläger (Anm.: Verwaltungsakt), sein Fahrzeug zu entfernen mit Androhung der Ersatzvornahme. Das Gericht bejaht die Ersatzvornahme, da ein Vollstreckungstitel vorlag.
- OVG Bautzen, SächsVBl. 2001, 94: Das Fahrzeug stand im eingeschränkten Halteverbot, weshalb eine Ersatzvornahme vorlag (§ 80 Abs. 2 Satz 1 Nr. 2 VwGO analog, siehe anschließenden Fall 3). Das VG Dresden als Vorinstanz ging von einer unmittelbaren Ausführung aus!
- OVG Bautzen, Beschluss vom 28.4.2014, 3 A 427/12 (Abstellen eines Fahrzeugs im absoluten Halteverbot)
- OVG Greifswald, LKV 2006, 225: Abschleppen eines Kraftfahrzeuges, das in einer Fußgängerzone abgestellt war, Zeichen 242 (Parkverbot). Das Gericht betonte, dass es um die Vollstreckung eines durch Verwaltungsakt angeordneten Gebots handelte *(siehe Fall 3)* und lehnte ausdrücklich die „unmittelbare Ausführung" ab.
- VG Hamburg, NVwZ-RR 2005, 37: Ersatzvornahme wg. Verstoß gegen Verkehrszeichen 283 (siehe Fall 3)
- VGH Mannheim, NJW 2003, 3363: Aus einer Anwohnerparkzone abgeschlepptes Fahrzeug, Zeichen 283 nach §§ 41 Abs. 2 Nr. 8, 12 Abs. 1 Nr. 6a, Abs. 2 StVO; Kostenersatz wegen einer Ersatzvornahme
- VGH Mannheim, VBlBW 2003, 284, 285: Fahrzeug war abgestellt im Geltungsbereich des Verkehrszeichens 314 mit Zusatz 1044-10 (Behindertenparkplatz, deshalb Parkverbot für Nichtberechtigte nach § 42 Abs. 4 Nr. 2 StVO):

578 OVG Bautzen, Urteil vom 25.8.2016, 3 A 602/15; Beschluss vom 6.12.2016, 3 A 700/16; Lisken/Denninger, S. 532.

579 OVG Hamburg, NJW 2001, 168, 170; bei der Ersatzvornahme nach § 24 Abs. 3 VwVG, sofort vollziehbarer Leistungsbescheid, und bei der unmittelbaren Ausführung nach § 8 Abs. 2 SächsPVDG bzw. § 16 SächsPBG; siehe dazu das Prüfungsschema unter IV.

Ersatzvornahme wg. Verkehrszeichen als Verwaltungsakt nach § 80 Abs. 2 Satz 1 Nr. 2 VwGO (siehe Fall 3).

b) unmittelbare Ausführung:

- VG Karlsruhe, 6 K 2399/07: „Rechtsgrundlage für die Anforderung der angefallenen Abschleppkosten ist § 8 Abs. 2 BWPolG (in Sachsen §§ 8 SächsPVDG bzw. 16 SächsPBG). Mangels einer verkehrsrechtlichen Anordnung gegenüber der Klägern (Anm.: fehlender Verwaltungsakt) scheidet – entgegen der Auffassung der Widerspruchsbehörde – die Annahme einer Ersatzvornahme als Vollstreckung einer derartigen Anordnung aus …"
- BVerwG, NZV 2002, 285, 286: Parken vor einer Bordsteinabsenkung, an der ein Fußweg einmündete, und deshalb unmittelbare Ausführung des Abschleppens (Vorinstanz OVG Hamburg, NJW 2001, 3647); bekannt als sog. Handy-Fall: Hinterlegen der Handynummer an der Windschutzscheibe, damit die Polizei den Fahrzeugführer zum Wegfahren seines Fahrzeuges anrufen kann… die Rspr. konnte sich mit diesem „Vorschlag" des Fahrzeugführers nicht anfreunden…
- VGH Kassel, NJW 1995, 2123, betr. Verbringung eines streunenden Hundes in ein Tierheim ohne vorherige „Kontaktaufnahme" mit dem Hundehalter: „Für eine Ersatzvornahme ist nur dann Raum, wenn zuvor ein polizeirechtlich Verantwortlicher angetroffen wurde und sich weigert, eine eingetretene Störung selbst zu beseitigen (Anm.: siehe Fall 1). Andernfalls ist im allgemeinen die unmittelbare Ausführung die richtige Maßnahme" (im konkreten Fall bejahte das Gericht die „unmittelbare Ausführung")
- VG Frankfurt, NVwZ 2001, 1320: Tötung eines Kampfhundes im Wege der unmittelbaren Ausführung wg. rein tatsächlichem Vorgehen der Behörde ohne Verwaltungsakt.
- VG Leipzig, LKV 1995, 165: Teilweises Parken auf einem Gehweg
- VG Chemnitz, SächsVBl. 2008, 195: „Die Polizeibeamten haben sich darum bemüht, den Eigentümer des Hauses zu erreichen, um diesen zum Öffnen und zum Befreien der Katze zu veranlassen. Erst als dies keinen Erfolg zeitigte, wurde das gewaltsame Öffnen der Tür veranlasst, um somit das Leben der Katze zu retten." (keine Kommunikationsmöglichkeit mit dem Störer).
- OVG Hamburg, NJW 1992, 1909: „Verkehrszeichenfall", Behörde macht Abschleppkosten aber gegenüber dem Halter (als Zustandsstörer nach § 5 SächsPolG) geltend. Mangels vorangegangenem Verwaltungsakt gegenüber dem Halter als Zustandsstörer ein Fall der „unmittelbaren" Ausführung (während gegenüber dem Fahrzeugführer ein Verwaltungsakt vorlag!).
- VGH München, Beschluss vom 18.2.2014, 10 ZB 11.2172: Der Kläger (gegen den Leistungsbescheid betr. die Kosten der Abschleppmaßnahme) hat sein Fahrzeug unter Begehung einer Verkehrsordnungswidrigkeit weniger als 5 m vor einem Fußgängerüberweg abgestellt; VG Neustadt, Urteil vom 13.11.2023, 5 K 82/23. NW, bereits mehrfach angesprochen.

8. Gesetzlich geregelte Fälle der unmittelbaren Ausführung:
   a) § 20 Abs. 1 SächsStrG (siehe dazu OVG Bautzen, Urteil vom 25.8.2016, 3 A 602/15, bereits mehrfach angesprochen):
      „(1) Wird eine Straße ohne die erforderliche Erlaubnis benutzt oder werden Gegenstände, insbesondere Autowracks verbotswidrig abgestellt oder kommt ein Erlaubnisnehmer seinen Verpflichtungen nicht nach, so kann die für die Erteilung der Erlaubnis zuständige Behörde die erforderlichen Maßnahmen zur Beendigung der Benutzung oder zur Erfüllung der Auflagen anordnen.
      Sind solche Anordnungen nicht oder nur unter unverhältnismäßigem Aufwand möglich oder nicht erfolgversprechend, so kann sie den rechtswidrigen Zustand auf Kosten des Pflichtigen beseitigen oder ***beseitigen*** *lassen."*
   b) § 16 a Abs. 1 Tierschutzgesetz *(siehe dazu auch oben unter L .VIII) mit Rspr. des BVerwG:*
      aa) *„Die zuständige Behörde trifft die zur Beseitigung festgestellter Verstöße und die zur Verhütung künftiger Verstöße notwendigen Anordnungen. Sie kann insbesondere*
         1. *im Einzelfall die zur Erfüllung der Anforderungen des § 2 erforderlichen Maßnahmen anordnen,*
         2. *ein Tier, das nach dem Gutachten des beamteten Tierarztes mangels Erfüllung der Anforderungen des § 2 erheblich vernachlässigt ist oder schwerwiegende Verhaltensstörungen aufzeigt, dem Halter fortnehmen und so lange auf dessen Kosten anderweitig pfleglich unterbringen, bis eine den Anforderungen des § 2 entsprechende Haltung des Tieres durch den Halter sichergestellt ist; ist eine anderweitige Unterbringung des Tieres nicht möglich oder ist nach Fristsetzung durch die zuständige Behörde eine den Anforderungen des § 2 entsprechende Haltung durch den Halter nicht sicherzustellen, kann die Behörde das Tier veräußern; die Behörde kann das Tier auf Kosten des Halters unter Vermeidung von Schmerzen töten lassen, wenn die Veräußerung des Tieres aus rechtlichen oder tatsächlichen Gründen nicht möglich ist oder das Tier nach dem Urteil des beamteten Tierarztes nur unter nicht behebbaren erheblichen Schmerzen, Leiden oder Schäden weiterleben kann...".*
      bb) Zu dieser Regelung äußerte sich das VG Aachen mit Beschluss vom 30.3.2007, 6 L 73/07:
         „§ 16 a Satz 2 Nr. 2 TierSchG regelt bundesrechtlich abschließend die ***Gefahrbeseitigung im Wege einer unmittelbaren Ausführung****, wenn die Inanspruchnahme des für den tierschutzwidrigen Zustand Verantwortlichen nicht möglich oder aber unzweckmäßig ist.* ***Eine unmittelbare Ausführung*** *ist demnach wegen der fehlenden Inanspruchnahme des Ordnungspflichtigen eine ordnungsrechtliche Maßnahme sui generis ohne Regelungscharakter i. S. d. § 35 VwVfG NRW und deshalb als Realakt zu qualifizieren. Gegen eine unmittelbare Ausführung bzw. die Rückgängigmachung ihrer Folgen muss deshalb um Rechtsschutz im vorläufigen Rechtsschutzverfahren durch eine einstweilige Anordnung gemäß § 123 VwGO nachgesucht werden."*

Abgrenzung zwischen Ersatzvornahme und unmittelbarer Ausführung	
Ersatzvornahme, § 24 SächsVwVG	**Unmittelbare Ausführung, § 8 SächsPVDG**
Zwangsmittel nach dem SächsVwVG	Polizeiliche Maßnahme nach dem SächsPVDG, außerhalb des SächsVwVG sog. Realakt
Vorausgehen muss ein Verwaltungsakt in Form eines Vollstreckungstitel und grundsätzlich auch eine Androhung	Kein Verwaltungsakt, nur tatsächliches Handeln der Behörde vorherige Kommunikation mit dem Störer fehlt, siehe § 8 Abs. 1 Satz 2 SächsPVDG
Kostenfolge aus § 24 Abs. 3 SächsVwVG	Kostenfolge aus § 8 Abs. 2 SächsPVDG
Sofort vollziehbar nach § 24 Abs. 3 SächsVwVG	Nach § 8 Abs. 2 SächsPVDG nicht sofort vollziehbar

Bekannt sind im Zusammenhang mit dem Abschleppen von Kraftfahrzeugen die bereits angesprochenen sog. „Handy-Fälle“:

Es geht wie immer um das Problem der Kostentragung nach dem Abschleppen eines Kraftfahrzeuges.

1. Der Kläger parkte vor einer Bordsteinabsenkung, an der ein Fußweg einmündet. Vor dem Abschleppen stand das Fahrzeug dort 10 Minuten und blockierte den Durchgang für die Fußgänger[580].

Anmerkung: *wg. fehlendem Verwaltungsakt ein Fall der „unmittelbaren Ausführung“*

Der Kläger „verteidigte“ sich gegen den Leistungsbescheid (Kostenforderung) mit dem Hinweis darauf, er habe auf dem Armaturenbrett seines Fahrzeugs einen 10 x 10 cm großen Zettel mit der Aufschrift „Bei Störung bitte anrufen – komme sofort“ und der Rufnummer seines tragbaren Telefons ausgelegt. Deshalb sei die Abschleppmaßnahme unverhältnismäßig gewesen und deshalb müsse er auch keine Kosten dafür übernehmen.

2. Das Fahrzeug des Klägers war im Geltungsbereich des Verkehrszeichens 314 mit dem Zusatz 1044-10 auf einem Behindertenparkplatz (Parkverbot für Nichtberechtigte nach § 42 Abs. 4 Nr. 2 StVO) abgestellt[581].

Anmerkung: *Verwaltungsakt liegt vor, Fall der Ersatzvornahme (siehe den anschließend besprochenen Fall 3, sog. Verkehrszeichenfall).*

580 OVG Hamburg, NJW 2001, 3647, bestätigt durch BVerwG, NZV 2002, 285.
581 VGH Mannheim, VBlBW 2003, 284.

Hinter der Windschutzscheibe des Fahrzeugs befand sich eine Visitenkarte mit dem Namen des Klägers ... handschriftlich ergänzt durch die Angabe einer Mobiltelefonnummer.

3. In beiden Fällen betrachteten die Kläger das Abschleppen als unverhältnismäßig, weil die Polizei doch die Handy-Nr. hatte und die Fahrer wg. des Wegfahrens anrufen konnte:
   a) Zur möglichen Erreichbarkeit des Fahrzeugführers äußerte sich das BVerwG (eine Gefahrenlage bzw. Störung lag vor, es ging nur noch um die Frage der Verhältnismäßigkeit der Abschleppmaßnahme):
   „Diesem Nachforschungsversuch stehen regelmäßig die ungewissen Erfolgsaussichten und nicht abzusehende weitere Verzögerungen entgegen… eine rechtmäßige Abschlepppraxis darf auch spezial- und generalpräventive Zwecke verfolgen. Denn die zuständigen Behörden haben die Erfahrung gemacht, dass Verkehrsteilnehmer zunehmend dazu übergehen, mit Hilfe von entspr. Angaben unter Inkaufnahme von Bußgeldern, aber in Erwartung eines hieraus folgenden „Abschleppschutzes" Verkehrsverstöße zu begehen, die andere Verkehrsteilnehmer behindern, wie auch das Parken in 2. Reihe…".
   b) Der VGH Mannheim bezog sich in seinen Ausführungen auf die genannten Feststellung des BVerwG. Der Kläger als Rechtsanwalt hatte auch die Telefonnummer seiner Anwaltskanzlei angegeben:
   „Es fehlt der konkrete Situationsbezug, insbes. bis wann die Störung zuverlässig durch Eintreffen des Verantwortlichen beseitigt werden kann… denn in der Nähe des Abschlepportes liegt nicht nur das Amtsgericht, sondern auch das Behördenzentrum als möglicher Aufenthaltsort des Klägers."

Fall 3[582]:
Das Fahrzeug des Fahrers und Halters Meier (aus Berlin) wird in Leipzig in einer uneingeschränkten Halteverbotszone mit dem Zusatzschild „Einsatzfahrzeuge der Polizei frei" abgestellt (Verkehrszeichen 283); außerdem wurden zwei Einsatzfahrzeuge der Polizei behindert.

Meier entfernt sich von seinem Fahrzeug. Nach 10 Minuten kommt der Polizeibeamte Wagner zu dem abgestellten Fahrzeug und lässt dies anschließend abschleppen, da durch das Abstellen des Fahrzeugs auch zwei Einsatzfahrzeuge der Polizei behindert wurden. Anschließend ergeht ein Kostenbescheid an Meier in Höhe von 200 Euro.

582 **Sog. Verkehrszeichenfall;** siehe dazu OVG Hamburg, NJW 1992, 1909, bestätigt durch BVerwG, NJW 1992,1908; OVG Bautzen, Beschluss vom 30.4.2010, 3 A 99/09: Verstoß gegen Halteverbot nach § 41 Abs. 2 Nr. 8 StVO, alte Fassung; VG Düsseldorf, Urteil vom 4.2.2014, 14 K 4595/13: absolutes Halteverbot, Verkehrszeichen 283; OVG Bautzen, Beschluss vom 28.04.2014 – 3 A 427/12 (Abstellen eines Fahrzeugs im absoluten Halteverbot); OVG Bautzen, Beschluss vom 17.3.2020, 6 B 242/19; Beschluss vom 19.2.2024,6 D 25/23; VG Leipzig, Beschluss vom 5.5.2021 – 1 K 860/20; VG Düsseldorf, Urteil vom 20.2.2024, 14 K 491/23: *Die Klägerin verstieß durch das Abstellen ihres PKW auf dem Parkplatz, der durch das Aufstellen einer entsprechenden Beschilderung Carsharing-Fahrzeugen vorbehalten ist, gegen § 12 Abs. 3 Nr. 2 StVO. Hier war durch das Richtzeichen 314 (Parken) der Anlage 3 zu § 42 Abs. 2 der Straßenverkehrsordnung (StVO) nebst* ***Zusatzzeichen Nr. 1010-70 (Carsharing)*** *des Katalogs der Verkehrszeichen der StVO (VzKat StVO) der Parkplatz ausschließlich PKWs vorbehalten, die am „Stadtmobil"-Carsharing teilnehmen. Durch das einschränkende Zusatzzeichen wird das Richtzeichen 314 zum Verbotszeichen für die nicht berechtigten Fahrzeuge.*

Rechtsgrundlage für die Forderung?

1. In Betracht kommt hier wiederum § 24 Abs. 3 SächsVwVG wenn es sich bei der Abschleppmaßnahme um eine Vollstreckung in Form der Ersatzvornahme handelt. Insoweit kann auf Fall 1 verwiesen werden.
2. Zuständigkeit: Zu beachten ist hier, dass es sich um eine Ersatzvornahme durch die Vollzugspolizei handelte. Nach § 44 Abs. 1 StVO sind aber die Straßenverkehrsbehörden (auch untere Verwaltungsbehörden genannt) für die Aufstellung von Verkehrszeichen zuständig, und somit sind auch diese Polizeibehörden Vollstreckungsbehörden (§ 4 Abs. 1 SächsVwVG).[583] Insoweit ist hier wieder mit der sog. Eilkompetenz der Vollzugspolizei nach § 2 Abs. 3 SächsPVDG zu arbeiten und die Zuständigkeit der Vollzugspolizei zu bejahen[584].
3. Hier kann auf die Androhung der Ersatzvornahme verzichtet werden, da eine eindeutige Gefahrenlage vorliegt, § 21 SächsVwVG[585].
4. **Der erforderliche Vollsteckungstitel ist das Verkehrszeichen 283 gemäß § 41 Abs. 2 Nr. 8 StVO.**
   a) Zuständig zum Aufstellen der Verkehrszeichen ist die untere Verwaltungsbehörde §§ 3 Abs. 3 SächsGemO, 2 Abs. 3 SächsLKrO. Das ist die Straßenverkehrsbehörde gemäß § 44 Abs. 1 StVO i. V. m. § 1 Nr. 2 des Sächsischen Straßenverkehrszuständigkeitsgesetzes – SächsStVZustG (Kreisfreie Stadt Leipzig).
   Dazu ergeht vorher eine sog. verkehrsrechtliche Anordnung nach § 45 StVO.[586]
   b) Dieses Verkehrszeichen enthält das Gebot, bei verbotswidrigem Halten alsbald wegzufahren, und stellt einen Verwaltungsakt in Form der Allgemeinverfügung (§ 35 Satz 2 VwVfG) dar, der in entspr. Anwendung des § 80 Abs. 2 Satz 1 Nr. 2 VwGO (unaufschiebbare Maßnahme eines Polizeivollzugsbeamten) sofort vollziehbar (Vollstreckungstitel) und nach den Vorschriften des Verwaltungsvollstreckungsgesetzes mit Zwangsmitteln durchzusetzen ist.

583 Konkret siehe § 1 des Sächsischen Straßenverkehrszuständigkeitsgesetzes, nach Nr. 1 auch die Gemeinden als örtliche Straßenverkehrsbehörden.

584 Enders, SächsVBl. 2014, 191; Siehe dazu VGH Mannheim, VBlBW 2004, 213, der im konkreten Fall eine Eilzuständigkeit des Polizeivollzugsdienstes zur Anordnung des Abschleppens verneinte.

585 VGH Mannheim, VBlBW 2003, 284, 285.

586 *„Die Straßenverkehrsbehörden können die Benutzung bestimmter Straßen oder Straßenstrecken aus Gründen der Sicherheit oder Ordnung des Verkehrs beschränken oder verbieten und den Verkehr umleiten.“*; OVG Bautzen, Beschluss vom 30.4.2010, 3 A 99/09; VG Chemnitz, SächsVBl. 2012, 245, 246; VGH München, Beschluss v. 05.10.2022 – 11 ZB 22.157; VG München, Urteil v. 13.12.2023 – M 23 K 23.601.

Dabei handelt es sich nach ständiger Rspr. des BVerwG[587]
„um eine Verkehrsregelung durch amtliches Vorschriftszeichen, wobei es sich um Verwaltungsakte in Form der Allgemeinverfügung (§ 35 Satz 2 VwVfG) handelt".
Diese Verkehrszeichen betreffen eine konkrete örtliche Verkehrssituation, haben eine situationsbedingte Verkehrsregelung zum Inhalt und enthalten ein sofort vollziehbares Wegfahrgebot. „Sie vertreten gleichsam die Stelle von Polizeivollzugsbeamten."[588]

Das im Verkehrsschild enthaltene Wegfahrgebot ist auch gegenüber Meier als Fahrer wirksam geworden. Denn ein Verwaltungsakt wird gegenüber demjenigen, für den er bestimmt ist oder der von ihm betroffen wird, in dem Zeitpunkt wirksam, in dem er ihm bekannt gegeben wird (§ 43 Abs. 1 VwVfG). Ein Verkehrsteilnehmer wird von einem Verkehrszeichen betroffen, und es wird ihm gegenüber bekannt gegeben, wenn er sich dem Verkehrszeichen gegenübersieht.

c) **Oftmals wird im Rechtsstreit vorgetragen, das Verkehrsschild sei nicht zu sehen gewesen usw. Dazu stellte das VG Düsseldorf**[589] fest:
„Sind Verkehrszeichen so aufgestellt oder angebracht, dass sie ein durchschnittlicher Kraftfahrer bei Einhaltung der nach § 1 StVO erforderlichen Sorgfalt schon „mit einem raschen und beiläufigen Blick" erfassen kann, so äußern sie ihre Rechtswirkung gegenüber jedem von der Regelung betroffenen Verkehrsteilnehmer, unabhängig davon, ob er das Verkehrszeichen tatsächlich wahrgenommen hat.
Aus dem Rechtsstaatsprinzip folgt, dass die Anbringung oder Aufbringung des Verkehrszeichens in der Weise erfolgen muss, dass der im Sinne des § 1 StVO sorgfältig handelnde Verkehrsteilnehmer die Anordnung ohne weitere Überlegung eindeutig erfassen kann.
*Allerdings sind an die **Sichtbarkeit von Verkehrszeichen**, die den ruhenden Verkehr betreffen, niedrigere Anforderungen zu stellen, als an solche für den fließenden*

587 Sog. Verkehrszeichenrechtsprechung: BVerwG, NJW 1980, 1640, und 1978, 656; NVwZ 1988, 623, 624 (Parkuhr als Verkehrseinrichtung), und NZV 2004, 52, 53; OVG Bautzen, SächsVBl. 2001, 94; OVG Schleswig, NVwZ-RR 2003, 647; VGH Mannheim, NJW 2003, 3363; OVG Hamburg, NJW 2001, 168, 169; OVG Greifswald, LKV 2006, 225; VG Weimar, LKV 2001, 574, 575; OVG Koblenz, NVwZ-RR 2005, 577; ausdrücklich zustimmend auch BayObLG, NJW 1984, 2110 (Parken im Halteverbot); BGH, Urteil vom 18. 2. 2014 – VI ZR 383/12 *(siehe später, Fall 6)*; OVG Berlin-Brandenburg, Urteil vom 7.5.2015, OVG 1 B 33.14; VG Neustadt, Urteil vom 26.2.2019, 5 K 814/18.NW.
Keine Verwaltungsaktqualität (da weder Gebots- noch Verbotszeichen) haben sonstige Verkehrszeichen, wie z. B. ein Haltestellenzeichen betr. Omnibushaltestelle (VGH München, BayVBl. 1979, 341). Es handelt sich dabei um Realakte *(siehe unter Kapitel C, VIII)*.

588 OVG Hamburg, NJW 2005, 2247, 2248; Das ist der Hinweis auf die (analoge) Anwendung der Vorschrift des § 80 Abs. 2 Satz 1 Nr. 2 VwGO (Wegfall der aufschiebenden Wirkung bei unaufschiebbaren Maßnahmen von Polizeivollzugsbeamten) bei diesen sog. Ge- oder Verbotszeichen.

589 VG Düsseldorf, Urteil vom 4.2.2014, 14 K 4595/13; unter Hinweis auch auf die Rspr. des BVerwG; OVG Berlin-Brandenburg, Urteil vom 7.5.2015, OVG 1 B 33.14: *„Ein Verkehrsteilnehmer, der sein Kraftfahrzeug abstellt, ist verpflichtet, sich ggf. auch nach dem Abstellen seines Fahrzeugs darüber zu informieren, ob das Halten an der betreffenden Stelle zulässig ist. Ein Fahrer muss sich nach solchen Verkehrszeichen sorgfältig umsehen bzw. sich über den örtlichen und zeitlichen Geltungsbereich eines etwaigen Haltverbots informieren. Bevor er sein Fahrzeug endgültig abstellt, muss er den leicht einsehbaren Nahbereich auf das Vorhandensein solcher Verkehrsregelungen überprüfen und dafür ggf. auch eine gewisse Strecke nach beiden Richtungen abschreiten. Hierzu ist er gerade dann verpflichtet, wenn die Sicht auf mögliche Aufstellorte, z. B. durch andere Fahrzeuge, versperrt ist."*

Verkehr. Diese müssen – anders als beim fließenden Verkehr – nicht bereits mit einem raschen und beiläufigen Blick erfasst werden können …
In Bezug auf Einschränkungen des Parkens und Haltens ist ein Verkehrsteilnehmer daher grundsätzlich verpflichtet, sich nach etwa vorhandenen Verkehrszeichen mit Sorgfalt umzusehen und sich über den örtlichen und zeitlichen Geltungsbereich eines (mobilen) Haltverbotsschilds zu informieren. Dabei muss er jedenfalls den leicht einsehbaren Nahbereich auf das Vorhandensein verkehrsrechtlicher Regelungen überprüfen, bevor er sein Fahrzeug endgültig abstellt."

Anmerkung: *Macht im konkreten Fall die Behörde ihre Kosten gegenüber dem Halter des Fahrzeugs geltend (Zustandsstörer nach den §§ 7 SächsPVDG bzw. 14 SächsPBG), scheidet eine Ersatzvornahme aus, weil gegenüber dem Halter (sofern er nicht gleichzeitig der Fahrer ist) kein Verwaltungsakt erging. Das ist dann ein Fall der „unmittelbaren Ausführung".*[590]

d) Unerheblich ist in diesem Zusammenhang, ob das Verkehrszeichen rechtmäßig aufgestellt war, denn die Rechtmäßigkeit des der Vollstreckung vorausgegangenen Grundverwaltungsaktes ist keine Vollstreckungsvoraussetzung *(siehe Kapitel P VI)*.

e) Als Ergebnis steht fest, dass ein wirksamer Vollstreckungstitel vorlag (Verkehrszeichen 283) mit der in diesem Verkehrszeichen enthaltenen Aufforderung, bei verbotswidrigem Halten alsbald wegzufahren.

5. Rechtsgrundlage für den Abschleppvorgang:

a) Da eine besondere Rechtsgrundlage für das Abschleppen von Kraftfahrzeugen nicht existiert, ist die Polizei berechtigt, aufgrund der Generalklausel des § 12 Abs. 1 SächsPVDG eine Maßnahme zur Gefahrenabwehr einzuleiten, d.h. konkret, das Fahrzeug abzuschleppen.[591]

b) Das Abstellen des Fahrzeuges im Halteverbot ist ein Verstoß gegen § 41 Abs. 2 Nr. 8 StVO und stellt eine Ordnungswidrigkeit dar, § 49 Abs. 3 Nr. 4 StVO.
Der Tatbestand der Generalklausel liegt vor, da die konkrete Behinderung der Einsatzfahrzeuge der Polizei eine Störung der öffentlichen Sicherheit mit fortwirkender Gefahr bedeutet, die nur durch sofortiges Entfernen des verkehrswidrig geparkten Fahrzeuges beseitigt werden konnte. Wird ein Kfz unter Verstoß gegen verkehrsrechtliche Vorschriften auf öffentlichem Straßengrund abgestellt, wird man stets eine Gefahr im polizeirechtlichen Sinne annehmen können, da in dem Verstoß gegen verkehrsrechtliche Normen immer eine Gefährdung der öffentlichen Sicherheit liegt. Der Tatbestand der polizeirechtlichen Generalklausel § 12 Abs. 1 SächsPVDG ist demnach zu bejahen.

c) Rechtsfolge (§ 5 SächsPVDG, Grundsatz der Verhältnismäßigkeit): Grundsätzlich wird auf die Ausführungen zum Fall 1 verwiesen. Die (von der Rspr. ent-

590 OVG Hamburg, NJW 1992, 1909.
591 VG Düsseldorf, Urteil vom 4.2.2014, 14 K 4595/13, zur entspr. Rechtslage in Nordrhein-Westfalen.

wickelte) in dem Halteverbotsschild enthaltene Aufforderung, alsbald wegzufahren, ist unter Verhältnismäßigkeitsgesichtspunkten nicht zu beanstanden.

d) Störer (Adressat der Maßnahme): Herr Meier ist Handlungsstörer, § 6 SächsPVDG[592], daneben aber als Halter des Fahrzeugs auch noch Zustandsstörer gemäß § 7 SächsPVDG.

6. Abschließend ist (wie immer im Vollstreckungsrecht) noch die Verhältnismäßigkeit der Vollstreckungsmaßnahme an sich, also der Ersatzvornahme, zu prüfen, § 19 Abs. 3, 4 SächsVwVG. Denn gerade bei den Verkehrszeichenfällen legt die Rspr. großen Wert auf entsprechende Erwägungen. Die Rspr. prüft insbesondere die negative Vorbildwirkung verbotswidrigen Parkens für andere Kraftfahrer und verneint i. d. R. einen Verstoß gegen das Verhältnismäßigkeitsprinzip[593]. Eine Ausnahme komme nur in Betracht, wenn ein Fahrzeug nur für kurze Zeit verbotswidrig geparkt wird oder der Fahrer ohne Schwierigkeiten festgestellt und zur Beseitigung des verbotswidrigen Parkens veranlasst werden kann oder wenn aufgrund der örtlichen Verhältnisse ein verbotswidriges Parken in der Nähe faktisch unmöglich ist und eine negative Vorbildwirkung deshalb nicht zu befürchten sei.
„Angesichts des auswärtigen Kennzeichens (des Fahrzeugs) waren insbesondere Maßnahmen zur Ermittlung des Halters nicht angezeigt."[594]

Anmerkung: *Siehe auch die oben bereits angesprochenen „Handy-Fälle"*

Geboten erscheint jedenfalls ein Abschleppen verbotswidrig abgestellter Fahrzeuge im Falle der Behinderung anderer Verkehrsteilnehmer[595], z. B. bei einem Verstellen des gesamten Bürgersteigs oder einem Hineinragen des Fahrzeugs in die Fahrbahn, aber auch bei Funktionsbeeinträchtigungen einer Fußgängerzone oder bei rechtswidrigem Parken auf einem Schwerbehindertenparkplatz, oder in Feuerwehranfahrtzonen. Ein mehrstündiges Parken im Bereich eines eingeschränkten Halteverbots rechtfertigt eine Abschleppmaßnahme, ebenso, wenn ein Fahrzeug mehr als eine Stunde unter Verstoß gegen die von einem Parkscheinautomaten ausgehende Anordnung, nur mit einem Parkschein zu parken, steht.

7. **Ergebnis:**
Rechtsgrundlage für die Kostenforderung ist § 24 Abs. 3 SächsVwVG, wobei auch hier die Rspr. Erwägungen zur Zumutbarkeit und Verhältnismäßigkeit der Kostenforderung anstellt. Angesichts der Gefahrenlage im konkreten Fall ergeben sich aber keine Bedenken.

---

592 OVG Bautzen, Beschluss vom 28.04.2014 – 3 A 427/12; VG Düsseldorf, Urteil vom 4.2.2014, 14 K 4595/13.

593 OVG Bautzen, Beschluss vom 17.3.2020, 6 B 242/19; VGH Mannheim, NJW 1992, 2442, 2443; OVG Koblenz, NVwZ-RR 2005, 577; VG Düsseldorf, Urteil vom 4.2.2014, 14 K 4595/13: mit dem verkehrswidrigen Parken ist eine Funktionsbeeinträchtigung der Verkehrsfläche verbunden.

594 OVG Münster, NJW 1998, 2465; OVG Koblenz, NVwZ-RR 2005, 577, 578: *„Es kann nicht verlangt werden, dass die Verkehrsüberwachungskräfte umfangreiche, zeitraubende, aber nicht Erfolg versprechende Suchmaßnahmen nach dem Fahrer unternehmen."*.

595 BVerwG, NZV 2002, 285, 286; VGH Mannheim, VBlBW 2003, 284, 285; OVG Schleswig-Holstein, Urteil vom 28.2.2019, 4 LB 22/18: Behindertenparkplatz; OVG Bautzen, Beschluss vom 19.2.2024, 6 D 25/23; VG Leipzig, Beschluss vom 5.5.2021 – 1 K 860/20hh.

Fall 4[596]**:**
Herr Kaiser ist Halter eines Kraftfahrzeugs. Er stellte dieses am 27.4.1992 auf einer öffentlichen Straße in Zwickau ab. Anschließend begab er sich zu einem mehrwöchigen Aufenthalt in ein Krankenhaus. Am 12.5.1992 stellt die Stadt Zwickau zur Vorbereitung eines Straßenfestes in dem betreffenden Straßenabschnitt mobile Halteverbotsschilder auf (Zeichen 283). Am 16.5.1992 veranlasste die Stadt Zwickau, dass das Fahrzeug des Kaiser abgeschleppt wird. Nach Eingang des Leistungsbescheides für die Kosten des Abschleppvorgangs weigert sich Herr Kaiser, die angefallenen Kosten zu zahlen.

1. Ausgangspunkt der Erörterungen ist der Fall 3, da auch hier ein amtliches Ge- bzw. Verbotszeichen vorliegt.
   Herr Kaiser hat vorgetragen, er habe sein Fahrzeug am 27.4.1992 rechtmäßig abgestellt, weswegen es nicht hätte abgeschleppt werden dürfen. Denn ein rechtswidriges Abschleppen könne keine Kostenforderung der Behörde begründen.
2. Deshalb ist zu prüfen, ob das Abschleppen des Fahrzeugs in der konkreten Situation rechtmäßig war.
3. Das Abschleppen könnte die Behörde als Ersatzvornahme durchgeführt haben; ein Anspruch auf Ersatz der entspr. Kosten zugunsten der Behörde ergibt sich dann aus § 24 Abs. 3 SächsVwVG. Somit ist jetzt die Rechtmäßigkeit der Vollstreckungsmaßnahme in Form der Ersatzvornahme (§ 24 Abs. 1 SächsVwVG) zu prüfen. Da es sich um einen sog. „*Verkehrszeichenfall*" handelt, kann grundsätzlich auf Fall 3 verwiesen werden.
4. Es stellt sich auch hier die Frage nach einem Vollstreckungstitel gegenüber Herrn Kaiser, der zum Zeitpunkt des Abstellens des Fahrzeuges das Verkehrsschild nicht gesehen haben kann, da es erst Tage später aufgestellt wurde. Im Gegensatz zu Fall 3 fehlt es an einem gegenüber Herrn Kaiser bekannt gegebenen Verkehrszeichen, ein Verwaltungsakt in Form eines Vollstreckungstitels nach § 2 SächsVwVG lag gegenüber Herrn Kaiser zum Zeitpunkt des Abstellens des Fahrzeuges nicht vor. Er war nicht Adressat des Verkehrszeichens[597].
5. Demnach scheidet eine Ersatzvornahme wegen Fehlens eines Vollstreckungstitels gegenüber Herrn Kaiser aus; die Kostenforderung der Behörde kann nicht mit § 24 Abs. 3 SächsVwVG begründet werden.
6. Zwingend und abschließend ist jetzt noch § 8 Abs. 2 SächsPVDG als Rechtsgrundlage für den Kostenanspruch der Behörde zu prüfen, wobei die Rspr. die grundsätzliche Rechtmäßigkeit der Abschleppmaßnahme als „unmittelbare Ausführung" bejaht *(siehe Fall 2)*. Besonderen Wert legt die Rspr. jedoch auf die Prüfung der Verhältnismäßigkeit bei der Frage, ob die Kosten tatsächlich auch von demjenigen, der das Verkehrsschild nicht sehen konnte, verlangt werden können.
7. Zusammenfassend lässt sich sagen, dass Fall 4 mit den bisher bekannten, in den Fällen 1 bis 3 dargelegten Erwägungen und Begründungen zu einem sinnvollen Ergebnis gebracht werden konnte (einschl. der Bedenken im Zusammenhang mit

596 Nach BVerwG, NJW 1997, 1021 (mobiles Verkehrsschild); Lisken/Denninger, S. 536, und S. 1396.

597 So auch OVG Hamburg (NJW 1992, 1909) für den Fall der Inanspruchnahme des Fahrzeughalters für die Abschleppkosten, weil das Fahrzeug in einer uneingeschränkten Halteverbotszone stand *(siehe Fall 3)*.

einer „Gefahrenlage" wegen eines Straßenfestes, dessen Durchführung das Fahrzeug behinderte und weswegen es abgeschleppt wurde).

8. **Entgegen aller Erwartungen bejahte das BVerwG damals aber die Durchführung der Abschleppmaßnahme als Ersatzvornahme!**
   a) Rechtsgrundlage für die entsprechende Kostenforderung ist dann, entgegen den bisherigen obigen Ausführungen, § 24 Abs. 3 SächsVwVG.
   b) Unter Hinweis auf die bisher bekannte Rspr. stellt das BVerwG auf die Verwaltungsaktqualität des Halteverbotsschildes ab und betont die Bekanntgabefunktion, wobei die Bekanntgabe des Verkehrsschildes durch dessen Aufstellen als eine besondere Form der öffentlichen Bekanntgabe erfolge. Sind Verkehrszeichen so angebracht oder aufgestellt, dass sie ein durchschnittlicher Kraftfahrer bei der nach § 1 StVO erforderlichen Sorgfalt schon mit einem raschen und beiläufigen Blick erfassen kann, so äußern sie ihre Rechtswirkung gegenüber jedem von der Regelung betroffenen Verkehrsteilnehmer, gleichgültig, ob er das Verkehrszeichen wahrnimmt oder nicht. *„Das Halteverbot, in dem zugleich ein Wegfahrgebot liegt, ist gegenüber dem Kläger wirksam geworden."*(!) Obwohl er sich im Zeitpunkt der Aufstellung des Verkehrsschildes am 12.5.1992 ebenso wie im Zeitpunkt des behördlichen Einschreitens (hier: Abschleppen des Fahrzeugs) im Krankenhaus befand, war er Verkehrsteilnehmer und somit Adressat der durch das Verkehrszeichen getroffenen Anordnung.
   c) Unerheblich ist demnach, ob der Betroffene das Verkehrszeichen tatsächlich wahrgenommen hat. Die Unmaßgeblichkeit der tatsächlichen Kenntnisnahme rechtfertige sich aus dem Grundprinzip des Straßenverkehrsrechts, eine eindeutige, regelmäßig für alle Verkehrsteilnehmer einheitliche Verkehrsregelung zu treffen.

   „Die Sicherheit und Leichtigkeit des Verkehrs lassen grundsätzlich eine Aufspaltung der Wirksamkeit von Verkehrszeichen für verschiedene Kreise von Verkehrsteilnehmern und Fahrzeugen nicht zu." (so das BVerwG).

9. Folgt man dieser Rspr. des BVerwG[598], so handelt es sich auch bei dieser Fallgestaltung um einen der bekannten „Verkehrszeichenfälle", *siehe Fall 3*. Diese Auffassung ist sehr umstritten[599]. Demnach war nach Auffassung des BVerwG das Abschleppen des Fahrzeugs rechtmäßig (als Ersatzvornahme!).
10. In Anwendung des § 8 Abs. 1 SächsPVDG (Fall der unmittelbaren Ausführung wg. fehlendem Vollstreckungstitel gegenüber Kaiser) wäre man zum gleichen Ergebnis gekommen, evtl. Kostentragung des Fahrzeugführers. Denn bei Anwendung des Bekanntgabebegriffes des VwVfG im Zusammenhang mit dem Verwaltungsakt *„Verkehrszeichen"* in Form einer Allgemeinverfügung nach § 35

598 So z. B. auch VGH Mannheim, NZV 2007, 487, mit Anmerkung von Weber in NZV 2008, 263 (i. S. der Ablehnung dieser Auffassung unter Hinweis auf das Rechtsinstitut der „unmittelbaren Ausführung"); aktuell wieder BVerwG, NJW 2018, 2910; dagegen sehr kritisch Weber: Das BVerwG, das mobile Halteverbot und die Abschleppkosten in NZV 2019, 399.

599 Siehe z. B. VGH Kassel, NVwZ-RR 1999, 23, 24; Hansen/Meyer, NJW 1998, 284, 286; Koch/Niebaum, JuS 1997, 312, 315; Weber, JuS 2003,109; Lisken/Denninger, S. 536; *„Als Erfindung muss man sowohl die Figur der Bekanntgabe eines nachträglich aufgestellten Verkehrszeichens als auch die Obliegenheit des Fahrers/Halters ansehen, spätestens alle 4 Tage nach dem Rechten zu sehen"*; Michaelis, Jura 2003, 298, 302.

Satz 2 VwVfG (wobei hier die Bekanntgabe aber fehlt) ist eindeutig, dass ein Vollstreckungstitel gegenüber dem Fahrzeugführer Kaiser, der unabdingbare Voraussetzung für eine Ersatzvornahme ist, fehlte. Die Konstruktion eines besonderen Bekanntgabebegriffs nach der StVO ist überflüssig, denn dazu hat man schließlich das polizeiliche Instrument der „unmittelbaren Ausführung" nach § 8 Abs. 1 SächsPVDG mit der Kostenfolge nach § 8 Abs. 2 SächsPVDG (insbes. bei fehlender Bekanntgabemöglichkeit eines Verwaltungsaktes).

Insoweit zutreffend VG Weimar, LKV 2001, 574, 575:
„Die unmittelbare Ausführung ist anzuwenden, wenn der Verwaltungsakt gegenüber dem Pflichtigen nicht bekannt gemacht worden ist, wie in den Fällen, in denen der Halter in Anspruch genommen wird, der das Fahrzeug nicht verkehrswidrig abgestellt hat, oder ein untersagendes Verkehrszeichen erst nach dem ursprünglich rechtmäßigen Abstellen eines Kraftfahrzeugs aufgestellt worden ist."

Fall 5[600]

a) *„Die Klägerin parkte am Morgen des 7. November 2003 im X-Weg in Hamburg ihr Kfz. teilweise auf dem Gehweg, der dort nur eine Breite von 1,50 m hat.*
Die Klägerin wurde vom Polizeibediensteten O. unmissverständlich aufgefordert, ihr teilweise auf dem Gehweg geparktes Fahrzeug umgehend wegzufahren...
Konkrete Aufforderung des Polizeibeamten, ihr Auto an einen zulässigen Platz zu fahren. Sie trug in der Klagebegründung selbst vor, dass sie von dem Polizisten aufgefordert worden sei, ihr Fahrzeug zu entfernen. Mit ihrer Weigerung, dieser Aufforderung umgehend nachzukommen, hat sich die Klägerin auch in erstaunlich hartnäckiger Weise über Vorschriften und Gebote hinweggesetzt.
Dem Polizeibediensteten O., der auch die Abschleppanordnung traf, war, wie er beim Verwaltungsgericht selbst angab, bewusst, dass die Klägerin ihren Sohn im Kindergarten abgeben wollte…
Gerade wenn die Klägerin, wie die Polizeibediensteten in ihrer Zeugenvernehmung beim Verwaltungsgericht bekundeten, dem oder den Polizisten gesagt hat, sie könne nicht vor dem Kindergarten parken, da sie dazu keine Zeit habe, sie müsse anschließend

600 OVG Hamburg, Urteil vom 8.6.2011 (5 Bf 124/08) mit Anmerkung von Klüver, DVBl. 2011, 1114; Vorinstanz VG Hamburg, Urteil vom 8.2.2008, 19 K 2894/06; siehe dazu auch WEBER, Abschleppen eines Fahrzeugs – unmittelbare Ausführung oder Ersatzvornahme?, NZV 2012, 212.

in die andere Richtung weiterfahren, sprach auch dies für eine Rückkehr der Klägerin bereits nach wenigen Minuten. Davon dass die Klägerin nun, wo sie die erste Aufforderung bereits missachtet hatte, auch noch lange Gespräche in der Kita führen würde, durfte bei realistischer Betrachtungsweise nicht mehr ausgegangen werden …
Der Polizeibeamte führte das Gespräch mit der Klägerin und traf anschließend die Abschleppanordnung …
Hier war das baldige (Wieder-)Erscheinen der Klägerin bei realistischer Betrachtung sicher. Dabei ist es nicht entscheidend, ob mit der Rückkehr der Klägerin nach spätestens exakt fünf Minuten zu rechnen war, da ihre baldige Rückkehr als solche eben nicht ungewiss war.
Nach den Notizen des Polizeibediensteten O. hatte die Klägerin ihr Fahrzeug um 8.30 Uhr geparkt. Selbst wenn der um 8.37 Uhr angeforderte Abschleppwagen bereits vor Rückkehr der Klägerin aus dem Kindergarten eingetroffen wäre, wäre die Phase des Falschparkens – absehbar – allenfalls um einige Minuten verkürzt worden …"

b) Die Behörde für Inneres forderte von der Klägerin mit Kostenbescheid vom 12.7.2004 Kosten in Höhe von 90,24 Euro für den abgebrochenen Abschleppvorgang.
Dagegen erhob die Klägerin Widerspruch.
Die Behörde für Inneres wies den Widerspruch mit Bescheid vom 9.6.2006 zurück.

1. Die Vorinstanz (VG Hamburg) wies die Klage ab.
   Das Gericht führte u. a. aus, die Klägerin habe die Aufforderung des Polizeibeamten zum Abstellen ihres Fahrzeugs in der X-Straße (vom Gericht als Umsetzung bezeichnet) abgelehnt…
   Die Abschleppanordnung sei als Maßnahme der unmittelbaren Ausführung gemäß § 7 Abs. 1 SOG rechtmäßig gewesen. Es sei ein sofortiges Handeln der Polizeibediensteten unumgänglich gewesen (sichere und zügige Maßnahme der Gefahrenabwehr).
   *„Durch ihre Ablehnung, der direkten Aufforderung des Zeugen O. (**Anm.:** Polizeivollzugsbeamter) nach Umsetzen des Fahrzeugs nachzukommen, habe die Klägerin ein besonders rechtsfeindliches Veralten an den Tag gelegt."*[601]

2. Die zugelassene Berufung der Klägerin hatte Erfolg.
   „Die Beklagte kann von der Klägerin die Kosten des abgebrochenen Abschleppvorgangs nicht gemäß § 7 Abs. 3 SOG verlangen, weil die Abschleppanordnung, die der Polizeibedienstete O. getroffen hat, nicht rechtmäßig war. Zwar hatte die Klägerin verkehrsordnungswidrig geparkt und hiermit wohl eine Störung der öffentlichen Sicherheit und Ordnung bewirkt. Doch war die Abschleppanordnung zur Beseitigung der Störung aufgrund der konkreten Umstände des Einzelfalles nicht erforderlich …
   *Der Senat hat keinen Zweifel daran, dass die Klägerin vom Polizeibediensteten O. unmissverständlich **aufgefordert worden war, ihr teilweise auf dem Gehweg geparktes Fahrzeug umgehend wegzufahren …***

601 So die Ausführungen des OVG zum erstinstanzlichen Urteil.

Auf das Verhalten der Klägerin durfte aber seitens des Polizeibediensteten hier nicht mit einer Abschleppanordnung reagiert werden. Denn nach den konkreten Umständen war mit einer Rückkehr der Klägerin aus dem Kindergarten innerhalb kurzer Zeit zu rechnen … das baldige (Wieder-)Erscheinen der Klägerin war bei realistischer Betrachtung sicher …".

3. Die Anmerkung in DVBl.
Die Anmerkung befasst sich im Wesentlichen mit der Frage der Verhältnismäßigkeit der Abschleppanordnung, gestützt auf eine **„unmittelbare Ausführung" nach § 7 SOG**, wie vom VG und auch vom OVG vertreten.
Das ist aber eine Frage der Rechtsfolge, nachdem vorher der Tatbestand entweder einer Ersatzvornahme oder einer unmittelbaren Ausführung gegeben ist. Ohne Prüfung der Frage, ob nicht doch die vorrangige Rechtsgrundlage der Ersatzvornahme einschlägig ist, wird in der Anmerkung die (nicht nachvollziehbare) Argumentation der Gerichte betreffs Anwendung der „unmittelbaren Ausführung" befürwortet.
So wird ausdrücklich ausgeführt, dass die unmittelbare Ausführung die schärfste Form polizeilichen Einschreitens darstelle und nur dann angewendet werden dürfe, wenn die Störung so gravierend sei, dass sofort eingeschritten werden müsse. Das ist die Bezugnahme auf den Tatbestand des § 7 Abs. 1 SOG, der hier doch wegen der (der Abschleppanordnung vorangegangenen) Kommunikation mit der Störerin gar nicht vorlag. In der Beschäftigung nur mit der Frage der Verhältnismäßigkeit der polizeilichen Maßnahme in Form der „unmittelbaren Ausführung" (die aber auch bei der Ersatzvornahme vorzunehmen ist) hat die Frage, ob der Tatbestand der Ersatzvornahme oder der unmittelbaren Ausführung vorlag, sowohl vom OVG als auch in der Anmerkung keine Berücksichtigung gefunden. Entgegen den abschließenden Ausführungen am Ende der Anmerkung zum Urteil des OVG Hamburg ist weder dieser Anmerkung noch *„der Entscheidung voll und ganz zuzustimmen"*.

4. Stellungnahme
   a) Zur Rechtsgrundlage
   Rechtsgrundlage für den Abschleppvorgang kann nur eine Vollstreckung (des mündlich bekannt gegebenen Verwaltungsaktes nach § 80 Abs. 2 Satz 1 Nr. 2 VwGO) in Form der Ersatzvornahme sein. Es fand vor dem Abschleppen eine Kommunikation mit der Störerin statt. Sie ist von dem Polizeivollzugsbeamten unmissverständlich zum Wegfahrendes Fahrzeugs aufgefordert worden *(siehe Fall 1, sog. Aufforderungsfall).*
   Es lag ein mündlicher Verwaltungsakt eines Vollzugspolizisten nach § 80 Abs. 2 Satz 1 Nr. 2 VwGO vor. Dieser ist ein Vollstreckungstitel nach § 19 HbgVwVG[602].

602 Siehe auch § 2 SächsVwVG und vergleichbare Regelungen in anderen Bundesländern.

Eine *„unmittelbare Ausführung"* scheidet wegen des Vorrangs der Ersatzvornahme aus, der Tatbestand des § 7 Abs. 1 SOG ist nicht gegeben[603].
Weder das VG Hamburg noch das OVG noch die Anmerkung haben sich mit diesem gegenüber der Störerin bekannt gegebenen Verwaltungsakt in Form eines Vollstreckungstitels sowie dessen rechtlicher Bedeutung befasst.

b) Verhältnismäßigkeitsprüfung [604]

aa) Die Feststellung des Vorliegens einer Vollstreckungsmaßnahme in Form der Ersatzvornahme im konkreten Fall hat auch Auswirkungen auf die Frage der Verhältnismäßigkeit der Abschleppmaßnahme.
Denn im Rahmen der Kommunikation des Polizeibediensteten mit der Störerin war klar, dass diese den störenden Zustand nach wenigen Minuten durch Wegfahren des Fahrzeugs beenden würde. Umso eindeutiger zeigt sich hier die Unverhältnismäßigkeit der Abschleppanordnung, da dem Polizisten bekannt war, dass hier keine andauernde Störung stattfinden würde[605].
Die Anforderung zum Abschleppen des Fahrzeugs in Kenntnis der (dem Polizeibeamten, welcher die Abschleppanordnung traf, bekannten) kurzen Verweildauer des Fahrzeugs war zur Störungsbeseitigung nicht mehr erforderlich, also unverhältnismäßig (Rechtsfolge) und ist deshalb nicht weiter zu kommentieren.

bb) *„Etwas anderes wird lediglich bei besonderer Dringlichkeit der Beseitigung der Gefahr bzw. Störung (etwa bei der Behinderung von Notfall- oder Rettungsmaßnahmen) zu gelten haben"*, so zutreffend das OVG Hamburg im konkreten Fall.

Aber auch dann ist hier von einer Ersatzvornahme auszugehen.

603 Siehe z. B. OVG Koblenz, NVwZ-RR 2009, 746, 748: *„Die unmittelbare Ausführung war tatbestandlich nicht gerechtfertigt."*

604 Diese ist, wie bereits mehrfach erörtert, sowohl bei einer Ersatzvornahme als auch bei einer unmittelbaren Ausführung vorzunehmen; aber abhängig davon, welche Entscheidung zwischen diesen beiden Möglichkeiten auf der Tatbestandsseite getroffen wurde.

605 Auf die polizeirechtliche Generalklausel als Eingriffsnorm bezogen bedeutet dies, dass zwar der Tatbestand der Norm vorlag (Störung der öffentlichen Sicherheit), aber in der Rechtsfolge (die Polizei „kann" Maßnahmen einleiten) nichts mehr zu veranlassen war.
Überlegungen zur Vollstreckung in Form der „Abschleppanordnung" waren deshalb nicht mehr anzustellen.

Fall 6:
Mit dem Problem der Beauftragung eines Unternehmens durch die Behörde zur Durchführung einer Ersatzvornahme (Abschleppvorgang) befasste sich der BGH mit Urteil vom 18.2.2014 – VI ZR 383/12[606]*.*

1. Der Beklagte betreibt ein Abschleppunternehmen. Am 12. Februar 2011 schleppte er im Auftrag der Stadt M. das vom Kläger verbotswidrig geparkte Fahrzeug ab und stellte es auf dem Parkplatz des Ordnungsamtes ab. Der Kläger behauptet, sein Fahrzeug sei bei dem Abschleppvorgang beschädigt worden, wodurch ihm ein Schaden in Höhe von 3.356,36 € entstanden sei. Die auf Ersatz seines Schadens gerichtete Klage hatte in den Vorinstanzen keinen Erfolg. Mit der vom Landgericht zugelassenen Revision verfolgt der Kläger seinen Klageantrag weiter.
Der BGH hat die Revision gegen das Urteil der 1. Zivilkammer des Landgerichts Mannheim vom 27. Juli 2012 auf Kosten des Klägers zurückgewiesen.

2. Rechtliche Ausführungen des BGH:
„Das Berufungsgericht hat zu Recht angenommen, dass deliktische Ansprüche des Klägers gegen den Beklagten (Abschleppunternehmer) wegen der behaupteten Beschädigung seines Fahrzeugs im Rahmen des Abschleppvorgangs gemäß Art. 34 Satz 1 GG ausgeschlossen sind. Der Beklagte handelte bei der Durchführung des ihm von der Stadt M. erteilten Abschleppauftrages in Ausübung eines ihm anvertrauten öffentlichen Amtes, so dass die Verantwortlichkeit für sein etwaiges Fehlverhalten allein die Stadt M. trifft.
Zieht der Staat private Unternehmer zur Erfüllung ihm obliegender Aufgaben auf privatrechtlicher Grundlage heran, so hängt die Qualifikation der Tätigkeit des Unternehmers als hoheitlich oder nicht hoheitlich von dem Charakter der wahrgenommenen Aufgabe, der Sachnähe der übertragenen Tätigkeit zu dieser Aufgabe und dem Grad der Einbindung des Unternehmers in den behördlichen Pflichtenkreis ab. Je stärker der hoheitliche Charakter der Aufgabe in den Vordergrund tritt, je enger die Verbindung zwischen der übertragenen Tätigkeit und der von der Behörde zu erfüllenden hoheitlichen Aufgabe und je begrenzter der Entscheidungsspielraum des Unternehmers ist, desto näher liegt es, ihn als Beamten im haftungsrechtlichen Sinne anzusehen. Jedenfalls im Bereich der Eingriffsverwaltung kann sich der Staat der Amtshaftung für fehlerhaftes Verhalten seiner Bediensteten nicht dadurch entziehen, dass er die Durchführung einer von ihm angeordneten Maßnahme durch privatrechtlichen Vertrag auf einen privaten Unternehmer überträgt.
Nach diesen Grundsätzen handelte der Beklagte bei der Durchführung des Abschleppauftrages hoheitlich. Er war für die Stadt M. im Rahmen der Eingriffsverwaltung als deren „Erfüllungsgehilfe" tätig. Seine Beauftragung mit dem Abschleppen des unerlaubt geparkten Fahrzeugs des Klägers diente der Vollstreckung des in dem – vom Kläger missachteten – Verkehrszeichen enthaltenen Wegfahrgebots im Wege der Ersatzvornahme.

606 Siehe dazu die Anmerkung von Singbartl, ZJS 2014, 444.

Anmerkung: *Sog. Fremdvornahme im Rahmen der Durchführung der Ersatzvornahme, siehe oben unter I. V.*

Hätte die Stadt M. als Straßenverkehrsbehörde den Abschleppvorgang mit eigenen Mitteln durchgeführt, so stände der hoheitliche Charakter der Maßnahme außer Zweifel. Deren rechtliche Beurteilung als Vollstreckungshandlung kann aber nicht davon abhängen, ob die Vollstreckungsbehörde selbst oder ein Dritter im Auftrag dieser Behörde die Maßnahme durchführt.
Da der Beklagte (Abschleppunternehmer) hoheitlich gehandelt hat, trifft die Verantwortlichkeit für sein etwaiges Fehlverhalten gemäß Art. 34 Satz 1 GG allein die Stadt M. Die in dieser Bestimmung geregelte Haftungsverlagerung stellt eine befreiende Schuldübernahme kraft Gesetzes dar mit der Folge, dass der Beamte, der seine Amtspflicht verletzt hat, persönlich nicht aus unerlaubter Handlung in Anspruch genommen werden kann.
Auch ist der Kläger nicht in den Schutzbereich des zwischen der Stadt M. und dem Beklagten geschlossenen Vertrages über das Abschleppen seines verbotswidrig geparkten Fahrzeugs einbezogen... der Kläger ist nicht schutzbedürftig. Denn ihm steht gegen die Stadt M. neben seinem Amtshaftungsanspruch ein Schadensersatzanspruch aus einem durch den Abschleppvorgang begründeten öffentlich-rechtlichen Verwahrungsverhältnis zu, durch den sein Ersatzinteresse vollumfänglich abgedeckt wird…".

Fall 7:[607]
Das klägerische Fahrzeug ist mit einer geöffneten Seitenscheibe im Flughafenparkhaus aufgefunden worden. Daher war es möglich, das Fahrzeug oder Fahrzeugteile im Inneren zu entwenden bzw. zu beschädigen. Der Eintritt eines solchen Schaden war wahrscheinlich, weil nach allgemeiner Lebenserfahrung ein geöffnetes Autofenster Dritten Anlass gibt, auf das Fahrzeug zuzugreifen … Der Kläger war weder durch Ausruf auf dem Flughafen noch telefonisch zu erreichen …
Der Kläger erhob Klage gegen den Kostenbescheid betr. Abschleppen des Fahrzeugs … (Sicherstellung, Kosten in Höhe von 579,61 Euro).

1. Rechtliche Ausführungen des OVG:
   „Die Heranziehung des Klägers zu den Kosten war rechtmäßig.
   Der Kostenanspruch beruht auf § 29 Abs. 1 Satz 3 SächsPolG. Danach ist, wenn der Polizei durch die Sicherstellung Kosten entstanden, der Eigentümer zum Ersatz verpflichtet. Die Sicherstellung des Fahrzeugs findet ihre Rechtsgrundlage in § 26 Abs. 1 SächsPolG.

607 OVG Bautzen, Beschluss vom 9.12.2016, 3 A 666/16, und vom 13.9.2011, 3 A 508/11 (Ablehnung des Antrags auf Zulassung der Berufung gegen das Urteil des VG Leipzig vom 9.6.2011, 3 K 337/10); VG Bayreuth, Urteil v. 08.11.2022 – B 1 K 21.734: unmittelbare Ausführung einer Maßnahme nach Art. 9 PAG; Weber, Die polizeirechtliche Sicherstellung von Fahrzeugen, NZV 2020, 351.

Das VG hat sich ausführlich mit der Gefahrenprognose des Beklagten (Freistaat Sachsen, vertreten durch die Polizeidirektion Leipzig) befasst und im Einzelnen geprüft, ob ein Schaden an dem klägerischen Fahrzeug entstehen könnte. Dabei hat das Gericht nicht nur die Gefahr eines Diebstahls, sondern auch die Gefahr von Beschädigungen des Wageninnern ohne Wegnahmeabsicht in Betracht gezogen... Fahrzeug nicht nur von geringem Wert... eine elektronische Wegfahrsperre und die geringere Diebstahlsgefährdung lassen keine Aussage darüber zu, ob es auch zu einer geringeren Gefahr von Beschädigungen des Wageninnern kommen kann... das klägerische Fahrzeug war auch nicht mit einer Alarmanlage ausgestattet...".

2. Es handelt sich bei der **Sicherstellung** gemäß § 26 Abs. 1 SächsPolG (heute § 31 Abs. 1 Nr. 2 SächsPVDG) um eine Betätigung der Polizei in Abwesenheit des Eigentümers oder Besitzers der Sache zum Schutz vor Verlust oder Beschädigung der Sache. Der Eigentümer oder Besitzer ist nicht anwesend, denn ansonsten könnte er selbst tätig werden.
   Diese Maßnahme hat demnach die Form der sog. unmittelbaren Ausführung nach § 6 Abs. 1 Satz 1 SächsPolG. Dafür spricht auch die Regelung in § 32 Abs. 2 Satz 3 SächsPVDG bzw. 26 Abs. 2 Satz 3 SächsPBG, die identisch ist mit § 8 Abs. 1 Satz 2 SächsPVDG bzw. § 16 Abs. 1 Satz 2 SächsPBG, wonach eine unverzügliche Unterrichtung des Eigentümers oder des rechtmäßigen Inhabers der tatsächlichen Gewalt (z. B. Mieter) nach Durchführung der Maßnahme zu erfolgen hat.

3. Anmerkung zur Rechtslage nach dem SächsPVDG und SächsPBG:
   Die bisherige Regelung nach dem SächsPolG in der Unterscheidung zwischen Sicherstellung und Beschlagnahme ist aufgegeben worden.
   Es gibt jetzt nur noch die Sicherstellung (§ 31 SächsPVDG und § 25 PBG), konkret hier in Abs. 1 Nr. 2.

III. Anmerkungen zu den besprochenen Abschleppfällen

1. Abschleppen eines Kraftfahrzeuges

Abgrenzung zwischen Ersatzvornahme und unmittelbarer Ausführung	
Ersatzvornahme (Vollstreckungsmaßnahme nach SächsVwVG) vorausgehender Vollstreckungstitel, d. h. Kommunikation mit dem Störer	**Unmittelbare Ausführung** (polizeiliche Maßnahme nach SächsPVDG bzw. SächsPBG) Realakt, kein Verwaltungsakt, da keine vorausgegangene Kommunikation mit dem Störer möglich
Rechtsgrundlage der Kostenforderung (Sekundärmaßnahme): § 24 Abs. 3 SächsVwVG	Rechtsgrundlage der Kostenforderung (Sekundärmaßnahme): § 8 Abs. 2 SächsPVDG bzw. § 16 Abs. 2 SächsPBG
Rechtsgrundlage der polizeilichen Maßnahme (Primärmaßnahme) polizeiliche Generalklausel (öffentliche Sicherheit, Gefahrenabwehr) z. B. mündliche oder schriftliche Aufforderung zum Wegfahren des Fahrzeugs, Ge- oder Verbotsschild, z. B. Halteverbot	**Rechtsgrundlage der polizeilichen Maßnahme (Primärmaßnahme)** polizeiliche Generalklausel (öffentliche Sicherheit, Gefahrenabwehr) z. B. Parken auf dem Bürgersteig, Versperren einer Ausfahrt
Immer ausdrückliche Prüfung der Verhältnismäßigkeit der Maßnahme[608]	

2. Praktische Bedeutung
Diese Abschleppfälle haben auch große praktische Bedeutung. In Berlin ereignen sich täglich über 300 derartige Fälle[609], in Hamburg jährlich mehr als 40.000 Abschleppfälle[610].

3. Zum Kostenersatz bei polizeilichen Maßnahmen
   a) Die Kosten des Zwangsmittels der Ersatzvornahme:
   Diese setzt die Vollstreckungsbehörde gegenüber dem Pflichtigen nach § 24 Abs. 3 Satz 1 SächsVwVG mittels Leistungsbescheid, der nach § 24 Abs. 3 Satz 2 SächsVwVG sofort vollziehbar ist, fest.
   b) Die Kosten der „unmittelbaren Ausführung" einer Maßnahme:
   Diese werden nach § 8 Abs. 2 SächsPVDG von der Polizei, die die Maßnahme durchgeführt hat, gegenüber dem Handlungs- oder Zustandsstörer festgesetzt (im Sonderfall der Sicherstellung nach § 34 Abs. 3 SächsPVDG).
   c) Es handelt sich dabei jeweils um sog. Leistungsbescheide[611], die nach den Vorschriften der §§ 12 ff. SächsVwVG zu vollstrecken sind.

608 BVerwG, NZV 1990, 205, 206, und 2002, 285, 286 (Handy-Fall); NJW 1993, 870 (Halteverbotszeichen); OVG Hamburg, NJW 2005, 2247, 2250; OVG Koblenz, NJW 1999, 3573, 3574; VGH Kassel, NVwZ-RR 1999, 23, 26; VGH Mannheim, DÖV 1991, 163, 164.

609 Sadler, Die Polizei, 2005, 185, 188. 4.700 Autos sind in Berlin in den ersten sechs Monaten des Jahres 2022 von Kreuzungen abgeschleppt worden (rbb24de, 5.9.2022).

610 OVG Hamburg, NJW 2001, 168, 171.

611 BVerwG DÖV 1984, 887; VGH München, BayVBl. 2001, 310, und BayVBl. 1990, 433; OVG Bautzen, SächsVBl. 1997, 82, 83; Weber, Der behördliche Leistungsbescheid als Folge einer Abschleppmaßnahme, SVR 2012, 241.

Urteil des VGH München vom 4.10.1989, BayVBl. 1990, 433:[612]
Behördliche Festsetzung der Kosten einer Abschleppmaßnahme in Form der unmittelbaren Ausführung:
Insgesamt 170,10 DM, bestehend aus der Gebühr gemäß § 1 PolKV, Abschleppkosten in Höhe von 122,10 DM, Grundgebühr für Verwahrung 14 DM und Tagesgebühr 4 DM.

Urteil des OVG Hamburg (NJW 2001, 3647), bestätigt vom BVerwG, NZV 2002, 285, sog. Handy-Fall:
Rechtmäßige Abschleppkosten in Höhe von 173,10 DM
- *Werklohn des Abschleppunternehmens 110, 36 DM*
- *Personalkostenpauschale 57 DM*
- *Gemeinkostenzuschlag von 10 %*

Urteil des VGH Kassel vom 8.11.2006 (NVwZ-RR 2007, 367):
Die Behörde setzte gegenüber dem Kläger Ersatzvornahmekosten nebst Gebühren in Höhe von 307.950,60 DM fest (Maßnahmen nach Bundesbodenschutzgesetz). Das Gericht hatte keine Bedenken gegen die Rechtmäßigkeit der Festsetzung.

4. Zurückbehaltungsrecht[613]
   a) Das aus dem Zivilrecht bekannte Zurückbehaltungsrecht entspr. § 273 BGB ist grundsätzlich im Verwaltungsrecht und auch im Verwaltungsvollstreckungsrecht unbekannt.
   Deshalb bedarf es insoweit einer sondergesetzlichen Regelung.
   b) So spricht § 35 SächsPVDG bzw. § 29 SächsPBG jetzt ausdrücklich von einer sog. „Zurückbehaltungsbefugnis".
   Diese Regelung bezieht sich ausdrücklich auf die unmittelbare Ausführung, die Sicherstellung und die Ersatzvornahme nach § 24 Abs. 1 Satz 1 SächsVwVG.
   c) Liegt keine besondere gesetzliche Regelung vor, so hat die Behörde kein Zurückbehaltungsrecht wegen der Kosten der Abschleppmaßnahme.

612 Ähnliche Berechnung siehe VGH München, BayVBl. 1988, 180, NZV 1992, 207, 208, und BayVBl. 2007, 249, 250.
613 OVG Hamburg, NJW 2007, 3513.

IV. Prüfungsaufbau zu den Kostenforderungen bei Ersatzvornahme und unmittelbarer Ausführung

Abschleppvorgang in Form der Ersatzvornahme[614]

1. **Bei der sog. Ersatzvornahme handelt es sich um eine Vollstreckungsmaßnahme nach den Vorschriften der jeweiligen Verwaltungsvollstreckungsgesetze.** Voraussetzung jeglichen Zwangsmitteleinsatzes (sog. Verwaltungszwang) ist immer, dass die sog allgemeinen Vollstreckungsvoraussetzungen vorliegen, also Bekanntgabe eines Verwaltungsaktes in Gestalt eines sog. Vollstreckungstitels[615], § 2 SächsVwVG (allgemeine Vollstreckungsvoraussetzung).
   Es gilt der Grundsatz, dass die Sekundärmaßnahme (Leistungsbescheid) nur rechtmäßig ist, wenn die vorausgegangene Primärmaßnahme[616] (Vollstreckungstitel einschl. evtl. Androhung eines Zwangsmittels) selbst **wirksam**[617] und die sich anschließende Durchführung der Ersatzvornahme **rechtmäßig** war.
   Auch bei einem sog. „abgebrochenen Abschleppvorgang"[618] ist dieser Grundsatz anzuwenden.[619]
   D.h. Wirksamkeit des Vollstreckungstitels genügt, auf seine Rechtmäßigkeit kommt es nicht an, es sei denn er wäre nichtig.
   Siehe dazu unter B VIII und R I 4: Trennung von Primärrechtsebene und Vollstreckungsebene

614 – Sicherungsmaßnahmen an einem Gebäude (OVG Berlin-Brandenburg, NVwZ-RR 2006, 376)
– Abbrucharbeiten an einer baulichen Anlage (OVG Münster, NJW 1983, 1441)
– Sanierung eines mit Altlasten belasteten Grundstücks (VG Hannover, NVwZ-RR 1998, 311)
– Entfernung von auf einem Grundstück abgelagerten Materials (VGH Mannheim, NVwZ-RR 1997, 74)
– Durch Erdarbeiten entstandene Böschungswände zu den Nachbargrundstücken sind durch näher geregelte Maßnahmen so zu sichern, dass ein Nachrutschen von Erdreich wirkungsvoll verhindert wird (VGH Kassel, Beschluss vom 6.6.1997, NVwZ-RR 1998, Heft 9)
– Räumung von Gebäuden von dort gelagerten Gegenständen (VGH München, Beschluss vom 17.2.2006, 25 ZB 06.133).

615 BVerwG, NJW 1996, 608, 611, und NVwZ 2009, 122, sowie NVwZ 2012, 1184, 1186: „Titelfunktion des Grund-Verwaltungsaktes"; VGH München, BayVBl. 1976, 647: *„Vollstreckungstitel der Exekutive"*.

616 Das OLG Dresden, SächsVBl. 2003, 173, 174, spricht vom *„Primärverwaltungsakt"*; VGH München, NVwZ-RR 2017, 991: Anordnung der Fällung von Bäumen als Primärmaßnahme.

617 BVerwG, DÖV 1984, 887, und NZV 2002, 285; OVG Saarlouis, NZV 1993, 366; OVG Berlin, NVwZ-RR 1995, 575, 576; OVG Schleswig, NVwZ-RR 2003, 647; 648; VGH Mannheim, VBlBW 2004, 213; OVG Bautzen, SächsVBl. 2009, 185, 186; Kästner, JuS 1994, 361, 366.

618 Als das Abschleppfahrzeug eintrifft, ist das störende Fahrzeug bereits entfernt.

619 OVG Hamburg, NJW 2001, 168 und 2005, 2247; OVG Hamburg, NVwZ-RR 2007, 364: rechtmäßige Anordnung des Abschleppvorgangs; VG Darmstadt, Urteil vom 5.6.2018, 3 K 1937/17 DA.

2. Prüfungsschema

Prüfung der Primärmaßnahme und anschließend der Sekundärmaßnahme bei der Geltendmachung von Kosten für eine Ersatzvornahme nach § 24 SächsVwVG

I. Wirksamer Grundverwaltungsakt in Form eines Vollstreckungstitels, welcher der Verwaltungsvollstreckung (in Form der Ersatzvornahme) vorausgeht, einschl. einer evtl. Androhung

1. *Rechtsgrundlage (Art. 20 Abs. 3 GG, Gesetzesvorbehalt)*[620]
   grundsätzlich polizeiliche Generalklausel (z. B. § 3 Abs. 1 SächsPolG[621]*), Gefahr für die öffentliche Sicherheit,*[622] *konkret hier Verstoß gegen Normen der StVO*[623]
2. *Formelle Rechtmäßigkeit (siehe z. B. § 46 VwVfG)*
   a) *Zuständigkeit der Anordnungsbehörde, örtlich und sachlich*[624]
   b) *Form*
   c) *Verfahren*
3. *Materielle Rechtmäßigkeit*
   a) *Konkrete Prüfung der entspr. Tatbestandsmerkmale*
   b) *anschließend Prüfung der Rechtsfolge, insbes. auch Verhältnismäßigkeit*
   c) *Störer, d. h. Adressat des Vollstreckungstitels*[625]
4. *Bekanntgabe des Verwaltungsaktes in Form eines Vollstreckungstitels*[626] *an den Störer und wirksame Androhung der Ersatzvornahme,*
   a) *der Verwaltungsakt muss Titelfunktion besitzen, § 2 SächsVwVG,*
   b) *die* ***wirksame Androhung***[627] *des Zwangsmittels kann dann mit dem Grundverwaltungsakt verbunden werden (§ 20 Abs. 2 SächsVwVG), sog. unselbständige Androhung*
   c) *auf die Androhung kann im Ausnahmefall verzichtet werden*[628] *(Art. § 21 SächsVwVG).*

Anmerkung: *Auf die Rechtmäßigkeit dieser Grundverfügung (Grundverwaltungsakt) in Form eines Vollstreckungstitels sowie der Androhung kommt es nicht an.*

620 VGH Mannheim, NVwZ-RR 2003, 558; VG Chemnitz, SächsVBl. 2010, 245.

621 Jetzt § 12 Abs. 1 SächsPVDG; Siehe dazu den umfassenden Prüfungsaufbau unter Kapitel S.

622 OVG Münster, NJW 2000, 602; OVG Koblenz, NJW 1988, 929, und 1999, 3573; VGH Mannheim, NVwZ-RR 1996, 149, 150 und DÖV 2002, 1002; VGH Kassel, NVwZ-RR 1995, 29, 30; OVG Bautzen, Beschluss vom 5.2.2010, 3 A 141/08; OVG Hamburg, NJW 2005, 2247, 2248.

623 VGH Mannheim, NVwZ-RR 1996, 149, 150; VG München, Urteil vom 14.4.1999, M 6 K 99.196; OVG Hamburg, NJW 2005, 2247, 2248, und Urteil vom 8.6.2011, 5 Bf 124/08; *siehe oben Fall 1.*

624 VG Gießen, NZV 2004, 54; VGH Mannheim, NVwZ 1985, 202, 204, und VBlBW 2004, 213, 214: Eine Heilung nach § 45 VwVfG oder Unbeachtlichkeit nach § 46 VwVfG des Mangels der sachlichen Zuständigkeit kommt nicht in Betracht.

625 VGH Mannheim, NVwZ-RR 2003, 558.

626 BFH, NJW 2003, 1070, 1071: *„Vollstreckbarer Verwaltungsakt als Vollstreckungstitel"*; VGH München, NVwZ-RR 2017, 993: kein Anspruch der Behörde auf Ersatz der Kosten einer Ersatzvornahme wg. Fehlens einer vorangegangenen vollstreckbaren Anordnung (Anm.: fehlender Vollstreckungstitel).

627 BVerwG, DÖV 1984, 887; VGH München, BayVBl. 2005, 536, 537.

628 VGH Mannheim, NVwZ-RR 2003, 538; OVG Bautzen, Beschluss vom 5.2.2010, 3 A 141/08; VG Bremen, SVR 2009, 354; VG Neustadt, Urteil vom 26.2.2019, 5 K 814/18.NW.

Denn tragender Grundsatz des Verwaltungsvollstreckungsrechts ist, dass die ***Wirksamkeit*** *und nicht die Rechtmäßigkeit der dem Vollstreckungsverfahren vorausgegangenen Verwaltungsakte Bedingung für die Rechtmäßigkeit der folgende Akte und damit auch der Anwendung des Zwangsmittels ist.*[629]
Anmerkung: *Siehe dazu unter P VI.*

II. Rechtmäßigkeit der Durchführung der Vollstreckungsmaßnahme
hier konkret rechtmäßige Anwendung der Ersatzvornahme[630]
(als Folge des wirksamen Vollstreckungstitels und einer evtl. Androhung, siehe zuvor oben I.)[631]
1. *Rechtsgrundlage, § 24 SächsVwVG bei Ersatzvornahme*
2. *formelle Rechtmäßigkeit, z. B. zuständige Vollstreckungsbehörde*
3. *materielle Rechtmäßigkeit*[632]
   insbes. Existenz eines wirksamen Vollstreckungstitels, angemessenes Zwangsmittel und Verhältnismäßigkeit

Anmerkung: Im Gegensatz zum vorangegangenen Grundverwaltungsakt mit der Androhung der Ersatzvornahme, siehe zuvor I, muss hier bei der Zwangsmittelanwendung eine rechtmäßige Verwaltungsvollstreckungsmaßnahme vorliegen![633]

III. Rechtmäßigkeit der sog. Sekundärmaßnahme
(welche der Primärmaßnahme mit durchgeführter Ersatzvornahme nachfolgt), also Prüfung der Rechtmäßigkeit des Kostenbescheides (Leistungsbescheid)
1. *Rechtsgrundlage für den Leistungsbescheid*[634]*, § 24 Abs. 3 Satz 1 SächsVwVG*
2. *Formelle Rechtmäßigkeit:*
   Zuständigkeit, Form und Verfahren, siehe Art. z. B. § 46 VwVfG, da hier ein Verwaltungsakt vorliegt (in Form eines Leistungsbescheides nach den §§ 12ff. SächsVwVG).
3. *Materielle Rechtmäßigkeit:*
   insbes. richtiger Adressat des Kostenbescheides und Verhältnismäßigkeitsprüfung

---

629 BVerwG, DÖV 1984, 887 und DVBl. 2005, 645, 646; NVwZ 2009, 122 (ständige Rspr.); VGH München, BayVBl. 2005, 536, 537; OVG Saarlouis, NVwZ 2009, 602; OVG Hamburg, VRS 2003, 474, 475; VG Neustadt, Beschluss vom 7.9.2009, 3 L 736/09 und Urteil vom 26.2.2019, 5 K 844/19 NW; VG Leipzig, Beschluss vom 5.5.2021 – 1 K 860/20; VGH Mannheim, Urteil vom 3.5.2021, 1 S 512/19.

630 BVerwG, NVwZ 1997, 381, 382: *„Die Rechtmäßigkeit der Zwangsmittelanwendung ist Voraussetzung für den Kostenanspruch".*

631 BVerwG, DÖV 1984, 887; VGH München, BayVBl. 2005, 536, 538; OVG Hamburg, Urteil vom 8.6.2011, 5 Bv124/08.

632 OVG Koblenz, NVwZ 1994, 715, und NVwZ-RR 2009, 746, 747: *„Ein Erstattungsanspruch für Kosten der Ersatzvornahme steht der Behörde nur dann zu, wenn die Ersatzvornahme formell und materielle rechtmäßig war."*; VGH Mannheim, Urteil vom 3.5.2021, 1 S 512/19: *Rechtmäßige Vollstreckung des Platzverweises (Vollstreckungstitel) durch Anwendung unmittelbaren Zwangs, Polizeivollzugsdienst als zuständige Vollstreckungsbehörde.*

633 BVerwG, DÖV 1984, 887; NVwZ 1997, 381, 382 und OVG Koblenz, NVwZ 1994, 715, zu § 10 VwVG-Bund; VGH München, BayVBl. 2005, 536, 537; VG Mainz, Urteil vom 12.03.2020 - 1 K 461/19.MZ; OVG Magdeburg, Beschluss vom 7.3.2024, 2 M 5/24; VG Leipzig, Beschluss vom 5.5.2021 – 1 K 860/20.

634 VGH München, BayVBl. 2005, 536, 537; VG Bremen, SVR 2009, 354; OVG Bautzen, Urteil vom 13.3.2015, 1 A 672/13: sog. gebundene Entscheidung nach § 24 Abs. 3 VwVG, sofort vollziehbarer Leistungsbescheid.

3. Abschließend ist festzustellen, dass hier ein 3-stufiges Verwaltungsverfahren vorliegt[635]:
   - Sog. **Primärmaßnahme** in Gestalt eines wirksamen Grundverwaltungsaktes in Form eines Vollstreckungstitels (1. Stufe),
   - sich daran anschließendes Verwaltungsvollstreckungsverfahren in rechtmäßiger Anwendung des Zwangsmittels (2. Stufe),
   - sog. **Sekundärmaßnahme** in Form des das Verfahren abschließenden rechtmäßigen Leistungsbescheides gegenüber dem Fahrer oder Halter (3. Stufe).

1. Stufe **(nur) wirksame Primärmaßnahme**	Bekanntgabe eines wirksamen (nicht nichtigen) Grundverwaltungsaktes in Form eines Vollstreckungstitels einschl. einer evtl. wirksamen Androhung
2. Stufe **Rechtmäßige Anwendung**	Sich anschließende rechtmäßige Anwendung der Verwaltungsvollstreckungsmaßnahme, hier als Ersatzvornahme
3. Stufe **rechtmäßige Sekundärmaßnahme**	Geltendmachung der Kosten der durchgeführten Abschleppmaßnahme mittels Leistungsbescheid, evtl. sich anschließende Vollstreckung dieses Leistungsbescheides

Der VGH Mannheim (Urteil vom 3.5.2021, 1 S 512/19) differenziert zwischen der Grundverfügung (Vollstreckungstitel als **sog. Primärebene**, der Vollstreckungsebene als **Sekundärebene**, und der nachgelagerten Kostenebene, **sog. Tertiärebene**.

4. Damit stellt sich im Rechtsstreit das Problem des Ausschlusses von Einwendungen gegen den Grundverwaltungsakt (oben, 1. Stufe) im Rahmen der 3. Stufe (Widerspruch bzw. Klage gegen den späteren Leistungsbescheid):

a) Regelmäßig muss sich die Rechtssprechung mit Klagen gegen den Leistungsbescheid betreffs Kosten der durchgeführten Ersatzvornahme auseinandersetzen.[636]

Anmerkung: *Siehe dazu unter R. X, Abschließende Anmerkungen zum Rechtsschutz im Verhältnis zwischen dem Grundverwaltungsakt (Vollstreckungstitel) und nachfolgenden Verwaltungsvollstreckungsmaßnahme.*

635 Weber, Zum Abschleppen von Kraftfahrzeugen im öffentlichen Straßenraum und dem nachfolgenden Leistungsbescheid, DAR 2019, 63, 68.

636 BVerwG, DÖV 1984, 887, NVwZ 1997, 381, 382 und OVG Koblenz, NVwZ 1994, 715 sowie NVwZ-RR 2009, 746; VGH München, BayVBl. 2005, 536; VG Berlin, Beschluss vom 29.8.2016,33 L 235.16; VG Neustadt, Urteil vom 26.2.2019, 5 K 814/18.NW; VGH Mannheim, Beschluss vom 18.7.2019, 1 S 871/19. *Zum Rechtsschutz gegen die Kostenforderung siehe unter R II,VII.*

Dabei wird oft vorgetragen, (auch) der sog. Grundverwaltungsakt in Form des Vollstreckungstitels einschl. der Zwangsmittelandrohung (sog. Primärmaßnahme) sei rechtswidrig.

Geht der Adressat des Leistungsbescheides, welcher das oft langwierige Verfahren abschließt, nur gegen den das gesamte Verfahren abschließenden Kostenbescheid vor (ihm ist regelmäßig nicht bewusst, dass und welche Maßnahmen ihm gegenüber vorher getroffen wurden), kommt er oft zu spät.[637]

b) Beispiele aus der Rechtsprechung für Klagen gegen „spätere" Leistungsbescheide:
   - VG Neustadt, Beschluss vom 7.9.2009, 3 L 736/09: Grundverwaltungsakt vom 30.4.2009, Leistungsbescheid vom 21.7.2009
   - OVG Koblenz, NVwZ 1994, 715: Grundverwaltungsakt vom 1.3.1990, Leistungsbescheid vom 20.6.1990
   - BVerwG, NVwZ 1997, 381: Grundverwaltungsakt vom 11.6.1987, Leistungsbescheid vom 24.9.1987
   - OVG Saarlouis, NVwZ 2009, 602:
     Grundverwaltungsakt vom 24.10.1997, Leistungsbescheid vom 21.3.2003:
     *„Der Kläger (**Anm.:** gegen den Leistungsbescheid) hat innerhalb der dafür vorgesehenen gesetzlichen Frist kein Rechtsmittel eingelegt. Sind danach der Grundverwaltungsakt und die Zwangsmittelandrohung **bestandkräftig**, so ist er mit etwaigen Einwänden gegen die Rechtmäßigkeit dieser Verwaltungsentscheidungen ausgeschlossen. **Dass die genannten Verwaltungsentscheidungen nichtig wären, ist weder dargetan noch ersichtlich.**"*

c) **Der Vollstreckungsschuldner ist gegenüber dem Grundverwaltungsakt (Vollstreckungstitel) aber nicht rechtsschutzlos.**[638]
   Er kann gegen nach Erlass gegen den Grundverwaltungsakt klagen bzw. im Eilverfahren nach § 80 Abs. 5 VwGO die aufschiebende Wirkung von Widerspruch bzw. Anfechtungsklage beantragen, d. h. er muss dafür Sorge tragen, dass der Behörde kein Vollstreckungstitel zur Verfügung steht.

Anmerkung: *Siehe dazu im Kapitel R. II und VII.*

---

637 VGH Mannheim, Urteil vom 4.5.2021,1 S 512/19: *Wenn der Grundverwaltungsakt mangels Anfechtung bestandskräftig wurde, sind Einwendungen gegen seine Rechtmäßigkeit im Anfechtungsverfahren gegen den Vollstreckungskostenbescheid ausgeschlossen.*
Beispiel nach VGH München, BayVBl. 2005, 536:
- Stilllegungsbescheid betr. Kfz. nach § 29 d StVZO vom 10.4.2001 mit Anordnung der sofortigen Vollziehung und Androhung der Ersatzvornahme,
- Durchführung der Ersatzvornahme am 9.5.2002,
- Kostenbescheid vom 16.5.2002, wogegen Widerspruch und Klage erhoben wurde. Der Bescheid vom 10.4.2002 war inzwischen unanfechtbar.

638 Siehe dazu VG Neustadt, Beschluss vom 7.9.2009, 3 L 736/09; OVG Bautzen, NVwZ-RR 1999, 101, 102. VGH Mannheim, Urteil vom 3.5.2021, 1 S 512/19: *Der Adressat der Grundverfügung kann deren Rechtmäßigkeit zwar nicht durch eine Anfechtungsklage gegen den Kostenbescheid zum Gegenstand einer richterlichen Nachprüfung machen, weil die Rechtmäßigkeit der Grundverfügung für die Rechtmäßigkeit des vollstreckungsrechtlichen Kostenbescheids nicht entscheidungserheblich ist. Der Adressat ist dadurch aber nicht gehindert, die vollstreckte Grundverfügung zunächst mit einem Widerspruch und erforderlichenfalls anschließend durch eine Anfechtungsklage einer verwaltungsgerichtlichen Überprüfung zuzuführen - und damit mittelbar sogar dem Kostenbescheid die Grundlage zu entziehen…* **Der VGH betont auch die Bedeutung der sog. Bestandskraft von Verwaltungsakten, *„es besteht ein rechtsstaatliches, in der Rechtssicherheit begründetes Interesse"*.** Siehe auch unter N IV 7.

Denn nur bei Vorliegen eines Vollstreckungstitels kann das Verwaltungsvollstreckungsverfahren beginnen.

d) Nur in seltenen Ausnahmefällen wird sich der Vollstreckungsschuldner bei seinem „verspäteten Angriff" gegen den Leistungsbescheid auf die Nichtigkeit des vorangegangenen Grundverwaltungsaktes (der sog. Primärmaßnahme) berufen können.[639] Möglich sind hier nur Einwendungen gegen die Wirksamkeit der Grundverfügung.[640]

e) Spezieller Ausdruck dieses Einwendungsausschlusses im Verwaltungsvollstreckungsverfahren ist die Regelung des Art. 21 VwZVG Bayern[641] mit folgendem Wortlaut:
„Über Einwendungen gegen die Vollstreckung, die den zu vollstreckenden Anspruch betreffen, entscheidet die Anordnungsbehörde. Sie sind nur zulässig, soweit die geltend gemachten Gründe erst nach Erlass des zu vollstreckenden Verwaltungsakts entstanden sind und mit förmlichen Rechtsbehelfen nicht mehr geltend gemacht werden können."
Eine derartige Regelung enthält das SächsVwVG nicht.

f) In diesem Zusammenhang ist festzuhalten, dass die Bestandskraft bzw. Vollziehbarkeit eines Verwaltungsaktes Ausdruck des Gebots der Rechtssicherheit und des Rechtsfriedens und somit eine Folge des Rechtsstaatsprinzips ist.[642]

Abschleppvorgang in Form der sog. unmittelbaren Ausführung[643]

1. Grundsätzliche Ausführungen:

a) Nach § 6 Abs. 1 SächsPolG[644] *„ist die unmittelbare Ausführung einer Maßnahme durch die Polizei nur zulässig, wenn der polizeiliche Zweck durch Maßnahmen gegen die in den §§ 4 und 5 bezeichneten Personen nicht oder nicht rechtzeitig erreicht werden kann. Der von der Maßnahme Betroffene ist unverzüglich zu unterrichten."*

b) Die sog. unmittelbare Ausführung ist selbst nur eine Art der behördlichen oder polizeilichen Maßnahme in Form eines Realaktes[645] *in Abgrenzung zum Verwaltungsakt nach § 35 VwVfG.*
Die unmittelbare Ausführung ist auch keine eigene Rechtsgrundlage[646] *für eine polizeiliche Maßnahme (wie z. B. die polizeirechtliche Generalklausel), sondern eine Form der „Maßnahme" neben dem Verwaltungsakt.*

---

639 Siehe dazu die Ausführungen des OVG Saarlouis oben c); BVerwG, DÖV 1984, 887; VGH München, BayVBl. 2005, 536, 537; OVG Bautzen, Urteil vom 16.4.2013, 4 A 263/12.

640 OVG Bautzen, SächsVBl. 2008, 298, 299.

641 Siehe dazu VGH München, BayVBl. 1975, 647, und 1980, 51.

642 VGH München, BayVBl. 2005, 536, 538. Außerdem könnte effektiver Primärrechtsschutz durch eine Feststellungsklage erreicht werden (VG Hamburg, VRS 2003, 474, 479); VGH Mannheim, Urteil vom 3.5.2021, 1 S 512/19.

643 Siehe Fall 2 u, vor unter II; Lisken/Denninger, S. 684 ff.; Kugelmann, Unmittelbare Ausführung von Maßnahmen und sofortige Anwendung von Verwaltungszwang durch die Polizei, DÖV 1997, 153, 155; Kästner, Unmittelbare Maßnahmen der Gefahrenabwehr, JuS 1994, 361, 363.

644 **Jetzt § 8 Abs. 1 SächsPVDG;** VG Leipzig, LKV 1995, 165; ähnliche Regelungen in den anderen Bundesländern, z. B. auch Art. 9 I Polizeiaufgabengesetz Bayern; § 8 PolG BW; § 6 PolG RP (VG Neustadt, Urteil vom 23.11.2023, 5 K 82/23.NW).

645 Behördliche Maßnahme (rein tatsächliches hoheitliches Handeln) ohne Regelungswirkung, wie für den Verwaltungsakt typisch; OLG Dresden, SächsVBl. 2003, 173, 174; Kugelmann, Unmittelbare Ausführung von Maßnahmen und sofortige Anwendung von Verwaltungszwang durch die Polizei, DÖV 1997, 153, 155; Rasch, Der Realakt insbes. im Polizeirecht, DVBl. 1992, 207, 210; Schoch, JuS 1995, 218; Kästner, JuS 1994, 361, 364.

646 Lisken/Denninger, S. 657; Weber, Verwaltungsrechtliche Realakte, apf 2003. 27 ff.

2. Prüfungsaufbau (Rechtmäßigkeitsprüfung in beiden Stufen!)

Prüfung der Primärmaßnahme und anschließend der Sekundärmaßnahme (nur 2 Stufen, da keine Vollstreckung) bei einer sog. unmittelbaren Ausführung[647]

I. Rechtmäßigkeit der sog. unmittelbaren Ausführung als Primärmaßnahme

1. *Prüfung des Vorliegens der Voraussetzungen für die Durchführung der unmittelbaren Ausführung nach § 6 Abs. 1 Satz 1 SächsPolG*[648]
   a) *sog. polizeilicher Zweck, also Maßnahme im Bereich Gefahrenabwehr auf Grundlage der polizeilichen Generalklausel*[649]*, siehe oben wie bei der Prüfung der Ersatzvornahme*
   b) *der Störer ist nicht erreichbar bzw. nicht anwesend, d.h. es ist eine Kommunikation mit dem Störer nicht möglich, ein Verwaltungsakt in Form eines Vollstreckungstitels kann ihm nicht bekannt gegeben werden*[650] *(z.B. Aufforderung zum Wegfahren des Fahrzeug ist nicht möglich)*
   c) *Verhältnismäßigkeit der Durchführung der Maßnahme in Form der unmittelbaren Ausführung*[651]
   d) *Zuständigkeit zur Durchführung der unmittelbaren Ausführung*[652]
2. *Daraus ergibt sich der* ***Grundsatz der Nachrangigkeit der unmittelbaren Ausführung gegenüber einer Ersatzvornahme****, d.h. Vorrang des Zwangsmittels der Ersatzvornahme, da die Kommunikation mit dem Störer und anschließendem Vollstreckungstitel tatbestandlich die Anwendung der sog. „unmittelbaren Ausführung" ausscheidet.*[653]

647 VG Berlin, NZV 2002, 473: Erörterung der Rechtmäßigkeit der unmittelbaren Ausführung (Primärmaßnahme), danach sog. Sekundärmaßnahme in Form des Kostenbescheides; VGH Mannheim, DÖV 1994, 82, 83; Weber, DAR 2019, 63, 69.

648 Jetzt § 8 Abs. 1 SächsPVDG; OVG Bautzen, SächsVBl. 1997, 82; VGH Mannheim, DÖV 1994, 82, zur identischen Regelung in § 8 BadWürttPolG; zum Sonderfall einer unmittelbaren Ausführung nach § 20 Abs. 1 Satz 1 SächsStrG; OVG Bautzen, Urteil vom 8.4.2009, 1 A 63/08: konkret fehlende Tatbestandsvoraussetzungen; VGH Mannheim, Urteil vom 24.2.2022, 1 S 2283/20 :VG Neustadt, Urteil vom 23.11.2023, 5 K 82/23.NW.

649 VGH Mannheim, DÖV 1994, 82; Urteil vom 3.5.2021, 1 S 512/19; OVG Koblenz, NJW 1999, 3573; VG Leipzig, LKV 1995, 165; Kugelmann, DÖV 1997, 153, 154; sofern nicht eine sonderrechtliche Rechtsgrundlage vorliegt.

650 OVG Bautzen, Beschluss vom 6.12.2016, 3 A 700/16; Lisken/Denninger, S. 657; Kugelmann, DÖV 1997, 153, 154; fehlender Adressat einer polizeilichen Maßnahme, weshalb eine Bekanntgabe ihm gegenüber nicht möglich ist.

651 BVerwG, BayVBl. 2002, 567; OVG Hamburg, NJW 2001, 168, 169, und 3647, 3649; OVG Koblenz, NJW 1999, 3573, 3574; VG Leipzig, LKV 1995, 165; VG Neustadt, Urteil vom 23.11.2023, 5 K 82/23.NW; Kästner, JuS 1994, 361, 365.

652 VGH Mannheim, VBlBW 2004, 213; VG Leipzig, LKV 1995, 165.

653 VGH Mannheim, DÖV 1994, 82; OVG Bautzen, Urteil vom 8.4.2009, 1 A 63/08, zu einer unmittelbaren Ausführung nach § 20 Abs. 1 Satz 2 SächsStrG; BVerwG, NJW 1981, 1571, zu einer unmittelbaren Ausführung nach § 28 Abs. 3 Satz 1 des Bundeswasserstraßengesetzes *„Am Wortlaut des Gesetzes orientierte enge Auslegung"*; OVG Berlin NVwZ-RR 1995, 575, 576: *„Die unmittelbare Ausführung einer Maßnahme ist als schärfste Form des ordnungsbehördlichen Einschreitens an enge Voraussetzungen geknüpft."*

II. Rechtmäßigkeit der sog. Sekundärmaßnahme
(welche der Primärmaßnahme, hier in Form der unmittelbaren Ausführung, nachfolgt), also Prüfung der Rechtmäßigkeit des Kostenbescheides (Leistungsbescheid)

1. ***Rechtsgrundlage** für den Leistungsbescheid,*[654] *z. B. Art. 9 Abs. 2 PAG Bayern bzw. § 8 Abs. 1 SächsPVDG*
2. ***Formelle Rechtmäßigkeit:***
Zuständigkeit, Form und Verfahren, siehe § 46 VwVfG, da hier (im Gegensatz zur Primärmaßnahme in Form eines Realaktes) ein Verwaltungsakt vorliegt (sog. Leistungsbescheid nach den §§ 12ff. SächsVwVG).
3. ***Materielle Rechtmäßigkeit:***
insbes. richtiger Adressat des Kostenbescheides und Verhältnismäßigkeitsprüfung[655]

3. Der im Zusammenhang mit der Kostenforderung bei der Ersatzvornahme angesprochene Einwendungsausschluss gegenüber dem Vollstreckungstitel *(siehe oben I. 4)* spielt bei der Kostenforderung aus unmittelbarer Ausführung keine Rolle.
Denn es liegt hier als *„Primärmaßnahme"* kein vollstreckbarer Grundverwaltungsakt vor, sondern nur der Realakt der unmittelbaren Ausführung ohne irgendwelche Vollstreckungsmaßnahmen.
Deshalb ist auch der Prüfungsaufbau beim Rechtsinstitut der „unmittelbaren Ausführung" (polizeirechtliche Maßnahme) weniger umfangreich als bei einer Ersatzvornahme (polizeirechtliche Maßnahme in Form eines Vollstreckungstitels und sich anschließendes Verwaltungsvollstreckungsrecht).

4. Abschließend ist festzustellen, dass hier (im Gegensatz zum 3-stufigen Verfahren bei der Ersatzvornahme) nur ein 2-stufiges Verwaltungsverfahren vorliegt:
Sog. Primärmaßnahme der rechtmäßigen Durchführung der unmittelbaren Ausführung (als polizeiliche Maßnahme) ohne Verwaltungsvollstreckung (1. Stufe), sog. Sekundärmaßnahme in Form des das Verfahren abschließende Leistungsbescheides (Verwaltungsakt) gegenüber dem Fahrer oder Halter (2. Stufe).
Die bei der Ersatzvornahme durchzulaufende 2. Stufe (Anwendung der Vollstreckungsmaßnahme) entfällt hier, da kein Vollstreckungsverfahren vorliegt.

---

654 VGH Mannheim, DÖV 2007, 661: fehlende Rechtsgrundlage.

655 VGH Mannheim, DÖV 1991, 163, 164 ; Urteil vom 24.2.2022, 1 S 2283/20: *§ 8 Abs. 2 Satz 1 PolG BW regelt ein intendiertes Ermessen, welches im Regelfall eine Kostenerstattung durch den Störer verlangt, von der nur im atypischen Ausnahmefall abzusehen ist. Bei der Ausübung des intendierten Ermessens nach § 8 Abs. 2 Satz 1 PolG BW muss die Behörde nur dann eine zu begründende Abwägungsentscheidung treffen, wenn im Einzelfall konkrete tatsächliche Anhaltspunkte für einen atypischen Ausnahmefall vorliegen. Im Regelfall genügt es dagegen, wenn die Polizei feststellt, dass ein atypischer Sachverhalt, der es ausnahmsweise verlangen könnte, von einer Kostenerstattung abzusehen, nicht vorliegt … Schließlich begegnet auch die Höhe der nach § 8 Abs. 2 Satz 1 PolG geltend gemachten Kosten, unter die in Anlehnung an § 31 Abs. 1 LVwVG sowohl Auslagen als auch Gebühren fallen, keinen Bedenken …*
VG Neustadt, Urteil vom 23.11.2023, 5 K 82/23.NW: *Der Kläger ist als Halter und Eigentümer des parkenden Fahrzeugs… Zustandsverantwortlicher im Sinne des § 5 POG und als solcher richtiger Kostenschuldner nach § 6 Abs. 2 POG. Andere Verantwortliche nach §§ 4, 5 POG sind nicht ersichtlich.*
Die Kostenerstattung des Klägers ist jedoch der Höhe nach unverhältnismäßig … Ein Zurückbehaltungsrecht wie dies gesetzlich für den Fall der Sicherstellung nach § 25 Abs. 3 Satz 3 POG ausdrücklich geregelt ist, findet für den Fall der unmittelbaren Ausführung nach § 6 Abs. 2 POG in den landesrechtlichen Regelungen weder im POG noch im LVwVG eine Stütze.

1. Stufe **Rechtmäßige Primärmaßnahme**	Rechtmäßige Maßnahme in Form der unmittelbaren Ausführung unter Beachtung der zugrunde liegenden **Rechtsgrundlage, z. B. polizeirechtliche Generalklausel**
2. Stufe **Rechtmäßige Sekundärmaßnahme**	Rechtmäßige Geltendmachung der Kosten der Abschleppmaßnahme mittels Leistungsbescheid

V. Bescheid über die Anforderung der Kosten der Ersatzvornahme[656]

Stadt Leipzig Leipzig, den 30.6.2009
Markplatz 5
Leipzig

Per Zustellungsurkunde

Herrn
Werner Meister
Talwiesenweg 20
Leipzig

Sehr geehrter Herr Meister,

die Stadt Leipzig erlässt folgenden **Leistungsbescheid:**
1. Sie haben die Kosten der Abschleppmaßnahme vom 4.5.2009 wegen Ihres Fahrzeuges mit dem amtl. Kennzeichen L – M 400 in Höhe von 180 Euro zu tragen.
2. Für diesen Bescheid wird eine Gebühr in Höhe von 40 Euro nebst Auslagen in Höhe von 6 Euro festgesetzt, die Kosten betragen insgesamt 46 Euro.

Begründung:

I.

Sie sind Halter des Kraftfahrzeuges der Marke Opel mit dem amtlichen Kennzeichen L – M 400. Dieses Fahrzeug war am 4.5.2009 in der Zeit von 7–9 Uhr in der Hochbergstraße in Leipzig (vor dem Anwesen „Müller-Markt") abgestellt.
Die Hochbergstraße ist in dem Bereich, in dem Ihr Fahrzeug abgestellt war, nur sehr schmal ausgebaut und infolge der Kurvenführung mit einer Kuppe unübersichtlich. Aus diesen Gründen ist dort weder das Halten noch Parken gestattet.
Die städtische Hilfspolizeibeamtin Gerber bemerkte das abgestellte Fahrzeug erstmals am 4.5.2009 gegen 7 Uhr und erteilt eine schriftliche Verwarnung. Gegen

656 Siehe dazu Weber, Leipziger Ersatzvornahme (Klausur), JA 2007, 627 ff.

8.30 Uhr stellte Frau Gerber fest, dass das Fahrzeug nach wie vor dort stand, ein Fahrer des Fahrzeuges war nicht zu sehen.
Nachdem die Hilfspolizeibeamtin bis 8.45 an dem Fahrzeug wartete und feststellen musste, dass es wegen der unübersichtlichen Verkehrssituation durch das abgestellte Fahrzeug zu mehreren Verkehrsbehinderungen kam (insbes. Behinderung von Radfahrern bei Gegenverkehr, vorsichtiges und langsames Vorbeifahren von LKW mit Anhalten des Gegenverkehrs), informierte sie telefonisch das Abschleppunternehmen Auto-Schnell.
Dieses Unternehmen ist ständig für die Stadt Leipzig bei Kfz-Abschleppmaßnahmen tätig und als zuverlässiger Betrieb bekannt. Nach Eintreffen des Abschleppfahrzeuges gegen 9 Uhr haben Mitarbeiter der Fa. Auto-Schnell Ihr Fahrzeug in die ca. 300 m entfernte Berliner Straße abgeschleppt und dort auf dem öffentlichen Parkplatz abgestellt.
Als der Fahrer des Fahrzeugs gegen 11 Uhr zu dem ehemaligen Standort des Fahrzeug zurückkehrte, teilte ihm die dort anwesende Frau Gerber die Abschleppmaßnahme unter Hinweis auf den neuen Standplatz des Fahrzeugs (ohne Aufnahme dessen Personalien) mit.
Durch das von Ihnen als Halter des Fahrzeuges zu vertretende Abschleppen des Kraftfahrzeuges sind Kosten in Höhe von insgesamt 180 Euro einschl. MwSt. angefallen (Personalkosten, Kilometerpauschale usw.). Dieser Betrag wird nunmehr mittels Kostenbescheid gegen Sie als verantwortlicher Halter festgesetzt.
Mit Schreiben vom 10.6.2009 wurden Sie angehört, eine Äußerung erfolgte nicht.

II.

1. Die Stadt Leipzig ist als Straßenverkehrsbehörde für die öffentliche Sicherheit und Ordnung im Straßenverkehr zuständig. Dazu gehören auch Abschleppmaßnahmen bei Fahrzeugen, die den öffentlichen Straßenverkehr in seiner Sicherheit und Leichtigkeit behindern.
2. Rechtsgrundlage für diesen Leistungsbescheid ist § 24 Abs. 3 Satz 1 des Sächsischen Verwaltungsvollstreckungsgesetzes (SächsVwVG). Danach werden die Kosten einer Ersatzvornahme nach § 24 Abs. 1 SächsVwVG von der Vollstreckungsbehörde durch Leistungsbescheid festgesetzt.
   Nach § 24 Abs. 3 Satz 2 SächsVwVG ist dieser Leistungsbescheid sofort vollziehbar.
3. Die Stadt Leipzig ist zuständige Vollstreckungsbehörde nach § 4 Abs. 1 Satz 2 SächsVwVG.
4. Die Voraussetzungen zur Durchführung der Ersatzvornahme nach § 24 Abs. 1 SächsVwVG lagen in Ihrem Falle vor. Das Wegfahren bzw. Abschleppen des Fahrzeugs aus der Hochbergstraße in Leipzig ist eine vertretbare Handlung, die von jedem Inhaber einer Fahrerlaubnis vorgenommen werden kann.
   Deshalb konnte nach § 24 Abs. 1 Satz 1 SächsVwVG auch das Abschleppunternehmen Auto-Schnell mit dem Abschleppvorgang betraut werden.
5. Das Abschleppen des Fahrzeugs war im konkreten Fall erforderlich, da eine Gefahr für den öffentlichen Straßenverkehr durch das Abstellen des Fahrzeugs in

der unübersichtlichen Kurve bestand. Nach den Feststellungen der städtischen Hilfspolizeibeamtin Gerber kam es in der engen Hochbergstraße zu mehrfachen Behinderungen von Radfahrern und Kraftfahrzeugen bei Gegenverkehr. In mehreren Fällen konnte die Beamtin nur durch entspr. Handzeichen entgegenkommende Kraftfahrer auf die Gefahr durch das abgestellte Fahrzeug aufmerksam machen und dadurch Auffahrunfälle verhindern.

6. Die Rechtsgrundlage für die Festsetzung der Kosten dieses Bescheides ergibt sich aus § 24 Abs. 3 SächsVwVG, da eine Ersatzvornahme nach § 24 Abs. 1 SächsVwVG vorausging.

Rechtsbehelfsbelehrung:

Gegen diesen Bescheid können Sie binnen eines Monats schriftlich oder zur Niederschrift Widerspruch bei der Stadt Leipzig (nähere Adresse siehe Briefkopf) einlegen. Es wird ausdrücklich darauf hingewiesen, dass ein Widerspruch gegen diesen Kostenbescheid nach § 24 Abs. 3 Satz 2 SächsVwVG keine aufschiebende Wirkung hat.

Hochachtungsvoll

Wendling
Stadtrechtsrat

Anmerkung: *Es handelt sich um einen Bescheid zur Geltendmachung der Kosten einer Ersatzvornahme.*
Zu beachten ist (Klausurfall!), dass sich die Behörde hier fälschlicherweise auf Ersatzvornahme gestützt hat, obwohl ein Verwaltungsakt in Form eines Vollstreckungstitels zum Zeitpunkt des Abschleppvorgangs gegenüber dem Fahrer Meister nicht vorlag.
Zutreffenderweise handelt es sich deshalb um einen Fall der unmittelbaren Ausführung mit der Kostenfolge des § 8 Abs. 2 SächsPVDG (siehe Fall 2).
Vom Aufbau des Bescheides her gesehen, kann man umfangreiche Erörterungen zu den sog. tatsächlichen sowie den rechtlichen Gründen (§ 39 Abs. 2 VwVfG) lesen. Das ist hier erforderlich, da bisher mit dem Kostenschuldner wg. dieser Abschleppmaßnahme nur eine Anhörung erfolgte.

Kapitel N
Vollstreckungshindernisse[657]

I. Allgemeines zur Einstellung und Beschränkung der Vollstreckung

1. § 2 a SächsVwVG befasst sich ausdrücklich mit der *„Einstellung und Beschränkung der Vollstreckung"*.

Die Vorschrift lautet wie folgt:
§ 2a, Einstellung und Beschränkung der Vollstreckung
(1) Die Vollstreckung ist insbesondere dann einzustellen oder zu beschränken, wenn
1. ihr Zweck erreicht wurde oder sich zeigt, dass er durch Anwendung von Zwangsmitteln nicht erreicht werden kann[658],
2. der zu vollstreckende Verwaltungsakt aufgehoben wurde[659],
3. die Vollziehbarkeit des Verwaltungsaktes nachträglich entfallen ist,
4. der mit dem Verwaltungsakt geltend gemachte Anspruch erloschen ist,
5. die mit dem Verwaltungsakt geforderte Leistung gestundet wurde.
(2) In den Fällen des Absatzes 1 Nr. 2 und 4 sind bereits getroffene Vollstreckungsmaßnahmen aufzuheben. Wurde der Verwaltungsakt durch eine gerichtliche Entscheidung aufgehoben, sind bereits getroffene Vollstreckungsmaßnahmen nur insoweit aufzuheben, als die Entscheidung unanfechtbar geworden ist und nicht aufgrund der Entscheidung ein neuer Verwaltungsakt zu erlassen ist. Im Übrigen bleiben die Vollstreckungsmaßnahmen bestehen, soweit nicht ihre Aufhebung ausdrücklich angeordnet ist.[660]

2. Zudem werden in § 19 Abs. 5 Satz 1 SächsVwVG die sog. Erledigungsfälle angesprochen (siehe auch § 43 Abs. 2 VwVfG zum Ende der Wirksamkeit eines Verwaltungsaktes), bei Erzwingung von Duldungen oder Unterlassungen gilt die Sonderregelung nach Satz 2. Es wird dort das Ende der Vollstreckung festgelegt, wenn weitere Zuwiderhandlungen nicht mehr zu befürchten sind.

---

657 VG Schleswig-Holstein, Beschluss vom 8.2.2021, 8 B 31/20; OVG Saarlouis, Beschluss vom 2.5.2014, 2 B 225/14; VGH München, NVwZ-RR 2002, 608, 610; VG Berlin, NuR 1999, 58; Horn, Jura 2004, 447, 599; App, JuS 2004, 786, 791; Brühl, JuS 1998, 65 ff.; Schoch, JuS 1995, 310; Muckel, JA 2012, 272, 277; Weber, Verwaltungszwang in der behördlichen Praxis, S. 185 ff.

658 OVG Bautzen, Urteil vom 16.4.2013, 4 A 263/12: *„Im maßgeblichen Zeitpunkt der Beendigung der Zwangsvollstreckung in Gestalt der Beitreibung der festgesetzten Zwangsgelder durch Eintragung der Sicherungshypothek lag auch kein Vollstreckungshindernis nach § 2 a SächsVwVG vor. Insbes. lag kein Fall der Zweckerreichung vor. Dem angeordneten Anschluss- und Benutzungszwang kam der Kläger erst rund 2 Jahre später nach."*; OVG Bautzen, Beschluss vom 21.9.2000, 1 B 116/00: grundsätzlich entscheidend ist der Zeitpunkt der mündlichen Verhandlung bei Gericht (siehe dazu die Ausführungen unter K X; OVG Saarlouis, Beschluss vom 2.5.2014, 2 B 225/14, zur entspr. Rechtslage im Saarland; zur Zweckerreichung siehe auch OVG Weimar, Beschluss vom 5.6.2012, 1 EO 284/12, nachfolgend unter IV 5. angesprochen.

659 VG Dresden, SächsVBl. 2020, 351, 352.

660 OVG Bautzen, Beschluss vom 20.7.2020, 3 B 240/20; Zur Regelung in Abs. 2 *siehe später im Kapitel R, Rechtsschutz, unter IX 3.*

§ 19 Abs. 5 SächsVwVG lautet wie folgt:
„Zwangsmittel dürfen wiederholt und solange angewandt werden, bis der Verwaltungsakt vollzogen oder auf andere Weise erledigt ist. Zur Erzwingung einer Duldung oder Unterlassung dürfen Zwangsmittel nicht mehr angewandt werden, wenn eine weitere Zuwiderhandlung nicht mehr zu befürchten ist."

Anmerkung: *Siehe dazu anschließend unter IV.*

3. Bei der Vollstreckung von Leistungsbescheiden (§§ 12 ff. VwVG) ist § 16 zu beachten mit dem Verweis auf § 258 der Abgabenordnung: *„Soweit im Einzelfall die Vollstreckung unbillig ist, kann die Vollstreckungsbehörde sie einstweilen einstellen oder beschränken oder eine Vollstreckungsmaßnahme aufheben"* (siehe dazu VG Dresden, SächsVBl. 2020, 351, 352, *und nachfolgend in Kapitel R, VIII* 2).
Unbilligkeit liegt vor, wenn die Vollstreckung dem Vollstreckungsschuldner einen unangemessenen Nachteil bringen würde, der durch kurzfristiges Abwarten oder eine andere Verwaltungsvollstreckungsmaßnahmen vermieden werden könnte. Eine Unbilligkeit ist nicht schon dann gegeben, wenn die Vollstreckung möglicherweise unangemessene nachteilige Folgen hat. Die eine Unbilligkeit begründenden Umstände müssen zumindest über die Nachteile hinausgehen, die bei einer Vollstreckung zu erwarten sind.

Für die Praxis bedeutsam und typisch sind die Fälle der sog. Zweckerreichung der Maßnahme[661] oder der Aufhebung des zu vollstreckenden Verwaltungsaktes.

Anmerkung: Zur gerichtlichen Aufhebung von Verwaltungsakten *siehe Kapitel R II.*

4. **OVG Bautzen, Beschluss vom 23.2.2022, 6 A 548/20:**
Nach § 2a Abs. 1 Nr. 1 SächsVwVG ist die Vollstreckung einzustellen, wenn der Vollstreckungszweck erreicht wurde. Dies ist hier der Fall, weil infolge der endgültigen Betriebsaufgabe gewährleistet ist, dass die Klägerin die Verpflichtung aus der Untersagung- und Schließungsverfügung seither beachtet. Ist ein weite-

661 **OVG Lüneburg, Urteil vom 31.1.2024, 11 LC 294/20:** Der Zweck der Vollstreckungsmaßnahme ist erreicht, wenn sich der Pflichtige pflichtgemäß verhält. Bei einem Gebot ist der Vollstreckungszweck erreicht, wenn die dem Pflichtigen aufgegebene Handlung ausgeführt wird. Bei einem Verbot ist der Vollstreckungszweck erreicht, wenn der Pflichtige das Verbot während dessen jeweiliger Geltungsdauer beachtet. Darüber hinaus ist der Zweck der Vollstreckung aber auch dann erreicht, wenn die zu vollstreckende Grundverfügung aufgehoben wird bzw. deren Wirksamkeit durch Zeitablauf bei Befristung oder durch Eintritt einer auflösenden Bedingung endet. Denn auch dann ist dauerhaft sichergestellt, dass der Pflichtige seinen aus der Grundverfügung folgenden Verpflichtungen nicht mehr zuwiderhandelt. Wird die Grundverfügung mit Wirkung für die Zukunft gegenstandslos, führt das deshalb nicht zur Rechtswidrigkeit einer bereits erfolgten Zwangsgeldfestsetzung, sondern vielmehr zum Abschluss des Vollstreckungsverfahrens durch Zweckerreichung.
Die Festsetzung eines Zwangsgelds ist nicht mehr zulässig, wenn der Zweck der Vollstreckung erreicht ist, was der Fall ist, wenn ein weiterer Verstoß gegen die Grundverfügung nicht mehr droht.
OVG Bautzen, LKV 2013, 369, 371; VGH Kassel, NVwZ-RR 2014, 505, 506; Beispielsweise gibt der Vollstreckungsschuldner im Zusammenhang mit der Entziehung der Fahrerlaubnis nach Aufforderung und Androhung eines Zwangsgeldes in der gesetzten Frist seinen Führerschein ab; das Vollstreckungsverfahren ist beendet, sein Zweck (Rückgabe des Führerscheins) ist erreicht. Siehe auch OVG Weimar *unter IV 5.*

rer Verstoß gegen ein Unterlassungsgebot (Betriebseinstellung) mit Zwangsgeldandrohung nicht mehr möglich, so kann ein im Anschluss an einen vergangenen Verstoß bereits festgesetztes Zwangsgeld nicht mehr beigetrieben und ein mit der Festsetzung erneut angedrohtes Zwangsgeld nicht mehr festgesetzt und beigetrieben werden. Das ergibt sich zum einen aus der **Funktion des Zwangsgeldes** als reines Beugemittel ohne Strafcharakter, mit dem der Pflichtige zu der auferlegten Unterlassung veranlasst werden soll (vgl. SächsOVG, Beschl. v. Urt. v. 11. Dezember 2019 – 4 A 1219/17 – unter Bezug auf BVerwG, Urt. v. 16. Dezember 2004 – 1 C 30.03 –, BVerwGE 122, 293).
Zum anderen folgt das Verbot weiterer Vollstreckungsmaßnahmen in derartigen Fällen aus § 19 Abs. 5 Satz 2 SächsVwVG, wonach zur Erzwingung einer Unterlassung Zwangsmittel nicht mehr angewandt werden dürfen, wenn eine weitere Zuwiderhandlung nicht mehr zu befürchten ist.
Siehe dazu auch OVG Bautzen, Beschluss vom 11.3.2022, 6 A 339/21

II. Ausdruck des Verhältnismäßigkeitsprinzips

Insgesamt sind diese „**Vollstreckungshindernisse**" unter dem schon mehrfach angesprochenen Gesichtspunkt der Verhältnismäßigkeit des Verwaltungsvollstreckungsverfahrens zu sehen und grundsätzlich von der Vollstreckungsbehörde[662] zugunsten des Vollstreckungsschuldners auszulegen.
Denn in der Praxis ist es doch oft so, dass sich der Vollstreckungsschuldner durch die Androhung des Zwangsmittels, sei es Zwangsgeld, Ersatzvornahme oder unmittelbarer Zwang beeindrucken lässt und der ihm von der Behörde auferlegten Verpflichtung nachkommt (z. B. Rückgabe des Führerscheines nach Aufforderung mit Zwangsgeldandrohung).
Dann ist das Anliegen, das die Anordnungsbehörde mit dem Erlass des Grundverwaltungsaktes aussprach, „erfüllt" und die Beugefunktion der Androhung hat als Warnung gegenüber dem Vollstreckungsschuldner ausgereicht.
Das Verwaltungsvollstreckungsverfahren ist, da nunmehr ein Vollstreckungshindernis gegeben ist (der Vollstreckungsschuldner ist seiner Verpflichtung zur Rückgabe des Führerscheins nachgekommen), beendet (*„erledigt"* i. S. d. § 19 Abs. 5 Satz 1 SächsVwVG).

662 VGH München, BayVBl. 1975, 647, 650; Grundsätzlich zum Verhältnismäßigkeitsgrundsatz bei Einstellung der Vollstreckung OVG Lüneburg, Urteil vom 31.1.2024, 11 LC 294/20.

III. Einstellung im Zusammenhang mit gerichtlichen Eilverfahren nach § 80 Abs. 5 VwGO

1. Dazu die Entscheidung des BVerfG vom 11.10.2013[663] mit folgenden Leitsätzen:

1. *Verwaltungsbehörden und Gerichte bleiben auch dann, wenn der Gesetzgeber (hier gemäß § 80 Abs. 2 Satz 1 Nr. 1 VwGO) angesichts der Besonderheiten eines Sachbereichs zu einer generellen Anordnung des Sofortvollzugs entschließt, den verfassungsrechtlichen Bindungen aus Art. 19 Abs. 4 Satz 1 GG unterworfen.*
2. *Von Verfassungs wegen liegt es unter Berücksichtigung der Effektivität verwaltungsgerichtlichen Eilrechtsschutzes jedenfalls nahe, für die Dauer des vorläufigen Rechtsschutzverfahrens – zumindest soweit ein Antrag nach § 80 Abs. 5 VwGO nicht offensichtlich aussichtslos oder missbräuchlich ist – von Maßnahmen der Vollstreckung abzusehen, wenn andernfalls schwere und unabwendbare Nachteile drohen.*
   Weigert sich eine Verwaltungsbehörde in diesen Fällen trotz formloser gerichtlicher Aufforderung ohne ersichtlichen Grund, bis zur endgültigen Entscheidung im Eilverfahren auf Vollstreckungsverfahren zu verzichten, obliegt es dem Gericht, dies der Behörde durch einen sog. Hängebeschluss förmlich aufzugeben.
   Kommt das Fachgericht dem nicht nach, verletzt es seinerseits die Garantie effektiven Rechtsschutzes aus Art. 19 Abs. 4 GG.
3. *Zu den irreparablen Nachteilen der wegen einer erheblichen Geldforderung eingeleiteten Vollstreckungsmaßnahmen können auch die durch die Abgabe der Vermögensauskunft[664] eintretenden Folgen für die Kreditwürdigkeit des Betroffenen gehören.*

2. Zu den formlosen verwaltungsgerichtlichen Aufforderungen an die Verwaltungsbehörde, wegen eines Rechtsschutzantrages nach § 80 Abs. 5 VwGO vorläufig von Vollstreckungsmaßnahmen abzusehen:
   Der Verfasser hat praktische Erfahrungen mit diesen Aufforderungen des Verwaltungsgerichts an die Vollstreckungsbehörde.
   I. d. R. komm die Behörde diesen Aufforderungen nach bzw. es erfolgte eine Verständigung mit dem VG (dabei handelt es sich nicht um eine behördliche Aussetzungsentscheidung nach § 80 Abs. 4 VwGO[665]).
   „Denn die Behörde trifft allgemein die verfassungsrechtliche Obliegenheit, während eines Gerichtsverfahrens um die Gewährung vorläufigen Rechtsschutzes vor dem Hintergrund der Effektivität verwaltungsgerichtlichen Eilrechtsschutzes von Maßnahmen des Verwaltungszwangs abzusehen."[666] VG Ansbach, Beschluss v. 11.03.2019 – AN 9 S 18.02370:

663 NVwZ 2014, 363: Erfolgreicher Antrag auf Erlass einer einstweiligen Anordnung gegen die Durchführung von Vollstreckungsmaßnahmen vor Abschluss eines verwaltungsgerichtlichen Eilverfahrens; siehe auch OVG Saarlouis, Beschluss vom 2.5.2014, 2 B 225/14 (einstweiliger Rechtsschutz gegen eine Zwangsgeldfestsetzung).

664 Siehe § 17 SächsVwVG.

665 Weber, Der Bescheid über die Aussetzung der Vollziehung nach § 80 Abs. 5 VwGO, apf 1999, 226; Der Bescheid nach § 80 Abs. 4 VwGO im gewerberechtlichen Verfahren, KommJur 2006, 134; Verwaltungsvollstreckung im Erzgebirge (Klausur), JA 2007, 536; siehe auch OVG Saarlouis, Beschluss vom 2.5.2014, 2 B 225/14 (einstweiliger Rechtsschutz gegen eine Zwangsgeldfestsetzung).

666 BVerfG, NJW 1987, 2219; VG Weimar, Beschluss vom 3.5.2002, 4 VO 48/02.

„Die Antragsgegnerin (Anm.: Vollstreckungsbehörde) *teilte am 20.12.2018 mit, dass sie bis zur Entscheidung des Gerichts keine Zwangsmaßnahmen ergreifen werde."*

3. Sog. verwaltungsgerichtliche Hängebeschlüsse[667]
Geht das VG davon aus, dass trotzdem Vollstreckungsmaßnahmen durchgeführt werden sollen (insbes. wg. fehlender „Stillhaltezusage" der Vollstreckungsbehörde), so kann es (als Ausnahmefall[668], siehe oben BVerfG) einen **sog. Hängebeschluss** erlassen (gestützt auf Art. 19 Abs. 4 GG, da in der VwGO nicht vorgesehen).
Das VG gibt dann der Behörde (von Amts wegen oder auf Antrag) auf, bis zur Entscheidung des Verwaltungsgerichts im Eilverfahren keine (weiteren) Vollstreckungsmaßnahmen einzuleiten.

IV. Erledigungsfälle

Die Erledigung des Verwaltungsaktes (Ende der Wirksamkeit) ist in § 43 II VwVfG geregelt.
BVerwG, Beschluss vom 27.7.2005, 6 B 37.05: *Die Erledigung eines Verwaltungsakts bedeutet Wegfall seiner beschwerenden Regelung. Ob dieser Wegfall eingetreten ist, ist vom Regelungsgehalt des Verwaltungsakts her zu beurteilen.*
Problematisch im Vollstreckungsverfahren sind oft die sog. Erledigungsfälle[669].
Bei einer „Erledigung" handelt es sich um ein typisches sog. Vollstreckungshindernis *(siehe § 19 Abs. 5 Satz 1 SächsVwVG).*
Zur Verdeutlichung der Problems sollen einige Fälle aus der Rspr. angesprochen werden:

1. Beschluss des OVG Münster vom 18.7.1996

Dieser Entscheidung[670] lag folgender Sachverhalt zugrunde:
Die Vollstreckungsbehörde hatte dem Vollstreckungsschuldner durch sofort vollziehbare Ordnungsverfügung untersagt, einen Imbisswagen nach Ablauf einer Frist von 3 Tagen nach Bekanntgabe der Ordnungsverfügung weiter zu betreiben.

---

667 BVerwG, Beschluss vom 20.8.2012, 7 VR 7.12: erfolgloser Antrag auf Erlass eines sog. Hängebeschlusses; VG Weimar, Beschluss vom 3.5.2002, 4 VO 48/02: abgelehnter Antrag auf Erlass eines Hängebeschlusses (Zwischenentscheidung).

668 VGH München, BayVBl. 2000, 88; VGH Mannheim, Beschluss vom 26.9.2017 – 2 S 1916/17.

669 Siehe dazu ausführlich WEBER, VR 2003, 363, 366 ff., und „Asbest in Görlitz" (Klausur), VR 2007, 278 ff.; APP, Einführung in das Verwaltungsvollstreckungsrecht, JuS 2004, 786, 791; BRÜHL, JuS 1998, 65 ff.; KINTZ, S. 86; THOMAS WEBER, DVBl. 2012, 1130, 1133.
Ein typischer „Erledigungsfall" ist auch die Rückgabe des Führerscheins im Zusammenhang mit der Entziehung der Fahrerlaubnis. Dazu äußerte sich das VG Koblenz mit Beschluss vom 1.12.2020, 4 L 1078/20 KO: *„Die Zwangsmittelandrohung hat sich mit der Ablieferung des Führerscheins am 20.11.2020* ***erledigt*** *und es gibt keine zureichenden Anhaltspunkte dafür, dass der Antragsgegner nach fristgerechter Abgabe des Führerscheins in rechtswidriger Weise noch hätte vollstrecken wollen oder dies künftig tun würde."*

670 NVwZ-RR 1997, 764.

Für den Fall, dass der Adressat der Verfügung nicht nachkommen sollte, drohte die Behörde ein Zwangsgeld in Höhe von 5.000 DM an. Diese Verfügung mit dem Hinweis auf evtl. Ersatzzwangshaft wurde am 3.5.1994 zugestellt.
Der Betrieb des Imbisswagens lief bis zum 9.5.1994.
Daraufhin setzte die Behörde mit Bescheid vom 9.5.1994 das Zwangsgeld fest (Rechtslage in Nordrhein-Westfalen wie in Sachsen) und stellte den Bescheid auch am 9.5.1994 zu. Am 10.5.1994 begann der Abbau des Imbisswagens.
Nach sich anschließenden Vollstreckungsversuchen (Beitreibung) der Vollstreckungsbehörde stand die „Uneinbringlichkeit" des Zwangsgeldes fest.
Daraufhin beantragte die Vollstreckungsbehörde beim Verwaltungsgericht die Ersatzzwangshaft.

a) Bemerkenswert ist hier, dass die Beitreibung des Zwangsgeldes (*als 3. Stufe der Verwaltungsvollstreckung nach Androhung und Festsetzung des Zwangsgeldes)* zu einem Zeitpunkt stattfand, als eine Zuwiderhandlung gegen die Ordnungsverfügung überhaupt nicht mehr denkbar war.
   Denn der Imbisswagen ist zwar erst nach der Zwangsgeldfestsetzung vom 9.5.1994 am 10.5.1994 abgebaut worden, die Vollstreckung in Form der Beitreibung erfolgte aber später. Und sehr viel später, nach Feststellung der *„Uneinbringlichkeit"* des Zwangsgeldes im Beitreibungsverfahren, kam es zu dem behördlichen Antrag auf gerichtliche Festsetzung der Ersatzzwangshaft.
b) Bedenken kann man bereits gegen die Vollstreckung in Form der Beitreibung geltend machen, denn zum Zeitpunkt der Beitreibung (3. Stufe des Vollstreckungsverfahrens „Zwangsgeld") war ein Verstoß gegen die Ordnungsverfügung nicht mehr möglich.
   Die Ordnungsverfügung (Untersagung des weiteren Betreibens des Imbisswagens) in Form des Vollstreckungstitels, welcher Voraussetzung für das weitere Verwaltungsvollstreckungsverfahren ist, hatte sich aber jedenfalls bereits vor der Beantragung der Ersatzzwangshaft erledigt (§ 19 Abs. 5 Satz 2 SächsVwVG; § 43 Abs. 2 VwVfG).[671]
   Deshalb ist hier von einem sog. Vollstreckungshindernis auszugehen (Vollstreckung einer Untersagung).
c) Dagegen vertrat das OVG Münster folgende Auffassung:
   „Die Befolgung der Ordnungsverfügung steht der Anordnung der Ersatzzwangshaft nicht entgegen. Ebenso wie ein Zwangsgeld auch dann festgesetzt und beigetrieben werden kann, wenn eine weitere Zuwiderhandlung wg. Fristablaufs oder Erledigung der Verfügung nicht mehr möglich ist (Anm.: auch diese Ansicht begegnet, wie oben unter 2. dargelegt, erheblichen Bedenken), kann auch bei Uneinbringlichkeit des Zwangsgeldes die Ersatzzwangshaft angeordnet werden. Dies ergibt sich aus dem Charakter der Ersatzzwangshaft als Beugemittel.

671 Das OVG Münster spricht in seiner Entscheidung selbst von der „Befolgung der Ordnungsverfügung" und anschließend auch von der Erledigung!

(Zwischenfrage: Welcher Wille des Vollstreckungsschuldners soll nach Erledigung des der Vollstreckung zugrunde liegenden Verwaltungsaktes noch gebeugt werden?) Gleichermaßen wie die nachfolgende Festsetzung und Beitreibung des Zwangsgeldes soll auch die Anordnung der Ersatzzwangshaft dem Beugemittel „Androhung“ Nachdruck verleihen…“

2. Beschluss des OVG Münster vom 18.12.1996:

Mit dem Problem der „Erledigung der Grundverfügung“ vor Beantragung und Anordnung der Ersatzzwangshaft beschäftigte sich ein weiterer Beschluss des OVG Münster vom 18.12.1996[672]*, dem folgender Sachverhalt zugrunde lag:*
Mit behördlicher Ordnungsverfügung vom 28.6.1995 (Aufenthaltsverbot für 3 Monate[673] *zur Verhinderung von Drogenhandel und -konsum) wurde dem Betroffenen ein Zwangsgeld in Höhe von 2.000 DM angedroht mit Hinweis auf evtl. Ersatzzwangshaft. Anschließend erfolgte die Festsetzung des Zwangsgeldes und die Behörde versuchte vergeblich, das Zwangsgeld zwangsweise beizutreiben.*

a) Dabei stellte das OVG in seinen Entscheidungsgründen ausdrücklich fest, dass zum Zeitpunkt der gerichtlichen Entscheidung über den Zwangshaftantrag ein weiterer Verstoß gegen die vorgenannte Ordnungsverfügung wg. Zeitablaufs des auf 3 Monate befristeten Aufenthaltsverbots nicht mehr möglich war.

b) *„Dies nimmt der Ersatzzwangshaft nicht den Charakter als Beugemittel(!) … Dient die Anordnung der Ersatzzwangshaft nach Erledigung der Grundverfügung allerdings nur noch dazu, einer Entwertung der Androhung des Zwangsgeldes als Beugemittel zu begegnen, kommt mit Blick auf den Grundsatz der Verhältnismäßigkeit eine Ersatzzwangshaft nur ausnahmsweise bei Vorliegen besonderer Voraussetzungen in Betracht… Bei Zugrundelegung dieser Maßstäbe ist die Anordnung einer Ersatzzwangshaft im vorliegenden Fall trotz Erledigung der Grundverfügung ausnahmsweise angemessen…“.*

Beide Entscheidungen sind in Bezug auf ihre Äußerungen zur „Erledigung“ sehr bedenklich, denn im Verwaltungsvollstreckungsverfahren gilt der Grundsatz: Keine Bestrafung des Vollstreckungsschuldners, sondern Zwangsmitteleinsatz nur als „Beugemittel“.

672 NVwZ-RR 1997, 763.
673 In Sachsen § 21 Abs. 1 SächsPVDG, höchstens 3 Monate.

3. **Beschluss des OVG Münster vom 19.1.2009**[674] (siehe auch unter 7., VGH Mannheim):

Wie im oben angesprochenen Beschluss vom 18.12.1996 (oben unter 2.) ging es wieder um ein erledigtes Aufenthaltsverbot.
Gegen die Vollstreckungsschuldnerin war ein Zwangsgeld festgesetzt worden, weil sie als Drogenkonsumentin gegen ein für die Dauer von 3 Monaten verhängtes Aufenthaltsverbot verstoßen hatte. Nachdem das Zwangsgeld in einem Zeitraum von mehr als 3 Jahren nicht beigetrieben werden konnte, beantragte die Vollstreckungsgläubigerin (Behörde) erfolglos die Anordnung von Ersatzzwangshaft gegen die Vollstreckungsschuldnerin.

„Die Anordnung der Ersatzzwangshaft kommt auf Grund ihrer Funktion als Beugemittel nach Erledigung der Grundverfügung (hier: dreimonatiges Aufenthaltsverbot) mit Blick auf den Grundsatz der Verhältnismäßigkeit nur ausnahmsweise in Betracht, etwa zum Schutz von Leben und Gesundheit Dritter...
*Nach Außerkraftsetzen des Aufenthaltsverbots besteht dagegen grundsätzlich keine Veranlassung mehr, seine Einhaltung gegenüber Drogenkonsumenten durch freiheitsentziehende Zwangsmaßnahmen durchzusetzen... Die beantragte Anordnung einer Ersatzzwangshaft erweist sich auch deshalb als unangemessen, weil die Geltungsdauer des Aufenthaltsverbots bereits vor mehr als 3 Jahren abgelaufen ist... Um die Wirkung des Zwangsgeldes als Beugemittel zu erhalten und hieran anknüpfend nötigenfalls die Ersatzzwangshaft erwirken zu können, hätte es dem Vollstreckungsgläubiger oblegen (**Anm.:** Vollstreckungsbehörde), das Zwangsgeld gegenüber der Vollstreckungsschuldnerin zeitnah beizutreiben bzw. abzuklären, ob es uneinbringlich ist.*
Wenn sich die Vollstreckungsbehörde hier gleichwohl mit der Beitreibung eines festgesetzten Zwangsgeldes übermäßig viel Zeit lässt, trägt eine dennoch erfolgende Anordnung der Ersatzzwangshaft nicht hinreichend dem besonderen Grundrechtseingriff Rechnung, der in einer Freiheitsentziehung liegt."

4. **Urteil des BVerwG vom 25.9.2008**[675] (siehe auch 7., VGH Mannheim)

Auch das BVerwG befasste sich mit einem *„Erledigungsfall"*, dem folgender Sachverhalt zugrunde lag:

a) Der Kläger wehrte sich gegen einen Leistungsbescheid, mit dem er zu den Kosten einer Ersatzvornahme herangezogen wurde.[676]
*Er war Eigentümer eines Grundstücks (**Anm.:** Zustandsstörer), auf dem von mehreren Pächtern in den Jahren 1972–1981 eine chemische Reinigung betrieben worden ist.*
Der 1. Pächter legte nach mehrfacher Festsetzung von Zwangsgeldern Planunterlagen zur Durchführung eines Baugenehmigungsverfahrens vor und 1977 erteilte die Behörde die bauaufsichtliche Genehmigung für die Nutzungsänderung im Erdgeschoss des Anwesens.
Im Jahre 2002 wurden erhöhte Schadstoffkonzentrationen auf dem Grundstück des Klägers festgestellt.

674 NVwZ-RR 2009, 516.
675 NVwZ 2009, 122.
676 Weber, SVR 2012, 241

Daraufhin erließ die Behörde gegenüber dem Kläger am 14.3.2003 einen sofort vollziehbaren Bescheid mit Androhung der Ersatzvornahme zur Durchführung verschiedener Erkundungsmaßnahmen[677]*. Der Kläger erhob Widerspruch, ließ aber im Wesentlichen die Erkundungsmaßnahmen durchführen (außer der anschließend angesprochenen Grundwassermessstelle).*

Da er die Niederbringung einer Grundwassermessstelle aber verweigerte, richtete die Behörde diese im März 2004 im Wege der Ersatzvornahme ein mit Kosten in Höhe von 7.700 Euro.

Daraufhin nahm der Kläger seinen Widerspruch in Bezug auf die Grundwassermessstelle zurück, verweigerte aber die Kostenzahlung für die Ersatzvornahme.

b) *In seinen rechtlichen Ausführungen stellt das BVerwG vorab fest, dass der Kläger sich nicht gegen die ordnungsbehördliche Grundverfügung aus dem Jahre 2003 wandte.*

„Ein Verwaltungsakt bleibt gemäß § 43 Abs. 2 VwVfG wirksam, solange er nicht erledigt ist. Allein der Vollzug eines dem Handlungspflichtigen auferlegten Verwaltungsaktes muss nicht bereits zu dessen Erledigung führen, und zwar auch dann nicht, wenn hiermit irreversible Tatsachen geschaffen werden.

Die Erledigung eines Verwaltungsaktes tritt vielmehr erst ein, wenn dieser nicht mehr geeignet ist, rechtliche Wirkungen zu erzeugen oder wenn die Steuerungsfunktion, die ihm ursprünglich innewohnte, nachträglich weggefallen ist.

*Daran gemessen hatte sich die Ordnungsverfügung vom 14.3.2003 (**Anm.:** Vollstreckungstitel mit Androhung der Ersatzvornahme) noch nicht erledigt. Vielmehr gehen von einem Verwaltungsakt, mit dem Handlungspflichten auferlegt werden, die im Wege der Ersatzvornahme vollstreckt wurden, auch weiterhin rechtliche Wirkungen für das Vollstreckungsverfahren aus. Denn der Grundverwaltungsakt bildet zugleich die Grundlage für den Kostenbescheid. Diese Titelfunktion des Grundverwaltungsaktes dauert an."*

5. Mit einem Fall der „Zweckerreichung" im Verwaltungsvollstreckungsverfahren befasste sich das **OVG Weimar im Jahre 2012:**[678]

a) *Sachverhalt*

Die Antragstellerin beantragte erfolglos die Einstellung der Zwangsvollstreckung wegen der Pfändungs- und Überweisungsverfügungen vom April 2012. Auch ein Antrag auf Gewährung vorläufigen Rechtsschutzes durch das Verwaltungsgericht blieb ohne Erfolg.

Hiergegen wendet sich die Antragstellerin mit ihrer Beschwerde nach § 123 VwGO beim OVG[679]*.*

677 Handlungspflichten, kein Fall des § 19 Abs. 5 Satz 2 SächsVwVG.

678 § 47 Abs. 4 Satz 1 ThürVwZVG: *„Die Vollstreckungsmaßnahmen sind einzustellen, sobald der Zweck der Zwangsvollstreckung erfüllt ist."*; Beschluss vom 5.6.2012, 1 EO 284/12; NJ 2014, 42 (nur teilweise abgedruckt), mit Anmerkung von Otto; siehe dazu § 2 a Abs. 1 Satz 1 SächsVwVG.

679 Zu den Verfahren nach § 123 VwGO siehe Weber, Der Protestaufruf des Oberbürgermeisters (Aktenvortrag), VR 2011, 18; und „Kein Platz für Kinder" (Aktenvortrag), JA 2014, 460.

Datum	
15.2.2011	Behördliche Untersagung der Betreibung eines Bordells auf dem Grundstück A. unter Androhung eines Zwangsgeldes in Höhe von 5.000 Euro
2.12.2011	Festsetzung des angedrohten Zwangsgeldes in Höhe von 5.000 Euro und Androhung eines weiteren Zwangsgeldes in Höhe von 6.000 Euro für den Fall der Nichtbefolgung in einer Frist von vier Wochen
17.1.2012	Festsetzung des angedrohten Zwangsgeldes in Höhe von 6.000 Euro mit gleichzeitiger Androhung unmittelbaren Zwangs für den Fall der Nichtbefolgung bis 14.2.2012 (Zwangsräumung, Versiegelung und Verschließung)
16.3.2012	Aufgabe der Nutzung des Gebäudes als Bordell
5. und 10.4.2012	Pfändungs- und Einziehungsverfügungen gegen zwei Drittschuldner der Antragstellerin zur Beitreibung der festgesetzten Zwangsgelder

b) Rechtsausführungen des OVG
„Die Antragsgegnerin wird verpflichtet, die Verwaltungsvollstreckung zur Beitreibung der mit den Bescheiden vom 2. November 2011 und vom 17. Januar 2012 festgesetzten Zwangsgelder von € 5.000 bzw. € 6.000 einzustellen, sowie die Pfändungs- und Einziehungsverfügungen vom 5. April 2012 gegenüber dem Drittschuldner Finanzamt Jena, Leutragraben 8, 07743 Jena und vom 10. April 2012 gegenüber der Drittschuldnerin C aufzuheben.
Nach der im Verfahren des vorläufigen Rechtsschutzes allein möglichen und gebotenen summarischen Prüfung sind Anordnungsanspruch und Anordnungsgrund hinreichend glaubhaft gemacht.

1. *Der Anordnungsanspruch ergibt sich aus § 47 Abs. 4 S. 1 ThürVwZVG. Danach sind Vollstreckungsmaßnahmen einzustellen, sobald der Zweck der Zwangsvollstreckung erfüllt ist.*[680]
   Bei der Anwendung des Zwangsmittels Zwangsgeld reichen die Zwangsvollstreckungsmaßnahmen im gestuften Verfahren von der Androhung über die Festsetzung bis zur Beitreibung (s. §§ 46, 48 Abs. 1 und Abs. 3 Satz 1 ThürVwZVG). Im Zeitpunkt der Erfüllung der Verpflichtung zur Nutzungsaufgabe am 16. März 2012 war die Zwangsvollstreckung noch nicht abgeschlossen, weil die Beitreibung noch nicht erfolgt war. Sie war nach § 47 Abs. 4 Satz 1 ThürVwZVG einzustellen. Der Sinn der Zwangsvollstreckung, den Pflichtigen zur Nutzungsunterlassung[681] *zu verpflichten, konnte durch die Beitreibung im April 2012 nicht mehr erreicht werden …*
2. *Wegen der bereits eingeleiteten Vollstreckungsmaßnahmen liegt auch ein Anordnungsgrund vor."*

c) Das OVG Weimar hat die angegriffene Pfändungs- und Einziehungsverfügung nicht als Verwaltungsvollstreckungsmaßnahme angesehen (§ 30 VwZVG Thü-

680 Siehe dementsprechend § 2 a Abs. 1 Nr. 1 SächsVwVG.
681 Siehe § 19 Abs. 5 Satz 2 SächsVwVG.

ringen, gleichlautend mit § 11 SächsVwVG). Hätte das OVG eine Vollstreckungsmaßnahme bejaht, so wäre ein Antrag nach § 80 Abs. 5 VwGO zulässig gewesen. Das OVG hat aber nach § 123 VwGO entschieden (siehe § 125 Abs. 5 VwGO, Vorrang von § 80 VwGO).[682]

6. Abschließende Anmerkung zu den Zweckerreichungs- und Erledigungsfällen:

Ausgangspunkt der rechtlichen Beurteilung insbes. der beispielhaft angesprochenen „Erledigungsfälle" (OVG Münster) im Verwaltungsvollstreckungsverfahren ist der tragende Grundsatz, dass das gesamte Vollstreckungsverfahren den Einsatz von Zwangsmitteln nur als „Beugemittel" vorsieht. Eine „Bestrafung" des Vollstreckungsschuldners[683] ist mit Sinn und Zweck des Verwaltungsvollstreckungsverfahrens unvereinbar.

a) Denn es soll doch im Wege der Vollstreckung (durch den Zwangsmitteleinsatz bis hin zur Anordnung von Zwangshaft) nur erreicht werden, dass der Vollstreckungsschuldner den behördlichen Festlegungen entspr. dem der Vollstreckung vorausgegangenen „Vollstreckungstitel" nachkommt (das wäre dann ein Fall der sog. Zweckerreichung, *siehe OVG Weimar, oben 5*).

b) Nach „Erledigung" dieses der Verwaltungsvollstreckung vorausgehenden Grundverwaltungsaktes in Form des „Vollstreckungstitels" (wovon das OVG Münster im 2. angesprochenen Fall ausdrücklich auch ausgeht) ist es nur schwer vertretbar und nachvollziehbar, bei weiterer Durchführung des Verwaltungsvollstreckungsverfahrens und dem weiteren Einsatz von Zwangsmitteln trotz „Erledigung" noch von „Beugemitteln" zu sprechen. Insbes. die dann vom OVG Münster noch bejahte Anordnung von Ersatzzwangshaft ist unverhältnismäßig. Vielmehr ist davon auszugehen, dass im „Erledigungsfall" die Grundlage für die Verwaltungsvollstreckung, nämlich der Vollstreckungstitel, entfallen ist *(siehe § 43 Abs. 2 VwVfG)*. Deshalb verbieten sich dann weitere Vollstreckungsmaßnahmen.

c) Außerdem liegt ein Verstoß gegen den Verhältnismäßigkeitsgrundsatz[684] (als wesentliches Merkmals des Rechtsstaatsprinzips) bei der Anwendung von Zwangsvollstreckungsmaßnahmen vor *(siehe vor unter II.)*, wenn trotz Erledigung z. B. noch Zwangshaft von der Vollstreckungsbehörde beantragt und vom Gericht festgesetzt würde.
Siehe dazu das Beispiel in Kapitel L. IV., Zwangshaft bei uneinbringlichem Zwangsgeld (Beschluss des VG Stuttgart betr. Zwangshaft für eine Prostituierte).

d) Fazit: Bei Vorliegen eines Vollstreckungshindernisses (§§ 2 a, 19 Abs. 5 VwVG) ist das Verwaltungsvollstreckungsverfahren von Amts wegen zu beenden. Dafür sprechen auch die Regelungen des SächsVwVG, *siehe oben I. und die Entscheidung des OVG Weimar, oben 5.*

---

682 Obermayer/Funke-Kaiser, Anm. 2 zu § 123 VwGO, mit Hinweisen auf die Rspr.

683 VGH Mannheim, NVwZ-RR 1994, 620, und DÖV 1996, 792, 793; VG Berlin, NVwZ-RR 1999, 349, 350; VG Dessau, LKV 1996, 80; VG Stuttgart, NVwZ 1999, 323.

684 OVG Greifswald, NVwZ-RR 1997, 762.

e) **Dazu noch das Urteil des OVG Magdeburg vom 23.10.2019, 2 L 51/17** betr. eine Zwangsgeldfestsetzung: *„Der Bescheid ist jedoch materiell rechtswidrig. Die Voraussetzungen der Festsetzung des Zwangsgeldes lagen nicht vor. Die Festsetzung des Zwangsgeldes setzt voraus, dass nach der Androhung des Zwangsgeldes und während der Zeit, in der die vollziehbare Ordnungsverfügung noch galt, hiergegen verstoßen wurde. Daran fehlt es hier. Der Kläger hat gegen die Baueinstellungsverfügung vom 04.09.2012 nicht verstoßen.“*
Siehe dazu auch OVG Bautzen unter I 4. (endgültige Betriebseinstellung)
VG Freiburg, Gerichtsbescheid vom 25.11.2011 – 4 K 2329/10:
*Seit April 2011 steht, weil die Klägerin den Betrieb einer Automatenvideothek in ihrer Betriebsstätte in der E. Straße … endgültig aufgegeben hat, fest, dass sich das für diese Betriebsstätte ausgesprochene Betriebsverbot an Sonn- und Feiertagen **erledigt** hat. Damit kommt, weil sich der Zweck der Verwaltungsvollstreckung als eines reinen Beugemittels zur Durchsetzung eines Grundverwaltungsakts erledigt hat, eine Fortsetzung der Verwaltungsvollstreckung (in Form der Festsetzung eines weiteren Zwangsgelds) nach Maßgabe der §§ 11 und 19 Abs. 3 und 4 LVwVG nicht mehr in Betracht …*
*Ob die Klage auf Grund des Wegfalls des Vollstreckungszwecks auch insoweit – und damit insgesamt – unzulässig ist, als sie sich (vor allem) gegen die **bereits ausgesprochene Zwangsgeldfestsetzung** richtet, kann hier dahingestellt bleiben, weil die Klage bei insoweit unterstellter Zulässigkeit in jedem Fall unbegründet ist. **An eine Unzulässigkeit der Klage wäre immerhin dann zu denken, wenn das festgesetzte Zwangsgeld von 500 EUR noch nicht beigetrieben wäre. Denn auch in einem solchen Fall wäre die Verwaltungsvollstreckung wegen Erledigung des Grundverwaltungsakts einzustellen. Das gilt auch für die Beitreibung eines bereits festgesetzten Zwangsgelds.***

7. Zur Erledigung eines Platzverweises durch Polizeivollzugsbeamte (Vollstreckungstitel) mit nachfolgendem Bescheid über die Vollstreckungskosten

VGH Mannheim Urteil vom 3.5.2021, 1 S 512/19
Der Kläger wendet sich gegen eine Gebühr in Höhe von 80 € für die Vollstreckung eines Platzverweises. Er hält die Gebührenerhebung für rechtswidrig, weil der ihm gegenüber im Jahre 2012 im Zusammenhang mit einem Protest gegen das Projekt „Stuttgart 21“ erteilte Platzverweis rechtswidrig gewesen sei. Er habe von ihm nicht gesondert angefochten werden müssen, da er auf die zum Zeitpunkt der Klageerhebung bestehende höchstrichterliche Rechtsprechung habe vertrauen dürfen, wonach die Rechtmäßigkeit des Platzverweises inzident im Rahmen des Rechtsschutzes gegen den nachfolgenden Kostenbescheid für die Vollstreckung geprüft werde.
Rechtsausführungen des VGH:
„Ein Platzverweis erledigt sich nicht allein durch seine Vollstreckung, wenn von ihm noch rechtliche Wirkungen ausgehen. Das ist der Fall, wenn er die Grundlage für einen Bescheid über Vollstreckungskosten bilden kann.“
Ein Verwaltungsakt bleibt gemäß § 43 Abs. 1 LVwVfG wirksam, solange und soweit er nicht zurückgenommen, widerrufen, anderweitig aufgehoben oder durch Zeitablauf oder auf andere Weise erledigt ist. Eine Erledigung in diesem Sinne tritt nur und

erst dann ein, wenn die mit dem Verwaltungsakt verbundene Beschwer entfallen ist und er keine Rechtswirkungen mehr äußert. **Daraus folgt, dass allein der Vollzug eines Verwaltungsakts nicht zu dessen Erledigung führt.** Das gilt insbesondere dann, wenn die Vollziehung wieder rückgängig gemacht werden kann, wovon der Gesetzgeber etwa in § 113 Abs. 1 Satz 2 VwGO auch erkennbar ausgegangen ist. Darüber hinaus führt die Vollziehung eines Verwaltungsakts aber auch dann, wenn die Vollziehung im Einzelfall nicht mehr rückgängig gemacht werden kann, also irreversible Tatsachen geschaffen hat, nicht zu seiner Erledigung, wenn der Verwaltungsakt gleichwohl noch aus anderen Gründen Rechtswirkungen entfaltet.

Ausgehend davon erledigt sich ein Grundverwaltungsakt durch seine Vollstreckung, auch wenn diese irreversibel ist, dann nicht, wenn für die Vollstreckungsmaßnahme Vollstreckungskosten erhoben werden können. Denn der Grundverwaltungsakt entfaltet in diesem Fall weiterhin rechtliche Wirkungen dadurch, dass er – mittelbar – die Grundlage für den Kostenbescheid bildet (**sog. Titelfunktion des Grundverwaltungsakts für den Kostenbescheid,** vgl. BVerwG, Urt. v. 14.12.2016 – 1 C 11.15 – NVwZ 2017, 1064).

Die auch nach erfolgter Vollstreckung verbleibende rechtliche Bedeutung des Grundverwaltungsakts für den Vollstreckungskostenbescheid ergibt sich zwar nicht daraus, dass die Erhebung der Vollstreckungskosten tatbestandlich die Rechtmäßigkeit der Grundverfügung voraussetzt. Denn letzteres ist, wie oben gezeigt, gerade nicht der Fall. **Die Grundverfügung bleibt aber deshalb gleichwohl Grundlage für den Vollstreckungskostenbescheid,** weil – nicht ihre Rechtmäßigkeit, aber – ihre Existenz Voraussetzung für die Erhebung der Vollstreckungskosten ist. Letzteres ist der Fall, weil die Erhebung von Vollstreckungskosten, wie ebenfalls bereits gezeigt, voraussetzt, dass die Vollstreckungsmaßnahme, für die Kosten erhoben werden sollen, gemessen an dem Verwaltungsvollstreckungsgesetz rechtmäßig ist, und dieses Gesetz sieht als Mindestvoraussetzung für eine rechtmäßige Vollstreckung die Existenz eines (wirksamen und vollziehbaren) Verwaltungsakts vor (vgl. § 2 LVwVG). **An dieser Mindestvoraussetzung für eine rechtmäßige Vollstreckung fehlt es nicht nur dann, wenn ein Grundverwaltungsakt von Anfang an nie existierte, sondern auch dann, wenn ein ursprünglich vorhandener Verwaltungsakt von einem Verwaltungsgericht nachträglich, aber mit Wirkung ex tunc – rückwirkend – beseitigt wird.** Eben dies ist durch eine Anfechtungsklage möglich. Denn **ein stattgebendes Kassationsurteil** nach § 42 Abs. 1 Alt. 1 VwGO führt grundsätzlich zur Aufhebung des angefochtenen Verwaltungsakts mit Wirkung ex tunc. Sie wirkt also auf den Zeitpunkt des Erlasses des Verwaltungsakts zurück.

Deshalb kommt einem Grundverwaltungsakt auch nach seiner irreversiblen Vollstreckung weiterhin eine nicht lediglich tatsächliche, sondern rechtliche, teils als **„Titelfunktion"** bezeichnete Wirkung in Bezug auf die Vollstreckungskosten zu (vgl. im Ergebnis BVerwG, Urt. v. 14.12.2016 – 1 C 11.15 – NVwZ 2017, 1064 und v. 25.09.2008 – 7 C 5.08; siehe vor unter 4.).

Durchgreifende Bedenken hiergegen ergeben sich auch im Lichte von Art. 19 Abs. 4 Satz 1 GG umso weniger, als die Rechtsordnung weitere Instrumente vorsieht, über die Härten in Einzelfällen abgefangen werden können. So bestimmt § 58 Abs. 2 Satz 1

VwGO, dass auch der Ablauf der Jahresfrist der Zulässigkeit einer Klage nicht entgegensteht, wenn die Einlegung des Rechtsbehelfs vor Ablauf der Jahresfrist infolge höherer Gewalt unmöglich war (oder gar eine schriftliche oder elektronische Belehrung dahin erfolgt ist, dass ein Rechtsbehelf nicht gegeben sei). In anderen Einzelfällen kann bei Versäumung der Klagefrist eine Wiedereinsetzung in den vorigen Stand nach Maßgabe von § 60 VwGO in Betracht kommen. In besonders gelagerten Einzelfällen sind zudem Anträge auf Wiederaufgreifen des Verfahrens im engeren oder weiteren Sinne nach §§ 48 f., 51 (L)VwVfG denkbar, wobei gegen ablehnende Entscheidung wiederum der Verwaltungsrechtsweg eröffnet ist. Führt im Einzelfall keiner dieser Wege dazu, dass eine versäumte Jahresfrist überwunden werden kann, ist die, wie gezeigt, auch im Licht von Art. 19 Abs. 4 Satz 1 GG verfassungsrechtlich gerechtfertigte Entscheidung des Gesetzgebers zu respektieren, **dass der Grundverwaltungsakt dann im Interesse der Rechtssicherheit Bestandskraft erlangt hat.** Art. 19 Abs. 4 Satz 1 GG rechtfertigt nicht, diese Entscheidung für die vorliegenden Fallkonstellationen entgegen dem einfachen Gesetzesrecht zu revidieren.

Die **Trennung von Primärrechtsebene und Vollstreckungsebene** bezweckt die Verrechtlichung und abschließende Lösung von Konflikten in dem ein Gewaltenmonopol in Anspruch nehmenden Rechtsstaat. Das Rechtsinstitut der Bestandskraft dient der Rechtssicherheit. Diese Ziele sind auch bei Sachverhalten im Anwendungsbereich in Art. 8 Abs. 1 GG legitim und rechtfertigen Regelungen wie die hier fraglichen, die es dem Adressaten von seines Erachtens in Art. 8 Abs. 1 GG eingreifenden Verwaltungsakten einerseits ermöglichen, diese einer verwaltungsgerichtlichen Kontrolle zu unterziehen und in der Folge auch Vollstreckungskosten abzuwehren, ihn aber andererseits ohne Anfechtung jedenfalls nach Ablauf einer Jahresfrist grundsätzlich an dem Grundverwaltungsakt festhalten und das Vollstreckungskostenrecht davon entkoppeln: *„Sowohl die Grundsätze freiheitlich-rechtsstaatlicher Ordnung allgemein als auch der besondere Schutzzweck des Art. 19 Abs. 4 Satz 1 GG gebieten es, dass Rechtssicherheit auch dort, wo sie über gerichtliche Verfahren herbeigeführt werden soll, binnen angemessener Frist bewerkstelligt werde: dies ist der Sinn von verfahrensrechtlichen (wie auch einer Reihe materiell-rechtlicher) Fristen, von Klagefristen, über Fristen für einzelne Prozesshandlungen bis hin zu Rechtsbehelfsfristen. Dieser Sinn trifft auch dann zu, wenn keine Gerichtsverfahren angestrengt werden. Nachgerade unter einer Verfassung, in der hoheitliches Verhalten so umfassend gerichtlicher Kontrolle unterstellt ist, ist es ein unabdingbares Anliegen der Rechtsgemeinschaft, klare und feste Regelungen darüber zu haben, ab wann ein hoheitliches Verhalten bestandskräftig ist, rechtlich nicht mehr in Frage gestellt werden kann. Im Bereich des Rechtsschutzes dienen neben dem Institut der Rechtskraft (…) in erster Linie prozessuale Fristen der Rechtssicherheit. An der Bestandskraft von Verwaltungsakten besteht ein vergleichbares rechtsstaatliches, in der Rechtssicherheit begründetes Interesse. (…) Gerade in einem Staat, der so weitgehend rechtlicher Kontrolle unterstellt ist, ist es unabdingbar, dass die Bestandskraft seiner Verwaltungsakte binnen angemessener Fristen eintritt, soll er nicht handlungsunfähig werden und damit der Freiheit aller Abbruch getan werden"* (BVerfG, Beschl. v. 20.04.1982 – 2 BvL 26/81 – BVerfGE 60, 253 m.w.N.).

Der VGH hat die Revision nicht zugelassen.

BVerwG, Beschluss vom 25.11.2021, 6 B 7.21

Das BVerwG hat die Beschwerde des Klägers gegen die Nichtzulassung der Revision zurückgewiesen:

... Der angefochtene Kostenbescheid betrifft die Kosten für die Vollstreckung eines Platzverweises nach dem baden-württembergischen § 52 Abs. 4 PolG a.F. i. V. m. § 31 Abs. 1 LVwVG ... **Zentraler Grundsatz des Verwaltungsvollstreckungsrechts ist, dass die Wirksamkeit und nicht die Rechtmäßigkeit vorausgegangener Verwaltungsakte Bedingung für die Rechtmäßigkeit der folgenden Akte und letztlich der Anwendung des Zwangsmittels ist** (BVerwG, Urteil vom 13. April 1984 – 4 C 31.81). Bei der Beurteilung der Rechtmäßigkeit einer Vollstreckungsmaßnahme kommt es daher gerade nicht auf die Frage der Rechtmäßigkeit der Grundverfügung an (vgl. BVerfG, Beschluss vom 7. Dezember 1998 – 1 BvR 831/89 – NVwZ 1999, 290, 292; BVerwG, Urteil vom 25. September 2008, 7 C 5.08).

Im Übrigen trifft der Einwand der Beschwerde, dem Kläger sei eine Überprüfung des Platzverweises wegen einer Rechtsprechungsänderung „verwehrt" worden, ersichtlich nicht zu. Dem Kläger stand es ohne weiteres frei, rechtzeitig Rechtsschutz unmittelbar gegen diese Maßnahme zu suchen. Es ist seiner Risikosphäre zuzurechnen, wenn er sich als – eigenen Angaben zufolge – juristischer Laie auf seine rudimentären Rechtskenntnisse verlässt und davon absieht, fachkundigen Rat einzuholen; hierdurch wird er keineswegs der „Verwaltungswillkür" unterworfen, wie die Beschwerde meint ...

Die Beschwerde wirft die Frage auf, „ob § 31 LVwVG das ungeschriebene Tatbestandsmerkmal beinhaltet, dass der Grundverwaltungsakt nicht nur wirksam, sondern auch rechtmäßig sein muss". Gerade im Versammlungsrecht bestehe andernfalls die Gefahr, dass Teilnehmer von der Ausübung ihres Grundrechts aus Art. 8 Abs. 1 GG abgehalten würden, um nicht „willkürlich Kosten durch Rechtsprechungsänderungen ausgesetzt zu werden".

Mit diesem Vorbringen zeigt die Beschwerde keine Frage zum revisiblen Recht auf, sondern rügt die fehlerhafte Anwendung von irrevisiblem Landesrecht, dessen Nachprüfung dem Bundesverwaltungsgericht als Revisionsgericht versagt ist (§ 137 Abs. 1 Nr. 1, § 173 Satz 1 VwGO i. V. m. § 560 ZPO). Nach § 137 Abs. 1 Nr. 2 VwGO sind nur Vorschriften des Verwaltungsverfahrensgesetzes eines Landes revisibel, die ihrem Wortlaut nach mit dem Verwaltungsverfahrensgesetz des Bundes – und nicht auch dem Verwaltungsvollstreckungsgesetz des Bundes – übereinstimmen. Teilweise übereinstimmende Formulierungen im Landes- und Bundesrecht (vgl. § 31 Abs. 1 LVwVG einerseits und § 19 Abs. 1 Satz 1 VwVG andererseits) oder die Heranziehung allgemeiner, dem Bundesrecht entnommener Rechtsgrundsätze eröffnen nicht die revisionsgerichtliche Überprüfung (vgl. BVerwG, Beschluss vom 15. Februar 2019, 6 B 6.19). Eine Revisionszulassung wegen grundsätzlicher Bedeutung käme daher nur in Betracht, wenn mit der Nichtzulassungsbeschwerde die Rüge der Nichtbeachtung von Bundesrecht, insbesondere von Bundesverfassungsrecht, bei der Anwendung und Auslegung von Landesrecht erhoben würde, und daraus eine klärungsbedürftige Rechtsfrage der revisiblen Maßstabsnorm herzuleiten wäre (vgl. BVerwG, Urteil vom 14. Dezember 2016, 6 C 19.15 – BVerwGE 157, 46, 48). Hierfür genügt es jedoch nicht, dass die Beschwerde auf das Grundrecht aus Art. 8 Abs. 1 GG verweist und sinngemäß behauptet, die Auslegung der landesrechtlichen Bestimmungen durch das Berufungsgericht führe dazu, dass von der Ausübung dieses Grundrechts abgesehen werde, um nicht "willkürlich Kosten durch Rechtsprechungsänderungen ausgesetzt zu werden". Dies gilt auch hinsichtlich des wiederholt vorgebrachten Vorwurfs, Art. 19 Abs. 4 GG werde verletzt.

V. Zur Erzwingung einer Duldung oder Unterlassung dürfen Zwangsmittel nicht mehr angewandt werden, wenn eine weitere Zuwiderhandlung nicht mehr zu befürchten ist (§ 19 Abs. 5 Satz 2 VwVG)

Dazu das Urteil des OVG Bautzen vom 18.1.2018, 3 A 646/16; siehe auch OVG Bautzen unter I 4.

Mit Bescheid vom 8.8.2012 verpflichtete die Beklagte die Klägerin, die von ihr im gesamten Stadtgebiet unerlaubt aufgestellten Alttextilcontainer auf öffentlichen Straßen, Wegen und Plätzen bis zum 24.8.2012 zu beräumen (Nr. 1). Sie wurde aufgefordert, künftig unerlaubte Sondernutzungen durch das Aufstellen von Alttextilcontainern auf öffentlichen Straßen, Wegen und Plätzen im Stadtgebiet der Beklagten zu unterlassen (Nr. 2). Zu beiden Verpflichtungen wurde die sofortige Vollziehung angeordnet (Nr. 3)… Für den Fall, dass sie ihrer Unterlassensverpflichtung nach Nr. 2 nicht nachkomme, wurde ihr ein Zwangsgeld i. H. v. 500,– € je unerlaubt aufgestelltem Alttextilcontainer angedroht (Nr. 5)... Es kam dann später zu einer Zwangsgeldfestsetzung...

Die Klägerin hat in der Berufung vorgetragen, dass der Zwangsgeldfestsetzung § 19 Abs. 5 Satz 2 SächsVwVG entgegengestanden habe. Ausweislich der Begründung des Widerspruchsbescheids sei das Zwangsgeld nicht präventiv für die Zukunft, sondern repressiv aufgrund bereits zurückliegender Vorgänge festgesetzt worden. Die fehlende Feststellung der Beklagten im Widerspruchsbescheid, dass gemäß § 19 Abs. 5 Satz 2 SächsVwVG weitere Zuwiderhandlungen durch die Klägerin zu befürchten gewesen seien, sei auch nicht durch spätere Ermessenserwägungen im Laufe des Rechtsstreits wirksam ergänzt worden.

„Die Zwangsgeldfestsetzung ist rechtswidrig, da die Beklagte ausweislich der maßgeblichen Begründung im Widerspruchsbescheid ihr Entschließungsermessen fehlerhaft und damit rechtswidrig ausgeübt hat, ohne diesen Mangel im gerichtlichen Verfahren zu beheben.

Zu der Festsetzung eines Zwangsgelds steht der Beklagten ein Entschließungsermessen zu, welches sich insbesondere an der Festsetzungsgrenze aus § 19 Abs. 5 Satz 2 SächsVwVG zu orientieren hat... Mithin steht es in diesen Grenzen (§ 19 Abs. 5 Satz 1) im Ermessen der Behörde, ob sie ein Zwangsmittel anwendet. Eine weitere Grenze für die Ermessensausübung stellt § 19 Abs. 5 Satz 2 SächsVwVG dar...Um eine Nachprüfung der Ermessensentscheidung zu ermöglichen, soll nach § 39 Abs. 1 Satz 3 VwVfG die Begründung von Ermessensentscheidungen auch die Gesichtspunkte erkennen lassen, von denen die Behörde bei der Ausübung ihres Ermessens ausgegangen ist. Die Begründung der Zwangsgeldfestsetzung im Widerspruchsbescheid vom 21.10.2013 lässt keinen Spielraum für die Annahme, die Beklagte sei zumindest konkludent und in Übereinstimmung mit § 19 Abs. 5 Satz 2 SächsVwVG von einer Wiederholungsgefahr ausgegangen. Auf den Einwand der Klägerin im Widerspruchsverfahren, sie werde nunmehr der Unterlassensverfügung vom 8.8.2012 uneingeschränkt nachkommen, wird dort ausgeführt, dass diesen Ausführungen schon „allein aus dem Grund nicht gefolgt werden (könne), da die Zwangsgeldfestsetzung vom 16.7.2013 ausschließlich auf Grund der im Rahmen von September 2012 bis Dezember 2012 durchgeführten Ersatzvornahme durch die Stadt L...... erfolgte (...) Die Zwangsgeldfestsetzung erfolgte nicht für den Zeitraum ab Herausgabe der Container, sondern resultierte aus dem Zeitraum der durchgeführten Ersatzvornahme von September 2012 bis Dezember 2012. Das Zwangsgeld wurde nicht, wie von Ihnen dargelegt, präventiv für die Zukunft festgesetzt.

Hiernach hat die Beklagte das Zwangsgeld nicht zur Beugung des Willens für die Zukunft, sondern ausschließlich als Sanktion für ein in der Vergangenheit liegendes Verhalten festgesetzt, *was mit dem Wesen eines Zwangsgelds und insbesondere § 19 Abs. 5 Satz 2 SächsVwVG nicht zu vereinbaren und deshalb ermessensfehlerhaft ist. Dieser Mangel ist auch nachfolgend nicht geheilt worden....“.*

VI. Sonderfall der Einstellung von Verwaltungsvollstreckungsmaßnahmen wg. der Sperrwirkung des § 12 GewO

1. Die Norm lautete wie folgt:

§ 12 Insolvenzverfahren

Vorschriften, welche die Untersagung eines Gewerbes oder die Rücknahme oder den Widerruf einer Zulassung wegen Unzuverlässigkeit des Gewerbetreibenden, die auf ungeordnete Vermögensverhältnisse zurückzuführen ist, ermöglichen, finden während eines Insolvenzverfahrens, während der Zeit, in der Sicherungsmaßnahmen nach § 21 der Insolvenzordnung angeordnet sind, und während der Überwachung der Erfüllung eines Insolvenzplans (§ 260 der Insolvenzordnung) keine Anwendung in Bezug auf das Gewerbe, das zur Zeit des Antrags auf Eröffnung des Insolvenzverfahrens ausgeübt wurde.
Dies gilt nicht für eine nach § 35 Absatz 2 Satz 1 der Insolvenzordnung freigegebene selbstständige Tätigkeit des Gewerbetreibenden, wenn dessen Unzuverlässigkeit mit Tatsachen begründet wird, die nach der Freigabe eingetreten sind.
Anmerkung: *Zur Neufassung siehe unter 5.*

2. Zur sog. Sperrwirkung des § 12 GewO
„§ 12 GewO bezweckt den Ausschluss der Anwendung von Vorschriften über die Gewerbeuntersagung für die gesamte Zeit des Insolvenzverfahrens sowie für die Dauer bestimmter Zeiträume davor und danach.
Entspr. der Zielsetzung des § 1 InsO soll die Möglichkeit der Sanierung des insolventen Unternehmens offengehalten werden. Demgegenüber ist ein Bedürfnis, den Geschäftsverkehr zu schützen, während des Insolvenzverfahrens nicht gegeben, da neue Vertragspartner durch die Vorschriften des Insolvenzrechts über die Einsetzung eines Insolvenzver-

walters, den Vorrang der Masseverbindlichkeiten und die Aufsicht des Insolvenzgerichts hinreichend gesichert sind."[685]

„Der Gesetzgeber verfolgt mit § 12 GewO das Ziel, die Sanierungschancen des insolventen Unternehmens zu erhalten, dem Insolvenzverfahren im Verhältnis zum gewerberechtlichen Untersagungsverfahren ***absolute Priorität*** *zuzuweisen und damit sicherzustellen, dass keine dem Insolvenzverfahren zuwiderlaufende Entscheidungen getroffen werden".*[686]

3. Zur Sperrwirkung des § 12 GewO im Verwaltungsvollstreckungsverfahren hat der VGH München ausgeführt[687]:

„Die Bedenken gegen eine Ausdehnung der ***gesetzlichen Sperrwirkung*** *gemäß § 12 GewO auf jegliche Verwaltungsvollstreckungsmaßnahmen sind nicht von der Hand zu weisen. Die Ablehnung einer solchen auch das Verwaltungsvollstreckungsverfahren erfassenden Sperrwirkung bedeutet aber nicht, dass als einzige Möglichkeit zur angemessenen Berücksichtigung der mit einem Insolvenzverfahren verfolgten Ziele die Verlegung des maßgeblichen Beurteilungszeitpunkts auf einen Zeitpunkt nach Erlass der Gewerbeuntersagung bliebe. Vielmehr kann der vom Gesetzgeber verfolgte Schutzzweck auch auf andere Weise während des Stadiums der Vollstreckung einer sofort vollziehbaren oder bestandskräftigen Gewerbeuntersagung erreicht werden.*

Denn nach den einschlägigen Verwaltungsvollstreckungsgesetzen muss die zuständige Behörde vor der Anwendung eines jeden Zwangsmittels eine gesonderte Entscheidung über das „Ob" und das „Wie" der Vollstreckung treffen. Dies ergibt sich aus dem bundesrechtlich wie landesrechtlich für Zwangsmittel zur Erzwingung von Handlungen, Duldungen oder Unterlassungen geltenden Gebot der Verhältnismäßigkeit (vgl. § 9 Abs. 2 Satz 1 und 2 VwVG bzw. die der bundesrechtlichen Regelung nachgebildeten landesrechtlichen Vorschriften, z.B. Art. 29 Abs. 3 Satz 1 und 2 BayVwZVG). Ausdruck dieses Verhältnismäßigkeitsgebots sind auch Art. 37 Abs. 4 Satz 1 BayVwZVG bzw. § 15 Abs. 3 VwVG (Einstellung der Vollstreckung, sobald der Pflichtige seiner Verpflichtung nachkommt bzw. der Vollstreckungszweck erreicht ist). Dabei könnte auch eine möglicherweise erforderliche Differenzierung erfolgen zwischen einerseits demjenigen Gewerbetreibenden, der eine für sofort vollziehbar erklärte Gewerbeuntersagung einfach missachtet hat und nur aus diesem Grund im Zeitpunkt der Eröffnung eines Insolvenzverfahrens (in das er sich möglicherweise sogar durch eigenen Insolvenzantrag „geflüchtet" hat) ein Gewerbe zwar tatsächlich, aber rechtswidrig ausübt, und andererseits demjenigen, der während einer ihm eingeräumten Abwicklungsfrist oder deswegen, weil der Sofortvollzug nicht angeordnet wurde, bei Eröffnung des Insolvenzverfahrens ein Gewerbe rechtmäßig betreibt.

685 VGH München, Gewerbearchiv 2009, 311, 312, unter Hinweis auf die BT-Drucksache 12/3803, S. 103; ebenso OVG Koblenz, NVwZ-RR 2011, 229, 230.

686 VGH München, BayVBl. 2014, 338, 340 und Beschluss v. 28.10.2021 – 22 ZB 21.1923, nachfolgend unter 6.; Weber, Zur Bedeutung der Sperrwirkung des § 12 GewO unter Beachtung der aktuellen Rechtsprechung, KommunalpraxisSpezial 2016, 41.

687 VGH München, BayVBl. 2014, 338, 340.

Hierbei könnte z. B. berücksichtigt werden, ob ein verwirktes Zwangsgeld von einem nicht „rechtstreuen" Gewerbetreibenden beigetrieben werden oder ob von einer solchen Maßnahme im Interesse eines erfolgreichen Insolvenzverfahrens Abstand genommen werden soll.

Die Vollstreckungsvorschriften ermöglichen also eine Handhabung, die dem mit § 12 GewO bezweckten Schutz sowohl des zu sanierenden insolventen Gewerbebetriebs als auch der Gläubiger und des Geschäftsverkehrs angemessen Rechnung trägt."

4. **§ 12 Satz 1 GewO normiert kein Verbot der Vollstreckung von Gewerbeuntersagungen für die Dauer des Insolvenzverfahrens** (BVerwG, Urteil vom 15.4.2015, 8 C 6.14):
„... Das an die Behörden gerichtete Verbot des Erlasses von Untersagungsverfügungen wegen ungeordneter Vermögensverhältnisse des Gewerbetreibenden während eines parallel zum Gewerbeuntersagungsverfahren laufenden Insolvenzverfahrens dient dem Ziel des § 12 Satz 1 GewO, die Möglichkeit einer Sanierung des insolventen Unternehmens offenzuhalten. Dieses Ziel erfordert nicht darüber hinaus, dass ein erst nach Abschluss des Gewerbeuntersagungsverfahrens eröffnetes Insolvenzverfahren unter Durchbrechung der Trennung von Untersagungs- und Wiedergestattungsverfahren die nachträgliche Rechtswidrigkeit einer auf ungeordnete Vermögensverhältnisse gestützten Untersagung auslöst. Allerdings hat der Bayerische Verwaltungsgerichtshof in diesem Zusammenhang zu Recht angenommen, dass § 12 Satz 1 GewO ***kein Verbot der Vollstreckung von Gewerbeuntersagungen*** *wegen wirtschaftlicher Unzuverlässigkeit des Gewerbetreibenden normiert, um die insolvenzrechtlichen Ziele zu sichern, wie dies zum Teil in der obergerichtlichen Rechtsprechung und in der Literatur vertreten wird. Dagegen spricht schon der klare Wortlaut der Vorschrift. Denn die vollstreckungsrechtlichen Vorschriften etwa zur Anordnung oder Festsetzung von Zwangsgeld „ermöglichen" nicht im Sinne von § 12 Satz 1 GewO die Untersagung eines Gewerbes wegen Unzuverlässigkeit des Gewerbetreibenden, sondern den Vollzug einer bereits ergangenen Gewerbeuntersagung. Außerdem betrifft die Frage der Unzuverlässigkeit wegen ungeordneter Vermögensverhältnisse die Rechtmäßigkeit des Grundverwaltungsaktes „Untersagung", die von der Rechtmäßigkeit von Maßnahmen zur Vollstreckung des Grundverwaltungsaktes strikt zu trennen ist. Zudem würde ein Vollstreckungsverbot eine ungerechtfertigte Privilegierung derjenigen Gewerbetreibenden bewirken, die eine vor Beginn der in § 12 Satz 1 GewO bezeichneten Zeiträume ergangene sofort vollziehbare oder bestandskräftig gewordene Untersagungsverfügung missachten. Die Frage, ob und inwieweit die Eröffnung des Insolvenzverfahrens oder die insolvenzgerichtliche Anordnung von Sicherungsmaßnahmen nach § 21 InsO bei Ausübung des vollstreckungsrechtlichen Ermessens Berücksichtigung finden kann, betrifft allein die Auslegung und Anwendung des landesrechtlichen Vollstreckungsrechts."*

5. **Neufassung von § 12 GewO**
Fassung aufgrund des Gesetzes zur Fortentwicklung des Sanierungs- und Insolvenzrechts (Sanierungs- und Insolvenzrechtsfortentwicklungsgesetz) vom 22.12.2020 (BGBl. I S. 3256), in Kraft getreten am 01.01.2021

§ 12 Insolvenzverfahren und Restrukturierungssachen

Vorschriften, welche die Untersagung eines Gewerbes oder die Rücknahme oder den Widerruf einer Zulassung wegen Unzuverlässigkeit des Gewerbetreibenden, die auf ungeordnete Vermögensverhältnisse zurückzuführen ist, ermöglichen, sind während der Zeit
1. *eines Insolvenzverfahrens,*
2. *in der Sicherungsmaßnahmen nach § 21 der Insolvenzordnung angeordnet sind,*
3. *der Überwachung der Erfüllung eines Insolvenzplans (§ 260 der Insolvenzordnung) oder*
4. *in der in einem Stabilisierungs- und Restrukturierungsrahmen ein Restrukturierungsbeauftragter bestellt ist, eine Stabilisierungsanordnung wirksam ist oder dem Restrukturierungsgericht ein Restrukturierungsplan zur Vorprüfung, zur Anberaumung eines gerichtlichen Erörterungs- und Abstimmungstermins oder zur Bestätigung vorliegt,*

nicht anzuwenden in Bezug auf das Gewerbe, das zur Zeit des Antrags auf Eröffnung des Insolvenzverfahrens oder des Antrags auf Anordnung des Restrukturierungs- oder Stabilisierungsinstruments ausgeübt wurde.Dies gilt nicht für eine nach § 35 Absatz 2 Satz 1 oder Absatz 3 der Insolvenzordnung freigegebene selbstständige Tätigkeit des Gewerbetreibenden, wenn dessen Unzuverlässigkeit mit Tatsachen begründet wird, die nach der Freigabe eingetreten sind.

6. **Beschluss des VG München vom 23.6.2021 – M 16 E 21.1758**

1. Die Eröffnung des Insolvenzverfahrens nach Erlass einer Gewerbeuntersagung bewirkt weder die Rechtswidrigkeit dieser Gewerbeuntersagung noch ein Verbot ihrer Vollstreckung.
2. Da der Vollzug bzw. die Anwendung des unmittelbaren Zwangs mangels Regelungscharakter kein anfechtbarer Verwaltungsakt, sondern ein Realakt ist, kommt vorläufiger Rechtsschutz nach § 80 Abs. 5 VwGO nicht in Betracht.
3. Im einstweiligen Verfahren nach § 123 VwGO ist ein Fortsetzungsfeststellungsantrag analog § 113 Abs. 1 S. 4 VwGO mangels Rechtsschutzbedürfnis ebenso unzulässig wie im Aussetzungsverfahren nach § 80 Abs. 5 VwGO.
4. Das Verbot der Vorwegnahme der Hauptsache steht einer Anordnung nach § 123 VwGO nur dann nicht entgegen, wenn dies zur Gewährung des effektiven Rechtsschutzes geboten ist und ein hoher Grad an Wahrscheinlichkeit dafür spricht, dass der mit der Hauptsache verfolgte Anspruch begründet ist.
5. Die Anordnung der Schließung eines Betriebes wegen gewerberechtlicher Unzuverlässigkeit des Gewerbetreibenden kann trotz laufenden Insolvenzverfahrens vollstreckt werden.

6. Die Verpflichtung, eine Betriebsstätte aufgrund einer bestandskräftigen Gewerbeuntersagungsverfügungen geschlossen zu halten, erlöscht nicht i. S. d. Art. 22 Nr. 3 BayVwZVG infolge der Eröffnung eines Insolvenzverfahrens.

Anmerkung: Art. 22 BayVwZVG
Einstellung der Vollstreckung
Vollstreckungsmaßnahmen sind einzustellen, wenn und soweit
1. sie für unzulässig erklärt werden oder
2. der zu vollstreckende Verwaltungsakt rechtskräftig aufgehoben wird oder
3. die Verpflichtung offensichtlich erloschen ist oder
4. die Anordnungsbehörde aus sonstigen Gründen um die Einstellung ersucht.

VGH München, Beschluss v. 28.10.2021 – 22 ZB 21.1923
§ 12 Satz 2 GewO hat ebenso wie § 12 Satz 1 GewO (dazu BVerwG, U.v. 15.4.2015 – 8 C 6/14; *siehe vor unter 4.*) keine Auswirkung auf die Rechtmäßigkeit einer Gewerbeuntersagung wegen einer auf ungeordneten Vermögensverhältnissen beruhenden Unzuverlässigkeit des Gewerbetreibenden, die bereits vor Eröffnung des Insolvenzverfahrens erlassen wurde.

Kapitel O
Unbeachtliche Fehler im Verwaltungs- und Vollstreckungsverfahren

I. Übersicht über Fehler im Verwaltungs- und Vollstreckungsverfahren

Fehlerhaftes Verwaltungs- und Verwaltungsvollstreckungsverfahren		
„schwerer" Fehler	**„mittlerer" Fehler**	**„kleiner" Fehler**
Nichtiger Verwaltungsakt[681]	**Rechtswidriger Verwaltungsakt**	**Unbeachtliche Fehler**
führt nach § 43 Abs. 3 VwVfG zu dessen Unwirksamkeit	bleibt wirksam, wird aber evtl. aufgehoben (siehe § 43 Abs. 2 VwVfG und § 113 Abs. 1 Satz 1 VwGO) aber „Heilung" möglich in bestimmten Fällen	nach § 42 VwVfG der Verwaltungsakt bleibt wirksam

Das VwVfG spricht mehrfach von „Fehlern"[689], die einem Verwaltungsakt anhaften können, z.B. in § 44 bei der Nichtigkeit, in § 45 bei der Heilung von Verfahrens- und Formfehlern und in § 46 betr. Folgen von Verfahrens- und Formfehlern.

II. Unbeachtliche Fehler

Vorab sind die „Fehler" anzusprechen, die nicht die Auswirkungen haben wie bei Rechtswidrigkeit oder Nichtigkeit des Verwaltungsaktes (sog. unbeachtliche Fehler).

1. Grundnorm ist insoweit § 42 VwVfG[690].
   Danach kann die Behörde Schreibfehler, Rechenfehler oder ähnliche offenbare Unrichtigkeiten in einem Verwaltungsakt jederzeit berichtigen. Dabei ist das berechtigte Interesse des Beteiligten zu berücksichtigen und die Behörde kann die Vorlage des Dokuments verlangen, das berichtigt werden soll.

Dazu das BVerwG in BVerwGE 40, 212, 216:
„Ein Verwaltungsakt ist offenbar unrichtig, wenn der Widerspruch zwischen dem, was die Behörde gewollt hat und dem, was sie in dem Verwaltungsakt zum Ausdruck gebracht hat, ohne weiteres erkennbar ist."

688 Das BVerwG (DVBl. 2012, 49, 50) spricht im Zusammenhang mit der Nichtigkeit eines Verwaltungsaktes von einem „besonders schweren Fehler".

689 Siehe auch Urteil des BayObLG vom 30.3.1965; NJW 1965, 1973 ff.; VGH München, NuR 2006, 383; VG München, NVwZ 2004, 1517, 1519.

690 VGH München, Beschluss vom 29.03.2012 – 22 ZB 12.452; OVG Magdeburg, Beschluss vom 6.12.2022, 3 L 107/22.Z.

2. Es handelt sich hier nicht um „echte" Rechtsfehler im engeren Sinne (wie bei rechtswidrigen oder nichtigen Verwaltungsakten), insbes. berührt dieser „Fehler" nicht die Wirksamkeit des Verwaltungsaktes[691]. Derartige Verwaltungsakte sind also weder rechtswidrig noch nichtig.
Problematisch ist dabei aber oft die Abgrenzung, ob es durch diesen Fehler schon zur Rechtswidrigkeit des Verwaltungsaktes kommt oder ob sie nur eine offensichtliche Unrichtigkeit darstellen.

3. § 42 VwVfG gibt dann der Behörde die Möglichkeit der klarstellenden Berichtigung. Der sachliche Gehalt des Verwaltungsaktes wird demnach durch die Berichtigung nicht berührt, sie hat lediglich Klarstellungsfunktion[692]. Es handelt sich um Unrichtigkeiten im äußeren Erscheinungsbild des Verwaltungsaktes, die den Beteiligten ohne weiteres auffallen bzw. aufdrängen[693], z. B. bei einem Vergleich zwischen Tenor und Begründung des Bescheides.

4. Beispiele für „offenbare Unrichtigkeiten"[694]
   - Falsche Datumsangabe im behördlichen Bescheid: Anstatt „12.2.2007" war dort der „12.1.2007" als Tag eines bestimmten Vorfalls angegeben[695]
   - falsche Schreibweise des Familiennamens
   - Angabe einer falschen Hausnummer oder Flurnummer eines Grundstückes
   - offensichtliches falsches Ergebnis eines Rechenvorgangs, z. B. Angabe des Betrags eines BAföG-Stipendiums in einer Höhe, die offensichtlich unzutreffend ist.

5. Die Berichtigung erfolgt dann entweder von Amts wegen oder auf Antrag des Betroffenen, wobei diese Berichtigung selbst kein Verwaltungsakt ist[696].

691 Obermayer/Funke-Kaiser, Anm. 2 zu § 42 VwVfG.
692 Obermayer/Funke-Kaiser, Anm. 3 zu § 42 VwVfG; Schnapp/Cordewener, JuS 1999, 40.
693 Obermayer/Funke-Kaiser, Anm. 9 zu § 42 VwVfG; Schnapp/Cordewener, JuS 1999, 40.
694 VGH München, Beschluss vom 29.03.2012, 22 ZB 12.452; VG Cottbus, Urteil vom 30.10.2018, 6 K 975/13: Schreibfehler.
695 OVG Lüneburg, NVwZ-RR 2007, 529, 531; siehe auch VG Ansbach, Urteil vom 17.1.2012, AN 4 K 11.01930 und BSG, Urteil vom 29.11.2012, B 14 AS 196/11 R.
696 Zum Verfahren siehe Obermayer/Funke-Kaiser, Anm.: 17 ff. zu § 42 VwVfG.

Kapitel P
Das rechtswidrige Verwaltungs- und Vollstreckungsverfahren

I. Grundsatz der Gesetzmäßigkeit der Verwaltung

Unter dem Gesichtspunkt des Rechtsstaatsprinzips (Gesetzmäßigkeit der Verwaltung, Art. 20 Abs. 3 GG)[697] ist grundsätzlich von rechtmäßiger Betätigung der Verwaltung auch (und erst recht) im Verwaltungsvollstreckungsverfahren auszugehen[698], das den Vollstreckungsschuldner in besonderem Maß belastet.
Trotzdem kommt es immer wieder auch zu rechtswidrigen Verwaltungsakten und sich daran anschließenden rechtswidrigen Verwaltungsvollstreckungsverfahren, wie zahlreiche (auch die hier bereits angesprochenen) Gerichtsentscheidungen zeigen. Oder der Grundverwaltungsakt (Vollstreckungstitel) ist rechtmäßig und „nur" das sich anschließende Verwaltungsvollstreckungsverfahren ist rechtswidrig.

II. Rechtswidrigkeit als „mittelschwerer" Fehler[699]

Demnach ist der rechtswidrige Verwaltungsakt (sei es der Grundverwaltungsakt und/oder der Verwaltungsakt im Verwaltungsvollstreckungsverfahren) mit einem Fehler[700] behaftet, siehe z. B. die §§ 44 und 45 VwVfG.

Im Zusammenhang mit der Prüfung der Rechtmäßigkeit einer sog. isolierten Zwangsgeldandrohung *(siehe oben im Kapitel J. VII.)* stellte der VGH München (NuR 2006) 383, fest:
„Die Zwangsgeldandrohung leidet auch sonst nicht an Rechtsfehlern …"

III. Der Begriff der „Rechtswidrigkeit" des Verwaltungsaktes

1. Allerdings ist die Frage der Rechtmäßigkeit oder Rechtswidrigkeit eines Verwaltungsaktes oftmals umstritten.

   Behörde und Adressat bzw. Vollstreckungsschuldner sind oft gegenteiliger Ansicht zu dieser Frage[701], auch die Rspr. entscheidet im Instanzenzug bei gleichem Sachverhalt nicht immer einheitlich.

   Vorab muss deshalb der Begriff der Rechtswidrigkeit definiert werden. So spricht z. B. das Verwaltungsverfahrensgesetz (§ 48 Abs. 1) von der Rücknahme eines

697 Maurer/Waldhoff, S. 130: Gesetzesvorbehalt in der Eingriffsverwaltung; OVG Münster, NVwZ 1995, 395, 396: fehlende Rechtsgrundlage; ebenso VG Potsdam, nachfolgend unter III 6.
698 VG Potsdam, LKV 2013, 432; Brühl, JuS 1997, 1024.
699 Weber, Fehler im Verwaltungs- und Vollstreckungsverfahren, LKV 2017, Heft 5.
700 VG München, NVwZ 2004, 1517, 1519: *„Fehler bei der Anwendung des Art. 7 Abs. 2 BayLStVG sind nicht gerügt und auch nicht ersichtlich"*; BFH, NJW 2003, 1070; VGH München, BayVBl. 2005, 536, 537, und NuR 2006, 383.
701 Brühl, JuS 1997, 1024.

rechtswidrigen Verwaltungsaktes[702]. Auch in § 113 Abs. 1 Satz 1 VwGO wird vom rechtswidrigen Verwaltungsakt gesprochen, der von Gerichts wegen aufzuheben ist, wenn er auch eine Rechtsverletzung beinhaltet (das ist bei Rechtswidrigkeit regelmäßig gegeben).

Anmerkung: *Siehe dazu die Ausführungen unter R. IX.*

2. Rechtmäßig ist ein Verwaltungsakt, wenn er allen Anforderungen entspricht, die die Rechtsordnung an ihn stellt[703].

3. Zum Problem der Rechtmäßigkeit oder Rechtswidrigkeit hat der BGH[704] ausgeführt:
   „Die Frage, ob ein Verwaltungsakt rechtmäßig oder rechtswidrig ist, beantwortet sich generell allein danach, ob die durch ihn getroffene Regelung sachlich richtig ist und mit der objektiven Rechtslage übereinstimmt oder ob sie sachlich falsch ist und gegen die Rechtlage verstößt."

Rechtswidrig ist deshalb ein Verwaltungsakt, der gegen
- **formelles und/oder**
- **materielles Recht** verstößt (unrichtige Anwendung bestehender Rechtssätze) und/oder auf einer unzureichenden Sachverhaltsermittlung beruht[705].

Diese Unterscheidung in der Prüfung zwischen formellem und materiellem Recht wendet die Rspr. auch im Verwaltungsvollstreckungsverfahren an[706].

Ausgangspunkt ist die zutreffende Sachverhaltsermittlung durch die Behörde, *siehe § 39 Abs. 1 Satz 2 VwVfG, sog. tatsächliche Gründe*
Beachtung der Regeln über die formelle Rechtmäßigkeit
Beachtung der Regeln über die materielle Rechtmäßigkeit, beginnend mit der zutreffenden Rechtsgrundlage insbes. in der sog. Eingriffsverwaltung

702 Siehe z. B. BVerwG, DÖV 2007, 255; VGH München, NVwZ-RR 1999, 575; Beschluss v. 30.03.2020, 10 ZB 19.460: rechtswidrige Zusicherung; VG München, Urteil v. 10.05.2017 – M 26 K 16.2438; OVG Lüneburg, Beschluss vom 09.04.2015, 5 LA 146/14.

703 Maurer/Waldhoff, S. 261.

704 UPR 2006, 188, 189.

705 VGH München, NuR 2006, 714, 715: *„Die streitgegenständliche Untersagungsanordnung ist schon deshalb rechtswidrig, weil es an der für eine sicherheitsrechtliche Eingriffsmaßnahme erforderlichen konkreten Gefahr für die öffentliche Sicherheit oder Ordnung fehlt." (**Anm.:** fehlender Tatbestand, Verstoß gegen materielles Recht)*; BVerwGE 31, 222; OVG Münster, NJW 2007, 3084; VG Göttingen, NVwZ-RR 1999, 169; VGH Mannheim, NVwZ-RR 1998, 428; VG Hannover, NVwZ-RR 2004, 852, 853; Pietzner/Ronellenfitsch, S. 416, mit Hinweisen auf Rspr. und Literatur; Maurer/Waldhoff, S. 261 ff.; BVerwG, Urteil vom 21.6.2017, 6 C 3.16.

706 OVG Schleswig, NVwZ-RR 1996, 200, 201; OVG Koblenz, NVwZ 1994, 715: *„formelle und materielle Rechtmäßigkeit der Ersatzvornahme"*.

4. Beispiele aus der Rechtsprechung:
   a) OVG Weimar, LKV 1998, 283, 284:
   „Nach alledem ist die Androhung der Ersatzvornahme im Bescheid der Behörde vom 1.7.1996 formell und materiell rechtmäßig erfolgt."
   b) BFH, NJW 2003, 1070, 1071:
   „Eine Vollstreckungsmaßnahme, der die wesentliche Voraussetzung eines vollstreckbaren Verwaltungsaktes fehlt, leidet mit Sicherheit an einem besonders schwerwiegenden Mangel."

Anmerkung: *der jedenfalls zur Rechtswidrigkeit führt hier konkret wg. fehlendem Vollstreckungstitel!*

   c) Urteil des VG Köln, Gewerbearchiv 2005, 376: *„Die Zwangsgeldfestsetzung ist deshalb ermessensfehlerhaft und rechtswidrig, weil sie ausweislich der falschen Mitteilung des Kassen- und Steueramtes auf einer unzutreffenden Tatsachengrundlage beruhte.*

Anmerkung: *fehlerhafte Sachverhaltsermittlung!*

   d) VGH Mannheim, DÖV 2007, 661: *„Der angefochtene Kostenbescheid ist materiell rechtswidrig wg. fehlender Rechtsgrundlage."*
   e) VGH Mannheim, NVwZ-RR 2013, 451:
   Der Bestimmtheitsmangel eines Verwaltungsaktes (§ 37 Abs. 1 VwVfG) führt jedenfalls „nur" zur Rechtswidrigkeit, evtl. aber auch zur Unwirksamkeit des Verwaltungsaktes infolge Nichtigkeit.

5. Als „formelles" Recht in diesem Sinne werden die Fragen der Zuständigkeit der Behörde, der zutreffenden Form des Verwaltungsaktes und die Einhaltung der Verfahrensvorschriften angesehen[707].
   a) Dabei bestehen vielfältige Heilungsmöglichkeiten bei Fehlern, z. B. beim Verfahrensfehler der fehlenden Anhörung nach § 28 Abs. 1 VwVfG[708]. Im Vollstreckungsverfahren ist anzumerken, dass nach § 28 Abs. 2 Nr. 5 VwVfG „bei Maßnahmen in der Verwaltungsvollstreckung" (siehe § 11 VwVG) von der Anhörung abgesehen werden kann.

707 Pietzner/Ronellenfitsch, S. 424; Maurer/Waldhoff, S. 274 ff.; Kintz, S. 120; siehe dazu die Formulierung in § 46 VwVfG (Verfahren, Form und örtliche Zuständigkeit)!

708 VGH Kassel, NuR 2007, 54, 55, zum Hessischen VwVfG; VG Lüneburg, Urteil vom 03.12.2018, 1 A 246/17; OVG Lüneburg, Beschluss vom 24.05.2019, 11 ME 189/19; VG Berlin, Beschluss vom 21.8.2020, 1 L 291/20; Maurer/Waldhoff, S. 277; Pietzner/Ronellenfitsch, S. 416 ff.

b) Nicht geheilt werden kann die fehlende sachliche Zuständigkeit der Behörde[709], siehe insoweit auch § 46 VwVfG (der nur die örtliche Zuständigkeit erwähnt).

Zur sachlichen Zuständigkeit

Dabei wird die sachliche Zuständigkeit der Behörde[710] definiert als die Festlegung, dass die handelnde Behörde im Außenverhältnis gegenüber dem Bürger mit der Wahrnehmung der entspr. Aufgabe betraut worden ist. So kann man die sachliche Zuständigkeit der Behörde auch definieren als die der Behörde vom Gesetz (im materiellen Sinne) eingeräumte Befugnis, eine bestimmte öffentlich-rechtliche Aufgabe zu erledigen[711].

Dazu das Urteil des VGH Mannheim vom 25.3.2004, NVwZ-RR 2005, 273:
*„Die sachliche Zuständigkeit betrifft den einer Behörde (**Anm.:** siehe § 1 Abs. 4 VwVfG) dem Gegenstand und der Art nach durch Gesetz zugewiesenen Aufgabenbereich."*

6. Das sog. „materielle" Recht[712] beinhaltet dagegen,
   - ausgehend von dem Vorhandensein und der Anwendung der zutreffenden Rechtsgrundlage (Gesetzesvorbehalt in der Eingriffsverwaltung),

Urteil des VG Potsdam, LKV 2013, 432
„Die Ordnungsverfügung vom 15.12.2009 verletzt den Kläger rechtswidrig in seinen Rechten, § 113 Abs. 1 Satz 1 VwGO ... Es fehlt an einer Rechtsgrundlage (Ermächtigungsgrundlage), die nach dem aus dem Rechtsstaatsprinzip (Art. 20 Abs. 3 GG) folgenden Grundsatz vom Vorbehalt des Gesetzes erforderlich ist, wenn die Behörde Verwaltungsakte erlässt, die in die Rechte des Bürgers eingreifen ..."

   - die weiteren Fragen der inhaltlichen Prüfung der Norm (Tatbestand und Rechtsfolge[713]).

---

709 *Siehe dazu das Prüfungsschema unter Kapitel S;* Rechtswidriger Grund-Verwaltungsakt wg. fehlender sachlicher Zuständigkeit ohne Heilungsmöglichkeit: BVerwG, DVBl. 2014, 1317, Urteil vom 20.10.2015, 3 C 15.14: *„Der Mangel der sachlichen Zuständigkeit wird weder nach § 45 LVwVfG BW geheilt noch ist er gemäß § 46 LVwVfG BW unbeachtlich. Ein behördliches Handeln trotz fehlender sachlicher Zuständigkeit wird von diesen Regelungen nicht erfasst."* und VGH München, BayVBl. 2016, 303; OVG Bautzen, SächsVBl. 1999, 17 ff.; VGH Mannheim, NVwZ-RR 2005, 273; Pietzner/Ronellenfitsch, S. 424.
Das Problem wurde mehrfach angesprochen im Zusammenhang mit den „Abschleppfällen" und der Frage nach der Zuständigkeit für die Abschleppmaßnahme, *siehe Kapitel L. V.*

710 VGH Mannheim, VBlBW 2007, 62, 63; BVerwG, NJW 2006, 2280.

711 Siehe dazu Weber, Annaberg sieht rot (Klausur), VR 2006, 203, 207, und Ein Fahrlehrer auf Abwegen (Klausur), VR 2003, 421, 425.

712 BVerwG DÖV 2007, 255, 257; Maurer/Waldhoff, S. 277 ff.;; Kintz, S. 121; OVG Schleswig, NVwZ-RR 1996, 200, 201: *„Die Androhung ist auch materiell gerechtfertigt"*; OVG Koblenz, NVwZ 1994, 715: *„formelle und materielle Rechtmäßigkeit der Ersatzvornahme"*.

713 Zur Rechtsfolge in § 48 Abs. 1 Satz 1 VwVfG „kann" äußerte sich das BVerwG, DÖV 2007, 255: *„Die Rücknahmeentscheidung ist aber mangels Ermessensausübung rechtswidrig."*

Fehlerhaft ist insbes. auch eine nicht ordnungsgemäße Ermessensausübung auf der Rechtsfolgenseite der Norm[714],

- einschl. der weiteren damit zusammenhängenden Entscheidungen wie z. B. Anordnung der sofortigen Vollziehung.

a) Fehler in diesem Bereich können nicht geheilt werden (Ausnahmefall ist nunmehr § 114 Satz 2 VwGO[715], Ergänzung der Begründung von Ermessensentscheidungen im gerichtlichen Verfahren). Sie führen also, abgesehen von der genannten Ausnahme, immer zur Rechtswidrigkeit des entspr. Verwaltungsaktes.

Dazu der VGH Mannheim, Gewerbearchiv 1993, 81 ff.:
Es handelte sich um den Widerruf einer Gaststättenerlaubnis einschl. Betriebsuntersagung nach § 15 Abs. 2 GewO. Danach „kann" (Rechtsfolge des Ermessens) die Fortsetzung eines Betriebes verhindert werden, wenn ein Gewerbetrieb ohne die erforderliche Erlaubnis betrieben wird (Tatbestand):
„Die möglicherweise getroffene Ermessensentscheidung ist nicht begründet. Die Verfügung lässt nicht einmal erkennen, ob Ermessen überhaupt ausgeübt worden ist."

Anmerkung: *Dann ist natürlich auch eine Heilungsmöglichkeit nach § 114 Satz 2 VwGO ausgeschlossen!*

714 VG Weimar, LKV 2000, 464; VGH Mannheim, Gewerbearchiv 1994, 421, 422; VG Gießen, NVwZ-RR 2014, 267, 268: Rechtswidrigkeit wegen fehlender Ermessensbetätigung.

715 Siehe dazu Kopp/Schenke, Anm. 49 ff. zu § 114 VwGO; VGH München, NVwZ-RR 1999, 575, 576; BVerwG, DÖV 2007, 255, 257: *„§ 114 Satz 2 VwGO schafft die prozessualen Voraussetzungen lediglich dafür, dass die Behörde defizitäre Ermessenserwägungen im verwaltungsgerichtlichen Verfahren ergänzen kann, nicht hingegen dafür, dass sie ihr Ermessen nachträglich erstmals ausübt.";* VGH München, Beschluss v. 15.02.2019, 8 CS 18.2364: *„Erforderlich ist, dass die Behörde beim Nachschieben von Ermessenserwägungen unmissverständlich deutlich macht, dass es sich nicht nur um ein prozessuales Verteidigungsvorbringen handelt, sondern um eine Veränderung des Verwaltungsakts selbst (BVerwG, U.v. 20.6.2013 – 8 C 46.12 – BVerwGE 147, 81). Dass diese Voraussetzung erfüllt wäre, lässt die Beschwerdebegründung nicht erkennen. Hinzu kommt, dass der erstinstanzliche Vortrag in Bezug auf den Regelungsgehalt und die Adressierung der streitgegenständlichen Anordnung widersprüchlich ist, weshalb er nicht geeignet ist, die Ermessensfehler zu heilen. Ob § 114 Satz 2 VwGO im Eilverfahren auch dann nicht anzuwenden ist, wenn über den Widerspruch bereits entschieden wurde, kann offen gelassen werden... Das VG ist auch zu Recht davon ausgegangen, dass in einem künftigen gerichtlichen Hauptsacheverfahren die nachträgliche Rechtfertigung eines* ***ohne Ermessensbetätigung erlassenen Verwaltungsakts*** *ausgeschlossen ist (vgl. BVerwG, U.v. 23.10.2007 – 1 C 10.07 – BVerwGE 129, 367 Rn. 30; B.v. 9.6.2015 – 6 B 60.14), unabhängig davon, ob es sich dabei um eine Frage des § 114 Satz 2 VwGO oder des materiellen Rechts handelt (vgl. dazu BVerwG, U.v. 5.5.1998 – 1 C 17.97 – BVerwGE 106, 351/363 = juris Rn. 35ff.; B.v. 20.6.2013 – 8 C 46.12 – BVerwGE 147, 81 Rn. 31f.; B.v. 9.6.2015 – 6 B 60.14). Nach dem allgemeinen Verwaltungsverfahrensrecht dürfen neue Gründe für einen Verwaltungsakt nur nachgeschoben werden, wenn sie schon bei Erlass des Verwaltungsakts vorlagen, dieser nicht in seinem Wesen verändert und der Betroffene nicht in seiner Rechtsverteidigung beeinträchtigt wird (vgl. zum Ganzen BVerwG, B.v. 20.6.2013 – 8 C 46.12 – BVerwGE 147, 81; B.v. 9.6.2015 – 6 B 60.14). Der Verwaltungsakt wird aber in seinem Wesen verändert, wenn das Ermessen (nach einem Ermessensausfall) erstmals ausgeübt würde. Selbst wenn hier (nur) von einem Ermessensdefizit auszugehen wäre, käme angesichts der Schwere ein Nachschieben von Gründen mangels Begründung der Anordnung und mangels Hinweisen auf die Ermessensausübung und die wesentlichen Ermessenserwägungen nicht in Betracht."*

Aktuell äußerte sich das BVerwG[716] zu § 114 Satz 2 VwGO
„Ob ein Nachschieben von Ermessenserwägungen zulässig ist, bestimmt sich nach dem materiellen Recht und dem Verwaltungsverfahrensrecht.
§ 114 Satz 2 VwGO regelt lediglich, unter welchen Voraussetzungen derart veränderte Ermessenserwägungen im Prozess zu berücksichtigen sind."

b) Einer der gröbsten Fehler in diesem Zusammenhang ist der Erlass eines belastenden Verwaltungsaktes ohne Rechtsgrundlage[717].

Dazu hat das OVG Münster, NVwZ 1995, 395, ausgeführt:
*„Die angefochtenen Bescheide sind offensichtlich rechtswidrig (**Anm.:** Beschluss im Eilverfahren nach § 80 Abs. 5 VwGO), da sie ohne Rechtsgrundlage ergangen sind...*
Die Heilung eines mangels Rechtsgrundlage rechtswidrigen Bescheides durch nachträgliches Inkrafttreten der erforderliche Rechtsgrundlage ist grundsätzlich nicht möglich...
Das Nachschieben einer Rechtsgrundlage ist mit dem im Bereich der Eingriffsverwaltung uneingeschränkt geltenden Vorbehalt des Gesetzes nicht vereinbar."

c) Zur Bedeutung der **Unbestimmtheit des Verwaltungsaktes** im Zusammenhang mit sich evtl. anschließenden Verwaltungsvollstreckungsmaßnahmen hat der VGH Mannheim ausgeführt[718]:
„Ist ein Verwaltungsakt wegen inhaltlicher Unbestimmtheit nicht vollstreckungsfähig, schließt dieser Mangel Maßnahmen in der Verwaltungsvollstreckung aus. Dies gilt auch dann, wenn der Bestimmtheitsmangel „nur" zur Rechtswidrigkeit, nicht aber zur Unwirksamkeit des Verwaltungsaktes infolge Nichtigkeit führt..."

7. Übersicht zu den Heilungsmöglichkeiten bei formellen oder materiellen Fehlern:

Rechtswidriger Verwaltungsakt	
Formelle Rechtmäßigkeit, § 46 VwVfG – Zuständigkeit – Form – Verfahren	Materielle Rechtmäßigkeit, insbes. – Rechtsgrundlage – Tatbestand – Rechtsfolge der Norm
Vielfältige Heilung möglich, nicht aber bei fehlender sachlicher Zuständigkeit der Behörde	Heilung nur möglich im Bereich der Rechtsfolge des Ermessens, § 114 Satz 2 VwGO

716 NVwZ 2014, 151; siehe auch SCHENKE, Nachschieben von Ermessenserwägungen im verwaltungsgerichtlichen Verfahren, DVBl. 2014, 285.

717 Siehe dazu VG Neustadt, *nachfolgend unter Kapitel Q I*; OVG Münster, NVwZ 1995, 395; VGH München, BayVBl, 2000, 692; VGH Mannheim, NVwZ 1998, 761, und VBlBW 2007, 62, 63 (Kostenbescheid ohne Rechtsgrundlage); VG Gießen, NVwZ-RR 1993, 248, 250: unzutreffende Rechtsgrundlage für eine Zwangsgeldandrohung; VG Potsdam, LKV 2013, 432.

718 VGH Mannheim, NVwZ-RR 2013, 451; siehe auch OVG Lüneburg unter J 5.

IV. Der rechtswidrige Grundverwaltungsakt

1. Ausgangspunkt der Betrachtungen ist, wie bereits angesprochen, der sog. Grundverwaltungsakt in Form eines Vollstreckungstitels[719], sei er bereits mit einer Zwangsmittelandrohung verbunden oder nicht.
   Er ist Grundlage für eine sich evtl. anschließende Verwaltungsvollstreckungsmaßnahme (mit Ausnahme einer Verwaltungsvollstreckung aus dem öffentlich-rechtlichen Vertrag nach § 61 VwVfG), geht den Verwaltungsvollstreckungsmaßnahmen voraus und kann selbst bereits rechtswidrig sein.
   Sich (an den rechtswidrigen Grundverwaltungsakt) anschließende Verwaltungsvollstreckungsmaßnahmen sind dann, wie später noch erörtert wird, ebenfalls rechtswidrig.

2. Zum maßgeblichen Zeitpunkt für die Beurteilung der Rechtmäßigkeit des Grund-Verwaltungsaktes bzw. einer Vollstreckungsmaßnahme *siehe unter Kapitel R II, III.*

V. Die rechtswidrige Verwaltungsvollstreckungsmaßnahme

1. Das Verwaltungsvollstreckungsverfahren an sich kann unabhängig von der Problematik des vorangegangenen Vollstreckungstitels selbst an (eigenen) formellen und materiellen Fehlern leiden.

Beschluss des OVG Bautzen vom 18.11.1993, LKV 1994, 412:
Mit behördlicher Verfügung wurde A. zur Beseitigung von Plakattafeln auf seinem Grundstück aufgefordert unter Anordnung der sofortigen Vollziehung mit gleichzeitiger Androhung der Ersatzvornahme.
Das Gericht betrachtete den Grundverwaltungsakt (Beseitigung der Plakattafeln) als rechtmäßig, jedoch die Androhung der Ersatzvornahme (Vollstreckungsmaßnahme) als rechtswidrig[720].

2. Weitere Beispiele aus der Rspr.:

   So hat z. B. das BVerwG[721] ausdrücklich ausgeführt, dass *„die Zwangsgeldandrohung formell ordnungsgemäß... erlassen worden ist"*.

   Das OVG Koblenz[722] erörtert im Jahre 1994 die *„formelle und materielle Rechtmäßigkeit der Ersatzvornahme"*, das OVG Weimar[723] spricht davon, dass *„die Androhung der Ersatzvornahme... formell und materiell rechtmäßig erfolgte."*

719 Z. B. Entziehung der Fahrerlaubnis, Gewerbeuntersagung oder Abrissverfügung.
720 Ebenso VGH Mannheim, NuR 2006, 441: Rechtmäßiges Verbot der Schafhaltung und des Gebots, den Schafbestand aufzulösen, aber rechtswidrige Zwangsmittelandrohung.
721 DVBl. 2005, 645, 646.
722 NVwZ 1994, 715.
723 LKV 1998, 283, 284.

In einem Beschluss vom 16.9.1999 rügt das VG Leipzig[724], dass das „*Vollstreckungsverfahren unter erheblichen formellen Mängeln leidet*".

3. **Keine Heilungsmöglichkeiten im Verwaltungsvollstreckungsverfahren:** Im Gegensatz zu den Heilungsmöglichkeiten im Verwaltungsverfahren können Fehler im Verwaltungsvollstreckungsverfahren nicht geheilt werden. Die Verwaltungsvollstreckungsgesetze enthalten keine entsprechenden Regelungen.
So umfassen z. B. die VwZVG in Bayern und Thüringen Regelungen zum Zustellungs- und Vollstreckungsverfahren. In Art. 9 bzw. § 9 des jeweiligen Gesetzes werden Heilungsmöglichkeiten im Zustellungsverfahren angesprochen, nicht aber im Verwaltungsvollstreckungsverfahren.[725]

VI. Rechtswidrige Verwaltungsakte sind wirksam und vollstreckbar[726]

1. Festzuhalten ist, dass rechtswidrige Verwaltungsakte (sei es der Grundverwaltungsakt, sei es eine ihm nachfolgende Vollstreckungsmaßnahme in Form eines Verwaltungsaktes), im Gegensatz zu den anschließend angesprochenen nichtigen Verwaltungsakten, wirksam sind[727], siehe § 43 Abs. 2 VwVfG.
Dies folgt auch aus § 43 Abs. 3 VwVfG, der nur nichtige Verwaltungsakte als unwirksam bezeichnet. Auch befasst sich § 48 VwVfG mit der Rücknahme rechtswidriger Verwaltungsakte, die Norm setzt also voraus, dass rechtswidrige Verwaltungsakte wirksam sind, denn ansonsten wäre eine ausdrückliche Regelung über deren Rücknahme überflüssig.

2. Ein rechtswidriger Verwaltungsakt kann auch als Grundlage für eine Vollstreckungsmaßnahme dienen:

724 NVwZ-RR 2000, 342.

725 VG Amsbach. Beschl. v. 8. 11. 2011 – AN 18 S 11.02007, zum VwZVG Bayern, fehlende Regelung der Heilungsmöglichkeit; BFH NJW 2003, 1070: Fehlender Vollstreckungstitel, rechtswidrige Vollstreckungsmaßnahme, keine Heilungsmöglichkeit und keine Nachholung; OVG Brandenburg, Beschl. v. 19.10.2001 – 4 B 299/01: rechtswidriges Verwaltungsvollstreckungsverfahren wg. unverhältnismäßiger Androhung unmittelbaren Zwangs, keine Erörterung evtl. Heilungsmöglichkeiten; VGH Mannheim, Beschluss vom 27.2.2014 – 8 S 2146/13: Anordnung der aufschiebenden Wirkung des Widerspruchs gegen eine Zwangsgeldandrohung wg. fehlender Begründung der Auswahl des Zwangsmittels und fehlender Höhe des Zwangsgeldes, Verstoß gegen § 39 Abs. 1 LVwVG, materielle Rechtswidrigkeit der Ermessensentscheidung; die bloße Möglichkeit der Heilung der beanstandeten Fehler im Widerspruchsverfahren ist nicht ausreichend, um von einer Anordnung der aufschiebenden Wirkung abzusehen; dem Antragsgegner (Vollstreckungsbehörde) bleibt ein Abänderungsantrag nach § 80 Abs. 7 VwGO nach einer hinreichenden Begründung der Zwangsgeldandrohung unbenommen.

726 *Siehe dazu auch unter Kapitel R X*

727 VG Würzburg, Urteil v. 19.10.2017, W 3 K 16.174; BVerwGE 105, 370, 372, und ZBR 2003, 102; Beschluss vom 21.4.2015, 7 B 8.14; BFH, NJW 2003, 1070, 1071; Maurer/Waldhoff, S. 262.

Grundsätzlich äußerte sich zur Wirksamkeit und Vollstreckung des rechtswidrigen Verwaltungsaktes das BVerwG (DÖV 1994, 887)[728]:
„Darauf, ob der auf Vornahme der Handlung gerichtete Verwaltungsakt, die Androhung der Ersatzvornahme und deren Festsetzung rechtmäßig waren, kommt es, wenn sie nicht nichtig und auch nicht mehr anfechtbar sind, nicht an. Tragender Grundsatz des Verwaltungsvollstreckungsrechts ist, dass die Wirksamkeit und nicht die Rechtmäßigkeit vorausgegangener Verwaltungsakte Bedingung für die Rechtmäßigkeit der nachfolgenden Akte und letztlich der Anwendung des Zwangsmittels ist."

Ebenso VGH Mannheim, Urteil vom 3.5.2021, 1 S 512/19; und OVG Bautzen, Beschluss vom 30.3.2020, 6 B 247/19:
Diese Grundsätze gelten nicht nur dann, wenn die Grundverfügung bestandskräftig, sondern auch, wenn sie (lediglich) sofort vollziehbar ist (vgl. SächsOVG, Beschl. v. 1. September 2009 a.a.O.; v. 28. Mai 1998 a.a.O.; NdsOVG, Beschl. v. 23. April 2009 a.a.O. und OVG NRW, Beschl. v. 19. Dezember 2012 – 12 B 1339/12). Der Bürger wird dadurch nicht schutzlos gestellt; denn er kann gegenüber dem Grundverwaltungsakt, solange dieser nicht bestandskräftig geworden ist, die zulässigen Rechtsmittel einschließlich des Antrags auf Gewährung vorläufigen Rechtsschutzes einlegen (NdsOVG, Beschl. v. 23. April 2009 a.a.O.). Im Falle der nachträglichen Aufhebung der Grundverfügung wirkt diese auf den Zeitpunkt des Erlasses der Verfügung zurück; es besteht die Möglichkeit, dies im Wege des Wiederaufgreifens des Verfahrens nach § 1 Satz 1 SächsVwVfZG, § 51 Abs. 1 VwVfG im Vollstreckungsverfahren geltend zu machen.

Das BVerfG, Beschluss vom 7.12.1998 – 1 BvR 831/89, stellte fest (Wasserwerfereinsatz nach Aufforderung zum Verlassen des Platzes):

Auf die Frage der Rechtmäßigkeit der Grundverfügung kommt es bei der Beurteilung der Rechtmäßigkeit einer Vollstreckungsmaßnahme (Anm.: hier Anwendung unmittelbaren Zwangs) nicht an. Das entspricht ganz einhelliger Auffassung in der Rechtsprechung und auch überwiegender Meinung in der Literatur. Tragender Grundsatz des Verwaltungs-Vollstreckungsrechts ist,, daß die **Wirksamkeit** und nicht die Rechtmäßigkeit vorausgegangener Verwaltungsakte Bedingung für die Rechtmäßigkeit der folgenden Akte und letztlich der Anwendung des Zwangsmittels ist…

Siehe auch BVerwG, Beschluss vom 25.11.2021, 6 B 7.21, Kapitel N IV 7.

Anmerkung: *Siehe dazu auch unter R I 4, zur Trennung von Primärrechtsebene und Vollstreckungsebene*

728 Ebenso VGH München, BayVBl. 2005, 536, 537; OVG Bautzen, JBSächsOVG 6, 143, Beschluss vom 28.5.1998, und SächsVBl. 1997, 10 (Beschluss vom 23.1.1996); Beschluss vom 30.3.2020, 6 B 247/19; VG Stuttgart, Urteil vom 27.07.2020 - 4 K 124/20, siehe dazu Weber, Asbest in Görlitz (Klausur), VR 2007, 278.

Anmerkung:
- *Nichtige Verwaltungsakte sind unwirksam, deshalb auch nicht vollstreckbar.*
- *Dagegen sind (nur) rechtswidrige Verwaltungsakte wirksam und können vollstreckt werden!*

3. **Ende der Wirksamkeit eines rechtswidrigen Verwaltungsaktes:**
   Die Wirksamkeit eines rechtswidrigen Verwaltungsaktes ist aber im Falle seiner späteren Beanstandung als rechtswidrig durch ein Gericht von vornherein nur eine vorläufige. Steht aufgrund einer rechtskräftigen gerichtlichen Entscheidung fest, dass der Verwaltungsakt rechtswidrig ist *(**Anm.**: siehe sogleich VII)*, ist für die Annahme, er sei dennoch wirksam und zeitige folglich Regelungswirkungen, kein Raum mehr… die Verwaltung ist an Gesetz und Recht gebunden und darf dann aus dem rechtswidrigen Verwaltungsakt keinerlei für den Betroffenen belastende Folgen mehr herleiten[729].

VII. Die Auswirkungen der Rechtswidrigkeit auf den Verwaltungsakt

Den vorangegangenen Feststellungen zur Wirksamkeit auch eines rechtswidrigen Verwaltungsaktes sowie einer rechtswidrigen Verwaltungsvollstreckungsmaßnahme soll man deshalb nicht entnehmen, dass es auf diese Frage nicht ankomme (siehe unter R X).

1. Denn nach § 113 Abs. 1 Satz 1 VwGO werden rechtswidrige Verwaltungsakte, sofern auch eine Rechtsverletzung des Klägers vorliegt (was bei rechtswidrigen Verwaltungsakten regelmäßig der Fall sein wird), vom Verwaltungsgericht aufgehoben[730].
   D. h. bei zulässigem und begründetem Rechtsbehelf wird der Verwaltungsakt aufgehoben, womit seine Rechtswirkungen erlöschen[731], siehe auch § 43 Abs. 2 VwVfG.

Anmerkung: *siehe oben VI. 3.* Inhaltlich unbestimmte Verwaltungsakte sind nicht vollstreckungsfähig, siehe vor unter Kapitel P III 6.

2. Die Auswirkungen von „Aufhebungen“ zu vollstreckender Verwaltungsakte werden ausdrücklich in § 2a SächsVwVG (Vollstreckungshindernisse, *siehe Kapitel N)* angesprochen.
   a) So ist z. B. nach § 2a Abs. 1 Nr. 2 die Vollstreckung insbes. dann einzustellen oder zu beschränken, wenn der zu vollstreckende Verwaltungsakt aufgehoben wurde.
   b) Weiterhin ist auf § 2a Abs. 2 zu verweisen, der sich in diesem Zusammenhang mit bereits getroffenen Vollstreckungsmaßnahmen befasst *(siehe später unter R. IX)*.

---

729 BVerwG, ZBR 2003, 102, 103.

730 BVerwGE 105, 370, 372; siehe z. B. BayObLG, NJW 1975, 1973 ff; VG München, Urteil v. 30.07.2020, M 12 K 20.186; und Urteil v. 22.07.2020, M 13B DB 18.296; VG Würzburg, Urteil v. 16.07.2020, W 2 K 19.1086; VG Saarlouis, Gerichtsbescheid vom 27.4.2017, 3 K 1114/15.
Das BVerwG (ZBR 2003, 102, 103) spricht im Zusammenhang mit der Aufhebung des Verwaltungsaktes durch das Gericht von der „Kassation“ des Bescheides.

731 Brühl, JuS 1997, 1024.

Kapitel Q
Das nichtige Verwaltungs- und Vollstreckungsverfahren

I. Grundnorm des § 44 VwVfG

Nach der Generalklausel des § 44 Abs. 1 VwVfG[732] ist ein Verwaltungsakt ausnahmsweise nichtig, „soweit er an einem besonders schwerwiegenden Fehler leidet und dies bei verständiger Würdigung aller in Betracht kommenden Umstände offenkundig ist", sog. Evidenztheorie[733].

Im Zusammengang mit der Frage der Nichtigkeit eines aufgestellten Halteverbotsschildes (Anm.: Verwaltungsakt) äußerte sich das VG Neustadt (Urteil vom 26.2.2019, 5 K 814/18.NW)
„Nach der Rechtsprechung des BVerwG ist ein Fehler nur in Ausnahmefällen besonders schwerwiegend im Sinne der Vorschrift. Dazu muss der dem Verwaltungsakt anhaftende Fehler diesen schlechterdings unerträglich, d.h. mit tragenden Verfassungsprinzipien oder der Rechtsordnung immanenten wesentlichen Wertvorstellungen unvereinbar erscheinen lassen (BVerwG, Urteil vom 17.10.1997 – 8 C 1/96).
Maßgeblich ist dabei nicht der Verstoß gegen Rechtsvorschriften des nationalen Rechts oder des Unionsrechts allein, mögen sie auch zwingend sein (BVerwG, Urteil vom 16.12.2010 – 3 C 44/09). Das Fehlen einer gesetzlichen Grundlage (sog. „gesetzloser" Verwaltungsakt) oder die unrichtige Anwendung der in Frage kommenden Rechtsvorschriften, machen einen Verwaltungsakt grundsätzlich noch nicht nichtig (BVerwG, Urteil vom 17.10. 1997 – 8 C 1/96). Nichtigkeit eines Verwaltungsaktes ist nur dann anzunehmen, wenn die an eine ordnungsgemäße Verwaltung zu stellenden Anforderungen in so erheblichem Maße verletzt werden, dass von niemandem erwartet werden kann, den Verwaltungsakt als verbindlich anzuerkennen...
Es besteht weitgehend Einigkeit, dass es einen nichtigen Verwaltungsakt nur selten geben kann, weil Akte staatlicher Gewalt die Vermutung ihrer Gültigkeit in sich tragen (BVerwG, Beschluss vom 11.5.2000 – 11 B 26/00). Die Rechtsfolge der Nichtigkeit eines Verwaltungsaktes ist daher eine besondere Ausnahme von diesem Grundsatz. Selbst Verstöße gegen Grundrechte werden regelmäßig – auch bei Offensichtlichkeit des Fehlers – nicht als zur Nichtigkeit des Aktes führender Umstand gewertet."

732 VGH München, BayVBl. 2005, 536, 537, und NuR 2006, 383; Klein, Nichtiges Verwaltungshandeln, apf 2001, 1 ff.; Maurer/Waldhoff, S. 301 ff.

733 OVG Bautzen, LKV 1993, 97; Maurer/Waldhoff, S. 301; siehe auch BVerwG, Fn. 681; VG Darmstadt, Urteil vom 9.11.2015, 5 K 1331/14.DA: *„Ein Bescheid, der den Adressaten – auch durch Auslegung – nicht sicher erkennen lässt, ist nichtig."*; VG Koblenz, Beschluss vom 24.10.2023, 4 L 872/23.KO: *„Eine unzutreffende Störerauswahl kann einen besonders schwerwiegenden Fehler darstellen, wenn der Adressat unter keinen denkbaren Gesichtspunkten als Verantwortlicher in Betracht kommt und die von der Behörde getroffene Störerauswahl deshalb willkürlich erscheint."*

Zur „Offenkundigkeit" i.S.d. Art. 44 Abs. 1 BayVwVfG äußerte sich der VGH München (BayVBl. 2005, 536, 537):
„Offenkundigkeit bedeutet, dass die (schwere) Fehlerhaftigkeit des Verwaltungsaktes für einen unvoreingenommenen, mit den in Betracht kommenden Umständen vertrauten, verständigen Beobachter ohne weiteres ersichtlich sein muss, sich also geradezu aufdrängen bzw. dem Verwaltungsakt gewissermaßen „auf die Stirn geschrieben" sein muss."

In § 44 Abs. 2 VwVfG werden konkrete Rechtsverstöße dargelegt, die immer zur Nichtigkeit führen, sog. absolute Nichtigkeitsgründe, und in Abs. 3 Rechtsfehler, die nie die Nichtigkeit auslösen.

II. Folge der Nichtigkeit

1. Folge der Nichtigkeit (sog. unheilbare Nichtigkeit[734]) ist die Unwirksamkeit des Verwaltungsaktes, § 43 Abs. 3 VwVfG[735].

2. Diese Ausführungen gelten sowohl
   - für den der Vollstreckung vorausgegangenen Grundverwaltungsakt[736] als auch
   - für die entspr. nachfolgenden Vollstreckungsmaßnahmen[737].

   Vollstreckungsmaßnahmen, die auf einem nichtigen Grundverwaltungsakt beruhen, sind wg. der bereits angesprochenen „Akzessorietät" der Vollstreckungsmaßnahmen von dem der Vollstreckungsmaßnahme vorausgegangenen Grundverwaltungsakt selbst auch nichtig[738] (wie auch bei einem rechtswidrigen Grundverwaltungsakt, bei welchem dann auch die nachfolgenden Vollstreckungsmaßnahmen rechtwidrig sind).

734 BFH, NJW 2003, 1070.

735 VG Würzburg, Urteil v. 19.10.2017, W 3 K 16.174: *„Wenn der Verstoß nach den Regelungen des Art. 44 BayVwVfG zur Nichtigkeit führt, entfällt nach Art. 43 Abs. 3 BayVwVfG die Wirksamkeit und zwar von Anfang an."*; BVerwG, DVBl 2012, 49, 50; Maurer/Waldhoff, S. 304 ff.; Brühl, JuS 1997, 1023.

736 VGH München, NVwZ-RR 1997, 69, 70: *„Anhaltspunkte für die Nichtigkeit des Bescheides gibt es nicht."*; VGH München, NuR 2006, 383, zu einer unanfechtbaren Auflage: *„Die Auflage ist nicht nichtig."*; VGH München, BayVBl. 2005, 536, 537.

737 BFH, NJW 2003, 1070: Pfändungs- und Überweisungsverfügung.

738 VGH München, BayVBl. 2005, 536, 537.

III. Beispiele aus der Rechtsprechung für nichtige Verwaltungsakte[739]

Beschluss des OVG Bautzen vom 26.8.1992, LKV 1993, 97:
„Die Nichtigkeit des Bescheides folgt zunächst daraus, dass der die erlassende Behörde nicht erkennen lässt, § 44 Abs. 2 Nr. 1 VwVfG …
Der Bescheid ist ferner wg. Widersprüchlichkeit und offensichtlicher schwerer inhaltlicher Mängel nichtig … Zum einen ist unklar, was der Bescheid regelt … Im Hinblick auf diese Unklarheiten des Regelungsinhalts sowie die evidente Rechtswidrigkeit des Inhalts war der Bescheid damit wg. Offenkundigkeit schwerer Fehler ebenfalls nichtig.“

Urteil des BayObLG vom 30.3.1965, NJW 1965, 1973 ff.:[740]
Die Angeklagten befuhren mit ihrem Fahrzeug einen öffentlichen Weg, an dessen Anfang und Ende auf Anordnung des Flurbereinigungsamtes Verbotszeichen nach der StVO angebracht waren mit dem Zusatz: „Benutzern nur Anliegern … auf eigene Gefahr gestattet.“ Da die Angeklagten nicht zu diesem Personenkreis gehörten, wurden sie entsprechend verurteilt:
„Den Flurbereinigungsämtern … steht nicht zu, mittels amtlicher Verkehrszeichen... selbständig in die Regelung des Straßenverkehrs auf den vorhandenen öffentlichen Wegen einzugreifen...
*Nach allgemeinen Rechtsgründsätzen war die Verkehrssperre, die das für Verkehrsregelungen in keiner Weise zuständige Flurbereinigungsamt angeordnet hatte, unwirksam (**Anm.:** § 43 Abs. 3 VwVfG) … Ein fehlerhafter Verwaltungsakt ist zwar grundsätzlich nicht unwirksam, sondern nur aufhebbar (**Anm.:** siehe § 113 Abs. 1 Satz 1 VwGO). Eine Ausnahme gilt jedoch u. a. bei völliger sachlicher Unzuständigkeit, d. h. wenn unter keinem denkbaren Gesichtspunkt eine Zuständigkeit der die Verfügung erlassenden Behörde gegeben ist... dieser Rechtsfehler hat die Nichtigkeit zur Folge …“.*

739 OVG Magdeburg, LKV 2006, 413 (keine nichtigen Gebührenbescheide wg. Verstoßes gegen EG-Gemeinschaftsrecht); OVG Bautzen, LKV 1993, 97 ff.(nichtiger Bescheid); BayObLG, NJW 1965, 1973 ff. (Nichtigkeit eines amtlichen Ge- oder Verbotszeichen, sog. Verkehrszeichen, weil durch unzuständige Behörde angeordnet): siehe auch Beispiele bei Maurer/Waldhoff, S. 303.

740 Ebenso OLG Brandenburg, VRS 93, 97, 28 ff. (Urteil vom 17.12.1996: Verkehrsschilder hier Vorschriftszeichen i. S. einer verwaltungsrechtlichen Allgemeinverfügung nach § 35 Satz 2 VwVfG), die ohne Anordnung der Straßenverkehrsbehörde aufgestellt werden, sind ungültig und nichtig; VG Neustadt, NZV 2018, 199: sog. Schein-Verwaltungsakt oder Nichtakt wg. fehlender straßenverkehrsrechtlicher Anordnung, Aufstellung eines mobilen Halteverbotsschilds durch einen Privaten; siehe dazu Weber, Zur Abgrenzung von Verwaltungsakt, Schein-Verwaltungsakt und Nichtakt, apf 2013, 311.

Kapitel R
Rechtsschutz im Verwaltungsvollstreckungsverfahren[741]

I. Grundsatz des Rechtsschutzes

VGH Mannheim, Urteil vom 3.5.2021, 1 S 512/19
Das Grundrecht des Art. 19 Abs. 4 Satz 1 GG garantiert jedem den Rechtsweg, der geltend macht, durch die öffentliche Gewalt in eigenen Rechten verletzt zu sein. Damit wird sowohl der Zugang zu den Gerichten als auch die Wirksamkeit des Rechtsschutzes gewährleistet. Der Bürger hat einen Anspruch auf eine möglichst wirksame gerichtliche Kontrolle in allen ihm von der Prozessordnung zur Verfügung gestellten Instanzen, wobei es keinen Unterschied macht, ob es sich um Eingriffe in geschützte Rechtspositionen oder die Versagung gesetzlich eingeräumter Leistungsansprüche handelt (BVerfG, Beschl. v. 31.05.2011 – 1 BvR 857/07 – BVerfGE 129, 1 m.w.N.). Aus der Garantie effektiven Rechtsschutzes folgt grundsätzlich die Pflicht der Gerichte, die angefochtenen Verwaltungsakte in rechtlicher und tatsächlicher Hinsicht vollständig nachzuprüfen (BVerfG, Beschl. v. 31.05.2011, a. a. O.). Art. 19 Abs. 4 Satz 1 GG enthält damit ein Grundrecht auf effektiven und möglichst lückenlosen richterlichen Rechtsschutz gegen Akte der öffentlichen Gewalt (BVerfG, Beschl. v. 30.04.1997 – 2 BvR 817/90 u. a. – BVerfGE 96, 27 m.w.N.). Durch Art. 19 Abs. 4 Satz 1 GG ist insbesondere gewährleistet, dass kein Akt der Exekutive, der in Grundrechte eingreift, der richterlichen Nachprüfung entzogen werden kann (BVerfG, Beschl. v. 15.06.1989 – 2 BvL 4/87 – BVerfGE 80, 244 m.w.N.).

1. *„In allen öffentlich-rechtlichen Streitigkeiten nichtverfassungsrechtlicher Art"* ist nach § 40 Abs. 1 VwGO der sog. Verwaltungsrechtsweg gegeben. Demnach besteht immer Rechtsschutz gegen behördliche Maßnahmen also auch bei Maßnahmen im Verwaltungsvollstreckungsverfahren, bei Vorliegen eines Verwaltungsaktes als Anfechtungswiderspruch bzw. Anfechtungsklage im sog. Hauptverfahren.

741 Weber, Rechtsschutz im Verwaltungsvollstreckungsverfahren, VR 2004, 253 ff.; Horn, Jura 2004, 599 ff.; Zum Rechtsschutz im Verwaltungsvollstreckungsverfahren am Beispiel des Zwangsmittels der Ersatzvornahme, apf 2014, 173; Fischer, Rechtsschutz gegen die Vollstreckung von Verwaltungsakten, BayVBl. 1980, 173 ff.; Erbguth, apf 2008, 106, 110; OVG Bautzen, LKV 2013, 369; OVG Saarlouis, Beschluss vom 2.5.2014, 2 B 225/14.

Zur Klarstellung ist darauf hinzuweisen, dass Rechtsschutz deshalb nicht nur gegenüber behördlichen Verwaltungsakten besteht, wie schon der Wortlaut des § 40 Abs. 1 VwGO betont. Insbes. gibt es demgemäß auch Rechtsschutzmöglichkeiten gegen behördliche Realakte[742] *(konkret dann kein Widerspruch und somit auch keine Anfechtungs- oder Verpflichtungsklage, sondern die in § 43 VwGO genannten Klagearten, in Eilverfahren § 123 VwGO*[743]*).*

Es geht hier schließlich um behördliche Maßnahmen in der sog. Eingriffsverwaltung, sei es der Vollstreckungstitel oder sich anschließende Vollstreckungsmaßnahmen.

2. Eilverfahren:
   a) Da Maßnahmen der Verwaltungsvollstreckung *(siehe oben unter B. V)* kraft Gesetzes sofort vollziehbar sind (ein dagegen eingelegter Rechtsbehelf hat nach § 11 SächsVwVG keine aufschiebende Wirkung) kommt es regelmäßig zu entspr. Eilanträgen nach § 80 Abs. 5 VwGO auf Anordnung der aufschiebenden Wirkung des Rechtsbehelfs.
   b) Wird die Verwaltungsaktqualität nicht bejaht, sind Eilanträge nach § 123 VwGO im Verwaltungsvollstreckungsverfahren möglich.[744]

3. **Zum maßgeblichen Beurteilungszeitpunkt für die Rechtmäßigkeit des Grund-Verwaltungsaktes (Vollstreckungstitel) und nachfolgender Vollstreckungsmaßnahmen**

OVG Bautzen, Urteil vom 22.3.2023, 6 A 272/20

1. *Für die Beurteilung der Rechtswidrigkeit und Nichtigkeit ist im Anfechtungsstreit gegen eine forstaufsichtliche Beseitigungsanordnung auf die Sachlage zum Zeitpunkt der letzten Behördenentscheidung abzustellen. Spätere Veränderungen können grundsätzlich nicht (nachträglich) zur Nichtigkeit oder Rechtswidrigkeit eines zuvor erlassenen Verwaltungsaktes führen, sondern sind im Vollstreckungsverfahren zu berücksichtigen.*
2. *Die Rechtmäßigkeit einer Zwangsgeldandrohung beurteilt sich wegen der Beugewirkung grundsätzlich nach der Sach- und Rechtslage im Zeitpunkt der letzten mündlichen Verhandlung oder Entscheidung der letzten Tatsacheninstanz.*
3. *Ist die im Bescheid gesetzte Frist zur Erfüllung einer Pflicht abgelaufen und ist der Bescheid, der vollstreckt werden soll, wegen des Bestehens der aufschiebenden Wirkung eines Rechtsbehelfs nicht innerhalb der mit der Androhung verbundenen Frist vollziehbar, erledigt sich die Androhung nur dann, wenn die Behörde erklärt oder jedenfalls zu erkennen gibt, dass sie die erfolgte Androhung des Zwangsmittels nicht*

742 *Siehe dazu die Ausführungen unter C VIII;* WEBER, Verwaltungsrechtliche Realakte, apf 2003, 27, 2. Teil S. 58 ff., mit umfangreichen Hinweisen auf die Rspr. zur sog. unmittelbaren Ausführung siehe BVerwG, Urteil vom 12.1.2012, 7 C 5.11: *„Greift die Verwaltung hingegen ohne Grundverfügung zum Zwang, kann der Bürger zwar nach § 123 VwGO um vorbeugenden Rechtsschutz im Wege der einstweiligen Anordnung nachsuchen. Die Lastenverteilung zwischen Behörde und Bürger kehrt sich dabei aber um."*

743 *Siehe z. B. später unter VIII 2.*

744 Siehe OVG Weimar, NJ 2014, 42, *oben unter N IV 5 angesprochen; siehe dazu nachfolgend unter V.*

mehr als Grundlage der weiteren Vollstreckung ansieht. Dies ist dann regelmäßig nicht der Fall, wenn sie den Widerspruch nach Ablauf der gesetzten Frist zurückweist.

4. *In dem für die Beurteilung der Rechtmäßigkeit der Androhung maßgeblichen Zeitpunkt müssen die in § 2 SächsVwVG genannten allgemeinen Vollstreckungsvoraussetzungen gegeben sein, d. h. der zu vollziehende Verwaltungsakt muss unanfechtbar sein oder einem gegen ihn gerichteten Rechtsbehelf darf keine aufschiebende Wirkung zukommen. Ist das nicht der Fall, ist die Zwangsmittelandrohung aufzuheben.*

I. Mit Bescheid vom 26. April 2016 erließ der Beklagte gegenüber dem Kläger eine forstaufsichtliche Anordnung und forderte ihn darin auf, die Aufschüttung mit Erdmassen auf den Flurstücken F1 und F2 der Gemarkung S......... bis zum 30. September 2016 vollständig zu beseitigen (Nr. 1), widrigenfalls wurde ihm ein Zwangsgeld in Höhe von 200,00 € angedroht (Ziffer 2).
Der Beklagte wies den Widerspruch des Klägers mit Widerspruchsbescheid vom 25. Oktober 2016 zurück.
Der Kläger hat am 18. November 2016 Klage erhoben.

II. Das Verwaltungsgericht hat die Klage abgewiesen.
Der Bescheid des Beklagten vom 26. April 2016 in Gestalt des Widerspruchsbescheids vom 25. Oktober 2016 sei rechtmäßig und verletze den Kläger nicht in seinen Rechten.
Soweit der Kläger darüber hinaus die Aufhebung der Zwangsgeldandrohung unter Nr. 2 des Bescheids in Gestalt des Widerspruchsbescheids begehre, sei die Klage unzulässig, weil es dem Kläger am erforderlichen Rechtsschutzinteresse fehle. Für die Aufhebung von Nr. 2 des Bescheids bestehe keine Veranlassung mehr. Zwar könne ein Verwaltungsakt – auch wenn er noch nicht unanfechtbar oder sofort vollziehbar sei – abweichend von der Grundregel des § 2 SächsVwVG mit einer Zwangsmittelandrohung verbunden werden. Dies folge aus § 20 Abs. 3 SächsVwVG.
Die im Bescheid gesetzte Frist bis zum 30. September 2016 sei jedoch gegenstandlos geworden, weil der Kläger wegen der aufschiebenden Wirkung seines Widerspruchs und der Klage der Anordnung innerhalb der Frist nicht hätte nachkommen müssen.
Dies habe zur Folge, dass auch das angedrohte Zwangsgeld, das nach § 20 Abs. 1 SächsVwVG mit einer Fristsetzung verbunden werden müsse, gegenstandslos geworden sei. Die Aufhebung der Androhung des Zwangsgeldes komme daher nicht mehr in Betracht.

III. Die zulässige Berufung des Klägers ist zum überwiegenden Teil unbegründet.

1. Das VG hat die Klage des Klägers gegen den Bescheid des Landratsamts Bautzen vom 26. April 2016 in Gestalt des Widerspruchsbescheids vom

25. Oktober 2016 zu Recht abgewiesen, soweit er durch die forstwirtschaftliche Anordnung in dessen Nr. 1 verpflichtet wird, die Aufschüttung von Erdmassen auf den Flurstücken F1 und F2 der Gemarkung S......... vollständig zu beseitigen...

2. **Maßgeblicher Beurteilungszeitpunkt für die Rechtmäßigkeit der forstwirtschaftlichen Anordnung (Anm.: sog. Grund-Verwaltungsakt, an den sich eine Vollstreckung anschließen kann, wenn er die Funktion eines Vollstreckungstitels nach § 2 VwVG hat)** ist der Zeitpunkt des Erlasses des Widerspruchsbescheids. Nach ständiger Rechtsprechung des BVerwG, der der Senat folgt, beurteilt sich die Frage, ob ein **belastender Verwaltungsakt** den Kläger im Sinne von § 113 Abs. 1 Satz 1 VwGO rechtswidrig in seinen Rechten verletzt, nach dem materiellen Recht, dem nicht nur die tatbestandlichen Voraussetzungen einer Ermächtigungsgrundlage, sondern auch die Antwort auf die Frage zu entnehmen ist, zu welchem Zeitpunkt diese Voraussetzungen erfüllt sein müssen (BVerwG, Urt. v. 9. August 2016 – 4 C 5.15). Als maßgeblicher Zeitpunkt für die Beurteilung der Rechtmäßigkeit eines angefochtenen Verwaltungsakts gilt bei **Verwaltungsakten ohne Dauerwirkung** im Zweifel die Sachlage im Zeitpunkt der letzten Verwaltungsentscheidung (BVerwG, Urt. v. 25. April 2001 – 6 C 6.00; v. 6. Dezember 1985 – 4 C 23.83). Im Anfechtungsstreit ist es Aufgabe der Verwaltungsgerichte, die Rechtmäßigkeit einer getroffenen Behördenentscheidung zu überprüfen und eine rechtswidrig getroffene Entscheidung aufzuheben (BVerwG, Urt. v. 6. Dezember 1985, 4 C 23.83; SächsOVG, Urt. v. 26. April 2018 – 1 A 383/17).
Bei **Verwaltungsakten mit Dauerwirkung** sind dagegen – je nach dem zeitlichen Umfang des Aufhebungsbegehrens – auch spätere Veränderungen der Sachlage bis zum Schluss der mündlichen Verhandlung des Tatsachengerichts zu berücksichtigen (BVerwG, Urt. v. 25. April 2001 a. a. O.; SächsOVG, Urt. v. 16. Oktober 2007 – 4 B 507/05). Für einen Dauerverwaltungsakt ist die sich ständig neu aktualisierende Verpflichtung typisch. Eine einmalige Handlungspflicht wird, auch wenn sie länger nicht erfüllt wird, dadurch jedoch nicht zum Dauerverwaltungsakt (vgl. BVerwG, Urt. v. 25. April 2001 a. a. O.)
Dementsprechend hebt die Rechtsprechung bei Beseitigungs- und Entsorgungsanordnungen regelmäßig auf die letzte Behördenentscheidung als maßgeblichen Beurteilungszeitpunkt ab (vgl. zur baurechtlichen Beseitigungsanordnung: BVerwG, Beschl. v. 11. August 1992 – 4 B 161.92; Urt. v. 6. Dezember 1985 – 4 C 23.83; SächsOVG, Urt. v. 26. April 2018 – 1 A 383/17; zur abfallrechtlichen Entsorgungsanordnung: OVG LSA, Urt. V 25. August 2011 – 2 L 34/10; NdsOVG, Beschl. v. 3. Dezember 2009 – 7 ME 55/09; VGH BW, Urt. v. 24. Mai 1994 – 10 S 2847/92; zur Beseitigung von Spielgeräten aus einer Spielhalle: OVG NRW, Urt. v. 30. September 1994 – 11 A 3309/92).
Bei **baurechtlichen Beseitigungsanordnungen** wird aus Gründen der Verhältnismäßigkeit ausnahmsweise eine Verschiebung des entscheidungs-

erheblichen Zeitpunkts auf den Zeitpunkt der mündlichen Verhandlung angenommen, wenn sich das Bauwerk in diesem Zeitpunkt als rechtmäßig darstellt (BVerwG, Urt. v. 12. Dezember 2013 – 4 C 15.12; OVG NRW, Beschl. v. 26. Februar 2021 – 2 A 3167/20).

3. Soweit dem Kläger im Bescheid des Landratsamts Bautzen vom 26. April 2016 in Gestalt des Widerspruchsbescheids vom 25. Oktober 2016 für den Fall, dass er dieser Anordnung nicht bis zum 30. September 2016 Folge leistet, unter Nr. 2 ein Zwangsgeld in Höhe von 200 € angedroht wird, ist die Klage zulässig und der Bescheid aufzuheben, da die Zwangsgeldandrohung mangels wirksamer Fristsetzung rechtswidrig ist und den Kläger deshalb in seinen Rechten verletzt.
   a) **Die Rechtmäßigkeit einer Zwangsgeldandrohung beurteilt sich wegen der Beugewirkung grundsätzlich nach der Sach- und Rechtslage im Zeitpunkt der letzten mündlichen Verhandlung oder Entscheidung der letzten Tatsacheninstanz, es sei denn, das Vollstreckungsverfahren für das angedrohte Zwangsgeld war zuvor abgeschlossen oder die Zwangsgeldandrohung ist zuvor durch eine neue, niedrigere Zwangsgeldandrohung ersetzt worden. Dann ist dieser frühere Zeitpunkt maßgeblich** (BVerwG, Urt. v. 14. März 2006 – 1 C 3.05; SächsOVG, Urt. v. 16. April 2013 – 4 A 263/12 –, sowie – 4 A 265/12).
   b) Entgegen der Auffassung des VG ist ein Rechtsschutzinteresse an der gerichtlichen Anfechtung der Zwangsmittelandrohung gegeben. Ihr fehlt es nicht deshalb am Rechtsschutzbedürfnis, weil sie sich mit Ablauf der zur Beseitigung gesetzten Frist am 30. September 2016 erledigt hat (vgl. § 1 Satz 1 SächsVwVfZG i.V. m. § 43 Abs. 2 VwVfG, auf andere Weise). Zum Ablauf dieser Frist brauchte der Kläger zwar der Verpflichtung aus dem Verwaltungsakt, der vollstreckt werden soll, wegen des Bestehens der aufschiebenden Wirkung seines gegen den Verwaltungsakt gerichteten Widerspruchs nicht nachzukommen.
   Gleichwohl besteht das Handlungsgebot in Nr. 1 des Bescheids weiter und die Zwangsgeldandrohung könnte Grundlage für eine Zwangsgeldfestsetzung werden.
   Teilweise wird zwar in der Rechtsprechung vertreten, dass sich die Zwangsgeldandrohung erledigt, wenn die im Bescheid gesetzte Frist zur Erfüllung der Pflicht zur Beseitigung der Aufschüttung – wie hier unter Nr. 2 mit Ablauf des 30. September 2016 – abgelaufen ist und der Verpflichtete der Verpflichtung aus dem Verwaltungsakt, der vollstreckt werden soll, wegen des Bestehens der aufschiebenden Wirkung seines gegen den Verwaltungsakt gerichteten Widerspruchs nicht innerhalb der mit der Androhung verbundenen Frist nachzukommen brauchte (NdsOVG, Urt. v. 25. April 2002 – 8 LB 47/01 unter Berufung auf BVerwG, Urt. v. 16. Oktober 1979 – 1 C 20.75 –, DVBl. 1980, 745; OVG Rh.-Pf., Urt. v. 11. April 1985 – 1 A 45/84 –, NVwZ 1986, 762 f.; offen gelassen: SächsOVG,

Urt. v. 21. Dezember 2021- 4 A 887/19; zum Ganzen: Weber, Die Gegenstandslosigkeit der Zwangsmittelandrohung – ein Mysterium?, NVwZ 2020, 1313).

Zum Teil wird davon ausgegangen, dass sich die Zwangsgeldandrohung in diesem Fall nicht erledigt, sondern sie auch in diesem Fall auf ihre Rechtmäßigkeit hin zu überprüfen ist (so OVG Berlin-Brandenburg, Urt. v. 22. April 2010 – 11 B 9.09; OVG NRW, Urt. v. 2. März 2001 – 7 A 5020/98; v. 23. Mai 1985 – 7 A 2311/82 –, NVwZ 1986, 763; Weber a. a. O. S. 1318).

c) Wegen des Beugecharakters der Zwangsmittelandrohung und damit einhergehender fortlaufender Rechtswirkungen (BVerwG, Urt. v. 16. Dezember 2004 – 1 C 30.03; SächsOVG, Urt. v. 16. April 2013 – 4 A 263/12) kann von einer Erledigung indes allenfalls dann ausgegangen werden, wenn die Behörde erklärt oder jedenfalls zu erkennen gibt, dass sie die erfolgte Androhung des Zwangsmittels nicht mehr als Grundlage der weiteren Vollstreckung ansieht (vgl. OVG Schl.-H., Urt. v. 4. Juni 1991 – 4 L 62/91; OVG NRW, Urt. v. 23. Mai 1985 – 7 A 2311/82, a. a. O.). Dies ist hier nicht ersichtlich. Vielmehr hat der Beklagte den Widerspruch des Klägers nach Ablauf der gesetzten Frist zurückgewiesen. Da nach einer Erledigung kein Widerspruchsbescheid mehr ergehen darf, sondern das Widerspruchsverfahren einzustellen ist (vgl. BVerwG, Urt. v. 20. Januar 1989 – 8 C 30.87), hat er damit zu erkennen gegeben, dass er an der zwangsweisen Durchsetzung der forstaufsichtlichen Anordnung festhalten will (vgl. OVG Schl.-H., Urt. v. 4. Juni 1991 a. a. O.). Daran hat sich bis zum maßgeblichen Beurteilungszeitpunkt der mündlichen Verhandlung auch nichts geändert. Die Vertreter des Beklagten haben in der mündlichen Verhandlung erklärt, nach Kenntnisnahme der Entscheidungsgründe ihr weiteres Vorgehen prüfen zu wollen. Es kann folglich nicht davon ausgegangen werden, dass der Beklagte von der zwangsweisen Durchsetzung der forstaufsichtlichen Anordnung auf Grundlage der in Nr. 2 des Bescheids enthaltenen Zwangsgeldandrohung definitiv Abstand genommen hat und in jedem Fall vor einer weiteren Vollstreckung eine neue Zwangsmittelandrohung erlassen wird.

d) **Die Klage ist hinsichtlich der in Nr. 2 des Bescheids verfügten Zwangsgeldandrohung auch begründet.** Die Androhung ist rechtswidrig, da die allgemeinen Vollstreckungsvoraussetzungen des § 2 SächsVwVG zum maßgeblichen Beurteilungszeitpunkt der mündlichen Verhandlung vor dem Senat nicht vorliegen. Zwangsmittel sind nach § 20 Abs. 1 Satz 1 SächsVwVG vor ihrer Anwendung von der Vollstreckungsbehörde schriftlich anzudrohen. Dem Vollstreckungsschuldner ist in der Androhung zur Erfüllung der Verpflichtung nach § 20 Abs. 1 Satz 2 SächsVwVG eine angemessene Frist zu bestimmen. **Die hier verfügte Zwangsgeldandrohung ist rechtswidrig, da es zum maßgeblichen Beurteilungszeitpunkt/Anm.: mündliche Verhandlung vor dem OVG) an der von § 2 SächsVwVG vorausgesetzten Vollstreckbarkeit der forstaufsichtlichen**

Anordnung fehlt. Nach § 2 SächsVwVG kann ein Verwaltungsakt, der zu einer Zahlung, einer sonstigen Handlung, einer Duldung oder Unterlassung verpflichtet, vollstreckt werden, wenn er unanfechtbar geworden ist oder ein gegen ihn gerichteter Rechtsbehelf keine aufschiebende Wirkung hat. Aus dem Zusammenspiel der Regelungen des § 20 Abs. 1 Sätze 1 und 2 SächsVwVG ergibt sich zwar, dass die Behörde Zwangsmittel bereits dann androhen darf, wenn die Grundverfügung noch nicht unanfechtbar oder sofort vollziehbar ist.

e) In dem für die Beurteilung der Rechtmäßigkeit der Androhung maßgeblichen Zeitpunkt müssen die in § 2 SächsVwVG genannten allgemeinen Vollstreckungsvoraussetzungen jedoch gegeben sein. Die Festsetzung und Ausführung des Zwangsmittels nach Fristablauf setzt voraus, dass spätestens zu diesem Zeitpunkt der zu vollziehende Verwaltungsakt unanfechtbar ist oder einem gegen ihn gerichteten Rechtsbehelf keine aufschiebende Wirkung zukommt (vgl. zum dortigen Landesrecht: OVG Schl.-H., Urt. v. 4. Juni 1991). Ist dies nicht der Fall, ist nicht nur die Fristsetzung, sondern auch die Androhung aufzuheben, da die Androhung ohne Fristsetzung bei Handlungspflichten keinen Bestand haben kann. **Diese Rechtsfolge wird vermieden, wenn der Bescheid für sofort vollziehbar erklärt oder mit der Androhung eine Frist zur Erfüllung nach Eintritt der Bestandskraft gesetzt wird.**

Tabellarische Übersicht
Maßgeblicher Beurteilungszeitpunkt für die Rechtmäßigkeit des Vollstreckungstitels und nachfolgender Vollstreckungsmaßnahmen

Verwaltungsakt Vollstreckungstitel	Androhung	Zwangsgeldfestsetzung	Zwangsmittelanwendung	Kosten
Grundsätzlich Zeitpunkt der letzten Behördenentscheidung	Sach- und Rechtslage im Zeitpunkt der letzten mündlichen Verhandlung	*Siehe nachfolgend unter 1., siehe auch unter K X.*	Zeitpunkt der Anwendung des unmittelbaren Zwangs (VGH Mannheim, Urteil vom 3.5.2021, 1 S 512/19)	Wie Anwendung (Entstehen der Kostenschuld)

OVG Lüneburg, Urteil vom 31.1.2024,11 LC 294/20:
Die Rechtmäßigkeit der Zwangsgeldfestsetzung bestimmt sich nach der Sach- und Rechtslage zu dem Zeitpunkt, in dem das Vollstreckungsverfahren für das im Einzelfall festgesetzte Zwangsgeld abgeschlossen war. Dauert das Vollstreckungsverfahren noch an, ist hingegen grundsätzlich der Zeitpunkt der letzten mündlichen Verhandlung oder der Entscheidung des Berufungsgerichts maßgeblich; bei noch andauernden Vollstreckungsverfahrens sind darum nachfolgende Änderungen in der Sach- und Rechtslage zu berücksichtigen (BVerwG, Urt. v. 14.3.2006 – 1 C 11/05).

4. **Zur Trennung von der Primärrechtsebene (Grundverwaltungsakt, Vollstreckungstitel) und der nachfolgenden Vollstreckungsebene.**
   Auf der Vollstreckungsebene findet eine Rechtmäßigkeitsprüfung des Grund-Verwaltungsaktes nicht statt, denn die Bestandskraft des wirksamen Grund-Verwaltungsaktes soll nicht durchbrochen werden. Dem Betroffenen ist zuzumuten, gegen den Grund-Verwaltungsakt vorzugehen, auch mittels Antrag auf einstweiligen Rechtsschutz. Außerdem lässt § 2 VwVG die Vollstreckung unanfechtbarer und sofort vollziehbarer Verwaltungsakte zu, ohne deren Rechtmäßigkeit als Voraussetzung zu nennen.
   Die Rechtmäßigkeit des wirksamen Grund-Verwaltungsaktes ist also keine Voraussetzung für die Zwangsmittelanwendung (BVerfG, Beschluss vom 07.12.1998 – 1 BvR 831/89, Wasserwerfereinsatz als unmittelbarer Zwang; VGH Mannheim, Urteil vom 3.5.2021, 1 S 512/19, nachfolgend BVerwG, Beschluss vom 25.11.2021, 6 B 7.21; OVG Bautzen, Beschluss vom 30.3.2020, 6 B 247/19; Pracht, VBlBW 2024, 48).

II. Rechtsschutz gegen den Grundverwaltungsakt[745]

OVG Bautzen, Urteil vom 22.3.2023, 6 A 272/20:
Als maßgeblicher Zeitpunkt für die Beurteilung der Rechtmäßigkeit eines angefochtenen Verwaltungsakts gilt bei Verwaltungsakten ohne Dauerwirkung im Zweifel die Sachlage im Zeitpunkt der letzten Verwaltungsentscheidung.
Im Anfechtungsstreit ist es Aufgabe der Verwaltungsgerichte, die Rechtmäßigkeit einer getroffenen Behördenentscheidung zu überprüfen und eine rechtswidrig getroffene Entscheidung aufzuheben.
Bei Verwaltungsakten mit Dauerwirkung sind dagegen – je nach dem zeitlichen Umfang des Aufhebungsbegehrens – auch spätere Veränderungen der Sachlage bis zum Schluss der mündlichen Verhandlung des Tatsachengerichts zu berücksichtigen.

1. Gegen diesen sog. Grundverwaltungsakt kann der Adressat bis zum Eintritt der Unanfechtbarkeit dieses Grundverwaltungsaktes mittels Widerspruch bzw. Anfechtungsklage vorgehen.
   a) Da dieser Rechtsbehelf aufschiebende Wirkung hat (§ 80 Abs. 1 VwGO), fehlt es an der allgemeinen Vollstreckungsvoraussetzung des „Vollstreckungstitels“ nach § 2 Nr. 1 SächsVwVG. Die Einleitung von Verwaltungsvollstreckungsmaßnahmen trotz „aufschiebender Wirkung“ ist rechtswidrig, es handelt sich dann um einen von der Vollstreckungsbehörde zu vermeidenden Fall der sog. „faktischen“ Vollziehung.
   Siehe dazu Kapitel C. IV.
   b) Hat der Kläger Erfolg, werden bereits getroffene Vollstreckungsmaßnahmen in der Regel aufgehoben, siehe auch § 113 Abs. 1 Satz 2, 3 VwGO. **Das**

745 OVG Bautzen, LKV 1994, 412; VGH Mannheim, NVwZ-RR 2013, 451; Horn, Jura 2004, 599; Erbguth, apf 2008, 106, 110.

gerichtliche Aufhebungsurteil wirkt auf den Erlasszeitpunkt des rechtswidrigen Verwaltungsaktes zurück, also kassatorisch rückwirkend (OVG Bautzen, Beschl. v. 28.5.1998 – 1 S 149/98, JBSächsOVG 6, 143 [146]).

VGH Mannheim, Urteil vom 3.5.2021, 1 S 512/19: *„Das Gesetz sieht als Mindestvoraussetzung für eine rechtmäßige Vollstreckung die Existenz eines (wirksamen und vollziehbaren) Verwaltungsakts vor (vgl. erneut § 2 LVwVG). An dieser Mindestvoraussetzung für eine rechtmäßige Vollstreckung fehlt es nicht nur dann, wenn ein Grundverwaltungsakt von Anfang an nie existierte, sondern auch dann, wenn ein ursprünglich vorhandener Verwaltungsakt von einem Verwaltungsgericht nachträglich, aber mit Wirkung ex tunc – rückwirkend – beseitigt wird. Eben dies ist durch eine Anfechtungsklage möglich. Denn ein stattgebendes Kassationsurteil nach § 42 Abs. 1 Alt. 1 VwGO führt grundsätzlich zur Aufhebung des angefochtenen Verwaltungsakts mit Wirkung ex tunc, sie wirkt also auf den Zeitpunkt des Erlasses des Verwaltungsakts zurück (s. allg. hierzu nur BVerwG, Urt. v. 28.10.1982 – 2 C 4.80 – NVwZ 1983, 608; Schübel-Pfister, in: Eyermann, VwGO, 15. Aufl., § 113 Rn. 5; W.-R. Schenke/R. P. Schenke, in: Kopp/Schenke, VwGO, 26. Aufl., § 113 Rn. 8 m.w.N.) und entzieht dann der Vollstreckungsmaßnahme und in der Folge auch der Erhebung von Vollstreckungskosten rückwirkend die Grundlage (vgl. VGH Bad.-Württ., Beschl. v. 26.03.1984 – 14 S 2640/83 – VBlBW 1984, 517; SächsOVG, Urt. v. 27.01.2009 – 4 B 809/06 – SächsVBl 2009, 165 m.w.N.; OVG Schl.-Holst., Urt. v. 27.04.2006 – 4 LB 23/04 – NordÖR 2006, 204). Deshalb kommt einem Grundverwaltungsakt auch nach seiner irreversiblen Vollstreckung weiterhin eine nicht lediglich tatsächliche, sondern rechtliche, teils als ‚Titelfunktion' bezeichnete Wirkung in Bezug auf die Vollstreckungskosten zu (vgl. im Ergebnis erneut BVerwG, Urt. v. 14.12.2016 – 1 C 11.15 – NVwZ 2017, 1064 und v. 25.09.2008 – 7 C 5.08 – VBlBW 2009, 55, sowie die weiteren o.g. Nachweise).*
Wird ein Verwaltungsakt durch ein verwaltungsgerichtliches Anfechtungsurteil aufgehoben, hat dies zur Folge, dass der Verwaltungsakt als nicht ergangen zu behandeln ist und die Behörde und die übrigen Beteiligten den Zustand herzustellen haben, der bestehen würde, wenn der Verwaltungsakt nie ergangen wäre (vgl. nur W.-R. Schenke/R. P. Schenke, in: Kopp/Schenke, VwGO, 26. Aufl., § 113 Rn. 8 m.w.N.). Damit wäre es nicht zu vereinbaren, der rückwirkenden Aufhebung eines Grundverwaltungsakts keine Bedeutung für die Beurteilung der Rechtmäßigkeit von auf seiner Grundlage ergangenen Vollstreckungsmaßnahmen einschließlich Vollstreckungskostenentscheidungen beizumessen."

Zusammenfassung

Wird der Grundverwaltungsakt (Vollstreckungstitel) durch ein stattgebendes Kassationsurteil (Erfolg des Klägers) nachträglich, aber mit Wirkung ex tunc beseitigt (aufgehoben), entzieht dies der Vollstreckungsmaßnahme und in der Folge auch der Erhebung von Vollstreckungskosten rückwirkend die Grundlage.

Siehe dazu auch nachfolgend unter X.

2. Ist der Grundverwaltungsakt sofort vollziehbar nach § 80 Abs. 2 VwGO (Vollstreckungstitel liegt vor ab Bekanntgabe des wirksamen Verwaltungsaktes), so hat der Rechtsbehelf des Adressaten (Widerspruch) keine aufschiebende Wirkung.
   a) In der Praxis wird regelmäßig, wenn es zu Verwaltungsvollstreckungsmaßnahmen kommen soll, dieser Grundverwaltungsakt (als Vollstreckungstitel) mit einer Androhung verbunden sein, § 20 Abs. 2 SächsVwVG (sog. unselbständige Androhung).[746]
   Siehe Kapitel J. VII.
   b) Die Fälle, dass der Adressat des Grundverwaltungsaktes (und Vollstreckungsschuldner wg. der mit dem Vollstreckungstitel verbundenen Androhung) den eingelegten Rechtsbehelf in einem derartigen Fall der Verbindung von Titel und Zwangsmittelandrohung nur auf die Androhung beschränkt, sind selten und unpraktisch. Denn der Vollstreckungsschuldner wird i. d. R. auch den der Androhung vorausgegangenen Grundverwaltungsakt „angreifen" müssen, weil mit dessen späterer Aufhebung (§ 113 Abs. 1 Satz 1 VwGO) auch die nachfolgende Zwangsmittelandrohung ihre Existenzberechtigung verliert. Ein „Angriff" nur gegen die mit dem Vollstreckungstitel verbundene Androhung ist für den Vollstreckungsschuldner nicht effektiv *(siehe dazu nachfolgend unter III)*.
   c) Regelmäßig kommt es dann zu Eilanträgen nach § 80 Abs. 5 VwGO (wg. § 11 SächsVwVG) bei Gericht, da der Vollstreckungsschuldner zumindest die Androhung der Vollstreckungsmaßnahme „stoppen" will[747].

Beschluss des OVG Bautzen vom 18.11.1993, LKV 1994, 412:
Mit behördlicher Verfügung vom 8.4.1994 wurde A. zur Beseitigung von Plakattafeln auf seinem Grundstück aufgefordert mit Anordnung der sofortigen Vollziehung. Gleichzeitig wurde die Ersatzvornahme angedroht.
Das OVG lehnte den Antrag betr. Beseitigung der Plakattafeln ab (d.h. rechtmäßiger Grundverwaltungsakt), ordnete aber die aufschiebende Wirkung des Widerspruchs gegen die Androhung der Ersatzvornahme an.

   d) Wie an vorgenanntem Beispiel zu sehen ist, werden im Falle der Verbindung des Vollstreckungstitels mit der sog. unselbständigen Androhung 2 Verwaltungsakte angegriffen und stufenmäßig auf ihre Rechtmäßigkeit hin geprüft:
      – vorab der Grundverwaltungsakt in Form des Vollstreckungstitels,
      – anschließend die darauf basierende (akzessorische) Androhung[748].

746 OVG Münster, Beschluss vom 10.7.2013, 5 B 348/13; VGH München, Beschluss v. 16.03.2017, 9 C 17.324; OVG Bautzen, Urteil vom 22.3.2023, 6 A 272/20.

747 VGH München, BayVBl. 1984, 213, NVwZ 1987, 512, und 2003, 495; VG München, NVwZ-RR 2004, 1517; OVG Weimar, LKV 1997, 370 (ein vorheriger Aussetzungsantrag bei der Behörde nach § 80 Abs. 4 VwGO ist nicht erforderlich); OVG Bautzen, LKV 1994, 412; VG Stuttgart, Beschluss vom 13.11.2020, 4 K 5144/20.

748 OVG Münster, Beschluss vom 10.7.2013, 5 B 348/13; VG Stuttgart, Beschluss vom 13.11.2020, 4 K 5144/20; VG Saarlouis, Beschluss vom 25.4.2024,1 L 217/24.

e) Ist die Grundverfügung (Vollstreckungstitel), die zuerst geprüft wird, rechtmäßig, kann trotzdem die Androhung rechtswidrig sein[749].

f) Erweist sich die Grundverfügung als rechtswidrig (und ist deshalb gemäß § 113 Abs. 1 Satz 1 VwGO vom Verwaltungsgericht aufzuheben, weil auch eine Rechtsverletzung vorliegt), so gilt dies auch für die „akzessorische" Androhung [750].

g) Ebenso wie Eilanträge nach § 80 Abs. 5 VwGO beim Verwaltungsgericht gibt es in diesen Fällen auch noch die Möglichkeit der sog. Aussetzungsanträge nach § 80 Abs. 4 VwGO bei der Ausgangs- oder Widerspruchsbehörde[751].

h) Zu den Folgen eines erfolgreichen Eilantrags nach § 80 Abs. 5 VwGO *siehe nachfolgend unter X.*

3. Rechtsschutz wird auch gewährt gegen eine Auflage nach § 36 Abs. 2 Nr. 4 VwVfG (die einem begünstigenden Verwaltungsakt, z. B. Baugenehmigung) beigefügt ist (OVG Bautzen, Beschluss vom 23.8.2021, 4 A 298/21; VG Freiburg, Urteil vom 2.3.2022, 4 K 557/21).

Urteil des BVerwG vom 22.11.2000 (NVwZ 2001, 429)
Gegen belastende Nebenbestimmungen eines Verwaltungsakts ist die Anfechtungsklage gegeben. Ob diese zur isolierten Aufhebung der Nebenbestimmung führen kann, ist eine Frage der Begründetheit und nicht der Zulässigkeit des Anfechtungsbegehrens, sofern nicht eine isolierte Aufhebbarkeit offenkundig von vornherein ausscheidet.

Urteil des BVerwG vom 6.11.2019, 8 C 14.18:
Belastende rechtswidrige Nebenbestimmungen, die einem begünstigenden Verwaltungsakt beigefügt wurden, können im Anfechtungsprozess nur isoliert aufgehoben werden, wenn der verbleibende Verwaltungsakt für sich genommen rechtmäßig ist.

Auch hier sind Eilverfahren nach § 80 Abs. 5 VwGO möglich.

---

749 VGH München, BayVBl. 1984, 213, und NVwZ 1987, 512; OVG Bautzen, SächsVBl. 1997, 239 (Grundverwaltungsakt rechtmäßig, Androhung rechtswidrig); VG Dresden, LKV 1994, 69 (Grundverwaltungsakt und Androhung rechtmäßig); VGH Mannheim, Gewerbearchiv 2002, 288 (teilweise Rechtswidrigkeit des Grundverwaltungsaktes, Rechtswidrigkeit der Androhung), und NuR 2006, 441, 442; VG Gießen, NVwZ-RR 1993, 248 (Grundverwaltungsakt rechtmäßig, Zwangsgeldandrohung rechtswidrig); Brühl, JuS 1997, 1024.

750 VGH München, NuR 2006, 714, 716; VG Koblenz, Beschl. v. 13.3.2020, 4 L 181/20.KO; Pietzner, Verwaltungsarchiv 1993, 261, 267; Brühl, JuS 1997, 1024.

751 VG Trier, NVwZ-RR 1994, 414; siehe dazu Weber, Der Bescheid über die Aussetzung der Vollziehung nach § 80 Abs. 4 VwGO, apf 1999, 226 ff., und Der Bescheid nach § 80 Abs. 4 VwGO im gewerberechtlichen Verfahren, KommJur 2006, 134 ff. OVG Saarlouis, Beschluss vom 2.5.2014, 2 B 225/14: *„Dem Rechtsbehelf kommt kein Suspensiveffekt zu, da insoweit bisher eine behördliche Aussetzungsentscheidung nach § 80 Abs. 4 VwGO nicht getroffen und die aufschiebende Wirkung auch nicht nach Maßgabe des § 80 Abs. 5 Satz 1 VwGO vom Verwaltungsgericht wiederhergestellt worden ist."*

III. Rechtsschutz gegen die Androhung eines Zwangsmittels[752]

OVG Bautzen, Urteil vom 22.20, 3.2023, 6 A 272:
Die Rechtmäßigkeit einer Zwangsgeldandrohung beurteilt sich wegen der Beugewirkung grundsätzlich nach der Sach- und Rechtslage im Zeitpunkt der letzten mündlichen Verhandlung oder Entscheidung der letzten Tatsacheninstanz, es sei denn, das Vollstreckungsverfahren für das angedrohte Zwangsgeld war zuvor abgeschlossen oder die Zwangsgeldandrohung ist zuvor durch eine neue, niedrigere Zwangsgeldandrohung ersetzt worden. Dann ist dieser frühere Zeitpunkt maßgeblich.

1. Dieser Fall ist, wie bereits angesprochen, praktisch nur denkbar bei einer sog. isolierten Androhung[753].
2. Diese selbständige, also dem Grundverwaltungsakt in Form eines Vollstreckungstitels nachfolgende Androhung, hat Verwaltungsaktqualität und ist eine Verwaltungsvollstreckungsmaßnahme nach § 11 SächsVwVG.
   Ein hiergegen eingelegter Rechtsbehelf hat demnach keine aufschiebende Wirkung, es kommt regelmäßig zu Anträgen nach § 80 Abs. 5 VwGO beim Verwaltungsgericht[754].
3. Ist der Grundverwaltungsakt unanfechtbar (dann ist er ein Vollstreckungstitel nach § 2 Nr. 1 SächsVwVG) und ergeht Jahre später die (sog. isolierte) Zwangsmittelandrohung, so „wacht" der Vollstreckungsschuldner spätestens jetzt auf. Er merkt, dass es die Behörde nunmehr ernst meint, den der Androhung vorangegangenen Grundverwaltungsakt hatte er „vergessen".
   Wie bereits dargelegt, bringt es dem Vollstreckungsschuldner aber keinen Vorteil, wenn er nur die Androhung angreift. Den vorausgegangenen Grundverwaltungsakt kann er aber nicht mehr „angreifen", da dieser längst unanfechtbar geworden ist[755].

Anmerkung: *siehe dazu später unter X.*

IV. Rechtsschutz gegen eine Zwangsgeldfestsetzung[756]

Hier ist nochmals zu betonen, dass es eine schriftliche Festsetzung als 2. Stufe des Verwaltungsvollstreckungsverfahrens nach § 22 Abs. 2 SächsVwVG nur bei dem Einsatz des Zwangsmittels des Zwangsgeldes gibt.

---

752 VGH Kassel, NVwZ-RR 1996, 362, 363; VGH Mannheim, NVwZ-RR 1997, 444: Rechtsschutz nur gegen eine Zwangsgeldandrohung, ebenso OVG Bautzen, Beschluss vom 9.2.2010, 3 A 47/08; Horn, Jura 2004, 600; Erbguth, apf 2008, 106, 111.

753 VGH München, NuR 2006, 383; VGH Mannheim, NVwZ-RR 1997, 444; VG Berlin, NuR 2001, 58; OVG Bautzen, Beschluss vom 26.7.2021, 6 B 261/21; VG München, Beschluss v. 24.08.2022 – M 1 S 22.426.

754 OVG Bautzen, JbSächsOVG 8, 233; VGH Mannheim, NVwZ-RR 1997, 444.

755 OVG Bautzen, Beschluss vom 9.10.2010, 3 A 47/08; VG Saarlouis, Urteil vom 8.6.2020, 1 K 391/19.

756 OVG Bautzen, Beschluss vom 30.3.2020, 6 B 247/19, und LKV 2013, 369; *näher erläutert unter K X 1*; OVG Saarlouis, Beschluss vom 2.5.2014, 2 B 225/14; VGH Kassel, NVwZ-RR 2014, 505; VG Düsseldorf, Beschluss vom 17.07.2023 - 28 L 1158/23.

1. Die schriftlich vorzunehmende Zwangsgeldfestsetzung ist eine typische Verwaltungsvollstreckungsmaßnahme i. S. des § 11 SächsVwVG und somit auch ein anfechtbarer Verwaltungsakt.[757]

2. Es handelt sich dabei um eine sog. isolierte Zwangsgeldfestsetzung, die einer Androhung (die aber mit dem Vollstreckungstitel verbunden werden kann, § 20 Abs. 2 SächsVwVG) nachfolgen kann, sofern sich der Vollstreckungsschuldner von der Androhung des Zwangsgeldes nicht beeindrucken ließ.
Spätestens mit der Bekanntgabe bzw. Zustellung des Zwangsgeldfestsetzungsbescheides merkt der Vollstreckungsschuldner, dass es *„ernst"* wird. Hinzu kommt, dass nach § 11 SächsVwVG einem Widerspruch keine aufschiebende Wirkung zukommt.
Regelmäßig kommt es deshalb bei den Zwangsgeldfestsetzungen zu Eilanträgen nach § 80 Abs. 5 VwGO[758]. Dabei wird regelmäßig vorgetragen, der Grund-Verwaltungsakt, welcher der Vollstreckung vorausging, sei rechtswidrig.
Auf die Frage der Rechtmäßigkeit der Grundverfügung kommt es bei der Beurteilung der Rechtmäßigkeit einer Vollstreckungsmaßnahme nicht an. Tragender Grundsatz des Verwaltungsvollstreckungsrechts ist, dass die Wirksamkeit und nicht die Rechtmäßigkeit vorausgegangener Verwaltungsakte Bedingung für die Rechtmäßigkeit der folgenden Akte und letztlich der Anwendung des Zwangsmittels ist. **Auf die Frage der Rechtmäßigkeit der Grundverfügung kommt es bei der Beurteilung der Rechtmäßigkeit einer Vollstreckungsmaßnahme nicht an.** Für das sächsische Landesrecht folgt dies aus § 2 SächsVwVG, wonach ein Verwaltungsakt, der zu einer Zahlung, einer sonstigen Handlung, einer Duldung oder Unterlassung verpflichtet, vollstreckt werden kann, wenn er entweder unanfechtbar geworden ist oder ein gegen ihn gerichteter Rechtsbehelf keine aufschiebende Wirkung hat. Seine Rechtmäßigkeit ist somit keine Vollstreckungsvoraussetzung. Weiter folgt diese Lösung aus der Systematik des Vollstreckungsrechts, bei dem die Vollstreckungsbehörde mit der Behörde, die die Grundverfügung erlassen hat, zum Teil nicht identisch ist (vgl. § 4 Abs. 1 Nr. 1, 4 SächsVwVfG). In diesen Fällen kann der Vollstreckungsbehörde nicht angesonnen werden, vor der Vollstreckung die Rechtmäßigkeit der Grundverfügung zu überprüfen. Es widerspricht zudem dem Interesse an der Effektivität der Verwaltungsvollstreckung, diese mit der Prüfung der Rechtmäßigkeit des zu vollstreckenden Verwaltungsaktes zu belasten. Was im Rahmen eines mehrstufigen Verfahrens auf der vorangegangenen Stufe entschieden ist, soll danach – ohne weitere Überprüfung der Rechtmäßigkeit bis hin zur Grenze der Nichtigkeit – unberücksichtigt bleiben. **Entscheidend für diese Lösung spricht auch die**

757 OVG Weimar, LKV 1997, 370; OVG Koblenz, NVwZ 1994, 715: selbständige Regelungsfunktion der Festsetzung; OVG Lüneburg, Urteil vom 31.1.2024, 11 LC 294/20.

758 OVG Bautzen, Beschluss vom 30.3.2020, 6 B 247/19; OVG Saarlouis, Beschluss vom 2.5.2014, 2 B 225/14; OVG Schleswig, NVwZ 2000, 821; VGH Mannheim, NJW 2003, 234; OVG Hamburg, NVwZ-RR 1997, 263: Rechtsschutz nur gegen eine Zwangsgeldfestsetzung nach HbgVwVG; Weber, Asbest in Görlitz (Klausur), VR 2007, 278 ff. (Eilantrag nach § 80 Abs. 5 VwGO gegen die schriftliche Festsetzung des vorher angedrohten Zwangsgeldes).

Tatbestandswirkung von Verwaltungsakten, die – wie sich aus § 43 VwVfG ergibt – bis zu ihrer eventuellen Aufhebung wirksam sind und – ungeachtet ihrer Rechtmäßigkeit – beachtet werden müssen. Der Antragsgegner konnte deshalb bereits vor der Entscheidung über den Widerspruch gegen die Grundverfügung Zwangsmittel anwenden; die Tatbestandswirkung des Verwaltungsakts tritt bereits mit seiner Bekanntgabe ein. Diese Grundsätze gelten aus den genannten Gründen nicht nur dann, wenn die Grundverfügung bestandskräftig, sondern auch, wenn sie (lediglich) sofort vollziehbar ist. Der Bürger wird dadurch nicht schutzlos gestellt; denn er kann gegenüber dem Grundverwaltungsakt, solange dieser nicht bestandskräftig geworden ist, die zulässigen Rechtsmittel einschließlich des Antrags auf Gewährung vorläufigen Rechtsschutzes einlegen. **Im Falle der nachträglichen Aufhebung der Grundverfügung wirkt diese auf den Zeitpunkt des Erlasses der Verfügung zurück**; es besteht die Möglichkeit, dies im Wege des Wiederaufgreifens des Verfahrens nach § 1 Satz 1 SächsVwVfZG, § 51 Abs. 1 VwVfG im Vollstreckungsverfahren geltend zu machen ***(OVG Bautzen, Beschluss vom 30.3.2020, 6 B 247/19).***
Siehe dazu auch die grundsätzlichen Ausführungen des VGH Mannheim, Urteil vom 3.5.2021, 1 S 512/19: Vollstreckungsrechtliches Grundprinzip, dass das Verwaltungsvollstreckungsrecht von der Primärebene des vollstreckten Grundverwaltungsaktes (Vollstreckungstitel) getrennt ist (siehe unter N IV 7).
Anmerkung: *Siehe auch unter R I 4 zur Trennung zwischen Primärrechtsebene und Vollstreckungsebene*

3. Für den Vollstreckungsschuldner ist der Zwangsgeldfestsetzungsbescheid insoweit bedeutsam, als er einen **Leistungsbescheid** nach den §§ 12 ff. SächsVwVG darstellt und von der Vollstreckungsbehörde sofort (nach Bekanntgabe bzw. Zustellung des Zwangsgeldfestsetzungsbescheides) die Beitreibung des festgesetzten Betrages eingeleitet werden kann.[759]

4. Rechtsschutz gegen die Beitreibung des Zwangsgeldes:
Dazu äußerte sich das OVG Lüneburg im Urteil vom 31.1.2024, 11 LC 294/20: Der Hilfsantrag des Klägers festzustellen, dass die Beitreibung des mit Bescheid vom 26. November 2016 festgesetzten Zwangsgelds unzulässig ist, ist als Feststellungsklage i. S. d. § 43 Abs. 1 VwGO zulässig. Insbesondere ist nicht vorrangig eine Vollstreckungsabwehrklage gemäß § 767 ZPO zu erheben, denn die Zivilprozessordnung findet nach § 173 Satz 1 VwGO nur entsprechend Anwendung, soweit die Verwaltungsgerichtsordnung keine Bestimmungen über das Verfahren enthält. Aus diesem Grund ist die Vollstreckungsgegen- oder Vollstreckungsabwehrklage, die die Vollstreckung unanfechtbarer Verwaltungsakte betrifft, dann ausgeschlossen, wenn eine Klage nach § 42 Abs. 1 oder – wie hier – § 43 Abs. 1 VwGO zulässig ist (vgl. OVG BB, Urt. v. 19.5.2011 – OVG 10 B 7.10; vgl. auch

759 OVG Bautzen, LKV 2013, 369; *näher erläutert unter K X 1*. Eine Zahlungsfrist, wie dort im behördlichen Bescheid festgelegt, ist überflüssig.

VG Gelsenkirchen, Urt. v. 13.8.2015 – 5 K 4117/14). Dasselbe gilt, wenn der zu vollstreckende Leistungsbescheid zwar nicht bestandskräftig, aber – wie hier – gerichtlich bestätigt und rechtmäßig ist. Im Übrigen bedarf es vorliegend auch nicht der Vollstreckungsabwehrklage, die als prozessuale Gestaltungsklage einem Vollstreckungstitel seine Vollstreckbarkeit nehmen soll, weil sich eine etwaige Unzulässigkeit der Zwangsvollstreckung bereits aus dem einschlägigen Verwaltungsvollstreckungsgesetz ergibt.

V. Rechtsschutz gegen die Anwendung eines Zwangsmittels[760]

1. Auch hier hat der Vollstreckungsschuldner selbstverständlich Rechtsschutzmöglichkeiten *(siehe oben I)*.

Anmerkung: *Die Anwendung der Zwangsmittel ist im Kapitel L ausführlich erörtert worden*

a) **Das festgesetzte Zwangsgeld** wird gemäß § 22 Abs. 2 SächsVwVG beigetrieben[761]. Beim Vollstreckungsschuldner werden z. B. bewegliche Sachen gepfändet, es kommt zur Vollstreckung in das unbewegliche Vermögen z. B. durch Antrag auf Eintragung einer Sicherungshypothek, oder zur Pfändung und Einziehung eines Kontoguthabens[762].

b) **Die Anwendung der Ersatzvornahme** bedeutet, dass diese nach der Androhung mit Fristsetzung und Hinweis auf die voraussichtlichen Kosten durchgeführt wird, z. B. Abbruch eines Schwarzbaues durch die Behörde oder Abschleppen eines Kfz (bei vorangegangenem Verwaltungsakt in Form eines Vollstreckungstitels)[763].

c) **Unmittelbarer Zwang wird angewandt,** indem die die Vollzugspolizei (§§ 39 ff. SächsPVDG) auf Personen oder Sachen einwirkt, also z. B. Wasserwerfer einsetzt[764], oder Personen mittels einfacher körperlicher Gewalt zurückdrängt[765]. Hierbei muss nochmals betont werden, dass auch bei der Vollstreckung in Form des Einsatzes des unmittelbaren Zwangs ein sog. Grundverwaltungsakt vorausgegangen sein muss (sonst liegt ein sog. Vollstreckungsverfahren nicht vor), also z. B. die Aufforderung, den Platz zu räumen usw. (Grundverwaltungsakt in Form eines Platzverweises) mit anschl. Androhung der evtl. Anwendung unmittelbaren Zwangs. Denn nur dann kann im Zusam-

760 Weber, VR 2004, 253, 256; Horn, Jura 2004, 600.

761 Siehe dazu VGH München, NVwZ-RR 2002, 809; VG Göttingen, NVwZ-RR 2005, 71; OVG Saarlouis, Beschluss vom 2.5.2014, 2 B 225/14; App, JuS 87, 203 ff. und SächsVBl.97, 39; OVG Lüneburg, vor unter IV 4.

762 OVG Bautzen, SächsVBl. 1999, 39, und Urteil vom 16.4.2013, 4 A 263/12; OVG Weimar, NJ 2014, 42.

763 VGH München, NVwZ-RR 2015, 85, und NVwZ-RR 2017, 991; OVG Hamburg, VRS 104/03, 474, Urteil vom 11.2.2002; *siehe auch die umfassende Erörterung der sog. „Abschleppfälle" im Kapitel M,* auch zur Abgrenzung von Ersatzvornahme und unmittelbarer Ausführung.

764 BVerfG, NVwZ 1999, 290; Beschluss vom 7.12.1998 – 1 BvR 831/89: vorherige polizeiliche Aufforderung zum Verlassen des Versammlungsplatzes (Anm.: Vollstreckungstitel).

765 VGH Mannheim, NVwZ-RR 1990, 602, bestätigt durch BVerfG, NJW 1991, 2694; VG Schleswig, NVwZ 2000, 464, 466; VGH Mannheim, Urteil vom 3.5.2021, 1 S 512/19: Platzverweis mit Androhung unmittelbaren Zwangs, anschließend Wegtragen.

menhang mit der Anwendung des unmittelbaren Zwangs von einer „Verwaltungsvollstreckungsmaßnahme“ i. S. d. SächsVwVG gesprochen werden.

2. Insgesamt ist es bei der „Anwendung“ aller genannten Vollstreckungsmittel fraglich und umstritten (im Gegensatz zu Androhung eines Zwangsmittels als Verwaltungsakt und auch der Zwangsgeldfestsetzung), ob die Behörde mittels Verwaltungsakt gehandelt hat oder ob nur eine rein tatsächliche Handlung, also ein sog. Realakt vorliegt[766].
   Von der Beantwortung dieser Frage hängt auch der Rechtsschutz gegen diese Maßnahmen ab, aber nicht mehr das „ob“ (wg. § 40 Abs. 1 VwGO, *siehe oben unter I*), sondern nur noch das „wie“, also die Klageart, wobei dann noch nach Eil- und Hauptsacheverfahren zu unterscheiden ist.
   a) Dabei spricht viel dafür, all diese „Anwendungsmaßnahmen“ insb. beim unmittelbaren Zwang lediglich als Tathandlungen (Realakte) ohne Regelungswirkung anzusehen[767].
      Die in der Rspr.[768] früher zur Anwendung des *„unmittelbaren Zwangs“* vertretene Ansicht, es handele sich hierbei um Verwaltungsakte in Form einer Duldungsverfügung, ist abzulehnen (insbes. wg. der fehlenden Regelungswirkung einer derartigen „Duldungsverfügung“ nach § 35 Satz 1 VwVfG). Denn wg. § 40 Abs. 1 VwGO bestehen immer Rechtsschutzmöglichkeiten, unabhängig von der Verwaltungsaktqualität der konkreten Maßnahme[769].
   b) Unstreitig ist aber, dass (auch) die Anwendung des unmittelbaren Zwangs bei vorausgegangenem Verwaltungsakt und Androhung eine Verwaltungsvollstreckungsmaßnahme ist[770]. Denn *„Verwaltungsvollstreckungsmaßnahmen sind Maßnahmen, die auf die zwangsweise Durchsetzung eines durch Verwaltungsakt festgesetzten Gebots oder Verbots gerichtet sind“*[771] *(siehe dazu oben im Kapitel B. V)*.
      Deshalb ist auch die konkrete Anwendung eines Zwangsmittels, sei es eine Beitreibungsmaßnahme[772] oder das Wegschieben einer Person durch einen Polizeivollzugsbeamten, eine Verwaltungsvollstreckungsmaßnahme i. S. des § 11 SächsVwVG (sofern ein Grundverwaltungsakt in Form eines Vollstreckungstitels vorausging), gegen die Eilrechtsschutz über § 80 Abs. 5 VwGO erlangt werden kann (was in den Fällen der Anwendung des unmittelbaren Zwangs durch Polizeivollzugsbeamte praktisch aber nicht durchzuführen ist).

---

766 VGH Mannheim, NVwZ 1985, 202, 203; OVG Münster, NVwZ-RR 1994, 549, 550.

767 OVG Münster, NVwZ-RR 1994, 549, 550; VG Weimar, NVwZ-RR 2000, 478 (Eilrechtsschutz dann über § 123 VwGO); Mussmann, S. 299 und 311; Pietzner, Verwaltungsarchiv 1993, 261, 271; Schoch, JuS 1995, 311; Brühl, JuS 1997, 1023.

768 BVerwGE 26, 161 ff. (Schwabinger Krawalle, Schlagstockeinsatz); VGH München, NVwZ 1988, 1055 (Tränengaseinsatz).

769 So u. a. VG Weimar, NVwZ-RR 2000, 478; Pietzner, Verwaltungsarchiv 1993, 261, 274 ff.; Weber, Rechtsgrundlagen des Versammlungsrechts, SächsVBl. 2002, 25, 30; Weber, Verwaltungsrechtliche Realakte, apf 2003, 27, 56.

770 Beispiele aus der Rspr.: VGH Mannheim, NVwZ 1985, 203, 204 (gegen Personen); OVG Münster, NVwZ-RR 1994, 549, 550 (gegen Sachen: Versiegelung einer Scheune); OVG Frankfurt, Gewerbearchiv 2002, 28, 29; OVG Bautzen, SächsVBl. 1999, 39, 40: Pfändungs- und Einziehungsverfügung (Leistungsbescheid).

771 OVG Bautzen, NVwZ-RR 2003, 475; VGH Mannheim, NVwZ-RR 1996, 512.

772 Das kann man aber auch anders sehen: OVG Weimar, NJ 2014, 42, zu einer Pfändungs- und Einziehungsverfügung; *näher dazu unter N IV 5.*

Demnach kann man in einem derartigen Falle bei der Anwendung einer Vollstreckungsmaßnahme entweder von der Fiktion eines Verwaltungsaktes ausgehen oder der Anwendungsmaßnahme Verwaltungsaktqualität zubilligen[773].
Anmerkung: *Siehe dazu auch die Ausführungen nachfolgend unter VIII 2.*

3. Oftmals ist aber bereits Erledigung bei der Anwendung eines Zwangsmittels eingetreten, bevor es zu gerichtlichem Rechtsschutz kommt (typisch bei unaufschiebbaren Maßnahmen von Polizeivollzugsbeamten, § 80 Abs. 2 Satz 1 Nr. 2 VwGO). Ein Polizeivollzugsbeamter erteilt mündlich einen Platzverweis und setzt anschließend nach Androhung unmittelbaren Zwangs ein, z. B. durch Wegschieben der Person.
   a) Richtige Klageart ist, wenn man die Anwendung des unmittelbaren Zwangs als Verwaltungsakt ansieht oder von der Fiktion eines Verwaltungsaktes ausgeht, dann die sog. Fortsetzungsfeststellungsklage[774].
   b) Verneint man das Vorliegen der Voraussetzungen eines Verwaltungsaktes (dann nur Realakt), so kommt nur eine Feststellungsklage in Betracht, § 43 VwGO[775].
   c) Diese Feststellung der Rechtswidrigkeit kann auch in Bezug auf eine inzwischen aufgehobene Pfändungs- und Einziehungsverfügung erfolgen.[776]

Anmerkung: *Zu den Erledigungsfällen siehe die umfassenden Ausführungen in Kapitel N. IV.*

VI. Rechtsschutz gegen eine Vollstreckung aus einem öffentlich-rechtlichen Vertrag (sog. Verwaltungsvertrag)

Anmerkung: *Siehe dazu die Ausführungen im Kapitel D. VI.*

---

773 OVG Münster, NVwZ-RR 1994, 549, 550 (Versiegelung von Gebäuden); Kästner, JuS 1994, 361, 362; Pietzner, Verwaltungsarchiv 1993, 261, 277 (sog. formeller Verwaltungsakt), S. 284; Weber, Der Bescheid über die Festsetzung eines Zwangsgeldes, apf 1999, 109, 110.

774 BVerfG, NVwZ 1999, 290; Beschluss vom 7.12.1998 – 1 BvR 831/89: Das BVerfG betont, dass Gegenstand der fachgerichtlichen Entscheidungen (also des VG und des OVG) nur die zwangsweise Durchsetzung des vorher ergangenen Verwaltungsaktes war. *„Im Ausgangsverfahren hatten die Beschwerdeführer lediglich beantragt festzustellen, dass der gegen sie gerichtete Wasserwerfereinsatz, also die polizeiliche Vollstreckungsmaßnahme, rechtswidrig gewesen sei."* (S. 292); Nach den Ausführungen des BVerfG zum Sachverhalt (S. 291) beantragten die Beschwerdeführer beim Verwaltungsgericht die Feststellung der Rechtswidrigkeit des Wasserwerfereinsatzes in Form der Fortsetzungsfeststellungsklage. Das VG hat den Klagen stattgegeben, das OVG bezweifelte das nach § 113 Abs. 1 Satz 4 VwGO erforderliche Feststellungsinteresse, d. h. beide Gerichte gingen von der Verwaltungsaktqualität des Wasserwerfereinsatzes aus; VG Schleswig, NVwZ 2000, 464; Lisken/Denninger, S. 404; Rasch, DVBl. 80, 1017, 1023.
VGH Mannheim, NVwZ-RR 1990, 603: zulässige, jedoch unbegründete Fortsetzungsfeststellungsklage gegen eine mündliche Polizeiverfügung, der eine Androhung unmittelbaren Zwangs und anschließend die Anwendung des unmittelbaren Zwangs nachfolgte.

775 Pietzner, Verwaltungsarchiv 1993, 261, 280.

776 VG Magdeburg, NVwZ-RR 2013, 453: begründete Klage.

VII. Rechtsschutz gegen eine Kostenforderung insbes. im Anschluss an eine Ersatzvornahme oder unmittelbare Ausführung (Leistungsbescheid)[777]

1. Wie im Zusammenhang mit den **„Abschleppfällen“** (im Zusammenhang mit der Anwendung der „Ersatzvornahme“) angesprochen *(siehe Kapitel M)* ergeben sich für die Kostenforderungen (in Form eines Leistungsbescheides) im Zusammenhang u. a. mit polizeilichen Maßnahmen folgende Rechtsgrundlagen:
   - bei der Ersatzvornahme: § 24 Abs. 3 SächsVwVG,
   - bei der unmittelbaren Ausführung (keine Verwaltungsvollstreckungsmaßnahme!): § 8 Abs. 2 SächsPVDG. Und § 34 Abs. 3 SächsPVDG im Fall der Sicherstellung.

2. In diesen Fällen werden die Kosten mittels Leistungsbescheid (§§ 12 ff., 24 Abs. 3 SächsVwVG bei der Ersatzvornahme) gegenüber dem Pflichtigen geltend gemacht und evtl. auch beigetrieben.
   Auch hier kommt es nicht auf die Rechtmäßigkeit des Grund-Verwaltungsaktes an, Wirksamkeit genügt (VGH Mannheim, Urteil vom 3.5.2021, 1 S 512/19; Pracht, VBlBW 2024, 48).
   Siehe auch unter I 4.
   a) Dabei handelt es sich bei diesen Leistungsbescheiden um Verwaltungsakte, die aber nicht gemäß § 80 Abs. 2 Satz 1 Nr. 1 VwGO kraft Gesetzes sofort vollziehbar ist, da keine öffentliche Kosten i. S. dieser Vorschrift angefordert werden[778].
   b) Es handelt sich bei der Forderung nach den Kosten der Ersatzvornahme auch nicht um eine Verwaltungsvollstreckungsmaßnahme und der damit verbundenen sofortigen Vollziehbarkeit nach § 11 SächsVwVG[779].
   Das ergibt sich aus § 24 Abs. 3 Satz 2 SächsVwVG, wonach ein Leistungsbescheid betr. Ersatzvornahmekosten sofort vollziehbar ist. Würde es sich dabei um eine Verwaltungsvollstreckungsmaßnahme handeln, wäre bereits nach § 11 SächsVwVG die aufschiebende Wirkung kraft Gesetzes entfallen und es hätte der ausdrücklichen Regelung nunmehr (seit 2004) in § 24 Abs. 3 Satz 2 SächsVwVG nicht bedurft[780].
   c) Bei den Kostenforderungen nach den §§ 8 Abs. 2 und 34 Abs. 3 SächsPVDG handelt es sich auch um Leistungsbescheide, die aber nicht sofort vollziehbar sind.

---

777 BVerwG, NJW 1997, 1021; VGH München, BayVBl. 2007, 249; 2001, 310, und 1990, 433; OVG Münster, NVwZ-RR 1996, 59; VGH Kassel, NVwZ-RR 1999, 23; VGH Mannheim, NZV 2007, 487; Weber, Rechtsschutz im Verwaltungsvollstreckungsverfahren, VR 2004, 253, 257 und apf 2014, 173, 175; Erbguth, apf 2008, 106, 111.

778 VGH Mannheim, NVwZ-RR 1991, 512; **anders aber beim Leistungsbescheid betr. die Kosten der Ersatzvornahme, siehe § 24 Abs. 3 Satz 2 SächsVwVG.**

779 Weber, VR 2004, 253, 257; OVG Koblenz, NVwZ-RR 1999, 27; OVG Bautzen, NVwZ-RR 2003, 475; OVG Münster, NJW 1983, 1441; VGH Mannheim, NVwZ-RR 1991, 512.

780 Siehe dazu Weber, JA 2007, 632, 636.

3. **Zur Anfechtung des Grund-Verwaltungsaktes, welcher später zur Vollstreckung und einem Leistungsbescheid führt:**
Zur „Kassation" des Verwaltungsaktes siehe auch die Rspr. unter II 1.
VGH Mannheim, Urteil vom 3.5.2021, 1 S 512/19: *„Das Gesetz sieht als Mindestvoraussetzung für eine rechtmäßige Vollstreckung die Existenz eines (wirksamen und vollziehbaren) Verwaltungsakts vor (vgl. erneut § 2 LVwVG). An dieser Mindestvoraussetzung für eine rechtmäßige Vollstreckung fehlt es nicht nur dann, wenn ein Grundverwaltungsakt von Anfang an nie existierte, sondern auch dann, wenn ein ursprünglich vorhandener Verwaltungsakt von einem Verwaltungsgericht* ***nachträglich, aber mit Wirkung ex tunc – rückwirkend – beseitigt*** *wird. Eben dies ist durch eine Anfechtungsklage möglich. Denn ein* ***stattgebendes Kassationsurteil*** *nach § 42 Abs. 1 Alt. 1 VwGO führt grundsätzlich zur Aufhebung des angefochtenen Verwaltungsakts mit Wirkung ex tunc, sie wirkt also auf den Zeitpunkt des Erlasses des Verwaltungsakts zurück (s. allg. hierzu nur BVerwG, Urt. v. 28.10.1982 – 2 C 4.80 – NVwZ 1983, 608; Schübel-Pfister, in: EYERMANN, VwGO, 15. Aufl., § 113 Rn. 5; W.-R. Schenke/R. P. Schenke, in: KOPP/SCHENKE, VwGO, 26. Aufl., § 113 Rn. 8 m.w.N.)* ***und entzieht dann der Vollstreckungsmaßnahme und in der Folge auch der Erhebung von Vollstreckungskosten rückwirkend die Grundlage*** *(vgl. VGH Bad.-Württ., Beschl. v. 26.03.1984 – 14 S 2640/83 – VBlBW 1984, 517; SächsOVG, Urt. v. 27.01.2009 – 4 B 809/06 – SächsVBl 2009, 165 m.w.N.; OVG Schl.-Holst., Urt. v. 27.04.2006 – 4 LB 23/04 – NordÖR 2006, 204). Deshalb kommt einem Grundverwaltungsakt auch nach seiner irreversiblen Vollstreckung weiterhin eine nicht lediglich tatsächliche, sondern rechtliche, teils als „Titelfunktion" bezeichnete Wirkung in Bezug auf die Vollstreckungskosten zu (vgl. im Ergebnis erneut BVerwG, Urt. v. 14.12.2016 – 1 C 11.15 – NVwZ 2017, 1064 und v. 25.09.2008 – 7 C 5.08 – VBlBW 2009, 55, sowie die weiteren o.g. Nachweise)."*

VIII. Rechtsschutz in den Eilverfahren nach § 80 V VwGO

Der Rechtsschutz in den Eilverfahren nach § 80 V VwGO ist bereits mehrfach angesprochen worden:
Im Falle des Erfolgs des Antragstellers kommt es

- zur Wiederherstellung der aufschiebenden Wirkung im Falle der Anordnung der sofortigen Vollziehung nach § 80 II 1 Nr. 4 VwGO, insbes. bezüglich des Grund-Verwaltungsaktes,
  (VGH Mannheim, Beschluss vom 29.4.2013, 11 S 581/13; VGH München, Beschluss v. 28.08.2020 – 12 CS 20.1750; VG Neustadt, Beschluss vom 25.5.2023, 1 L 431/23.NW; OVG Bautzen, Beschluss vom 13.4.2022, 6 B 132/22,)

oder

- zur Anordnung der aufschiebenden Wirkung betr. eine Vollstreckungsmaßnahme (wg. § 11 VwVG, 80 II S. 2 VwGO)
  VG Düsseldorf, Beschluss vom 17.7.2023 - 28 L 1158/23; VG Kassel, Beschluss vom 1.2.2024, 5 L 2089/23.KS; VG Schleswig-Holstein, Beschluss vom 14.5.2024, 2 B 10/24.

IX. Übersicht über den Rechtsschutz im Verwaltungsvollstreckungsverfahren

1. Rechtsschutzmöglichkeiten bestehen gegen

den Grundverwaltungsakt in Form eines Vollstreckungstitels	**die Androhung eines Zwangsmittels**	**gegen die Zwangsgeldfestsetzung**	**gegen die Anwendung eines Zwangsmittels (mit evtl. später nachfolgender Kostenforderung)**
Widerspruch bzw. Eilantrag nach § 80 Abs. 5 VwGO, wenn die aufschiebende Wirkung des Widerspruchs entfallen ist; i. d. R. wird dann auch eine Zwangsmittelandrohung mit angegriffen	Praktisch nur denkbar bei einer sog. isolierten Androhung, § 11 SächsVwVG	§ 11 SächsVwVG Rechtsschutz gegen die Beitreibung des Zwangsgeldes: *siehe vor unter IV 4.*	§ 11 SächsVwVG scheidet oft aus, weil Anwendung bereits erledigt; deshalb spätere Fortsetzungs-Feststellungsklage oder allgemeine Feststellungsklage
			Nach der Anwendung (siehe z. B. Abschleppfälle, Kapitel M) kann es zu einer **Kostenforderung** kommen: (Leistungsbescheide) § 24 Abs. 3 SächsVwVG bei Ersatzvornahme bzw. § 8 Abs. 2 SächsPVDG bei der sog. unmittelbaren Ausführung, die aber außerhalb des Vollstreckungsverfahrens stattfindet; ebenso bei § 34 Abs. 3 SächsPVDG als Folge einer Sicherstellung

2. Im Zusammenhang mit der Anwendung von „Vollstreckungsmaßnahmen“ ist noch zu erwähnen, dass es durch die enge Auslegung des § 11 SächsVwVG *(siehe oben B. V)* insbes. in Eilfällen zu Verfahren außerhalb des Eilrechtsschutzes nach § 80 Abs. 5 VwGO kommt. Regelmäßig geht es dabei um Vollstreckungen in Gestalt der Beitreibung von Leistungsbescheiden.

Es handelt sich dann um Anträge auf Erlass einer einstweiligen Anordnung nach § 123 VwGO, wobei sowohl ein Anordnungsgrund als auch ein Anordnungsanspruch nachgewiesen werden muss[781].

- Das **OVG Weimar** (vor unter NIV 5) hat eine Pfändungs- und Einziehungsverfügung betr. Beitreibung eines festgesetzten Zwangsgeldes nicht als Vollstreckungsmaßnahme angesehen und deshalb zur Einstellung des Vollstreckungsverfahrens einen Antrag nach § 123 VwGO als zulässig angesehen.
- Dagegen hat das **VG Ansbach** (Beschluss vom 08.11.2011, AN 18 S 11.02007) einen Antrag nach § 80 Abs. 5 VwGO als statthaft angesehen: *„Bei dem hier inmitten stehenden Pfändungs- und Überweisungsbeschluss der Antragsgegnerin vom... zur Durchsetzung einer Geldforderung handelt es sich um einen belastenden Verwaltungsakt im Rahmen der Verwaltungsvollstreckung, gegen den gem. Art. 26 Abs. 7 Satz 3 VwZVG Rechtsschutz nach den einschlägigen VwGO-Vorschriften gegeben ist."*
- **Beschluss des OVG Bautzen vom 15.1.2014, 5 B 478/13:** *„Das Verwaltungsgericht hat es bei der im vorläufigen Rechtsschutzverfahren gemäß* ***§ 123 VwGO*** *gebotenen summarischen Prüfung zu Recht abgelehnt, die Antragsgegnerin im Wege der einstweiligen Anordnung zu verpflichten, die Vollstreckung aus ihrem Gewerbesteuerbescheid vom 14. Oktober 2011 (betreffend die Kalenderjahre 2006 bis 2008), den zugehörigen drei Nachzahlungszinsbescheiden vom 14. Oktober 2011 und dem dazu ergangenen Säumniszuschlagsbescheid vom 22. Januar 2013 gemäß § 16 SächsVwVG i. V.m. § 258 AO einstweilen einzustellen und bereits erfolgte Vollstreckungsmaßnahmen aufzuheben, bis über die Klagen auf Erlass dieser Gewerbesteuern nebst Säumniszuschlägen gemäß § 227 AO sowie über die abweichende Billigkeitsfestsetzung der dafür erhobenen Nachzahlungszinsen gemäß § 239 Abs. 1 Satz 1 i. V.m. § 163 AO rechtskräftig entschieden ist."*
- **Das VG Magdeburg hat mit Beschluss vom 12.06.2012, 9 B 93/12, ausgeführt:** *„Das Gericht legt den Antrag gem. § 88 VwGO dahingehend aus, dass der Antragsteller begehrt, im Eilverfahren (Anm.: nach § 80 Abs. 5 VwGO) die aufschiebende Wirkung der (Vollstreckungsgegen-)Klage vom 23.04.2012 (9 A 92/12) gegen die Pfändungs- und Einziehungsverfügung des Antragsgegners vom 05.04.2012 anzuordnen. Der Antrag ist zulässig. Denn die Pfändungs- und Einziehungsverfügung stellt eine Maßnahme der Zwangsvollstreckung dar, welche nach § 80 Abs. 2 Satz 1 Nr. 3 VwGO i. V.m. § 8 des AG VwGO kraft Gesetzes sofort vollziehbar ist."*
- **VG Dresden, SächsVBl. 2020, 351:** Antrag nach § 123 VwGO zur Aufhebung eines Vollstreckungsauftrages, fehlender Anordnungsanspruch (subjektives öffentliches Recht).

781 Siehe OVG Weimar, *oben unter N IV 5* (Pfändungs- und Einziehungsverfügung); *siehe auch vor unter IV 4.*

X. Die Folgen des für den Vollstreckungsschuldner erfolgreichen Rechtsschutzes

1. Erfolg bei der Anfechtung des Grundverwaltungsaktes (wg. dessen Rechtswidrigkeit):
   Hier ist zu bedenken, dass eine gerichtliche Entscheidung zugunsten des Vollstreckungsschuldners oft erst spät (nach durchlaufenem Widerspruchsverfahren und anschließender Anfechtungsklage), nachdem bereits Verwaltungsvollstreckungsmaßnahmen eingeleitet wurden, ergeht.
   a) Nach § 113 Abs. 1 Satz 1 VwGO hebt das Verwaltungsgericht den rechtswidrigen Verwaltungsakt auf, sofern auch eine Rechtsverletzung vorliegt. Diese „Aufhebung“[782] führt zur Unwirksamkeit des Grundverwaltungsaktes nach § 43 Abs. 2 VwVfG[783].
      Zur „Kassation“ des Vewaltungsaktes *siehe auch die Rspr. unter II 1.*
      VGH Mannheim, Urteil vom 3.5.2021, 1 S 512/19: *„Das Gesetz sieht als Mindestvoraussetzung für eine rechtmäßige Vollstreckung die Existenz eines (wirksamen und vollziehbaren) Verwaltungsakts vor (vgl. erneut § 2 LVwVG). An dieser Mindestvoraussetzung für eine rechtmäßige Vollstreckung fehlt es nicht nur dann, wenn ein Grundverwaltungsakt von Anfang an nie existierte, sondern auch dann, wenn ein ursprünglich vorhandener Verwaltungsakt von einem Verwaltungsgericht* ***nachträglich, aber mit Wirkung ex tunc – rückwirkend – beseitigt*** *wird. Eben dies ist durch eine Anfechtungsklage möglich. Denn ein* ***stattgebendes Kassationsurteil*** *nach § 42 Abs. 1 Alt. 1 VwGO führt grundsätzlich zur Aufhebung des angefochtenen Verwaltungsakts mit Wirkung ex tunc, sie wirkt also auf den Zeitpunkt des Erlasses des Verwaltungsakts zurück (s. allg. hierzu nur BVerwG, Urt. v. 28.10.1982 – 2 C 4.80 – NVwZ 1983, 608; Schübel-Pfister, in:* Eyermann, *VwGO, 15. Aufl., § 113 Rn. 5; W.-R. Schenke/R. P. Schenke, in:* Kopp/Schenke, *VwGO, 26. Aufl., § 113 Rn. 8 m.w.N.)* ***und entzieht dann der Vollstreckungsmaßnahme und in der Folge auch der Erhebung von Vollstreckungskosten rückwirkend die Grundlage*** *(vgl. VGH Bad.-Württ., Beschl. v. 26.03.1984 – 14 S 2640/83 – VBlBW 1984, 517; SächsOVG, Urt. v. 27.01.2009 – 4 B 809/06 – SächsVBl 2009, 165 m.w.N.; OVG Schl.-Holst., Urt. v. 27.04.2006 – 4 LB 23/04 – NordÖR 2006, 204;* Schenke/Baumeister, *NVwZ 1993, 1 <3, 6f.>; insoweit auch* Labrenz, *NVwZ 2010, 22). Deshalb kommt einem Grundverwaltungsakt auch nach seiner irreversiblen Vollstreckung weiterhin eine nicht lediglich tatsächliche, sondern rechtliche, teils als „Titelfunktion“ bezeichnete Wirkung in Bezug auf die Vollstreckungskosten zu (vgl. im Ergebnis erneut BVerwG, Urt. v. 14.12.2016 – 1 C 11.15 – NVwZ*

782 Kugele, Anm. 3 zu § 113 VwGO: *„Ein Kassationsurteil ist ein Urteil, das den angefochtenen Verwaltungsakt, evtl. in der Fassung des Widerspruchsbescheides, beseitigt.“*; VG Augsburg, Urteil v. 19.10.2020, Au 9 K 20.554; VG München, Urteil v. 30.7.2020, M 12 K 20.186; BVerwG, Beschluss vom 14.4.2020, 9 B 4.19: *„§ 113 Abs. 1 Satz 1 VwGO geht eindeutig von der Pflicht zur Aufhebung des rechtswidrigen und den Kläger dadurch in seinen Rechten verletzenden Verwaltungsakts aus.“*

783 OVG Bautzen, JBSächsOVG 6, 143, 146; Herrmann, zjs 2011, 25, 27.

2017, 1064 und v. 25.09.2008 – 7 C 5.08 – VBlBW 2009, 55, sowie die weiteren o.g. Nachweise)."
Siehe auch vor unter II 1 b.

b) Bei einer Eilentscheidung des Gerichts, wenn ein Antrag nach § 80 Abs. 5 VwGO zur Anordnung der aufschiebenden Wirkung des Rechtsbehelfs gestellt wurde (weil der Grundverwaltungsakt nach § 80 Abs. 2 VwGO sofort vollziehbar war), ordnet das Gericht die Wiederherstellung der aufschiebenden Wirkung von Widerspruchs- bzw. Anfechtungsklage im Erfolgsfall an[784]. Praktisch gesehen ergeht die sog. gerichtliche Eilentscheidung natürlich viel zeitnaher als die Entscheidung im sog. Hauptsacheverfahren nach Klage, oft verbleibt es auch nur bei einer Eilentscheidung und das Hauptsacheverfahren wird überhaupt nicht mehr durchgeführt.

c) In beiden genannten Fällen (Erfolg des Vollstreckungsschuldners vorausgesetzt) entfällt durch gerichtliche Entscheidung die Grundlage für die sich an den Grundverwaltungsakt anschließende Zwangsmittelandrohung und evtl. weitere Verwaltungsvollstreckungsmaßnahmen.

Beschluss des OVG Münster vom 2.8.2007 (NJW 2007, 3084)[785]
Die Behörde hatte dem Betroffenen die Fahrerlaubnis nach § 3 StVG unter Anordnung der sofortigen Vollziehung entzogen und Zwangsmittel betr. Rückgabe des Führerscheines angedroht.
*Das OVG hat die aufschiebende Wirkung des Widerspruchs gegen die Entziehung der Fahrerlaubnis wiederhergestellt (wg. Rechtswidrigkeit des Bescheides) und bezüglich der Zwangsmittelandrohung angeordnet (**Anm.:** Anordnung der aufschiebenden Wirkung der Zwangsmittelandrohung, da von Gesetzes wegen die aufschiebende Wirkung entfallen ist, in Sachsen nach § 11 SächsVwVG).*
„Da die aufschiebende Wirkung des Widerspruchs gegen die Entziehung der Fahrerlaubnis wiederherzustellen war, fehlt der Zwangsmittelandrohung derzeit die Grundlage."

d) **Zur Bedeutung und Rückwirkung der gerichtlichen Anordnung der aufschiebenden Wirkung** (BVerwG, NVwZ 2016, 1333, und OVG Greifswald, NVwZ-RR 2017, 123; OVG Weimar, Beschluss vom 13.3.2023, 3 EO 237/21; Weber, VR 2024, 53):

aa) Nach der ständigen Rechtsprechung des BVerwG verpflichtet die aufschiebende Wirkung von Widerspruch und Klage (§ 80 Abs. 1 VwGO) die Behörde, für die Dauer des durch die Anfechtung des Verwaltungsaktes herbeigeführten Schwebezustandes alle Maßnahmen zu unterlassen,

784 OVG Bautzen, NVwZ-RR 2007, 54; OVG Münster, NJW 2007, 3084; VGH München, Beschluss vom 6.11.2020, 20 CS 20.2573, 20 CS 20.2517; VG Ansbach, Beschluss v. 4.11.2020, AN 17 S 19.50953; VG Potsdam, Beschluss vom 6.11.2020, 3 L 1001/20; VG Neustadt, Beschluss vom 25.5.2023, 1 L 431/23.NW; VG München, Beschluss v. 07.02.2024 – M 18 S 24.356.

785 Siehe auch VGH Mannheim, Gewerbearchiv 1993, 82, 84; VG Schwerin, Urteil vom 28.2.2020, 4 A 340/19 SN: *„Ist die Entziehung der Fahrerlaubnis rechtswidrig, gilt dies auch für die Nebenentscheidungen zur Androhung von unmittelbarem Zwang bei Nichtabgabe des Führerscheins und die Festsetzung von Verwaltungsgebühren und Auslagen für diese Entscheidung bzw. die Widerspruchsentscheidung."*

die – in einem weiten, auch die Besonderheiten rechtsgestaltender und feststellender Verwaltungsakte (§ 80 Abs. 1 Satz 2 VwGO) berücksichtigenden Sinne – als Vollziehung zu qualifizieren sind, d.h. der Verwirklichung der mit dem Verwaltungsakt ausgesprochenen Rechtsfolge und der sich aus ihr ergebenden weiteren Nebenfolgen dienen. Demgemäß ist der Behörde durch § 80 Abs. 1 VwGO untersagt, einstweilen solche Folgerungen aus dem Verwaltungsakt zu ziehen, die sie vermöge ihrer Sonderstellung als Hoheitsträger ziehen könnte. Die aufschiebende Wirkung lässt die Wirksamkeit des angefochtenen Verwaltungsaktes jedoch unberührt.

bb) **Die Anordnung der aufschiebenden Wirkung wirkt generell auf den Zeitpunkt des Erlasses des Verwaltungsaktes zurück.** Denn die gerichtliche Entscheidung nach § 80 Abs. 5 VwGO soll grundsätzlich die Rechtslage in Kraft setzen, die bestände, wenn die in § 80 Abs. 1 VwGO vorgesehene aufschiebende Wirkung des Rechtsbehelfs nicht ausnahmsweise entfiele. Das Gericht kann allerdings im Rahmen seiner Ermessensausübung nach § 80 Abs. 5 Satz 1 VwGO die Rückwirkung zeitlich einschränken oder ausschließen, insbesondere die Wirkungen der Entscheidung nur für die Zukunft eintreten lassen. Auf diese Weise kann dem Fall, dass etwa ein Abgabenpflichtiger bis zur Stellung des einstweiligen Rechtsschutzantrages bei Gericht eine unangemessene Zeit verstreichen lässt und dann bei einem Obsiegen bereits erfolgte Vollziehungsmaßnahmen aufgehoben wissen will, Rechnung getragen werden. Ein Bedürfnis, einen uneingeschränkt stattgebenden Tenor „im Zweifel" dahin auszulegen, dass die aufschiebende Wirkung erst ab Antragstellung oder erst ab Wirksamkeit des Beschlusses gilt, besteht danach nicht.

2. Erfolg für den Vollstreckungsschuldner bei der Anfechtung einer Verwaltungsvollstreckungsmaßnahme[786]

Dabei wird es sich i. d. R.[787], wie bereits angesprochen, um eine Eilentscheidung des Gerichts nach § 80 Abs. 5 VwGO handeln, da bei Vollstreckungsmaßnahmen die aufschiebende Wirkung des Rechtsbehelfs nach § 11 SächsVwVG entfällt. Sog. Hauptsacheverfahren bei Gericht (mit dem den Rechtsstreit abschließenden Urteil) können nachfolgen[788].

786 VGH Kassel, NVwZ-RR 1996, 362, 363; VGH Mannheim, NVwZ-RR 1996, 612; VG Gelsenkirchen, Beschluss vom 9.1.2012, 16 L 1319/11 (Androhung von Zwangsgeld); VG Schleswig-Holstein, Beschluss vom 251.9.2017, 2 B 49/17 Zwangsgeldfestsetzung und Androhung eines weiteren Zwangsgeldes); VG Berlin, Beschluss vom 17.1.2019, 13 L 271/18.

787 Ausnahmen bestätigen die Regel, siehe Urteile des VGH Mannheim, NVwZ-RR 1996, 612, und VBlBW 2004, 226, also keine Eilverfahren!

788 Siehe OVG Bautzen, SächsVBl. 2001, 40: Vom VG abgewiesene Anfechtungsklage gegen eine Zwangsgeldfestsetzung und die wiederholte Zwangsgeldandrohung.

3. Folgenbeseitigungsanspruch des Vollstreckungsschuldners im Erfolgsfall
   a) In Betracht kommt dabei der sog. Folgenbeseitigungsanspruch in Form des Vollzugsfolgenbeseitigungsanspruches[789]. Es handelt sich dabei um einen Fall der Rückgängigmachung der Folgen eines sofort vollzogenen, aber rechtswidrigen und später auch gerichtlich aufgehobenen Verwaltungsaktes.

Dazu POSCHER**, Verwaltungsarchiv 1998, 111, 126:**
„Die Verwaltung ist als Vollstreckungsgläubiger und Vollstreckungsorgan verpflichtet, den Bürger für die vorläufigen Vollstreckungsmaßnahmen aufgrund eines später aufgehobenen Titels schadlos zu stellen."

   b) Für dieses Verlangen nach *„Beseitigung der Vollstreckungsfolgen"* gibt es bundesrechtlich zwei Ausprägungen des Vollzugsfolgenbeseitigungsanspruches[790]:
      aa) **§ 113 Abs. 1 Satz 2 VwGO** (erfolgreiche Anfechtungsklage, sog. Hauptsacheverfahren)[791]:
      „Ist der Verwaltungsakt schon vollzogen, so kann das Gericht auf Antrag auch aussprechen, dass und wie die Verwaltungsbehörde die Vollziehung rückgängig zu machen hat."

Dazu das OVG Bautzen:[792]
„Sollte die Grundverfügung erst später im Hauptsacheverfahren aufgehoben werden, wirkt diese zurück, so dass zwischenzeitlich ergangene Vollstreckungsmaßnahmen ihre Rechtsgrundlage verlieren und rückabgewickelt werden müssen."

      In diesem Zusammenhang ist noch § 2a Abs. 1 Nr. 2 SächsVwVG anzusprechen. Danach sind Vollstreckungsmaßnahmen einzustellen oder zu beschränken, *„wenn der zu vollstreckende Verwaltungsakt aufgehoben wurde."* Ab dem Zeitpunkt der Aufhebung ist demnach das Verwaltungsvollstreckungsverfahren beendet *(sog. Vollstreckungshindernis, siehe oben im Kapitel N).*
      bb) § 80 Abs. 5 Satz 3 VwGO (erfolgreiches Eilverfahren, Anordnung der aufschiebenden Wirkung des Rechtsbehelfs durch das VG)[793]:
      „Ist der Verwaltungsakt im Zeitpunkt der Entscheidung schon vollzogen, so kann das Gericht die Aufhebung der Vollziehung anordnen."
      Die Vollstreckung beruhte „nur" auf einem Vollstreckungstitel nach § 80 Abs. 2 VwGO, somit kann der Pflichtige die Beseitigung der Vollstreckungsfolgen verlangen.

789 OVG Bautzen, SächsVBl. 2006, 92; SPROLL, Staatshaftungsrecht, JuS 1996, 319, 320; POSCHER, Verwaltungsarchiv 1998, 111, 126 ff.; MAURER/WALDHOFF, S. 847; PIETZNER/RONELLENFITSCH, S. 319.

790 OVG Bautzen, NVwZ-RR 2007, 68, 69; VG Münster, Gewerbearchiv 1982, 373, 374; PIETZNER/RONELLENFITSCH, S. 319; WEBER, VR 2004, 253, 255, mit Hinweisen auf die Rspr.

791 OVG Bautzen, JBSächsOVG 6, 143, 146; OVG Münster, DÖV 1983, 1024, 1025; PRACHT, VBlBW 2024, 48; SPROLL, JuS 1998, 219, 220; KUGELE, Anm. 19 zu § 113 VwGO.

792 JBSächsOVG 6, 143, 146.

793 OVG Bautzen, SächsVBl. 2001, 40, 41; 2006, 21, 22, und S. 92; NVwZ-RR 1997, 68; VG Münster, Gewerbearchiv 1982, 373, 374; VG Göttingen, NVwZ-RR 2005, 71.

Das OVG Bautzen[794]*, betont aber ausdrücklich, dass Grundlage einer Verwaltungsvollstreckung nach § 2 SächsVwVG nicht nur ein bestandskräftiger (**Anm.**: unanfechtbarer), sondern auch ein für sofort vollziehbar erklärter Verwaltungsakt sein kann... das Gesetz stellt also die Vollstreckungsvoraussetzungen „bestandskräftiger Verwaltungsakt" oder „sofort vollziehbarer Verwaltungsakt" gleichberechtigt nebeneinander..."*

cc) Insoweit trägt die Verwaltung ein Risiko bei Vollstreckung dieser Verwaltungsakte nach § 80 Abs. 2 VwGO.

Dazu das OVG Bautzen, SächsVBl. 2006, 92:
„Die Behörde vollstreckt in den Fällen sofortiger Vollziehbarkeit (§ 80 Abs. 2 VwGO) vor Unanfechtbarkeit der Grundverfügung auf eigenes Risiko[795]*. Sie muss damit rechnen, dass das Gericht die Vollziehung nicht nur aussetzt, sondern aufhebt, d.h. einen Vollstreckungsverwaltungsakt kassiert*[796] *und nicht nur suspendiert."*

c) § 2a Abs. 2 SächsVwVG hat festgelegt, dass in bestimmten Fällen der Einstellung und Beschränkung von Vollstreckungen *„bereits getroffene Vollstreckungsmaßnahmen aufzuheben sind"*.
„In den Fällen, in denen der Verwaltungsakt endgültig aufgehoben wurde oder der Anspruch endgültig nicht mehr besteht, sind bereits getroffene Vollstreckungshandlungen aufzuheben. In den Fällen in denen die Vollziehung des Verwaltungsaktes vorübergehend entfallen ist (z.B. weil die aufschiebende Wirkung eines Widerspruchs nachträglich angeordnet oder wiederherstellt wurde)... bleiben bereits getroffene Vollstreckungsmaßnahmen bestehen und sind bei der Wiederaufnahme der Vollstreckung zu berücksichtigen."[797]

Anmerkung: *siehe dazu die Ausführungen im Kapitel N, Vollstreckungshindernisse*

4. **Rückwirkung der gerichtlichen Entscheidung**
In den genannten Fällen wirkt eine gerichtliche Entscheidung (zugunsten des Vollstreckungsschuldners) zurück auf den Zeitpunkt des Erlasses des den Vollstreckungsschuldner belastenden Verwaltungsaktes. Er ist deshalb so zu behandeln, als sei er von Beginn an nicht erlassen worden (**Grundsatz der Rückwirkung**)[798].

794 OVG Bautzen, JBSächsOVG 6, 143, 146; ebenso OVG Saarlouis, Beschluss vom 2.5.2014, 2 B 225/14.
795 Ebenso Poscher, Verwaltungsarchiv 1998, 111, 127.
796 Pietzner/Ronellenfitsch, S. 319: *„Kassation des belastenden Verwaltungsaktes"*.
797 Gesetzentwurf der Staatsregierung vom 28.8.2002 zum „Gesetz zur Änderung verwaltungsverfahrensrechtlicher Vorschriften des Freistaates Sachsen", Drs. 3/6938, S. 3.
798 OVG Münster, DÖV 1983, 1024, 1025; VG Münster, Gewerbearchiv 1982, 373; OVG Bautzen, SächsVBl. 2001, 40, 41 und 2006, 21, 23; VG Chemnitz, NVwZ 1999, 1374, 1375; Erbguth, apf 2008, 106, 110.

Mit einem Fall dieser Rückwirkung zugunsten des Vollstreckungsschuldners befasste sich das OVG Bautzen im Jahre 2000[799]:

Die Behörde hatte am 12.2.1996 gegen Herrn Keller einen Bescheid mit Anordnung der sofortigen Vollziehung erlassen zur Entsorgung von Kondensatoren (Handlungsverpflichtung), verbunden mit einer Zwangsgeldandrohung. Am 22.3.1996 erließ die Behörde gegen Herrn Keller einen Zwangsgeldfestsetzungsbescheid und eine weitere Zwangsgeldandrohung (die dagegen erhobene Anfechtungsklage hat das VG abgewiesen).

Gegen den Ausgangsbescheid vom 12.2.1996 stellte Herr Keller beim VG Dresden einen Antrag auf Wiederherstellung der aufschiebenden Wirkung nach § 80 Abs. 5 VwGO (sog. Eilantrag), wobei das Gericht im Eilverfahren am 7.3.1997 entschied, das die Entsorgungsanordnung „nicht mehr sofort vollziehbar ist". Denn die ursprünglich rechtmäßige Entsorgungsanordnung sei mit der am 19.3.1996 erklärten Freigabe der Kondensatoren durch die Gesamtvollstreckungsverwalterin nachträglich rechtswidrig geworden. Ab diesem Zeitpunkt fehle der Grundverfügung die sofortige Vollziehbarkeit, was eine gerichtliche Feststellung in entspr. Anwendung von § 80 VwGO gebiete:

*„Der nach wie vor bindende Beschluss des VG Dresden (**Anm.:** vom 7.3.1997) bewirkt, dass die sofortige Vollziehbarkeit der Grundverfügung (**Anm.:** vom 12.2.1996) rückwirkend zum 19.3.1996 (**Anm.:** Freigabe der Kondensatoren) entfallen ist. Damit ist sowohl der Zwangsgeldfestsetzung als auch der Zwangsgeldandrohung im Bescheid vom 22.3.1996 zugleich die allgemeine Vollstreckungsvoraussetzung nach § 2 Satz 1 Nr. 2 SächsVwVG entzogen worden…*

Die Anordnung der sofortigen Vollziehung muss auch noch in dem für die Beurteilung der Rechtmäßigkeit der Vollstreckungsmaßnahme entscheidenden Zeitpunkt noch wirksam sein.

Das Gericht geht davon aus, das die gerichtliche Entscheidung nach § 80 Abs. 5 VwGO auf den Zeitpunkt zurückwirkt, den das Gericht bestimmt hat. Zwischenzeitlich getroffene Vollstreckungsmaßnahmen – seien sie selbständig oder unselbständig – werden nachträglich rechtswidrig. Dies hat zur Folge, dass sie auf die Anfechtungsklage des als Vollstreckungsschuldner in Anspruch Genommenen aufzuheben sind…

Schließlich spricht auch der Umstand, dass die aufschiebende Wirkung eines Rechtsbehelfs als vorläufige Zwischenregelung nur für die Dauer des Rechtsstreits besteht, weshalb sie bei seinem rechtkräftigen Abschluss rückwirkend entfällt, um der durch das Urteil klargestellten Rechtslage Platz zu machen, nicht gegen die hier vertretene Auffassung.

*Ebenso wenig wie eine nach Erlass der Vollstreckungsmaßnahme eintretende Bestandskraft einer Grundverfügung das Fehlen der allgemeinen Vollstreckungsvoraussetzung nach § 2 Satz 1 Nr. 2 SächsVwVG „heilt", führt ein nach Abschluss des Klageverfahrens (**Anm.:** sog. Hauptverfahren, nicht Eilverfahren) gegen die Grundverfügung rückwirkender Wegfall der aufschiebenden Wirkung nachträglich zur Rechtmäßigkeit eines Vollstreckungsaktes.*

Die einer Vollstreckungsbehörde daraus erwachsenden rechtlichen und praktischen Schwierigkeiten, die im Fall einer zu Unrecht ergangenen Anordnung nach § 80 Abs. 5 Satz 1 VwGO besonders deutlich zu Tage treten, hat das Gericht nicht außer Betracht gelassen. Sie gebieten jedoch keine Abweichung von den gesetzlichen Anforderungen des Vollstreckungsrechts.

799 OVG Bautzen, Beschluss vom 16.10.2000, SächsVBl. 2001, 40.

*Für den vorliegenden Fall gilt dies umso mehr, als der Beklagte (**Anm.:** Vollstreckungsbehörde) von der Möglichkeit, einen Antrag auf Zulassung der Berufung gegen den für unzutreffend gehaltenen Beschluss des VG Dresden vom 7.3.1997 zu stellen, keinen Gebrauch gemacht hat."*

XI. Abschließende Anmerkungen zum Rechtsschutz im Verhältnis zwischen dem Grundverwaltungsakt (Vollstreckungstitel) und nachfolgenden Verwaltungsvollstreckungsmaßnahmen

Anmerkung: *siehe dazu auch die Ausführungen oben unter M. IV. 4 im Zusammenhang mit der Kostenforderung aus einer Ersatzvornahme (Leistungsbescheid).*

1. Handelt es sich um einen Vollstreckungstitel mit sog. unselbständiger Androhung, sind besondere Probleme nicht ersichtlich.
   Denn der Angriff gegen den Grundverwaltungsakt bezieht sich dann auch regelmäßig auf die beigefügte Zwangsmittelandrohung. Es wäre praktisch gesehen auch abwegig, wenn nur die unselbständige Zwangsmittelandrohung und nicht der Vollstreckungstitel angegriffen würde.

Anmerkung: *siehe dazu die Ausführungen oben II.*

2. Der Schuldner geht mit Rechtsmitteln gegen eine isolierte Zwangsmittelandrohung vor, *siehe oben III.*

3. Der Vollstreckungsschuldner greift die spätere (isolierte) Zwangsgeldfestsetzung an, *siehe dazu oben IV.*
   a) Sowohl beim Angriff gegen die isolierte Zwangsmittelandrohung *(siehe zuvor 2.)* als auch gegen die spätere Zwangsgeldfestsetzung ist der vorangegangene Grundverwaltungsakt in Form eines sog. Vollstreckungstitels i. d. R. unanfechtbar geworden.
   Trotzdem wird regelmäßig in diesen Verfahren durch den Vollstreckungsschuldner auch die Rechtmäßigkeit des vorangegangene Vollstreckungstitels in Frage gestellt.
   b) Oftmals trägt der Vollstreckungsschuldner (im Rechtsstreit im Zusammenhang mit Verwaltungsvollstreckungsverfahren) vor, der Grundverwaltungsakt, auf welchem die Zwangsmittelandrohung und/oder die spätere Festsetzung des Zwangsgeldes beruhte, sei rechtswidrig gewesen.

Es gilt, wie bereits mehrfach angesprochen, der Grundsatz, dass in diesem Verfahren der Zwangsgeldfestsetzung nicht zu prüfen ist, ob die Grundverfügung und die Zwangsgeldandrohung ihrerseits rechtmäßig sind[800].

„Dies ergibt sich bereits aus dem Wortlaut des Verwaltungsvollstreckungsgesetzes, das ausdrücklich nur das Vorliegen eines vollziehbaren, nicht aber das Vorliegen eines rechtmäßigen Verwaltungsaktes verlangt.
Weiter folgt diese Lösung aus der Systematik des Vollstreckungsrechts, bei dem die Vollstreckungsbehörde mit der Behörde, die die Grundverfügung erlassen hat, häufig nicht identisch ist. In diesen Fällen kann der Vollstreckungsbehörde nicht angesonnen werden, vor der Vollstreckung die Rechtmäßigkeit der Grundverfügung zu überprüfen.
Entscheidend für diese Lösung spricht schließlich die Tatbestandswirkung von Verwaltungsakten, die – wie sich aus § 43 VwVfG ergibt – bis zu ihrer evtl. Aufhebung wirksam sind und – ungeachtet ihrer Rechtmäßigkeit – von jedermann beachtet werden müssen".

4. Zu den Angriffen gegen den späteren Leistungsbescheid, z. B. wegen einer durchgeführten Ersatzvornahme gelten die Ausführungen *wie zuvor 3.*

Anmerkung: *siehe dazu die Ausführungen oben unter M. IV 4 (Leistungsbescheid betr. die Geltendmachung der Kosten einer Ersatzvornahme und VGH Mannheim [N IV 7.]).*

Diese Problematik ist bei der Geltendmachung von Kosten der sog. unmittelbaren Ausführung nicht relevant, da es sich dabei nicht um ein Verwaltungsvollstreckungsverfahren handelt (kein Verwaltungsakt, somit auch kein Vollstreckungstitel, sondern nur Realakt).

5. Für den Vollstreckungsschuldner ergibt sich daraus immer das praktische Problem, dass sein „Angriff" z.B. gegen den Zwangsgeldfestsetzungsbescheid oder den einer Ersatzvornahme nachfolgenden Leistungsbescheid zu spät kommt, wenn er damit auch den vorausgegangenen Vollstreckungstitel angreifen will. Das hat er versäumt (oft ist dieser unanfechtbar geworden) und der nunmehrige Rechtsbehelf gegen die (i.d.R. rechtmäßige) Zwangsgeldfestsetzung wird erfolglos bleiben.

6. **Zum Einwendungsausschluss in diesem mehrstufigen Vollstreckungsverfahren äußerte sich ausführlich das OVG Bautzen im Urteil vom 16.4.2013, 4 A 263/12:**
   „Dass im Anfechtungsprozess gegen eine selbstständige Zwangsgeldandrohung (§§ 20, 22 SächsVwVG) auch nachträgliche Veränderungen der Sachlage bis zum Schluss der mündlichen Verhandlung zu berücksichtigen sind, folgt nicht nur aus dem Beugezweck

---

800 VGH Mannheim, Urteil vom 3.5.2021, 1 S 51219, nachfolgend BVerwG, Beschluss vom 25.11.2021, 6 B 7.21; *siehe dazu auch unter I 4*; OVG Bautzen, JBSächsOVG 6, 143, Beschluss vom 28.5.1998, und SächsVBl. 1997, 10 (Beschluss vom 23.1.1996) Beschluss vom 16.4.2013, 4 A 263/12; siehe dazu Weber, Asbest in Görlitz (Klausur), VR 2007, 278; OVG Saarlouis, Beschluss vom 2.5.2014, 2 B 225/14; nichtige Verwaltungsakte sind dagegen unwirksam, § 43 Abs. 3 VwVfG: siehe z. B. OVG Saarlouis, NVwZ 2009, 602; dann gibt es natürlich keinen Einwendungsausschluss.

dieses Zwangsmittels, sondern auch aus den Grundsätzen des mehrstufigen Vollstreckungsverfahrens, wie sie dem Verwaltungsvollstreckungsgesetz für den Freistaat Sachsen zugrunde liegen. ***Danach ist die Wirksamkeit, nicht die Rechtmäßigkeit, vorangegangener Verwaltungsakte Bedingung für die Rechtmäßigkeit der folgenden Akte und letztlich der Anwendung des Zwangsmittels.*** *Zudem können mit einem Rechtsmittel gegen Vollstreckungsakte (Anm.: Androhung oder Zwangsgeldfestsetzung) nur Mängel, die diese selbst aufweisen, geltend gemacht werden. Dabei bleiben Einwendungen, die einen vorangegangenen Akt betreffen, im Vollstreckungsverfahren grundsätzlich unbeachtlich, soweit sie weder die Nichtigkeit dieses Akts bewirken noch nachträglich – insbesondere nach Eintritt der Bestandskraft – entstanden sind. Im Hinblick auf diesen gestuften Einwendungsausschluss ist es nicht nur zur Gewährung eines effektiven Rechtsschutzes (Art. 19 Abs. 4 Satz 1 GG, Art. 38 Satz 1 SächsVerf), sondern auch aus Gründen der Prozessökonomie geboten, nachträglich – d.h. nach der letzten Verwaltungsentscheidung – eingetretene Veränderungen der Sachlage bis zum Schluss der mündlichen Verhandlung zu berücksichtigen, um möglichst zu vermeiden, dass der Vollstreckungsschuldner (§ 3 SächsVwVG) und die Vollstreckungsbehörde (§ 4 SächsVwVG) auf ein weiteres Klageverfahren verwiesen werden und ein bereits anhängiges Verfahren ausgesetzt werden muss. Aus § 2 Satz 2 SächsVwVG, nach dem die Vollstreckung einzustellen ist, wenn der Zweck der Vollstreckung erreicht ist oder sich zeigt, dass er durch die Anwendung von Zwangsmitteln nicht erreicht werden kann, folgt nichts anderes. Insbesondere ist ihm nicht zu entnehmen, dass nachträglich entstandene Einwendungen nur im Rahmen eines gesonderten (Verwaltungs- und) Streitverfahrens – etwa einer Verpflichtungsklage auf Erlass eines die Vollstreckung für unzulässig erklärenden Verwaltungsakts oder auf Aufhebung des vorangegangenen Akts bzw. einer Feststellungsklage – geltend gemacht werden können.*

Diese Rechtsprechung lässt sich auch auf den Fall der Zwangsgeldfestsetzung übertragen."

7. Der Grundverwaltungsakt in Form des Vollstreckungstitels verstößt gegen das Bestimmtheitsprinzip.

Dazu hat der VGH Mannheim[801] ausgeführt:

*„Nach § 2 LVwVG (**Anm.:** in Sachsen § 2 SächsVwVG) können Verwaltungsakte vollstreckt werden, wenn sie unanfechtbar geworden sind oder wenn die aufschiebende Wirkung eines Rechtsbehelfs entfällt. Die Vorschrift regelt eine allgemeine Voraussetzung für Maßnahmen, die in der Verwaltungsvollstreckung getroffen werden, und gilt demzufolge auch bereits für eine Zwangsmittelandrohung nach § 20 LVwVG. Sie ermöglicht nur die Vollstreckung eines im Sinne inhaltlich hinreichender Bestimmtheit (§ 37 Abs. 1 LVwVfG) vollstreckungsfähigen Verwaltungsakts als Grundlage (Titel) der Verwaltungsvollstreckung.*

801 NVwZ-RR 2013, 451; siehe Kapitel P III 6.

Denn die für Einleitung und Durchführung der Verwaltungsvollstreckung erforderliche konkrete Feststellung, dass der Pflichtige seine Verpflichtung aus dem Verwaltungsakt noch nicht erfüllt hat (vgl. auch § 20 Abs. 1 Satz 2 LVwVG), ist nur bei einem inhaltlich hinreichend bestimmten Verwaltungsakt möglich.
Ist ein Verwaltungsakt wegen inhaltlicher Unbestimmtheit nicht vollstreckungsfähig, schließt dieser Mangel Maßnahmen in der Verwaltungsvollstreckung aus *(VGH Baden-Württemberg, Urteile vom 04.11.1980 – 10 S 890/80 – und vom 09.04.1981 – 10 S 2129/80 - VBlBW 1982, 97; OVG Hamburg, Urteil vom 03.07.1952 – OVG Bf. II 604/51 – VwRspr Bd. 5 Nr. 117; OVG Münster, Beschluss vom 16.01.1998 – 10 B 3029/97 – BRS 60 Nr. 171; VGH München, Beschluss vom 04.07.2012 – 22 ZB 12.204;* Fliegauf/Maurer, *LVwVG, 2. Auflage, § 1 Rn. 3;* Lemke, *Verwaltungsvollstreckungsrecht des Bundes und der Länder, 1997, S. 177f.;* Sadler, *VwVG, VwZG, 8. Auflage, § 6 Rn. 13;* Schneider, *LVwVG, § 1 Rn. 4).*
Das gilt auch dann, wenn der Bestimmtheitsmangel „nur" zur Rechtswidrigkeit, nicht aber zur Unwirksamkeit des Verwaltungsakts infolge Nichtigkeit (§ 43 Abs. 3 i. V. m. § 44 Abs. 1 LVwVfG) führt. Denn auch ein – bestandskräftiger oder sofort vollziehbarer – wirksamer, aber inhaltlich unbestimmter Verwaltungsakt ist nicht vollstreckungsfähig.
Insoweit erfährt der tragende Grundsatz des Verwaltungsvollstreckungsrechts, dass es für die Beurteilung der Rechtmäßigkeit einer Vollstreckungsmaßnahme auf die Rechtmäßigkeit einer Grundverfügung nicht ankommt (BVerwG, NJW 1984, 2591; vgl. auch BVerfG, NVwZ 1999, 290), eine Ausnahme. Die Unbestimmtheit der Grundverfügung „infiziert" eine zu ihrer Durchsetzung ergehende Vollstreckungsmaßnahme (vgl. **Lemke, *a. a. O.).***

Kapitel S
Aufbau- und Prüfungsschema der Rechtmäßigkeit eines belastenden Verwaltungsaktes (Eingriffs-Verwaltungsakt)[802]

Anmerkung: Prüfungsaufbau zu den Kostenforderungen bei Ersatzvornahme und unmittelbarer Ausführung *siehe unter M IV*.

(als Grundlage nachfolgender Verwaltungsvollstreckungsmaßnahmen, *siehe anschließend im Kapitel T*)

I. Rechtsgrundlage, Gesetzesvorbehalt in der Eingriffsverwaltung (Art. 20 Abs. 3 GG)[803]

z. B. §§ 12 Abs. 1 SächsPVDG bzw. 12 Abs. 1 SächsPBG (Generalklausel), § 4 StVG (Entziehung der Fahrerlaubnis) oder § 35 Abs. 1 Satz 1 GewO (Gewerbeuntersagung)

II. Formelle Rechtmäßigkeit, § 46 VwVfG[804]

(Fehler sind hier heilbar mit Ausnahme der fehlenden sachlichen Zuständigkeit)

1. Zuständigkeit in § 46 VwVfG wird ausdrücklich zwischen örtlicher und sachlicher Zuständigkeit unterschieden[805]
   a) örtlich, siehe z. B. § 5 SächsPBG und § 33 SächsVersG
   b) sachlich, siehe z. B. § 6 SächsPBG, ausdrücklich auch benannt z. B. in § 44 StVO und § 32 SächsVersG (keine Heilungsmöglichkeit bei fehlender sachli-

802 *Siehe auch unter C VII*, und Maurer/Waldhoff, S. 268; Rspr. mit vorbildlichem Prüfungsaufbau: Rechtsgrundlage, formelle und anschließende Prüfung der materiellen Rechtmäßigkeit: VG München, NVwZ-RR 2013, 551; VG Sigmaringen, NuR 2014, 143; VGH München, NuR 2014, 62; VG München, Urteil v. 21.7.2020 – M 16 K 19.3510; VG Regensburg, Gerichtsbescheid v. 9.1.2020 – RO 5 K 18.776.

803 Regelmäßiger Ausgangspunkt der rechtlichen Erörterungen des VG:
BVerwG, Urteil vom 27.6.2013, 3 C 8.12; OVG Bautzen, SächsVBl. 2000, 170, 171 Beschluss vom 20.12.2019, 6 B 44/19, und vom 29.10.2019, 3 B 175/19; Beschluss vom 13.4.2022, 6 B 132/22; VG Schleswig-Holstein, Beschluss vom 3.12.2020, 2 B 51/20; OVG Lüneburg, NVwZ-RR 2006, 613, und NJW 2013, 2922; VGH Mannheim, DVBl. 2000, 1630, 1631; VG Leipzig, NVwZ 2001, 1317, 1318; VG Aachen, NJW 2004, 1888; das OVG Münster (NVwZ 1995, 394, 396,) betont ausdrücklich den sog. Gesetzesvorbehalt in der Eingriffsverwaltung, ebenso VGH Mannheim, vom 12.2.1993, 10 S 101/93, OVG Saarlouis, Urteil vom 6.9.2013, 3 A 13/13; VG Halle, Urteil vom 21.3.2019, 1 A 241/16; VGH München, NJW 2014, 2375, und Beschluss v. 15.6.2020 – 12 B 17.1792.

804 OVG Bautzen, NZV 1998, 430, 431; VG Leipzig, LKV 1995, 46: Prüfung der formellen und dann der materiellen Rechtmäßigkeit einer bauordnungsbehördlichen Maßnahme; ebenso OVG Lüneburg, NJW 2008, 167; VG Frankfurt/Oder, Beschluss vom 1.10.2020, 7 L 365/20; VG Schleswig-Holstein, Beschluss vom 1.3.2021, 8 B 5/21; Waldhoff/Maurer, S. 274.

805 Siehe z. B. § 4 des Sächsischen Gesetzes zur Bestimmung der Zuständigkeiten der unteren Verkehrsbehörden auf dem Gebiete des Straßenverkehrswesens vom 5.5.2004 (sachlich zuständig sind die Landkreise und Kreisfreien Städte als untere Verwaltungsbehörden, z. B. Erteilung der Fahrerlaubnis und Zulassung von Kraftfahrzeugen); so unterscheidet auch das SächsVersG ausdrücklich zwischen der sachlichen (§ 33) und örtlichen (§ 33) Zuständigkeit.

cher Zuständigkeit der Behörde, die den belastenden Verwaltungsakt erlassen hat![806])

2. Form: §§ 37 Abs. 1, 39 VwVfG

3. Verfahren: §§ 9 bis 34 VwVfG, z.B. vorherige Anhörung[807], Akteneinsicht und Ausschluss befangener Personen

III. Materielle Rechtmäßigkeit

(nur sehr begrenzte Heilungsmöglichkeit: nicht beim Tatbestand, nur auf der Rechtsfolgenseite der Norm unter den engen Voraussetzungen des § 114 Satz 2 VwGO)

1. Tatbestand[808]
   der unter I. als Ausgangspunkt der Prüfung festgestellten Norm (sog. rechtliche Gründe i. S. von § 39 Abs. 1 Satz 2 VwVfG):
   – z.B. bei § 12 SächsPBG: Gefahr für die öffentliche Sicherheit oder Ordnung (sog. unbestimmte Rechtsbegriffe), oder § 4 StVG (Ungeeignetheit des Kraftfahrers)
   – Subsumtion der unbestimmten Rechtsbegriffe unter den der Entscheidung zugrunde liegenden Sachverhalt;

---

806 BVerwG, Urteil vom 20.10.2015, 3 C 15.14; OVG Bautzen, SächsVBl. 1999, 17; VG Sigmaringen, NuR 2014, 143, 147; VG Gießen, NZV 2004, 54; VGH Mannheim, NVwZ 1985, 202, 204, und VBlBW 2004, 213, 214: Eine Heilung nach § 45 VwVfG oder Unbeachtlichkeit nach § 46 VwVfG des Mangels der sachlichen Zuständigkeit kommt nicht in Betracht; *siehe auch Kapitel P III.5.*

807 Siehe z.B. VGH Kassel, Gewerbearchiv 1996, 291 und Urteil vom 6.5.2015, 6 A 493/14; VG Düsseldorf, Urteil vom 4.2.2014, 14 K 4595/13; VG Hannover, Beschluss vom 5.7.2019, 7 B 1508/19. **Zur Bedeutung der Anhörung und ein Absehen bei Gefahr im Verzug äußerte sich das BVerwG mit Urteil vom 22.3.2012, 3 C 16.11:** *„... Dem Schreiben konnte nicht, wie es eine Anhörung im Sinne von § 28 Abs. 1 VwVfG erfordert, die Ankündigung entnommen werden, dass in einem konkreten Einzelfall der Erlass eines bestimmten Verwaltungsakts beabsichtigt sei. Es fehlten die erforderliche Individualisierung des Adressaten sowie die Konkretisierung der beabsichtigten behördlichen Maßnahme, ohne die der mit der Anhörung verfolgte Zweck ins Leere geht, sich zu den für die Entscheidung erheblichen Tatsachen zu äußern. Die Beklagte durfte von der Anhörung nicht nach § 28 Abs. 2 Nr. 1 Alt. 1 VwVfG i.V.m. § 1 Abs. 1 NVwVfG absehen... Gefahr im Verzug im Sinne von § 28 Abs. 2 Nr. 1 VwVfG ist anzunehmen, wenn durch eine vorherige Anhörung auch bei Gewährung kürzester Anhörungsfristen ein Zeitverlust einträte, der mit hoher Wahrscheinlichkeit zur Folge hätte, dass die behördliche Maßnahme zu spät käme, um ihren Zweck noch zu erreichen. Ob eine sofortige Entscheidung objektiv notwendig war oder die Behörde eine sofortige Entscheidung zumindest für notwendig halten durfte, ist vom Gericht aus ex-ante-Sicht zu beurteilen. Hierbei ist wegen der* ***Bedeutung des Anhörungsrechts als tragendem Prinzip des rechtsstaatlichen Verfahrens*** *ein strenger Maßstab anzulegen... Hiernach spricht vieles dafür, dass die Beklagte zu Unrecht annahm, wegen Gefahr in Verzug auf eine vorherige Anhörung des Klägers bzw. seiner Erziehungsberechtigten (vgl. § 12 VwVfG) verzichten zu dürfen. Es ist nicht ersichtlich, dass die Anordnung des Betretungsverbots unaufschiebbar war und zuvor nicht die Mutter des Klägers hätte zumindest mündlich (telefonisch) angehört werden können. Dadurch wäre nur eine geringe zeitliche Verzögerung eingetreten, die nicht erkennen lässt, dass das Ziel der Beklagten gefährdet gewesen wäre, eine weitere Ausbreitung der Maserninfektion zu verhindern. Ebenso wenig ist davon auszugehen, dass der Beklagten wegen des Infektionsgeschehens der personelle und zeitliche Aufwand für die Anhörung unzumutbar war. Das Oberverwaltungsgericht hat festgestellt, dass ihr angesichts von lediglich neun Schülern, die eine Schutzimpfung abgelehnt hatten, der Ermittlungsaufwand zur Abklärung infektionsrelevanter Kontakte zuzumuten gewesen wäre. Für die vorherige Anhörung kann nichts anderes gelten, zumal der Beklagten freistand, gegebenenfalls die Schule damit zu beauftragen. Jedenfalls aber durfte die Beklagte ohne vorherige Anhörung lediglich eine vorläufige Entscheidung treffen. Nach dem Grundsatz der Verhältnismäßigkeit war sie verpflichtet, ihr Eingreifen zunächst auf solche Maßnahmen zu beschränken, die ohne jegliche Verzögerung erforderlich erschienen...“.*

808 BVerwGE 39, 191, 195: Vorab Prüfung des Tatbestandes (Gefahrenlage), anschließend der Rechtsfolge; VG München, NVwZ 2013, 351; VGH München, NuR 2014, 62, 63; OVG Bauten, Beschluss vom 13.4.2022, 6 B 132/22: unzureichende Gefahrenprognose; MAURER/WALDHOFF, S. 277; siehe BVerfG unter C III 4.

- Das VG hat bei den unbestimmten Rechtsbegriffen eine volle Nachprüfungskompetenz!

2. Rechtsfolge
   a) gebundene Entscheidungen: die Behörde hat, es ist… (kein Ermessen)
   b) Ermessensentscheidungen: die Behörde kann, darf… (siehe § 39 Abs. 1 Satz 3 VwVfG)
   (Orientierung an den Merkmalen des § 13 SächsPBG analog oder hilfsweise: Geeignetheit, Erforderlichkeit, Verhältnismäßigkeit)[809]
   Das VG prüft nach § 114 Satz 1 VwGO nur Ermessensfehler, d. h. z. B. Ermessensüberschreitung oder Ermessensunterschreitung (VGH Kassel, Beschluss vom 30.11.2023, 4 A 2279/20.Z: Ermessensdefizit),
   „Heilung" nach § 114 Satz 2 VwGO möglich, ebenso nach § 45 Abs. 1 Nr. 2 VwVfG im Widerspruchsverfahren (OVG Bautzen, Beschluss vom 29.10.2019, 3 B 175/19)
3. Störer (Adressat des belastenden Verwaltungsaktes[810])
   a) Handlungsstörer nach § 14 SächsPBG
   b) Zustandsstörer nach § 15 SächsPBG
   c) Nichtstörer nach § 17 SächsPBG (Ausnahmefall!)
4. evtl. Anordnung der sofortigen Vollziehung, § 80 Abs. 2 Satz 1 Nr. 4 VwGO
   Prüfung der Voraussetzungen der Anordnung der sofortigen Vollziehung nach § 80 Abs. 3 VwGO
5. Falls die sofortige Vollziehung angeordnet wurde oder ein Fall von § 80 Abs. 2 Satz 1 Nr. 1 bis 3 VwGO gegeben ist, kann eine Zwangsmittelandrohung ausgesprochen werden (§ 20 Abs. 2 SächsVwVG, sog. unselbständige Androhung).

809 OVG Berlin-Brandenburg, Beschluss vom 18.8.2020, OVG 3 S 55/20; VG Schleswig-Holstein, Beschluss vom 16.10.2020, 1 B 110/20; VG Leipzig, NVwZ 2001, 1317, 1319; VG München, NVwZ 2013, 551, 552; VG Sigmaringen, NuR 2014, 143, 146; VGH München, BayVBl. 2014, 026, 27 evtl. auch ein Fall der sog. Ermessensreduzierung auf null (VGH Kassel, Gewerbearchiv 1996, 291, 292; VGH München, BayVBl. 2013, 660, und NuR 2014, 62, 65); Maurer/Waldhoff, S. 279.

810 VG Schleswig-Holstein, Beschluss vom 16.5.2024, 2 B 10/24; Zur Störerauswahl siehe z. B. VGH München, NJW 2019, 3014, und VG Schleswig-Holstein, Beschluss vom 4.12.2020, 2 B 51/20; die Inanspruchnahme des sog. Nichtstörers führt zu Entschädigungsansprüchen nach den §§ 47 SächsPVDG bzw. 41 SächsPVDG; siehe dazu Weber, Entschädigung in Mittelwiesenberg, KommJur 2007, 209.

Kapitel T
Prüfungs- und Ablaufschema bei einer Vollstreckung sonstiger Verwaltungsakte (im Anschluss an den Grundverwaltungsakt)

Das Prüfungsschema zum Grundverwaltungsakt siehe in Kapitel S.

Zur Prüfung der rechtmäßigen Durchführung eines Verwaltungsvollstreckungsverfahrens bietet sich folgendes Prüfungs- und Ablaufschema an[811]:

I. Rechtsgrundlage der Verwaltungsvollstreckungsmaßnahme[812]

z. B. § 20 SächsVwVG für eine Zwangsgeldandrohung

II. Formelle Rechtmäßigkeit der Verwaltungsvollstreckungsmaßnahme[813]

1. Zuständige Vollstreckungsbehörde[814]
2. Form der Vollstreckungsmaßnahme, z. B. schriftliche Androhung oder schriftliche Festsetzung des vorher angedrohten Zwangsgeldes
3. Verfahren, eine Anhörung des Vollstreckungsschuldners ist aber nach § 28 Abs. 2 Satz 5 VwVfG nicht erforderlich (VG Stuttgart, Urteil vom 27.7.2020, 4 K 124/20)

III. Materielle Rechtmäßigkeit der Verwaltungsvollstreckungsmaßnahme[815]

(insbes. die allgemeinen und die besonderen Vollstreckungsvoraussetzungen im jeweiligen Fall beachten!)

---

811 OVG Weimar, LKV 1998, 283 ff., und OVG Koblenz, NVwZ 1994, 715, beide mit ausdrücklicher Unterscheidung in der Prüfung zwischen formeller und materieller Rechtmäßigkeit der Androhung einer Ersatzvornahme; siehe auch Weber, Zur Prüfung der Rechtmäßigkeit von Maßnahmen in der Verwaltungsvollstreckung, apf 2005, Landesbeilage Sachsen, S. 25 ff., und Verwaltungsvollstreckung im Erzgebirge (Klausur), JA 2007, 536 ff.; Brühl, JuS 1997, 927; Horn, Jura 2004, 600; Gromitsaris, JuS 1997, 49, 53 (Klausur); Bodanowitz, JuS 1996, 911, 916 ff. (Klausur); Schoch, JuS 1995, 217.

812 Gesetzesvorbehalt, Art. 20 Abs. 3 GG, auch im Verwaltungsvollstreckungsverfahren: OVG Lüneburg, Urteil vom 28.10.2016, 11 LC 45/16; VG Regensburg, Beschluss v. 26.10.2017, RO 7 S 17.1838; VG Göttingen, Urteil vom 10.9.2019, 1 A 530/18; OVG Bautzen, SächsVBl. 2004, 110, 112; VG Gießen, NVwZ-RR 1993, 248, 250: unzutreffenden Rechtsgrundlage für eine Zwangsgeldandrohung; VG Berlin, NuR 2001, 58; Horn, Jura 2004, 600; Weber, JA 2007, 627 ff.; Bodanowitz, JuS 1996, 911, 916.

813 BVerwG, DVBl. 2003, 1268, 1269, und DVBl. 2005, 645, 646; VG Leipzig, NVwZ-RR 2000, 342; VG Freiburg, 2 K 590/08.

814 Zur fehlenden sachlichen Zuständigkeit für eine Vollstreckungsmaßnahme siehe BVerwG, NJW 2006, 2280, mit der Folge der Aufhebung des angefochtenen Zwangsgeldfestsetzungsbescheides; OVG Lüneburg 11. Senat, Urteil vom 28.10.2016, 11 LC 45/16: *„Eine Rechtsgrundlage, die eine niedersächsische Vollstreckungsbehörde berechtigen könnte, länderübergreifend im Land Berlin eine Forderungspfändung auszubringen, besteht nicht... die Pfändungs-, Einziehungs- und Überweisungsverfügung ist rechtswidrig, weil die Beklagte als Vollstreckungsbehörde nicht befugt ist, die Vollstreckungsmaßnahme am Sitz der Drittschuldnerin in Berlin vorzunehmen."*

815 OVG Schleswig, NVwZ-RR 1996, 200, 201: „Die Androhung ist auch materiell gerechtfertigt"; OVG Koblenz, NVwZ 1994, 715: „formelle und materielle Rechtmäßigkeit der Ersatzvornahme"; VG Magdeburg, NVwZ-RR 2013, 453, 455: formelle und materielle Rechtswidrigkeit der Pfändungs- und Einziehungsverfügung.

1. Vorliegen der allgemeinen Vollstreckungsvoraussetzungen[816], d.h. **wirksamer Grundverwaltungsakt**[817] (Vollstreckungstitel nach § 2 SächsVwVG, unter bes. Beachtung des Bestimmtheitsprinzips) *siehe dazu umfassend in Kapitel C.*
2. Kein nichtiger Verwaltungsakt[818] (als Grundlage für die nachfolgenden Verwaltungsvollstreckungsmaßnahmen), denn bekanntlich können rechtswidrige Verwaltungsakte vollstreckt werden *(siehe oben unter P VI).*
3. Zutreffende Zwangsmittelauswahl (Zwangsgeld, Ersatzvornahme oder unmittelbarer Zwang) als innerbehördlicher Vorgang unter Beachtung des Grundsatzes der Verhältnismäßigkeit; *siehe Kapitel H.*
4. Richtiger Adressat der Verwaltungsvollstreckungsmaßnahme (Vollstreckungsschuldner) *siehe Kapitel E.*
5. Schriftliche Androhung *(siehe Kapitel J II)* des ausgewählten Zwangsmittels unter Beachtung des Bestimmtheitsprinzips[819] und der **jeweiligen besonderen Vollstreckungsvoraussetzungen**[820], z. B. vertretbare Handlung bei dem Zwangsmittel der Ersatzvornahme (Ausnahme nach § 21 SächsVwVG möglich).
6. Schriftliche Festsetzung des vorher angedrohten Zwangsgeldes (Schriftlichkeit ist unabdingbar, *siehe Kapitel K*), nicht erforderlich bei den Zwangsmitteln der Ersatzvornahme und des unmittelbaren Zwangs.
7. Vollstreckung im eigentlichen Sinne (sog. Anwendung, *siehe Kapitel L*), d.h.
   a) Beitreibung des Zwangsgeldes, evtl. Ersatzzwangshaft, oder
   b) Anwendung der Zwangsmittel „Ersatzvornahme" oder „unmittelbarer Zwang"

IV. Evtl. Vollstreckungshindernisse (§§ 2a, 19 Abs. 5 SächsVwVG) sind in jedem Verfahrensstadium zu beachten!

Siehe Kapitel N.

V. Keine Heilungsmöglichkeiten im Verwaltungsvollstreckungsverfahren

Siehe unter P V 3.

Anmerkung: *Zum Prüfungs- und Aufbauschema bei einer behördlichen Kostenforderung (aus unmittelbarer Ausführung oder Ersatzvornahme)* ***siehe Kapitel M.***

---

816 VGH Mannheim, VBlBW 2005, 386, 387 und Beschluss vom 3.5.2021, 1 S 512/19; VGH Kassel, NVwZ-RR 1996, 361, 362; OVG Weimar, LKV 1998, 283, 284; VG Ansbach, Beschluss vom 24.11.2020, AN 3 S 20.02468, AN 3 E 20.02521.

817 VGH München, BayVBl. 2005, 536, 537; *siehe auch vor unter R I 4.*

818 BVerwG, DÖV 1994, 887: „Anhaltspunkte dafür, dass einer der unanfechtbar gewordenen Bescheide nichtig sein könnte, gibt es nicht"; VGH München, NVwZ-RR 1997, 69, 70: „Anhaltspunkte für die Nichtigkeit des Bescheides gibt es nicht"; VGH München, NuR 2006, 383, zu einer unanfechtbaren Auflage: „Die Auflage ist nicht nichtig"; Ebenso VGH Mannheim, Beschluss vom 7.3.2022, 3 S 1907/21; Zur Nichtigkeit *siehe unter Kapitel Q.*

819 VGH Mannheim, NVwZ-RR 1996, 612, 613: fehlende Bestimmtheit der Zwangsgeldandrohung; VG Koblenz, NVwZ-RR 2005, 762, 763: fehlende Bestimmtheit der Zwangsgeldfestsetzung (Rechtslage in Rheinland-Pfalz).

820 VGH Mannheim, VBlBW 2005, 386, 387 und Beschluss vom 7.3.2022, 3 S 1907/21; OVG Weimar, LKV 1998, 283, 284; VG Ansbach, Beschluss vom 24.11.2020, AN 3 S 20.02468, AN 3 E 20.02521.

Anhänge

Verwaltungsvollstreckungsgesetz für den Freistaat Sachsen (SächsVwVG)

in der Fassung der Bekanntmachung vom 11. April 2024 (SächsGVBl. S. 396)

– Fassung ab 31. Dezember 2023 –

INHALTSÜBERSICHT

ERSTER TEIL
Allgemeine Vorschriften

§ 1
Geltungsbereich

(1) Dieses Gesetz gilt für die Vollstreckung von Verwaltungsakten
1. der Behörden des Freistaates Sachsen und der seiner Aufsicht unterstehenden Körperschaften, Anstalten und Stiftungen des öffentlichen Rechts,
2. sonstiger Behörden durch die in Nummer 1 genannten Behörden im Wege der Vollstreckungshilfe.

(2) Die Vorschriften über die Vollstreckung von Verwaltungsakten gelten entsprechend für die Vollstreckung aus öffentlich-rechtlichen Verträgen zu Gunsten der in Absatz 1 Nummer 1 genannten Behörden, wenn sich der Schuldner in dem Vertrag der sofortigen Vollstreckung unterworfen hat.

(3) Privatrechtliche Forderungen können nach Maßgabe von § 17b nach den Vorschriften dieses Gesetzes vollstreckt werden.

(4) [1]Dieses Gesetz gilt nicht, soweit auf die Verwaltungsvollstreckung Bundesrecht anzuwenden ist. [2]Es gilt jedoch, soweit Bundesrecht die Länder ermächtigt, zu bestimmen, dass die landesrechtlichen Vorschriften über die Verwaltungsvollstreckung anzuwenden sind.

§ 2
Allgemeine Voraussetzungen der Verwaltungsvollstreckung

Ein Verwaltungsakt, der zu einer Zahlung, einer sonstigen Handlung, einer Duldung oder Unterlassung verpflichtet, kann vollstreckt werden, wenn er
1. unanfechtbar geworden ist oder
2. ein gegen ihn gerichteter Rechtsbehelf keine aufschiebende Wirkung hat.

§ 2a
Einstellung und Beschränkung der Vollstreckung

(1) Die Vollstreckung ist insbesondere dann einzustellen oder zu beschränken, wenn
1. ihr Zweck erreicht wurde oder sich zeigt, dass er durch Anwendung von Zwangsmitteln nicht erreicht werden kann,
2. der zu vollstreckende Verwaltungsakt aufgehoben wurde,
3. die Vollziehbarkeit des Verwaltungsaktes nachträglich entfallen ist,
4. der mit dem Verwaltungsakt geltend gemachte Anspruch erloschen ist,
5. die mit dem Verwaltungsakt geforderte Leistung gestundet wurde.

(2) [1]In den Fällen des Absatzes 1 Nummer 2 und 4 sind bereits getroffene Vollstreckungsmaßnahmen aufzuheben. [2]Wurde der Verwaltungsakt durch eine gerichtliche Entscheidung aufgehoben, sind bereits getroffene Vollstreckungsmaßnahmen nur insoweit aufzuheben, als die Entscheidung unanfechtbar geworden ist und nicht aufgrund der Entscheidung ein neuer Verwaltungsakt zu erlassen ist. [3]Im Übrigen bleiben die Vollstreckungsmaßnahmen bestehen, soweit nicht ihre Aufhebung ausdrücklich angeordnet ist.

§ 3
Vollstreckungsschuldner

(1) Als Vollstreckungsschuldner kann in Anspruch genommen werden, wer
1. eine Leistung aufgrund des zu vollstreckenden Verwaltungsaktes schuldet,
2. für eine Leistung, die ein anderer aufgrund des zu vollstreckenden Verwaltungsaktes schuldet, persönlich haftet, oder
3. in den Fällen des § 1 Absatz 3 in der Zahlungsaufforderung nach § 17b Absatz 2 Satz 1 als zahlungspflichtig benannt ist.

(2) Wer zur Duldung der Vollstreckung verpflichtet ist, steht dem Vollstreckungsschuldner gleich, soweit seine Duldungspflicht reicht.

(3) [1]Gegen den Rechtsnachfolger kann die Vollstreckung eingeleitet oder fortgesetzt

werden, soweit er durch den Verwaltungsakt verpflichtet wird und die Voraussetzungen der Vollstreckung für seine Person vorliegen. [2]Ist die Vollstreckung beim Tode des Vollstreckungsschuldners bereits eingeleitet, so kann sie in den Nachlass fortgesetzt werden, auch wenn die Voraussetzungen der Vollstreckung für den Rechtsnachfolger nicht vorliegen.

§ 4
Vollstreckungsbehörden, Vollstreckungshilfe

(1) [1]Vollstreckungsbehörden sind:

1. die Finanzämter für die Vollstreckung von Verwaltungsakten, die zu einer Zahlung verpflichten (Leistungsbescheide), soweit diese von einer Behörde des Freistaates Sachsen erlassen worden sind,
2. für Leistungsbescheide der übrigen Behörden diese selbst,
3. für sonstige Verwaltungsakte die Behörden, die die Verwaltungsakte erlassen haben,
4. die Behörden, die von anderen Behörden erlassene Verwaltungsakte im Wege der Vollstreckungshilfe vollstrecken,
5. die Behörden, die für die Zahlungsaufforderung nach § 17b Absatz 2 Satz 1 zuständig sind.

[2]In den Fällen des Satzes 1 Nummer 2 bis 5 gelten für die Kosten der Mahnung und der Vollstreckung die Vorschriften des Sächsischen Verwaltungskostengesetzes vom 5. April 2019 (SächsGVBl. S. 245) und der hierzu erlassenen Rechtsverordnungen.

(2) [1]Soweit nach Absatz 1 die Finanzämter vollstrecken, gelten der erste bis siebente Teil der Abgabenordnung in der Fassung der Bekanntmachung vom 1. Oktober 2002 (BGBl. I S. 3866; 2003 I S. 61), die zuletzt durch Artikel 4 des Gesetzes vom 20. Dezember 2022 (BGBl. I S. 2730) geändert worden ist, in der jeweils geltenden Fassung entsprechend. [2]Die Mitteilung von Daten, die außerhalb des Besteuerungsverfahrens bekannt geworden sind, an die ersuchende Behörde ist zulässig, soweit sie für die Aufgabenerfüllung der ersuchenden Behörde erforderlich ist.

(3) [1]Inländischen Behörden ist auf Ersuchen Vollstreckungshilfe zu leisten, wenn die Voraussetzungen für die Gewährung von Amtshilfe erfüllt sind. [2]Ausländischen Behörden darf Vollstreckungshilfe nur geleistet werden, wenn dies in einer völkerrechtlichen Vereinbarung oder in einem Rechtsakt der Europäischen Gemeinschaften vorgesehen ist.

(4) [1]Ein Vollstreckungsersuchen nach Absatz 3 kann, soweit im Folgenden nichts anderes bestimmt ist, von der Vollstreckungsbehörde zurückgewiesen werden, wenn es nicht die folgenden Voraussetzungen erfüllt:

1. die Bezeichnung der ersuchenden Behörde sowie die Unterschrift der Behördenleitung oder der von ihr beauftragten Person; bei einem Vollstreckungsersuchen, das mit Hilfe automatischer Einrichtungen erstellt worden ist, kann die Unterschrift fehlen und durch die Namenswiedergabe oder die Signatur der Behördenleitung oder der von ihr beauftragten Person ersetzt werden,
2. die Bezeichnung des zu vollstreckenden Verwaltungsaktes unter Angabe der erlassenden Behörde, des Datums und des Aktenzeichens,
3. die Angabe der Verpflichtung des Vollstreckungsschuldners, im Falle der Beitreibung die Angabe des Grundes und der Höhe der Geldforderung,
4. die Bestätigung der ersuchenden Behörde, dass die Vollstreckungsvoraussetzungen vorliegen,
5. die Bezeichnung der Person, gegen die sich die Vollstreckung richten soll,
6. im Falle der Beitreibung die Angabe, wann der Schuldner gemahnt worden ist oder aus welchem Grund die Mahnung unterblieben ist.

[2]Die ersuchende Behörde ist zur Übermittlung der in Satz 1 genannten Daten an die Vollstreckungsbehörden befugt. [3]Treten Umstände ein, die die Einstellung, Beschränkung oder Aufhebung der Vollstreckung notwendig machen, ist die Vollstreckungsbehörde unverzüglich zu unterrichten. [4]Die Sätze 1 bis 3 gelten in den Fällen des Absatzes 1 Satz 1 Nummer 1 entsprechend. [5]Ein Ersuchen nach Satz 4 soll unterbleiben, wenn die

zu vollstreckende Forderung nicht mindestens 36 Euro beträgt.

(5) [1]In den Fällen des Absatzes 1 Satz 1 Nummer 1 und 4 hat die ersuchende Behörde der Vollstreckungsbehörde im Vollstreckungsersuchen mitzuteilen, ob Informationen vorliegen, aus denen sich eine Gefahr für Leben oder Gesundheit bei der Durchführung der Vollstreckungsmaßnahmen ergeben kann. [2]Auf Anforderung der Vollstreckungsbehörde hat die ersuchende Behörde Auskunft zu den Sachverhalten zu geben, aus denen sich eine solche Gefahr ableiten lässt.

(6) [1]Vollstreckt die Vollstreckungsbehörde zu Gunsten einer anderen Körperschaft, Anstalt oder Stiftung des öffentlichen Rechts oder einer beliehenen natürlichen oder juristischen Person, hat diese die uneinbringlichen Vollstreckungskosten zu erstatten. [2]Die Vollstreckungsbehörde soll auf die Geltendmachung verzichten, sofern die uneinbringlichen Vollstreckungskosten im Einzelfall 35 Euro nicht übersteigen. [3]Bei Behörden des Bundes oder der anderen Bundesländer hat die Vollstreckungsbehörde auf die Erhebung der uneinbringlichen Vollstreckungskosten zu verzichten, soweit auch jene nach dem für sie geltenden Recht auf die Erhebung uneinbringlicher Vollstreckungskosten verzichten. [4]Leisten sich kommunale Körperschaften des Freistaates Sachsen gegenseitig Vollstreckungshilfe, so kann die Vollstreckungsbehörde auf die Geltendmachung der uneinbringlichen Vollstreckungskosten verzichten, soweit die ersuchende Behörde ihrerseits darauf verzichtet. [5]Die uneinbringlichen Vollstreckungskosten sind durch Verwaltungsakt festzusetzen; soweit die Finanzämter vollstrecken, gilt Absatz 2 Satz 1. [6]Soweit die ersuchende Behörde gegenüber der Vollstreckungsbehörde Ersatz leistet, geht die Kostenforderung gegen den Vollstreckungsschuldner auf die ersuchende Behörde über.

(7) [1]Die Vollstreckungsbehörde entnimmt bei der Beitreibung die Gebühren und Auslagen der Vollstreckung aus den beigetriebenen und eingezahlten Geldern. [2]Reicht der Erlös einer Vollstreckung oder die Zahlung zur Deckung der beizutreibenden Forderung nicht aus, sind zunächst die in Ansatz gebrachten Gebühren und Auslagen der Vollstreckung, dann die Gebühren und Auslagen der Mahnung, dann die Nebenforderungen und dann die Hauptforderung zu decken, soweit nicht für die Reihenfolge der Anrechnung anderweitige Bestimmungen maßgebend sind.

§ 5
Vollstreckungsauftrag

(1) [1]Die oder der gemäß § 14 Absatz 1 Satz 2 mit der Vollstreckung beauftragte Bedienstete der Vollstreckungsbehörde (Vollstreckungsbedienstete oder Vollstreckungsbediensteter) wird der Vollstreckungsschuldnerin oder dem Vollstreckungsschuldner und Dritten gegenüber durch schriftlichen oder elektronischen Auftrag der Vollstreckungsbehörde zur Vollstreckung ermächtigt. [2]Die oder der Vollstreckungsbedienstete hat auf Verlangen den Vollstreckungsauftrag vorzuzeigen und sich auszuweisen.

(2) Der Vollstreckungsauftrag muss mindestens enthalten:

1. die Bezeichnung und das Dienstsiegel der Vollstreckungsbehörde, den Namen und die Unterschrift der oder des ausstellenden Bediensteten und den Namen der oder des beauftragten Bediensteten; bei einem Vollstreckungsauftrag, der elektronisch erteilt oder mit Hilfe automatischer Einrichtungen erstellt wurde, kann die Unterschrift fehlen,
2. die Bezeichnung des zu vollstreckenden Verwaltungsaktes unter Angabe der erlassenden Behörde, des Datums und des Aktenzeichens,
3. die Bestätigung, dass die Vollstreckungsvoraussetzungen vorliegen,
4. die Bezeichnung der Person, gegen die sich die Vollstreckung richten soll.

§ 5a
Ermittlung des Aufenthaltsorts des Vollstreckungsschuldners

(1) Ist der Wohnsitz oder der gewöhnliche Aufenthaltsort des Vollstreckungsschuldners nicht durch Anfrage bei der Meldebehörde

zu ermitteln, darf die Vollstreckungsbehörde folgende Angaben erheben:
1. beim Ausländerzentralregister die Angaben zur aktenführenden Ausländerbehörde und die Angaben zum Zuzug oder Fortzug des Vollstreckungsschuldners sowie bei der Ausländerbehörde, die nach der Auskunft aus dem Ausländerzentralregister aktenführend ist, den Aufenthaltsort des Vollstreckungsschuldners,
2. bei den Trägern der gesetzlichen Rentenversicherung und bei einer berufsständischen Versorgungseinrichtung im Sinne des § 6 Absatz 1 Satz 1 Nummer 1 des Sechsten Buches Sozialgesetzbuch die dort bekannte derzeitige Anschrift und den derzeitigen oder zukünftigen Aufenthaltsort des Vollstreckungsschuldners sowie
3. beim Kraftfahrt-Bundesamt die Halterdaten nach § 35 Absatz 4c Nummer 2 des Straßenverkehrsgesetzes in der Fassung der Bekanntmachung vom 5. März 2003 (BGBl. I S. 310, 919), das zuletzt durch Artikel 8 des Gesetzes vom 21. November 2023 (BGBl. I Nr. 315) geändert worden ist, in der jeweils geltenden Fassung.

(2) Die Vollstreckungsbehörde darf die gegenwärtigen Anschriften, den Ort der Hauptniederlassung oder den Sitz des Vollstreckungsschuldners erheben
1. durch Einsicht in das Handels-, Genossenschafts-, Partnerschafts-, Unternehmens- oder Vereinsregister,
2. durch Einholung von Auskünften bei den Behörden, welche für die Durchführung der Aufgaben nach § 14 Absatz 1 der Gewerbeordnung in der Fassung der Bekanntmachung vom 22. Februar 1999 (BGBl. I S. 202), die zuletzt durch Artikel 11 des Gesetzes vom 28. Juni 2023 (BGBl. I Nr. 172) geändert worden ist, in der jeweils geltenden Fassung, zuständig sind.

(3) Nach Absatz 1 Nummer 2 und Absatz 2 erhobene Daten, die innerhalb der letzten drei Monate bei der Vollstreckungsbehörde eingegangen sind, darf sie einer weiteren Vollstreckungsbehörde übermitteln, wenn die Voraussetzungen für die Datenerhebung auch bei dieser vorliegen.

(4) [1]Ist der Vollstreckungsschuldner Unionsbürgerin oder Unionsbürger, so darf die Vollstreckungsbehörde die Daten nach Absatz 1 Nummer 1 nur erheben, wenn ihr tatsächliche Anhaltspunkte für die Vermutung vorliegen, dass bei der betroffenen Person das Nichtbestehen oder der Verlust des Freizügigkeitsrechts festgestellt worden ist. [2]Eine Übermittlung der Daten an die Vollstreckungsbehörde ist ausgeschlossen, wenn eine solche Feststellung nicht vorliegt.

§ 6
Betreten und Durchsuchen

(1) [1]Die oder der Vollstreckungsbedienstete ist befugt, das Besitztum des Vollstreckungsschuldners zu betreten und zu durchsuchen, soweit der Zweck der Vollstreckung dies erfordert. [2]Sie oder er kann dabei verschlossene Räume und Behältnisse öffnen oder öffnen lassen.

(2) [1]Wohnungen, Geschäfts- und Betriebsräume und sonstiges befriedetes Besitztum kann die oder der Vollstreckungsbedienstete ohne Einwilligung des Vollstreckungsschuldners nur auf Anordnung des Amtsgerichts, in dessen Bezirk die Durchsuchung erfolgen soll, durchsuchen. [2]Eine Anordnung des Amtsgerichts ist nicht erforderlich, wenn die dadurch eintretende Verzögerung den Zweck der Vollstreckung gefährden würde.

(3) Willigt der Vollstreckungsschuldner in die Durchsuchung ein oder ist eine Anordnung gegen ihn nach Absatz 2 Satz 1 ergangen oder nach Absatz 2 Satz 2 entbehrlich, so haben Personen, die Mitgewahrsam an der Wohnung des Schuldners haben, die Durchsuchung zu dulden.

§ 7
Widerstand gegen Vollstreckungshandlungen

[1]Die oder der Vollstreckungsbedienstete ist bei Widerstand gegen eine Vollstreckungshandlung befugt, einfache körperliche Gewalt anzuwenden. [2]Sie oder er kann eine Po-

lizeidienststelle um Unterstützung ersuchen. [3]§ 757a der Zivilprozessordnung gilt entsprechend.

§ 8
Zuziehung von Zeuginnen oder Zeugen

Ist bei einer Vollstreckungshandlung in den Räumen des Vollstreckungsschuldners weder dieser noch eine zu seinem Haushalt oder Geschäftsbetrieb gehörende Person anwesend, so hat die oder der Vollstreckungsbedienstete eine erwachsene Person als Zeugin oder Zeugen zuzuziehen.

§ 9
Vollstreckung zur Nachtzeit und an Sonn- und Feiertagen

(1) [1]Zur Nachtzeit sowie an Sonntagen und gesetzlichen Feiertagen darf die oder der Vollstreckungsbedienstete nur mit schriftlicher oder elektronischer Erlaubnis der Vollstreckungsbehörde vollstrecken. [2]Die Erlaubnis darf nur erteilt werden, soweit der Zweck der Vollstreckung dies erfordert. [3]Sie ist auf Verlangen vorzuzeigen.
(2) Die Nachtzeit umfasst die Stunden von 21.00 Uhr bis 6.00 Uhr.

§ 10
Niederschrift

(1) Die oder der Vollstreckungsbedienstete hat über jede Vollstreckungshandlung, die nicht schriftlich vorgenommen wird, eine Niederschrift aufzunehmen.
(2) Die Niederschrift soll enthalten:
1. die Bezeichnung der Vollstreckungsbehörde und des zu vollstreckenden Verwaltungsaktes,
2. Ort und Zeit der Niederschrift,
3. die Vollstreckungshandlung,
4. die Namen der Personen, mit denen verhandelt wurde,
5. die Namen der als Zeuginnen oder Zeugen zugezogenen Personen,
6. eine kurze Darstellung der wesentlichen Vorgänge,
7. die Namen der an der Vollstreckung beteiligten Bediensteten,
8. die Unterschrift der oder des die Vollstreckung leitenden Bediensteten.

(3) War der Vollstreckungsschuldner bei der Vollstreckungshandlung nicht anwesend, so hat ihm die Vollstreckungsbehörde eine Abschrift der Niederschrift zuzusenden.

§ 11
Wegfall der aufschiebenden Wirkung

[1]Rechtsbehelfe gegen Maßnahmen der Verwaltungsvollstreckung haben keine aufschiebende Wirkung. [2]§ 80 Absatz 4 bis 8 der Verwaltungsgerichtsordnung in der Fassung der Bekanntmachung vom 19. März 1991 (BGBl. I S. 686), die zuletzt durch Artikel 2 Absatz 4 des Gesetzes vom 4. Dezember 2023 (BGBl. I Nr. 344) geändert worden ist, in der jeweils geltenden Fassung, gilt entsprechend.

ZWEITER TEIL
Vollstreckung wegen Geldforderungen

§ 12
Art und Umfang der Vollstreckung

(1) Leistungsbescheide werden durch Beitreibung vollstreckt.
(2) [1]Mit der Hauptforderung können beigetrieben werden:
1. die Kosten der Mahnung und der Vollstreckung,
2. Zinsen, Säumniszuschläge und andere Nebenforderungen, wenn der Vollstreckungsschuldner im Leistungsbescheid oder in der Mahnung auf die dem Grunde nach bestehende Verpflichtung zur Leistung der Nebenforderungen zuvor schriftlich oder elektronisch hingewiesen worden ist.

[2]Die Beitreibung ist auch dann ohne gesonderte Festsetzung zulässig, wenn die Hauptforderung nach der Mahnung erfüllt wurde.

§ 12a
Vermögensermittlung, Datenverarbeitung und Auskunftspflichten

(1) [1]Zur Vorbereitung der Vollstreckung kann die Vollstreckungsbehörde die Einkommens- und Vermögensverhältnisse des Vollstreckungsschuldners ermitteln. [2]Die Vollstreckungsbehörde darf ihr bekannte, nach § 3 Absatz 1 Nummer 1 Buchstabe d des Sächsischen Kommunalabgabengesetzes in der Fassung der Bekanntmachung vom 9. März 2018 (SächsGVBl. S. 116), das zuletzt durch Artikel 2 des Gesetzes vom 13. Dezember 2023 (SächsGVBl. S. 876) geändert worden ist, in der jeweils geltenden Fassung, in Verbindung mit § 30 der Abgabenordnung geschützte Daten, die sie bei der Vollstreckung wegen Kommunalabgaben verwenden darf, auch bei der Vollstreckung wegen anderer Geldleistungen und Nebenleistungen, die denselben Vollstreckungsschuldner betreffen, verwenden. [3]Die Vollstreckungsbehörde darf darüber hinaus ihr bekannte, personenbezogene Daten, die sie im Rahmen der Vollstreckung eines nicht unter Satz 2 fallenden Leistungsbescheides verwenden darf, auch zu Zwecken der Vollstreckung wegen anderer Geldleistungen und Nebenleistungen, die dieselbe Vollstreckungsschuldnerin oder denselben Vollstreckungsschuldner betreffen, verwenden, soweit gesetzliche Vorschriften nicht entgegenstehen.

(2) [1]Der Vollstreckungsschuldner hat der Vollstreckungsbehörde die zur Feststellung eines für die Vollstreckung erheblichen Sachverhaltes erforderlichen Auskünfte zu erteilen. [2]Dies gilt auch für nicht rechtsfähige Vereinigungen, Vermögensmassen, Behörden und Betriebe gewerblicher Art der Körperschaften öffentlichen Rechts; § 34 sowie § 79 Absatz 1 Nummer 3 und 4 der Abgabenordnung gelten entsprechend.

(3) [1]Kommt der Vollstreckungsschuldner seiner Pflicht, eine Auskunft nach Absatz 2 zu erteilen, nicht nach oder ist bei einer Vollstreckung in die in der Auskunft nach Absatz 2 angeführten Vermögensgegenstände eine vollständige Befriedigung der Forderung, wegen der die Auskunft nach Absatz 2 verlangt wird, voraussichtlich nicht zu erwarten, so darf die Vollstreckungsbehörde

1. bei den Trägern der gesetzlichen Rentenversicherung und bei einer berufsständischen Versorgungseinrichtung im Sinne des § 6 Absatz 1 Satz 1 Nummer 1 des Sechsten Buches Sozialgesetzbuch den Namen und die Vornamen oder die Firma sowie die Anschriften der derzeitigen Arbeitgeber eines versicherungspflichtigen Beschäftigungsverhältnisses der Vollstreckungsschuldnerin oder des Vollstreckungsschuldners erheben und
2. beim Kraftfahrt-Bundesamt die Fahrzeug- und Halterdaten nach § 35 Absatz 1 Nummer 17 des Straßenverkehrsgesetzes.

[2]Nach Satz 1 erhobene Daten, die innerhalb der letzten drei Monate bei der Vollstreckungsbehörde eingegangen sind, dürfen von der Vollstreckungsbehörde auch einer weiteren Vollstreckungsbehörde übermittelt werden, wenn die Voraussetzungen für die Datenerhebung auch bei der weiteren Vollstreckungsbehörde vorliegen.

§ 13
Fälligkeit, Mahnung

(1) Die Beitreibung ist nur zulässig, soweit die beizutreibende Forderung fällig ist.

(2) Vor der Beitreibung ist der Schuldner von der Behörde, die den Verwaltungsakt erlassen hat, durch verschlossenes Schreiben zu mahnen.

(3) Bei regelmäßig wiederkehrenden Geldleistungen kann die Mahnung durch ortsübliche Bekanntmachung erfolgen.

(4) In der Mahnung ist für die Zahlung eine Frist von mindestens einer Woche zu bestimmen.

(5) Einer Mahnung bedarf es nicht, wenn dadurch der Zweck der Vollstreckung gefährdet würde oder wenn Zwangsgeld, Kosten der Vollstreckung sowie Nebenforderungen beigetrieben werden sollen.

§ 14
Beitreibung durch Vollstreckung in bewegliche Sachen

(1) [1]Die Beitreibung kann im Wege der Vollstreckung in bewegliche Sachen erfolgen. [2]Hierfür gelten die §§ 281 bis 283, § 285 Absatz 1, § 286 und die §§ 292 bis 308 der Abgabenordnung entsprechend mit der Maßgabe, dass an die Stelle des Vollziehungsbeamten die Vollstreckungsbedienstete und der Vollstreckungsbedienstete treten.

(2) [1]Die Vollstreckungsbehörden können die Gerichtsvollzieherinnen oder Gerichtsvollzieher um Beitreibung durch Vollstreckung in bewegliche Sachen ersuchen; dies gilt auch für inländische Vollstreckungsbehörden, die diesem Gesetz nicht unterliegen. [2]Wird die Beitreibung durch Gerichtsvollzieherinnen oder Gerichtsvollzieher durchgeführt, gelten die Vorschriften des Achten Buches der Zivilprozessordnung entsprechend mit der Maßgabe, dass an die Stelle der vollstreckbaren Ausfertigung des Schuldtitels das schriftliche oder elektronische Vollstreckungsersuchen der Vollstreckungsbehörde tritt und eine Zustellung des Vollstreckungsersuchens nicht erforderlich ist. [3]Für das Vollstreckungsersuchen gilt § 4 Absatz 4 entsprechend.

§ 15
Beitreibung durch Vollstreckung in sonstige Vermögensgegenstände

(1) Erfolgt die Beitreibung durch Vollstreckung in sonstige Vermögensgegenstände, so gelten folgende Vorschriften der Abgabenordnung entsprechend:

1. §§ 281 bis 283 für die Vollstreckung in das bewegliche Vermögen im allgemeinen;
2. §§ 309 bis 314, § 315 Absatz 1 und Absatz 2 Satz 1, §§ 316 bis 321 für die Vollstreckung in Forderungen und andere Vermögensrechte;
3. §§ 322 und 323 für die Vollstreckung in das unbewegliche Vermögen.

(2) [1]Wird die Vollstreckung wegen eines Zwangsgeldes einschließlich Gebühren und Auslagen betrieben, kann die Vollstreckungsbehörde den pfändbaren Teil des Arbeitseinkommens ohne Rücksicht auf die in § 850c der Zivilprozessordnung vorgesehene Beschränkung bestimmen. [2]Bei Pfändungsschutzkonten kann die Vollstreckungsbehörde von § 899 Absatz 1 und 2 sowie § 902 der Zivilprozessordnung abweichende pfändungsfreie Beträge festsetzen. [3]Der Vollstreckungsschuldnerin oder dem Vollstreckungsschuldner ist jedoch so viel zu belassen, wie sie oder er für ihren oder seinen notwendigen Unterhalt und zur Erfüllung ihrer oder seiner laufenden gesetzlichen Unterhaltspflichten bedarf.

(3) Die Vollstreckungsbehörde kann die Pfändungs- und die Einziehungsverfügung auch dann selbst erlassen und durch die Post zustellen, wenn der Vollstreckungsschuldner oder der Drittschuldner außerhalb des Freistaates Sachsen, jedoch im Inland seinen Wohnsitz, Sitz oder gewöhnlichen Aufenthaltsort hat, sofern das dort geltende Landesrecht dies zulässt.

(4) Vollstreckungsbehörden im Inland, die diesem Gesetz nicht unterliegen, können gegen Vollstreckungsschuldner und Drittschuldner, die ihren Wohnsitz, Sitz oder gewöhnlichen Aufenthalt im Freistaat Sachsen haben, selbst Pfändungs- und Einziehungsverfügungen erlassen und durch die Post zustellen.

§ 16
Sonstige Vorschriften für die Beitreibung

Im Übrigen gelten für die Beitreibung § 251 Absatz 2 Satz 2, die §§ 258, 260, 262 bis 264, 266, 267 und 324 bis 327 der Abgabenordnung entsprechend.

§ 17
Vermögensauskunft

(1) [1]Der Vollstreckungsschuldner hat der Gerichtsvollzieherin oder dem Gerichtsvollzieher eine Vermögensauskunft nach § 802c der Zivilprozessordnung zu erteilen, wenn die Vollstreckungsbehörde der Gerichtsvollzieherin oder dem Gerichtsvollzieher ein schriftliches oder elektronisches Vollstreckungsersuchen übermittelt und ihr oder ihm

einen Auftrag nach § 802a Absatz 2 Satz 1 Nummer 2 der Zivilprozessordnung erteilt hat. [2]Für das Vollstreckungsersuchen gilt § 4 Absatz 4 entsprechend.

(2) [1]Hat die Vollstreckungsbehörde die Gerichtsvollzieherin oder den Gerichtsvollzieher um die Vornahme der Pfändung beim Vollstreckungsschuldner ersucht und hat

1. der Vollstreckungsschuldner die Durchsuchung verweigert oder
2. die Pfändung nicht zu einer vollständigen Befriedigung des Gläubigers geführt,

kann die Gerichtsvollzieherin oder der Gerichtsvollzieher dem Vollstreckungsschuldner die Vermögensauskunft auf Antrag der Vollstreckungsbehörde abweichend von § 802f Absatz 1 bis 4 der Zivilprozessordnung sofort abnehmen. [2]§ 802f Absatz 5 und 6 sowie § 807 Absatz 2 der Zivilprozessordnung finden entsprechende Anwendung.

(3) Für die Handlungen nach den Absätzen 1 und 2 gelten die §§ 802c bis 802i, 802k, 802l und 807 sowie 882b bis 882e der Zivilprozessordnung entsprechend.

(4) [1]Gegen die Ablehnung des Auftrags zur Abnahme der Vermögensauskunft durch die Gerichtsvollzieherin oder den Gerichtsvollzieher kann die Vollstreckungsbehörde die Erinnerung nach § 766 der Zivilprozessordnung einlegen; das gilt ebenso, wenn der Vollstreckungsschuldner die Verpflichtung zur Abgabe der Vermögensauskunft nach Absatz 1 bestreitet. [2]Erlässt das Gericht den Haftbefehl gegen den Schuldner nach § 802g Absatz 1 Satz 1 der Zivilprozessordnung nicht, ist dagegen die sofortige Beschwerde entsprechend § 793 der Zivilprozessordnung gegeben.

(5) [1]Die Landkreise, Kreisfreien Städte und Gemeinden können, anstatt den Auftrag nach Absatz 1 Satz 1 an die Gerichtsvollzieherin oder den Gerichtsvollzieher zu erteilen, verlangen, dass der Vollstreckungsschuldner die Auskunft über sein Vermögen ihnen gegenüber erteilt. [2]Die Vermögensauskunft des Vollstreckungsschuldners gegenüber den in Satz 1 genannten Körperschaften erfolgt in entsprechender Anwendung des § 284 der Abgabenordnung. [3]Für die Versicherung an Eides statt nach § 284 Absatz 3 Satz 1 der Abgabenordnung gilt § 27 Absatz 2 des Verwaltungsverfahrensgesetzes in der Fassung der Bekanntmachung vom 23. Januar 2003 (BGBl. I S. 102), das zuletzt durch Artikel 1 des Gesetzes vom 4. Dezember 2023 (BGBl. I Nr. 344) geändert worden ist, in der jeweils geltenden Fassung, entsprechend.

§ 17a
Auskunftsrechte der Vollstreckungsbehörde

(1) Kommt der Vollstreckungsschuldner seiner Pflicht, eine Vermögensauskunft nach § 17 Absatz 5 zu erteilen, nicht nach oder ist bei einer Vollstreckung in die in der Vermögensauskunft angeführten Vermögensgegenstände eine vollständige Befriedigung der Forderung voraussichtlich nicht zu erwarten, darf die nach § 17 Absatz 5 Satz 1 zuständige Vollstreckungsbehörde folgende Daten erheben:

1. bei den Trägern der gesetzlichen Rentenversicherung und bei einer berufsständischen Versorgungseinrichtung im Sinne des § 6 Absatz 1 Satz 1 Nummer 1 des Sechsten Buches Sozialgesetzbuch den Namen und die Vornamen oder die Firma sowie die Anschriften der derzeitigen Arbeitgeber eines versicherungspflichtigen Beschäftigungsverhältnisses des Vollstreckungsschuldners und
2. beim Kraftfahrt-Bundesamt die Fahrzeug- und Halterdaten nach § 35 Absatz 1 Nummer 17 des Straßenverkehrsgesetzes.

(2) Die innerhalb der letzten drei Monate erhobenen Daten darf die Vollstreckungsbehörde einer weiteren Vollstreckungsbehörde übermitteln, wenn die Voraussetzungen für die Datenerhebung auch bei dieser vorliegen.

§ 17b
Vollstreckung wegen privatrechtlicher Geldforderungen

(1) Die Bestimmungen über die Vollstreckung von Leistungsbescheiden gelten entsprechend für die Vollstreckung von privatrecht-

lichen Forderungen, die entstanden sind aus Forderungsübergängen nach

1. § 7 Absatz 1 des Unterhaltsvorschussgesetzes in der Fassung der Bekanntmachung vom 17. Juli 2007 (BGBl. I S. 1446), das zuletzt durch Artikel 13 des Gesetzes vom 23. Mai 2022 (BGBl. I S. 760) geändert worden ist, in der jeweils geltenden Fassung,
2. § 33 des Zweiten Buches Sozialgesetzbuch,
3. § 95 des Achten Buches Sozialgesetzbuch,
4. § 141 des Neunten Buches Sozialgesetzbuch,
5. den §§ 115 und 116 des Zehnten Buches Sozialgesetzbuch,
6. den §§ 93 und 94 des Zwölften Buches Sozialgesetzbuch,
7. § 37 des Bundesausbildungsförderungsgesetzes in der Fassung der Bekanntmachung vom 7. Dezember 2010 (BGBl. I S. 1952; 2012 I S. 197), das zuletzt durch Artikel 3 des Gesetzes vom 21. Dezember 2022 (BGBl. I S. 2847) geändert worden ist, in der jeweils geltenden Fassung, oder
8. den §§ 27g und 27h des Bundesversorgungsgesetzes in der Fassung der Bekanntmachung vom 22. Januar 1982 (BGBl. I S. 21), das zuletzt durch Artikel 1 der Verordnung vom 21. Juni 2023 (BGBl. I Nr. 165) geändert worden ist, in der jeweils geltenden Fassung.

(2) [1]An die Stelle des Leistungsbescheids tritt die Zahlungsaufforderung. [2]Zu der Forderung gehören auch die Zinsen, die Kosten der Zahlungsaufforderung und die sonstigen Nebenforderungen.

(3) [1]Die Vollstreckung ist einzustellen, sobald der Vollstreckungsschuldner bei der Vollstreckungsbehörde gegen die Forderung als solche schriftlich, elektronisch oder zur Niederschrift Einwendungen erhebt. [2]Der Vollstreckungsschuldner ist über dieses Recht zu belehren. [3]Bereits getroffene Vollstreckungsmaßnahmen sind unverzüglich aufzuheben, wenn der Gläubiger

1. nicht binnen eines Monats nach Geltendmachung der Einwendungen wegen seiner Ansprüche vor den ordentlichen Gerichten Klage erhoben oder den Erlass eines Mahnbescheids beantragt hat oder
2. mit der Klage rechtskräftig abgewiesen worden ist.

[4]Ist die Vollstreckung eingestellt worden, kann sie nur nach Maßgabe der Zivilprozessordnung fortgesetzt werden.

§ 18
Beitreibung gegen juristische Personen des öffentlichen Rechts

(1) Die Beitreibung bedarf der Zulassung durch

1. die Staatsregierung, wenn sie sich gegen eine oberste Landesbehörde richtet,
2. die zuständige oberste Landesbehörde, wenn sie sich gegen eine andere Behörde des Freistaates Sachsen richtet,
3. die Aufsichtsbehörde, wenn sie sich gegen eine der Aufsicht des Freistaates Sachsen unterstehende Körperschaft, Anstalt oder Stiftung des öffentlichen Rechts richtet; dies gilt nicht für öffentlich-rechtliche Unternehmen, die am Wettbewerb teilnehmen.

(2) Die Zulassung hat zu erfolgen, soweit es sich nicht um Vermögensgegenstände handelt, die für die Erfüllung von Pflichtaufgaben des Schuldners unentbehrlich sind oder deren Veräußerung ein überwiegendes öffentliches Interesse entgegensteht.

(3) In der Zulassungsverfügung sind der Zeitpunkt der Beitreibung und die Vermögensgegenstände, in die vollstreckt werden darf, zu bestimmen.

DRITTER TEIL
Vollstreckung sonstiger Verwaltungsakte

1. Abschnitt
Allgemeine Vorschriften

§ 19
Zwangsmittel

(1) Verwaltungsakte, die zu einer sonstigen Handlung, einer Duldung oder einer Unterlassung verpflichten, werden mit Zwangsmitteln vollstreckt.
(2) Zwangsmittel sind
1. Zwangsgeld und Zwangshaft,
2. Ersatzvornahme und Fiktion der Abgabe einer Erklärung,
3. unmittelbarer Zwang einschließlich Zwangsräumung und Wegnahme.

(3) Kommen mehrere Zwangsmittel in Betracht, so hat die Vollstreckungsbehörde dasjenige Zwangsmittel anzuwenden, das den Vollstreckungsschuldner und die Allgemeinheit voraussichtlich am wenigsten beeinträchtigt.
(4) Durch die Anwendung eines Zwangsmittels darf kein Nachteil herbeigeführt werden, der erkennbar außer Verhältnis zum Zweck der Vollstreckung steht.
(5) [1]Zwangsmittel dürfen wiederholt und solange angewandt werden, bis der Verwaltungsakt vollzogen oder auf andere Weise erledigt ist. [2]Zur Erzwingung einer Duldung oder Unterlassung dürfen Zwangsmittel nicht mehr angewandt werden, wenn eine weitere Zuwiderhandlung nicht mehr zu befürchten ist.

§ 20
Androhung

(1) [1]Zwangsmittel sind vor ihrer Anwendung von der Vollstreckungsbehörde schriftlich anzudrohen. [2]Dem Vollstreckungsschuldner ist in der Androhung zur Erfüllung der Verpflichtung eine angemessene Frist zu bestimmen. [3]Eine Frist braucht nicht bestimmt zu werden, wenn eine Duldung oder Unterlassung erzwungen werden soll.
(2) [1]Die Androhung kann mit dem Verwaltungsakt, der vollstreckt werden soll, verbunden werden. [2]Sie soll mit ihm verbunden werden, wenn Rechtsbehelfen keine aufschiebende Wirkung zukommt.
(3) [1]Die Androhung muss sich auf bestimmte Zwangsmittel beziehen. [2]Werden mehrere Zwangsmittel angedroht, ist anzugeben, in welcher Reihenfolge sie angewandt werden sollen.
(4) Zwangsgeld ist in bestimmter Höhe anzudrohen.
(5) Wird Ersatzvornahme angedroht, so sind in der Androhung die voraussichtlichen Kosten anzugeben.

§ 21
Vollstreckung bei Gefahr im Verzug

Von § 3 Absatz 3, §§ 5, 8, 9 und 20 Absatz 1 kann abgewichen werden, soweit dies zur Verhinderung einer unmittelbar bevorstehenden Störung der öffentlichen Sicherheit oder zur Beseitigung einer bereits eingetretenen Störung erforderlich ist.

2. Abschnitt
Die einzelnen Zwangsmittel

§ 22
Zwangsgeld

(1) Die Höhe des Zwangsgeldes beträgt mindestens 5 EUR und höchstens 25 000 EUR.
(2) Das Zwangsgeld ist vor der Beitreibung schriftlich festzusetzen.

§ 23
Zwangshaft

(1) [1]Ist das Zwangsgeld uneinbringlich, so kann das Amtsgericht auf Antrag der Vollstreckungsbehörde nach Anhörung des Vollstreckungsschuldners einen Haftbefehl erlassen, wenn bei der Androhung des Zwangsgeldes oder nachträglich auf die Zulässigkeit der Zwangshaft hingewiesen worden ist. [2]In dem Haftbefehl sind der Gläubiger, der Schuldner und der Grund der Verhaftung zu bezeichnen.

(2) Die Zwangshaft beträgt mindestens einen Tag und höchstens zwei Wochen.
(3) [1]Die Zwangshaft ist auf Antrag der Vollstreckungsbehörde von der Justizverwaltung zu vollstrecken. [2]§ 802g Absatz 2 sowie die §§ 802h und 802j Absatz 2 der Zivilprozessordnung gelten entsprechend.

§ 24
Ersatzvornahme

(1) [1]Wird die Verpflichtung, eine Handlung vorzunehmen, deren Vornahme durch einen anderen möglich ist (vertretbare Handlung), nicht erfüllt, so kann die Vollstreckungsbehörde auf Kosten des Vollstreckungsschuldners einen anderen mit der Vornahme der Handlung beauftragen oder die Handlung selbst vornehmen. [2]Der Vollstreckungsschuldner sowie Personen, die Mitgewahrsam an den Räumen und beweglichen Sachen des Vollstreckungsschuldners haben, sind zur Duldung der Ersatzvornahme verpflichtet.
(2) Die Vollstreckungsbehörde kann vom Vollstreckungsschuldner die Vorauszahlung der voraussichtlichen Kosten der Ersatzvornahme verlangen.
(3) [1]Die Kosten der Ersatzvornahme und die Vorauszahlung werden von der Vollstreckungsbehörde durch Leistungsbescheid festgesetzt. [2]Der Leistungsbescheid ist sofort vollziehbar.
(4) [1]Die Kosten sind innerhalb von zwei Wochen nach Zustellung des Leistungsbescheides zu zahlen. [2]Von diesem Zeitpunkt an sind die Kosten der Ersatzvornahme zu verzinsen. [3]Die Vorauszahlung ist zu verzinsen, soweit sie die tatsächlichen Kosten der Ersatzvornahme übersteigt. [4]Der Zinssatz beträgt fünf Prozentpunkte über dem jeweiligen Basiszinssatz nach § 247 des Bürgerlichen Gesetzbuches. [5]Änderungen des Basiszinssatzes nach § 247 des Bürgerlichen Gesetzbuches sind für die Verzinsung ab dem Tag wirksam, an dem die Deutsche Bundesbank die Änderung im Bundesanzeiger bekannt gemacht hat. [6]Neben den Zinsen werden keine Säumniszuschläge erhoben.
(5) [1]Grundstücksbezogene Kosten der Ersatzvornahme ruhen als öffentliche Last auf dem Grundstück oder auf den grundstücksgleichen Rechten. [2]Der Eigentümer hat diesbezüglich die Zwangsvollstreckung in den Grundbesitz zu dulden. [3]Zugunsten der Vollstreckungsbehörde gilt als Eigentümer, wer als solcher im Grundbuch eingetragen ist. [4]Der Eigentümer kann durch einen Duldungsbescheid in Anspruch genommen werden. [5]Das Recht des nicht eingetragenen Eigentümers, die ihm gegen die öffentliche Last zustehenden Einwendungen geltend zu machen, bleibt unberührt.

§ 24a
Fiktion der Abgabe einer Erklärung

(1) [1]Ist jemand durch einen Verwaltungsakt verpflichtet, eine bestimmte Erklärung abzugeben, so gilt die Erklärung als abgegeben, sobald der Verwaltungsakt unanfechtbar geworden ist. [2]Voraussetzung ist, dass
1. der Inhalt der Erklärung in dem Verwaltungsakt festgelegt worden ist,
2. der Vollstreckungsschuldner in dem Verwaltungsakt auf die Bestimmung des Satzes 1 hingewiesen worden ist und
3. er im Zeitpunkt des Eintritts der Unanfechtbarkeit des Verwaltungsaktes die Erklärung rechtswirksam abgeben kann.

(2) [1]Die Behörde, die den Verwaltungsakt erlassen hat, teilt den Beteiligten mit, in welchem Zeitpunkt der Verwaltungsakt unanfechtbar geworden ist. [2]Sie ist berechtigt, die zur Wirksamkeit der Erklärung erforderlichen Genehmigungen und Zustimmungen einzuholen und Anträge auf Eintragung in öffentliche Bücher und Register zu stellen. [3]Bedarf die Behörde dazu einer Urkunde, die der betroffenen Person auf Antrag von einer anderen Behörde, einer Notarin oder einem Notar zu erteilen ist, kann sie die Erteilung anstelle der betroffenen Person verlangen.

§ 25
Unmittelbarer Zwang

(1) [1]Unmittelbarer Zwang ist jede Einwirkung auf Personen oder Sachen durch einfache körperliche Gewalt sowie durch Waffengebrauch oder andere Hilfsmittel der körperlichen Ge-

walt. [2]Waffengebrauch ist nur zulässig, soweit dies durch Gesetz ausdrücklich gestattet ist.
(2) Unmittelbarer Zwang darf nur angewandt werden, wenn Zwangsgeld und Ersatzvornahme nicht zum Erfolg geführt haben oder deren Anwendung untunlich ist.
(3) [1]Gegenüber Personen darf unmittelbarer Zwang nur angewandt werden, wenn der Zweck der Vollstreckung durch unmittelbaren Zwang gegen Sachen nicht erreichbar erscheint. [2]Das angewandte Mittel muss nach Art und Maß dem Alter und dem Zustand der Personen angemessen sein.

§ 26
Zwangsräumung

(1) [1]Hat der Vollstreckungsschuldner eine unbewegliche Sache, einen Raum oder ein Schiff zu räumen, zu überlassen oder herauszugeben, so können er und die Personen, die zu seinem Haushalt oder Geschäftsbetrieb gehören, aus dem Besitz gesetzt werden. [2]Der Zeitpunkt der Zwangsräumung soll dem Vollstreckungsschuldner angemessene Zeit vorher mitgeteilt werden.
(2) Bewegliche Sachen, die nicht Gegenstand der Vollstreckung sind, werden dem Vollstreckungsschuldner oder, wenn dieser nicht anwesend ist, der ihn vertretenden Person oder einer zu seinem Haushalt oder Geschäftsbetrieb gehörenden erwachsenen Person übergeben.
(3) [1]Weigert sich die empfangsberechtigte Person nach Absatz 2, die Sachen in Empfang zu nehmen, sind sie zu verwahren. [2]Der Vollstreckungsschuldner ist aufzufordern, die Sachen binnen einer bestimmen Frist abzuholen. [3]Kommt er der Aufforderung nicht nach, so kann die Vollstreckungsbehörde die Sachen verwerten. [4]Die §§ 296 bis 300 der Abgabenordnung gelten entsprechend. [5]Unverwertbare Sachen kann die Vollstreckungsbehörde auf Kosten des Vollstreckungsschuldners vernichten, wenn sie ihn auf diese Möglichkeit hingewiesen hat.

§ 27
Wegnahme

(1) Hat der Vollstreckungsschuldner eine bewegliche Sache herauszugeben oder vorzulegen, so kann die oder der Vollstreckungsbedienstete sie ihm wegnehmen.
(2) [1]Wird die Sache beim Vollstreckungsschuldner nicht vorgefunden, so hat er über ihren Verbleib Auskunft zu geben oder auf Ersuchen der Vollstreckungsbehörde gegenüber der Gerichtsvollzieherin oder dem Gerichtsvollzieher zu Protokoll an Eides statt zu versichern, dass er die Sache nicht in seinem Besitz habe und er nicht wisse, wo die Sache sich befinde. [2]Die Gerichtsvollzieherin oder der Gerichtsvollzieher kann eine der Sachlage entsprechende Änderung der eidesstattlichen Versicherung beschließen.
(3) [1]Dem Auftrag der Vollstreckungsbehörde ist eine beglaubigte Abschrift des zu vollstreckenden Verwaltungsakts beizufügen. [2]Für das Verfahren gelten § 802c Absatz 3 und § 802e der Zivilprozessordnung entsprechend. [3]Die Vorschriften der §§ 802g und 802h der Zivilprozessordnung finden entsprechende Anwendung für den Fall, dass der Vollstreckungsschuldner sich weigert, die Versicherung an Eides statt nach Absatz 2 Satz 1 zu leisten.

VIERTER TEIL
Schlussvorschriften

§ 28
Einschränkung von Grundrechten

Durch Maßnahmen aufgrund dieses Gesetzes können das Recht auf körperliche Unversehrtheit (Artikel 2 Absatz 2 Satz 1 des Grundgesetzes und Artikel 16 Absatz 1 Satz 1 der Verfassung des Freistaates Sachsen), die Freiheit der Person (Artikel 2 Absatz 2 Satz 2 des Grundgesetzes und Artikel 16 Absatz 1 Satz 2 der Verfassung des Freistaates Sachsen), die Unverletzlichkeit der Wohnung (Artikel 13 des Grundgesetzes und Artikel 30 der Verfassung des Freistaates Sachsen) und das Recht auf Datenschutz (Artikel 33 der Verfassung des Freistaates Sachsen) eingeschränkt werden.

§ 29
Übergangsvorschrift

§ 24 Absatz 5 gilt auch für Kosten von Ersatzvornahmen, die vor dem 31. Dezember 2023 festgesetzt wurden, es sei denn, der Vollstreckungsschuldner ist zu diesem Zeitpunkt kein Eigentümer des Grundstückes beziehungsweise Berechtigter des grundstücksgleichen Rechts mehr.

§ 30
(Inkrafttreten)

Neu strukturiertes Polizeirecht des Freistaates Sachsen

Gesetz
über die Aufgaben, Befugnisse, Datenverarbeitung und Organisation des Polizeivollzugsdienstes im Freistaat Sachsen (Sächsisches Polizeivollzugsdienstgesetz – SächsPVDG)[1,2]

Vom 11. Mai 2019 (SächsGVBl. S. 358),
das durch das Gesetz vom 5. Juli 2024 (SächsGVBl. S. 595)
geändert worden ist

– §§ 1–46 und 97–105 in der Fassung ab 30. Juli 2024 –

INHALTSÜBERSICHT

1 Erlassen als Artikel 1 des Gesetzes zur Neustrukturierung des Polizeirechtes des Freistaates Sachsen vom 11. Mai 2019 (SächsGVBl. S. 358), das durch Artikel 10 des Gesetzes vom 22. August 2019 (SächsGVBl. S. 663) geändert worden ist (d. Red.).

2 Dieses Gesetz dient der Umsetzung der Richtlinie (EU) 2016/680 des Europäischen Parlaments und des Rates vom 27. April 2016 zum Schutz natürlicher Personen bei der Verarbeitung personenbezogener Daten durch die zuständigen Behörden zum Zwecke der Verhütung, Ermittlung, Aufdeckung oder Verfolgung von Straftaten oder der Strafvollstreckung sowie zum freien Datenverkehr und zur Aufhebung des Rahmenbeschlusses 2008/977/JI des Rates (ABl. L 119 vom 4.5.2016, S. 89, L 127 vom 23.5.2018, S. 9).

TEIL 1
Allgemeines

§ 1
Anwendungsbereich

[1]Die Vorschriften dieses Gesetzes finden Anwendung für die Erfüllung von Aufgaben des Polizeivollzugsdienstes nach § 2 im Freistaat Sachsen. [2]Polizei im Sinne dieses Gesetzes ist der Polizeivollzugsdienst mit den Bediensteten, die Aufgaben des Polizeivollzugs wahrnehmen.

§ 2
Aufgaben der Polizei

(1) [1]Die Polizei hat die Aufgabe, Gefahren für die öffentliche Sicherheit oder Ordnung abzuwehren (Gefahrenabwehr). [2]Sie schützt die freiheitliche demokratische Grundordnung und gewährleistet die ungehinderte Ausübung der Grundrechte und der staatsbürgerlichen Rechte. [3]Die Polizei hat im Rahmen dieser Aufgabe auch zu erwartende Straftaten zu verhindern und vorbeugend zu bekämpfen. [4]Die Polizei hat ferner Vorbereitungen zu treffen, um künftige Gefahren abwehren zu können.
(2) Der Schutz privater Rechte obliegt der Polizei nach diesem Gesetz nur auf Antrag der berechtigten Person, wenn gerichtlicher Schutz nicht rechtzeitig zu erlangen ist und ohne polizeiliche Hilfe die Verwirklichung des Rechts vereitelt oder wesentlich erschwert würde.
(3) Die Polizei wird in Erfüllung der Aufgabe der Gefahrenabwehr außer in den Fällen des Absatzes 1 Satz 3 nur tätig, soweit die Gefahrenabwehr durch die Polizeibehörden gemäß § 1 Absatz 1 des Sächsischen Polizeibehördengesetzes vom 11. Mai 2019 (SächsGVBl.

S. 358, 389), in der jeweils geltenden Fassung, nicht oder nicht rechtzeitig möglich erscheint.

(4) Die Polizei leistet anderen Behörden und Gerichten Vollzugshilfe.

(5) Die Polizei hat ferner die ihr durch andere Rechtsvorschriften zugewiesenen Aufgaben zu erfüllen.

§ 3
Tätigwerden für andere Stellen

[1]Ist zur Wahrnehmung einer polizeilichen Aufgabe im Sinne des § 2 Absatz 1 nach gesetzlicher Vorschrift eine andere Stelle zuständig und erscheint deren rechtzeitiges Tätigwerden bei Gefahr im Verzug nicht erreichbar, hat die Polizei die notwendigen vorläufigen Maßnahmen zu treffen. [2]Die zuständige Stelle ist unverzüglich zu unterrichten.

§ 4
Begriffsbestimmungen

Im Sinne der nachfolgenden Vorschriften bedeutet:

1. öffentliche Sicherheit: die Unverletzlichkeit der Rechtsordnung, der subjektiven Rechte und Rechtsgüter einzelner Personen sowie des Bestandes, der Einrichtungen und Veranstaltungen des Staates oder sonstiger Träger der Hoheitsgewalt;
2. öffentliche Ordnung: die Gesamtheit der im Rahmen der verfassungsmäßigen Ordnung liegenden ungeschriebenen Regeln für das Verhalten von Personen in der Öffentlichkeit, deren Beachtung nach den jeweils herrschenden Anschauungen als unerlässliche Voraussetzung eines geordneten Zusammenlebens betrachtet wird;
3. a) Gefahr: eine Sachlage, bei der im Einzelfall die hinreichende Wahrscheinlichkeit besteht, dass in absehbarer Zeit ein Schaden für die öffentliche Sicherheit oder Ordnung eintreten wird;
   b) gegenwärtige Gefahr: eine Sachlage, bei der das schädigende Ereignis bereits begonnen hat oder unmittelbar oder in allernächster Zeit mit einer an Sicherheit grenzenden Wahrscheinlichkeit bevorsteht;
   c) erhebliche Gefahr: eine Sachlage, bei der im Einzelfall die hinreichende Wahrscheinlichkeit besteht, dass in absehbarer Zeit ein Schaden für ein bedeutsames Rechtsgut, wie Bestand oder Sicherheit des Bundes oder eines Landes, Leben, Gesundheit, Freiheit einer Person oder bedeutende Sach- und Vermögenswerte, eintritt;
   d) dringende Gefahr: eine im Hinblick auf das Ausmaß des zu erwartenden Schadens und die Wahrscheinlichkeit des Schadenseintritts erhöhte Gefahr;
   e) Gefahr für die Gesundheit: eine Sachlage, bei der die Herbeiführung beziehungsweise die Steigerung eines pathologischen Zustandes droht;
   f) Gefahr für Leib oder Leben: eine Sachlage, bei der eine nicht nur leichte Körperverletzung oder der Tod einzutreten droht;
   g) Gefahr einer schwerwiegenden Verletzung der körperlichen Unversehrtheit: eine Sachlage, bei der im Einzelfall die hinreichende Wahrscheinlichkeit besteht, dass in absehbarer Zeit eine schwere Körperverletzung (§ 226 des Strafgesetzbuches) einzutreten droht;
   h) abstrakte Gefahr: eine Sachlage, bei der nach allgemeiner Lebenserfahrung oder den Erkenntnissen fachkundiger Stellen mit hinreichender Wahrscheinlichkeit typischerweise Gefahren für ein polizeiliches Schutzgut entstehen;
   i) Abwehr einer Gefahr: auch die Beseitigung einer Störung, wenn der Eintritt weiteren Schadens für ein polizeiliches Schutzgut droht;
4. Straftat von erheblicher Bedeutung:
   a) Verbrechen und
   b) Vergehen, die im Einzelfall nach Art und Schwere geeignet sind, den Rechtsfrieden besonders zu stören, soweit sie
      aa) sich gegen Leib, Leben oder Freiheit einer Person richten,
      bb) auf den Gebieten des unerlaubten Waffen- oder Betäubungsmittelverkehrs, der Geld- und Wertzeichenfälschung (§§ 146 bis 152b

des Strafgesetzbuches), der Vorteilsannahme oder Vorteilsgewährung und der Bestechlichkeit oder Bestechung (§§ 331 bis 335 des Strafgesetzbuches) oder des Staatsschutzes (§§ 74a und 120 des Gerichtsverfassungsgesetzes in der Fassung der Bekanntmachung vom 9. Mai 1975 [BGBl. I S. 1077], das zuletzt durch Artikel 1 des Gesetzes vom 12. Juli 2018 [BGBl. I S. 1151] geändert worden ist, in der jeweils geltenden Fassung) begangen werden oder

cc) gewerbs-, gewohnheits-, serien- oder bandenmäßig oder sonst organisiert begangen werden;

5. terroristische Straftat:
   a) eine Straftat nach § 129a des Strafgesetzbuches,
   b) eine Straftat nach § 129b des Strafgesetzbuches, soweit sich dieser auf § 129a des Strafgesetzbuches bezieht, und
   c) die in § 129a Absatz 1 und 2 Nummer 2 bis 5 des Strafgesetzbuches bezeichneten Straftaten, sofern die Begehung der Straftat dazu bestimmt ist,
      aa) die Bevölkerung auf erhebliche Weise einzuschüchtern,
      bb) eine Behörde oder eine internationale Organisation rechtswidrig mit Gewalt oder durch Drohung mit Gewalt zu nötigen oder
      cc) die politischen, verfassungsrechtlichen, wirtschaftlichen oder sozialen Grundstrukturen eines Staates, eines Landes oder einer internationalen Organisation zu beseitigen oder erheblich zu beeinträchtigen;

   die Straftat muss durch die Art ihrer Begehung oder durch ihre Auswirkungen einen Staat, ein Land oder eine internationale Organisation erheblich schädigen können;
6. Ordnungswidrigkeiten von erheblicher Bedeutung: Ordnungswidrigkeiten, bei deren Begehung ein Schaden für ein bedeutsames Rechtsgut, wie Bestand oder Sicherheit des Bundes oder eines Landes, Leben, Gesundheit, Freiheit einer Person oder bedeutende Sach- und Vermögenswerte, zu befürchten ist oder wenn die Vorschrift ein sonst bedeutsames Interesse der Allgemeinheit schützt;
7. Informationssystem: ein Verarbeitungssystem, in dem die Polizei zur Erfüllung von Aufgaben personenbezogene Daten ganz oder teilweise automatisiert verarbeitet oder nichtautomatisiert verarbeitet, soweit die Daten in einem Dateisystem gespeichert sind;
8. Kontakt- und Begleitperson: eine Person, die mit einer anderen Person, bei der Tatsachen die Annahme rechtfertigen, dass sie Straftaten von erheblicher Bedeutung begehen wird, nicht nur flüchtig oder in zufälligem Kontakt steht und Tatsachen die Annahme rechtfertigen, dass
   a) sie von der Vorbereitung einer solchen Straftat Kenntnis hat,
   b) sie aus der Tat Vorteile zieht oder
   c) die andere Person sich ihrer zur Begehung der Straftat bedienen könnte.

§ 5
Grundsatz der Verhältnismäßigkeit

(1) [1]Die zu treffende Maßnahme muss geeignet sein. [2]Die Maßnahme ist geeignet, wenn anzunehmen ist, dass sie den erstrebten Erfolg herbeiführt oder zumindest fördert.

(2) Von mehreren möglichen und geeigneten Maßnahmen hat die Polizei diejenige zu treffen, die die einzelne Person und die Allgemeinheit voraussichtlich am wenigsten beeinträchtigt.

(3) [1]Die Maßnahme muss angemessen sein. [2]Sie darf nicht zu einem Nachteil führen, der zu dem angestrebten Erfolg erkennbar außer Verhältnis steht.

(4) Die Maßnahme ist nur solange zulässig, bis ihr Zweck erreicht ist oder sich zeigt, dass er nicht erreicht werden kann.

(5) Soweit das Erfordernis besteht, mehrere Maßnahmen gegen eine Person zu treffen, müssen die Maßnahmen auch in ihrer Gesamtwirkung verhältnismäßig im Sinne der Absätze 1 bis 4 sein.

§ 6
Verantwortlichkeit für eigenes oder fremdes Verhalten

(1) Verursacht eine Person eine Gefahr, sind die Maßnahmen gegen sie zu richten.
(2) [1]Ist die Person noch nicht 14 Jahre alt, können Maßnahmen auch gegen die aufsichtspflichtige Person gerichtet werden. [2]Ist für die Person eine Betreuerin oder ein Betreuer bestellt, kann die Polizei ihre Maßnahme auch gegenüber der Betreuerin oder dem Betreuer im Rahmen des Aufgabenkreises, für den die Bestellung besteht, treffen.
(3) Verursacht eine Person, die zu einer Verrichtung bestellt ist, die Gefahr in Ausführung der Verrichtung, können Maßnahmen auch gegen die Person gerichtet werden, die zu der Verrichtung bestellt hat.

§ 7
Verantwortlichkeit für Tiere und den Zustand von Sachen

(1) [1]Geht von einem Tier oder einer Sache eine Gefahr aus, sind die Maßnahmen gegen den Inhaber der tatsächlichen Gewalt zu richten. [2]Die nachfolgenden für Sachen geltenden Vorschriften sind auch auf Tiere anzuwenden.
(2) [1]Maßnahmen können auch gegen den Eigentümer oder andere Berechtigte gerichtet werden. [2]Dies gilt nicht, wenn der Inhaber der tatsächlichen Gewalt diese ohne den Willen des Eigentümers oder anderer berechtigter Personen ausübt.
(3) Geht die Gefahr von einer herrenlosen Sache aus, können Maßnahmen gegen denjenigen gerichtet werden, der das Eigentum an der Sache aufgegeben hat.

§ 8
Unmittelbare Ausführung einer Maßnahme

(1) [1]Die Polizei kann eine Maßnahme selbst oder durch einen beauftragten Dritten unmittelbar ausführen, wenn der Zweck der Maßnahme durch Inanspruchnahme der Verantwortlichen nach § 6 oder § 7 nicht oder nicht rechtzeitig erreicht werden kann. [2]Die von der Maßnahme betroffene Person ist unverzüglich zu unterrichten.
(2) Für die unmittelbare Ausführung einer Maßnahme nach Absatz 1 erhebt die Polizei von den Verantwortlichen nach den §§ 6 und 7 Kosten (Gebühren und Auslagen).

§ 9
Inanspruchnahme nicht verantwortlicher Personen

(1) Die Polizei kann Maßnahmen gegen andere Personen als die Verantwortlichen nach § 6 oder § 7 richten, wenn
1. eine gegenwärtige Gefahr abzuwehren ist,
2. Maßnahmen gegen die Verantwortlichen nach § 6 oder § 7 nicht oder nicht rechtzeitig möglich sind oder keinen Erfolg versprechen,
3. die Polizei die Gefahr nicht oder nicht rechtzeitig selbst oder durch beauftragte Dritte abwehren kann und
4. die Personen ohne erhebliche eigene Gefährdung und ohne Verletzung höherwertiger Pflichten in Anspruch genommen werden können.

(2) Die Maßnahmen dürfen nur aufrechterhalten werden, solange die Voraussetzungen des Absatzes 1 vorliegen.

§ 10
Einschränkung von Grundrechten

Auf Grund dieses Gesetzes können die Grundrechte auf
1. Leben und körperliche Unversehrtheit (Artikel 2 Absatz 2 Satz 1 des Grundgesetzes für die Bundesrepublik Deutschland, Artikel 16 Absatz 1 Satz 1 der Verfassung des Freistaates Sachsen),
2. Freiheit der Person (Artikel 2 Absatz 2 Satz 2 des Grundgesetzes für die Bundesrepublik Deutschland, Artikel 16 Absatz 1 Satz 2 der Verfassung des Freistaates Sachsen),
3. Wahrung des Brief-, Post- und Fernmeldegeheimnisses (Artikel 10 Absatz 1 des Grundgesetzes für die Bundesrepublik

Deutschland, Artikel 27 Absatz 1 der Verfassung des Freistaates Sachsen),
4. Freizügigkeit (Artikel 11 Absatz 1 des Grundgesetzes für die Bundesrepublik Deutschland),
5. Versammlungsfreiheit (Artikel 8 Absatz 1 des Grundgesetzes für die Bundesrepublik Deutschland, Artikel 23 Absatz 1 der Verfassung des Freistaates Sachsen),
6. Unverletzlichkeit der Wohnung (Artikel 13 Absatz 1 des Grundgesetzes für die Bundesrepublik Deutschland, Artikel 30 Absatz 1 der Verfassung des Freistaates Sachsen) und
7. informationelle Selbstbestimmung (Artikel 33 der Verfassung des Freistaates Sachsen)

eingeschränkt werden.

§ 11
Ausweispflicht

[1]Auf Verlangen der betroffenen Person haben sich Polizeibedienstete bei der Ausübung ihrer Tätigkeit auszuweisen. [2]Dies gilt nicht, wenn die Umstände es nicht zulassen oder dadurch der Zweck der Maßnahme gefährdet wird.

TEIL 2
Allgemeine Befugnisse, Entschädigung

Abschnitt 1
Maßnahmen

§ 12
Allgemeine Befugnisse

(1) Die Polizei kann die notwendigen Maßnahmen treffen, um eine Gefahr für die öffentliche Sicherheit oder Ordnung abzuwehren, soweit die Befugnisse nicht besonders geregelt sind.
(2) [1]Zur Erfüllung von nach anderen Rechtsvorschriften zugewiesenen Aufgaben hat die Polizei die dort vorgesehenen Befugnisse. [2]Soweit diese Rechtsvorschriften keine Befugnisse regeln oder keine abschließenden Regelungen der Befugnisse enthalten, trifft die Polizei die notwendigen Maßnahmen zur Gefahrenabwehr nach diesem Gesetz.

§ 13
Befragung, Auskunftspflicht

(1) [1]Die Polizei kann eine Person befragen, wenn Tatsachen die Annahme rechtfertigen, dass die Person sachdienliche Angaben, die zur Erfüllung einer bestimmten polizeilichen Aufgabe erforderlich sind, machen kann. [2]Für die Dauer der Befragung kann die Person angehalten werden.
(2) Eine Person, deren Befragung nach Absatz 1 Satz 1 zulässig ist, ist verpflichtet, auf Verlangen ihren Namen, Vornamen, Tag und Ort der Geburt, Wohnanschrift und Staatsangehörigkeit anzugeben.
(3) [1]Eine über Absatz 2 hinausgehende Auskunftspflicht besteht, soweit dies zur Abwehr einer erheblichen Gefahr erforderlich ist. [2]In entsprechender Anwendung der §§ 52 bis 53a und 55 Absatz 1 der Strafprozessordnung ist die betroffene Person zur Verweigerung der Auskunft mit Ausnahme der Angaben nach Absatz 2 berechtigt. [3]Dies gilt nicht, soweit die Auskunft zur Abwehr einer Gefahr für Leben oder Freiheit einer Person oder einer erheblichen Gesundheitsgefahr zwingend erforderlich ist. [4]Geistliche sind auch in diesem Fall nicht verpflichtet, Auskunft über Tatsachen zu geben, die ihnen in ihrer seelsorgerischen Eigenschaft anvertraut wurden oder bekannt geworden sind. [5]Die weitere Verarbeitung von nach Satz 3 erhobenen Daten ist nur zu dem Zweck zulässig, zu dem die Daten erhoben wurden. [6]Die betroffene Person ist vor der Befragung über ihr Recht zur Verweigerung der Auskunft zu belehren.
(4) [1]Soweit eine Auskunftspflicht besteht, dürfen zur Herbeiführung einer Aussage nur die Zwangsmittel Zwangsgeld und Zwangshaft angewendet werden. [2]Die §§ 68a und 136a der Strafprozessordnung gelten entsprechend.

§ 14 Vorladung

(1) [1]Die Polizei kann eine Person schriftlich oder mündlich vorladen, wenn dies für ihre Befragung oder zur Durchführung erkennungsdienstlicher Maßnahmen erforderlich ist. [2]Bei der Vorladung ist deren Grund anzugeben. [3]Bei der Festsetzung des Zeitpunktes soll auf die beruflichen Verpflichtungen und die sonstigen Lebensverhältnisse der betroffenen Person Rücksicht genommen werden.

(2) Leistet die betroffene Person der Vorladung ohne hinreichenden Grund keine Folge, kann sie zwangsweise durchgesetzt werden, wenn

1. die Angaben zur Abwehr einer erheblichen Gefahr erforderlich sind oder
2. dies zur Durchführung erkennungsdienstlicher Maßnahmen erforderlich ist.

(3) Für die Entschädigung und Vergütung von Personen, die als Zeuginnen, Zeugen oder als Sachverständige herangezogen werden, gilt das Justizvergütungs- und -entschädigungsgesetz vom 5. Mai 2004 (BGBl. I S. 718, 776), das zuletzt durch Artikel 5 Absatz 2 des Gesetzes vom 11. Oktober 2016 (BGBl. I S. 2222) geändert worden ist, in der jeweils geltenden Fassung, entsprechend.

§ 15 Identitätsfeststellung, Prüfung von Berechtigungsscheinen

(1) [1]Die Polizei kann die Identität einer Person feststellen:

1. zur Abwehr einer Gefahr,
2. wenn sie sich an einem Ort aufhält, von dem auf Grund von Tatsachen anzunehmen ist, dass dort regelmäßig Personen Straftaten verabreden, vorbereiten oder verüben, sich unter Verstoß gegen Aufenthaltsanordnungen oder Kontaktverbote treffen oder sich dort Straftäter verbergen; dies gilt auch für Orte, an denen Personen der Prostitution nachgehen und durch gegen sie gerichtete Straftaten gefährdet sind,
3. wenn sie sich in einer Verkehrs- oder Versorgungsanlage oder -einrichtung, einem öffentlichen Verkehrsmittel, einem Amtsgebäude oder einem besonders gefährdeten Objekt oder in unmittelbarer Nähe hiervon aufhält und Tatsachen die Annahme rechtfertigen, dass in oder an Objekten dieser Art Straftaten begangen werden sollen,
4. stichprobenhaft zum Zweck der vorbeugenden Bekämpfung der grenzüberschreitenden Kriminalität im Grenzgebiet zur Republik Polen und zur Tschechischen Republik bis zu einer Tiefe von 30 Kilometern, darüber hinaus in öffentlichen Anlagen, Einrichtungen oder Verkehrsmitteln des internationalen Verkehrs oder in unmittelbarer Nähe hiervon, auf Bundesfernstraßen und auf anderen Straßen, soweit deren erhebliche Bedeutung für die grenzüberschreitende Kriminalität durch die Polizei vor der Durchführung der Maßnahme durch dokumentierte Erkenntnisse dargelegt und die Umsetzung in einem dienststellenübergreifenden Kontrollkonzept geregelt ist,
5. wenn sie an einer Kontrollstelle angetroffen wird, die von der Polizei eingerichtet worden ist, um Straftaten von erheblicher Bedeutung oder gemäß § 28 des Sächsischen Versammlungsgesetzes vom 25. Januar 2012 (SächsGVBl. S. 54), das zuletzt durch Artikel 7 des Gesetzes vom 11. Mai 2019 (SächsGVBl. S. 358) geändert worden ist, in der jeweils geltenden Fassung, zu verhindern,
6. wenn sie sich innerhalb eines Kontrollbereichs aufhält, der von der Polizei bestimmt worden ist, um Straftaten im Sinne des § 100a der Strafprozessordnung oder nach § 28 des Sächsischen Versammlungsgesetzes zu verhindern, da Tatsachen die Annahme rechtfertigen, dass dann dort Straftaten dieser Art bevorstehen; die Bestimmung eines Kontrollbereichs darf längstens für sieben Tage erfolgen, bedarf der Zustimmung des Staatsministeriums des Innern und der öffentlichen Bekanntgabe durch die anordnende Dienststelle; die öffentliche Bekanntgabe kann unterbleiben, wenn der Kontrollbereich nicht für länger als 48 Stunden bestimmt wird,

sonst die Wahrnehmung der polizeilichen Aufgabe gefährdet wäre und besondere gebietsbezogene Maßnahmen zu dessen Abgrenzung vorgenommen werden,
7. wenn sie sich an Orten aufhält, für die durch Rechtsverordnung nach § 42 des Waffengesetzes vom 11. Oktober 2002 (BGBl. I S. 3970, 4592; 2003 I S. 1957), das zuletzt durch Artikel 1 des Gesetzes vom 30. Juni 2017 (BGBl. I S. 2133) geändert worden ist, in der jeweils geltenden Fassung, das Führen von Waffen im Sinne des § 1 Absatz 2 des Waffengesetzes verboten oder beschränkt worden ist oder
8. zum Schutz privater Rechte.

[2]Der betroffenen Person ist im Fall des Satzes 1 Nummer 2 auf Verlangen unverzüglich eine Bescheinigung über die Identitätsfeststellung und ihren Grund auszustellen.

(2) [1]Zur Feststellung der Identität kann die Polizei die erforderlichen Maßnahmen treffen. [2]Sie kann
1. die betroffene Person anhalten,
2. die betroffene Person nach ihren Personalien befragen,
3. verlangen, dass die betroffene Person mitgeführte Ausweispapiere zur Prüfung aushändigt,
4. die betroffene Person und von ihr mitgeführte Sachen nach Gegenständen durchsuchen, die zur Identitätsfeststellung dienen können,
5. die betroffene Person festhalten,
6. die betroffene Person zur Dienststelle bringen und
7. unter den Voraussetzungen des § 16 Absatz 2 Nummer 1 erkennungsdienstliche Maßnahmen durchführen.

[3]Maßnahmen nach Satz 2 Nummer 4 bis 6 dürfen nur getroffen werden, wenn die Identität auf andere Weise nicht oder nur unter erheblichen Schwierigkeiten festgestellt werden kann oder wenn tatsächliche Anhaltspunkte dafür bestehen, dass Angaben unrichtig sind.

(3) Die Polizei kann verlangen, dass ein Berechtigungsschein vorgezeigt und zur Prüfung ausgehändigt wird, wenn die betroffene Person auf Grund einer Rechtsvorschrift verpflichtet ist, diesen Berechtigungsschein mitzuführen.

§ 16
Erkennungsdienstliche Maßnahmen

(1) Erkennungsdienstliche Maßnahmen sind insbesondere
1. die Abnahme von Finger- und Handflächenabdrücken,
2. die Aufnahme von Lichtbildern,
3. die Feststellung äußerlicher körperlicher Merkmale sowie
4. Messungen und ähnliche Maßnahmen.

(2) Die Polizei kann erkennungsdienstliche Maßnahmen ohne Einwilligung der betroffenen Person vornehmen, wenn
1. eine nach § 15 Absatz 1 Satz 1 zulässige Identitätsfeststellung auf andere Weise nicht oder nur unter erheblichen Schwierigkeiten zuverlässig durchgeführt werden kann oder
2. dies zur vorbeugenden Bekämpfung von Straftaten erforderlich ist, weil die betroffene Person verdächtig ist, eine Tat begangen zu haben, die mit Strafe bedroht ist und wegen der Art und Ausführung der Tat die Gefahr der Wiederholung besteht.

(3) [1]Ist die Identität festgestellt oder der Verdacht entfallen und ist die weitere Aufbewahrung der erkennungsdienstlichen Unterlagen nicht nach anderen Rechtsvorschriften zulässig, sind diese zu vernichten. [2]Sind die Unterlagen an andere Stellen übermittelt worden, sind diese über die erfolgte Vernichtung zu unterrichten.

§ 17
Medizinische und molekulargenetische Untersuchungen

(1) [1]Zur Feststellung der Identität von unbekannten Toten oder von Personen, deren körperliche oder geistige Verfassung nicht nur vorübergehend beeinträchtigt ist und die deshalb nicht identifiziert werden können (unbekannte hilflose Personen), können
1. unbekannten Toten oder unbekannten hilflosen Personen Körperzellen entnommen werden und

2. Proben von Spurenmaterial von vermissten Personen genommen werden

und zum Zweck des Abgleichs molekulargenetische Untersuchungen erfolgen, soweit die Identitätsfeststellung auf andere Weise nicht möglich ist. [2]§ 81f Absatz 2 der Strafprozessordnung gilt entsprechend.

(2) [1]Die molekulargenetischen Untersuchungen sind auf die Feststellung des DNA-Identifizierungsmusters und des Geschlechts zu beschränken. [2]Entnommene Körperzellen sind unverzüglich zu vernichten, wenn sie für die Untersuchung nicht mehr benötigt werden. [3]Die DNA-Identifizierungsmuster können zum Zweck des Abgleichs gespeichert werden. [4]Sie sind unverzüglich zu löschen, wenn sie zur Identitätsfeststellung nicht mehr benötigt werden.

(3) Medizinische und molekulargenetische Untersuchungen bedürfen einer richterlichen Anordnung auf Antrag der Polizei.

§ 18
Platzverweisung

[1]Die Polizei kann zur Abwehr einer Gefahr für die öffentliche Sicherheit eine Person vorübergehend von einem Ort verweisen oder ihr vorübergehend das Betreten eines Ortes verbieten (Platzverweisung). [2]Dies gilt insbesondere für Personen, die den Einsatz der Feuerwehr oder der Hilfs- und Rettungsdienste behindern.

§ 19
Wohnungsverweisung und Kontaktverbot

(1) Die Polizei kann eine Person für die Dauer von höchstens 14 Tagen aus ihrer Wohnung, einschließlich dem unmittelbar angrenzenden Bereich, verweisen (Wohnungsverweisung), ihr die Rückkehr in diesen Bereich untersagen und ein Kontaktverbot zur gefährdeten Person erteilen, wenn dies zur Abwehr einer von der zu verweisenden Person ausgehenden gegenwärtigen Gefahr für Leben, Gesundheit oder Freiheit für eine in derselben Wohnung lebende Person erforderlich ist.

(2) Die Polizei unterrichtet die gefährdete Person unverzüglich über die Dauer und den Umfang einer Maßnahme nach Absatz 1 sowie über Beratungsangebote und die Möglichkeit, Schutz nach dem Gewaltschutzgesetz vom 11. Dezember 2001 (BGBl. I S. 3513), das durch Artikel 4 des Gesetzes vom 1. März 2017 (BGBl. I S. 386) geändert worden ist, in der jeweils geltenden Fassung, zu beantragen.

(3) [1]Stellt die gefährdete Person während der Dauer der Maßnahme nach Absatz 1 einen Antrag nach dem Gewaltschutzgesetz, verlängert die Polizei auf Mitteilung der gefährdeten Person die Dauer der Maßnahme nach Absatz 1 um zehn Tage. [2]Absatz 2 gilt entsprechend. [3]Die Anordnung nach Absatz 1 wird mit dem Zeitpunkt der gerichtlichen Entscheidung oder des gerichtlichen Vergleichs unwirksam.

§ 20
Meldeauflage

(1) [1]Die Polizei kann gegenüber einer Person zum Zweck der Verhütung von Straftaten anordnen, sich an bestimmten Tagen zu bestimmten Zeiten bei näher zu bestimmenden Dienststellen zu melden (Meldeauflage), wenn Tatsachen die Annahme rechtfertigen, dass sie im Zusammenhang mit einem zeitlich oder örtlich begrenzten Geschehen innerhalb absehbarer Zeit eine ihrer Art nach konkretisierte Straftat begehen wird. [2]Soweit nicht die Erfüllung der polizeilichen Aufgabe erheblich erschwert oder gefährdet wird, sind die schutzwürdigen Belange Dritter und der betroffenen Person bei der Anordnung der Meldeauflage zu berücksichtigen.

(2) [1]Die Meldeauflage ist auf höchstens einen Monat zu befristen. [2]Eine Verlängerung um jeweils nicht mehr als einen Monat ist zulässig, soweit die Anordnungsvoraussetzungen fortbestehen. [3]Die Verlängerung darf nur durch das Amtsgericht angeordnet werden. [4]Die Anordnung sowie deren Verlängerung sind sofort vollziehbar.

§ 21 Aufenthaltsanordnung und Kontaktverbot[3]

(1) Die Polizei kann zum Zweck der Verhütung von Straftaten einer Person für höchstens drei Monate den Aufenthalt in einem Gemeindegebiet oder -gebietsteil untersagen, wenn Tatsachen die Annahme rechtfertigen, dass die Person dort innerhalb absehbarer Zeit eine ihrer Art nach konkretisierte Straftat von erheblicher Bedeutung begehen wird.

(2) Für die Dauer von höchstens zwei Monaten kann einer Person zum Zweck der Verhütung von Straftaten untersagt werden, sich ohne Erlaubnis der zuständigen Polizeidienststelle von ihrem Wohn- oder Aufenthaltsort oder aus einem bestimmten Bereich zu entfernen (Aufenthaltsgebot) oder sich in bestimmten Bereichen aufzuhalten (Aufenthaltsverbot), wenn

1. *Tatsachen die Annahme rechtfertigen, dass die betroffene Person innerhalb absehbarer Zeit eine ihrer Art nach konkretisierte Straftat gegen den Bestand oder die Sicherheit des Bundes oder eines Landes, Leben, Gesundheit oder Freiheit einer Person oder Sachen von bedeutendem Wert, deren Erhaltung im öffentlichen Interesse geboten ist, begehen wird, oder*
2. *das Verhalten der betroffenen Person die konkrete Wahrscheinlichkeit begründet, dass sie in überschaubarer Zukunft eine terroristische Straftat begehen wird.*

(3) Unter den Voraussetzungen des Absatzes 2 Nummer 1 oder Nummer 2 kann zum Zweck der Verhütung von Straftaten einer Person für höchstens zwei Monate auch der Kontakt mit bestimmten Personen oder Personen einer bestimmten Gruppe untersagt werden, bei denen Tatsachen die Annahme rechtfertigen, dass diese von der Vorbereitung der drohenden Straftat Kenntnis haben, diese aus der Tat Vorteile ziehen werden oder die Person sich ihrer zur Begehung bedienen wird (Kontaktverbot).

(4) [1]Maßnahmen nach den Absätzen 2 und 3 bedürfen der Anordnung durch das Amtsgericht. [2]Die Anordnung ist sofort vollziehbar. [3]Bei Gefahr im Verzug kann die Anordnung durch die Präsidentin oder den Präsidenten des Landeskriminalamtes oder einer Polizeidirektion oder durch von diesen hierzu beauftragte Bedienstete getroffen werden. [4]In diesem Fall ist die gerichtliche Entscheidung unverzüglich nachzuholen. [5]Soweit die Anordnung nicht binnen drei Tagen durch das Gericht bestätigt wird, tritt sie außer Kraft. [6]Die Maßnahme ist zu beenden, wenn die Bestätigung durch das Gericht abgelehnt wird.

(5) Im Antrag nach Absatz 4 Satz 1 sind anzugeben:

1. die Person, gegen die sich die Maßnahme richtet, mit Name und Anschrift,
2. Art, Umfang und Dauer der Maßnahme, einschließlich
   a) im Fall des Aufenthaltsgebots nach Absatz 2 eine Bezeichnung der Bereiche, von denen sich die Person ohne Erlaubnis der zuständigen Polizeidienststelle nicht entfernen, oder im Fall des Aufenthaltsverbots nach Absatz 2 eine Bezeichnung der Bereiche, an denen sich die Person ohne Erlaubnis der zuständigen Polizeidienststelle nicht aufhalten darf, und
   b) im Fall des Kontaktverbots nach Absatz 3 eine Bezeichnung der Personen oder der Gruppe, mit denen oder mit der der betroffenen Person der Kon-

---

3 Beachte aus der Entscheidung des Verfassungsgerichtshofs des Freistaates Sachsen vom 25. Januar 2024 (Bekanntmachung vom 6. Februar 2024 [SächsGVBl. S. 277]):

8. § 21 Absatz 2 Alternative 1 SächsPVDG (Aufenthaltsgebot) verstößt gegen Artikel 16 Absatz 1 Satz 2 SächsVerf, § 21 Absatz 2 Alternative 2 SächsPVDG (Aufenthaltsverbot) gegen Artikel 15 SächsVerf und § 21 Absatz 3 SächsPVDG gegen Artikel 15 in Verbindung mit Artikel 14 Absatz 1 Satz 1 SächsVerf. Diese Vorschriften sind nicht mit der Sächsischen Verfassung vereinbar, soweit die in ihnen in Bezug genommenen Straftatbestände Vorbereitungshandlungen und bloße Rechtsgutsgefährdungen erfassen.

...

12. Bis zu einer Neuregelung, längstens jedoch bis zum 30. Juni 2026, gelten die für mit der Sächsischen Verfassung für unvereinbar erklärten Vorschriften mit den folgenden Maßgaben fort: ...
§ 21 Absatz 2 und 3 sowie ... SächsPVDG dürfen nur dann zur Verhinderung der Verwirklichung von Straftatbeständen, die Vorbereitungshandlungen oder bloße Rechtsgutsgefährdungen erfassen, angewendet werden, wenn ein bedeutendes Rechtsgut im Sinne der jeweiligen Vorschrift zumindest konkretisiert gefährdet ist.

takt untersagt ist, soweit möglich mit Name und Anschrift,
3. der Sachverhalt und
4. die Begründung.

(6) [1]Die Anordnung ergeht schriftlich. [2]In ihr sind anzugeben:
1. die Person, gegen die sich die Maßnahme richtet, mit Name und Anschrift,
2. Art, Umfang und Dauer der Maßnahme, einschließlich
   a) im Fall des Aufenthaltsgebots nach Absatz 2 eine Bezeichnung der Bereiche, von denen sich die Person ohne Erlaubnis der zuständigen Polizeidienststelle nicht entfernen, oder im Fall des Aufenthaltsverbots nach Absatz 2 eine Bezeichnung der Bereiche, an denen sich die Person ohne Erlaubnis der zuständigen Polizeidienststelle nicht aufhalten darf, und
   b) im Fall des Kontaktverbots nach Absatz 3 eine Bezeichnung der Personen oder der Gruppe, mit denen oder mit der der betroffenen Person der Kontakt untersagt ist, soweit möglich mit Name und Anschrift sowie
3. die wesentlichen Gründe.

(7) [1]Maßnahmen nach den Absätzen 1 bis 3 sind auf den zur Verhütung der Straftaten erforderlichen Umfang zu beschränken. [2]Sie dürfen nicht den freien Zu- oder Abgang zur oder von der Wohnung der betroffenen Person oder die Wahrnehmung anderer berechtigter Interessen beschränken. [3]Die Vorschriften des Versammlungsrechts bleiben unberührt. [4]Die Maßnahmen sind zu befristen. [5]Eine Verlängerung um jeweils nicht mehr als drei Monate ist möglich, soweit die Voraussetzungen fortbestehen. [6]Liegen die Voraussetzungen nicht mehr vor, ist die Maßnahme unverzüglich zu beenden.

(8) [1]Die Erforderlichkeit, die praktische Anwendung und die Auswirkungen der Maßnahmen nach den Absätzen 2 und 3 werden nach einem Erfahrungszeitraum von drei Jahren, spätestens jedoch zum 31. Dezember 2024, durch die Staatsregierung geprüft. [2]Die Staatsregierung berichtet dem Landtag über das Ergebnis der Evaluierung.

§ 22
Gewahrsam

(1) Die Polizei kann eine Person in Gewahrsam nehmen, wenn
1. dies zum Schutz der Person gegen eine Gefahr für Leib oder Leben erforderlich ist, insbesondere weil die Person sich erkennbar in einem die freie Willensbestimmung ausschließenden Zustand oder sonst in hilfloser Lage befindet oder eine Selbsttötung droht,
2. dies unerlässlich ist, um die unmittelbar bevorstehende Begehung oder Fortsetzung einer Straftat oder einer Ordnungswidrigkeit von erheblicher Bedeutung zu verhindern,
3. dies unerlässlich ist, um vollziehbare Platzverweisungen, Aufenthaltsanordnungen, Kontaktverbote oder Wohnungsverweisungen durchzusetzen, oder
4. dies unerlässlich ist, um Maßnahmen der Identitätsfeststellung durchzuführen.

(2) [1]Die Polizei kann Minderjährige, die sich der Obhut der Sorgeberechtigten entzogen haben, in Gewahrsam nehmen, um sie den Sorgeberechtigten oder dem Jugendamt zuzuführen. [2]Gewahrsamsräume sind hierfür nicht zu nutzen.

(3) Die Polizei kann eine Person, die aus dem Vollzug von Gewahrsam, Festnahmen, angeordneter Haft, Freiheitsstrafe oder freiheitsentziehenden Maßregeln der Besserung und Sicherung entwichen ist oder sich sonst ohne Erlaubnis außerhalb einer Vollzugsanstalt befindet, vorläufig in Gewahrsam nehmen.

§ 23
Richterliche Entscheidung zum Gewahrsam

(1) [1]Nimmt die Polizei eine Person nach § 22 Absatz 1 oder Absatz 2 in Gewahrsam, hat sie unverzüglich eine richterliche Entscheidung über die Zulässigkeit und Fortdauer des Gewahrsams herbeizuführen. [2]Der Herbeiführung der richterlichen Entscheidung bedarf es nicht, wenn anzunehmen ist, dass die Entscheidung erst nach Wegfall des Grundes des Gewahrsams ergehen würde.

(2) [1]Für die Entscheidung ist das Amtsgericht zuständig, in dessen Bezirk die Person in Gewahrsam gehalten wird. [2]Für das Verfahren gelten die Vorschriften der Bücher 1 und 7 des Gesetzes über das Verfahren in Familiensachen und in den Angelegenheiten der freiwilligen Gerichtsbarkeit vom 17. Dezember 2008 (BGBl. I S. 2586, 2587), das zuletzt durch Artikel 13 des Gesetzes vom 18. Dezember 2018 (BGBl. I S. 2639) geändert worden ist, in der jeweils geltenden Fassung, entsprechend.

§ 24 Behandlung festgehaltener oder in Gewahrsam genommener Personen

(1) Wird eine Person gemäß § 14 Absatz 2 oder § 15 Absatz 2 Satz 2 Nummer 5, 6 oder 7 festgehalten oder nach § 22 in Gewahrsam genommen, sind ihr unverzüglich der Grund der Maßnahme und im Fall der Gewahrsamnahme der zulässige Rechtsbehelf bekanntzugeben sowie Gelegenheit zur Beiziehung eines Bevollmächtigten zu geben.

(2) [1]Der in Gewahrsam genommenen Person ist unverzüglich Gelegenheit zu geben, eine Angehörige oder einen Angehörigen oder eine Person ihres Vertrauens zu benachrichtigen, soweit dadurch der Zweck des Gewahrsams nicht gefährdet wird. [2]Die Polizei hat die Benachrichtigung zu übernehmen, wenn die in Gewahrsam genommene Person hierzu nicht in der Lage ist und die Benachrichtigung ihrem mutmaßlichen Willen nicht widerspricht. [3]Ist die in Gewahrsam genommene Person minderjährig oder ist für sie eine Betreuerin oder ein Betreuer bestellt, ist in jedem Fall unverzüglich eine sorgeberechtigte Person oder die Betreuerin oder der Betreuer zu benachrichtigen, es sei denn, der Aufgabenkreis der Betreuerin oder des Betreuers wird durch die Ingewahrsamnahme nicht berührt. [4]Ausländische Staatsangehörige sind darüber zu belehren, dass sie die Unterrichtung der konsularischen Vertretung ihres Heimatstaates verlangen und dieser Mitteilungen zukommen lassen können.

(3) [1]Der in Gewahrsam genommenen Person dürfen nur solche Beschränkungen auferlegt werden, die der Zweck des Gewahrsams oder die Sicherheit oder Ordnung im Gewahrsam erfordern. [2]Sie ist getrennt von anderen in Gewahrsam genommenen Personen, insbesondere von Untersuchungs- und Strafgefangenen, unterzubringen, sofern die Umstände dies zulassen. [3]Gibt ihr Gesundheitszustand Anlass zu Besorgnis, ist eine ärztliche Untersuchung zu veranlassen.

§ 25 Datenerhebung durch den Einsatz technischer Mittel in polizeilichem Gewahrsam

(1) [1]Die Polizei kann in ihren Gewahrsamseinrichtungen durch den offenen Einsatz technischer Mittel Bilder übertragen, soweit Tatsachen die Annahme rechtfertigen, dass dies zum Schutz der in Gewahrsam genommenen Personen oder des zur Durchführung des Gewahrsams eingesetzten Personals oder zur Verhütung von Straftaten in polizeilich genutzten Einrichtungen erforderlich ist. [2]Aus Gewahrsamszellen ist im Einzelfall die Bildübertragung zulässig, soweit Tatsachen die Annahme rechtfertigen, dass dies zur Abwehr einer gegenwärtigen erheblichen Selbst- oder Fremdgefährdung erforderlich ist.

(2) [1]Der Schutz der Intimsphäre der in Gewahrsam genommenen Person ist zu wahren. [2]Bei der Bildübertragung aus Gewahrsamszellen soll die Überwachung nur durch Personen gleichen Geschlechts erfolgen; Abweichungen sind insbesondere zulässig, wenn die sofortige Überwachung nach den Umständen zum Schutz gegen eine Gefahr für Leib oder Leben erforderlich erscheint. [3]Die Datenerhebung ist durch ein optisches oder akustisches Signal anzuzeigen. [4]Die für den Einsatz der Bildübertragung maßgeblichen Gründe sind zu dokumentieren.

§ 26 Beendigung der Freiheitsentziehung

Die in Gewahrsam genommene Person ist zu entlassen:

1. sobald der Grund für die Maßnahme der Polizei entfallen ist,

2. wenn die Fortdauer der Freiheitsentziehung durch richterliche Entscheidung für unzulässig erklärt wird oder
3. spätestens bis zum Ende des Tages nach dem Ergreifen, wenn nicht vorher die Fortdauer der Freiheitsentziehung durch richterliche Entscheidung angeordnet wurde; in der richterlichen Entscheidung ist die höchstzulässige Dauer der Freiheitsentziehung zu bestimmen; sie darf im Fall von § 22 Absatz 1 Nummer 2 nicht mehr als 14 Tage und in den übrigen Fällen nicht mehr als drei Tage betragen.

§ 27 Durchsuchung und Untersuchung von Personen

(1) Die Polizei kann eine Person durchsuchen, wenn
1. sie nach diesem Gesetz oder anderen Rechtsvorschriften festgehalten oder in Gewahrsam genommen werden kann,
2. Tatsachen die Annahme rechtfertigen, dass sie Tiere oder Sachen mit sich führt, die nach § 31 sichergestellt werden dürfen,
3. sie sich erkennbar in einem die freie Willensbildung ausschließendem Zustand oder sonst in hilfloser Lage befindet und dies zur Feststellung und zur Abwehr einer sie betreffenden Gefahr erforderlich ist,
4. sie sich an einem Ort im Sinne des § 15 Absatz 1 Satz 1 Nummer 2 aufhält,
5. sie sich in einem Objekt im Sinne des § 15 Absatz 1 Satz 1 Nummer 3 oder in dessen unmittelbarer Nähe aufhält und Tatsachen die Annahme rechtfertigen, dass in oder an Objekten dieser Art Straftaten begangen werden sollen, oder
6. sie zur gezielten Kontrolle ausgeschrieben ist und die Maßnahme zur Verhütung der Straftat erforderlich ist.

(2) Die Polizei kann eine Person, deren Identität nach diesem Gesetz oder anderen Rechtsvorschriften festgestellt werden soll, nach Waffen, Sprengmitteln und anderen gefährlichen Werkzeugen durchsuchen, wenn dies nach den Umständen zur Sicherung eines Polizeibediensteten oder zum Schutz Dritter gegen eine Gefahr für Leben oder Gesundheit erforderlich erscheint.

(3) Personen dürfen nur von Personen gleichen Geschlechts, einer Ärztin oder einem Arzt durchsucht werden; dies gilt nicht, wenn die sofortige Durchsuchung nach den Umständen zum Schutz gegen eine Gefahr für Leib oder Leben erforderlich erscheint.

(4) [1]Die Polizei kann eine Person körperlich untersuchen lassen, wenn Tatsachen die Annahme rechtfertigen, dass von ihr eine Gefahr für Leib oder Leben einer anderen Person ausgegangen ist, weil es zu einer Übertragung besonders gefährlicher Krankheitserreger gekommen sein kann und die Kenntnis des Untersuchungsergebnisses zur Abwehr der Gefahr erforderlich ist. [2]Zu diesem Zweck sind Entnahmen von Blutproben oder andere, von der Intensität her vergleichbare körperliche Eingriffe, die von einer Ärztin oder einem Arzt nach den Regeln der ärztlichen Kunst zu Untersuchungszwecken vorgenommen werden, ohne Einwilligung der betroffenen Person zulässig, wenn kein Nachteil für deren Gesundheit zu befürchten ist. [3]Besonders gefährliche Krankheitserreger sind insbesondere der Hepatitis B-, C- oder D-Virus, der Humane Immundefizienz-Virus (HIV), der Rabiesvirus (Tollwut), der Marburg-Virus, der Ebola-Virus oder der SARS-Erreger.

(5) [1]Die körperliche Untersuchung bedarf der Anordnung durch das Amtsgericht. [2]Die Anordnung ist sofort vollziehbar. [3]Bei Gefahr im Verzug kann die Anordnung durch die Präsidentin oder den Präsidenten des Landeskriminalamtes oder einer Polizeidirektion oder durch von diesen hierzu beauftragte Bedienstete getroffen werden. [4]In diesem Fall ist die gerichtliche Entscheidung unverzüglich nachzuholen. [5]Die bei der Untersuchung gewonnenen Daten dürfen zu einem anderen Zweck nur zur Abwehr von schwerwiegenden Gesundheitsgefährdungen verwendet werden. [6]Sind die durch die Maßnahme erlangten personenbezogenen Daten nicht mehr erforderlich, sind sie unverzüglich zu löschen.

§ 28
Durchsuchung von Sachen

Die Polizei kann eine Sache durchsuchen, wenn

1. sie von einer Person mitgeführt wird, die nach § 27 durchsucht oder untersucht werden darf,
2. Tatsachen die Annahme rechtfertigen, dass sich in der Sache eine Person befindet, die
   a) in Gewahrsam genommen werden darf,
   b) widerrechtlich festgehalten wird oder
   c) sich in einem die freie Willensbildung ausschließenden Zustand oder sonst in hilfloser Lage befindet und für die dadurch eine Gefahr für Leib oder Leben besteht,
3. Tatsachen die Annahme rechtfertigen, dass sich in ihr Sachen oder Tiere befinden, die nach § 31 sichergestellt werden dürfen,
4. sie sich an einem Ort im Sinne des § 15 Absatz 1 Satz 1 Nummer 2 befindet,
5. sie sich in einem Objekt im Sinne des § 15 Absatz 1 Satz 1 Nummer 3 oder in dessen unmittelbarer Nähe befindet und Tatsachen die Annahme rechtfertigen, dass in oder an Objekten dieser Art Straftaten begangen werden sollen,
6. es sich um ein Land-, Wasser- oder Luftfahrzeug handelt, in dem sich eine Person befindet, deren Identität nach § 15 Absatz 1 Satz 1 Nummer 4, 5 oder Nummer 6 festgestellt werden darf oder die zur gezielten Kontrolle ausgeschrieben ist; die Durchsuchung kann sich auch auf die in diesem Fahrzeug enthaltenen oder mit dem Fahrzeug verbundenen Sachen erstrecken, oder
7. sie von einer Person mitgeführt wird, deren Identität nach § 15 Absatz 1 Satz 1 Nummer 4, 5 oder Nummer 6 festgestellt werden darf.

§ 29
Betreten und Durchsuchung von Wohnungen

(1) [1]Die Polizei kann eine Wohnung ohne Einwilligung des Inhabers betreten und durchsuchen,

1. wenn Tatsachen die Annahme rechtfertigen, dass sich in ihr eine Person befindet, die nach § 14 Absatz 2 vorgeführt oder nach § 22 in Gewahrsam genommen werden darf,
2. wenn dies zur Abwehr einer gegenwärtigen Gefahr für Leib, Leben oder Freiheit einer Person oder für bedeutende Sach- oder Vermögenswerte erforderlich ist,
3. um eine mutmaßlich widerrechtlich festgehaltene Person aufzufinden, wenn ein Wohnungsinhaber wegen einer Straftat gegen Leib oder Leben, die Freiheit oder die sexuelle Selbstbestimmung verurteilt wurde, soweit wegen der Straftat noch eine Eintragung im Bundeszentralregister vorhanden ist, und wenn Tatsachen die Annahme rechtfertigen, dass ein über die räumliche Nähe zum Wohnort hinausgehender Bezug zwischen der Verurteilung des Wohnungsinhabers und dem Verschwinden der betreffenden Person besteht; das Gleiche gilt, wenn der Wohnungsinhaber wegen einer solchen Straftat nur deshalb nicht verurteilt worden ist, weil seine Schuldunfähigkeit erwiesen oder nicht auszuschließen war, oder
4. wenn Tatsachen die Annahme rechtfertigen, dass sich in ihr Sachen oder Tiere befinden, die nach § 31 sichergestellt werden dürfen.

[2]Die Wohnung umfasst die Wohn- und Nebenräume, Arbeits-, Betriebs- und Geschäftsräume, auch während der Geschäftszeiten, sowie anderes umfriedetes Besitztum.

(2) [1]Rechtfertigen Tatsachen die Annahme, dass sich in einem Gebäude oder einer Gebäudegruppe eine Person befindet, die widerrechtlich festgehalten wird oder hilflos ist und für die dadurch eine Gefahr für Leib oder Leben besteht, kann die Polizei Wohnungen in diesem Gebäude oder dieser Gebäudegruppe ohne Einwilligung der Inhaber betre-

ten und durchsuchen, wenn die Gefahr auf andere Weise nicht beseitigt werden kann. [2]Durchsuchungen während der Nachtzeit sind nur zulässig, wenn sie zur Abwehr der Gefahren nach Satz 1 unumgänglich notwendig sind.

(3) [1]Während der Nachtzeit darf eine Wohnung nur in den Fällen des Absatzes 1 Satz 1 Nummer 2 und Absatz 4 betreten und durchsucht werden. [2]Diese Einschränkung gilt nicht, wenn von der Wohnung eine erhebliche, die Gesundheit Dritter beeinträchtigende Störung ausgeht. [3]Die Nachtzeit umfasst in dem Zeitraum vom 1. April bis 30. September die Stunden von 21.00 Uhr bis 4.00 Uhr und in dem Zeitraum vom 1. Oktober bis 31. März die Stunden von 21.00 Uhr bis 6.00 Uhr.

(4) Wohnungen dürfen zur Abwehr von dringenden Gefahren für den Bestand oder die Sicherheit des Bundes oder eines Landes, für Leib, Leben oder Freiheit einer Person oder für bedeutende Sach- und Vermögenswerte jederzeit betreten werden, wenn auf Grund von Tatsachen anzunehmen ist, dass

1. dort Personen Straftaten von erheblicher Bedeutung verabreden, vorbereiten oder verüben oder
2. sich dort Straftäter verbergen

und die Abwehr der Gefahr nur dadurch ermöglicht wird.

(5) Arbeits-, Betriebs- und Geschäftsräume sowie andere Räume und Grundstücke, die der Öffentlichkeit zugänglich sind oder zugänglich waren und den Anwesenden zum weiteren Aufenthalt zur Verfügung stehen, dürfen zur Abwehr von Gefahren für die öffentliche Sicherheit oder Ordnung während der Arbeits-, Geschäfts- oder Aufenthaltszeit und im Übrigen nach Maßgabe der Absätze 1 und 3 betreten werden.

§ 30
Verfahren bei der Durchsuchung von Wohnungen

(1) [1]Wohnungen dürfen außer bei Gefahr im Verzug nur auf Grund richterlicher Anordnung des Amtsgerichts durchsucht werden, in dessen Bezirk die Wohnung liegt. [2]Für das Verfahren gelten die Vorschriften des Buches 1 des Gesetzes über das Verfahren in Familiensachen und in den Angelegenheiten der freiwilligen Gerichtsbarkeit entsprechend. [3]Die gerichtliche Entscheidung kann ohne vorherige Anhörung der betroffenen Person ergehen und bedarf zu ihrer Wirksamkeit nicht der Bekanntgabe an sie. [4]Gegen die gerichtliche Entscheidung findet die Beschwerde statt. [5]Die Beschwerde ist binnen einer Frist von zwei Wochen einzulegen; die Beschwerde hat keine aufschiebende Wirkung.

(2) [1]Der Wohnungsinhaber hat das Recht bei der Durchsuchung der Wohnung anwesend zu sein. [2]Ist er abwesend, ist, soweit möglich und soweit hierdurch keine schutzwürdigen Belange des Wohnungsinhabers verletzt werden, eine Person, die ihn vertritt, eine Zeugin oder ein Zeuge hinzuzuziehen.

(3) Dem Wohnungsinhaber oder der Person, die ihn vertritt, sind der Grund der Durchsuchung und der zulässige Rechtsbehelf unverzüglich bekannt zu geben.

(4) [1]Über die Durchsuchung ist eine Niederschrift zu fertigen. [2]Sie muss die verantwortliche Polizeidienststelle, den Grund, die Zeit, den Ort und das Ergebnis der Durchsuchung enthalten. [3]Die Niederschrift ist von einer oder einem der durchsuchenden Bediensteten und dem Wohnungsinhaber oder der hinzugezogenen Person zu unterzeichnen. [4]Wird die Unterschrift verweigert, ist hierüber ein Vermerk aufzunehmen. [5]Dem Wohnungsinhaber oder der Person, die ihn vertritt, ist auf Verlangen eine Durchschrift der Niederschrift auszuhändigen.

(5) Ist die Anfertigung der Niederschrift oder die Aushändigung einer Durchschrift nach den besonderen Umständen des Falles nicht möglich oder würde sie den Zweck der Durchsuchung gefährden, sind dem Wohnungsinhaber oder der Person, die ihn vertritt, lediglich die Durchsuchung unter Angabe der verantwortlichen Polizeidienststelle sowie Zeit und Ort der Durchsuchung schriftlich zu bestätigen.

§ 31 Sicherstellung

(1) Die Polizei kann eine Sache sicherstellen,
1. um eine gegenwärtige Gefahr abzuwehren,
2. um den Eigentümer oder rechtmäßigen Inhaber der tatsächlichen Gewalt vor Verlust oder Beschädigung der Sache zu schützen oder
3. wenn sie von einer Person mitgeführt wird, die nach diesem Gesetz oder anderen Rechtsvorschriften festgehalten wird, und die Sache verwendet werden kann, um
   a) sich zu töten oder zu verletzen,
   b) Leben oder Gesundheit anderer zu schädigen,
   c) fremde Sachen zu beschädigen,
   d) fremdes Eigentum zu entwenden oder
   e) sich oder anderen die Flucht zu ermöglichen oder zu erleichtern.

(2) Für Tiere gilt Absatz 1 entsprechend.

§ 32 Verwahrung

(1) [1]Sichergestellte Sachen sind in Verwahrung zu nehmen. [2]Lässt die Beschaffenheit der Sache das nicht zu oder erscheint die Verwahrung bei der Polizei unzweckmäßig, ist die Sache auf andere geeignete Weise aufzubewahren oder zu sichern. [3]In diesem Fall kann die Verwahrung auch Dritten übertragen werden. [4]Wird eine sichergestellte Sache verwahrt, hat die Polizei nach Möglichkeit Wertminderungen vorzubeugen.

(2) [1]Der betroffenen Person ist eine Bescheinigung auszustellen, die den Grund der Sicherstellung erkennen lässt und die sichergestellte Sache bezeichnet. [2]Kann nach den Umständen des Falles eine Bescheinigung nicht ausgestellt werden, ist über die Sicherstellung eine Niederschrift aufzunehmen, die auch erkennen lässt, warum eine Bescheinigung nicht ausgestellt worden ist. [3]Der Eigentümer oder eine sonstige berechtigte Person ist unverzüglich zu unterrichten.

(3) Für Tiere gelten die Absätze 1 bis 2 entsprechend.

§ 33 Verwertung, Unbrauchbarmachung und Vernichtung

(1) Die Verwertung einer sichergestellten Sache ist zulässig, wenn
1. ihr Verderb oder eine wesentliche Minderung ihres Wertes droht,
2. ihre Verwahrung, Pflege oder Erhaltung mit unverhältnismäßig hohen Kosten oder Schwierigkeiten verbunden ist,
3. sie infolge ihrer Beschaffenheit nicht so verwahrt werden kann, dass weitere Gefahren für die öffentliche Sicherheit oder Ordnung ausgeschlossen sind,
4. sie nach einer Frist von einem Jahr nicht an den Eigentümer oder eine sonst berechtigte Person herausgegeben werden könnte, ohne dass die Voraussetzungen der Sicherstellung erneut eintreten würden, oder
5. die betroffene Person, der Eigentümer oder eine sonst berechtigte Person sie nicht innerhalb einer angemessenen Frist abholt, obwohl ihm eine Mitteilung über die Frist mit dem Hinweis zugestellt worden ist, dass die Sache verwertet wird, wenn sie nicht innerhalb der Frist abgeholt wird.

(2) Ist die betroffene Person, der Eigentümer oder eine sonst berechtigte Person bekannt und erreichbar, soll er vor der Verwertung gehört werden.

(3) [1]Die Sache wird durch öffentliche Versteigerung (§ 383 Absatz 3 des Bürgerlichen Gesetzbuches) verwertet. [2]Bleibt die Versteigerung erfolglos, erscheint sie von vornherein aussichtslos oder würden die Kosten der Versteigerung voraussichtlich den zu erwartenden Erlös übersteigen, kann die Sache freihändig verkauft werden. [3]Der Erlös tritt an die Stelle der verwerteten Sache. [4]Kann die Sache innerhalb angemessener Frist nicht verwertet werden, darf sie einem gemeinnützigen Zweck zugeführt werden.

(4) [1]Sichergestellte Sachen können unbrauchbar gemacht oder vernichtet werden, wenn
1. im Fall einer Verwertung die Gründe, die zu ihrer Sicherstellung berechtigen, fort-

bestehen oder Sicherstellungsgründe erneut entstehen würden, oder
2. die Verwertung aus anderen Gründen nicht möglich ist.

[2]Absatz 2 gilt entsprechend.

(5) Für Tiere gelten die Absätze 1 bis 4 entsprechend.

§ 34
Herausgabe sichergestellter Sachen oder des Erlöses, Kosten

(1) [1]Sobald die Voraussetzungen für die Sicherstellung weggefallen sind, ist die Sache an denjenigen herauszugeben, bei dem sie sichergestellt worden ist. [2]Ist die Herausgabe an ihn nicht möglich, kann sie an einen anderen herausgegeben werden, der seine Berechtigung glaubhaft macht. [3]Die Herausgabe ist ausgeschlossen, wenn dadurch erneut die Voraussetzungen für eine Sicherstellung eintreten würden. [4]Im Fall des § 31 Absatz 1 Nummer 2 ist die Sache herauszugeben, wenn der Eigentümer oder der rechtmäßige Inhaber der tatsächlichen Gewalt dies verlangt oder wenn ein Schutz nicht mehr erforderlich ist, spätestens jedoch nach zwei Wochen. [5]Soweit durch Rechtsvorschriften nichts anderes bestimmt wird, darf die Sicherstellung von leerstehendem Wohnraum zur Beseitigung oder Verhinderung von Obdachlosigkeit nicht länger als zwölf Monate aufrechterhalten werden. [6]Für andere Sachen darf die Sicherstellung nicht länger als sechs Monate aufrechterhalten werden, es sei denn, es liegen die Voraussetzungen von Satz 3 vor.

(2) [1]Ist die Sache verwertet worden, ist der Erlös herauszugeben. [2]Ist eine sonst berechtigte Person nicht vorhanden oder nicht zu ermitteln, ist der Erlös nach den Vorschriften des Bürgerlichen Gesetzbuches zu hinterlegen. [3]Der Anspruch auf Herausgabe des Erlöses erlischt drei Jahre nach Ablauf des Jahres, in dem die Sache verwertet worden ist.

(3) [1]Für die Sicherstellung, Verwahrung, Verwertung, Unbrauchbarmachung oder Vernichtung werden Kosten (Gebühren und Auslagen) erhoben, zu deren Ersatz der Eigentümer oder der rechtmäßige Inhaber der tatsächlichen Gewalt verpflichtet ist. [2]Ist eine Sache verwertet worden, können die Kosten aus dem Erlös gedeckt werden.

(4) § 983 des Bürgerlichen Gesetzbuches bleibt unberührt.

§ 35
Zurückbehaltungsbefugnis, Ermächtigung Dritter zum Empfang von Zahlungen

(1) Die Polizei kann die Herausgabe von Sachen, deren Besitz sie auf Grund einer polizeilichen Maßnahme nach § 8 Absatz 1 Satz 1, § 31 oder § 39 Absatz 2 in Verbindung mit § 24 Absatz 1 Satz 1 des Verwaltungsvollstreckungsgesetzes für den Freistaat Sachsen in der Fassung der Bekanntmachung vom 10. September 2003 (SächsGVBl. S. 614, 913), das zuletzt durch das Gesetz vom 6. Oktober 2013 (SächsGVBl. S. 802) geändert worden ist, in der jeweils geltenden Fassung, erlangt hat, von der Zahlung der entstandenen Kosten abhängig machen.

(2) [1]Wurde die Verwahrung einer dritten Person übertragen, kann die Polizei diese schriftlich ermächtigen, Zahlungen auf die ihr entstandenen Kosten in Empfang zu nehmen. [2]Die dritte Person hat die Zahlungen der Polizei unverzüglich mitzuteilen.

§ 36
Tarnpapiere

Zur Abwehr von Gefahren für Leib, Leben oder Freiheit
1. von Zeuginnen und Zeugen, bei denen
   a) Maßnahmen nach dem Zeugenschutz-Harmonisierungsgesetz vom 11. Dezember 2001 (BGBl. I S. 3510), das zuletzt durch Artikel 7 des Gesetzes vom 10. Dezember 2019 (BGBl. I S. 2121) geändert worden ist, in der jeweils geltenden Fassung, beendet wurden oder
   b) bei denen nach rechtskräftigem Verfahrensabschluss Schutzmaßnahmen erforderlich werden,
2. oder der Angehörigen von Zeuginnen und Zeugen

können geeignete Tarnpapiere verwendet werden.

ABSCHNITT 2
Vollzugshilfe

§ 37
Vollzugshilfe

(1) Die Polizei leistet anderen Behörden und Gerichten auf Ersuchen Vollzugshilfe, wenn unmittelbarer Zwang anzuwenden ist und die ersuchende Stelle nicht über die hierzu erforderlichen Dienstkräfte verfügt oder ihre Maßnahmen nicht auf andere Weise durchsetzen kann.
(2) Vollzugshilfeersuchen der Polizeibehörden gehen Vollzugshilfeersuchen anderer Behörden grundsätzlich vor.
(3) [1]Die Polizei ist nur für die Art und Weise der Durchführung verantwortlich. [2]Im Übrigen gelten die Grundsätze der Amtshilfe entsprechend.
(4) Die Verpflichtung zur Amtshilfe bleibt unberührt.
(5) [1]Vollzugshilfeersuchen sind schriftlich zu stellen; Grund und Rechtsgrundlage der Maßnahme sind anzugeben. [2]In Eilfällen kann das Ersuchen formlos gestellt werden; es ist auf Verlangen unverzüglich schriftlich zu bestätigen. [3]Die ersuchende Behörde ist von der Ausführung des Ersuchens zu unterrichten.

§ 38
Vollzugshilfe bei Freiheitsentziehung

(1) Hat das Vollzugshilfeersuchen eine Freiheitsentziehung zum Inhalt, ist auch die richterliche Entscheidung über die Freiheitsentziehung vorzulegen oder in dem Ersuchen zu bezeichnen.
(2) Ist eine vorherige richterliche Entscheidung nicht ergangen, hat die Polizei die festgehaltene Person zu entlassen, wenn die ersuchende Stelle diese nicht übernimmt oder die richterliche Entscheidung nicht unverzüglich nachträglich beantragt.
(3) Die §§ 24 und 26 Nummer 3 gelten entsprechend.

ABSCHNITT 3
Zwang

§ 39
Allgemeines

(1) Die Polizei wendet unmittelbaren Zwang nach den Vorschriften dieses Gesetzes und die Zwangsmittel Zwangsgeld, Zwangshaft sowie Ersatzvornahme nach den Vorschriften des Verwaltungsvollstreckungsgesetzes für den Freistaat Sachsen an.
(2) Für die Anwendung unmittelbaren Zwangs zur Vollstreckung von Verwaltungsakten gelten im Übrigen die Vorschriften des Verwaltungsvollstreckungsgesetzes für den Freistaat Sachsen.
(3) Gesetzliche Notwehr- und Notstandsrechte bleiben unberührt.

§ 40
Begriff und Mittel des unmittelbaren Zwangs

(1) Unmittelbarer Zwang ist die Einwirkung auf Personen oder Sachen durch körperliche Gewalt, Hilfsmittel der körperlichen Gewalt oder Waffengebrauch.
(2) Körperliche Gewalt ist jede unmittelbare körperliche Einwirkung auf Personen oder Sachen.
(3) [1]Als Hilfsmittel der körperlichen Gewalt können insbesondere Fesseln, Wasserwerfer, technische Sperren, Diensthunde, Dienstpferde, Dienstfahrzeuge, Reizstoffe und zum Sprengen von Sachen bestimmte explosive Stoffe (Sprengmittel) eingesetzt werden. [2]Das Staatsministerium des Innern kann den Einsatz weiterer Hilfsmittel der körperlichen Gewalt zulassen.
(4) [1]Als Waffen sind Schlagstock, Pistole, Revolver, Gewehr und Maschinenpistole zugelassen. [2]Als Waffen von Spezialeinheiten können durch das Staatsministerium des Innern Vorrichtungen für den Abschuss besonderer Formen von Projektilen zugelassen werden, die darauf ausgerichtet sind, die betroffene Person zu überwältigen, ohne sie dabei tödlich zu verletzen. [3]Für die Verwendung durch Spezialeinheiten sind Maschinengewehre

und Handgranaten als besondere Waffen zugelassen.

§ 41 Voraussetzungen des unmittelbaren Zwangs, Androhung

(1) [1]Unmittelbarer Zwang darf nur angewendet werden, wenn der polizeiliche Zweck auf andere Weise nicht erreichbar erscheint. [2]Gegen Personen darf unmittelbarer Zwang nur angewendet werden, wenn der polizeiliche Zweck durch unmittelbaren Zwang gegen Sachen nicht erreichbar erscheint. [3]Das angewendete Mittel muss insbesondere nach Art und Maß dem Verhalten, dem Alter und dem Zustand der betroffenen Person angemessen sein. [4]Gegenüber einer Menschenmenge darf unmittelbarer Zwang nur angewendet werden, wenn seine Anwendung gegen einzelne Personen in der Menschenmenge offensichtlich keinen Erfolg verspricht.

(2) [1]Unmittelbarer Zwang ist vor seiner Anwendung anzudrohen und die Maßnahme einschließlich die Androhung sind über ein körpernah getragenes Aufzeichnungsgerät im Sinne des § 57 Absatz 4 zu erfassen, soweit ein solches mitgeführt wird; § 57 Absatz 6 bis 8 gilt entsprechend. [2]Von Androhung und Aufzeichnung kann abgesehen werden, wenn die Umstände diese Maßnahmen nicht zulassen, insbesondere wenn die sofortige Anwendung des Zwangsmittels zur Abwehr einer gegenwärtigen Gefahr notwendig ist. [3]Als Androhung des Schusswaffengebrauchs gilt auch die Abgabe eines Warnschusses.

(3) Schusswaffen dürfen nur dann ohne Androhung gebraucht werden, wenn das zur Abwehr einer gegenwärtigen Gefahr für Leib oder Leben erforderlich ist.

(4) [1]Gegenüber einer Menschenmenge ist die Anwendung unmittelbaren Zwangs möglichst so rechtzeitig anzudrohen, dass sich Unbeteiligte noch entfernen können. [2]Der Gebrauch der Schusswaffe gegen Personen in einer Menschenmenge ist stets anzudrohen. [3]Die Androhung ist vor dem Gebrauch zu wiederholen.

(5) Bei Gebrauch von technischen Sperren und Dienstpferden kann von der Androhung abgesehen werden.

§ 42 Fesselung von Personen

Eine Person, die nach diesem Gesetz oder anderen Rechtsvorschriften festgehalten wird, darf gefesselt werden, wenn Tatsachen die Annahme rechtfertigen, dass sie

1. Polizeibedienstete oder Dritte angreift,
2. Widerstand leisten oder Sachen beschädigen wird, fliehen wird oder befreit werden soll oder
3. sich töten oder verletzen wird.

§ 43 Allgemeine Bestimmungen zum Schusswaffengebrauch

(1) [1]Schusswaffen dürfen nur gebraucht werden, wenn andere Maßnahmen des unmittelbaren Zwangs erfolglos angewendet wurden oder offensichtlich keinen Erfolg versprechen. [2]Gegen Personen ist ihr Gebrauch nur zulässig, wenn der Zweck nicht durch Schusswaffengebrauch gegen Sachen erreicht werden kann.

(2) [1]Schusswaffen dürfen gegen Personen nur gebraucht werden, um diese angriffs- oder fluchtunfähig zu machen. [2]Ein Schuss, der mit an Sicherheit grenzender Wahrscheinlichkeit tödlich wirken wird, ist nur zulässig, wenn er das einzige Mittel zur Abwehr einer gegenwärtigen Gefahr für das Leben oder eine schwerwiegende Verletzung der körperlichen Unversehrtheit ist.

(3) [1]Gegen Personen, die dem äußeren Eindruck oder der Kenntnis nach noch nicht 14 Jahre alt sind, dürfen Schusswaffen nicht gebraucht werden. [2]Dies gilt nicht, wenn der Schusswaffengebrauch das einzige Mittel zur Abwehr einer gegenwärtigen Gefahr für Leib oder Leben ist.

(4) [1]Der Schusswaffengebrauch ist unzulässig, wenn für die Polizeibedienstete oder den Polizeibediensteten erkennbar Unbeteiligte mit hoher Wahrscheinlichkeit gefährdet werden. [2]Dies gilt nicht, wenn der Waffenge-

brauch das einzige Mittel zur Abwehr einer gegenwärtigen Gefahr für das Leben ist.

§ 44
Schusswaffengebrauch gegen Personen

(1) Schusswaffen dürfen gegen Personen nur gebraucht werden,

1. um eine gegenwärtige Gefahr für Leib oder Leben abzuwehren,
2. um die unmittelbar bevorstehende Begehung oder Fortsetzung einer rechtswidrigen Tat zu verhindern, die sich den Umständen nach als ein Verbrechen oder als ein Vergehen unter Anwendung oder Mitführung von Schusswaffen oder Explosivmitteln darstellt,
3. um eine Person anzuhalten, die sich der Festnahme oder Identitätsfeststellung durch Flucht zu entziehen versucht, wenn sie
   a) eines Verbrechens dringend verdächtig ist oder
   b) eines Vergehens dringend verdächtig ist und Tatsachen die Annahme rechtfertigen, dass sie Schusswaffen oder Explosivmittel mit sich führt,
4. um die Flucht einer Person zu vereiteln oder um die Ergreifung einer Person zu bewirken, wenn diese in amtlichem Gewahrsam zu halten oder amtlichem Gewahrsam zuzuführen ist:
   a) wegen eines Verbrechens oder auf Grund des dringenden Verdachts eines Verbrechens oder
   b) wegen eines Vergehens oder auf Grund des dringenden Verdachts eines Vergehens, sofern Tatsachen die Annahme rechtfertigen, dass sie Schusswaffen oder Explosivmittel mit sich führt, oder
5. um die gewaltsame Befreiung einer Person aus amtlichem Gewahrsam zu verhindern.

(2) Schusswaffen dürfen nach Absatz 1 Nummer 4 nicht gebraucht werden, wenn es sich um den Vollzug eines Jugendarrestes oder eines Strafarrestes handelt oder wenn die Flucht aus einer offenen Anstalt verhindert werden soll.

(3) Das Recht zum Gebrauch von Schusswaffen auf Grund anderer gesetzlicher Vorschriften bleibt unberührt.

§ 45
Schusswaffengebrauch gegen Personen in einer Menschenmenge

(1) [1]Der Schusswaffengebrauch gegen Personen in einer Menschenmenge ist unzulässig, wenn für die Polizeibedienstete oder den Polizeibediensteten erkennbar ist, dass Unbeteiligte mit hoher Wahrscheinlichkeit gefährdet werden. [2]Dies gilt nicht, wenn der Schusswaffengebrauch das einzige Mittel zur Abwehr einer gegenwärtigen Gefahr für das Leben ist.

(2) Unbeteiligte sind nicht Personen in einer Menschenmenge, die Gewalttaten begehen oder durch Handlungen erkennbar billigen oder unterstützen, wenn diese Personen sich aus der Menschenmenge trotz wiederholter Androhung nach § 41 Absatz 4 nicht entfernen.

§ 46
Besondere Waffen

(1) Besondere Waffen dürfen gegen Personen nur in den Fällen des § 44 Absatz 1 Nummer 1, 2 und 5 und nur nach Freigabe der Landespolizeipräsidentin, des Landespolizeipräsidenten oder der Person, die sie oder ihn im Amt vertritt, gebraucht werden, wenn

1. der Einsatz dieser Waffen erforderlich ist, um eine von den Personen ausgehende Gefahr für das Leben der eingesetzten Polizeibediensteten oder unbeteiligter Dritter abzuwehren oder
2. diese Personen von Schusswaffen oder Explosivmitteln Gebrauch gemacht haben und der vorherige Gebrauch anderer Schusswaffen erfolglos geblieben ist oder ungeeignet erscheint.

(2) [1]Besondere Waffen dürfen nur gebraucht werden, um einen Angriff abzuwehren. [2]Sie dürfen gegen Personen in einer Menschenmenge nicht angewendet werden.

(3) Die Vorschriften über Schusswaffen gelten auch für Maschinengewehre direkt und für Handgranaten entsprechend.

TEIL 4
Organisation der Polizei
§ 97
Polizeidienststellen und Einrichtungen für den Polizeivollzugsdienst

(1) Der Freistaat Sachsen unterhält für den Polizeivollzugsdienst folgende Polizeidienststellen:
1. das Landespolizeipräsidium im Staatsministerium des Innern,
2. das Landeskriminalamt,
3. das Polizeiverwaltungsamt,
4. das Präsidium der Bereitschaftspolizei und
5. die Polizeidirektionen.

(2) Der Freistaat Sachsen unterhält für den Polizeivollzugsdienst die erforderlichen Ausbildungs- und Fortbildungseinrichtungen.

§ 98
Unabhängige Vertrauens- und Beschwerdestelle

(1) [1]Der Freistaat Sachsen unterhält in der Staatskanzlei eine unabhängige, zentrale Vertrauens- und Beschwerdestelle für die Polizei. [2]Die Stelle hat die Aufgabe, das partnerschaftliche Verhältnis zwischen Bürgerinnen und Bürgern und Polizei zu stärken. [3]Sie unterstützt die Bürgerinnen und Bürger im Dialog mit der Polizei und wirkt darauf hin, dass begründeten Beschwerden abgeholfen wird. [4]Ihr obliegt auch die Befassung mit Vorgängen aus dem innerpolizeilichen Bereich.

(2) [1]Der Stelle ist die für die Erfüllung ihrer Aufgaben notwendige Personal- und Sachausstattung zur Verfügung zu stellen. [2]Die Staatsregierung trifft die Festlegung über die Anzahl sowie Besoldung und Eingruppierung der Bediensteten der Stelle. [3]Sie werden durch die Staatsregierung zeitlich befristet berufen.

(3) [1]Die Stelle ist in der Ausübung ihrer Tätigkeit unabhängig, weisungsfrei und nur dem Gesetz unterworfen. [2]Sie gibt sich eine Geschäftsordnung. [3]Die Bediensteten dürfen wegen ihrer Tätigkeit dienstlich nicht gemaßregelt, nicht benachteiligt und nicht bevorzugt werden. [4]Die Dienstaufsicht über die Bediensteten obliegt während ihrer Tätigkeit in der Stelle weiterhin der bisherigen obersten Dienstbehörde. [5]Auf sie finden Regelungen zum Verbot der Führung von Dienstgeschäften keine Anwendung.

(4) [1]Die Stelle prüft und bearbeitet Mitteilungen von Bürgerinnen und Bürgern sowie Polizeibediensteten mit Vorgängen aus dem innerpolizeilichen Bereich, auch soweit es sich um Beschwerden handelt. [2]Polizeibedienstete sind befugt, sich ohne Einhaltung des Dienstwegs an die Stelle zu wenden. [3]Wegen der Wahrnehmung des Beschwerderechts darf für Beschwerdeführende kein dienstlich veranlasster Nachteil entstehen.

(5) [1]Die Stelle ist befugt, personenbezogene Daten zu verarbeiten, soweit dies zur Erfüllung ihrer Aufgaben erforderlich ist. [2]Ihre Bediensteten sind zur Verschwiegenheit verpflichtet. [3]Die erhobenen und verarbeiteten Daten dürfen nicht zu anderen Zwecken weiterverarbeitet werden.

(6) [1]Die Stelle kann Stellungnahmen vom Staatsministerium des Innern, dessen nachgeordneten Polizeidienststellen und den beschwerdebetroffenen Polizeibediensteten sowie Unterlagen und Sachakten, die im Sachzusammenhang stehen, anfordern und einsehen. [2]Sie kann Polizeibedienstete anhören, soweit dies für die Prüfung darüber hinaus erforderlich ist. [3]Die Stelle kann Personalakten der Bediensteten ohne deren Einwilligung anfordern und einsehen, wenn die Stelle die zur Erfüllung ihrer Aufgaben erforderliche Kenntnis nicht durch Auskunft aus der Personalakte gewinnen kann. [4]Jede Einsichtnahme nach Satz 3 ist aktenkundig zu machen. [5]Die Stelle kann Empfehlungen an das Staatsministerium des Innern und dessen nachgeordnete Polizeidienststellen aussprechen.

(7) [1]Die Stelle legt jährlich einen Bericht über ihre Arbeit und die Prüfergebnisse vor. [2]Dieser wird veröffentlicht.

§ 99
Aufgaben des Staatsministeriums des Innern

(1) Das Staatsministerium des Innern ist oberste Dienstbehörde und Führungsstelle der Polizei.

(2) Das Staatsministerium des Innern kann sich oder einer anderen Polizeidienststelle nachgeordnete Polizeidienststellen vorübergehend unmittelbar unterstellen, wenn die Erfüllung der polizeilichen Aufgaben dies erfordert.

(3) [1]Ist bei Gefahr im Verzug ein rechtzeitiges Tätigwerden des Staatsministeriums des Innern nicht zu erreichen, kann das Landeskriminalamt Maßnahmen nach Absatz 2 treffen. [2]Das Staatsministerium des Innern ist unverzüglich zu unterrichten.

§ 100
Ermächtigung zur Regelung von Aufgaben und Gliederung der Polizeidienststellen

Die Gliederung der Polizei in Polizeidienststellen und die Verteilung der Aufgaben auf die Polizeidienststellen wird durch das Staatsministerium des Innern durch Rechtsverordnung bestimmt.

§ 101
Dienst- und Fachaufsicht

(1) Die Dienst- und Fachaufsicht über das Landeskriminalamt, das Präsidium der Bereitschaftspolizei, das Polizeiverwaltungsamt und die Polizeidirektionen übt das Staatsministerium des Innern aus.

(2) Die Fachaufsicht über die kriminalpolizeiliche Tätigkeit der Polizeidienststellen wird, unbeschadet der Regelung in Absatz 1, vom Landeskriminalamt ausgeübt.

(3) Im Übrigen kann das Staatsministerium des Innern durch Rechtsverordnung weitere Regelungen über die Dienst- und Fachaufsicht über die nachgeordneten Polizeidienststellen sowie die Ausbildungs- und Fortbildungseinrichtungen für die Polizei treffen.

(4) [1]Die zur Dienstaufsicht oder zur Fachaufsicht zuständigen Stellen können den Polizeidienststellen im Rahmen ihrer Zuständigkeit Weisungen erteilen. [2]Die Polizeidienststellen haben diesen Weisungen Folge zu leisten. [3]Sie sind verpflichtet, die weisungsbefugten Stellen von allen sachdienlichen Wahrnehmungen zu unterrichten.

§ 102
Zusammenarbeit mit den Polizeibehörden

[1]Die Polizeidienststellen haben mit den Polizeibehörden im Sinne von § 1 des Sächsischen Polizeibehördengesetzes zusammenzuarbeiten und diese unverzüglich über alle Vorgänge zu unterrichten, die für die Erfüllung ihrer polizeibehördlichen Aufgaben erforderlich sind. [2]Unbeschadet der Zuständigkeit der Polizei zur vorbeugenden Bekämpfung von Straftaten sollen die Polizei und die Polizeibehörden im Rahmen der Gefahrenabwehr zusammenwirken und zur Vermeidung strafbarer Verhaltensweisen (Kriminalprävention) beitragen.

§ 103
Örtliche Zuständigkeit

Die Polizeidienststellen sind im ganzen Landesgebiet zuständig; sie sollen in der Regel jedoch nur in ihrem Dienstbezirk tätig werden.

§ 104
Amtshandlungen anderer Länder, des Bundes und anderer Staaten im Freistaat Sachsen

(1) [1]Polizeibedienstete eines anderen Landes können im Freistaat Sachsen Amtshandlungen vornehmen:

1. auf Anforderung oder mit Zustimmung des Staatsministeriums des Innern,
2. in den Fällen des Artikels 35 Absatz 2 und 3 sowie Artikel 91 Absatz 1 des Grundgesetzes für die Bundesrepublik Deutschland,
3. zur Abwehr einer gegenwärtigen erheblichen Gefahr, zur Verfolgung von Strafta-

ten auf frischer Tat sowie zur Verfolgung und Wiederergreifung Entwichener, wenn die zuständige Stelle die erforderlichen Maßnahmen nicht treffen kann,
4. zur Erfüllung polizeilicher Aufgaben im Zusammenhang mit Transporten von Personen oder Sachen oder
5. zur Verfolgung von Straftaten oder Ordnungswidrigkeiten und zur Gefahrenabwehr in den durch Verwaltungsabkommen mit anderen Ländern geregelten Fällen.

[2]In den Fällen des Satzes 1 Nummer 3 und 4 ist die zuständige Polizeidienststelle unverzüglich zu unterrichten.

(2) [1]Werden Polizeibedienstete eines anderen Landes nach Absatz 1 tätig, haben sie die gleichen Befugnisse wie die Polizeibediensteten des Freistaates Sachsen. [2]Ihre Maßnahmen gelten als Maßnahmen derjenigen Polizeidienststellen, in deren örtlichem und sachlichem Zuständigkeitsbereich sie tätig geworden sind. [3]Sie unterliegen insoweit deren Weisungen.

(3) [1]Absatz 1 gilt entsprechend für
1. Polizeibedienstete des Bundes und
2. Vollzugsbedienstete der Zollverwaltung, denen der Gebrauch von Schusswaffen bei Anwendung unmittelbaren Zwangs nach dem Gesetz über den unmittelbaren Zwang bei Ausübung öffentlicher Gewalt durch Vollzugsbeamte des Bundes in der im Bundesgesetzblatt Teil III, Gliederungsnummer 201-5, veröffentlichten bereinigten Fassung, das zuletzt durch Artikel 4 des Gesetzes vom 24. Mai 2016 (BGBl. I S. 1217) geändert worden ist, in der jeweils geltenden Fassung, gestattet ist.

[2]Absatz 2 gilt für Vollzugsbedienstete der Zollverwaltung entsprechend. [3]Für Polizeibedienstete des Bundes gilt das Gesetz über den unmittelbaren Zwang bei Ausübung öffentlicher Gewalt durch Vollzugsbeamte des Bundes uneingeschränkt.

(4) Vollzugsbedienstete anderer Staaten mit polizeilichen Aufgaben können im Freistaat Sachsen polizeiliche Amtshandlungen vornehmen, soweit dies völkerrechtliche Vereinbarungen vorsehen oder das Staatsministerium des Innern Amtshandlungen ausländischer Polizeidienststellen allgemein oder im Einzelfall zustimmt.

§ 105
Amtshandlungen von Polizeibediensteten des Freistaates Sachsen außerhalb des Zuständigkeitsbereichs

(1) [1]Die Polizeibediensteten des Freistaates Sachsen dürfen im Zuständigkeitsbereich des Bundes oder in einem anderen Land nur dann tätig werden, wenn dies durch Bundesrecht oder das jeweilige Landesrecht vorgesehen ist. [2]Außerhalb der Bundesrepublik Deutschland dürfen die Polizeibediensteten nur tätig werden, soweit dies durch völkerrechtliche Vereinbarungen geregelt ist.

(2) Einer Anforderung von Polizeikräften durch den Bund oder ein anderes Land soll entsprochen werden, soweit nicht die Verwendung der Polizeikräfte im Freistaat Sachsen dringender ist, als die Unterstützung des Bundes oder des anderen Landes.

Gesetz
über die Aufgaben, Organisation, Befugnisse und Datenverarbeitung der Polizeibehörden im Freistaat Sachsen (Sächsisches Polizeibehördengesetz – SächsPBG)[1]
Vom 11. Mai 2019 (SächsGVBl. S. 358, 389), das durch Artikel 2 des Gesetzes vom 22. Juli 2024 (SächsGVBl. S. 724) geändert worden ist

– Fassung ab 1. September 2024 –

INHALTSÜBERSICHT

---

1 Erlassen als Artikel 2 des Gesetzes zur Neustrukturierung des Polizeirechtes des Freistaates Sachsen vom 11. Mai 2019 (SächsGVBl. S. 358), das durch Artikel 10 des Gesetzes vom 22. August 2019 (SächsGVBl. S. 663) geändert worden ist (d. Red.).

ABSCHNITT 1
Aufgaben und allgemeine Bestimmungen

§ 1
Begriff der Polizeibehörden

(1) Allgemeine Polizeibehörden sind
1. die zuständigen Staatsministerien als oberste Landespolizeibehörden,
2. die Landesdirektion Sachsen als Landespolizeibehörde,
3. die Landratsämter und die Kreisfreien Städte als Kreispolizeibehörden sowie
4. die Gemeinden als Ortspolizeibehörden.

(2) Die Aufgaben der Kreis- und der Ortspolizeibehörden sind Weisungsaufgaben; das Weisungsrecht ist im Rahmen der gesetzlichen Vorschriften unbeschränkt.

(3) [1]Besondere Polizeibehörden sind Behörden, die nicht allgemeine Polizeibehörden sind und denen in bestimmten Sachgebieten Aufgaben der Gefahrenabwehr übertragen worden sind. [2]Ihr Aufbau wird durch dieses Gesetz nicht berührt.

§ 2
Aufgaben der Polizeibehörden

(1) [1]Die Polizeibehörden haben die Aufgabe, Gefahren für die öffentliche Sicherheit oder Ordnung abzuwehren. [2]Sie haben im Rahmen dieser Aufgabe auch Vorbereitungen zu treffen, um künftige Gefahren abwehren zu können.

(2) Der Schutz privater Rechte obliegt den Polizeibehörden nach diesem Gesetz nur auf Antrag des Berechtigten und nur dann, wenn gerichtlicher Schutz nicht rechtzeitig zu erlangen ist und wenn ohne polizeibehördliche Hilfe die Verwirklichung des Rechts vereitelt oder wesentlich erschwert werden würde.

(3) Die Polizeibehörden haben ferner die ihnen durch andere Rechtsvorschriften zugewiesenen Aufgaben zu erfüllen.

§ 3
Begriffsbestimmungen

Die Begriffsbestimmungen des § 4 des Sächsischen Polizeivollzugsdienstgesetzes vom 11. Mai 2019 (SächsGVBl. S. 358), in der jeweils geltenden Fassung, gelten entsprechend.

§ 4
Zusammenarbeit mit dem Polizeivollzugsdienst

(1) [1]Die Polizeibehörden haben mit dem Polizeivollzugsdienst bei der Gefahrenabwehr zusammenzuarbeiten und die zuständigen

Polizeidienststellen unverzüglich über Vorgänge zu unterrichten, deren Kenntnis für die Aufgabenerfüllung des Polizeivollzugsdienstes bedeutsam erscheint. [2]Unbeschadet der Zuständigkeit der Polizei zur vorbeugenden Bekämpfung von Straftaten sollen die Polizei und die Polizeibehörden im Rahmen der Gefahrenabwehr zusammenwirken und zur Vermeidung strafbarer Verhaltensweisen (Kriminalprävention) beitragen.

(2) Der Polizeivollzugsdienst leistet den Polizeibehörden Vollzugshilfe nach Maßgabe der §§ 37 und 38 des Sächsischen Polizeivollzugsdienstgesetzes.

§ 5 Örtliche Zuständigkeit

(1) Die örtliche Zuständigkeit der Polizeibehörden beschränkt sich auf ihren Dienstbezirk.

(2) [1]Örtlich zuständig ist die Polizeibehörde, in deren Dienstbezirk eine polizeibehördliche Aufgabe wahrzunehmen ist. [2]Das fachlich zuständige Staatsministerium kann im Einvernehmen mit dem Staatsministerium des Innern durch Rechtsverordnung zum Zweck der Verwaltungsvereinfachung hiervon abweichende örtliche Zuständigkeiten festlegen.

(3) [1]Erscheint bei Gefahr im Verzug ein rechtzeitiges Tätigwerden der örtlich zuständigen Polizeibehörde nicht erreichbar, kann auch die für einen benachbarten Dienstbezirk zuständige Polizeibehörde die erforderlichen Maßnahmen treffen. [2]Die örtlich zuständige Polizeibehörde ist von den getroffenen Maßnahmen unverzüglich zu unterrichten.

(4) [1]Kann eine polizeibehördliche Aufgabe in mehreren Dienstbezirken zweckmäßig nur einheitlich wahrgenommen werden, wird die örtliche Zuständigkeit von der Behörde geregelt, welche die Fachaufsicht über die beteiligten Polizeibehörden führt. [2]Die Regelung kann auch von der Landespolizeibehörde oder der obersten Landespolizeibehörde getroffen werden.

§ 6 Sachliche Zuständigkeit

(1) Soweit nichts anderes bestimmt ist, sind die Ortspolizeibehörden sachlich zuständig.

(2) Das fachlich zuständige Staatsministerium kann im Einvernehmen mit dem Staatsministerium des Innern durch Rechtsverordnung die sachliche Zuständigkeit abweichend von Absatz 1 festlegen, soweit keine gesetzliche Regelung getroffen ist.

§ 7 Besondere sachliche Zuständigkeit

(1) Erscheint bei Gefahr im Verzug ein rechtzeitiges Tätigwerden der sachlich zuständigen Polizeibehörde nicht erreichbar, können deren Aufgaben von den zur Fachaufsicht zuständigen Behörden wahrgenommen werden.

(2) Unter den Voraussetzungen des Absatzes 1 kann jede Polizeibehörde innerhalb ihres Dienstbezirkes die Aufgaben einer übergeordneten Polizeibehörde wahrnehmen.

(3) Die sachlich zuständige Polizeibehörde ist von den getroffenen Maßnahmen unverzüglich zu unterrichten.

(4) Die Absätze 1 bis 3 gelten nicht für den Erlass von Polizeiverordnungen.

§ 8 Fachaufsicht

(1) Es führen die Fachaufsicht über

1. die Landespolizeibehörde: die zuständigen Staatsministerien,
2. die Kreispolizeibehörden: die Landesdirektion Sachsen und
3. die Ortspolizeibehörden
   a) in den Kreisfreien Städten: die Landesdirektion Sachsen und
   b) im Übrigen: die Landratsämter.

(2) Das Staatsministerium des Innern führt die Dienstaufsicht über die Landesdirektion Sachsen im Benehmen mit dem fachlich zuständigen Staatsministerium.

(3) Leistet eine allgemeine Polizeibehörde einer ihr erteilten Weisung keine Folge, kann an Stelle dieser Behörde die zur Fachaufsicht

zuständige Behörde die erforderlichen Maßnahmen treffen.

(4) Die allgemeinen Polizeibehörden sind verpflichtet, die weisungsbefugten Behörden von allen sachdienlichen Wahrnehmungen zu unterrichten.

§ 9
Gemeindliche Vollzugsbedienstete

(1) [1]Die Ortspolizeibehörden können für den Vollzug bestimmter auf den Gemeindebereich beschränkter polizeibehördlicher Aufgaben gemeindliche Vollzugsbedienstete bestellen. [2]Die gemeindlichen Vollzugsbediensteten haben bei der Erfüllung ihrer polizeibehördlichen Aufgaben die Stellung von Polizeibediensteten im Sinne des Sächsischen Polizeivollzugsdienstgesetzes. [3]Die Zuständigkeit des Polizeivollzugsdienstes bleibt unberührt.

(2) Das Staatsministerium des Innern hat durch Rechtsverordnung zu bestimmen:

1. für welche polizeibehördlichen Aufgaben gemeindliche Vollzugsbedienstete bestellt werden können,
2. welche Bekanntgabe- und Unterrichtungspflichten bei der Bestellung von gemeindlichen Vollzugsbediensteten gelten und
3. welche Mittel des unmittelbaren Zwangs (§ 40 des Sächsischen Polizeivollzugsdienstgesetzes) die gemeindlichen Vollzugsbediensteten anwenden dürfen; die Anwendung von Waffen (§ 40 Absatz 4 des Sächsischen Polizeivollzugsdienstgesetzes), mit Ausnahme des Schlagstocks, ist ausgeschlossen.

§ 10
Einschränkung von Grundrechten

Auf Grund dieses Gesetzes können die Grundrechte auf

1. Leben und körperliche Unversehrtheit (Artikel 2 Absatz 2 Satz 1 des Grundgesetzes für die Bundesrepublik Deutschland, Artikel 16 Absatz 1 Satz 1 der Verfassung des Freistaates Sachsen),
2. Freiheit der Person (Artikel 2 Absatz 2 Satz 2 des Grundgesetzes für die Bundesrepublik Deutschland, Artikel 16 Absatz 1 Satz 2 der Verfassung des Freistaates Sachsen),
3. Wahrung des Brief-, Post- und Fernmeldegeheimnisses (Artikel 10 Absatz 1 des Grundgesetzes für die Bundesrepublik Deutschland, Artikel 27 Absatz 1 der Verfassung des Freistaates Sachsen),
4. Unverletzlichkeit der Wohnung (Artikel 13 Absatz 1 des Grundgesetzes für die Bundesrepublik Deutschland, Artikel 30 Absatz 1 der Verfassung des Freistaates Sachsen) und
5. informationelle Selbstbestimmung (Artikel 33 der Verfassung des Freistaates Sachsen)

eingeschränkt werden.

§ 11
Ausweispflicht

[1]Auf Verlangen des Betroffenen haben sich die Bediensteten der Polizeibehörden bei der Ausübung ihrer Tätigkeit auszuweisen. [2]Dies gilt nicht, wenn die Umstände es nicht zulassen oder dadurch der Zweck der Maßnahme gefährdet wird.

ABSCHNITT 2
Maßnahmen

Unterabschnitt 1
Allgemeine Bestimmungen

§ 12
Allgemeine Befugnisse

(1) Die Polizeibehörden können die notwendigen Maßnahmen treffen, um eine Gefahr für die öffentliche Sicherheit oder Ordnung abzuwehren, soweit die Befugnisse nicht besonders geregelt sind.

(2) [1]Zur Erfüllung von nach anderen Rechtsvorschriften zugewiesenen Aufgaben haben sie die dort vorgesehenen Befugnisse. [2]Soweit diese Rechtsvorschriften keine Befugnisse regeln oder keine abschließenden Regelungen

enthalten, treffen die Polizeibehörden die notwendigen Maßnahmen zur Gefahrenabwehr nach diesem Gesetz.

§ 13
Grundsatz der Verhältnismäßigkeit

(1) [1]Die zu treffende Maßnahme muss geeignet sein. [2]Die Maßnahme ist geeignet, wenn anzunehmen ist, dass sie den erstrebten Erfolg herbeiführt oder zumindest fördert.
(2) Von mehreren möglichen und geeigneten Maßnahmen haben die Polizeibehörden diejenige zu treffen, die die einzelne Person und die Allgemeinheit voraussichtlich am wenigsten beeinträchtigt.
(3) [1]Die Maßnahme muss angemessen sein. [2]Sie darf nicht zu einem Nachteil führen, der zu dem angestrebten Erfolg erkennbar außer Verhältnis steht.
(4) Die Maßnahme ist nur solange zulässig, bis ihr Zweck erreicht ist oder sich zeigt, dass er nicht erreicht werden kann.
(5) Soweit das Erfordernis besteht, mehrere Maßnahmen gegen eine Person zu treffen, müssen die Maßnahmen auch in ihrer Gesamtwirkung verhältnismäßig im Sinne der Absätze 1 bis 4 sein.

§ 14
Verantwortlichkeit für eigenes oder fremdes Verhalten

(1) Verursacht eine Person eine Gefahr, sind die Maßnahmen gegen sie zu richten.
(2) [1]Ist die Person noch nicht 14 Jahre alt, können Maßnahmen auch gegen die aufsichtspflichtige Person gerichtet werden. [2]Ist für eine Person ein Betreuer bestellt, kann die Polizeibehörde ihre Maßnahme auch gegenüber dem Betreuer im Rahmen seines Aufgabenkreises treffen.
(3) Verursacht eine Person, die zu einer Verrichtung bestellt ist, die Gefahr in Ausführung der Verrichtung, können Maßnahmen auch gegen die Person gerichtet werden, die zu der Verrichtung bestellt hat.

§ 15
Verantwortlichkeit für Tiere und den Zustand von Sachen

(1) [1]Geht von einem Tier oder einer Sache eine Gefahr aus, sind die Maßnahmen gegen den Inhaber der tatsächlichen Gewalt zu richten. [2]Die nachfolgenden für Sachen geltenden Vorschriften sind auch auf Tiere anzuwenden.
(2) [1]Maßnahmen können auch gegen den Eigentümer oder einen anderen Berechtigten gerichtet werden. [2]Dies gilt nicht, wenn der Inhaber der tatsächlichen Gewalt diese ohne den Willen des Eigentümers oder Berechtigten ausübt.
(3) Geht die Gefahr von einer herrenlosen Sache aus, können Maßnahmen gegen denjenigen gerichtet werden, der das Eigentum an der Sache aufgegeben hat.

§ 16
Unmittelbare Ausführung einer Maßnahme

(1) [1]Die Polizeibehörden können eine Maßnahme selbst oder durch einen beauftragten Dritten unmittelbar ausführen, wenn der Zweck der Maßnahme durch Inanspruchnahme der Verantwortlichen nach § 14 oder § 15 nicht oder nicht rechtzeitig erreicht werden kann. [2]Der von der Maßnahme Betroffene ist unverzüglich zu unterrichten.
(2) Für die unmittelbare Ausführung einer Maßnahme nach Absatz 1 erheben die Polizeibehörden von den Verantwortlichen nach den §§ 14 und 15 Kosten (Gebühren und Auslagen).

§ 17
Inanspruchnahme nicht verantwortlicher Personen

(1) Die Polizeibehörden können Maßnahmen gegen andere Personen als die Verantwortlichen nach § 14 oder § 15 richten, wenn
1. eine gegenwärtige Gefahr abzuwehren ist,
2. Maßnahmen gegen die Verantwortlichen nach § 14 oder § 15 nicht oder nicht recht-

zeitig möglich sind oder keinen Erfolg versprechen,
3. die Polizeibehörde die Gefahr nicht oder nicht rechtzeitig selbst oder durch beauftragte Dritte abwehren kann und
4. die Personen ohne erhebliche eigene Gefährdung und ohne Verletzung höherwertiger Pflichten in Anspruch genommen werden können.

(2) Die Maßnahmen dürfen nur aufrechterhalten werden, solange die Voraussetzungen des Absatzes 1 vorliegen.

UNTERABSCHNITT 2 Einzelmaßnahmen, Videoüberwachung

§ 18 Identitätsfeststellung, Prüfung von Berechtigungsscheinen

(1) Die Polizeibehörden können die Identität einer Person feststellen, soweit dies
1. zur Abwehr einer Gefahr oder
2. zum Schutz privater Rechte

erforderlich ist.

(2) [1]Die Polizeibehörden können die zur Feststellung der Identität erforderlichen Maßnahmen treffen. [2]Sie können
1. den Betroffenen anhalten,
2. den Betroffenen nach seinen Personalien befragen,
3. verlangen, dass der Betroffene mitgeführte Ausweispapiere zur Prüfung aushändigt,
4. den Betroffenen und von ihm mitgeführte Sachen nach Gegenständen durchsuchen, die zur Identitätsfeststellung dienen können, oder
5. den Betroffenen festhalten.

[3]Maßnahmen nach Satz 2 Nummer 4 und 5 dürfen nur getroffen werden, wenn die Identität auf andere Weise nicht oder nur unter erheblichen Schwierigkeiten festgestellt werden kann oder wenn tatsächliche Anhaltspunkte dafür bestehen, dass Angaben unrichtig sind.

(3) Die Polizeibehörden können verlangen, dass ein Berechtigungsschein vorgezeigt und zur Prüfung ausgehändigt wird, wenn der Betroffene auf Grund einer Rechtsvorschrift verpflichtet ist, diesen Berechtigungsschein mitzuführen.

§ 19 Befragung, Auskunftspflicht und Vorladung

(1) [1]Die Polizeibehörden können eine Person befragen, wenn Tatsachen die Annahme rechtfertigen, dass die Person sachdienliche Angaben, die zur Erfüllung einer bestimmten polizeibehördlichen Aufgabe erforderlich sind, machen kann. [2]Für die Dauer der Befragung kann die Person angehalten werden.

(2) Eine Person, deren Befragung nach Absatz 1 Satz 1 zulässig ist, ist verpflichtet, auf Verlangen ihren Namen, Vornamen, Tag und Ort der Geburt, Wohnanschrift und Staatsangehörigkeit anzugeben.

(3) [1]Eine über Absatz 2 hinausgehende Auskunftspflicht besteht, soweit dies zur Abwehr einer erheblichen Gefahr erforderlich ist. [2]In entsprechender Anwendung der §§ 52 bis 53a und 55 Absatz 1 der Strafprozessordnung ist die betroffene Person zur Verweigerung der Auskunft mit Ausnahme der Angaben nach Absatz 2 berechtigt. [3]Dies gilt nicht, soweit die Auskunft zur Abwehr einer Gefahr für Leben oder Freiheit einer Person oder einer erheblichen Gesundheitsgefahr zwingend erforderlich ist. [4]Ein Geistlicher ist auch in diesem Fall nicht verpflichtet, Auskunft über Tatsachen zu geben, die ihm in seiner Eigenschaft als Seelsorger anvertraut wurden oder bekannt geworden sind. [5]Die weitere Verarbeitung von nach Satz 3 erhobenen Daten ist nur zu dem Zweck zulässig, zu dem die Daten erhoben wurden. [6]Die betroffene Person ist vor der Befragung über ihr Recht zur Verweigerung der Auskunft zu belehren.

(4) [1]Soweit eine Auskunftspflicht besteht, dürfen zur Herbeiführung einer Aussage nur die Zwangsmittel Zwangsgeld und Zwangshaft angewendet werden. [2]Die §§ 68a und 136a der Strafprozessordnung gelten entsprechend.

(5) [1]Die Polizeibehörden können unter den Voraussetzungen des Absatzes 1 Satz 1 eine

Person schriftlich oder mündlich vorladen. [2]Bei der Vorladung ist deren Grund anzugeben. [3]Bei der Festsetzung des Zeitpunktes soll auf die beruflichen Verpflichtungen und die sonstigen Lebensverhältnisse des Betroffenen Rücksicht genommen werden.

(6) Leistet ein Betroffener der Vorladung ohne hinreichenden Grund keine Folge, kann sie zwangsweise durchgesetzt werden, wenn die Angaben zur Abwehr einer Gefahr für Leib, Leben oder Freiheit einer Person oder für bedeutende fremde Sach- oder Vermögenswerte erforderlich sind.

(7) Für die Entschädigung und Vergütung von Personen, die als Zeugen oder als Sachverständige herangezogen werden, gilt das Justizvergütungs- und -entschädigungsgesetz vom 5. Mai 2004 (BGBl. I S. 718, 776), das zuletzt durch Artikel 5 Absatz 2 des Gesetzes vom 11. Oktober 2016 (BGBl. I S. 2222) geändert worden ist, in der jeweils geltenden Fassung, entsprechend.

§ 20
Platzverweisung

[1]Die Polizeibehörden können zur Abwehr einer Gefahr für die öffentliche Sicherheit eine Person vorübergehend von einem Ort verweisen oder ihr vorübergehend das Betreten eines Ortes verbieten (Platzverweisung). [2]Dies gilt insbesondere für Personen, die den Einsatz der Feuerwehr oder der Hilfs- und Rettungsdienste behindern.

§ 21
Durchsuchung von Personen

(1) Die Polizeibehörden können eine Person durchsuchen, wenn

1. sie nach diesem Gesetz oder anderen Rechtsvorschriften festgehalten werden darf,
2. Tatsachen die Annahme rechtfertigen, dass sie Tiere oder Sachen mit sich führt, die nach § 25 sichergestellt werden dürfen, oder
3. sie sich erkennbar in einem die freie Willensbildung ausschließenden Zustand oder sonst in hilfloser Lage befindet und dies zur Feststellung und Abwehr einer sie betreffenden Gefahr erforderlich ist.

(2) Personen dürfen nur von Personen gleichen Geschlechts oder Ärzten durchsucht werden; dies gilt nicht, wenn die sofortige Durchsuchung nach den Umständen zum Schutz gegen eine Gefahr für Leib oder Leben erforderlich erscheint.

§ 22
Durchsuchung von Sachen

Die Polizeibehörden können eine Sache durchsuchen, wenn

1. sie von einer Person mitgeführt wird, die nach § 21 durchsucht werden darf,
2. Tatsachen die Annahme rechtfertigen, dass sich in ihr Sachen oder Tiere befinden, die nach § 25 sichergestellt werden dürfen, oder
3. Tatsachen die Annahme rechtfertigen, dass sich in der Sache eine Person befindet, die sich in einem die freie Willensbildung ausschließenden Zustand oder sonst in hilfloser Lage befindet und für die dadurch eine Gefahr für Leib oder Leben besteht.

§ 23
Betreten und Durchsuchung von Wohnungen

(1) [1]Die Polizeibehörden können eine Wohnung ohne Einwilligung des Inhabers betreten und durchsuchen, wenn

1. dies zur Abwehr einer gegenwärtigen Gefahr für Leib, Leben oder Freiheit einer Person oder für bedeutende Sach- oder Vermögenswerte erforderlich ist oder
2. Tatsachen die Annahme rechtfertigen, dass sich in ihr Sachen oder Tiere befinden, die nach § 25 sichergestellt werden dürfen.

[2]Die Wohnung umfasst die Wohn- und Nebenräume, Arbeits-, Betriebs- und Geschäftsräume, auch während der Geschäftszeiten, sowie anderes umfriedetes Besitztum.

(2) [1]Während der Nachtzeit darf das Betreten und Durchsuchen einer Wohnung nur zur Abwehr einer gegenwärtigen Gefahr für

Leib, Leben oder Freiheit einer Person oder für bedeutende Sach- oder Vermögenswerte erfolgen. [2]Die Nachtzeit umfasst in dem Zeitraum vom 1. April bis 30. September die Stunden von 21.00 Uhr bis 4.00 Uhr und in dem Zeitraum vom 1. Oktober bis 31. März die Stunden von 21.00 Uhr bis 6.00 Uhr.

(3) Arbeits-, Betriebs- und Geschäftsräume sowie andere Räume und Grundstücke, die der Öffentlichkeit zugänglich sind oder zugänglich waren und den Anwesenden zum weiteren Aufenthalt zur Verfügung stehen, dürfen zum Zweck der Abwehr von Gefahren für die öffentliche Sicherheit oder Ordnung während der Arbeits-, Geschäfts- oder Aufenthaltszeit und nach Maßgabe der Absätze 1 und 2 betreten werden.

§ 24
Verfahren bei der Durchsuchung von Wohnungen

(1) [1]Wohnungen dürfen außer bei Gefahr im Verzug nur auf Grund einer richterlichen Anordnung des Amtsgerichts durchsucht werden, in dessen Bezirk die Wohnung liegt. [2]Für das Verfahren gelten die Vorschriften des Buches 1 des Gesetzes über das Verfahren in Familiensachen und in den Angelegenheiten der freiwilligen Gerichtsbarkeit vom 17. Dezember 2008 (BGBl. I S. 2586, 2587), das zuletzt durch Artikel 13 des Gesetzes vom 18. Dezember 2018 (BGBl. I S. 2639) geändert worden ist, in der jeweils geltenden Fassung, entsprechend. [3]Die gerichtliche Entscheidung kann ohne vorherige Anhörung des Betroffenen ergehen und bedarf zu ihrer Wirksamkeit nicht der Bekanntgabe an ihn. [4]Gegen die gerichtliche Entscheidung findet die Beschwerde statt. [5]Die Beschwerde ist binnen einer Frist von zwei Wochen einzulegen; die Beschwerde hat keine aufschiebende Wirkung.

(2) [1]Der Wohnungsinhaber hat das Recht bei der Durchsuchung der Wohnung anwesend zu sein. [2]Ist er abwesend, ist, soweit möglich und soweit hierdurch keine schutzwürdigen Interessen des Wohnungsinhabers verletzt werden, ein Vertreter oder ein Zeuge beizuziehen.

(3) Dem Wohnungsinhaber oder seinem Vertreter sind der Grund der Durchsuchung und der zulässige Rechtsbehelf unverzüglich bekannt zu geben.

(4) [1]Über die Durchsuchung ist eine Niederschrift zu fertigen. [2]Sie muss die verantwortliche Polizeibehörde, den Grund, die Zeit, den Ort und das Ergebnis der Durchsuchung enthalten. [3]Die Niederschrift ist von einem Vertreter der Polizeibehörde und dem Wohnungsinhaber oder der hinzugezogenen Person zu unterzeichnen. [4]Wird die Unterschrift verweigert, ist hierüber ein Vermerk aufzunehmen. [5]Dem Wohnungsinhaber oder seinem Vertreter ist auf Verlangen eine Durchschrift der Niederschrift auszuhändigen.

(5) Ist die Anfertigung der Niederschrift oder die Aushändigung einer Durchschrift nach den besonderen Umständen des Falles nicht möglich oder würde sie den Zweck der Durchsuchung gefährden, sind dem Wohnungsinhaber oder seinem Vertreter lediglich die Durchsuchung unter Angabe der verantwortlichen Polizeibehörde sowie Zeit und Ort der Durchsuchung schriftlich zu bestätigen.

§ 25
Sicherstellung

(1) Die Polizeibehörden können eine Sache sicherstellen,

1. um eine gegenwärtige Gefahr abzuwehren,
2. um den Eigentümer oder rechtmäßigen Inhaber der tatsächlichen Gewalt vor Verlust oder Beschädigung der Sache zu schützen oder
3. wenn sie von einer Person mitgeführt wird, die nach diesem Gesetz oder anderen Rechtsvorschriften festgehalten wird, und die Sache verwendet werden kann, um
   a) sich zu töten oder zu verletzen,
   b) Leben oder Gesundheit anderer zu schädigen,
   c) fremde Sachen zu beschädigen oder
   d) sich oder anderen die Flucht zu ermöglichen oder zu erleichtern.

(2) Für Tiere gilt Absatz 1 entsprechend.

§ 26
Verwahrung

(1) [1]Sichergestellte Sachen sind in Verwahrung zu nehmen. [2]Lässt die Beschaffenheit der Sache das nicht zu oder erscheint die Verwahrung bei der Polizeibehörde unzweckmäßig, ist die Sache auf andere geeignete Weise aufzubewahren oder zu sichern. [3]In diesem Fall kann die Verwahrung auch einem Dritten übertragen werden. [4]Wird eine sichergestellte Sache verwahrt, hat die Polizeibehörde nach Möglichkeit Wertminderungen vorzubeugen.
(2) [1]Dem Betroffenen ist eine Bescheinigung auszustellen, die den Grund der Sicherstellung erkennen lässt und die sichergestellte Sache bezeichnet. [2]Kann nach den Umständen des Falles eine Bescheinigung nicht ausgestellt werden, ist über die Sicherstellung eine Niederschrift aufzunehmen, die auch erkennen lässt, warum eine Bescheinigung nicht ausgestellt worden ist. [3]Der Eigentümer oder ein anderer Berechtigter ist unverzüglich zu unterrichten.
(3) Für Tiere gelten die Absätze 1 und 2 entsprechend.

§ 27
Verwertung, Unbrauchbarmachung und Vernichtung

(1) Die Verwertung einer sichergestellten Sache ist zulässig, wenn
1. ihr Verderb oder eine wesentliche Minderung ihres Wertes droht,
2. ihre Verwahrung, Pflege oder Erhaltung mit unverhältnismäßig hohen Kosten oder Schwierigkeiten verbunden ist,
3. sie infolge ihrer Beschaffenheit nicht so verwahrt werden kann, dass weitere Gefahren für die öffentliche Sicherheit oder Ordnung ausgeschlossen sind,
4. sie nach einer Frist von einem Jahr nicht an den Eigentümer oder einen Berechtigten herausgegeben werden könnte, ohne dass die Voraussetzungen der Sicherstellung erneut eintreten würden, oder
5. der Betroffene, der Eigentümer oder der Berechtigte sie nicht innerhalb einer angemessenen Frist abholt, obwohl ihm eine Mitteilung über die Frist mit dem Hinweis zugestellt worden ist, dass die Sache verwertet wird, wenn sie nicht innerhalb der Frist abgeholt wird.

(2) Ist der Betroffene, der Eigentümer oder der Berechtigte bekannt und erreichbar, soll er vor der Verwertung gehört werden.
(3) [1]Die Sache wird durch öffentliche Versteigerung (§ 383 Absatz 3 des Bürgerlichen Gesetzbuches) verwertet. [2]Bleibt die Versteigerung erfolglos, erscheint sie von vornherein aussichtslos oder würden die Kosten der Versteigerung voraussichtlich den zu erwartenden Erlös übersteigen, kann die Sache freihändig verkauft werden. [3]Der Erlös tritt an die Stelle der verwerteten Sache. [4]Kann die Sache innerhalb angemessener Frist nicht verwertet werden, darf sie einem gemeinnützigen Zweck zugeführt werden.
(4) [1]Sichergestellte Sachen können unbrauchbar gemacht oder vernichtet werden, wenn
1. im Fall einer Verwertung die Gründe, die zu ihrer Sicherstellung berechtigen, fortbestehen oder Sicherstellungsgründe erneut entstehen würden oder
2. die Verwertung aus anderen Gründen nicht möglich ist.

[2]Absatz 2 gilt entsprechend.
(5) Für Tiere gelten die Absätze 1 bis 4 entsprechend.

§ 28
Herausgabe sichergestellter Sachen oder des Erlöses, Kosten

(1) [1]Sobald die Voraussetzungen für die Sicherstellung weggefallen sind, ist die Sache an denjenigen herauszugeben, bei dem sie sichergestellt worden ist. [2]Ist die Herausgabe an ihn nicht möglich, kann sie an einen anderen herausgegeben werden, der seine Berechtigung glaubhaft macht. [3]Die Herausgabe ist ausgeschlossen, wenn dadurch erneut die Voraussetzungen für eine Sicherstellung eintreten würden. [4]Im Fall von § 25 Absatz 1 Nummer 2 ist die Sache herauszugeben, wenn der Eigentümer oder der rechtmäßige Inhaber der tatsächlichen Gewalt dies verlangt oder wenn ein Schutz nicht mehr erforderlich ist, spätestens jedoch nach zwei Wochen. [5]Soweit

durch Rechtsvorschriften nichts anderes bestimmt wird, darf die Sicherstellung von leerstehendem Wohnraum zur Beseitigung oder Verhinderung von Obdachlosigkeit nicht länger als zwölf Monate aufrechterhalten werden. [6]Für andere Sachen darf die Sicherstellung nicht länger als sechs Monate aufrechterhalten werden, es sei denn, es liegen die Voraussetzungen des Satzes 3 vor.

(2) [1]Ist die Sache verwertet worden, ist der Erlös herauszugeben. [2]Ist ein Berechtigter nicht vorhanden oder nicht zu ermitteln, ist der Erlös nach den Vorschriften des Bürgerlichen Gesetzbuches zu hinterlegen. [3]Der Anspruch auf Herausgabe des Erlöses erlischt drei Jahre nach Ablauf des Jahres, in dem die Sache verwertet worden ist.

(3) [1]Für die Sicherstellung, Verwahrung, Verwertung, Unbrauchbarmachung oder Vernichtung werden Kosten (Gebühren und Auslagen) erhoben, zu deren Ersatz der Eigentümer oder der rechtmäßige Inhaber der tatsächlichen Gewalt verpflichtet ist. [2]Ist eine Sache verwertet worden, können die Kosten aus dem Erlös gedeckt werden.

(4) § 983 des Bürgerlichen Gesetzbuches bleibt unberührt.

§ 29
Zurückbehaltungsbefugnis, Ermächtigung Dritter zum Empfang von Zahlungen

(1) Die Polizeibehörden können die Herausgabe von Sachen, deren Besitz sie auf Grund einer polizeibehördlichen Maßnahme nach § 16 oder § 25 oder im Rahmen der Ersatzvornahme nach § 24 des Verwaltungsvollstreckungsgesetzes für den Freistaat Sachsen in der Fassung der Bekanntmachung vom 10. September 2003 (SächsGVBl. S. 614, 913), das zuletzt durch das Gesetz vom 6. Oktober 2013 (SächsGVBl. S. 802) geändert worden ist, in der jeweils geltenden Fassung, erlangt haben, von der Zahlung der entstandenen Kosten abhängig machen.

(2) [1]Wurde die Verwahrung einem Dritten übertragen, kann die Polizei ihn schriftlich ermächtigen, Zahlungen auf die ihm durch die Verwahrung entstandenen Kosten in Empfang zu nehmen. [2]Dieser hat die Zahlungen der Polizei unverzüglich mitzuteilen.

§ 30
Datenerhebung durch den Einsatz technischer Mittel zur Bildaufnahme und -aufzeichnung[2]

(1) Die Polizeibehörden können personenbezogene Daten in öffentlich zugänglichen Räumen durch den offenen Einsatz technischer Mittel zur Bildaufnahme und -aufzeichnung erheben, soweit

1. Tatsachen die Annahme rechtfertigen, dass dort künftig erhebliche Gefahren für die öffentliche Sicherheit entstehen, oder
2. *dies insbesondere zum Schutz gefährdeter öffentlicher Anlagen oder Einrichtungen erforderlich ist.*

(2) Angefertigte Bildaufzeichnungen und daraus gefertigte Unterlagen sind unverzüglich, spätestens aber nach einem Monat zu löschen oder zu vernichten, soweit diese nicht zur Verfolgung von Straftaten oder Ordnungswidrigkeiten, zur Gefahrenabwehr, insbesondere zur vorbeugenden Bekämpfung von Straftaten, zur Geltendmachung von öffentlich-rechtlichen Ansprüchen oder nach Maßgabe des § 2 Absatz 2 zum Schutz privater Rechte, insbesondere zur Behebung einer bestehenden Beweisnot, erforderlich sind.

(3) Im Übrigen gilt § 13 Absatz 3 des Sächsischen Datenschutzdurchführungsgesetzes

---

2 Beachte aus der Entscheidung des Verfassungsgerichtshofs des Freistaates Sachsen vom 25. Januar 2024 (Bekanntmachung vom 6. Februar 2024 [SächsGVBl. S. 277]):

5. ... § 30 Absatz 1 Nummer 2 SächsPBG verstößt gegen Artikel 33 SächsVerf und ist nicht mit der Sächsischen Verfassung vereinbar.

...

12. Bis zu einer Neuregelung, längstens jedoch bis zum 30. Juni 2026, gelten die für mit der Sächsischen Verfassung für unvereinbar erklärten Vorschriften mit den folgenden Maßgaben fort: ...
Die Datenerhebung nach § 30 Absatz 1 Nummer 2 SächsPBG darf nur an oder in Objekten im Sinne des § 15 Absatz 1 Nummer 3 SächsPVDG oder in deren unmittelbaren Nähe vorgenommen werden, soweit Tatsachen die Annahme rechtfertigen, dass dort künftig Straftaten oder Ordnungswidrigkeiten begangen werden, durch die Personen, Sach- oder Vermögenswerte gefährdet werden.

vom 26. April 2018 (SächsGVBl. S. 198, 199), in der jeweils geltenden Fassung.

§ 31 Zuwiderhandeln gegen Einzelanordnungen

(1) Ordnungswidrig handelt, wer vorsätzlich oder fahrlässig einer vollziehbaren Platzverweisung zuwiderhandelt.
(2) Ordnungswidrigkeiten nach Absatz 1 können mit einer Geldbuße bis zu fünftausend Euro geahndet werden.
(3) Zuständige Verwaltungsbehörde im Sinne des § 36 Absatz 1 Nummer 1 des Gesetzes über Ordnungswidrigkeiten sind die Ortspolizeibehörden.

§31a Waffen-, Schutzausrüstungs- und Vermummungsverbot

(1) Bei öffentlichen Veranstaltungen unter freiem Himmel, bei denen eine Gefahr für Leib, Leben, Gesundheit oder bedeutende Sach- oder Vermögenswerte besteht, ist es verboten,

1. Waffen ohne behördliche Ermächtigung oder sonstige Gegenstände, die ihrer Art nach zur Verletzung von Personen oder zur Beschädigung von Sachen geeignet und den Umständen nach dazu bestimmt sind, mit sich zu führen,
2. Gegenstände, die als Schutzausrüstung geeignet und den Umständen nach dazu bestimmt sind, Vollstreckungsmaßnahmen eines Trägers von Hoheitsbefugnissen abzuwehren, mit sich zu führen, oder
3. in einer Aufmachung aufzutreten, die geeignet und den Umständen nach darauf gerichtet ist, die Feststellung der Identität zu verhindern.

(2) Die zuständige Behörde kann zur Durchsetzung der in Absatz 1 genannten Verbote Anordnungen treffen, in denen die vom Verbot erfassten Gegenstände bezeichnet sind.
(3) Mit Freiheitsstrafe bis zu einem Jahr oder mit Geldstrafe wird bestraft, wer gegen eine Anordnung gemäß Absatz 2

1. zur Durchsetzung des Waffenverbots gemäß Absatz 1 Nummer 1 zweite Alternative oder
2. zur Durchsetzung des Schutzausrüstungsverbots gemäß Absatz 1 Nummer 2 oder
3. zur Durchsetzung des Vermummungsverbots gemäß Absatz 1 Nummer 3

verstößt.
(4) [1]Gegenstände, auf die sich eine Straftat nach dieser Vorschrift bezieht, können eingezogen werden. [2]§ 74a des Strafgesetzbuches gilt entsprechend.
(5) [1]Für den Erlass der Anordnungen gemäß Absatz 2 sind die Kreispolizeibehörde, in deren Bezirk die Veranstaltung stattfindet, und der Polizeivollzugsdienst sachlich zuständig. [2]Kreispolizeibehörde und Polizeivollzugsdienst stimmen sich insoweit ab.
(6) Für den Vollzug der Anordnungen gemäß Absatz 2 ist der Polizeivollzugsdienst sachlich zuständig.

ABSCHNITT 3 Polizeiverordnungen

§ 32 Verordnungsrecht

(1) Die allgemeinen Polizeibehörden können zur Wahrnehmung ihrer Aufgaben nach diesem Gesetz polizeiliche Gebote oder Verbote, die für eine unbestimmte Zahl von Fällen an eine unbestimmte Zahl von Personen gerichtet sind (Polizeiverordnung), erlassen.
(2) Die Vorschriften dieses Gesetzes finden auch Anwendung, wenn andere Gesetze zum Erlass von Polizeiverordnungen ermächtigen.

§ 33 Ermächtigung zum Erlass örtlich und zeitlich begrenzter Alkoholkonsumverbote

(1) [1]Die Ortspolizeibehörden können zum Zweck des Kinder- und Jugendschutzes durch Polizeiverordnung auf öffentlichen Flächen, die sich in räumlicher Nähe von Einrichtungen, die ihrer Art nach oder tatsäch-

lich vorwiegend von Kindern und Jugendlichen aufgesucht werden, den Konsum und das Mitführen von alkoholischen Getränken zum Zweck des Konsums innerhalb dieser Flächen verbieten, soweit dort auf Grund der örtlichen Verhältnisse eine abstrakte Gefahr der Begehung alkoholbedingter Straftaten oder Ordnungswidrigkeiten vorliegt. [2]Das Verbot darf sich örtlich höchstens auf einen Bereich von 100 Metern um die Einrichtung erstrecken und darf nicht genehmigte Außenbewirtschaftungsflächen betreffen. [3]Es soll sich zeitlich an den üblichen Benutzungszeiten der Einrichtung orientieren. [4]Maßgebliche Bezugspunkte für die Berechnung des räumlichen Bereiches, in dem das Alkoholkonsumverbot gilt, sind die Grundstücksecken der Grundstücke, auf denen die Einrichtung gelegen ist.

(2) [1]Die Ortspolizeibehörden können durch Polizeiverordnung auf sonstigen öffentlichen Flächen außerhalb von genehmigten Außenbewirtschaftungsflächen den Konsum und das Mitführen von alkoholischen Getränken zum Zweck des Konsums innerhalb dieser Flächen verbieten, wenn

1. Tatsachen die Annahme rechtfertigen, dass sich dort das Ausmaß oder die Häufigkeit alkoholbedingter Straftaten oder alkoholbedingter Ordnungswidrigkeiten von erheblicher Bedeutung von der des übrigen Gemeindegebiets deutlich abhebt und
2. Tatsachen die Annahme rechtfertigen, dass dort auch zukünftig alkoholbedingte Straftaten oder alkoholbedingte Ordnungswidrigkeiten von erheblicher Bedeutung begangen werden.

[2]Das Verbot soll auf bestimmte Tage innerhalb einer Woche und an diesen zeitlich befristet erlassen werden. [3]Die Geltungsdauer der Polizeiverordnung ist auf höchstens zwei Jahre zu begrenzen.

(3) Die zuständige Behörde kann in besonderen Fällen Ausnahmen von den Verboten zulassen.

§ 34
Zuständigkeit

Polizeiverordnungen werden von den zuständigen Staatsministerien oder den sonstigen allgemeinen Polizeibehörden für ihren Dienstbezirk oder Teile ihres Dienstbezirkes erlassen.

§ 35
Polizeiverordnungen der Orts- und Kreispolizeibehörden

(1) [1]Polizeiverordnungen der Ortspolizeibehörden werden, wenn sie nicht länger als einen Monat gelten sollen, vom Bürgermeister und im Übrigen vom Gemeinderat erlassen. [2]Sie werden in der für die öffentliche Bekanntmachung von Satzungen der Gemeinde bestimmten Form verkündet.

(2) [1]Für Polizeiverordnungen der Kreispolizeibehörden gilt Absatz 1 Satz 1 entsprechend. [2]Sie werden in der für die öffentliche Bekanntmachung von Satzungen des Landkreises und bei Kreisfreien Städten in der für die öffentliche Bekanntmachung von Satzungen der Gemeinde bestimmten Form verkündet.

§ 36
Vorrang höherrangiger Rechtsvorschriften

Polizeiverordnungen dürfen nicht gegen höherrangiges Recht verstoßen.

§ 37
Formerfordernisse, Geltungsdauer

(1) Polizeiverordnungen müssen

1. im Eingang auf die gesetzliche Vorschrift Bezug nehmen, die zu ihrem Erlass ermächtigt,
2. die Polizeibehörde bezeichnen, die die Polizeiverordnung erlassen hat, und
3. den örtlichen Geltungsbereich angeben.

(2) Polizeiverordnungen sollen

1. eine Überschrift tragen, die ihren Inhalt kennzeichnet,

2. in der Überschrift als „Polizeiverordnung" bezeichnet sein und
3. das Datum bezeichnen, an dem die Polizeiverordnung in Kraft tritt.

(3) Die Geltungsdauer von Polizeiverordnungen darf zehn Jahre nicht überschreiten.

§ 38 Vorlagepflicht

(1) [1]Polizeiverordnungen der Kreispolizeibehörden und der Ortspolizeibehörden, die länger als einen Monat gelten sollen, sind der jeweiligen Fachaufsichtsbehörde vor deren Erlass im Entwurf zur Genehmigung vorzulegen. [2]Die Fachaufsichtsbehörde hat das Datum des Eingangs zu bestätigen. [3]Die Genehmigung gilt als erteilt, wenn die Fachaufsichtsbehörde nicht innerhalb von drei Monaten nach Eingang des Entwurfes der vorlegenden Kreispolizeibehörde oder Ortspolizeibehörde schriftlich rechtliche Bedenken gegen die Polizeiverordnung mitteilt. [4]Widerspricht eine Polizeiverordnung höherrangigem Recht, ist ihre Nichtigkeit festzustellen.

(2) Abweichend von Absatz 1 sind Polizeiverordnungen nach § 35 der jeweiligen Fachaufsichtsbehörde unverzüglich nach deren Erlass zur Prüfung vorzulegen.

§ 39 Zuwiderhandeln gegen Polizeiverordnungen

(1) Ordnungswidrig handelt, wer vorsätzlich oder fahrlässig den Geboten oder Verboten einer auf Grund dieses Gesetzes erlassenen Polizeiverordnung zuwiderhandelt, soweit diese für einen bestimmten Tatbestand auf diese Bußgeldvorschrift verweist.

(2) Die Ordnungswidrigkeit kann mit einer Geldbuße bis zu fünftausend Euro geahndet werden.

(3) Gegenstände, auf die sich die Ordnungswidrigkeit bezieht oder die zu ihrer Vorbereitung oder Begehung verwendet worden sind, können eingezogen werden, soweit eine Polizeiverordnung für einen bestimmten Tatbestand auf diese Bestimmung verweist.

(4) Zuständige Verwaltungsbehörde nach § 36 Absatz 1 Nummer 1 des Gesetzes über Ordnungswidrigkeiten sind die Ortspolizeibehörden.

(5) Das fachlich zuständige Staatsministerium kann die Zuständigkeiten nach Absatz 4 durch Rechtsverordnung auf andere Behörden übertragen.

ABSCHNITT 4 Datenverarbeitung

§ 40 Anwendbare Vorschriften

(1) Soweit die Polizeibehörden personenbezogene Daten zur Erfüllung ihrer Aufgaben verarbeiten, die in den Anwendungsbereich von § 1 des Sächsischen Datenschutz-Umsetzungsgesetzes vom 11. Mai 2019 (SächsGVBl. S. 398), in der jeweils geltenden Fassung, fallen, gelten die §§ 54 bis 56, 79, 80 Absatz 1 und 7, § 81 Absatz 3, §§ 82 bis 84, 89 und 91 bis 93 des Sächsischen Polizeivollzugsdienstgesetzes entsprechend und ergänzend die Vorschriften des Sächsischen Datenschutz-Umsetzungsgesetzes.

(2) Soweit die Polizeibehörden im Übrigen personenbezogene Daten zur Erfüllung ihrer Aufgaben verarbeiten, gelten die Verordnung (EU) 2016/679 des Europäischen Parlaments und des Rates vom 27. April 2016 zum Schutz natürlicher Personen bei der Verarbeitung personenbezogener Daten, zum freien Datenverkehr und zur Aufhebung der Richtlinie 95/46/EG (ABl. L 119 vom 4.5.2016, S. 1, L 314 vom 22.11.2016, S. 72, L 127 vom 23.5.2018, S. 2), die §§ 95 und 96 des Sächsischen Polizeivollzugsdienstgesetzes sowie das Sächsische Datenschutzdurchführungsgesetz.

ABSCHNITT 5
Entschädigung

§ 41
Zur Entschädigung verpflichtende Maßnahmen

(1) Ein Schaden, den jemand durch Maßnahmen der Polizeibehörden erleidet, ist zu ersetzen, wenn er
1. in Folge einer rechtmäßigen Inanspruchnahme nach § 17 oder
2. durch rechtswidrige Maßnahmen

entstanden ist.

(2) Der Ausgleich ist auch Personen zu gewähren, die mit Zustimmung der Polizeibehörde bei der Erfüllung der polizeibehördlichen Aufgabe mitgewirkt oder Sachen zur Verfügung gestellt haben und dadurch einen Schaden erlitten haben.

(3) Im Falle des Absatzes 1 Nummer 1 besteht kein Ersatzanspruch, soweit die erforderliche Maßnahme zum Schutz der Person oder des Vermögens des Geschädigten getroffen worden ist.

(4) Soweit die Entschädigungspflicht wegen rechtmäßiger Maßnahmen der Polizeibehörden in anderen gesetzlichen Vorschriften geregelt ist, finden diese Anwendung.

§ 42
Art, Inhalt und Umfang der Entschädigungsleistung

(1) [1]Die Entschädigung nach § 41 wird grundsätzlich nur für Vermögensschaden gewährt. [2]Für entgangenen Gewinn, der über den Ausfall des gewöhnlichen Verdienstes oder Nutzungsentgeltes hinausgeht, und für Nachteile, die nicht in unmittelbarem Zusammenhang mit der polizeibehördlichen Maßnahme stehen, ist Entschädigung nur zu gewähren, wenn und soweit dies zur Abwendung einer unbilligen Härte geboten erscheint.

(2) Bei einer Verletzung des Körpers oder der Gesundheit oder bei einer Freiheitsentziehung ist auch der Schaden, der nicht Vermögensschaden ist, angemessen auszugleichen; dieser Anspruch ist nicht übertragbar und nicht vererblich, es sei denn, dass er rechtshängig geworden oder durch Vertrag anerkannt worden ist.

(3) [1]Die Entschädigung wird in Geld gewährt. [2]Hat die zur Entschädigung verpflichtende Maßnahme die Aufhebung oder Minderung der Erwerbstätigkeit oder eine Vermehrung der Bedürfnisse oder den Verlust oder die Beeinträchtigung eines Rechts auf Unterhalt zur Folge, ist die Entschädigung durch Entrichtung einer Rente zu gewähren. [3]§ 760 des Bürgerlichen Gesetzbuches ist anzuwenden. [4]Statt der Rente kann eine Kapitalabfindung verlangt werden, wenn ein wichtiger Grund vorliegt. [5]Der Anspruch wird nicht dadurch ausgeschlossen, dass ein anderer dem Geschädigten Unterhalt zu gewähren hat.

(4) Stehen dem Geschädigten Ansprüche gegen Dritte zu, ist, soweit diese Ansprüche nach Inhalt und Umfang dem Entschädigungsanspruch entsprechen, die Entschädigung nur gegen Abtretung dieser Ansprüche zu gewähren.

(5) [1]Bei der Bemessung der Entschädigung sind alle Umstände zu berücksichtigen, insbesondere Art und Vorhersehbarkeit des Schadens und ob der Geschädigte oder sein Vermögen durch die Maßnahme der Polizeibehörden geschützt worden ist. [2]Haben Umstände, die der Geschädigte zu vertreten hat, zur Entstehung oder Vergrößerung des Schadens beigetragen, hängen die Verpflichtung zur Entschädigung und der Umfang der Entschädigung insbesondere davon ab, inwieweit der Schaden vorwiegend durch die Polizeibehörden oder den Geschädigten verursacht worden ist.

§ 43
Ansprüche mittelbar Geschädigter

(1) [1]Im Fall der Tötung sind die Kosten der Bestattung demjenigen zu ersetzen, dem die Verpflichtung obliegt, diese Kosten zu tragen. [2]§ 42 Absatz 5 gilt entsprechend.

(2) [1]Stand der Getötete zu einem Dritten in einem Verhältnis, auf Grund dessen er diesem gegenüber kraft Gesetzes unterhaltspflichtig war oder unterhaltspflichtig werden konnte, und ist dem Dritten infolge der Tötung das Recht auf den Unterhalt entzogen, kann der

Dritte insoweit eine angemessene Entschädigung verlangen, als der Getötete während der mutmaßlichen Dauer seines Lebens zur Gewährung des Unterhaltes verpflichtet gewesen wäre. [2]§ 42 Absatz 3 Satz 3 bis 5 und Absatz 5 ist entsprechend anzuwenden. [3]Die Entschädigung kann auch dann verlangt werden, wenn der Dritte zur Zeit der Verletzung gezeugt, aber noch nicht geboren war.

§ 44
Entschädigungspflichtiger

Entschädigungspflichtiger ist die Körperschaft, deren Bediensteter die Maßnahme getroffen hat.

§ 45
Rückgriff gegen den Verantwortlichen

(1) Die nach § 44 entschädigungspflichtige Körperschaft kann von den Verantwortlichen nach § 14 oder § 15 Ersatz ihrer Aufwendungen verlangen, wenn sie auf Grund des § 41 eine Entschädigung gewährt hat.
(2) Sind mehrere Personen nebeneinander verantwortlich, haften sie als Gesamtschuldner.

§ 46
Rechtsweg für Entschädigungsansprüche

Für die Ansprüche nach den §§ 41 bis 45 ist der ordentliche Rechtsweg gegeben.

Verordnung des Sächsischen Staatsministeriums des Innern zur Bestellung von gemeindlichen Vollzugsbediensteten für den Vollzug polizeibehördlicher Aufgaben (Gemeindliche-Vollzugsbediensteten-Verordnung – GemVollzVO)

Vom 26. April 2023 (SächsGVBl. S. 230)

Auf Grund des § 9 Absatz 2 des Sächsischen Polizeibehördengesetzes vom 11. Mai 2019 (SächsGVBl. S. 358, 389) verordnet das Staatsministerium des Innern:

§ 1 Übertragbare Aufgaben

(1) Die Ortspolizeibehörden können ihren gemeindlichen Vollzugsbediensteten die folgenden polizeibehördlichen Aufgaben übertragen: den Vollzug

1. von Satzungen und Polizeiverordnungen der Orts- und Kreispolizeibehörden,
2. der Vorschriften zum Schutz von öffentlichen Grün- und Erholungsanlagen, Kinderspielplätzen sowie anderen dem öffentlichen Nutzen dienenden Anlagen und Einrichtungen gegen Beschädigung, Verunreinigung und missbräuchliche Benutzung,
3. der Vorschriften über den ruhenden Verkehr,
4. der Vorschriften über die Sondernutzung an öffentlichen Straßen,
5. der Vorschriften über das Verbot des Behandelns, Lagerns, und Ablagerns von Abfällen sowie über die Beseitigung pflanzlicher Abfälle außerhalb dafür zugelassener Anlagen,
6. der Vorschriften über das Reisegewerbe und das Marktwesen,
7. der §§ 3 bis 9 des Sächsischen Ladenöffnungsgesetzes vom 1. Dezember 2010 (SächsGVBl. S. 338), das zuletzt durch das Gesetz vom 5. November 2020 (SächsGVBl. S. 589) geändert worden ist,
8. des Sächsischen Gaststättengesetzes vom 3. Juli 2011 (SächsGVBl. S. 198), das zuletzt durch Artikel 27 des Gesetzes vom 26. April 2018 (SächsGVBl. S. 198) geändert worden ist, und
9. der Vorschriften zum Schutz der Bevölkerung vor gefährlichen Hunden.

(2) [1]Große Kreisstädte mit einer Einwohnerzahl von mindestens 40 000 und Kreisfreie Städte können über Absatz 1 hinaus ihren gemeindlichen Vollzugsbediensteten die folgenden polizeibehördlichen Aufgaben übertragen: den Vollzug

1. der Vorschriften zum Schutz der Ruhe an Sonn- und Feiertagen,
2. der Vorschriften zum Schutz von Kindern und Jugendlichen in der Öffentlichkeit,
3. der Vorschriften über unzulässigen Lärm außerhalb des Anwendungsbereichs des Bundes-Immissionsschutzgesetzes in der Fassung der Bekanntmachung vom 17. Mai 2013 (BGBl. I S 1274; 2021 I S. 123), das zuletzt durch Artikel 2 Absatz 3 des Gesetzes vom 19. Oktober 2022 (BGBl. I S. 1792 geändert worden ist,
4. der Vorschriften zu Abbrennverboten pyrotechnischer Gegenstände nach der Ersten Verordnung zum Sprengstoffgesetz in der Fassung der Bekanntmachung vom 31. Januar 1991 (BGBl. I S. 169), die zuletzt durch Artikel 1 der Verordnung vom 20. Dezember 2021 (BGBl. I S. 5238) geändert worden ist und
5. von Anordnungen der Katastrophenschutzbehörde nach den §§ 55 und 58 des Sächsischen Gesetzes über den Brandschutz, Rettungsdienst und Katastrophenschutz vom 24. Juni 2004 (Sächs-

GVBl. S. 245, 647), das zuletzt durch das Gesetz vom 25. Juni 2019 (SächsGVBl. S. 521) geändert worden ist, auch im Rahmen der Mitwirkungspflicht nach § 39 Absatz 1 Nummer 3 und Absatz 2 Nummer 6 dieses Gesetzes.

[2]Für die Ermittlung der Einwohnerzahl ist der vom Statistischen Landesamt aufgrund der jeweils letzten Volkszählung seit dem 30. Juni 2020 ermittelte Wert maßgebend. [3]Ein Bevölkerungsrückgang unter die Bevölkerungszahl von 40 000 bleibt unberücksichtigt.

(3) [1]Große Kreisstädte mit einer Einwohnerzahl von weniger als 40 000 können ihren gemeindlichen Vollzugsbediensteten polizeibehördliche Aufgaben nach Absatz 2 Satz 1 übertragen, wenn sie die Gewähr für eine ordnungsgemäße Erfüllung der polizeibehördlichen Vollzugsaufgabe bieten und dies die Fachaufsichtsbehörde auf ihren Antrag hin feststellt. [2]Aufgabenübertragungen sind von der Großen Kreisstadt zu widerrufen, wenn die Gewähr nicht mehr vorliegt und dies von der Fachaufsichtsbehörde festgestellt wird.

(4) Über Absatz 1 und 2 hinaus können Kreisfreie Städte ihren gemeindlichen Vollzugbediensteten die folgenden polizeibehördlichen Aufgaben übertragen: den Vollzug

1. der Vorschriften über den Schutz der Gewässer,
2. von Vorschriften zum Schutz der Bevölkerung vor übertragbaren Krankheiten,
3. der Vorschriften zur Überwachung des Umganges und Verkehres mit explosionsgefährlichen Stoffen im Zusammenhang mit dem Abbrennen pyrotechnischer Gegenstände und der Vorschriften zur Überwachung der Einhaltung der mit einer Erlaubnis nach § 27 des Sprengstoffgesetzes in der Fassung der Bekanntmachung vom 10. September 2002 (BGBl. I S. 3518), das zuletzt durch Artikel 18 des Gesetzes vom 27. Juli 2021 (BGBl. I S. 3146) geändert worden ist, verbundenen Pflichten mit Ausnahme der Überwachung des Verbringens explosionsgefährlicher Stoffe im öffentlichen Straßenverkehr und
4. des Prostituiertenschutzgesetzes vom 21. Oktober 2016 (BGBl. I S. 2372), das zuletzt durch Artikel 5 Absatz 1 des Gesetzes vom 9. März 2021 (BGBl. I S. 327) geändert worden ist.

(5) Vom Vollzug der Vorschriften im Sinne der Absätze 1, 2 und 4 erfasst sind neben dem Vollzug von Rechtsnormen auch der Vollzug von Allgemeinverfügungen und sonstigen Anordnungen.

§ 2
Mittel des unmittelbaren Zwangs

(1) Einer oder einem gemeindlichen Vollzugsbediensteten kann die Befugnis übertragen werden, bei der Wahrnehmung ihrer oder seiner polizeibehördlichen Vollzugsaufgaben nach § 1 Absatz 1 bis 4 durch einfache körperliche Gewalt auf Personen oder Sachen einzuwirken, als Hilfsmittel der körperlichen Gewalt Fesseln, technische Sperren, Diensthunde, Dienstfahrzeuge und Reizstoffe sowie als Waffe den Schlagstock einzusetzen.

(2) Für die Anwendung der nach Absatz 1 zugelassenen Mittel des unmittelbaren Zwangs gelten die §§ 39 bis 42 des Sächsischen Polizeivollzugsdienstgesetzes vom 11. Mai 2019 (SächsGVBl. S. 358) entsprechend.

§ 3
Bekanntgabe und Unterrichtung

(1) Die Ortspolizeibehörden geben die Übertragung der polizeibehördlichen Vollzugsaufgaben nach § 1 auf ihre gemeindlichen Vollzugsbediensteten und den Widerruf der Übertragung öffentlich bekannt.

(2) Die Ortspolizeibehörden unterrichten unverzüglich die zuständige Fachaufsichtsbehörde und die zuständige Dienststelle des Polizeivollzugsdienstes über die ihren gemeindlichen Vollzugsbediensteten übertragenen polizeibehördlichen Vollzugsaufgaben und ihren Widerruf, die Bestellung von neuen gemeindlichen Vollzugsbediensteten und deren Widerruf sowie die den Vollzugsbediensteten eingeräumte Berechtigung nach § 2 Absatz 1.

§ 4
Aufrechterhaltung von Aufgabenübertragungen

(1) Auf Grund von § 1 Satz 1 Nummer 1 bis 3 und Nummer 5 bis 9 der Verordnung des Sächsischen Staatsministeriums des Innern über die Wahrnehmung polizeilicher Vollzugsaufgaben durch gemeindliche Vollzugsbedienstete vom 19. September 1991 (SächsGVBl. 355), die durch die Verordnung vom 23. August 2001 (SächsGVBl. S. 577) geändert worden ist, erfolgte Übertragungen polizeilicher Vollzugsaufgaben auf gemeindliche Vollzugsbedienstete bleiben wirksam.

(2) [1]Für gemeindliche Vollzugsbedienstete nach Absatz 1 gelten § 9 Absatz 1 Satz 2 des Sächsischen Polizeibehördengesetzes und die Beschränkung der Mittel des unmittelbaren Zwangs nach § 2 entsprechend. [2]Der Widerruf einer Aufgabenübertragung ist entsprechend § 3 Absatz 1 öffentlich bekannt zu geben. [3]Die Unterrichtungspflicht nach § 3 Absatz 2 gilt für gemeindliche Vollzugsbedienstete nach Absatz 1 mit der Maßgabe entsprechend, dass auch deren Anzahl, die ihnen übertragenen Aufgaben und die ihnen eingeräumte Berechtigung innerhalb von drei Monaten nach Inkrafttreten dieser Verordnung mitzuteilen sind.

§ 5
Inkrafttreten, Außerkrafttreten

[1]Diese Verordnung tritt am Tag nach der Verkündung in Kraft.[1] [2]Gleichzeitig tritt die Verordnung des Sächsischen Staatsministeriums des Innern über die Wahrnehmung polizeilicher Vollzugsaufgaben durch gemeindliche Vollzugsbedienstete vom 19. September 1991 (SächsGVBl. S. 355), die durch die Verordnung vom 23. August 2001 (SächsGVBl. S. 577) geändert worden ist, außer Kraft.

1 Die Verkündung erfolgte am 15. Mai 2023 (d. Red.).

Stichwortverzeichnis

A

B

D

E

L

M

N

O

P

R

S

T